U0087906

美學論集

新訂版

李澤厚／著

三民書局

再版說明

　　一九八六年的北京街頭，書報攤小販高喊著「李澤厚」、「中國古代思想史論」來拉攏買氣，證明了李澤厚先生家喻戶曉的知名程度。在美學方面，《美的歷程》、《美學四講》、《華夏美學》的出版，奠定了他美學大師的地位。在思想史方面，《中國古代思想史論》、《中國近代思想史論》、《中國現代思想史論》的發表，更在國內外掀起高潮迭起的論戰，引領著當時代學術發展的方向。

　　「李澤厚」三個字代表著深刻思考、理性批評，因此追隨者眾，其著作更是被廣泛盜版、翻印，劣質品充斥於市。一九九〇年代，在余英時教授的引介下，本局不惜鉅資取得李澤厚先生的著作財產權，隨即重新製版、印刷，以精緻美觀的高品質問世。

　　此次再版，除重新設計版式、更正舊版疏漏之處外，並以本局自行撰寫的字體加以編排，不惟美觀，而且大方，相信於讀者在閱讀的便利性與舒適度上，能有大幅的提升。

三民書局編輯部　謹識

李澤厚論著集總序

　　在大陸和臺灣的一些朋友，都曾多次建議我出一個「全集」，但我沒此打算。「全集」之類似乎是人死之後的事情，而我對自己死後究竟如何，從不考慮。「歸日急翻行戍稿，把空名料理傳身後」，那種立言不朽的念頭，似乎相當淡漠。聲名再大，一萬年後也仍如灰燼。所以，我的書只為此時此地的人們而寫，即使有時收集齊全，也還是為了目前，而非為以後。

　　而且，我一向懷疑「全集」。不管是誰的全集，馬克思的也好，尼采的也好，孫中山、毛澤東的也好，只要是全集，我常持保留態度，一般不買不讀，總覺得它們虛有其表，徒亂人意。為什麼要「全」呢？第一，世上的書就夠多了，越來越多，越來越讀不過來；那麼多的「全集」，不是故意使人難以下手和無從卒讀麼？第二，人有頭臉，也有臀部；人有口才，也放臭氣；一個人能保留一兩本或兩三本「精華」，就非常不錯了。「全」也有何好處？如果是為了研究者、崇拜者的需要，大可讓他們自己去搜全配齊；如果是因對此人特別仇恨（如毛澤東提議編蔣介石全集），專門編本「後臀集」或「放屁集」以揚醜就行了，何必非「全集」不可？難道「全集」都是精華？即使聖賢豪傑、老師宿儒，也不大可能吧？也許別人可以，但至少我不配。我在此慎重聲明：永

遠也不要有我的「全集」出現。因之，關於這個「論著集」，首先要說明，它不全；第二，雖然保留了一些我並不滿意卻也不後悔的「少作」或非少作，但它是為了對自己仍有某種紀念意義，對別人或可作為歷史痕跡的參考；第三，更重要的是由於我的作品在臺灣屢經盜版，錯漏改竄，相當嚴重，並且零零碎碎，各上其市，就不如乾脆合編在一起，不管是好是壞，有一較為真實可信的面貌為佳。何況趁此機會，尚可小作修飾，訂正誤會，還有正式的可觀稿酬，如此等等；那麼，又何樂而不為呢？這個「論著集」共十冊，以哲學、思想史、美學、雜著四個部分相區分。

前數年大陸有幾家出版社，包括敝家鄉的一家，曾與我面商出「全集」，被我或斷然拒絕或含糊其辭地打發了。我也沒想到會在臺灣出這個「論著集」。至今我沒好好想，或者沒有想清楚，為什麼我的書會在臺灣有市場，它們完全是在大陸那種特殊環境中並是針對大陸讀者而寫的。是共同文化背景的原因嗎？或者是共同對中國命運的關心？還是其他什麼原因？我不清楚。人們告訴我，在日本和韓國，我的書也受歡迎，而且主要也是青年學人，與大陸、臺灣情況近似。對此我當然非常高興，但也弄不清楚是什麼原因。臺灣只來過一次，時不過五週，一切對我還很陌生，但有幸能繞島旅遊一周。東海岸的秀麗滄茫，令人心曠神怡，太魯閣的雄偉險峻，令人神驚目奪。但使我最難忘懷的，卻是那最南邊頗為奇特的墾丁公園。在那裡，我遇到了一批南來渡假的女大學生，她們笑語連連，任情打鬧，那要滿溢出來的青春、自由和歡樂，真使我萬分欽羨。如此風光，如此生命，這才是美的本身和哲學本體之所在。當同行友人熱心地把我介紹給她們時，除

一兩位似略有所知外，其他大都茫然，當然也就是說並未讀過我的什麼著作了。那種茫然若失、稚氣可掬的姿態神情，實在是太漂亮了。這使我特別快樂。我說不清楚為什麼。也許，我不是作為學者、教授、前輩，而是作為一個最普通的老人，與這批最年輕姑娘們匆匆歡樂地相遇片刻，而又各自東西永不再見這件事本身，比一切更愉快、更美麗、更富有詩意？那麼，我的這些書的存在和出版又還有什麼價值、什麼意義呢？我不知道。

最後，作為總序，該說幾句更嚴肅的話。我的書在臺灣早經盜版，這次雖增刪重編，於出版者實暫無利可圖。在此商業化的社會氛圍中，如非余英時教授熱誠推薦，一言九鼎；黃進興先生不憚神費，多方努力；劉振強先生高瞻遠矚，慨然承諾；此書是不可能在臺問世的。我應在此向三位先生致謝。特別是英時兄對我殷殷關注之情，至可銘感。

是為「論著集」總序。

李澤厚

1994 年 3 月於科泉市

李澤厚論著集 分冊總目

序

　　美學部分共分四冊。

　　第一、二、三冊為《美的歷程》、《華夏美學》、《美學四講》三書，分別初版於 1981、1988 和 1989 年。《美的歷程》成書前分篇發表時曾有「中國美學史外篇札記」之副標題，當時計畫中的內篇，即《華夏美學》是也。此二書均係討論中國傳統美學者；《美學四講》乃以拙之「人類學歷史本體論」為基礎之美學概論。

　　殿後的第四冊為《美學論集》。寫作、出版最早，初版於 1980 年，絕大部分為一九五〇、六〇年代發表之舊作。今日看來，如強調從本質論、反映論談美學、典型、意境等等，似多可笑；但過來人則深知在當年封腦錮心、萬馬齊瘖下理論掙扎和衝破藩籬之苦痛艱難；斑斑印痕，於斯足見。從而，其中主要論點又與後來之變化發展有一脈相沿承者在。《論集續編》為當時結集時未及收入之一九七〇年代末八〇年代初之作品，則與前列之「美學三書」相直接銜接矣。

李澤厚

美學論集

目次

論集續編

一、論美感、美和藝術

註：本文寫於 1956 年，原載 《哲學研究》
1956 年第 5 期。原有副標題 「兼論朱光
潛的唯心主義美學思想」。

（研究提綱）

在這裡我們不準備先給美學或所謂美學的對象下一個定義。定義是研究的結果，而不是開端。但是，從這篇文章中，也就可以看出，照我們的了解，美學基本上應該包括研究客觀現實的美、人類的審美感和藝術美的一般規律。其中，藝術更應該是研究的主要對象和目的，因為人類主要是通過藝術來把握美而使之服務人們。[1]

---

1 〔補注〕迄今為止，美學是一門尚未成熟的科學，它受制約於心理學的發展水平，心理學又受制約於生理學、生物學的發展水平。現在所講的美學實際包括三個方面或三種內容，即美的哲學、審美心理學和藝術社會學，前者是對美和審美現象作哲學的本質探討，後二者是以藝術為主要對象作心理的或社會歷史的分析考察。三者有時混雜糾纏在一起，有時又有所側重或片面發展，形成種種不同色彩、傾向的美學理論和派別。藝術社會學中又可分為藝術概論、文藝批評、藝術史等，但它們作為美學的方面和內容，總必須與審美經驗（美感）的分析研究有關。所以今日美學實際上乃是以審美經驗為中心或基地，研究美和藝術的學科。美學與藝術學、文藝概論的區分也就在這裡。後者可以不涉及審美心理，對藝術作一種非審美的外在探討，如研究藝術與政治、與社會的關係等等，美學則要求藝術研究與審美經驗的研究聯繫或交溶起來。本書各篇也涉及這三方面。其中〈美學三題議〉、〈形象思維續談〉、〈略論藝術種

 美感

1.美感的矛盾二重性

美是美感的客觀現實基礎，藝術形象是美學研究的主要對象，但儘管如此，我們的研究卻要從最抽象的美感開始。

美感作為一種最常見、最大量、最普遍、最基本的社會心理現象出現在人類的日常生活中。我們到處都可以碰到它。「這花多美啊」，「這本小說真好」……，自然和藝術的美就這樣反映和表現在人們的美感經驗中。美感在這裡，就正如商品在政治經濟學的研究中，概念在邏輯學的研究中一樣，是一種最單純而又最複雜、最具體而又最抽象的東西。它所以單純而具體，是因為如上所說，它是人類生活中大量反覆出現著的最基本最簡單的心理現象，人們可以直接具體地感受它、保有它。作為社會動物的人類都有或多或少的審美能力，都能在不同程度上反映、欣賞美的存在，雖然隨著歷史時代和文化教養的不同，其中有著很大的差異。

類）、〈典型初探〉、〈虛實隱顯之間〉、〈「意境」雜談〉等文似較主要。（本書各篇寫於 1956 年至 1979 年間，凡作者在 1979 年編選本書時對論述內容所加的注釋，均在前面用〔補注〕表明——編者。）

美感又所以複雜而抽象，是因為就在這個最簡單最基本的心理活動的現象中，在這個美學科學的細胞組織——審美感中，卻孕育著這門科學許多複雜矛盾的基元，蘊藏了這門科學的巨大祕密。不深入揭開這些矛盾和祕密，美感對我們來說，就只能算作是一種缺乏真實具體內容的貧乏的抽象的東西。

美學科學的近代哲學是認識論問題。美感是這一問題的中心環節。從美感開始，就是從分析人類的美的認識的辯證法開始，就是從哲學認識論開始，也就是從分析解決客觀與主觀、存在與意識的關係問題——這一近代西方哲學根本問題開始。美學史上的許多先行者們常常都從美感開始自己的探討，這並不能看作是一種偶然的現象。[2]

一定會有人懷疑：唯心主義不也是強調從「美感經驗的分析」開始麼？朱光潛先生不就正是這樣做的麼？《文藝心理學》就正是

---

2 〔補注〕自叔本華、克羅齊、柏格森等人之後，美學日益擺脫作為哲學體系或哲學理論的一個方面、部分，而著重於審美現象的經驗研究，特別是審美態度的分析。不是美的哲學 (The Philosophy of Beauty) 而是審美科學 (Aesthetics, the Science)，不是美或審美的本質探討，而是審美經驗的描述、規定或假說，成為現代美學的主流，這基本上是從本世紀初開始的。(上一世紀的心理學的美學，如立普斯的移情說等等，則仍帶有濃厚的哲學性質。) 至於這裡所說的「近代美學」尚非指此，而是指十六世紀到十九世紀的各派古典理論。如英國經驗派、大陸理性派以及康德，都與哲學體系和認識理論有直接關係，直到克羅齊也仍如此。關於現代資產階級美學，可參看本書〈美英現代美學述略〉、〈帕克美學思想批判〉。

以這樣的第一句話來提出問題的：「近代美學所側重的問題是：
『在美感經驗中我們的心理活動是什麼樣』，至於一般人所喜歡問
的『什麼樣的事物才能算是美』一個問題還在其次。」

　　的確如此。朱先生在最近所作的自我批評中，還談到這個問
題。朱先生認為自己的主觀唯心主義的美學思想首先表現在所提
出的問題上面，朱先生認為在美學研究中首先提出研究美感經驗
問題，就是一種掩蓋和抹殺文藝作為上層建築和反映現實的社會
意識型態的唯心主義的表現。

　　朱先生的自我批評的態度是誠懇的、受歡迎的。但是，這一
批評中的許多論點卻仍然為我所難以同意。關於上面這個問題，
也就是這樣。我要問：從分析美感出發，在美學研究中首先提出
分析美感經驗的問題，就一定會導致把全部文藝問題「狹窄化」
地歸結為個人主觀的心理活動的問題嗎？朱先生全部美學的理論
上的虛妄，是不是僅僅因為首先把問題提錯了呢？

　　我的回答是否定的。我認為朱光潛的唯心主義主要不在於提
錯了問題（當然，提問題本身也在一定程度上可以反映出一定的
美學思想。但人們可以懷有各種不同的心思，各種不同的答案，
為著各種不同的目的來提同一個問題），而主要卻在於如何回答問
題、如何分析解決問題。唯心主義者與唯物主義者可以同樣提出
意識與存在的關係問題，卻有兩種不同的解答。在美感經驗問題
的分析中，也如此。是掩蓋美感問題的矛盾，把矛盾的一面絕對
化，從而把美感經驗的心理活動歸結為一種與社會、與理智無關
的個人主觀的純神祕直覺呢？還是揭露美感問題的矛盾，揭示出

它的真實的本質和特徵，從而把美感經驗的心理活動解釋為一定社會環境、文化教養的客觀產物呢？正是在這裡，我們可以看到：對待同一個問題，從同一個地方出發，完全可以作出相反的答案。

馬克思主義主張揭露和分析矛盾。美感的矛盾二重性是美學的基本矛盾，這一矛盾的分析和解決是研究美學科學的關鍵，是反對唯心主義的重要環節，因為唯心主義經常是利用美感矛盾的一面，加以吹脹誇大，來作為他們的美學理論的基礎的。

美感的矛盾二重性，簡單說來，就是美感的個人心理的主觀直覺性質和社會生活的客觀功利性質，即主觀直覺性和客觀功利性。美感的這兩種特性是互相對立矛盾著的，但它們又相互依存不可分割地形成為美感的統一體。前者是這個統一體的表現形式、外貌、現象，後者是這個統一體的存在實質、基礎、內容。

什麼是個人心理的主觀直覺性質呢？什麼是這一性質的特徵呢？

這一方面不擬多說，從許多美學著作中，我們已經相當熟悉這種被誇張渲染甚至神祕化的美感的直覺特色了。其實，如果按實說來，這種美感的主觀直覺性並不神祕的。我們每個人根據自己的經驗都能承認，美感經驗的心理狀態的性質和特徵是它的具體的形象感受性質，它在剎那間有不經個人理智活動或邏輯思考的直覺特點。這種特色就是所謂「超功利」「無所為而為」等等說法的來由。美感的這種性質和特色是由康德發現和提出來的。[3]

---

3 〔補注〕應該說，十八世紀英國經驗派美學中，這種性質和特色便已發

　　馬克思主義美學雖然反對唯心主義對美感這一性質的說法，卻並不拒絕承認美感這一性質和特色的本來面目的存在。唯物主義不能閉著眼否認事實，事實上，美感的確經常是在這樣一種直覺的形式中呈現出來，在這美感直覺中的確也常常並沒有什麼實用的、功利的、道德的種種個人的自覺的邏輯思考在內。一個人欣賞梅花的時候，他的確並不一定會想到這種欣賞有什麼社會意義或價值；人們看《紅樓夢》也說不出或並不明確意識到這部作品的主題思想，但總覺得它很美，覺得從其中能獲得巨大的美感享受，能激動自己的心弦，提高自己的精神。所以，關於對待美感的直觀性質，就不在於一概否認或抹殺這個問題，而在於如何正確分析、解決問題。

　　現在，我們先來看看唯心主義美學家是如何對待這個問題的。直覺問題一直是克羅齊、朱光潛美學理論的核心，他們從誇張美感的直觀性質出發，把直覺與理智對立和割裂開來了。

　　在克羅齊的《美學》中，開宗明義第一句就是為了把直覺和理智絕對對立起來：知識有兩種式樣：或是直覺的知識，或是邏輯的知識；或是通過想像得來的知識，或是通過理解得來的知識；或是關於個體的知識，或是關於一般的知識；或是關於個別事物的知識，或是關於他們之間的關係的知識。這就是說，或者是由意象產生的知識，或者是由概念產生的知識。

現和提出了，但把它們集中、突出和提到哲學高度（無目的的目的性）來論證，並對後代起了廣泛深刻影響的，當推康德。

朱光潛在其《文藝心理學》中肯定地轉述了這一基本思想：

知的方式根本只有兩種：直覺的和名理的。這個分別極重要，我們必先明白這個分別然後才能談美感經驗的特徵。像克羅齊所說的，直覺的知識是「對於個別事物的知識」，名理的知識是「對於諸個別事物中的關係的知識」，一切名理的知識都可以歸納到「A是B」的公式。……就名理的知識而言，A自身無意義，它必須因與B有關係而得意義……，直覺的知識則不然，我們直覺A時，就把全副心神注在A本身上面，不旁遷他涉，不管它為某某，A在心中只是一個無沾無礙的獨立自足的意象……。

說認識（知）有「名理」和「直覺」兩種方式，這並不算大錯。但這只是人類對世界的兩種不同的認識方式和形式而已，實際上無論是形象思維還是邏輯思維，是藝術還是科學，是美感直覺還是理論論證，形式或方式雖有不同，而在其反映和認識世界的目的、內容方面實質則一。[4] 然而，朱光潛他們卻從這兩種知識（認識）的反映形式的不同，把它們反映的內容實質的相同也割裂開，說一種是「對於個別事物的知識」，一種是「對於諸個別事物中的關係的知識」，這當然是我所大不以為的。因為任何個別事物和這事物與他物的關係實際上是很難分割的統一體，個別事物只有在其與他物的關係中，它才真正存在。我們要對某個個別

---

4 〔補注〕今日看來，這一提法不準確，參看本書〈形象思維續談〉。

事物有知識，不論是通過「名理」也好，「直覺」也好，就必須要從事物的關係中去把握它、了解它。所以，我們認識個別事物，認識事物本身，實際上也就是認識這物與他物的關係。黑格爾對此說得極深刻：「存在之反映他物與存在之反映自身不可分。⋯⋯存在⋯⋯包含有與別的存在之多方面的關係於其自身，而它自身卻反映出來作為根據。這樣性質的存在便叫作『物』或『東西』。」[5]「凡物莫不超出其單純的自身，超出其抽象的自身反映，進而發展為反映他物。[6] 所以，即使在美感直覺中，現實世界雖然經常只作為一種有限的具體的感性形象呈現著，從表面看來，看到的、聽到的即直覺到的對象，的確好像朱光潛所形容的那樣是一個「無沾無礙」「獨立自足」與他物毫無關係的有限的個別事物的形象，好像我們的美感直覺就只對這個個別事物有感受、有知識，美感直覺好像完全限制、規定和滿足在這個「孤立絕緣」的有限的具體意象中。但是，實際卻不然，就在這個表面看來是「獨立自足」「無沾無礙」的個別事物的具體形象的直覺本身中，即已包含了極為豐富複雜的社會生活的內容，包含了我們對這種生活的了解和認識，而這，就正是包含了我們對事物關係的認識。我們所以能夠從直覺中對個別事物有知識，是因為我們在日常生活和文化教養的影響和熏陶下，不自覺地形成了對這個個別事物的了解，對這個事物在整個生活中的關係和聯繫的了解。我們所

5　《小邏輯》，三聯書店，1954 年版，第 275 頁。

6　同上書，第 276 頁。

以能欣賞一株梅花，我們所以能從觀賞梅花或梅花畫中得到一種
剛強高潔的美感享受，絕不是因為我們僅僅對這株梅花本身有一
種「孤立絕緣」的神祕的「知識」，恰恰相反，而正是因為我們在
生活中（如中國人的傳統）對梅花與其他事物的關係、聯繫的認
識而不自覺地獲得了十分豐富的知識。沒有社會生活內容的梅花
是不能成為美感直覺的對象的。所以沒有足夠的社會生活知識的
小孩以至原始人類就都不能夠賞梅花（這一個問題比較複雜，我
們以後還要談到，此處從略）。藝術（美感）與科學（理智）在這
裡（形式上）的不同乃在於：後者是通過抽象概念的推演來展開
和反映這種關係；而前者是把這種關係凝凍在一個具體有限的形
象裡，通過這個凝凍的形象來反映關係。後者是一種間接知識，
而前者卻採取了一種直觀知識（或直接知識）的形式。但直觀知
識歸根結底仍是間接知識的結果。黑格爾曾尖銳地指出：「直接性
的形式給予殊相以一種獨立性或自我相關性。但須知殊相之自身
乃與外在於它自己之他物相關連者。從直接知識的形式看來，則
有限之殊相便被執持為絕對了。」[7] 所以如果誇張直觀形式之本
身，把「有限之殊相」變為自足的絕對，那實際上這種直觀知識
就完全失去其具體內容而只是一種空洞抽象的存在；儘管它具有
存在之普遍性，但卻缺乏存在之必然性。人們儘管可以從現象上
證明它普遍存在，但卻不能從其本身證明其存在的內容、實質和
原因。所以，它的存在根據，就仍然必需在間接知識中去尋找，

---

7 《小邏輯》，三聯書店，1954 年版，第 178 頁。

在事物之間的關係中去尋找,「只有當我們識透了直接性不是獨立不依的,而須憑藉他物的,才足以揭破其有限性與虛幻性」[8],「直接知識實際上乃是間接知識的產物和結果……譬如,我在柏林,我的直接存在是在這裡,然而我之所以在這裡,是有間接性的,即由於我走了一段旅程才來到這裡的」。[9](重點均原有)然而朱光潛的美學卻正是建築在割裂事物和事物的關係、誇張直觀知識的形式的哲學認識論的基礎之上。它抓住美感直覺的有限具體形象的表現形式和表面現象,利用美感直覺的反映形式的特點,把美感和理智、藝術和科學,各劃定一個對立的認識範圍,從而把美感與思維,把藝術與科學,在反映現實的本質和內容上完全割裂和對立起來。

　　為了否定藝術反映現實的能力和實質,一方面圈定藝術直覺的認識範圍,把它限定在所謂「孤立絕緣」的「個別事物」上面;另一方面,又進一步把美感直觀降低和還原為某種動物本能式的低級感覺:

　　　　實在與非實在的分別對於直覺的真相是不相干底、次一層底……嬰兒難辨真和偽,歷史和寓言,這些對於他都無區別,這事實可以使我們約略明白直覺的純樸心境。[10]

---

8 《小邏輯》,三聯書店,1954 年版,第 178 頁。

9 同上書,第 172 頁。

10 克羅齊:《美學》。

最簡單最原始的「知」是直覺，其次是知覺，最後是概念。拿桌子為例來說。假如一個初出世的小孩子第一次睜眼去看世界，就看到這張桌子，它不能算是沒有「知」它。不過他所知道的和成人所知道的絕不相同。桌子對於他只是一種很混沌的形相，不能有什麼意義，因為它不能喚起任何由經驗得來的聯想。這種見形相而不見意義的「知」，就是「直覺」。[11]

這就是他們為自己美學的核心概念——「直覺」所作的解釋和說明。按照這種解說的邏輯，藝術或美感直覺當然就連對於「個別事物的知識」都算不上了。因為在這種美感直覺中，根本就談不到什麼「知識」——即便是所謂「對個別事物的知識」。因為，在這裡，在這種美感直覺中，連「個別事物」也只是一片模糊混沌的形象。從而，按照這種邏輯，不能辨別真偽是非的初出世的小孩也就是最能享有這種天賜的直覺，因而也就最能感知美、欣賞藝術了。很清楚，這只是對美感直覺和藝術的一種大膽的偽造。誰都知道，正如「初出世的小孩」根本就談不上欣賞藝術一樣，這種最低級最原始的感性直覺也根本不是什麼美感直覺（這一點賀麟先生在批判朱光潛的文章中已指出）。車爾尼雪夫斯基說得好：「美感認識的根源無疑是在感性認識裡面，但是美感認識與感性認識畢竟有本質的區別。」[12]美感直覺比這種直覺是遠為高級

---

11 朱光潛：《文藝心理學》，開明書店，1936 年版，第 4～5 頁。

12 〈當代美學概念批判〉，《譯文》1956 年第 9 期。

複雜的東西。它不是簡單的動物生理學的概念，而是人類文化發展歷史和個人文化修養的精神標誌。人類獨有的審美感是長期社會生活的歷史產物，對個人來說，它是長期環境感染和文化教養的結果。心理學已經證明了日常生活中一般直覺的經驗積累的客觀性質，例如，聽到熟人的聲音就知道這是誰。而美感直覺與這種一般直覺不同的是，它具有著更高級的社會生活和文化教養的內容和性質。如果說，一般的直覺的研究主要還屬於生理─心理科學的範圍，那麼，美感直覺的內容、性質和特徵的分析釐定，就正如普列漢諾夫在論藝術時所提出，卻經由歷史唯物主義的研究才能更好地探到它的本質。而這，也就正是我所要強調研究美感性質的另一方面──美感的客觀的社會的功利性。由美感經驗的心理活動出發，進到研究這種心理活動的社會內容和它的成因；從美感的主觀直觀性（外在的形式）出發，進而研究這一性質的客觀社會實質。這樣也就從矛盾的一方面進到與這一方面緊相依存的矛盾的另一方面了。

矛盾的這一方面是矛盾的非常重要的方面，某些唯心主義美學極力避免、掩蓋、否定這一方面。他們強調的是美感直覺的「超功利」「非實用態度」「無所為而為」的一面，而抹殺或拒絕承認在這「超功利」「無所為而為」的表面現象下就潛伏著「功利的」「有所為」的社會實質。個人的超功利非實用的美感直覺本身中，就已包含了人類社會生活的功利的實用的內容，只是對於個人來說，這種內容常常不能察覺而是潛移默化地形成和浸進到主觀直覺中去了。正因為如此，所以才產生和決定了美感的階級性、民

族性、時代性種種差異。一個階級與另一個階級，一個時代與另一個時代，小孩與成人，野蠻的原始人與現代的藝術家，其美感直覺都大不相同，其內容都有著質的差異。焦大不愛林妹妹，健壯的農夫不欣賞貴族小姐的病態美，在這裡，美感直覺有著階級的內容；〈藍花花〉比外國民歌使農民們感到更親切更「喜聞」；而臉上貼金的宋畫美人，今天看來卻總覺得不好看，很彆扭……，在這裡，美感直觀又有著民族的或時代的特徵。所以，美感至少在一定意義一定程度上被決定被制約於一定歷史時代條件的社會生活，是這一生活的客觀產物。任何一個人的「超功利」和超理智的主觀美感直覺本身中，即已不自覺地包含了一個階級一個時代一個民族的客觀的理智的功利的判斷。農民不愛嬌小病弱的貴族小姐，他也許說不出什麼道理，只是直覺地感到對方不美罷了，但這直覺中不就早已包含了一個階級的功利的理智的判定麼？我們西北農民們喜歡〈藍花花〉的民歌，也是如此。所以，一個人能對某事某物感到美，能產生美感直覺，決不是如朱光潛所認為，是個人主觀隨意的產物，是個人偶然造成的「夢境」、「幻境」、「錯覺」；它實際上在很大程度上被決定被制約於他所處的時代、階級和環境。

美感直覺既具有社會生活的客觀內容，就不應還原或歸結為一種生理學上的觀念。用快感來解釋美感，用所謂「內模仿」筋肉運動說（這也是朱光潛先生介紹到中國來的）來說明「形象的直覺」，就是這種庸俗化的理論。當然，我一點也不想否定快感對美感的刺激和影響（加強或減弱），例如散步在大自然中，空氣的

淨潔，陽光的舒坦，使人更感到自然的美；在繪畫中，各種不同色彩對視覺器官的強弱作用的不一樣也能影響美感，此外如音樂中節奏的規律，自然形體上的比例等等；所以，快感常常是作為產生和構成美感的必要的條件，但它本身並不就是美感。快感是屬於生理方面的，它引起的是生理的舒快；美感則主要屬於精神方面，它引起的主要還是精神的愉悅，這種愉悅常常是建築在生理的舒快之上，但生理的舒快卻並不都是精神的愉悅。用機械的簡單的生理反射來解說、確定萬分複雜的精神狀態，把後者完全歸為前者，實際是不可能的。無論是快感或者是「內模仿」，不可能解釋美感的各種各樣的特性——即如上面所說的階級性、民族性等等。普列漢諾夫指出過，既然美感在同一人種中間還有著階級和時代的差異的話，就不能在生物學中去探求美感的原因，而必須去尋求它的「社會學」上的根據。[13]

　　馬克思本對美感的這種社會本質作過深刻的指示，他曾強調指出審美感的人類歷史性質：人類在改造世界的同時也就改造了自己，人類靈敏的五官感覺是在這個社會生活實踐中不斷地發展、精細起來，使它們由一種生理的器官發展而為一種人類所獨有的「文化器官」。「五官的感覺的形成乃是整個世界歷史的產物。作為粗糙的實際的要求的俘虜的感覺（引者按：即指動物生理式的要求），只是有著一種被局限了的意義。對於饑餓的人並不存在著食物的人的形態，而只存在著它的作為食物的抽象的存在；為著

---

[13] 參看普的《藝術論》。

同樣的效果它可以採用最粗糙的形態，因而就不可能說這個滿足食物要求的方法與動物的滿足食物要求的方法有什麼差別……」[14] 所以，「對於非音樂的耳朵，最美的音樂也沒有任何的意義，對於它，音樂不是一個對象」，「社會的人的感覺與非社會的人的感覺是不同的」。[15] 人是生物的和社會的存在的統一。人的五官也是如此，五官的生理的存在使它表現快感，社會的存在則引起美感，這二者的統一存在，使二者各包含對方於其自身。然而，社會的發展，使人和人的五官感覺的社會存在這方面無可比擬地飛速發展起來，使它取得了比其對方（生理性方面）遠為優勢的支配作用。所以，我們才說，人類的審美感是世界歷史的成果，是人類文化和精神面貌的標誌。達·芬奇、拉斐爾、貝多芬、范寬、曹雪芹的作品就是這種標誌的藝術物質的存在。

這裡，應該指出，當時作為馬克思主義者的普列漢諾夫在論證美感的社會性質的問題上，曾作出自己的貢獻。但近十幾年來，這些貢獻在個人崇拜的影響下，遭到了完全不公正的批判。我們應該繼續發展普列漢諾夫關於審美判斷的歷史唯物主義。普列漢諾夫曾初步指出美感判斷對個人的非功利性和社會的功利性的雙重特點。他以原始藝術和法蘭西十八世紀繪畫和戲劇為具體例證，論證了美感是由「各種社會原因所限定的實質」，「在文明人，這樣的感覺（引者按：即指美的感覺、美的趣味、美的判斷等），是

---

14 馬克思：《經濟學─哲學手稿》。

15 同上。

和各種的複雜的觀念以及思想連鎖在一起的」。「為什麼……人類
恰有這些的而非這些以外的趣味呢？為什麼他喜歡恰是這些而非
這些以外的呢？那是關於環繞著他的條件如何的」。[16]而這條件，
普列漢諾夫指出，就正是一個特定的社會環境──一定的階級、
一定的民族、一定的生產關係和生產力，等等。所以，美感這種
表面上的個人主觀偶然的心理活動，是客觀必然地決定於那個時
代和社會的。而作為社會意識型態和上層建築之一，藝術、美感
與道德、科學一樣，是作為人類認識和改造世界的有力工具而服
務於人類的生產鬥爭和階級鬥爭的社會實踐的。它的存在的所以
可能和必要，其根本原因就正在於它對於人類具有重要的功利的
和實用的價值。儘管從表面看來，這種價值極不明顯，好像根本
沒有似的；儘管要真正揭發任何一個美感藝術與實用價值之間的
聯繫，都要經過一連串的中間環節的極為複雜的過程。[17]當藝術、
美感還未取得相對獨立的地位，還未具有比較成熟的形態之萌芽
階段裡，例如在原始藝術那裡，美感、藝術與實用、功利還保持
著和呈現為一種明顯、粗陋和簡單的直接聯繫的情況。普列漢諾
夫，以原始藝術的材料為例證，證明了美的判斷、趣味與實用與
善的觀念的不可分割的統一和一致，證明了美感、藝術的社會功

16 參看《藝術論》，中譯本，第 29 頁，譯文有改動。

17 〔補注〕康德的無目的的目的性，黑格爾的藝術獨立自足無待於外但又
　　體現絕對精神等等觀點、說法，都是在唯心主義形式中，揭露了審美、
　　藝術這種雙重性，一方面它們以自身為目的，不為狹隘、具體的實用、
　　功利（外在目的）服務；另一方面它們又是具有服務於人類的目的性的。

利的真正本質和目的。魯迅特別讚許地概括了他的這一思想，說：
「普列漢諾夫之所究明，是社會人之看事物和現象，最初是從功
利的觀點的，到後來才移到審美的觀點去。在一切人類所以為美
的東西，就是於他有用——於為了生存而和自然以及別的社會人
生的鬥爭上有著意義的東西。功用由理性而被認識，但美則憑直
感的能力而被認識。享樂著美的時候，雖然幾乎並不想到功用，
但可由科學的分析而被發見。所以美的享樂的特殊性，即在那直
接性，然而美底愉快的根柢裡，倘不伏著功用，那事物也就不見
得美了。並非人為美而存在，乃是美為人而存在的——這結論，
便是蒲力汗諾夫將唯心史觀所深惡痛絕的社會、種族、階級的功
利主義的見解，引入藝術裡去了。」[18]

　　總之，馬克思主義關於美感的社會功利性質的理論反對把美
感看作是與一切社會生活根本無關的純本能式的生理、心理活動
揭示了在所謂「超功利」的個人美感直覺中，還包含著功利的客
觀社會性質。

　　因為克羅齊的赤裸裸的直覺說與客觀事實太不相容了，朱光
潛先生也看到了這一點，於是在《文藝心理學》中又自相矛盾地
添上了〈美感與聯想〉一章，承認美感經驗固然本身是超脫一切
「名理觀念」，但這美感經驗的前後卻仍可以有「名理觀念」的思
維，這種思維有時還能幫助美感等等。朱光潛在這次自我批評中

---

18 《藝術論》序言，《魯迅全集》第 17 卷，魯迅全集出版社，1948 年版，
　　第 19 頁。

也說：

　　於是想出一個調和折中的途徑，說直覺活動只限於創造和欣賞白熱化的那一剎那，在那一剎那的前或後，抽象的思維、道德政治等等的考慮，以及與對象有關的種種聯想都還是可以對藝術發生影響。這個看法我至今還以為是基本正確的。……我的錯誤在於沒有堅持這種看法……如果堅持這種看法，就應該根本放棄「藝術即直覺」的定義，這就等於說，要放棄主觀唯心主義的基本立場。[19]

　　當然，說美感直覺的前後有邏輯思維的補助和影響，這是正確的。但問題在於：僅僅承認和「堅持」這一點，是否如朱先生所認為，就能達到「放棄主觀唯心主義的基本立場」的目的呢？

　　我們的回答是否定的。我以為，僅僅承認美感直覺的前後有邏輯思維，而保留了對美感直觀本身的錯誤看法，沒有看到這直覺本身的社會功利的客觀性質和內容，還是不可能解決問題，問題的核心不在於美感與理智（聯想、邏輯）的外部聯繫的問題，不在於承認美感的前後有否聯想和邏輯理智活動的問題；而在於美感經驗這一心理直覺活動本身的客觀的社會功利性質和內容問題，它與人類理智活動的內在的聯繫問題，亦即這一直覺本身是社會歷史的功利的產物的問題（雖然對於個人常常不是自覺意識

19　〈我的文藝思想的反動性〉，《文藝報》1956 年第 12 期。

到)。這一點，我想上面應該已說明白了。所以，與唯心主義美學家同樣由美感直覺的分析出發，卻可以得到完全不同的答案：初步揭開為他們所抓住、吹脹的美感的主觀直覺形式，論證了在這主觀直覺中實際包含有客觀社會的功利的內容。

總括我關於美感矛盾二重性的論點，是認為，美感是有社會功利性的，在這一方面，它與科學與邏輯思維是一致的，它們都揭示事物之間的客觀聯繫，揭示事物的本質，但是，美感卻又有其不同於科學和邏輯的獨具的特徵，這就是它的直覺性質，沒有這一性質，就不成其為美感，就會與科學等認識方式混淆等同起來。所以美感的矛盾二重性是一個統一的存在，忽視或否認任何一方，都是錯誤的。

2.美感是美的反映

現代唯心主義美學完全用美感來吞并美，用對美感經驗的分析來替代對美的分析。[20] 所以如此，是因為他們把美感經驗的分析關在個人主觀直覺的狹窄的籠子裡的原故。正因為把美感經驗僅僅看作個人主觀的直覺形式，這就引導他們否認美的客觀存在，而認為美完全是人的主觀直覺的創造，所謂「直覺即創造」，「直覺即表現」，「移情說」……種種理論都由此出。朱光潛先生也是

---

20 〔補注〕關於現代資產階級美學這些觀點可參看本書〈帕克美學思想批
　　判〉一文，帕克折中綜合各家，從帕克可以窺見現代西方各派美學的一
　　些基本特徵。

這樣。

　　唯物主義從美感分析出發，卻走著不同的道路，絕不關閉和停留在承認美感直覺形式上面，恰恰相反，正因為揭示美感直覺形式本身中的社會歷史內容，就引導進一步去探求這種美感的社會內容的客觀現實的來由、實質和根據，研究美感的客觀依據——現實美的存在。

　　美感為什麼會存在呢？其存在的根據是在其自身，還是有其客觀依據呢？在一定的社會歷史條件下，一定的美感為什麼會具有一定的普遍性和必然性呢？唯心主義因為否認美的存在的客觀性，就認為這僅僅是因為人類主觀「心理機能的一致」，如所謂先驗的「共同感」（康德），這種先驗的普遍性實際上是空洞的普遍性。唯物主義認為正因為美的存在本身具有必然性和普遍性，這才造成美感的普遍性和必然性。後者正必需以前者為客觀基礎，否則它的普遍性、必然性就變成無源之水、無根之木而不可能存在了。例如，花所以在人類視覺感官中具有紅的必然性和普遍性，絕不僅僅是因為人類先天生理機能的一致（如不是色盲之類），而且還必需是因為客觀世界中有一個外物真有一種不依賴於人類感官而存在的紅的客觀物質屬性（當然，這屬性不單是紅）作用於我們感官的結果。這樣，反映在我們的視覺中，也才有紅的感覺的普遍性、必然性和客觀性。沒有那個外物和外物的那個屬性，即使人類生理機能一致，也不可能普遍地必然地產生紅的感覺。而美感和美的關係也與此有相似處。美是不依賴人類主觀美感的存在而存在的，而美感卻必須依賴美的存在才能存在。唯物主義

既認為美感是美的反映，那麼，很清楚，如果要徹底分析美感經驗，如果要真正找到美感經驗的性質的由來和存在的根據，那就必須也必然要去分析它的客觀依據——去分析美。

美感的客觀功利性從哪裡來的呢？為什麼美感會具有這一性質呢？美感本身顯然不能回答這一問題。美感的客觀功利性只有在美的社會性中求到解答。前者是後者的必然反映。

美感為什麼又具有主觀直覺性呢?這一性質又從哪裡來的呢？唯心主義雖然大肆強調美感的直覺特性，卻始終沒能說明這一直覺性質是如何可能的。顯然，美感本身又不能回答這一問題，而只能從其客觀基礎——美的特性中去尋求根源。美感的直覺性是美的存在的形象性的反映。後者是前者存在的客觀基礎。[21]

---

21 〔補注〕本文上述對美感的探討，並非心理學的現象描述或規定，而仍只是哲學的分析，對美的探討當然更如此。美的本質不是心理學課題，而是哲學課題，參看本書〈關於當前美學問題的爭論〉等文。美感作為心理科學的研究對象，將在未來世界中占有極為重要的地位，它大概是某種具有多個常數和變數的複雜的數學方程式。它將準確地表述從看小說、戲劇到欣賞一個陶器造形、聽一段音樂等等大有差異的各種美感心理。

美

1. 美的客觀性和社會性，批判唯心主義和形而上學唯物主義

首先來看美的客觀性問題。

美究竟是什麼？這是美學史上長期聚訟紛紜、莫衷一是的問題。近代美學主流大都屬於主觀唯心主義的哲學營壘，如上節所已指出，他們認為美是個人主觀直覺的創造，認為美是個人直覺的「創造」「表現」，是由心「傳達」、賦予、賜給外物的。朱光潛對此說概括得極清楚：「它（指美）是心借物的形相來表現情趣。世間並沒有天生自在，俯拾即是的美，凡是美都要經過心靈的創造」，「美是一個形容字，它所形容的對象不是生來就是名詞的『心』和『物』，而是由動詞變成名詞的『表現』或『創造』。」[22]這種「表現」或「創造」，只是個人主觀直覺的「表現」和「創造」。因此，「同是一棵古松，千萬人所見到的形象就有千萬不同，所以每個形相都是每個人憑著人情創造出來的。每個人所見到的古松的形相就是每個人所創造的藝術品，它有藝術品通常所具的

---

22 均見《文藝心理學》，開明書店，1936 年版。

個性，它能表現各個人的性分和情趣」。[23]

朱光潛在這裡，如同克羅齊一樣，也承認創造必須有客觀物質的「材料」的存在。（克羅齊稱之為「內容」、「印象」，參看他的《美學》一書）但是，這些材料所以成為美的對象卻是個人主觀直覺「創造」、「表現」的結果，是個人主觀「人情化」的結果。「物質就其為單純的物質而言，心靈永不能察識，心靈要察識它，只有賦予它以形式，把它納入形式才行。單純的物質對心靈為不存在，不過心靈使它有這麼一種東西，作為自覺以下的一個界限」。[24]所以，歸根結蒂，「美」就仍是個人主觀作用「外射」或「傳達」於客觀的產物。

在這個美學基本問題上——美在心（主觀）還是在物（客觀）？是美感決定美還是美決定美感？朱光潛先生最近作了詳盡而誠懇的自我批評，是仍然堅持「美不僅在物，也不僅在心，它在心與物的關係上面」的觀點，雖然文中並未作具體論證，而這一觀點是我不能同意的。把所謂「心物的關係」（或「主客觀的統一」）抽出來作為一個超然於心物之上或之外的獨立的東西，這不過是為我們所十分熟悉的近代主觀唯心主義的標準格式——馬赫的「感覺複合」「原則同格」之類的老把戲[25]，問題不能一直停留

---

23 朱光潛：《談美》，開明書店，1932 年版。

24 同上。

25 克羅齊、朱光潛與馬赫主義是有區別的，他們是不同的派別，但都屬於主觀唯心主義範圍。

在「不在心亦不在物」這樣一句抽象的話上，還必須對這句話作引伸，作解釋，一引伸或解釋就仍然是以心來決定物了。朱先生自己在《文藝心理學》中就已經親身作過一次這樣的證明。先是說美既要有物（客觀），也要有心（主觀），是心物的關係，接著立即走向美是「心借物以表現情趣」了，這就是所謂美在「心物之間」是「主客觀的統一」的結果。所以，從哲學根本觀點上說，美是主觀的便不是客觀的，是客觀的便不是主觀的；這裡很難「折中調和」。我強調美具有不依存於人類主觀意識、情趣而獨立存在的客觀性質。美感和美的觀念只是這一客觀存在的反映、模寫。

　　在承認美的客觀性的基礎上，我們再來看看美的社會性問題。因為美既然不在「心」，當然就在「物」。但是，這個「物」究竟是怎樣的物呢？正是在這裡，又面臨著複雜的問題。

　　從很早起，許多唯物主義美學就把美看作一種客觀物質的屬性。他們認為這種屬性，正如物質自身一樣，可以脫離人類而獨立存在。這就是說，沒有人類或在人類之前，美就客觀存在著，存在於客觀物質世界中。這樣，美當然就完全在自然物質本身，是物質的自然屬性。於是許多人就在自然物體中去尋找、探求美的標準。「黃金分割」啦，形態的均衡統一啦，實驗美學啦，……就都出來了。他們總是企圖證明美是存在在這些物體的數學比例、物理性能、形態樣式中，物質世界的這種自然屬性、形態、功能本身就是美。蔡儀可以算作是這種舊唯物主義美學在中國的代表。在《新美學》中，蔡儀說：

究竟怎樣的客觀事物才是美的客觀事物呢？美的客觀事物須具備著怎樣的本質的屬性條件呢？或者說美的本質是什麼呢？

我們認為美的東西就是典型的東西，就是個別之中顯見著一般的東西；美的本質就是事物的典型性，就是個別之中顯現著種類的一般。[26]

總之，美的事物就是典型的事物，就是種類的普遍性、必然性的顯現者……。[27]

這就是蔡儀「美是典型」的理論。在這裡，「典型」是指事物的自然本質屬性，是指「顯現了種類普遍性的個別事物」。「事物之所以為該事物的普遍的必然的屬性條件，就是它的種類的屬性條件」。[28]「黃金分割」為什麼是美的呢？因為宇宙中許多事物都是含著這個自然比例，這個自然比例是事物的普遍性，所以是美。勁直的古松為什麼是美的呢？因為它顯現了生物形體上的一般本質屬性和普遍性——均衡和對稱。「至於畫家的以偃臥的古松、欹斜的弱柳入畫，雖然不能表現生物形體上的普遍性，卻能表現著它們枝葉向榮的不屈不撓的欣欣生意，就是表現了生物的最主要的普遍性了」。[29]所以，也應是美。

---

26 《新美學》，群益出版社，1947 年版，第 68 頁。

27 同上書，第 80 頁。

28 同上書，1947 年版，第 249 頁。

29 同上書，第 79 頁。

　　很清楚，這一切都是把美或典型歸結為一種不依存於人類社會的物體自然屬性。人比動物美，高級植物比低級植物美，是因為前者屬於更高的生物種類，從而具有更高的種類的本質、普遍性和「優勢的種類屬性」，它們是更典型的種類。「例如顯花植物之於植物便是典型的種類」。[30]

　　蔡儀這種理論最嚴重地暴露了唯物主義的弱點和缺陷。這種簡單化、機械化的觀點是不能圓滿解釋極為複極的美的問題的。例如，如上所說，美是典型，典型是物質的一種種類自然本質屬性。高級的自然種類屬性比低級的美。那麼，蒼蠅、老鼠、蛇就一定要比古松、梅花美了。那麼，直樹一定比彎樹更美，大柏樹一定比矮叢林更美，因為前者更「典型地」顯現了植物「均衡對稱」、「生長」等自然種類屬性。而月亮也一定是最不美的了，因為它只是最低級的物質種類（無生物）……這一切顯然只是笑談，樹長得直，就是直，為什麼會是美呢？為什麼它會引起人們的美感呢？「黃金分割」是一種數學比例，難道真正就在這種數學比例本身中神奇地具有著先天的美，來打動人們的心靈嗎？高山大海，日光月色，這純粹是一種自然物質現象，如說它本身具有美，那為什麼有時候或有些人能感覺它而另外一些人另外一個時代就不能感覺它呢？而眾多的所謂自然醜如何又能成為藝術美呢？……人們可以提出一系列的問題。而這種把美看作是自然物質屬性的理論卻一個也不能解釋清楚。同時，這種唯物主義美學理論是極

---

30 同上書，第 89 頁。

容易導向客觀唯心主義的道路上去的。因為把物質的某些自然屬性如體積、形態、生長等等抽出來，僵化起來，說這就是美，這實際上，也就正是把美或美的法則變成了一種一成不變的絕對的自然尺度的脫離人類的先驗的客觀存在，事物的美只是這一機械抽象的尺度的體現而已。這種尺度實際已成為超脫具體感性事物的抽象的實體，十分接近客觀唯心主義了。把人類社會中活生生的、極為複雜豐富的現實的美，抽象出來僵死為某種脫離人類而能存在的簡單不變的自然物質的屬性、規律，這與柏拉圖的先驗的客觀的絕對理式，又能有多大的區別呢？僵化事物的性質把它抽象地提昇為概念式的實體或法則，這正是由舊唯物主義通向客觀唯心主義的哲學老路。

　　舊唯物主義不能解決美的客觀存在性質問題。唯心主義正是抓住了舊唯物主義的這種弱點：舊唯物主義的學說既講不通，美既然不可能是物的自然屬性，當然就不在物；那麼，美當然就只能是人類主觀心靈的創造了。看來只有一方面承認美是客觀存在，但另方面又認為它不是一種自然屬性或自然現象、自然規律，而是一種人類社會生活的屬性、現象、規律，它客觀地存在於人類社會生活之中，它是人類社會生活的產物。沒有人類社會，就沒有美。才能解決這一難題。馬克思說：

　　……在社會中，對於人來說，既然對象的現實處處都是人的本質力量的現實，都是人的現實，也就是說，都是人自己的本質力量的現實，那麼對於人來說，一切對象都是他本身的對象化，

都是確定和實現他的個性的對象，也就是他的對象，也就是他本身的對象。[31]

　　這裡的「他」，不是一種任意的主觀情感，而是有著一定歷史規定性的客觀的人類實踐。自然對象只有成為「人化的自然」，只有在自然對象上「客觀地揭開了人的本質的豐富性」的時候，它才成為美。所以，高山大河等自然現象本身，並不如舊唯物主義所認為的那樣，有所謂美的客觀存在。自然本身並不是美，美的自然是社會化的結果，也就是人的本質對象化的結果。自然的社會性是自然美的根源。一張風景畫和一張科學的自然圖片，儘管其描述的對象完全相同，但所以一則能喚起美感，一則不能，顯然不是用物體的均衡對稱之類的「法則」可以說明（因為二者都表現了這法則），而是因為一則反映和表現了對象的社會性，一則只反映了對象的自然屬性的原故。美的社會性是客觀地存在著的，它是依存於人類社會，卻並不依存於人的主觀意識、情趣；它是屬於社會存在的範疇，而不屬於社會意識的範疇，屬於後一範疇的是美感而不是美。不但不能把美的社會性與美感的社會性混同起來，而且應該看到，美感的社會性是以美的社會性為其存在的根據和客觀的基礎。

　　在這裡，可以進一步分析為近代西方美學的「移情說」的自然美理論的祕密了。談自然美時，最容易發揮美在於心的主觀唯

---

31 馬克思：《經濟學—哲學手稿》。

心主義。「移情說」就是例子。因為自然本身既然沒有美，我們卻又能感到自然的美，那似乎就當然是個人的主觀創造、主觀的「移情」了。

「移情作用」，確是一種客觀存在的現象，為批判朱光潛而否認它的存在，是可笑的。問題不在於否認而在於闡明這種現象。

移情作用（姑名之曰「移情」），是心理學所承認的一種合乎科學規律的人類心理現象，這就是人們不自覺地把自己的情感、意志、思想賦予外物，結果好像外物也真正具有這種情感、意志、思想似的。在日常生活中，這種例子極多，小孩總覺得貓狗跟自己一樣地會思考會說話，童話就建立在這種兒童心理特徵之上。「感時花濺淚，恨別鳥驚心」，「把酒送春春不語，黃昏卻下瀟瀟雨」……，成人們也常常把外物擬人化或將自己的情感抒發、外射在外物上。所謂「詩人感物，連類無窮」，「寫氣圖貌，既隨物以宛轉，屬采附聲，亦與心而徘徊」（《文心雕龍》）。不能否認這種現象的人類主觀性質和人的意識情趣的主觀作用。但問題的關鍵在於：首先，並不能因此而認為這種「移情」是人類的天生本領，或認為這種「移情」是個人主觀情感所任意「反射」給外物的結果。為什麼會「移情」？移什麼情？這完全是客觀地被決定和制約於整個人類社會生活，是人類長期社會生活環境和文化教養熏陶教化的結果而形成的一種不自覺的直覺反射，它具有深刻的客觀性的內容。就是說「移情」的內容，如美感的內容一樣（「移情」只是美感的一種形式），是具有嚴格的社會性質的，它是一定的社會意識的表現（社會意識，歸根結底，又都只是社會存在的

反映。所以說它具有客觀性的內容）。我們看到古松、梅花，產生清風亮節的美感，這並不是我們個人主觀直覺的任意的「創造」或「表現」；「初出世的小孩子」以至原始人類，就絕對不能這樣欣賞古松、梅花，就絕對不會產生這種「清風亮節」的「移情作用」。這種「移情作用」，正如美感一樣，是人類長期的社會生活環境的教化熏陶（其中文化教養又占很重要的地位）所不自覺地形成的直覺反射，這種直覺是具有客觀社會性質的，它以美本身的社會性為基礎、為根源。這一點在前面談美感的時候即已詳細談過了。所以，「移情作用」不是一種簡單的主觀直覺的外射，不是什麼神祕的「物我同一」，它具有極為複雜細緻須要深入研究的社會內容。例如，有些移情，帶有人類普遍性，人快樂時，覺得花歡草笑，悲哀時，覺得雲愁月慘；有些移情具有階級性、民族性，例如中國士大夫喜以菊花來表現人的品格的高潔，把它與陶淵明聯繫起來而成了一種直覺的反射，在欣賞自然的菊花或菊花畫的創作中，常常不自覺地把自己的這種情感移進去了；但真正的農家子弟是否會這樣欣賞菊花，就大成問題。又如中國人常對松竹梅荷「移」進去瀟灑出塵、出污泥而不染的剛勁高標的品質，但外國人對此，就恐怕不如此。所以，「移情」（美感）是具有社會性的，這一點上節已詳加說明。其次，也是最重要的，是作為一種美感的直覺反射，移情作用的內容和性質是一種社會心理或意識；一定的自然為什麼會引起人們一定的美感，亦即人們為什麼會給自然「移」進去這樣或那樣的一定的情趣，一般說來，這是一定的社會歷史條件下，社會生活的精神上的反映和產物；具

體說來，這是一定的自然在一定的歷史社會條件下，所具有的客觀社會性，即它與人類的一定的客觀社會關係在人類主觀中的反映、產物。在遠古人類就不能如近代人那樣去欣賞自然美。在那時自然是作為人類的仇敵、作為人類征服的對象出現在遠古的神話中。從中國和西方的繪畫史也可以看出：抒寫和表現人類情感、思想的自然風景畫的出現是在比較晚的年代。它說明人類的美感是在發展，人的「移情作用」是在增長和豐富，它的根本基礎在於自然與人類的關係在發展、豐富和改變。人對自然的美感欣賞態度的發展和改變，是以自然本身對人的客觀社會關係的發展和改變為其根據和基礎。所以，人能夠欣賞自然美，人能夠把自己的感情「移」到對象裡去，實際上，這就是說，人能夠在自然對象裡直覺地認識自己本質力量的對象化。[32] 認識美的社會性，這絕不是一件簡單的事，這是一個長期的人類歷史過程。在這個過程中，人類創造了客體、對象，使自然具有了社會性，同時也創造了主體、自身，使人自己具有了欣賞自然的審美能力。所以，歸根結蒂，自然美就只是社會生活的美（現實美）的一種特殊的存在形式，是一種「對象化」的存在形式。它是產生「移情作用」的客觀基礎和源由。

所以，結論就是：美不是物的自然屬性，而是物的社會屬性。

---

32 〔補注〕在黑格爾，對象化和異化混而未分，盧卡契承襲了這一用法而作了自己的發揮。本文原用「異化」一詞乃黑格爾用法，即「對象化」之意，今一律改為「對象化」。

美是社會生活中不依存於人的主觀意識的客觀現實的存在。自然美只是這種存在的特殊形式。

2.關於「美是生活」的定義和美的兩個基本性質

如上所說，美一方面是不依賴人的主觀意識，不依賴於人的美感的客觀存在，同時它又只存在於人類社會生活之中，那麼，美究竟是什麼呢？如何給美下個定義呢？

下定義是最困難的問題，因為定義意味著整個研究成果的精煉概括，而這種研究，現在卻還不過只是開始。所以，不能指望下定義。

我認為，美學史一般從不提及的車爾尼雪夫斯基的「美是生活」的看法或定義，倒基本上合乎上面我所談的美的客觀性和社會性的特點，車爾尼雪夫斯基反對美是「絕對理念的體現」的黑格爾唯心主義，並肯定美只存在於人類社會生活之中。美，是人類社會生活本身。這較接近於馬克思主義的觀點。

但是，車爾尼雪夫斯基這種說法有很大的弱點，它抽象、空洞。這就正如車爾尼雪夫斯基的哲學體系沒能擺脫費爾巴哈的人本主義一樣，「生活」，在他那裡，基本上仍是一個抽象、空洞、非社會歷史的人類學的自然人的「生命」概念（雖然他也片段地看到了階級鬥爭等等社會內容），它並不具有馬克思主義歷史唯物主義所強調的具體的社會歷史的客觀內容。生活的具體內容究竟是什麼，既然還不能十分確定，那麼，「美是生活」的說法也就顯得模糊、抽象了。因此任務在於：用歷史唯物主義的關於社會生

活的理論，把「美是生活」這一定義具體化、科學化。

社會生活，照馬克思主義的理解，主要是以生產鬥爭和階級鬥爭為核心的社會實踐。人們的一切思想、情感都是圍繞著、反映著和服務於這種種實踐鬥爭而活動著，而形成起來或消亡下去。人類社會在實踐鬥爭中不斷地向前生長著、豐富著，這也就是社會生活的本質、規律和理想（即客觀的發展前途）。美正是包含社會發展的本質、規律和理想而有著具體可感形態的現實生活現象，美是蘊藏著真正的社會深度和人生真理的生活形象（包括社會形象和自然形象）。黑格爾說，「理念」從感官所接觸的事物中照耀出來，於是有「美」。這裡「理念」如果顛倒過來，換以歷史唯物主義所了解的社會生活的本質、規律和理想，就可以說是接近於我們所需要的唯物主義的正確說法了。與黑格爾的根本區別，在於他的「理念」是超脫生活的抽象的獨存的精神實體，而我所說的生活的本質、規律和理想，卻只是生活本身，是不能超脫生活而獨立存在的。所以，它與現實生活中的某個具體的社會形象或自然形象的關係，就只是一種內容與形式的不可分割的統一的存在關係。

在這裡，便涉及到美的兩個基本特性（客觀社會性和具體形象性）了。美的基本特性之一是它的客觀社會性。所謂美的社會性，不僅是指美不能脫離人類社會而存在（這僅是一種消極的抽象的肯定），而且還指美包含著日益開展著的豐富具體的存在，這存在就是社會發展的本質、規律和理想，例如，人類為理想開展的活動就是這樣一種本質、規律和理想。它構成了美的客觀社會

性的無限（相對於下述的「有限」）內容。美的另一基本特性是它
的具體形象性，即美必需是一個具體的、有限（相對於上述的「無
限」）的生活形象的存在，不管是一個社會形象還是一個自然形
象。無限的內容必需通過這個有限的形式而表現，沒有這種形式
的內容，就只能是邏輯、科學的對象，不能成為美感、藝術的對
象。美感的特徵（主觀直覺性）是建築在美的這一特徵（具體形
象性）的基礎之上。後者是前者產生的條件和根據。

　　這裡要重複一下的是，決不能把美的社會性和形象性分割開
或看作是兩個不同的實體的獨立存在。只有邏輯、科學才把二者
分開來，把本質從現象中，把內容從形式裡抽象昇華出來研究，
但在現實中，這二者本是一個完整的統一的存在。而藝術美感的
特點，就在於從現象上、從具體形象中去把握。美的社會性是寓
於它的具體形象中，美感的功利性是寓於它的具體直覺中。

　　美是具體形象。因此作為構成具體自然形象的某些自然屬
性——如均衡、對稱的生物、物理上的性能、形態等等，也就成
為構成美的必要條件。在上節批判舊唯物主義時，我強調了這些
自然屬性本身並不就是美；現在，要公正指出，它們本身雖然並
不是美，卻是構成美的重要或是必要的條件。例如，高山大海的
巨大體積，月亮星星的黯淡光亮，就常成為壯美或優美的必要條
件。這種自然條件或屬性還常成為快感的客觀對象、基礎和根據。
例如夏冬自然氣候的不齊，對人生理上的刺激，從而影響心理情
緒而作用於美感。「獻歲發春，悅豫之情暢；滔滔孟夏，郁陶之心

凝」。[33]上節曾指出快感與美感的關係，這種關係就正是以美的自然屬性和社會屬性的關係為基礎和根據的。自然屬性本身不是美，卻常常構成美的條件，幫助美的形成和確定；快感本身並不是美感，但卻常常構成美感的條件，幫助美感的形成和確定。所以，藝術美感的體現和喚起，就常常是以快感對象為其物質材料。總括上面，可以知道，美是形象的真理，美是生活的真實。真和美在現實生活中，本應是完全一致的、不可分的統一的存在。如果把「真」和「美」分裂並對立起來，其結果常常是否認美的客觀生活真實的存在。[34]

與此同時，朱光潛先生又把美與善（實用價值）割裂和對立起來。認為美是非實用的，實用的也不一定是美，並舉了農夫以為門前海景不如屋後一園菜美的例子，這一例子已有人加以反駁，這裡不再說。要指出的是，在現實生活中美和善根本上也應是統一的，一致的。但美不是與狹隘的某個個人的實用價值相一致、相統一（如那個農夫的例子），而是與總體人類社會生活的大實用價值相一致、相統一。蘊含著豐富的人類生活的本質、發展規律和理想的可感知的具體生活形象，它是純樸的真，它是偉大的善，同時也就是崇高的美。[35]

美的兩個基本性質（亦即美的內容與形式）問題，一方面總

---

33 劉勰：《文心雕龍》。

34 〔補注〕這些問題遠為複雜，上述和下面的概括都是相當粗糙簡略的。

35 〔補注〕關於美與真、善的關係以及美的本質諸問題可參看本書〈美學三題議〉，那裡作了進一步的說明。

結了美感的矛盾二重性問題，另一方面卻又開展為藝術形象與典型這一藝術的中心環節。因為美的無限寬廣深刻的社會內容是與其有限片斷的具體形式相矛盾的。後者不能充分表述前者。人們愈益認識後者，就愈要求更圓滿地表現前者。從而，這就推動著藝術美的出現。藝術美是現實美的模寫和反映，又是現實美的集中和提煉。優美的藝術是內容（社會性、思想性、政治標準）和形式（形象性、藝術性、藝術標準）的完滿和諧的統一，它把美引向了更高級的形態和階段。所以，研究美（現實美）的問題，必然歸結到研究藝術（藝術美）的問題。在我們研究順序上，美是美感的否定，藝術是否定之否定。[36]

 ## 藝術的一般美學原理

　這是一個大問題，它可以是寫作幾十本書的題材。在這篇小

---

36 〔補注〕參看本書第 209 頁，提法有所改變。如前注所說明，本文並非對美感作心理描述或分析，因此這只是就哲學行程的總體而言的。現代西方美學中，對審美經驗的分析和對藝術的研究，幾乎成了美學的主體甚至唯一主題，在另一些人那裡，對藝術的「元批評學」替代了美學。對美的哲學探討的興趣完全消失，一概斥之為形而上學，這是我所不敢苟同的。

文中，只想以最後幾千字的篇幅最簡略地談一下有關藝術的三個
最重要的美學問題。所以仍要談一下，是因為藝術無論如何總是
我們整個美學科學研究的主要目的和對象。一切對於美感和美的
抽象理論的闡明，歸根結底總還是為了具體地更有效地研究和幫
助藝術的創作和批評。[37]

1.藝術和藝術創作的基本美學問題

藝術的根本美學問題是藝術與現實的關係問題。這一問題的
具體化，就是藝術形象與典型的問題，因為藝術是通過形象和典
型來反映現實的。這一問題表現在創作裡，就是形象思維的問題，
因為藝術是通過形象思維來創造形象和典型，從而去反映現實的。

⑴藝術與現實的關係：美是客觀地存在於人類社會生活之中。
但是，除了山川之美（自然美）以外，一般比較難於直接在現實
生活中去欣賞美、感知美，需要通過藝術來感知和欣賞它，甚至
人們不感到美的某些現實生活現象，一搬到藝術上，就能感到美
了，這是些什麼原故呢？這是不是如朱光潛所說的那樣，因為藝
術與實際人生有一定的距離，而現實美則因距離太近而無法感知
呢？

朱光潛的「距離說」是一個極其混雜的概念。其中包含了各
種各樣的所謂距離，有空間、時間的距離，有理智態度的距離，

---

37 〔補注〕此說略嫌絕對，美學特別是美的哲學部分便不能如此概括。參
　　看拙作《批判哲學的批判》一書第十章。

有實際人生的距離種種（其中主要的是社會功利的距離），這裡限於篇幅，不擬一一介紹了。[38] 可以概括指出的是，用一種自然空間、時間的距離來解說自然美和藝術美是一種淺陋的觀點，它並不能解釋美不美的問題。實際上在那「距離」很近的自己創造性的勞動中也常常能得到一種美感：在那木架高聳燈火通明數萬人辛勤勞動的建築工地上，常使我們引起崇高的壯美之感。假日春郊姑娘們歡暢的歌聲，又常使人帶來一種令人愉悅的優美之感。壯美和優美也確乎客觀地存在於這兩種社會生活形象之中。

　　人們之所以還需要通過藝術美來感知美，主要是因為社會生活極為廣泛，極為複雜，任何一個短暫的、片斷的社會生活形象都不可能完滿地體現出社會生活的本質真理。社會生活是一個歷史的行程，生活的真理也正是體現在這整個行程之中。但人對現實美的直接把握常常只能是片刻的感受，它的對象只能是有限的、片斷的、表面的生活形象。這個片斷的生活形象，雖然生動具體，但不能完滿、集中、深刻地表現出那個大的生活本質、生活真理。同時，任何個人的生命、經歷、知識都極為有限，任何個人有限的耳聞目見，更不可能去直接反映、把握美的客觀存在了。所以，

---

38 〔補注〕朱的距離說當然來自布洛。布洛指的是一種主觀心理距離，並非客觀時空等等距離。他認為，任何對象只要能保持一定（不過大過小）的心理距離，便可以成為審美對象；任何對象，不論是如何成功的藝術作品，如欣賞時失去這種距離，也就不成為審美對象，不產生美感了。前者如在海難中觀霧景，後者如看奧塞羅而想及自己妻子的不貞，如此等等。

在這裡，就須要有藝術，就須要有藝術創作把表現在個別片斷的生活形象中的美集中起來，提煉出來，使它能更深刻、更全面、更普遍地反映出生活的本質、規律、理想，反映出生活的真理。

毛澤東說：

人民生活中本來存在著文學藝術原料的礦藏，這是自然形態的東西，是粗糙的東西，但也是最生動、最豐富、最基本的東西；在這點上說，它們使一切文學藝術相形見絀，它們是一切文學藝術的取之不盡、用之不竭的唯一的源泉。……

人類的社會生活雖是文學藝術的唯一源泉，雖是較之後者有不可比擬的生動豐富的內容，但是人民還是不滿足於前者而要求後者。這是為什麼呢？因為雖然兩者都是美，但是文藝作品中反映出來的生活卻可以而且應該比普通的實際生活更高，更強烈，更有集中性，更典型，更理想，因此就更帶普遍性。[39]

這是當代中國的馬克思主義理論。它首先通俗地唯物主義地肯定了社會生活中客觀現實美的存在，辯證地指出藝術美只是現實美的反映，但這反映又不是消極的靜觀，而是能動的集中和提煉，現實美在藝術中就這樣達到了它的最大的生活的真實。因此，所謂自然醜能轉化為藝術美，就不是因為「距離」之類的原因，而正是因為在藝術中，把在現實生活中人們看得很平淡、覺得並

---

[39] 〈在延安文藝座談會上的講話〉，《毛澤東選集》第 3 卷。

不美的東西集中和提煉起來，使它鮮明地、典型地反映出社會的真實生活的真理，就成為美的了。饑餓、剝削在現實生活中並不美，但是在饑餓和剝削中，勞動人民的反抗鬥爭、勞動人民的理想願望卻是美的。但這種遍布、混雜在人們日常生活中的現實美，人們就不大容易直接感到它的美，就必須用藝術把它集中起來、反映出來而成為藝術美。所以唯物主義從承認美存在於現實社會之中、承認它是藝術美的基源的理論出發，所以要求藝術應去客觀地反映生活的真實。

⑵**藝術形象與典型**：藝術美是現實美的集中的反映，這正如科學論證的主觀邏輯是現實世界的客觀邏輯的反映一樣。但是，又因為現實美本身的特性之一是它的具體形象性，它形象地訴諸人們的感官，感性地反映著生活的真實和真理，從而，這也就決定了藝術美的特性：它必須也是通過具體的感性的形象來反映生活真實和真理。藝術美是現實美的反映和集中，藝術的形象也即是現實生活的形象的反映。所以，形象就是藝術生命的祕密，沒有形象，就沒有藝術。形象問題是藝術美的核心問題，因為它也就是藝術究竟能不能以及用什麼手段反映現實美的問題。一切蒼白的公式化、概念化的藝術品，就是因為它們沒有創造出真正的形象，它們用邏輯的議論來代替形象，違反了、破壞了藝術美的根本原則。現實美本身本就是具體的感性的形象，而這些作品卻根本沒去反映它。

上面已經說過，作為可感知的具體形象的現實美畢竟還是低級的、原始的、粗糙的東西，那麼，作為藝術美的形象究竟怎樣

使它變得集中、強烈而更真實起來的呢？

這就是通過典型化的手段。所以，典型又是藝術形象的核心問題。藝術形象是否能真實地反映生活的本質、規律和理想，是否能真正反映社會發展的生活真理，就看它典型化的程度和情況怎麼樣。美的社會性就必然要求藝術形象的典型化。不典型化，藝術形象就與現實生活的形象完全一樣，藝術美就完全等同於現實美，因此，也就不能集中地深刻地概括出社會生活的本質規律和理想了。這正是自然主義藝術品所以不美的原故。高爾基說得好：

　　文學家在描寫一個他所熟悉的小商人、官吏、工人時，它不能提供任何東西以擴大和加深我們對人、對生活的認識。但是作家如果能從二十個到五十個，從幾百個小商人、官吏、工人之中抽出最富有特徵的階級特點、習慣、嗜好、舉止、信仰、談笑等等，把它們抽出並統一在一個小商人、官吏、工人身上，那麼，作家就會用這種方法創造出「典型」，這才是藝術。[40]

　　所以，典型是美的社會性和形象性的統一[41]，它具有鮮明的形象形式和深廣的社會內容。缺乏其中任何一方面，都不可能是典型。以前關於典型的定義——「典型是一定社會歷史現象的本

---

40 高爾基：《我的文學修養》。
41 參看本書〈典型初探〉。

質」的錯誤，就在於它只表明了美的社會性方面而拋開了美的形象性方面。這樣，典型當然不能真正反映美，從而也就不成其為典型了。典型的藝術形象不是生活形象的概念的演繹，而是對生活形象的藝術的提煉和集中，這就必須經過一個形象思維的過程。典型就正是、也只能是在這樣一個思維過程中產生出來。藝術家最銳敏地捕捉著各種各樣的生活形象，通過形象思維把這些原料加工集中提煉而成為典型環境、典型性格、典型的思想情緒和意境。

所以，典型問題又必須通過形象思維來研究。藝術與現實的關係問題，就這樣進而具體地在藝術創作中呈現為如何正確反映現實的問題。

⑶形象思維問題：那麼形象思維的過程是怎樣的呢？怎樣從哲學認識論來闡明形象思維的本質和特性呢？

我們都知道，根據唯物主義反映論，認識是從感性到理性，從具體到抽象的不斷深化的過程。在邏輯思維中，感覺、印象是通過概念的抽象，來概括和反映出事物的本質聯繫，從而使認識更加深化，進到認識的理性高級階段。那麼，形象思維又是怎樣進行「抽象」、「概括」而使認識由感性階段進到理性階段的呢？這顯然是形象思維的一個根本問題。因為形象思維能否以及如何上升到理性階段的問題，也就是藝術能否以及如何反映現實生活的本質的問題。

首先，我認為形象思維過程是一個具有自己特性的整體過程，而不能同意把邏輯思維作為形象思維中的一個階段（即理性階

段），不能同意把形象思維看作只是認識的感性階段，它必須經過抽象的邏輯思維，才能上升到理性階段，它必須把感性原料邏輯抽象化，然後又再在創作實踐中用具體感性形象來表現、「翻譯」和「演繹」它。我反對這種把藝術認識看作是形象（感性）——邏輯（理性）——形象（藝術作品）的思維過程。我認為，作為一個整體的形象思維有著它不同於邏輯概念的自己的理性認識的方法和階段，它的這個階段，正如同邏輯思維的這個階段一樣，是把感性認識中的材料「抽象」概括的結果。從而，它也就是對對象的認識的進一步的深化，是更深入地反映了事物的本質。

　　形象思維這種「抽象」（注意！是加了引號的抽象）和概括，不是通過邏輯的概念，而是通過形象的典型化。所以，這兩種思維（形象思維和邏輯思維）的兩種不同的「抽象」就在於，邏輯思維的抽象是從事物現象的感性原料中（感覺印象等）完全捨棄其各種具體可感的感性因素和細節來取得其概括的本質屬性。例如，「資本家」這一邏輯概念就已不帶有具體感性因素，它不是某一個具體的生活行動著的資本家個人，雖然它仍然具有一切具體的資本家的貪財若渴、唯利是圖的階級本質；而形象思維的「抽象」卻恰恰相反，它不但不去揚棄感覺、印象的原料中任何富有感染力的具體感性因素，而且還要特別在這感性原料中，保護、選擇、集中它的最有代表性的某一方面、某一屬性、某一特徵（這些屬性、特徵、方面，當然仍是具體可感知的感性材料），而在不斷地選擇、概括和集中的過程中，極力地去增強它的感染力量。藝術中的資本家的典型就比現實生活中的資本家更加帶有生活氣

息，更加令人具體地感受到他的那種階級性格和本質，使人感到更加可怕和可憎，等等。巴爾扎克的葛朗臺的典型形象不就是這樣的麼？憑藉著形象思維典型化而創造的葛朗臺老頭這一巨大的藝術形象，就跟《資本論》憑著邏輯思維的抽象所分析的資本家一樣，深刻地反映了社會生活的本質，同樣地達到了人類認識的理性高級階段。所以，「藝術家必須具備概括的本領，即把現實中經常反覆的現象典型化的本領」（高爾基），典型化就正是形象思維的理性高級階段，不典型化，就正如邏輯思維中不要概念、推理一樣，就不能去反映和認識生活的本質。所以，形象思維的過程就正是現實美的內容和本質在人的主觀中的顯露過程。人們由美的形式和現象——具體形象開始，通過典型化而達到美的本質內容的最大的藝術概括和把握。所以，美的兩重性性質問題決定了藝術的創作思維的過程的特徵。美的社會性和形象性的不可分的統一，就在根本上排斥了允許脫離感性血肉的邏輯思維任意盤據在形象思維的統一體中。

　　但是，肯定形象思維是一個獨立的整體過程，這並不是說，形象思維與邏輯思維完全沒有關係和互不相干。事實上，恰恰相反，這兩種思維經常是互相制約、滲透、影響著的。而特別是邏輯思維對形象思維的影響、滲透、制約、支配則更為明顯，也更為重要。藝術家在提煉主題、構思提綱、安排情節等等方面，固然經常是邏輯思維，而即使在形象思維的過程本身中，邏輯思維也常常從外面來指引它、規範它、干擾它。正確的邏輯思維在這時就大大地幫助了藝術家的形象思維，幫助他去發現、確定、擇

取、集中感性原料的客觀本質和規律；不正確的邏輯思維在這時
就會要損害、破壞藝術家的形象思維，使它的正常發展受到歪曲、
破壞。在古今大作家的作品中就常可以看到這種現象。[42]

　　邏輯思維的問題基本上是世界觀的問題。我們常說的所謂作
家們創作方法與世界觀的矛盾，也就是說，作家的真實反映現實
生活的形象思維與作家另一套抽象的政治、哲學、倫理觀點的邏
輯思維邏輯論證相矛盾、相衝突。但是，實際上，因為人們的邏
輯思維決不局限在政治、哲學、倫理的理論觀點，對日常生活現
象，人們也同樣進行邏輯思維，區別什麼是對，什麼是錯，什麼
是好，什麼是壞，而這種對日常具體生活現象的判斷和思維與作
者所信奉的那一套抽象的哲學、政治理論也並不全一致，有時還
相矛盾，而這也就是所謂作家世界觀本身中的矛盾。我們說，一
個世界觀徹頭徹尾反動的作家，無論如何是不可能有進步的藝術
創作的。因為他的反動世界觀已貫徹到了他對一切日常具體生活
現象的判斷中。偉大的古典作家卻不是這樣，儘管他們所信奉的
那些哲學政治觀點是反動的，但這只是他們世界觀的一方面，他
們世界觀的另一方面──對許多具體生活的愛憎好壞的邏輯判斷
常常是正確和進步的，是與他們的美感直覺和形象思維相一致的，

42 〔補注〕關於形象思維，參看本書有關文章。這一小節包括字句也未作
　　改動，與〈形象思維續談〉一文對照，基本觀點無變化。有趣的是，本
　　文所反對的公式倒恰好是鄭季翹十年後提出的公式。（見《紅旗》雜誌
　　1966 年 5 月號）

而這一方面就能幫助他們去進行創作。所以，我們說巴爾扎克、
托爾斯泰世界觀與創作方法的矛盾，主要是因為世界觀一般應該
指一個人對世界所具有的系統的理論的觀點，而巴爾扎克、托爾
斯泰的這種系統觀點和邏輯論證與他們的創作方法和形象思維卻
的確是矛盾的、衝突的。

　　由此可見，世界觀的正確與否，邏輯思維的正確與否，對於
藝術創作、對於形象思維有影響。進步的世界觀、社會思想、美
學思想，在某種情況或意義下，對藝術創作是貴重的珍寶。[43]杜
勃羅留波夫有一段話說：

　　……一個在自己的普遍的概念中，有正確原則指導的藝術家，
終究要比那些沒有發展的或者不正確地發展的作家來得有利，因
為他可以比較自由地省察他的藝術天性的暗示。他的直接的感覺，
總是忠實地把目的物指給他看，然而要是他的普遍概念是虛偽的
話，那麼在他的心裡，就勢必要引起一陣衝突、懷疑和躊躇，即
使他的作品並不因此變得徹底虛偽，也一定會顯得脆弱，無色彩，
不調和。反過來，如果藝術家的普遍概念是正確的，而且是和他
的性格完全相諧和的，那麼這種諧和與統一，也必然會反映到作
品裡去。那時候現實生活就能夠更加明白，更加生動地在作品中
反映出來了。這種作品使得有推理能力的人可以容易得出正確的

43〔補注〕這一看法並不正確，參看本書〈形象思維再續談〉。

結論，從而對於生活的意義也就更大了。[44]

　　只有了解美感問題，才能真正了解世界觀、邏輯思維在藝術創作中的作用和地位。美感的矛盾二重性正是在這裡展開了它的外部形態：藝術家創作時所遵循的是自己個人的美感、個人的良心的指引，然而，這個人的良心、美感卻仍然是一定社會意識的表現，它具有客觀功利的性質，美和美感的兩重性質告訴人們注意把感性與理性統一起來，從生活現象中去尋找生活的本質。

　　某些唯心主義美學的特色卻是絕對地把美感與理智、藝術與科學對立和分割開來。從而，在藝術理論中，就根本提不出形象思維、典型和典型化的問題。克羅齊、朱光潛認為直覺就是表現，表現就是藝術：「藝術的活動即美感的活動，美感的活動即直覺的活動」，「心裡直覺到一種形相，就是創造，就是表現。這形相本身就是藝術作品」，「當你直覺或想像到某形某色的竹時，你同時已把它表現了。你意中之竹便是畫中之竹。畫中之竹只是已表現的意中之竹留痕跡……這就是說，直覺即是表現」。[45]

　　很顯然，在這裡，藝術創作就完全沒有任何提高集中的典型化的形象思維的過程。藝術不過是「猛然」直覺到的一種原始的模糊的生活印象而已。許多其他唯心主義者的藝術理論也都如此，都是或反對、或否認典型化的存在和必要。

---

44 《杜勃羅留波夫選集》第 1 卷，新文藝出版社，1954 年版，第 167 頁。
45 《文藝心理學》，開明書店，1936 年版，第 163、165 頁。

2. 藝術批評的美學準則

藝術美和現實美一樣，是直接訴諸人的美感直覺的。人們是通過美感而不是通過概念來認識美（現實美或藝術美）的。那麼，藝術批評的意義何在呢？簡單說來，正如剛才談過的邏輯思維對形象思維的意義一樣，它的意義在於能夠指引、規範和幫助美感直覺，幫助後者去反映和感知美的存在，去幫助人們欣賞，去幫助藝術家創作，儘管藝術批評並不能代替美感欣賞或藝術創作。

藝術批評是通過對藝術作品的邏輯分析來進行的。在這裡，藝術批評就必須具有一定的原則、規律和採取一定的途徑、方法。例如，藝術美通過典型，集中地反映著現實美。然而，現實美是一定時代和歷史條件下的東西，那麼，它的這種歷史和時代性質究竟如何反映在藝術美中，而反映著一定歷史時代的現實美的藝術美，又如何能夠長久地保留下來供後人欣賞呢？這裡，我們就需要簡單談一下美學中兩對重要範疇。這就是：藝術的時代性和永恆性，藝術的階級性和人民性。[46]

藝術既然是現實生活的集中反映，藝術美既然是現實美的集中反映，既然現實生活和現實美都是一定社會和時代下的生活，那麼，當然藝術只能以一定時代的現實生活為內容，它本身也是一定時代的產物。所以，藝術具有時代性。《紅樓夢》具有著中國

---

46 參看本書〈關於中國古代抒情詩中的人民性問題〉、〈談李煜詞討論中的幾個問題〉。

封建社會的時代標誌，它反映了封建社會走向沒落的生活現象；
《紅樓夢》是那個時代的產物，它所反映的是那個時代。一切真
正的藝術品都是這樣，都是它自己的時代的驕傲的精神產兒。但
是，另一方面，藝術又與其他事物不一樣，它能夠超越自己的時
代而長久活下去。《紅樓夢》到今天仍然保持著高度藝術魔力，仍
然在激動著今日無數青年男女的心靈。一切美好的藝術作品也都
是這樣，這就是大家都知道的藝術的永恆性。

與此相適應，藝術作為一定時代、社會的產物，在階級社會
中，為一定階級的思想情感所浸染所支配，反映出種種思想、情
感、要求、願望，反映出這個階級的歡樂、苦痛、幸福、悲哀，
這就是所謂藝術的階級性；另一方面，階級正如特定的時代一樣，
它在歷史行程中只是短暫的存在。它產生了又消滅了，但是整個
人類卻繼續生存下來。人民是綿延不朽的。因此真正美好的藝術，
又能超越自己的特定的階級性質而具有廣泛的人民的性質，為廣
大人民和後代人民所喜愛，所欣賞，這就是藝術的人民性。

所以，這兩對範疇，實際上是一回事，是一個問題的不同表
現方面。這個問題，簡言之，就是藝術產生在一定時代、反映一
定階級的情緒、利益，為一定階級服務，同時卻具有著能超越其
時代、超越其階級的性質。在相對中有絕對，在暫時裡有永恆。
而這，也就是藝術的特徵，也就是藝術的祕密。馬克思說：「困難
不在於了解希臘史詩與其社會發展形態的結合，而在於它永遠是
美感享受的源泉」。

在這個問題上，各種各樣的唯心主義和庸俗社會學各自抓住

了問題的一個方面，片面地加以吹脹誇大，經常得出錯誤的結論。
所以，也要作兩條路線的鬥爭。

唯心主義常常是抓住藝術的永恆性的特色，標榜著超越時空
的人性論，他們否認藝術的時代性、階級性，認為藝術與時代、
階級完全無關，只是表現所謂抽象不變的「人性」，因此才能留傳
下來。「一切的人呀！人喜了呀！」這就是為魯迅所辛辣地嘲笑過
的這種文藝理論的標本。朱光潛也認為：「藝術是人性中一種最原
始最普遍最自然的需要」[47]，一切藝術只是「人性」的表現，一
切藝術家只是「人性」的代表。「人性」在這裡只是一種抽象的自
然性。唯心主義一貫否認歷史具體的人性、社會性，反對藝術為
一定時代、階級服務。

與此相反，庸俗唯物主義抓住了另外一面，他們看不見藝術
的人民性和永恆性的極為複雜的特質，簡單地把藝術和藝術家分
類嵌入一個狹窄的時代、階級的框子裡。他們把藝術等同於哲學、
政治觀點，把藝術家等同於哲學家、政治家。他們只看見時代和
階級對作品和作家的制約、影響、作用，而看不見它們超越自己
時代、階級的偉大的特色。拉斐爾就被算作宮廷的侍奉者，普希
金是貴族，李白、杜甫是中小地主的代表。這種庸俗化的藝術理
論在今日我們的文學批評中仍然起著很壞的影響。他們忽視了藝
術的特徵，他們不懂得：李白、杜甫如果只是唐代地主階級的藝
術代表，那他們的作品到地主階級已經消滅的今天，就根本不可

47 朱光潛：《談美》，開明書店，1932 年版。

能還保持它的巨大的美學意義。

　　所以，問題在於正確看到每對範疇的兩個方面（時代性與永恆性、階級性與人民性）的相互依存、相互制約、矛盾而又統一著的極為生動、豐富、複雜的辯證關係。對其中任何一方的研究都必須把它的對方聯繫起來考察，要看到每一方都包含對方於其自身而成為統一的整體。

　　真理總是具體的。歷史地形象地反映一定時代的生活、揭示生活真理的藝術作品，就可能具有永恆的價值。任何時代的人們都是在不斷地從四面八方、從理智和感覺來吸取對生活真理的認識，「人確信外在世界，不僅是借助思想的幫助，而且借一切感情的幫助」（馬克思）。過去時代的美好的藝術品對過去生活真理的形象的揭示就幫助了這種認識。〈黃河大合唱〉揭示了抗戰時代社會生活的本質——災難深重的中國人民奮起抗戰、艱苦鬥爭的偉大思想、情緒、意志和行動，這些時代生活的形象也就長期地感染著、鼓舞著今天正在為社會主義建設而奮起鬥爭的中國人民，從美感上幫助他們建立對社會生活的美好信念。時代的從而也就是永恆的了。與此一樣，歷史地、形象地反映一定的先進階級、階層的利益要求、思想情感的美好的藝術作品，也就一定具有人民性，因為常常符合著當時其他階級的廣大人民的利益和要求。它本身代表著廣大的人民群眾，這樣也就當然激動著廣大人民的心靈。《三言》、《兩拍》是比較典型的正崛起的新興市民階層的藝術創作，它比較典型地反映了這一新興階級的生活、利益、理想和要求；展開了對社會生活、人情世態的深刻的描繪，它具有階

級性。但是，因為這個階級當時還是新興階級，它還忠實於生活的廣泛的真實。所以它的藝術作品就還能夠正確地描寫生活的真理，反映廣大人民的思想情感和要求。這樣，階級的從而也就是人民的了。

社會生活是一條長河，它滔滔不絕地流向更深更廣的遠方，它是變動的；但是，追本溯源，生活又有著它的繼承性，變中逐漸積累著不變的規範、準則。「夸父追日」、「精衛填海」——遠古人民征服自然的幻想的時代早已過去了，《古詩十九首》所哀傷的困苦離別也早已過去了，但是，通過藝術形象具體表現出來的那種遠古或古代人民無畏的意志和深沈的悲哀，不仍然能世世代代與我們的呼吸相通，世世代代引起我們情感的共鳴嗎？

為什麼會這樣呢？仍然要從美和美感的二重性中去求得解答。例如，美的兩個基本性質或特徵在這裡就顯示為每對範疇的兩個方面。具體形象是一定時代、階級的，而它的深廣的社會性卻能超越時代、階級而永生。這永生的生活的真理、本質、規律和理想，同時也就常存在於這個一定的具體的時代和階級的形象中，構成形象的內容，從而，這形象本身也就是永恆的生命了。這樣，藝術的永恆性，就不同於科學的永恆性，科學的永恆性只是抽象的沒有感性形象的生活的真理，而藝術卻是一個社會性和形象性相統一的生活的真實、形象的真理。藝術美感是真理形象的直觀。

上面只是指出每對範疇兩個方面的統一的性質，每對範疇的兩個方面又有它的矛盾對立的地方。舉淺近的例，如藝術品因時代太遠，今日欣賞起來感到困難，感到不美；藝術家因階級的限

制不能夠真實地反映生活,他必須拋棄階級偏見的影響才能創作具有高度人民性的作品,如此等等。總之,這兩對範疇是藝術理論中極為重要的問題,它的內容複雜而豐富,限於篇幅,這裡只能提出這個問題,而不仔細地論證了。

最後,簡單地說一下藝術批評中所應該遵循的基本方法和途徑,這也正是由上面這個問題所生發出來的。因為人民性、階級性這些範疇正是運用在藝術批評之中,藝術批評必須通過這些範疇,從理論上、邏輯上來揭示藝術美的實質、價值和意義。在現實生活中的真、善、美,藝術批評中究竟應該如何使用呢?就是說,藝術批評究竟應該採取怎樣的邏輯途徑、方法來進行呢?研究的方法決定於研究的對象。在現實生活中,真、善、美是統一的。藝術是現實生活的反映,這就必然地決定了藝術中的聯繫和一致。藝術的這一性質又規定了藝術批評的美(形象的美感)──真(生活的真實)──善(社會的價值)的分析原則。

藝術分析必須從形象出發,從形象所引起的美感出發。因為美的本質特性之一就是它的具體形象性。形象是美的特性,藝術是通過形象而不是通過別的來反映生活。所以,首先必須分析作品中的形象,看它是否真實。這一點應該是人所熟知的老生常談。但遺憾的是,今天無論是古典文學的研究或現代作品的評論,都常常不是從作品的形象出發,而是從某個先定的教條、邏輯思維出發,他們完全違反了藝術批評的這個基本原則,弄得一無是處。但是,中國古代的文藝批評卻是特別懂得這點的。他們善於用簡短的字句準確地概括某一作品或某一作家所創造的藝術形象的美

感特點。今天應繼承這種優秀的批評傳統，而反對種種從概念、
題材、「思想」出發的批評原則。

分析形象是為了要看它是否反映了生活的真實，要看它是否
真。美學的力量也就在這裡，揭示美的生活本質之所在。因為美
的基本特性之一就是它的深廣的社會真理的內容。所以在這裡，
我們就需要分析作品的階級性、時代性等等，分析它如何和在何
種程度上反映了當時社會現實生活的。

藝術本身是現實美的集中反映，同時也是人類審美感的集中
凝結。另一方面，藝術又反過來作用於生活，它促進人們的美感，
「藝術創造審美的主體」，而同時又通過提高人們的精神境界，來
促進社會生活中美的增長。所以，藝術的作用就在於豐富、提高
和不斷地改造人們的精神世界，就在於它的善。藝術是人類對美
的能動的反映，它所以揭示生活的真實，是為了鼓舞和教導人們
去善善惡惡、去為更美好的生活而鬥爭。人們是不自覺地從藝術
作品接受這種鼓舞和教導的。而美學──藝術批評就正是要邏輯
地指出這一層，揭示藝術作品的客觀內容、意義和價值，指出好
的藝術品的教育意義和壞的藝術品對人類精神的毒害，使藝術作
品以更明確更自覺的方式深入人心，使人們更懂得什麼是真、善、
美，使人們為更高的真、善、美而奮鬥。

補記：

在國內美學文章中，本文大概是最早提到馬克思的《經濟學─
哲學手稿》，並企圖依據它作美的本質探討的。由於主客觀條件的
限制，本文論證非常粗陋簡單。美感也未談其構成諸因素（知覺、

想像、情感、理解），藝術部分更為簡單化。總之，這只是寫在五〇年代國內環境下的一個初步提綱，現在雖予刪削，但不便多加修改了。另外本文結尾原曾提到撰寫《美學引論》一書，二十餘年來不斷收到一些不相識的同志們來信詢問，也曾遭到蔡儀同志的諷刺（見蔡著《唯心主義美學批判集》）。這裡似應簡單交代一下，此書寫成了大部分初稿，後因參加王朝聞同志主編的《美學概論》的編寫工作，乃暫時停寫。其中有些部分曾以文章形式改寫發表，如收集在本書中的〈略論藝術種類〉、〈典型〉、〈形象思維〉、〈創作方法〉、〈虛實隱顯之間〉等篇。

1979 年 12 月

二、美的客觀性和社會性

——評朱光潛、蔡儀的美學觀

註：原載《人民日報》1957 年 1 月 9 日。

　　讀了蔡、朱兩位先生的文章，有幾點不成熟的意見。總的說來，覺得蔡儀對黃藥眠的批評、朱光潛對蔡儀的批評，在揭露對方的錯誤這一方面，都比較準確和有力。但是，他們各自提出來的正面論點，卻大都是站不住腳的，錯誤的。而所以如此，是在於他們總是這樣那樣地、有意無意地不是否認美的存在的客觀性（黃、朱），便是否認美的存在的社會性（蔡）。在他們那裡，美的客觀性與社會性是非此即彼、互相排斥的不可統一的對立，以為承認了美的社會性則必須否認美的不依存於人類主觀條件（意識、情趣等）的客觀性；相反，承認了美的客觀性，又必須否認美的依存於人類社會生活的社會性。但實際上，美既不能脫離人類社會，又是能獨立於人類主觀意識之外的客觀存在。下面想就這個問題簡單地談談。

 ## 美是主觀的還是客觀的？

　　我們和朱光潛的美學觀的爭論，過去是現在也仍然是集中在這個問題上：美在心還是在物？美是主觀的還是客觀的？是美感決定美呢還是美決定美感？在這個唯物主義與唯心主義根本對立的關鍵問題上，朱光潛在《文藝報》發表的自我批評中，仍是堅持「美不僅在物，亦不僅在心，它在心與物的關係上面」的主張

的。並且「還是認為要解決美的問題，必須達到主觀與客觀的統一」。在〈美學怎樣才能既是唯物的又是辯證的〉一文中，朱光潛就把這種主張具體地以新的論點和新的方式提出來了：

　　……美感的對象是『物的形象』而不是『物』本身。『物的形象』是『物』在人的既定的主觀條件（如意識型態，情趣等）的影響下反映於人的意識的結果，所以只是一種知識形式……這物乙（引者按：即指「物的形象」，即指美）之所以產生，卻不單靠物甲的客觀條件，還須加上人的主觀條件的影響，所以是主觀與客觀的統一。（重點皆引者所加）

　　這確是朱光潛最基本的思想，它從頭到尾貫徹在這篇文章中，類似的提法、說法，文中到處可見。總括朱光潛的意思，是認為，作為美感對象的美，並不能獨立於人的主觀之外，恰好相反，而是必須依存於「人的主觀條件」的。而所謂「人的主觀條件」，就如朱光潛自己所標明，是指人的「意識型態」、「情趣」等等。所以，這就是說美（「物的形象」）並不是一種客觀的存在，只是人的一種主觀的「知識形式」，必須有人的主觀意識、情趣「影響」外物才能產生美，美是人的意識、情趣作用於外物的結果。這就是朱光潛這篇文章中所強調的美是「主客觀的統一」的基本要點所在。

　　但是，這種說法與朱光潛過去的說法基本上是沒有什麼不同的。朱光潛過去曾提出「美是心借物的形相來表現情趣……凡美

都要經過心靈的創造」的理論，認為美固然需要客觀外界的物質
「材料」，但這些「材料」所以是美，則是人的主觀直覺「創造」
「表現」的結果，是「心」把自己的情趣「抒發」、「傳達」給
「物」的結果。所以，朱光潛在這裡的主要錯誤，過去在於現在
就仍然在於取消了美的客觀性，而在主觀的美感中來建立美，把
客觀的美等同於、從屬於主觀的美感，把美看作是美感的結果、
美感的產物。在文章中，朱光潛雖然提出了「美」和「美感」的
兩個概念，但卻始終沒有區分和論證兩者作為反映和被反映者的
主、客觀性質的根本不同；恰好相反，朱光潛處處混淆了它們，
處處把依存於人類意識的美感的主觀性看作是美的所謂「主觀
性」，把美感和作為美感對象的美混為一談。朱光潛所謂作為產生
美的「某些條件」的客觀的「物甲」，就實際上只是一種不起任何
作用的康德「物自體」式的存在，它之成為「物乙」（美），完全
依賴於、被決定於人的主觀意識、美感。所以，在這裡，美感、
主觀意識就是基元的，第一性的；美則是派生的，第二性的。下
面這段話是朱光潛用以說明美感的，但若與文中關於美的說明對
照一下，便可以看出，它們並無差別：「美感在反映外物界的過程
中，主觀條件卻有很大的甚至是決定性的作用，它是主觀與客觀
的統一，自然性與社會性的統一。」由此就當然會得出赤裸裸的
美感決定美的邏輯結論：「美感能影響物乙的形成」。「由於……主
觀條件（美感能力）不夠……不能產生美的形象（物乙）」，所以，
這與《文藝心理學》中用「美感經驗」來代替美、決定美，認為
美是「美感經驗」的結果和產物完全一樣，朱光潛現在希望是「既

唯物又辯證」的「主客觀的統一」論就實際上仍然是美感決定美、
主觀決定客觀、「心借物以表現情趣」的主觀唯心主義。

　　但是，朱光潛現在的觀點與以前的是不是完全相同呢？那也
不是。除了朱光潛主觀意圖根本不同以外（即現在是希望建立唯
物主義的美學），還有一個重要的區別：那就是過去朱光潛所強調
的是美和美感超功利、超社會的神祕的個人直覺性質，而現在朱
光潛是承認和強調了美（實際上是美感、即意識型態、情趣等）
的時代、階級、民族的社會性質。因此，朱光潛所說的「美是主
客觀的統一」、「美在心物關係之間」的所謂「主觀」，所謂「心」，
如果說，在過去主要是指超社會的、神祕的個人的「主觀」、個人
的「心」；那麼，現在則主要是指作為社會的人的「主觀」、社會
的「心」，是指社會、時代、階級的意識、情趣了。承認了人的主
觀意識和美感的社會性質，當然是一大進步。但這並未根本改變
問題。因為即使承認了美（美感）的社會性而拒絕承認美是不依
賴人類主觀意識的客觀存在，這就是說，即使承認了美是不依存
於個人的直覺情趣，但卻認為它依存於社會的意識、社會的情趣，
就仍然不是唯物主義。所謂社會意識、社會情趣，對社會存在來
說，它仍然是主觀的、派生的東西，它只能構成美感的社會性（這
就是說，任何個人的美感是一定的社會意識、情趣的表現），而不
能構成美的社會性。所以，朱光潛把美的社會性看作是因為它依
存於人類社會意識、情趣的原故，把美的社會性看作是美的主觀
性，這就完全錯誤了，因為依存於、從屬於社會意識（人的主觀
條件）的只是美感，而不是美。美具有社會性，但不具有如朱光

潛說的這種「主觀性」。

　　由此而來的朱光潛文章中的第二個重要論點也是第二個重要
錯誤，是認為美感能「影響」美：「美可隨美感的發展而發展」，
「在美感力日漸精銳化的過程中，事物的美不但在範圍上而且在
程度上都日漸豐富和提高起來」。我們堅決不能夠同意這一論點。
我們之不能同意美隨美感的發展而發展，簡單說來，就正如不能
同意認為社會存在是隨社會意識的發展而發展一樣。社會存在的
發展是隨社會生產方式的發展而發展的，而不是隨社會意識的發
展而發展。社會意識的「反作用」，只是意味著加速或減慢這種發
展。同樣，美也並不是隨美感的發展而發展，而是隨社會生活的
發展而發展的。在人類歷史行程中，隨著社會物質生活的日益完
善，隨著人的精神面貌的日益提高，社會生活的美也就日益增長、
發展起來。原始公社沒有社會主義生活的美，野蠻時代產生不了
革命戰士人格的美。所以，必須先有生活的發展、美的發展，然
後，作為反映生活反映美的美感才有發展的可能，否則，美感的
發展就沒有它的基礎和依據，變成無根之木、無源之水了。因此，
並不是美隨美感的發展而發展，恰好要倒過來，是美感隨美的發
展而發展。至於美感的「反作用」於美，「影響」美，這主要是說
美感通過藝術反映了美，而藝術又能反過來豐富和提高人的精神
面貌，這就增進了社會生活的美，促進社會生活和美的發展。很
清楚，這與朱光潛認為美感可以直接決定美的發展的所謂「反作
用」是根本不同的。

　　朱光潛文章中還有一些錯誤（如對科學對象和藝術對象的割

裂，對「藝術反映現實」的「現實」的理解，等等），因限於篇
幅，這裡就不能逐一批評了。黃藥眠的錯誤大體與朱光潛相似，
只是表現得隱晦些，蔡儀的文章已詳細揭出，這裡也不談了。

 美能脫離人類社會而存在嗎？

　　如果說，我們與朱光潛的分歧是在美的客觀性的問題上，那
麼，我們與蔡儀的分歧就在美的社會性的問題上。蔡儀的美學觀
的基本特點在於：強調了美的客觀性的存在，但卻否認了美的依
存於人類社會的根本性質。

　　蔡儀的這一特點，朱光潛已有所指明，這裡不複述。但在批
評黃藥眠的文章中，蔡儀除了籠統地強調「物的形象是不依賴於
鑒賞者的人而存在的，物的形象的美也是不依賴於鑒賞的人而存
在的」以外，並沒有進一步正面說明：美究竟是怎樣「不依賴於
鑒賞的人而存在」的？它究竟是怎樣存在於客觀的物的本身中？
它的這種客觀存在與我們日常說的物質世界的不依賴於人的客觀
存在又有什麼不同？（這即是說，蔡儀所謂的「物的形象」與「物
的形象的美」的這兩種客觀存在是不是完全一樣？）關於這些問
題，蔡儀以前寫的《新美學》一書中則有相當具體、詳細的說明。
（蔡儀現在清華大學建築系講美學也仍堅持了《新美學》中的這

些理論，所以《新美學》基本上仍可以代表蔡儀現在的觀點。）

　　美的本質就是事物的典型性，就是個別之中顯現著種類的一
般。[1]

　　總之，美的事物就是典型的事物，就是種類的普遍性必然性
的顯現者。[2]

　　這就是說，美是典型，典型是顯現了種類的普遍性、必然性
即物體的一般的自然屬性（數學的、機械的、物理的、生物的……
屬性）的個別事物。勁直的古松為什麼美呢？照蔡儀的理論，這
是因為它「顯現了」生物形體上的普遍的種類屬性──「均衡和
對稱」。那麼，「偃臥的古松」、「欹斜的弱柳」又為什麼美呢？那
是因為它們「雖然不能表現生物形體上的普遍性，卻能表現著它
們枝葉向榮不屈的不撓的欣欣生意，就是表現了生物的最主要的
普遍性了」。[3]

　　很清楚，這就是把美或典型歸結為一種不依存於人類社會而
獨立存在的自然屬性或條件。這就是說，美的客觀存在和物質世
界的客觀存在完全一樣，是不依賴於人類的存在而存在的。因此，
沒有人類或在人類以前，美就客觀存在著，存在於自然界的本身

1　《新美學》，群益出版社，1949 年版，第 68 頁。重點皆引用者加。

2　同上書，第 80 頁。

3　同上書，第 79 頁。

中。因此許多人便到自然事物本身中去尋找美的標準，找出了「黃金分割」、「形態的均衡統一」等等。他們總是企圖證明美是存在於客觀事物的這種簡單的機械的數學比例、物理性能、形態式樣中，把美歸結為這種簡單的低級的機械、物理、生物的自然條件或屬性，認為客觀物體的這種自然屬性、條件本身就是美。蔡儀所信奉的就正是這種形而上學唯物主義的美學觀。顯然這種美學觀並不能真正解決美的複雜問題而反給唯心主義留下了攻擊的藉口。樹長得直就是直，為什麼是美呢？為什麼許多別的「均衡和對稱」的東西又不美呢？高山大海，春花秋月，這純粹是一種自然物質現象，如說美就在其本身，那為什麼由它引起的人的美感卻隨時代和環境而有變易呢？如果照蔡儀的理論，那既沒表現形體上的普遍種類屬性（「均衡統一」），又沒表現本性上的普遍種類屬性（「枝葉向榮，欣欣生意」）的生物——例如「枯藤老樹昏鴉」，那一定是不美了。照蔡儀的理論，一張科學的自然圖片和一張風景畫，其美學價值就必然是相同的了。因為它們都同樣表現了自然對象的「均衡對稱」的美的法則……，顯然這些是相當荒唐的。同時，因為這種理論常常是把物體的某些自然屬性如體積、形態、生長等等從各種具體的物體中抽象出來，僵化起來，說這就是美的法則。這實際上，就是把美和美的法則看作是一種一成不變的絕對的自然尺度的抽象的客觀存在，這種尺度實際上就已成了一種超脫具體感性事物的抽象的先天的實體的存在了，各個具體物體的美就只是「顯現了」這個尺度而已。應該說，這已十分接近於柏拉圖、黑格爾認為美是觀念（實體）的體現的觀點了。

所以，車爾尼雪夫斯基對黑格爾的批判，也相當適用於蔡儀。車爾尼雪夫斯基曾問：最充分地顯現了青蛙這個普遍觀念的某個具體的青蛙（在蔡儀那裡，就是最充分地「顯現」了青蛙的普遍的種類屬性的某個最「典型的」青蛙），到底又美在哪裡呢？

 美的客觀性和社會性是統一的

　　所以，要真正解決美的客觀存在問題，就不能否認而要去承認美的社會性。應該看到，美，與善一樣，都只是人類社會的產物，它們都只對於人、對於人類社會才有意義。在人類以前，宇宙太空無所謂美醜，就正如當時無所謂善惡一樣。美是人類的社會生活，美是現實生活中那些包含著社會發展的本質、規律和理想而用感官可以直接感知的具體的社會形象和自然形象。我們所說的社會生活的本質規律和理想，並不是一種可以超脫生活而獨存的精神性的概念或實體，恰好相反，它只是生活本身，它是包括生產鬥爭和階級鬥爭在內的人類蓬蓬勃勃不斷發展的革命實踐。它與具體、有限的某個生活形象的關係，只是內容與形式不可分割的統一的關係。寬廣的客觀社會性和生動的具體形象性是美的兩個基本屬性。

　　所以，我們所承認的美的社會性不但與客觀唯心主義所講的

「觀念的體現」說（體現了自由、進步觀念的事物是美等）不同，
而同時也與朱光潛所講的美的社會性就是它的主觀性也根本兩
樣。因為我們所講的美的社會性是指美依存於人類社會生活，是
這生活本身，而不是指美依存於人的主觀條件的意識型態、情趣，
即使這意識這情趣是社會的、階級的、時代的。所以，就決不能
把美的社會性與美感的社會性混為一談，美感的社會性（社會意
識）是派生的，主觀的，美的社會性（社會存在）是基元的，客
觀的。當然，所謂社會存在的客觀性，「並不是指有意識的存在物
的社會、即人們的社會，能夠不依賴於有意識的存在物的存在而
存在和發展……而是指社會存在是不依存於人們的社會意識的」。
「從人們在進入交往時是作為意識的存在物而進入的這一點之中，
決不能得出社會意識是與社會存在等同的」。[4] 這一點很重要，許
多人犯錯誤就正因為常常搞不清這點。他們覺得，社會存在既是
人的社會存在，而人是有意識、情趣的，因此，依存於社會的存
在就好像是依存於人的意識、情感的存在而存在了。這樣，就常
把社會存在與社會意識混同起來。朱光潛認為美的社會性就是它
的主觀性，其錯誤就正在這裡。但是，美的社會性卻並不是美的
主觀性，而恰恰正是美的客觀性，因為美一方面既不能脫離「有
意識的存在物的存在而存在」，即不脫離人類而存在，而另一方面
又是不依存於「有意識的存在物」的即人類的意識、情趣，亦即

4　《唯物主義與經驗批判主義》，人民出版社，1956 年版，第 334、332
　　頁。

不依存於個人的或社會的主觀美感的。所以，美的社會性與客觀性不但不矛盾，而且是根本不可分割地統一著的。

社會生活中美的社會性，本來是不會有太多的疑問的。問題常常是發生在自然美的方面。

表面看來，自然美的確是最麻煩的問題，因為在這裡，美的客觀性與社會性似乎很難統一。正因為如此，就產生了各持一端的片面的觀點。不是認為自然本身無美，美只是人類主觀意識加上去的（朱），便是認為自然美在其本身的自然條件，它與人類無關（蔡）。然而事實卻是：自然美既不在自然本身，又不是人類主觀意識加上去的，而與社會現象的美一樣，也是一種客觀社會性的存在。正如馬克思在《經濟學一哲學手稿》中所說：「對象的現實處處都是人的本質力量的現實，都是人的現實……對於人來說，一切對象都是他本身的對象化」。自然在人類社會中是作為人的對象而存在著的。自然這時是存在於一種具體社會關係之中，它與人類生活已休戚攸關地存在著一種具體的客觀的社會關係。所以這時它本身就已大大不同於人類社會產生前的自然，而已具有了一種社會性質。它本身已包含了人的本質的「異化」（對象化），它已是一種「人化的自然」了。很清楚，這個「人化的自然」、這種自然的社會性，就仍然不是人類意識情趣之類的主觀所能決定的或主觀意識所加上去的東西，而是看不見摸不著然而卻客觀存在著的。這就正如作為貨幣的金銀，作為生產工具的機器，它們在可見可觸的物理自然性能以外，而且還具有著一種看不見摸不著但卻確然存在的客觀社會性能一樣。這種客觀的社會性質是具

體地依存於客觀的社會存在，社會變了，這種性能當然也跟著變。
所以正如機器、金銀在資本主義制度下和在社會主義制度下，其
自然性能完全相同而其社會性能卻大有變異一樣，自然美的社會
性也是隨社會的發展變化而發展變化的，儘管它的自然屬性或條
件並沒什麼改變。只有深入理解這一點，才能理解許多問題：例
如，老鼠、蒼蠅與古松、梅花為什麼有美有不美呢？這就是因為
它們的社會性不同，它們與人類生活的關係，它們在人類生活中
所占的地位，所起的作用種種的不同而決定的。為什麼遠古人們
不能欣賞自然美而現在能呢？同一山河，為什麼在異族入侵時令
人起「剩水殘山」的感覺而今天則起莊嚴雄偉的感覺呢？很清楚，
這不但表明人們的主觀的美感已有了變異，而更表明自然美本身
的客觀社會性質（亦即它與人們的客觀的社會關係），也有了變易
的原故。並且，美感之所以產生變易也正因為美本身產生了變易。
當然，另一方面我們承認自然美的社會性，並不是否認物體的某
些自然屬性是構成美的必要條件，如高山大海的巨大體積，月亮
星星的黯淡光亮，就是構成壯美或優美的必要自然條件，物體的
「均衡對稱」也是如此。但是這些條件本身並不是美，它只有處
在一定的人類社會中才能作為美的條件。這就正如作為貨幣的金
銀必需有重量這樣一個自然屬性，但重量這個自然屬性本身並不
能構成貨幣，它只有在人類社會中才能成為貨幣的條件一樣。

　　最後舉一個通俗的國旗的例子把整個問題說明一下。我們中
國人今天看到五星紅旗都起一種莊嚴自豪的強烈的美感，都感到
我們的國旗很美。那麼，國旗的美是不是我們主觀的美感意識加

上去的呢？是不是國旗的美在於我們的主觀美感感到它美呢？當
然不是，恰好相反，我們主觀的美感是由客觀存在著的國旗的美
引起來的，我們感到國旗美，是因為國旗本來就是美的反映。那
麼，國旗本身又美在哪裡呢？是不是因為這塊貼著黃色五角星的
紅布「顯現了」什麼「普遍種類屬性」「均衡對稱」之類的法則
呢？當然不是。一塊紅布、幾顆黃星本身並沒有什麼美，它的美
是在於它代表了中國，代表了這個獨立、自由、幸福、偉大的國
家、人民和社會，而這種代表是客觀的現實。這也就是說，國
旗——這塊紅布、黃星，本身已成了人化的對象，它本身已具有
了客觀的社會性質、社會意義，它是中國人民「本質力量的現
實」，正因為這樣，它才美。所以，它的美就仍是一種客觀的（不
依存於人類主觀意識、情趣）、社會的（不能脫離社會生活）存
在，是新中國的國家、人民和社會生活的客觀存在，而我們的美
感（我們感到國旗美）就仍然是這一客觀存在的美的主觀的反映，
是我們對我們今天的國家、社會的美的認識。[5]

　　因為限於篇幅，許多重要問題（例如認識美的客觀性和社會

5　〔補注〕國旗是一種社會性的符號，作為審美對象包含許多複雜問題，
　　非這裡所能仔細談到。在 1959 年 7 月美學討論會的發言中，我提到這個
　　問題，原文如下：「附帶說一下，何其芳同志提到的國旗的例子，很早就
　　有人提意見。那例子舉得不大合適，容易使人把兩個問題混起來，即五
　　星紅旗作為國旗的美與五星紅旗所以會選定為國旗。後者就有所謂形式
　　美的問題在內，而上次我卻是就前者的主要內容說的」（《美學問題討論
　　集》第 5 集，第 27 頁）。為保存當時爭論的本來面目，本文未作改動。

性對今日藝術工作的意義）都沒法談了，即使談到的問題也遠未
能作充分、細緻的論證。這些只好以後再補了。

　　總括我們的意見，是認為：美是社會的，又是客觀的，它們
是統一的存在。否認其中任何一方面，都是錯誤的。

三、關於當前美學問題的爭論

——試再論美的客觀性和社會性

註：這是就 1957 年 5 月間在北京師範大學的
一個講演整理成的，原載 《學術月刊》
1957 年第 10 期。文中主要是為答覆一些
對我的批評，並解釋了一下以前說過的論
點，同時著重對朱光潛的美是主客觀統一
論的講演 （講稿即後來在 《哲學研究》
1957 年第 4 期上發表的那篇文章） 作了
一些批評。

關於美學問題，近來發表的文章不少，討論很熱烈。但這也許只是序曲或前哨戰。譬如造房子，現在只是各人爭著說自己選擇的地基最結實，在這上面起房子最靠得住；但是這地基是不是靠得住，就還得看以後誰的房子造得起來，誰的地基不下沈，房子不垮。時間將是最好的證人。

現在的爭論看起來複雜，其實還停留在比較抽象的哲學問題上，還沒有走進像「典型」、「現實主義」、「創作方法」……這樣一些具體的問題中去（這些問題在文藝界爭論得很熱鬧，但沒有從美學理論的角度上來分析討論。在這些問題裡，包括了許多美學基本問題。例如「典型」就涉及主觀與客觀，反映與創造，有限和無限種種；現實主義與浪漫主義實際上也是一個模仿與想像、形象思維的不同特點等美學問題）。所以，我們一方面不要奢望，要求現在的討論能馬上去直接解決藝術創作中的許多具體問題。要做到這一點，還必須把討論進一步引向這些具體問題上去；另一方面，我們又不要失望，抱怨現在討論的「哲學式的貧困」，脫離藝術實際，文章乾巴巴。而要看到討論經過抽象階段的必然性和合理性：研究美學，以及日常生活中談及美時，一開頭總會碰到美是主觀的還是客觀的問題，就會發生「情人眼裡出西施」和「天下之口有同嗜」的爭論。所以，今日的抽象問題正是由具體中提昇出來，以後又還得再回到具體問題中來解決。

對當前幾種意見的評述

　　美是主觀的，還是客觀的？還是主客觀的統一？是怎樣的主觀、客觀或主客觀的統一？這是今天爭論的核心。下面對近來幾種具有代表性的看法提出一些意見：

　　(1)高爾太的看法：他的主張十分明確，文章中開宗明義就指出：「美是主觀的」。美是人主觀設立的一種標準，是人對事物的一種判斷和評價。「人的心靈就是美的源泉」。「美只要人感受它，它就存在；不被人感受，它就不存在……。」[1]

　　但這種說法，我覺得即使在「健全常識」上也有兩點困難：

　　第一，美感總應該有個來源。它的產生至少總須要一個客觀對象引起。人閉著眼睛或關在一間黑屋裡，無論怎樣去開動你的心靈或「美的源泉」，美感仍然不能產生。其次，美感總受對象的制約，看到花感到美，看到牛屎不感到美；看《紅樓夢》覺得美，看《紅樓園夢》覺得不美。為什麼？這一點高爾太沒有說明。

　　第二，美感總應該有一個客觀標準。但高爾太否認它，從而就走向了唯我主義的理論——各是其是，各非其非，真是「談到

1　高爾太：〈論美〉、〈論美感的絕對性〉，《新建設》1957年第2期、第7期。

趣味無爭辯」。這樣，則一切藝術完全失去其客觀有效性和其存在價值，藝術創作活動將成為多餘。這一困難高爾太也看到了，於是他又十分含混地說：「美的東西雖然不是對所有的人都是美的，至少對於大多數人是美的，為什麼會這樣呢？……這個問題的正確答案仍舊只有到人的内心去找。」這實際上是企圖如康德那樣，把它歸結為主觀先驗的普遍必然性。但這一主觀先驗的一致究竟何所由來？康德沒有解答。而高爾太就根本還沒這樣深地觸及問題。

高爾太認為客觀的美是主觀的美感所「創造」。然而，人們的美感又從哪裡來？它根據些什麼法則「創造」美？高爾太沒有也不能說明。

但是，高爾太的論點仍是值得大家重視和研究的。因為它又一次尖銳地提出了美學史上爭論不休的老問題，它片面地誇張吹脹了現實的某個方面。為高爾太所誇張吹脹的是美的這樣兩個性質和特點：

第一，美不能從物的表面自然屬性中分析出來。能從物中分析出「紅」，卻不能從物中分析出「美」。這就是克羅齊所說的：在物中去找美的法則正如物中去找經濟法則一樣，是不可能的。星星、老鷹、牽牛花的美與他們本身客觀的自然屬性無關。高爾太據此肯定他們的美只能在主觀。結論錯了，但所說情況屬實。這要求認為美在客觀的人解答。

第二，「美」與「紅」不同；「紅」是感覺的反映，人人所見皆同，而美感則是人對事物的一種判斷，有主觀成分在内，因人

而有差異。所以高爾太說:「感覺是一種反映,而美是一種創造,
就感覺內容來說,是客觀事物;而美的內容,是人對客觀事物的
評價。」(這段話很重要,以後還要多次談到。)結論錯了,但所
說情況屬實。這要求說美感也是反映的人解答。但是,敏澤的那
篇反駁文章卻只是簡單地說高爾太是主觀唯心論[2],而沒有針對
這些問題說出道理,因此這反駁顯得沒有什麼力量。

　(2)**蔡儀的意見**:這裡不再詳論。蔡儀是堅持美在客觀、美感
是美的反映、藝術美是生活美的反映這一唯物主義的反映論的基
本原則的。但這是靜觀的機械唯物論的反映論,未注意美的社會
性質。蔡儀的美學觀的弱點在論及自然美時暴露得最突出。我已
經談得很多了。

　(3)朱光潛的「**主客觀統一論**」[3]:朱光潛認為美在心物的關
係上,美是主客觀的統一。這一說法與他以前說法的基本相同(仍
是「心藉物以表現情趣」)和部分不同(現在用「社會意識」或
「意識型態」代替了過去的超理智功利的個人直覺),我在以前的
文章中已經指出,這裡不再述。有趣的是,可以把朱光潛的看法
與高爾太的看法作一個比較研究。例如,在這裡,朱與高爾太似
乎是很不同的,因為朱承認和強調了一個「物甲」(自然物)的客
觀存在,即美必須依附在一個客觀的自然物質對象上才行。但實

---

2 敏澤:〈主觀唯心論的美學思想〉,《新建設》1957 年第 3 期。

3 朱光潛:〈美學怎樣才能既是唯物的又是辯證的〉,《人民日報》1956 年
　12 月 25 日;〈論美是客觀與主觀的統一〉,《哲學研究》1957 年第 4 期。

際上高爾太也說過:「人和對象之間少了一方,便不可能產生美,美必須體現在一定的物象上,這物象所以成為美的物象必須要有一定的條件。也就是說,美感之發生有賴於對象的一定條件(如和諧),但這條件不是美。」高爾太這裡所謂「條件」,不就正是朱光潛所說的「條件」,不就正是「物甲」嗎?所以,朱光潛的公式,實際上也是高爾太所同意的。在這裡,唯物論與唯心論的分歧,就並不在於是否承認必須有一個客觀對象的物(物甲)作為「美的條件」,而在於是否承認美在這不以人們意志為轉移的客觀的物的本身之中。唯物論(例如蔡儀)是承認的,而唯心論則以各種不同的方式否定它。高爾太的「美在主觀」論固然如此,而朱光潛的「主客觀統一」論也如此。我以前指出過,朱光潛是一種康德式的主客觀統一論。朱光潛的「物甲」可以說相當於康德的物自體,是一個不起作用的被動的卻是產生知識的必要條件(無之必不然),朱光潛所說的「主觀的社會意識」就相當於康德的那一套先驗範疇,這是主動的,創造知識的方面。所以,與康德十分近似,主觀意識作用於客觀就產生了知識,產生了美。無怪乎朱光潛乾脆把美叫作一種「知識形式」。「知識形式」當然就只能是主觀方面的東西,主客觀的統一論就這樣被歸結和統一於主觀。

這樣一來,朱光潛的看法就在根本上否認了生活美的客觀存在,認為生活本身中只有「美的條件」而沒有美。物之所以具有美是人對之評價的結果。[4] 所以朱光潛只承認生活中有「善」而

---

4 朱光潛說:「美是對於藝術形象所給的評價,也就是藝術形象的一種特性

沒有「美」，因為「美」是必須通過主觀社會意識的評價而才能產
生。其實，如按此說來，「善」不也一樣嗎？「善」也可說是人對
事物的一種評價、判斷，那不也是「主客觀的統一」嗎？於是，
生活中就根本不存在什麼客觀的美、善，它們都是意識型態作用
於客觀的結果了。這樣，否認生活美的存在，應用到藝術上，不
但否認了記錄性強、加工較少的真人真事的速寫、特寫、攝影等
的藝術存在價值；同時也從根本上否認了藝術對現實的反映關係。
朱光潛說：「藝術反映現實，現實須包括自然物的客觀情況和審美
人的主觀情況的方面」，很明顯，這種「反映」就已不是反映什麼
現實，而是「反映」（實際上是「表現」）「審美人的主觀情況」
了。藝術本質就變成了只是「藉物抒情」、「主觀擁抱客觀」了。

　　再看藝術美的問題。朱光潛抓住了藝術創作和欣賞中人們的
主觀的意識型態起著很大的作用這樣一個現象，而得出藝術美是
主觀加客觀的結果，並大肆強調所謂「意識型態」的主觀能動的

（物的屬性有自然本身有的，也有人根據它的社會意義而給以評價的結
果。例如說，『黃金是珍貴的』，『珍貴』是人對於黃金的評價，也就成為
黃金的一個屬性）的。」我看這是完全錯誤的。「黃金」之所以珍貴，是
由於它的客觀社會職能，而不是由於人們評價的結果，人們評以「珍
貴」，正是它本身的社會屬性的反映；藝術形象之所以美，也不是人的評
價的結果，而是由於它真實地反映了生活本身的美的結果。朱先生因為
否認生活美的存在，就必然把藝術美歸之於主觀評價了。此外，朱先生
對毛主席的話的解釋，也是完全錯誤的。毛主席就明明指出過：社會生
活中的文藝原料和文學藝術本身「兩者都是美」。

作用。這其實也是似是而非的。因為任何人類所創造出來的東西例如房屋、茶杯等等都是事先經過和通過人類的主觀意識的作用（構思、計畫等）的結果，這就是馬克思所說的建築師優越於蜜蜂、螞蟻之所在。人類的主觀意識在這裡的作用是為了幫助人類去更真實地反映客觀和改造客觀。科學如此，藝術也如此。越高級的藝術正如越高級的科學一樣，人類主觀意識在其中所起的正確的能動作用就越大；而所創造出來的藝術品，也就正如所制定出來的科學理論一樣，在對客觀世界的反映上，也就愈深刻愈真實。原始人的動物畫是逼真的，但零亂重疊而不夠美；古代的科學知識是可靠的，但缺乏深刻的理論判斷而不夠真。主觀意識所起的正確的能動作用在這裡比較小，因而所反映的客觀世界也比較表面和膚淺。所以意識的能動作用與反映論不但不矛盾，而且還正是馬克思主義反映論區別於消極的被動的舊唯物論所在。而朱光潛在這裡的特點是否認反映論能作為美學的哲學基礎。他認為《唯物論與經驗批判論》書中所講的辯證唯物論的反映論原理只充分適應於感覺階段，而不能充分適應於藝術領域；在藝術領域內，反映論似乎不夠，還需要外加意識型態論。這其實是把本來是統一的馬克思主義的反映論和意識型態論對立和割裂開來，從而把反映論變成被動的、消極的只適應於感覺階段的舊唯物論。應該說，這倒是對辯證唯物論一個相當明顯的修正。朱光潛並且還強把科學的反映與藝術的反映在本質上分割開，認為科學是反映，而藝術不是反映。（雖然朱先生還用「意識型態式的反映」字樣，但這個「反映」實際只是指意識的主觀作用，而並不是什麼

反映。）照朱光潛在〈論美是客觀與主觀的統一〉一文中的說法，因為科學屬於一般感覺的階段，主觀社會意識的作用不大；而藝術則與科學不同，屬於意識型態階段，主觀作用很大等等。可以問問朱先生：難道科學研究中社會意識就不起作用嗎？難道科學就只是感覺階段的東西嗎？難道某些社會科學不也是上層建築的意識型態嗎？科學在這裡與藝術並沒有什麼感覺階段與意識型態階段的根本不同呵。⁵ 所以，就不能如朱光潛那樣，因為在藝術創作中意識型態起了作用，從而就認為藝術美不是客觀的存在而是所謂主客觀的統一。關於這點，周谷城說得好：

---

5 朱光潛這個十分錯誤的論點源於對列寧一句話的曲解。列寧曾說：「任何意識型態都是歷史地有條件的，可是任何科學的意識型態（例如和宗教的意識型態就不同）都符合於客觀真理或絕對自然。」（暫用朱先生的譯文）朱先生由此引伸說：「科學的反映與意識型態式的反映之間的這個分別是個重要的分別。……《唯物論與經驗批判論》一書裡所討論的只是一般感覺或科學的反映，沒有一個字涉及作為社會意識型態的藝術的或美感的反映。」（重點係原有）因此，「我主張美學理論基礎除掉列寧的反映論之外，還應加上馬克思主義關於意識型態的提示，而他們卻以為列寧的反映論可以完全解決美學的基本問題」。我們是的確認為列寧的反映論完全有這作用的。列寧上面這句話也只是說：一切意識型態包括虛假的、錯誤的意識型態（如宗教）在內，都是有其形成和存在的歷史條件，而正確的科學的意識卻符合客觀真理。想不到朱先生竟把前一個意識型態解釋為藝術等上層建築而後一個則只是「屬於感覺階段」的科學了！

若一件藝術品，在創作之時，花了作者的主觀成分，作成之後，就要稱之為夾雜著人的主觀成分的物；那麼桌椅板凳之製成，柴米油鹽之製成，當初何嘗沒有花去製造者的主觀成分；然而我們卻從不說桌椅板凳、柴米油鹽是夾雜著人的主觀成分的東西。[6]

其次，朱光潛說因為馬克思主義認為藝術是一種意識型態和上層建築，所以藝術美就不能說是一種客觀的社會存在，而只能是一種社會意識。許杰以及其他一些人也有這種看法。但我看這也是一種誤解或曲解。因為所謂藝術是一種意識型態和上層建築，是指它是經濟基礎的反映的意思，而並不是說所有意識型態都不是物質的存在。在這裡要注意決不能把「意識型態」和「意識」簡單地等同起來，社會意識型態和上層建築的某些部分——例如制度、國家等等就不是一種意識，而是一種存在。同樣，藝術品作為人的美感對象、作為美的存在也顯然並不是一種社會意識，而是一種社會的物質客觀存在。所以在這個意義上，它就屬於社會存在的範疇，而不屬於社會意識的範疇。這裡要說明一點：我是在一種較廣泛的意義上使用「社會存在」這一名辭的，它並不僅指狹隘的社會經濟制度，不僅指生產方式、生產關係，而是指人們現實生活中一切經濟、政治、文化、軍事種種社會關係、社會事物的客觀存在。因此，在這裡，意識型態中的一部分東西（除了思想，觀點以外的制度、機構、風習、生活等等），一方面

---

6 周谷城：〈美的存在與進化〉，《光明日報》1957 年 5 月 8 日。

對狹義的「社會存在」（經濟制度）來說，在反映經濟基礎的意義上說，它是廣義的「社會意識」；但另一方面，它又仍然是一種客觀物質的社會關係即社會存在，在這裡的「社會存在」就是廣義的用法，與它相對的就是狹義的「社會意識」（指觀點、思想、心理等）。我所說的美是社會存在、美感是社會意識，其實也就是這個意思。朱光潛以及其他一些同志沒有了解這點，因而責難我，說我把美圈定在社會經濟制度的框子裡，這就完全是誤解。在這裡重要的是，要弄清「意識型態」、「社會存在」、「主觀」、「客觀」這樣一些哲學概念，它們是十分靈活然而又是十分嚴格的概念，不能機械地僵化它，也不能隨意地混淆它；而要就它本來的各種意思去正確使用它和理解它。例如，作為意識型態的藝術，在反映社會基礎和現實生活的意義上，我們可以說它是「主觀的」東西；但作為人對客觀事物的認識和認識成果可以說它是「主客觀的統一」（人們任何正確認識、意識在這意義上都可說是主客觀的統一）；但是作為美感的對象、作為美，它卻又必須說是客觀的，即不以人們意志為轉移的客觀物質的社會存在。《紅樓夢》、《富春山居圖》、《第九交響樂》，一經創造出來，它的美就已是一個客觀物質的社會存在，不管你會不會或能不能欣賞它。所以我們這裡所說的美的客觀性，是嚴格的相當於哲學上的存在即物質的實體範疇，而並不是指其他的意義，並不是指美具有客觀內容、客觀標準的意思。然而很多同志在對「社會存在」作一種狹隘的僵化的了解的同時，卻又對「美的客觀性」的所謂「客觀」，作了一種隨意的混淆不清的理解和使用。正因為這樣，就造成了許多文章

中的糊塗、混亂。

(4)**其他**：最近《新建設》、《學術月刊》等雜誌連續發表了好
幾篇美學論文，其中宗白華、洪毅然、周谷城等[7]的文章，在美
的客觀性這一問題上與我的看法基本是一致的，這裡不談了。而
另外敏澤、鮑昌、許杰等[8]的幾篇文章雖然都批評了朱光潛，但
據我看，正由於在使用上述哲學概念上的混亂而造成了不可調和
的自相矛盾。例如，敏澤的文章說了一大套的美的客觀性，反對
高爾太、朱光潛；但又強調說：「美醜和善惡都是人類從精神上對
於現實的一種把握和判斷。」很清楚，敏澤在這裡認為美是判斷。
而我們知道，判斷當然不是屬於客觀存在的範疇而是屬於主觀意
識的範疇。既然這樣，我們就不能說美是「客觀的」而又是判斷，
正如我們不能同時說地球是「客觀的」而又是判斷一樣。說美是
判斷，就等於說美是主觀的。所以敏澤就不但沒有駁倒高爾太，
倒反而跟著高爾太跑了。鮑昌的文章在這問題上我覺得是更加混
亂。例如：鮑昌說：「美存在於客觀事物之中」，而緊接著又說「美
是一種反映，是以反映形式存在於人腦中的客觀社會現象」。那麼

---

7 宗白華：〈讀「論美」後的一些疑問〉、〈美從何處尋〉，《新建設》1957 年
　第 3 期、第 6 期。洪毅然：〈美是什麼和美在那裡〉，《新建設》1957 年
　第 5 期。周谷城文見前注。

8 敏澤：〈主觀唯心論的美學思想〉，《新建設》1957 年第 3 期；〈美學問題
　爭論的分歧在那裡〉，《學術月刊》1957 年第 4 期。鮑昌：〈論美感、美
　及其他〉，《新建設》1957 年第 5 期。許杰：〈美和美的矛盾規律〉，《學
　術月刊》1957 年第 5 期。

請問：美到底是存在於客觀事物之中還是存在於人腦之中？到底是「主觀的」呢還是「客觀的」呢？鮑昌的文章始終在這問題上沒有說清，並且還越說越亂。許杰文章也如此。許杰雖然說了些美的客觀性，但又強調說美是「人類主觀對於客觀物質世界客觀現實的反映，模寫和加工」。這樣，美顯然是屬於主觀意識的範疇。許杰一面說「客觀物質和人類社會生活……本來就有美」，另一方面又說:「人類社會生活……一定要主觀精神的加工才能成為美的或更美的東西。」而這就造成了許杰文章自相矛盾。敏澤、鮑昌和許杰在這裡的種種的矛盾和混亂，在理論上說，原因之一就在於講了大半天的「美的客觀性」，卻根本沒有弄清美的「客觀性」到底是什麼意思，都把美的客觀性等同於美有沒有客觀標準或客觀的內容了。但是，如果說美的客觀內容、客觀標準就是美的客觀性，那許多唯心論者（至少許多客觀唯心論者）也是同意的。因為許多唯心論者也並不否認美有客觀標準和內容。而許多主觀意識例如思想問題也有客觀內容，美感也有客觀內容、客觀標準，在這個意義上，也可以說「思想問題的客觀性」「美感的客觀性」等等，但這種「客觀性」的意思根本不同於說「美的客觀性」的意思。美的客觀性是指美是一種客觀物質的存在，而具有客觀內容的美感卻仍然只是屬於主觀意識的範疇的東西。所以正如不能把美和美感、存在和意識混淆等同起來一樣，這裡決不能把作為存在範疇的美的客觀性與美感或社會意識的客觀內容、客觀標準混淆起來。討論中澄清一下概念是重要的:「美是客觀的還是主觀的」爭論不是別的什麼意思，而是爭：究竟承認還是否認

客觀現實生活本身中的美的存在？美究竟屬於客觀存在範疇還是屬於主觀意識範疇？是客觀事物的屬性還是主觀意識的屬性或產物？

 ## （二）自己看法的一些說明

1.美的客觀性問題

　　這個問題的本質是是否承認現實生活中美的客觀存在的問題，是否承認藝術反映現實的問題。但是，這問題在美學上主要表現為美與美感的關係問題。所以，我們也就從這個問題（美與美感）談起。唯心論總是把美與美感混同起來，認為美感產生美。高爾太說：「美產生於美感，產生以後，就立即溶解在美感之中。」朱光潛關於美的公式（物甲＋主觀意識〔亦即美感〕＝美），也是如此。朱光潛批評蔡儀「把物和經過美感反映之後的物的形象混為一談」，很清楚，在朱光潛這裡，「物的形象」（美，物乙）是美感之後的東西。而朱光潛在《人民日報》發表的文章中，美與美感也一直是混在一起的。所以唯心論和唯物論的分歧就在：唯心論堅持美感在先，美在後；美感產生美，主觀產生客觀。唯物論認為，美感是美的反映，美在先，美感在後；一個屬於客觀

存在範疇，一個屬於主觀意識範疇，不能混淆，不能倒置。姑娘的美不是你覺得她美才美，她的美不是產生於你的美感；相反你感覺她美正是她美的反映。藝術對生活的關係也是這樣。所以在我們看來，美感和藝術就是一種反映，一種認識。

但是，把美感說作反映，很多人有意見。很多人認為是把哲學認識論的公式不適當地硬套到美學問題上來，套到美與美感的關係上。有人說：美感是一種感情，是對事物的一種態度，而不是我們一般反映所說事物的感覺和知覺的映象。因此我們不能說美感是像映象那樣反映著客觀事物的某種屬性形貌，而只能說它是對事物的一種感情或態度。所以美感只是判斷而不是反映。其實，高爾太、朱光潛所強調「花是紅的」與「花是美的」不同，科學與藝術不同，也是這個意思：即花紅不紅是反映中的客觀事物的屬性，而花美不美卻只能是主觀對客觀事物的判斷；紅的內容是客觀事物，美的內容是主觀的態度評價。但我不同意這種看法。我們承認花紅與花美之不同，但不承認它們是反映與非反映之不同，而認為只是兩種性質不同的反映。所以下面應該就美感的一些性質，最簡單地說明一下我究竟是在什麼意義上來了解和肯定美感也是反映。

⑴**美感的愉悅性質**：首先我們要承認美感是一種感情，是一種喜悅和愉快的感情。聽莫札特的音樂，讀屈原的詩，登八達嶺看萬里長城，都可以獲得這種激動的或平靜的喜悅、愉快的美感享受。這種喜悅與愉快在本質上不但不同於生理上的快感，不同於抽一支煙、喝一杯葡萄酒時那種生理感官的快適（居友、盧拉

卡爾斯基的錯誤之一在把這二者混淆起來），而且也不同於其他某些精神的愉快，不同於戀愛、受獎勵、完成工作時的心理的愉快。康德曾指出，一般給予感覺的快樂是狹隘而沒有普遍有效性的，它以對象本身為目的，依存在確定的對象本身之上。因此，對對象有利益，有欲望。美感則不然，畫不能吃，花不能穿，我們對此現象感到愉悅不在於此對象自身的某些確定的客觀性質或內容。康德的說法和解釋是唯心論的，但卻深入地揭示了某些現象：美感不同於生理的快感。它是一種精神的愉悅，這種喜悅又不由對象自身的某些物質或精神的用途或利益而引起，而是視聽的感官透過此對象獲得了某種更多的東西的結果。據我們看來，這就是通過眼前有限的對象形式認識某種無限的真理內容時的喜悅和滿足。所以它才具有客觀的普遍的有效性。普列漢諾夫引羅斯金的話說：少女能為她失去的愛情而歌唱，但守財奴卻不能為他失去的金錢而歌唱。普列漢諾夫解釋這是因為一者能作為人與人結合的手段，一者不能。而前者所以能，據我們看來正因為它（這種感情）是具有普遍有效的客觀真理的性質和內容的。所以，我們認為，美感不同於一般生理或精神的快樂，它是由認識真理而引起的一種人類精神的激動、滿足和喜悅。所以作為感情的美感，就其本質特色來說，正具有一種認識的性質。在日常用語中，也常把美感感情叫作美感認識或美感判斷。

　　但這美感認識與理智認識有很大的不同。在內容方面，有來布尼茲、包姆伽同乃至狄得羅所說的，模糊的知識不帶確定概念的知識（即美感認識）與明晰的帶確定概念的知識（即邏輯知識）

的不同。在形式方面，美感認識與邏輯認識的不同在於美感是當下即得的、似乎未經理智邏輯思考的直覺形式。這裡就討論到美感性質的第二點了。

(2)**美感的直覺性質**：大家都有這種美感經驗，無論是觀賞梅花也好，看京劇也好，讀詩也好，並不是先通過一大段理智的考慮才來決定：是不是應該欣賞它，是不是應該產生美感；恰恰相反，而是根本沒有顧得及考慮、推理，而立刻感到對象的美或不美，甚至感到美或不美後還一時說不出個道理來。這就是美學家常說的所謂美感直覺。關於直覺，涉及到一個大哲學問題。古往今來哲學家文學家對這問題都發表過許多意見，禪宗有「頓悟成佛」之說，《滄浪詩話》說「一味妙悟」，柏格森、克羅齊、朱光潛也講直覺。而以前的這些講法多半是抓住了這一客觀現象加以神祕化的解釋。這種情況反過來又影響我們今天許多人，為了否定和批判這種神祕的直覺說，連直覺現象本身這一事實也予以否認。我認為不能這樣，對直覺應該進行分析。首先應該分別兩種根本不同的直覺：一種是低級的、原始的、相當於感覺也可以說是在理性階段之前的直覺。這就是朱光潛、克羅齊所說的「小孩無分真與偽」時的直覺。另外一種直覺可以理解為一種高級的、經過長期經驗積累的、實際上是經過了理性認識階段的直覺。這種直覺在日常生活中的最簡單初步的形態，就是巴甫洛夫所說的條件反射。其複雜的形態，就是數學家所說幾何直覺的能力，就是藝術家所說的「不落言筌，不涉理路」的剎那間的靈感，和種種善於銳敏地觀察、捕捉具有本質意義的生活現象的能力等。這

些從表面看來是神祕的、沒有道理可說的、不自覺的東西，實際上卻是長期自覺的經驗積累的必然產物。毛主席說：「感覺了的東西，我們不能立刻理解它，只有理解了的東西才更深刻地感覺它。」我看這句話在一定意義上也能夠運用到這裡。前一個感覺相當於上面所說的低級的、理性之前的直覺（感覺），第二個感覺是我所說的高級的、理性之後的直覺。克羅齊、朱光潛的錯誤在於把這兩種根本不同的直覺故意混淆等同起來，把第二種直覺還原、等同於第一種直覺。

正確了解美感的直覺性質對於了解美感是一種反映和認識來說是很重要的。因為，第一，我們肯定直覺也是一種對真理把握的形式，這就沒有把直覺與理智相對立，而是把它看作與理智具有同樣有效性質和內容的反映和認識客觀世界的手段。這也就把美感直覺在本質上看作是與邏輯知識相同的東西。其次，從這種對直覺的了解，就可以看出我們了解的美感反映並不是一種直接的低級的所謂「感覺階段」的反映，如朱光潛所憑空責難我的那樣。我以前的文章曾引車爾尼雪夫斯基的話說：「美感認識的根源無疑是在感性認識裡面，但美感認識與感性認識畢竟有本質的區別。」美感直覺和藝術形象思維的反映與感覺式的低級反映是不同的，但它與一個複雜的理性邏輯判斷的反映，倒有本質的相同之處，它們都必須通過一個曲折複雜的認識道路而形成，它們都反映客觀存在的某些深入的本質的方面。它與複雜的邏輯判斷的不同，只在於一個是經過一連串的嚴格的推理或演算過程而自覺地達到，一個是通過潛在的方式不自覺地達到的（這一潛在過程

的具體情況需要心理學來研究)。所以，讓一個不懂事的小孩天天
面對郭熙的畫、巴哈的音樂，這就正如要他天天念數理邏輯一樣，
他是看不懂、聽不懂也念不懂的。但過一二十年後，他卻能懂得
這一切了。他念懂數理邏輯是經過一步步的數學學習過程；他能
欣賞郭熙、巴哈卻是一個更複雜的文化修養的潛移默化的過程。
然而，等他能夠直覺到郭熙的畫美時，就正如他能推演出數學命
題時一樣，不管其達到此地步的途徑和方式如何不同，其作為反
映、認識來說，二者在本質上卻是相同的：它們都是對客觀事物
的一種深入正確的把握。所以我把美感直覺看作是能夠把握和認
識真理的一種人類高級的反映形式，儘管它所採取的形式是感性
的。

　　(3)美感的社會性質：我所說的美感的社會性，這不僅指美感
是一種社會的而不是生物本能性的東西，更重要的意思是指：美
感作為反映和判斷，作為認識，它同時帶有社會的功利倫理的性
質。美感，正如道德觀念一樣，具有階級性、時代性、民族性，
它符合於、服務於一定時代、民族、階級、集團的利益、要求。
所以，一方面，作為直覺的反映，美感具有客觀的內容；另一方
面，作為感情的判斷，它包含著評價態度等主觀因素在內。正確
的美感就是這二者的和諧一致，即作為主觀感情判斷的美感，同
時又還是一種對客觀世界的正確認識和反映。前者不但不妨礙後
者，而且還正是後者的必要條件。在這裡，主觀因素的強大，態
度的鮮明，不但不妨礙它是一種對客觀事物的正確認識，而且正
因為這樣，對客觀事物才能獲得深刻的本質認識。這就是我們常

說的立場、觀點、世界觀對於研究科學、進行創作的重要性所在。
所以，正確的主觀判斷、態度與客觀反映、認識二者實質上並不
互相排斥，而常常是和諧一致的。黑格爾曾區分過四類邏輯判斷。
最低級的判斷如「花是紅的」、「中國在亞洲之東」等，它所反映
的是客觀事物的膚淺的外表。而最高級的判斷如「花是美的」、
「中國是強大的」，它所反映的顯然是客觀事物更本質更深刻的東
西。作這樣的判斷比作前面的那種判斷要難得多，它所要求的人
們主觀方面的條件、意識觀念的條件要多得多。而美感判斷就正
相當於這種高級的社會倫理的判斷。所以「花是紅的」與「花是
美的」這兩個判斷的不同，不在於如高爾太、朱光潛所說的一個
是反映，一個不是反映；一個有客觀的內容，一個是主觀的評定；
而在於一個是表面現象的反映，一個是內在本質的反映。在美感
反映裡，由於人的主觀因素（立場、觀點、意識型態等）起很大
作用，使美感判斷具有社會倫理功利的性質。但如上面所指出，
這一點也不與反映相矛盾。

　　總結上面所說，我認為：美感（美的感情）是包含著倫理功
利等社會內容，而以直覺判斷為形式的一種高級的反映和認識。
（注意：我只說美感是判斷，是反映；而從不如敏澤、鮑昌那樣
說美是判斷、反映。）

　　上面是對美感的「質」的分析，對美感「量」的分析（即由
社會性展開出來的美感的階級性、歷史性等），以及美感的個別差
異等性質問題這裡暫時不談了。

　　⑷美感的性質根源於美的性質：拙作〈論美感、美和藝術〉

一文中曾強調指出過這點：美感的內容和形式都在根本上被決定
於美的內容和形式。例如，美感的直覺形式就在根本上被決定於
美的形式——形象性。因為，美感直覺必須由具體的客觀對象的
形象所引起，沒有客觀形象，美感直覺就根本不可能。因為直覺
畢竟以感性和感覺為基礎和特色，而任何對象要能直接訴諸感覺，
能夠打動人類的感性器官而起反應，那首先就必須是具有可見可
聞的特色，這也就是說，對象必須是形象的存在。失去感性血肉
的抽象理智性的東西，是不能引起人們的主觀美感直覺的。美感
直覺性的形式本質上就是其對象（美）的形象性質的認識和反映。
同樣，美感的社會倫理功利等內容也取決於其對象（美）的客觀
社會性。它為後者所引起，是後者的反映。我們讀高爾基的自傳
三部曲、讀法捷耶夫的《毀滅》引起我們強烈的美感，這種美感
具有鮮明的社會倫理內容，這種內容正是對象（美）本身的社會
性質所決定的。美感的社會性的內容就這樣取決於美的社會內容。
美感社會性質的不同也取決於美的社會性質的不同。鳥獸草木的
美的社會性不同於階級鬥爭的美的社會性，〈陽關三疊〉的美的社
會性不同於《上甘嶺》的美的社會性。因此，前者能為不同階級
甚至不同時代所欣賞，可以有社會性大致相同的美感：封建士大
夫寫的愛情離別的詩歌，我們今天也能欣賞領會其柔情蜜意；而
不具有革命的藝術美感，就不能欣賞《上甘嶺》、《母親》，不能欣
賞有鮮明傾向性的無產階級藝術的美。可見，美感的社會倫理功
利性質不是主觀天生的，正是客觀存在的美的社會性質的反照或
反映。此外，美感的愉悅性所以是由感情上把握真理而引起，這

也是客觀生活本身中「美」和「真」的統一和一致的反映。當然，這裡所說的種種「反映」，絕不是簡單直線式的反應，而是經過一連串的中介的複雜過程的。這裡的說法只是就美感與美的歸根結底的關係來立論的。[9]

上面幾節是為了說明美的客觀性，簡單地把美感問題也交代一下，說明美感是反映美而不是創造美。至於美的問題，這裡不能詳談。我以為美的問題基本上是由美的社會性和形象性引出來的無限與有限、必然與偶然、內容和形式、一般和個別等範疇的問題。這些範疇我在幾篇文章中都一再提到，但細緻地結合藝術實例來分析只能等待以後了。例如，偶然與必然是很有趣味的問題，浪漫主義以及許多現實主義藝術家喜歡用突出的、生活中較偶然的題材情節，來更強烈地表現出社會生活的必然內容，而有些藝術家如契訶夫、魯迅則又常愛用日常生活中的極平常的題材來寫，這裡就可以引伸出關於「典型」的許多爭論來。例如提出寫正面英雄人物不必熱中於其「落後到轉變」的過程，塑造英雄是在於樹立理想典範，這都是就英雄的美的必然本質和內容說的，但是藝術形象、情節、題材如何具體地去體現這一內容，卻仍是多種多樣的、偶然的。既可以寫缺點錯誤，也可以不寫。理論家

---

9 〔補注〕這一點極為重要，說美感反映美，決不是說如鏡子照人式的直接映象，而是從整個人類歷史角度來說，不是從個人心理角度來說的，否則就是機械唯物論了。上述論述毋寧是種簡單化的說法，亦可見五〇年代學風文風之一斑。

一般只是指出、提出藝術內容的必然方向，而並不去規定表現這一內容的種種形式、手法。在這裡不要把內容與形式、必然與偶然完全混淆等同起來。

(5)美感「影響」美、「反作用」美的問題：有人以為我否認美感對美的「影響」和「反作用」，這是誤解。我所否認的是朱光潛所說的「反作用」，因為在那裡，「反作用」是被等同於「作用」，所謂美感「反作用」於美、「影響」美，實際上是決定美、產生美。這一錯誤我以前已說過，洪毅然的文章也指出了，不再論述。我所了解的美感的「反作用」有兩個意義：（甲）在創造藝術美時起作用。藝術是生活的反映，藝術美是生活美的反映，藝術美把美的社會性和形象性兩方面概括提煉到最高度和諧和統一，創造了比生活美更高的美。所以畫比照片美，小說、戲劇裡的故事比日常生活中的故事美。所以如此，就是因藝術家的美感——主觀意識在這裡起了很大的能動作用，從而才能創造高於生活美的藝術美。朱光潛以為我否認社會意識型態對藝術美的作用，否認作家主觀在創作中的作用，其實完全不是這樣。任何人都知道，如果在藝術創作中，即藝術美的形成中，如果藝術家主觀不起什麼作用，那就根本沒有什麼藝術品。所以我不但不否認而且還正是強調了藝術家主觀的能動作用，強調了社會意識的作用，強調了在藝術創作和認識過程中，主客觀的統一和一致。[10]但是，這所有一切的主觀作用都是為了使藝術品反映現實，使藝術美反映生

---

10 〔補注〕關於這一問題，請參看本書〈「意境」雜談〉。

活美。由此就根本得不出美是主客觀統一的哲學結論。從哲學上說，藝術美是通過人們主觀創造來反映了生活美，藝術美是生活美的集中概括的反映，它的根源是在生活美中。[11]（乙）上面所說還只是美感在藝術美形成中的作用，還有的是美感意識通過創造藝術美來增進生活的美。這才是最重要的「反作用」、「影響」之所在。生活中的美是隨生活的發展而發展的，決定它的存在和發展的，當然只能是社會生活本身而並不是美感和藝術。上甘嶺、董存瑞的美是一定社會生活的產物，而並不是藝術和美感創造他們的；他們的美也並不是在攝製成電影（藝術）前或人們欣賞他們之前就不存在；相反，《上甘嶺》、《董存瑞》電影的美（藝術美）和人們感到它們美（美感）只是原來存在的「上甘嶺」、「董存瑞」英雄史詩的生活美的反映。但是，等到美感和藝術美一經創造出來以後，就反過來積極幫助生活中的美的增進和發展。電影《上甘嶺》和《董存瑞》優美的藝術形象的塑造和這些形象所激起的人們精神上的美感激動，提高了人們精神境界和道德品質，豐富了人們思想感情，促使生活中越來越多出現這樣的英雄人物；這樣，生活中的美也就大大地發展增進了。保爾·柯察金

---

11 朱光潛曾舉「僧敲月下門」與「僧推月下門」為例，證明主觀美感影響美，從而美是主觀美感提煉琢磨出來的結果。我的看法恰相反：詩人的這種嚴肅的「推敲」（主觀作用），正是為了使其作品最真實地去反映生活。例如，通過「敲」這個清脆的音節和鮮明的動態形象，比「推」更能襯托出夜的氣氛，更真實地反映出我們在日常生活中也能親身體驗的那種月夜的寧靜。這裡的手法與「鳥鳴山更幽」的情況是相似的。

的藝術形象，推動了生活中的奧列格等「青年近衛軍」的英雄們
的出現，而奧列格等的藝術形象又推動了生活中出現更多的英雄
們。所以，藝術正如科學一樣，只不過是不僅從思想上，而且從
感情上去教育人們分辨是非，善善惡惡，仇仇愛愛。記得馬克思
說過：人們肯定外在世界，不僅藉思想的幫助，而且也藉一切感
情的幫助。美的客觀存在的特點，就在它是藝術美的根據[12]，就
在它能通過藝術美激起美的感情，從而這種美的感情即美感又反
過來幫助人們去創造新的美的生活和新的生活的美。這就是我們
所常說的藝術的社會作用，也就是美感的所謂「影響」美、「反作
用」美的最重要的內容和意義。所以，我了解的這種「反作用」，
與朱光潛認為美感直接作用美、決定美的所謂「反作用」是極為
不同的。

　　簡括上面關於美的客觀性的論點：是認為美感是社會意識，

12　〔補注〕說藝術美是一種客觀存在，只是就它不是由人們主觀情感，意
　　識任意創造，表現的意義上而言。這種客觀存在與我們說美（主要指現
　　實美）的客觀存在，其涵義和性質並不一樣。因為藝術美並不存在在那
　　些物質材料（作為圖畫的畫布、作為小說的鉛字、作為建築的木石……）
　　上，而是在人們觀賞這些物質對象時所必然出現的意象或意境中，照西
　　方美學家的說法，即在一個幻想的世界裡，在這裡，美感與藝術美的確
　　似乎是同一的東西，唯心主義美學抓住和強調的正是這一點。但是事實
　　上，藝術美的存在是通過藝術家的大量勞動，將這個幻想的世界確定在
　　一定客觀物質材料的形式中，才有可能，所以它又仍是一種物質形態的
　　存在，即物態化的客觀存在，畢竟不是主觀直覺的任意創造。

是人腦中的主觀判斷和反映，而美卻是社會存在，是客觀事物的屬性。美感主觀意識只是美的客觀存在的反映。

上面只是從欣賞的角度極為簡略地分析了一下美感的性質及由來。從創作過程來分析美感與形象思維的關係，以及較詳盡地從心理學來分析在欣賞和創作過程中的審美情況和活動，這裡都省略了。此外還要著重說明的是：上面強調科學與藝術、邏輯與美感在反映、認識客觀世界這一根本點上的本質相同，但這絲毫也不意味我們否認和忽視它們二者在反映對象、內容和形式上的極大的差異。並且我們還認為，這一方面無疑是研究美學和藝術活動的更重要的方面。但因為現在爭論不在這一方面，現在爭論的是美是否在客觀，美感是不是反映的哲學問題，也是美學基礎問題，所以本文也就沒去說明另一方面了。

2.美的社會性問題

我想通過自然美來說明美的社會性。因為社會生活的美的社會性實際上是自明的，因為生活總是社會生活，當然就有社會性。困難的問題在於自然美，我曾說過：「因為在這裡，美的客觀性與社會性似乎很難統一。正因為如此，就產生了各持一端的片面的觀點，不是認為自然本身無美，美只是人類主觀意識加上去的（朱）；便是認為自然美在其本身的自然條件，它與人類無關（蔡）。」[13] 承認或否認自然美的社會性是我與蔡儀的分歧處。蔡

---

13 本書〈美的客觀性和社會性〉一文。

儀認為自然美在自然本身的屬性,我認為這是說不通的,以前的
文章已說明。現在的問題在於自然美的社會性究竟是怎樣的社會
性?朱光潛現在也肯定自然美有社會性,但他依照他的「物甲」
加社會意識等於美的公式,認為這「社會性」是社會意識,是主
觀的社會性。這就是說自然美是人類主觀社會意識(社會性)作
用於自然物客觀屬性的結果。而我卻認為,自然美的社會性基本
上就是自然物本身的社會性,因而就是客觀的,它不是社會意識
的結果,而是社會存在的產物,它不屬於社會意識而屬於社會存
在的範疇。所以這裡與朱光潛的分歧,歸結起來,就還是關於美
的客觀性問題的分歧的引伸,這就是:自然美究竟是社會意識作
用於自然物的主客觀的統一呢?還是一種客觀的社會的存在?

(1)**自然物的客觀社會性質**:如果說蔡儀關於自然美的論點是
他的理論的最薄弱的一環,那麼朱光潛關於自然美的論點卻是其
理論最強的一環。因為,無論是朱先生過去的移情說或者是現在
的社會意識論,從表面來看,是很能解決問題,符合大家日常生
活中的經驗,而容易使人信服的。「移情說」之所以能風靡一時,
正在於這一錯誤理論仍然抓住了生活中一個真實的現象,即我曾
說過的「快樂時花歡草笑,悲哀時雲愁月慘」的心理現象。朱光
潛現在的社會意識論基本上與以前的移情說並無差異,所不同的
只是以前的移情是一種超時代超社會的神祕直覺,而現在則是指
一定社會時代、階級的意識。然而,作為移情,則一也。自然之
所以美乃是主觀意識作用於自然,則一也。我在以前的文章中,
一方面承認移情現象的存在,另一面又指出移情說理論上的錯誤。

因為，為什麼可能移情，移什麼情，為什麼對梅花能移情，對老鼠不能移情，為什麼原始人不能移情，而現在能等等，這顯然與客觀對象本身有關。而與這有關的，當然不只是對象的自然屬性（如和諧、統一等），而更重要的，據我看，是它的社會屬性。追本溯源，是自然物的客觀社會屬性決定了人們的所謂「移情」和美感欣賞態度。所以我所說的自然的社會性，我了解的所謂自然是一種「社會存在」，是指自然在人類產生以後與人類生活所發生的廣泛的客觀社會關係，在人類生活中所占有的一定的客觀社會地位、所起的一定的客觀社會作用而言，這些就構成了自然或自然物的社會性，使自然變成了一種社會的客觀物質存在。所以，這種社會性就不是人們主觀意識作用的結果，而是不以人們意志為轉移的客觀存在，它是人類社會生活中的自然和自然物本身所具有的屬性。[14]

　　舉兩個粗糙的例子。例如太陽，它自古以來一直是被歌頌的對象，人們很早就欣賞和描繪太陽的美：歡樂、偉大、朝氣勃勃、光輝燦爛。那麼太陽的美到底在哪裡呢？顯然它不會在其自然屬性——發光體、恆星、體現了某種「種類的一般」等等，同時也

---

14 我所了解的自然的社會存在，是指自然與人們現實生活所發生的客觀社會關係、作用、地位，不是什麼「與自然疊合」的抽象的社會存在，所以朱光潛對我的指責是完全落空的。此外，某些自然美的社會性只是自然物的社會性的一部分或一種，即對人有益、有利（善、好）的社會性質，如下面所舉的太陽、土地等。有許多自然物的社會性是惡的，與人不利的，它們也可以有美。當然這裡面有許多複雜情況。

不是在於它的主觀的社會性——主觀社會意識與其自然屬性統一
的結果：這也就是說，太陽的美（偉大、光輝）並不是因為你感
覺它偉大光輝它才偉大光輝，並不是人類的某種社會意識作用於
太陽的結果。太陽和陽光之所以美，車爾尼雪夫斯基說得好，因
為它們是自然中一切生活的泉源，也是人類生命的保障。顯然，
太陽作為歡樂光明的美感對象，它正在於本身的這種客觀社會性，
它與人類生活的這種客觀社會關係、客觀社會作用、地位。正是
這些才造成人們對太陽的強烈的美感喜愛。太陽的這種客觀社會
屬性是構成它的美的主要條件，其發熱發光的自然屬性雖是必須
的但還是次要的條件。

又例如土地。它也一直是人們歌頌的對象，其理由大致與太
陽相同。但詩人對土地的美感態度，藝術中土地的面貌卻是有所
不同的：異族入侵時，人們感覺土地是痛苦和悲哀的，土地也被
描繪成這個樣子。反之，今天我們的泥土之歌，則是歡樂、自由
的。而這歸結起來就正是土地與人類生活兩種不同的客觀社會關
係所造成的，是這種客觀社會關係的反映。土地被異族凌辱時反
映在藝術和美感裡是剩水殘山；解放了的土地使人們感到它也如
人一樣地在歡笑。據我看，只有這樣把美的社會性看作是客觀的，
藝術美感才有客觀標準。如果照朱先生主觀社會性那樣就會沒有
標準。因為，社會意識在階級社會裡就是不同的階級意識，如果
自然美的社會性是社會意識，那又何以定其是非曲直呢？統治階
級的意識是統治社會的意識。那在以前的時代裡，反動統治階級
社會意識認為美的，就真美了麼？如果倒過來，以被剝削階級意

識為標準，那麼焦大不愛林妹妹，農夫不欣賞梅花，但林妹妹和梅花不仍舊很美嗎？所以，美的標準和自然之所以美，不能在社會意識中去尋找，而要從客觀的社會存在本身中去找。太陽和梅花的美是由於其具有一定的好的客觀社會性，不管你欣賞不欣賞。這樣，美才有真正的客觀標準，才不會走入相對主義。

上面所說的美的客觀社會性，是並不難理解的。其實，在人類社會生活中，任何事物都具有社會性質。例如這只茶杯就如此。對杯子可有各種不同的定義，如說它是圓的，是玻璃做的等等，但在此時此地其最本質的定義卻應該說是它是喝水的用具。據我看這個定義的正確，就在於它揭出了這個杯子在此時此地的最重要的性質：它的客觀社會性——它的社會職能，它在人類生活中所占的地位、作用、關係。我上次所舉的機器、貨幣的例子，也同此。朱先生認為貨幣只是一個象徵的「約定俗成」的偶然符號，這是不對的。我們今天所用的貨幣（紙幣）所以有效，是決定於其後面的黃金儲備，黃金所以有價值，在於作為商品的等價物，它本身體現和包含著一定的社會勞動，而這就是它的社會性質。商品的使用價值是其自然屬性決定，其價值則是社會的產物，是它的社會屬性，這種社會性當然是看不見摸不著而又客觀地存在著的。這一點馬克思已說得很清楚了，其實自然物與自然美的社會性也完全如此。

自然物的社會性是人類社會生活所客觀地賦予它的，是人類社會存在、發展的產物，人類與自然的關係有多麼複雜豐富，自然的社會性就有多麼複雜豐富。並且，自然的社會性也是隨人類

社會變化發展而變化發展的。不同的自然物的社會性——它在生
活中的地位、作用、關係也是不同的：有的直接，有的間接；有
的明顯，有的隱晦；有的重要，有的不重要；有的這個時期重要，
有的那個時期重要……，這種種情況就造成了人們對自然物的社
會性認識和理解，從而也造成了對自然美的欣賞領會的種種不同：
有難易之不同，有先後之不同，有階級之不同，有時代之不
同……。例如：太陽與月亮，稻、麥與梅花、古松，它們在社會
生活中所占地位是大不同的：沒有太陽，人不能生活；沒有月亮，
頂多妨礙戀愛[15]；沒有莊稼，生活就很難；沒有梅花，基本上不
礙事。所以，人們欣賞太陽、莊稼的美容易，藝術史也證明，在
遠古人們只畫太陽、莊稼而不會欣賞閑花野草。「楊柳岸曉風殘
月」的美，「暗香」「疏影」的美是產生得很遲很遲的。同時，即
在同一時代中，同一自然物對不同的人，不同的階級的社會關係
的、社會作用的不同，也會造成不同階級人們的不同的美感欣賞
態度。這也就是大家所熟知的為車爾尼雪夫斯基和普列漢諾夫所
已清楚證明了的不同階級、不同時代的不同美感。所以，一個自
然物美不美，對一個自然物能不能產生美感，能不能欣賞它，這
決不偶然，它首先並不決定於人們的社會意識，而首先被決定於
自然物在社會時代中的廣泛客觀社會性質。人對自然物的所謂移
情的主觀意識作用，正是這種自然的客觀社會性質（從而這也就

15　〔補注〕在某些原始民族、部落中，月亮具有一種巫術、神話的象徵意
　　義，例如圓缺與婦女懷孕的類比（見非洲某些原始部族神話）等等，而
　　比太陽更早成為藝術對象，這不在本文論述範圍。

正是人類社會生活）的反映。儘管這種反映經過極為曲折複雜的
道路。但無論怎樣，人類社會生活的存在和改變使自然存在和改
變，這才是人們對自然美的美感欣賞的存在和改變的客觀的大前
提，後者歸根結底只是前者的反映。在這裡，仍然是社會存在決
定社會意識。「移情」只是反映，只是這種反映不是那麼簡單直
接，而是非常曲折複雜，這個過程需要進一步深入研究。

⑵自然美的史的一瞥：下面最簡略地敘述一下反映在藝術史
中的自然與人類的社會生活的不同關係，它的不同社會性的大致
情況。

首先，自然與人所發生的關係主要是生產的關係，人首先是
對於生活源泉直接相關的東西產生興趣與發生美感。在原始狩獵
民族那裡主要是動物畫。他們所以欣賞動物，動物所以成為當時
藝術美感的主要對象[16]，很明顯是由於這些動物在當時社會生活
中的地位即牠的社會性所決定的。這種社會性當然不是主觀意識
的結果，而是一種客觀存在的性質。到農耕民族的畫面上就出現
了農作物，卻沒有像梅花那樣的閑花野草。即使是藝術成熟時代
的荷馬的史詩，羅斯金還說：詩裡形容自然時總是用「豐饒的」
這樣的形容辭，描寫自然物時總是形容它們的有用，對人類社會
生活的直接的經濟利益。羅斯金說，荷馬詩裡多平原草原的描寫，
而少有對山區的描寫，因為山區是貧困的，它不能引起人們的興

16〔補注〕原始人的動物壁畫，主要是種巫術 (magic) 活動，而非獨立的審
　　美藝術對象。所以有的畫在洞穴極暗處，只有打著火把進行巫術、禮儀
　　時才能看到。

趣。很清楚，在遠古，自然美是直接與它的功利社會性質連在一起的。它的美的社會功利性質是十分直接明顯的，人們的美感判斷、美的觀念是直接與自然物的這種客觀的社會功利性質緊密地聯繫著的，是它的直接反映。自然作為人的生產和經濟生活的對象這一關係，在當時就占了壓倒一切的地位。自然與人類社會的其他關係則還沒有充分展開和顯露。例如：作為對肉體特別是精神的休息娛樂的對象的關係，在這時就根本不占什麼重要地位。因此，除了對直接的生產對象以外，人對整個自然，對於生產無關的那些自然物，是沒有興趣或興趣不大的。在遠古神話裡，自然作為不可了解的神怪出現，其後則作為人事的背景出現，不是欣賞描繪的獨立對象。《詩經》裡的自然是一種「比興」：對人事的直接比擬，正如現在民歌的開頭一樣。在敦煌壁畫中，也是「人大於山，水不容泛」，山水自然只作為極不重要的人事背景而已。王國維所說古詩多「無我之境」，後來才多「有我之境」；羅斯金所說古代荷馬、但丁是客觀地描寫自然，而濟慈、渥得渥斯是主觀地描寫自然，後者看見花傷心，是把心物混淆起來。這些材料是朱光潛引來說明「移情作用」的，即證明近代才對自然流行「移情作用」。但為什麼呢？朱光潛沒有解釋，好像是美感意識自然而然發展的結果。其實，照我看來，這是因為自然與社會生活的關係發生了改變，自然在客觀上具有了新的美的性質，人們美感意識才產生這種改變。正是隨著人類生活的發展，隨著人與人之間的關係的發展，自然與人類的客觀社會關係也就在發展。正如在遠古群婚時代，沒有家庭，也無所謂愛情的堅貞，因此也就沒有

這種生活美和這類題材的藝術美一樣，在當時自然界與許多自然物中，例如月亮、梅花，還沒有與當時以艱苦謀生為最大內容的人類生活發生親密的關係，因此它們就不能成為當時人們美感的對象，當時也就沒有詠梅、詠月詩。這一直需要到以後特別是到了社會中產生了階級分化，一部分人從直接物質生產中解放出來，從事於其他政治文化活動的時候，自然界與人類的關係才有所改變，它作為人類生活中的休息安慰娛樂等等的對象而出現，它的這方面的社會性質才充分顯露出來。管子說：「倉廩實而後知禮義，衣食足而後知榮辱」。但是，等到「倉廩實」「衣食足」了的時候，禮義榮辱就似乎顯得比衣食倉廩更重要了，人的精神生活要求似乎比物質要求更重要了。從而自然之作為娛樂、休息、安慰的社會作用性質，在後來反而比作為直接生產對象的性質作用，顯得更重要，顯得更占上風。在文人雅士那裡，詠月、詠梅就遠比詠太陽、詠泥土來得多了。顯然，在這裡，一直到後來，極大一部分反映在藝術中的自然美的社會性，遠不如原始時代那種與生產、與經濟生活的直接功利關係來得簡單明顯，而是十分隱蔽和複雜的，遠非表面可能看出來，也遠不是幾句話、一個公式可以解釋概括得清楚的。這也就是說明梅花、月亮的美之所以遠難於說明泥土、太陽的美的地方。例如，梅花、松樹的確很美，在古代卻只有士大夫欣賞，當時直接從事生產的農民卻不能或無暇欣賞。中國繪畫上細緻工整的花鳥畫，出現在五代北宋的宮庭畫院裡，著名的徽宗皇帝就是這種繪畫的能手，很多人為這些問題想不通：宋徽宗是荒淫無道的壞蛋，卻能畫一手至今仍有藝術價

值、迫使我們去承認肯定的花鳥山水畫。士大夫是剝削者，但他
們在欣賞梅花上卻的確比當時的農民強。這些現象的原因何在呢？
其實，原因就在：歷史的發展使剝削階級在一定時期內在某些方
面占了便宜，他們與自然的社會關係使自然物的某些方面的豐富
社會性（即作為娛樂、休息等場所、性質）首先呈獻給他們了，
使他們最先獲得對自然的美感欣賞能力，從而創造了描繪自然的
優美的藝術品，這就正如擺脫直接物質生產活動後能使他們更深
入地研究自然，自然的許多科學祕密首先呈獻給他們，從而發現
了自然的科學規律一樣。隨著人類生活的發展、人對自然征服的
發展，隨著人從自然中和從社會剝削中全部解放出來，自然與人
類社會關係、自然的社會性就會在全人類面前以日益豐滿的形態
發展出來，人類對自然的美感欣賞能力也將日益提高和發展。這
時每一個農民都能欣賞梅花，都能看懂宋畫。馬克思說得好：只
有通過客觀上展開的人類生活的豐富內容，才能使人類的主觀感
受性豐富起來。正是這樣，只有通過改造社會，改造自然，使人
類與自然發生多方面的豐富的關係，從而使自然從客觀上具有豐
富的社會性質，使自然日益「社會化」，這樣，人類對自然的美感
欣賞能力才能在根本上提高和變化。可以預料：在共產主義社會
裡，自然美將占重要的地位。而這才是我們所理解的自然美的所
謂「人化的自然」的意義：通過人類實踐來改造自然，使自然在
客觀上人化，社會化，從而具有美的性質，所以，這就與朱光潛、
高爾太所說「人化的自然」──社會意識作用於自然的結果根本

不同。[17]

　　(3)社會心理條件在自然美中的重要作用：上面只是就自然美的客觀社會性作了一些基本原則的說明，要強調的是，不能把這些一般原則機械地直接地去生搬硬套在某一個具體的自然物或自然美上面。例如：套在桂林山水、齊白石的白菜蝦米上面。要看到一個自然物成為審美對象，是經過一連串錯綜複雜的中間環節的，其中所謂社會功利的內容是極其隱晦的。如前已說過，梅花的社會功利性如同欣賞梅花所引起的美感的社會功利性一樣，遠不像上面所舉的太陽那樣能夠一眼看穿。這裡重要的是，對任何一個自然物或自然美的社會性的說明都要作細緻的研究和具體的分析，直線的演繹就會出笑話。藝術史說明，自然風景在繪畫藝術中的出現，並不直接表示當時自然的客觀社會性有根本改變。例如：六朝山水詩、五代北宋山水畫的大興，並不能由此現象立即得出當時自然與人的關係、它的社會性就與以前有了突然的改變。由可能性到現實性，由自然具有了某種社會性到人們能普遍認識它並反映在藝術中，其中更有一個曲折的長時期的過程，還須要有許多其他條件，其中就包括欣賞者主觀反映能力方面的某

---

17 朱光潛：「自然『人化』了……是由於人顯示了他的『本質力量』」，「……這個『本質力量』……代表了人在一定歷史階段的文化水平」。自然的「人化」在這裡仍只是因為具有「一定文化水平」的人去「看」自然的結果。朱的意思比較隱晦，高爾太則說得明朗得多：「人一面認識自然，一面評價自然，在這評價中創造了美的觀念。所以美的本質就是人化的自然。」

些條件，例如：普列漢諾夫所曾著重指出的社會心理、意識型態等等。例如五代、北宋山水畫的興起，宋詞中移情作用和「有我之境」的普遍出現，就有其士大夫社會心理方面的重要原因。唐、宋兩代士大夫的精神面貌、心理狀況是不大相同的。這在藝術中例如唐詩宋詞中反映得十分明顯。初唐時代是〈春江花月夜〉那樣的輕快舒暢，盛唐是「醉臥沙場君莫笑，古來征戰幾人回」，「莫愁前路無知己，天下何人不識君」那樣豪邁開朗、朝氣蓬勃的聲音，這時典型的時代天才是像想學魯仲連的李白，是像憂國憂民的杜甫這樣的人。在這時，士大夫知識分子對社會生活、對功名事業有著強烈的憧憬和追求。愛情詩、山水畫在這裡還不占什麼地位。但是，通過「世事茫茫難自料，春愁黯黯獨成眠」的蕭瑟的中唐以後，在社會日漸衰頹變亂裡，士大夫也就日漸走向官能的享樂和山林的隱逸。這時的典型藝術情調就是險奇晦艷的李賀、李義山，是「十年一覺揚州夢，贏得青樓薄倖名」，「如今卻憶江南樂，當時年少春衫薄」的杜牧和韋莊，這種情況到承平時代的北宋更有了發展，我們再看不到像李白、杜甫那樣的巨人，我們看到的是唱著「浮生長恨歡娛少，肯愛千金輕一笑，為君持酒勸斜陽，且向花間留晚照」這種「汲汲顧景，唯恐不及」似的風流尚書，是「忍把浮名，換了淺斟低唱」的城市浪子，作為一代天才的蘇東坡也同樣感嘆著「世路無窮，勞生有限，似此區區長鮮歡」，表示「生不願封萬戶侯，亦不願識韓荊州」（這卻正是李白當年的願望）。陶潛、王維在這時第一次被捧上雲霄。時代生活的變化使上層士大夫社會心理有了很大的變化，與官能的享樂、

愛情的歌唱同時，山林的眷戀成了他們的生活、情感、思想的重要的內容。當然，這時自然與他們的關係在客觀上與以前有所不同，但是，山水畫等藝術的興起在這裡卻畢竟不是這種關係的直接反映，而是透過社會心理反映出來的。很難說自然在唐宋兩代對整個社會或整個士大夫階層有什麼根本的客觀社會性的不同，但在藝術領域卻有了根本不同的反映。這裡就要研究社會心理的種種原因。同樣，北宋詞中多「有我之境」，而北宋畫中據我看則仍多是純厚的「無我之境」，自然在同時代的不同藝術中的不同，以及在同樣藝術中的不同等等，都絕不能簡單歸結為自然的客觀社會性的某種原因，這樣作就要變成荒謬的庸俗社會學了。又如托爾斯泰在《戰爭與和平》裡，描寫安得列月夜聽娜達莎唱歌前後所見到的同一棵老橡樹，有兩種根本不同的感受：去時覺得橡樹醜陋古怪，是對青春的一種嘲笑；來時的感受則恰恰相反。當然這也不是說這棵老橡樹的客觀社會性有了什麼重大改變，因此才產生安得列兩種不同的美感。相反，這裡是主觀心理狀況起了決定作用；同樣，今天人們對自然欣賞因人因時而有差別（即所謂美感的個人差異問題），也不能把它歸結為自然的客觀社會性（與人們的生活的客觀社會關係）的問題。在這裡受時代、階級甚至一時的生活環境、事件所制約的社會心理及個人心理起著決定作用。關於個人心理及美感的個別差異問題須作專題研究，此處不談。關於社會心理，普列漢諾夫說得很多，這裡也不再談。這裡要說明的是，我們所講的自然美的客觀社會性，只是一個最一般的大前提，只是說任何對事物的美感欣賞，不管其個人心理

和社會心理（即社會意識）起了多大的作用，其最先的必要的基礎和前提，仍然是在社會生活的存在發展使自然與人發生豐富的社會關係，並使自然的社會性與遠古有了根本不同的改變以後，這一切才有可能。只有在這前提下，安得列才可能因心境的不同而欣賞橡樹兩種不同的美，今天我們才能隨自己內心的喜怒哀樂而覺得對象有喜怒哀樂（即「移情作用」），所以顯然不能把這個最一般的大前提直接套用到某一具體自然物或自然美的上面。需要的是在這前提下，對具體自然對象作多方面包括社會意識型態作用在內的具體分析。而許多責備我的人卻恰恰是沒有顧到這一點，直線地演繹，作出荒謬庸俗的論斷，然後便又反過來「證明」我的說法不能解釋自然美，自然美仍是「主客觀的統一」，仍只能是主觀意識作用於客觀的結果等等。

⑷形式美的問題：與自然美聯繫著的就是形式美的問題。在討論中，有人以為我根本否認形式的重要，其實這也是誤解。我在《人民日報》和《哲學研究》的文章中都強調了美的形象性的重要。所謂形象就是事物的樣子，樣子當然就有形式，我在文中強調了形式等自然條件的重要。我曾說：「美是具體形象，因此作為構成具體自然形象的必要的自然屬性如均衡、對稱等生物、物理上的性能形態，也就必然成為構成美的必要條件……高山大海的巨大體積，月亮星星的暗淡光亮，就成為壯美或優美的必要條件。因為這種自然條件或屬性常成為快感的客觀對象的基礎和根據」等等，所以洪毅然同志對我的批評，就有些近乎無的放矢了。例如，我們的國旗如果是一塊不規則的破布，那當然就損害了它

的美，如果這個窗子是一個歪歪曲曲橫七豎八的多邊形，那也當然不美。所以，均衡、對稱、和諧、統一這些形式的規律仍是很重要的，是構成美的形象性的必要條件。講求藝術技巧的重要，其原因之一也在這裡。

但是形式之所以成為美的要素，這問題也很複雜，須要仔細分析。這裡只能簡單地提一下。就自然性質來說，某些顏色、聲音所激起的常常是一種生理的快感，例如紅的顏色、音樂的簡單節奏。達爾文說，動物對這些東西也有反應的能力。人生活在這地球上，事物共同遵循的均衡、對稱等自然規律使人類感官長期習慣於它，這種習慣也是造成生理快感的原因。在這裡，形式的問題是談不上什麼社會性的。但是這種純粹的形式的快感在實際生活中是很少有的。因為人類生活總是社會的，一切東西包括這些形式在內，也逐漸帶有社會性質，正如人的生理感官逐漸變成社會的感官一樣。在原始人那裡，紅色與生活中流血的事情連在一起，就具有了一種客觀社會內容、性質和意義。[18]這時，人對紅色的喜愛或欣賞，已不是動物式的單純生理快樂，而成為精神

18 朱光潛也談到這問題，但他把由快感到美感的過程又歸結為主觀意識作用的結果，這是我們所不能同意的：「例如紅色作為一種強烈的刺激，適合生理要求，可以引起單純的快感。但是紅色的強烈旺盛可以使人感到它是生命和熱情的表現，這生命和熱情表現出主觀方面的態度和理想，換句話說，契合了主觀方面的意識型態，由此所得快感便是美感了。」但紅色為什麼「使人感到」生命和熱情呢？朱先生沒說，顯然這正是因為紅色本身在生活中本來就客觀地與這些東西聯繫在一起，所以才反映為人的這種感覺。

的美感愉悅了。形式本身已具有了社會性，從而欣賞也變成人的
即社會的了。我們國旗的紅色更如此，它具有深刻的社會內容。
我們對國旗的紅色的喜愛不同於對一件紅色毛衣的喜愛，因為它
具有著更明確更社會性的本質內容。又如遠古時代簡單的音樂節
奏，如普列漢諾夫所指出，具體地被決定於不同勞動和不同的技
術水平，這實際上即間接被決定於不同的社會生活。它的性質主
要已不是生理的而是社會生活的了。當然，如前已指出，在這裡，
形式的自然物理性質對生理感官的快慰的刺激又仍是很重要的。
美感與快感須要一致和統一。印象主義的風景畫，雖然其社會性
不如巴比仲派或俄國列維坦深刻，卻通過在形式上對明朗色彩的
追求，使人感受到一種光明、開朗、強烈的生活或生命的美感愉
快，正如我們面對著燦爛的陽光本身一樣。印象主義取得了巨大
成就。

3.結語

　　最後談一下我們對美的整個看法。如我以前所認為，美是包
含著現實生活發展的本質、規律和理想而用感官可以直接感知的
具體形象（包括社會形象、自然形象和藝術形象）。[19]在這說法
裡，它已包含了我們以前說過的美的兩個方面、屬性或條件：(1)
客觀社會性，(2)具體形象性。朱光潛認為我說美是社會存在，又
說社會性只是美的條件之一，這是自相矛盾。這其實是沒看清我
的意思：美必須是具有具體形象的社會存在物。沒有形象的社會

19　〔補注〕參看本書〈美學三題議〉，其中對美的提法，已有所不同。

機構、制度等等的存在不能是美。所以，這裡一點也不矛盾。同
時朱光潛又認為我這個說法是黑格爾加車爾尼雪夫斯基，這是不
對的。我以前文章中曾強調指出，我所講的社會本質規律和理想，
不是黑格爾式的精神、實體的理念，而是社會生活本身（這是客
觀的物質存在）。所以這與黑格爾是根本不同的。（朱光潛對我的
所有幾點批評，這裡算是回答完了。）又有人把我所說的「本質
規律」看得很狹隘，以為它只是指生產鬥爭和階級鬥爭，因此愛
情詩等就沒體現什麼本質理想。但是生活本質這個概念實際上包
含的內容是極多的，除了「鬥爭」以外，當然還包括了生活的許
多其他的方面如愛情等等。它是一個極其廣闊的東西，不能把具
有生活本質、規律的東西看得太狹隘，看得太死（為免誤會起見，
補充一句：我所說的「理想」不是指人們的主觀願望，而是指歷
史本身發展前進的客觀動向）。車爾尼雪夫斯基說得好：美是包羅
萬有而變化多端的東西。「包羅萬有」正是它的無限廣闊的必然的
客觀社會性，「變化多端」正是它的有限的偶然的生動的具體形象
性。這次討論還只就客觀社會性這一方面說了很小的一部分。要
說的話是很多的。祝在百家爭鳴中美學獲得豐碩的收成。

補記：

　　關於審美是否是認識，美學是否是認識論，我在〈形象思維
再續談〉中已另有看法，本文論點太簡單。為保存歷史痕跡，未
加改動。

1979 年 12 月

四、論美是生活及其他

——兼答蔡儀先生

註：本文寫於 1958 年，原載《新建設》1958
年第 5 期，收入本書時曾刪去第一、二部
分中一些非學術論戰性的「反右」字句。
當時剛下農村，尚可挑燈（時農村無電，
只有煤油燈）寫作，很快就完全和永遠沒
有這種可能了。

　　在鄉下讀到呂熒、蔡儀、朱光潛諸先生在《人民日報》、《學術月刊》上發表的文章，覺得其中涉及一些很根本的問題，自己有些話要說。但勞動緊張，又缺資料，暫時只能就關鍵處簡略地說幾句，並以此兼答蔡、朱兩先生對我的批評。

　　美是什麼？「美是生活」。車爾尼雪夫斯基這一觀點，恐怕仍是迄今較好的簡明看法。這個看法鮮明地反對了唯心主義，堅持了唯物主義；它肯定美存在於現實生活之中，藝術只是現實生活的反映和複製。其實，我們以前所一再強調的所謂美的客觀性、美是客觀存在，主要的意思，也就在此。美客觀地存在於現實生活之中，廣大人民的生活本身是美的寶藏和源泉；因此，美和生活本身一樣，它是「不以人們意志為轉移的客觀物質的社會存在」（我這句話是朱先生在《學術月刊》1958 年 1 月號〈美必然是意識型態性的〉文中所特別指明反對的，然而它卻仍然是最重要的一句話），不管你能欣賞或不能欣賞它，也不管藝術是否已經反映它。「金沙水拍雲崖暖，大渡橋橫鐵索寒」的史詩般的壯偉生活是美的，它是一種客觀的歷史存在；儘管我們很慚愧，今天還沒有創造出能集中反映這一壯美生活的藝術品。貧農陳學孟帶頭搞合

作化的故事是美的,「在中國,這類英雄人物何止成千上萬」,這些英雄們的巨大形象是美的客觀存在,儘管「文學家們還沒有去找他們」[1],還沒有在藝術中反映出他們的面貌。所以,朱先生如果要用「實體」、「屬性」的關係來說美,那我要說:美首先是生活這一實體的屬性(生活當然是具體的。美是生活的屬性也就是說美是生活中的某些事物、形象的屬性,所以我們曾說美是物的屬性。這裡的「物」,顯然不是自然科學用語上的意義,不是機械唯物論美學所說的自然物;而是指生活,指社會生活中的事物、形象)。生活是「不以人們意志為轉移的客觀物質的社會存在」,即是說,生活是客觀存在;所以,其屬性——美亦然。

　　我與朱先生的一切分歧,關鍵之處,其實就在這裡。如果把問題提得更明確些,今天「美是客觀的還是主客觀的統一」的爭論,其本質就是承認或否認「美是生活」(美存在於客觀現實生活之中)的爭論。對此,我們是肯定和強調的,朱先生則是堅持反對的。他認為客觀生活(朱先生稱之為「物甲」或「自然物」。要注意,「自然物」在朱先生用法上不是指狹隘的山川風景等自然,而是指與藝術相對而言的客觀事物。討論中要特別注意每個人用語的涵義)本身中是沒有美的,它們只是美的條件:美「不能單純地是自然界客觀事物本有的一種屬性,自然物只能有美的條件」。[2]所以,朱先生認為生活中志願軍的形象並不是美,而只是

1　《中國農村的社會主義高潮》中冊,人民出版社,1956 年版,第 544 頁。
2　〈美就是美的觀念嗎?〉,《人民日報》1957 年 1 月 16 日。

美的條件（善）。[3] 朱先生強調美是藝術的屬性，絕口不談美首先必需是生活的屬性。這實質上是把美圈定在藝術的範圍內，圈定在藝術創作和藝術欣賞的過程中，否定在藝術和藝術活動之外有美的存在。朱先生所再三強調的形式邏輯三段論（美是藝術的屬性，藝術是意識型態，因此美就「必然是意識型態性的」，見《學術月刊》的論文），其大前提正在這裡。但是，如果我們從美是生活這一根本不同的前提出發，這一個為朱先生自認為是牢不可破的三段論也就不攻自破了。

所以，我們與朱先生的分歧是根本前提的分歧，是承認還是否認「美是生活」這一基本原則的分歧，我認為美存在於生活中，不但人民大眾的現實生活和文藝作品「兩者都是美」，而且後者的美（藝術美）只能來源於前者的美（生活美），只是前者的集中反映。美只有首先作為生活的屬性而後才可能成為藝術的屬性。朱先生恰好相反，正因為朱先生否認客觀生活中有美，美必需是主觀的意識型態作用於客觀對象才能產生，這樣也就自然會提出列寧的反映論作為美學的理論基礎還很不夠，還要另外加上什麼意識型態論的哲學主張（見〈論美是客觀與主觀的統一〉）。這一主張違反馬克思主義的性質，我在〈關於當前美學問題的爭論〉一文中已強調指出過，朱先生除不同意外還無所解釋或答辯；周來祥先生最近也專就這問題寫了文章[4]，我是很同意這些批評的（對

3　〈論美是客觀與主觀的統一〉，《哲學研究》1957 年第 4 期。

4　〈反對美學中的修正主義〉，《新建設》1958 年第 1 期。

周自己的一些美學論點則不能同意）⁵，所以這裡就不擬再多講了。

　　朱先生的「主客觀統一論」是有其認識論上的根源的。朱先生正確地看到了在藝術創作和欣賞中人們的主觀社會意識、思想、感情的巨大作用這一現象，但錯誤地把它作為產生美的決定性條件。主張美的客觀性，主張美是生活、藝術美只是生活美的反映的人，其實一點也不否認而且還是十分強調在藝術創作中主客觀的統一，強調藝術家的優美正確的思想情感、先進的社會意識在創作和欣賞中的巨大意義的；但人們主觀世界的正確的功能、作用都是為了和服務於對客觀世界的深刻的本質的反映；沒有藝術家的主觀作用，當然就沒有藝術品和藝術美，但藝術品的美卻畢竟不是藝術家所能完全主觀賜予的，其本源仍存在於生活之中。對此，我在去年發表的〈意境雜談〉文中曾有所說明，這裡不再談了。

　　上面只是就生活美來談的。那麼藝術美呢？美當然也是藝術的屬性，而且還是藝術的主要特性，而藝術也當然是意識型態，那麼，藝術美是不是因為這樣而就是一種「主客觀的統一」而不是客觀存在的東西呢？這個問題正是朱先生所特別強調的，但在我看來，這個問題是不清楚的。朱先生是把兩個不同的問題混為一談了。實際上，藝術作為意識型態（現實生活的反映）與藝術

---

5 周來祥在自然美的觀點上反而又陷入朱的主客觀統一論的錯誤中。此外，周文論證中還有許多模糊和混亂不清的地方。

美作為客觀存在是並不矛盾的。因為藝術美（亦即藝術品）一經形成，就是一個不依存於人們意識的客觀存在，它的美是不以欣賞的人的意志為轉移或變更的。齊白石的畫，不管你能不能或願不願欣賞它，它的美總仍是客觀存在著的，儘管它同時又誠然是一種意識型態式的存在。[6] 這也正如軍隊、法庭、監獄等等是一種上層建築，但同時它們又是一種不依存於人們意識的客觀存在，它們的上層建築性質並不妨礙其為客觀存在的社會事物。藝術美的意識型態性質並不妨礙其為物態化的客觀存在，也就與此一樣。藝術作為生活反映的意識型態與藝術美作為美感欣賞對象的客觀物態化的存在性質，是兩個不同的問題，不能把它們糾纏一起，混為一談。

當然，藝術美的客觀性的深刻的涵義在於它是客觀生活美的反映，藝術是把生活本身具有的美這一屬性提煉集中起來，正如科學是把生活本身具有的真的屬性概括集中起來；但這實質上仍只是反映，儘管這種反映需要經過藝術家在創作過程中主觀認識與客觀的統一。這也正如我們的機器、房屋是一種客觀存在，儘管它在構圖建造中也要經過科學家認識的「主客觀的統一」一樣。後者是並不妨礙前者的實質的。

---

6 〔補注〕參看本書第 94 頁注。

美是生活。但是，究竟是怎樣的生活呢？「任何東西，我們在那裡面看得見依照我們的理解應當如此的生活，那就是美的；任何東西，凡是顯示出生活或使我們想起生活的，那就是美的。」車爾尼雪夫斯基的這一補充，說來雖短，卻是極重要而問題極多的一句話。它包含了美學中如美的理想、美的觀念與客觀美的關係等基本問題，同時它本身又有矛盾和破綻，可以引起各種不同的解釋。我與呂熒先生對此的理解就有根本性的分歧。

　　美是生活，當然並非一切生活皆美。呂熒先生在批評「認為美為物的屬性」的美學家時說：「說美是物的屬性，這就是說，一切的物都具有的一種性質。可是世界上許多的物，如上述的猴子鱷魚等等，我們通常都是認為不美的。」[7] 這裡是犯了個形式邏輯的錯誤，因為從「美是物的屬性」決得不出「凡物皆有美的屬性」來，這正如紅為物的屬性而並非凡物皆紅一樣。主張屬性說的人也從未有呂先生這樣的推論。而美是生活，亦然。並不是所有生活都是美的，醜惡的生活、生活中醜惡的事物、形象，現在也還不算太稀少，在車爾尼雪夫斯基所處的沙皇俄羅斯的時代裡，

7　〈美是什麼〉，《人民日報》1957 年 12 月 3 日。

則是太多太多了。正因為這樣，革命的美學理論才必須加上這個
補充：要求藝術否定當前骯髒的生活現狀，要求藝術去反映去描
寫去幻想真正美好的生活。

　　但是，也就在這同一個地方，有著車爾尼雪夫斯基這一理論
的最顯著的缺點。因為這個理論的哲學基礎還只是費爾巴哈的抽
象的人本主義，它對生活內容還不能達到歷史唯物主義的了解。
因此雖然它堅定地否定現實、要求革命，卻仍不能指出現實發展
和變革的方向和進程。它不能如我們今天這樣來觀察、研究、體
驗生活，來運用在「現實的革命發展中」「真實地、歷史具體地」
描寫生活反映生活的創作方法。在車爾尼雪夫斯基那裡，生活的
理想從而美的理想是沒有客觀現實進程的，因而它也就帶著許多
主觀主義的成分。普列汗諾夫對此曾有清楚的說明：

　　　　車爾尼雪夫斯基和杜勃洛留波夫的美學理論本身就是現實主
　　義和理想主義的一種特殊的混合物，它在闡明生活現象時，並不
　　滿足於確認既有的東西，而且還指出——這甚至是主要的——應
　　當怎樣。它否定現實……但是它不善於「發揮否定的思想」……
　　它不善於使這種思想同俄國社會生活的發展的客觀進程聯繫起
　　來。簡而言之，它不善於給這種思想提供社會基礎。它的主要缺
　　點就在這點。只有從馬克思學說的觀點來看，這一缺點才是一目
　　了然的。[8]

8　〈車爾尼雪夫斯基的美學理論〉，《哲學譯叢》1957 年第 6 期，重點係引
　　用者加。

這樣一個缺點當然也就會十分尖銳地呈現在關於美的定義中，普列汗諾夫也指出了這點：

在車爾尼雪夫斯基看來，一方面現實中的美自身就是美的；但另一方面，他又說，在我看來，只有符合於我們關於「美好的生活」「應當如此的生活」的概念時才是美的，事物自身並非就是美的。[9]

這的確是矛盾。美是客觀生活，它不依存於人的意識而獨立存在；但美又同時必須是「美好的生活」，這生活可能是現實中尚未出現或顯著的，它只是在我們看來是「應當如此的」一種理想，這樣，美又必須是「符合於」我們主觀「概念」，即依存於人的意識的東西了。這個尖銳的矛盾如何解決呢？一方面既要貫徹美在生活本身這一唯物主義根本原則，而另一方面又要把美固定在真正美好的生活的範圍內，使美有其必要的理想性。看來只有馬克思主義的美學觀才能解決這個矛盾。

什麼是「應當如此的生活」呢？不同階級有不同的生活理想、概念，然而，卻只有歷史上先進的階級，在今天就是無產階級，對生活的理想、概念和要求，才是真正符合或基本上符合客觀歷史必然進程中的東西。所以，我們所要求、主張的「應當如此的

---

9 〈車爾尼雪夫斯基的美學理論〉，《哲學譯叢》1957 年第 6 期，重點係引用者加。

生活」，就正是客觀社會現實中實際上存在著的或要出現的那些美好的、新生的、推動社會前進的生活，包括生活中的美好事物、形象和東西，即使這些生活和東西暫時還是極不顯著的、幼弱的萌芽、趨勢或傾向，但社會發展的行程卻規定了它們的必然的勝利或出現。現實中的這種生活和這些東西，在我們看來，這就正是表現了按照歷史唯物主義所了解的社會現實生活發展的本質、規律和理想的東西。所以我在規定美的涵義時曾說：美是那些包涵了現實生活發展的本質、規律或理想的具體形象（包括社會形象、自然形象和藝術形象）。[10]這一說法是朱光潛先生所加以反對的，說這是黑格爾加車爾尼雪夫斯基，我已有所答辯：社會發展的本質、規律或理想不是從主觀世界、不是從外面加到生活中去的理念、觀念之類，而是客觀生活本身所具有的東西，所具有的客觀的事物、形象和趨向。我的說法可能仍有抽象含混等等毛病，但所企圖的是把「美是生活」的唯物主義貫徹下去，把車爾尼雪夫斯基的「應當如此的生活」從主觀概念的世界中搬到客觀現實生活中去。這樣，美的東西之所以美，就不是因為它「符合於」我們主觀的生活概念，而是因為它本身具有內在的充實的生命（即社會內容）：它是生活中那些具有本質、規律性質或意義的東西，它是具有遠大的客觀發展前途（即理想）的東西。這樣，我們一方面把漫無邊際的「美是生活」初步固定和限制在一定生活範圍

---

10 我用的「形象」不僅指主觀反映之後的意象 (image)，而且也指客觀事物本身的形貌、樣子。

之內（以後我們還需要把它規定和解說得更具體些）；另一方面，我們這一圈定又具有客觀性，即具有真正的現實基礎，因為「應當如此的生活」，正是客觀現實生活中所存在或必然出現的東西、趨向或前景，我們主觀的生活的理想、美的理想（「應當如此」），只是這一客觀的存在的反映而已。所以，我們不僅堅持了「美是生活」，而且也肯定了美的理想（「應當如此」），而肯定美的理想卻絲毫也不動搖美的存在的客觀性，不動搖美是生活這一根本原則。[11]

　　然而，在我們看來，呂熒先生卻從這個地方得出了極為錯誤的唯心主義的論斷。他抓住車爾尼雪夫斯基的這句話，就以為既然美是必須符合於我們的生活概念的東西，那就不是存在於客觀事物之中，而是存在於我們的主觀觀念之中。於是，美就只是「美的觀念」、「美的意識」、「美的判斷」。事物是不是美，不在其自身如何，而要看它符合於我們主觀意識、觀念如何而定。「……形色聲味是美還是不美，以及美到什麼程度，這種美的意義如何，就要通過意識的判斷」。[12] 於是，美的客觀性就被完全取消了，美被歸結為主觀「觀念」。這種說法是可與高爾太同樣混亂的〈論美〉相媲美的主觀唯心論的美學觀。〈美是什麼〉是篇混亂的文章，除

---

11 這裡也就附帶回答了施昌東〈論美與藝術〉（《新建設》1958 年第 2 期）文中對我的批評。他把我所說的「本質、規律、理論」誤解了，而以為一切事物如醜惡虛偽的事物也可以是生活本質、規律的表現，這並非我的原意。

12 呂熒：〈美是什麼〉，《人民日報》1957 年 12 月 3 日。

朱光潛所指出的把美感與快感等混同起來以外，其他還有把作為科學的美學與它研究的對象、把美學意義上的美與日常用語中的美……等等混同起來，然而最根本最重要的混同就仍然是上面講到的把美與美感、美的觀念混同起來，從而取消美的客觀存在。對這種露骨地把美歸結為主觀觀念的觀點，以前蔡儀最近朱光潛都有所批評，這裡不再談了。要補充的是，朱光潛雖然批評了呂熒，但在基本觀點上，我覺得兩人的理論倒是相近或屬於同一類型的。只是一個表現得直接些、露骨些，一個則比較隱蔽些、間接些；一個認為美就是社會意識，一個認為美只是「意識型態性」的，還需要一個客觀的「自然物」（「物甲」）作為被意識作用的客觀條件的存在，但決定美的產生和形成的仍是主觀的意識型態（即社會意識）；所以，一個認為美就是社會意識實體本身，一個則認為美只是社會意識這一實體的屬性。但撇開這些區別，二者卻都是認為美是「第二性」的現象，即都不承認美在客觀現實生活之中，不承認美的客觀性的存在。他們的區別在我看來是次要的無關實質的，而共同點卻是主要的、根本的。所以，我們對朱光潛的所有批評基本上是完全適用於呂熒的。

美的理想的客觀性對藝術家是極為重要的問題。因為藝術家總是把他主觀的美的理想透過他的思想、情感，在藝術中表現出來，因之這種理想、這種對現實的態度必須符合客觀生活的歷史真實，就具有了最重要的意義。只有具備這種美的理想的主客觀的統一，才能十分自然地做到從「現實的革命發展中」來描寫生活。

「美是生活」說不但是反唯心論的有力武器，而且也還是反對機械唯物論美學的有力武器。如果用車爾尼雪夫斯基的理論和蔡儀先生的理論詳細一對比，就可明顯地看出這一點。但是，在這次討論中，我覺得自己的主要論戰對象是朱光潛、呂熒諸先生的唯心論[13]，還不是蔡儀先生的機械唯物論。[14]因此為了不分散論點，這裡只簡單地回答一下蔡先生對我的嚴重批評。[15]

　　在讀了蔡先生這般嚴重的指責後，很遺憾地感到：我的文章的確寫得不好，有簡單籠統的毛病，但基本上卻並未歪曲蔡先生；而蔡先生氣勢洶洶的文章倒令人頗真有歪曲之感。當然，這可能也是屬於「由於大意的誤解而不是有意的捏造」之類的。

　　首先，蔡先生把我的批評歸納成如此這般的「主要的兩

---

13 即以朱光潛先生為首要代表的這一派，其中可以包括呂熒、高爾太、孫潛、葉秀山、許杰等人，還有一些（據我所知為數似不少）未發表文章的擁護者。

14 迄今為止，還未看到一篇同意或基本同意蔡先生意見的文章。

15 參看蔡儀〈批評不要歪曲〉，《人民日報》1957 年 12 月 12 日。

點」[16]，就不完全符合事實。因為我以前對「蔡儀美學觀」的批評主要是集中在這樣一點：如我的文章標題和論證中所再三強調指出的，蔡的美學觀主要缺點之一是漠視和否認了美的社會性質，認為美可以脫離人類社會生活而存在。並指出，這缺點最尖銳突出地表現在關於自然美的看法中（社會美當然存在於社會生活中，這缺點當然不突出），所以我才通過自然美來批評。這究竟是不是「歪曲」呢？不是！有蔡先生全部美學論著為證。認為自然美在自然物本身是這個美學觀的要點之一，我想蔡先生自己也不能否認吧。

　　既然自然美在自然物自身，那麼到底又體現在自身的哪些方面呢？蔡儀搬出了他的典型法，認為自然美在於「個別的自然事物之中顯現著種類的一般性」。什麼是自然物的「種類的一般性」呢？這當然就只能是某類自然物共有的某種機械的、物理的、生物的自然屬性。所以，我才批評他「把美歸結為這種簡單的低級的機械、物理、生物的自然條件或屬性，認為客觀物體的這種自然屬性、條件本身就是美」。這究竟是不是我的歪曲呢？不是！試舉《新美學》中原文為證：

---

16 蔡儀：「他對我的美學觀的批評主要是兩點：第一，說我認為美是物體的數學的、機械的、物理的、生物的自然屬性本身；第二，說我認為美的標準或美的法則就是『黃金分割』、『均衡和對稱』及『形態的均衡統一』等等」（〈批評不要歪曲〉）。

……運動是物質的種類的一般性，是一切自然事物的種類的一般性。凡沒有顯現這種類的一般性的是不美的，而凡是顯現這種類的一般性的是比較美的。所以一般地說，自然事物之中的生物是比較美的，而無生物是比較不美的。……

生長生殖等現象就是生物的一般的屬性條件，凡是沒有顯現這種一般的屬性條件的生物是不美的，而凡能顯現這種一般的屬性條件的生物是美的。就這一點看，在生物之中，大致動物是比較美的，而植物是比較不美的。……

一切的動物都有能動性的活動，能動性的活動也就是動物的主要的一般性。凡沒有顯現這種一般性的動物是不美的，而凡能顯現著這種種類的一般性的動物是美的。因此在動物之中，一般地說，高等動物是比較美些，而低等動物則是比較不美的。……[17]

這究竟是不是把自然美歸結為它們「顯現了」某類自然物的「物理的」「機械的」（如上述的「運動」）「生物的」（如上述的「生長生殖」）的自然屬性和條件呢？歸根到底，這是不是把美歸結為這些物理、機械、生物的自然條件和屬性呢？所以「偃臥的古松、欹斜的楊柳」之所以入畫成為美，蔡儀看作是因為它們突出地「顯現了」生物的普遍性（種類一般性）、「不屈不撓的欣欣生意」──即「生長」，這就正是我上篇文章批評之處──把「生長」這一生物的自然屬性看作是美的法則。

---

17 蔡儀：《新美學》，群益出版社，1949 年版，第 200～201 頁。

　　誠然，蔡先生沒有認為均衡對稱即美的特性，但卻一再指出均衡對稱、比例調和是「大多數事物的形體的普遍性」，所以是事物形體美的重要條件，我上篇文章〈美的客觀性和社會性〉的確這一點沒有交代清楚，就籠統地說古松的美「照蔡儀的理論」是在它「顯現了生物形體上的普遍必然屬性——均衡和對稱」，這確是一個疏忽或錯誤。但我的批評基本上卻並未錯。至於美在黃金分割，我從來未說蔡先生這樣主張過。我上文主要的意思，只是說蔡儀所信奉的美學觀基本上是屬於把美歸結為自然物本身的形態、物理、生理等自然屬性這一派機械唯物論的美學理論的。當然就在這一派中，也還各有區別，蔡儀沒有主張美就在均衡對稱、黃金分割，正如主張均衡對稱、黃金分割的人沒有像蔡儀主張個體美在於形狀體態的完整性（從而個體性）一樣；這二者確有不同，卻是很接近的。蔡儀的理論與這派理論的某些差別是次要的，其相同（同把美歸結為與社會生活無關的自然本身的條件、屬性）卻是根本的、主要的。所以我才把蔡儀歸入這一理論類型來批評。我想，只要是「稍有科學態度的人」，冷靜一點就可以看出這點的。

　　再次，如上述蔡儀既認為個別自然事物顯現了其種類屬性的一般性的就是美，認為生物比無生物因為更多地顯現了「運動」這個種類一般性，所以就更美，動物比植物因為更多地顯現了「生長生殖」這個屬性一般性，所以就更美。那麼，這究竟是不是「把物體的某些自然屬性如體積、形態、生長等等從各種具體的物體中抽象出來，僵化起來，說這就是美的法則」呢？這難道又是我

的「歪曲」和「強加」嗎？蔡先生不正是把如上述的運動（機械的）、生長生殖（生物的）等自然屬性從各種具體物體中抽象出來，說成是什麼「種類的一般性」，然後用它作為衡量動植物、無生物等自然物的美的準繩和法則嗎?這不正是把這些自然屬性「僵化起來」，作為一種「絕對的自然尺度的抽象的客觀存在」嗎？（因為在具體自然物中，這些自然屬性作為美的條件所起的作用、地位決不是這樣抽象、僵死、固定的。）而這種認為美是「顯現種類的一般性」的理論，難道不相當接近於柏拉圖、黑格爾等認為美是「顯現了」某個客觀存在的抽象理念或共相（一般性）的客觀唯心主義的美學觀了嗎？蔡儀認為隨著生物種屬的高低而有美的高低的看法，不是相當接近於托馬士（據懷萊特所解釋的）、黑格爾的同一看法嗎？所以我仍然認為車爾尼雪夫斯基對黑格爾美是理念顯現說的批評，在一定程度和意義上，是適用於蔡儀的。即以蔡儀所否認的青蛙之例來說，在黑格爾那裡，美是觀念（一般性）在具體形象（個別）中的顯現。所以，車爾尼雪夫斯基辛辣地嘲笑說，「有許多蛙是能夠很好地表現蛙這觀念的，可是這些蛙到底是十分醜陋的呵」。[18] 在蔡儀這裡，美是典型，是個別具體物象顯現了其「種類的一般性」，其實亦即「種類的一般性」在某個個別物中的「顯現」。所以我才問：「最充分地『顯現了』青蛙的普遍必然的種類屬性的某個最典型的青蛙，到底又美在哪裡呢？」因為充分顯現了「種類的一般性」，與充分顯現黑格爾「種

---

18 《美學論文選》，人民文學出版社，1959 年版，第 65 頁。

屬觀念」，是完全相似的。兩者都是在個別中顯現抽象的一般性，
都是把顯現「一般性」作為美的本質。但是，對此，這次蔡儀卻
答辯說，「在《新美學》中認為一般自然界低級的種類事物是不美
的……至於低級的種類事物之中，更無所謂某一個別是典型的、
是美的」，即謂青蛙是低級動物，所以本來就無美可言，因此我舉
的青蛙之例是把蔡儀的美學「滑稽化」了。但且讓我們翻《新美
學》原書為證：

> ……樹木顯現著樹木種類的一般性的那支樹木，山峰顯現了
> 山峰種類的一般性的那座山峰，它們的當作樹木或山峰是美的。
> 這樣……的樹木的美，山峰的美便是自然美。[19]

按照蔡儀自己的體系，作為動物的青蛙一向是應該比作為植
物的樹木、作為無生物的山峰，其「種類」的地位從而其美的地
位是要高得多的。因此，如果樹木山峰之類的無生物或植物可以
有典型有美，反讓青蛙這個動物無美無典型之可言，我想，那青
蛙也將為蔡先生的崇高的美學卻如此之不可靠而大感遺憾吧。

關於我的「歪曲」就逐一答辯至此。

應該指出，蔡儀這種機械典型論的巨大缺點並不是在其論社
會美、藝術美中不存在。相反，在那裡雖然其顯著性不如在論自
然美時表現得突出和荒唐，但其錯誤、特別是對藝術實踐的有害

---

19 《新美學》，群益出版社，1949 年版，第 196 頁。

性質卻是更嚴重的。因為蔡儀運用他那種機械的「一般性」來規定和議論社會美時，就變得更加抽象空洞了。例如說：

　　人類是有最為發達的意識作用，是有高級形式的思維，這是人類的主要的一般性。凡沒有充分地具備著這種一般性的人是不美的，而凡充分地具備這種一般性的人是美的。於是在人類之中，那些才德兼備的聖者就是最美的，而那些無識無行的小人也就是不美的。[20]

　　這裡一切是完全脫離現實生活中各種複雜的社會性質了，把人美或不美抽象地歸結為是否「充分具備」思維作用這個「一般性」，並以此來判別「聖者」和「小人」，這實在也足夠「荒唐」了啊！

　　也許，蔡儀又會說我「歪曲」了他，因為《新美學》中也的確講到了階級，講到社會美與階級的關係等等。但是，在那裡，一切是十分抽象和十分機械的：抽象的所謂「階層關係」是「社會美的主要決定條件」，某個人或某個社會事件的美是以其「顯現」某種「階層關係」「階層的一般性」為準則。這種理論運用到藝術上，就必然要求藝術去表現和反映什麼「階層的一般性」，而不是去反映生動活潑、複雜具體的生活真實，無怪乎蔡儀要說：「藝術所要表現的是現實事物的種類的一般性，是它的本質真理，

---

20 《新美學》，群益出版社，1949 年版，第 202 頁。

是它的典型性。」[21] 這實質上是一種僵死、機械的庸俗社會學和教條主義的典型論。這種認為美在於什麼「顯現」本質、一般性的理論必然導致藝術脫離複雜的生活真實走向表現抽象的「一般性」、「本質真理」之類的公式化、概念化的道路。關於蔡儀美學上的這些錯誤，以後將有機會作專門的分析，這裡只是先簡單提一下。

如果把這種美是典型論與美是生活論比較一下，就不難看出，前者是多麼狹窄、機械和抽象，而後者是多麼寬廣、生動和具體！蔡儀所說的「本質真理」和我們所說的生活的本質真實又有多麼的不同！前者是失去具體生活血肉的抽象的「種類的一般性」，後者卻是浩無邊際的生活海洋中的真正的主流和實質。仍以自然美為例。蔡儀的自然美歸結為個別顯現種類一般性，是與社會生活無關的物本身的自然性，我們把自然美首先歸結為是自然與人類生活的社會關係，是事物的社會性。（可以參看車爾尼雪夫斯基關於光線顏色的美的論證，它說明了自然的光線色彩只有與人類生活發生關係，才能取得美的意義。雖然他的觀點和說明還有欠缺和毛病。）前者是固定的、簡單的、機械的，從上面所舉的「生長」例就可以看出。後者（社會性）是廣闊、豐富而複雜的。這是因為自然物在人類社會生活的關係、地位、作用、意義是極為複雜、豐富的原故。同一自然物處在不同的生活場合、角度，就有不同的意義。從歷史上大體看來，自然美的社會性最初主要表

---

21 《新美學》，群益出版社，1949 年版，第 220 頁。

現為較直接簡單的與人類生活的經濟功利關係，如狩獵民族以某些動物為美的藝術對象，後來這種明確直接的經濟功利關係大多被代以隱蔽間接的精神的娛樂休息等關係。這樣，自然美所引起的只是如車爾尼雪夫斯基所描繪的對生活的一般的愉快、明朗的歡喜，它的社會性內容廣闊而不很確定；反映在美感上據我看也就是康德所謂不加概念的自由美的來由。但這種所謂自由美仍有其隱蔽的社會功利性的基礎的。所以，自然美在最根本的意義（在歷史和生活根源的意義）上是由其社會性而非由其自然性所決定。例如，老鼠一向是不能成為美的對象的，這主要就是由其社會性（與人類社會生活的直接功利關係）所決定，而不是什麼沒有「顯現」「種類的一般性」等所能決定。但是，在某些場合下，「夢破鼠窺燈，霜送曉寒侵被」，老鼠又可以在藝術中出現，構成一幅美的畫圖。但這裡卻仍然是由於通過牠（老鼠）來反映和襯托出那種冷落、寂寥的夜的生活氣氛，因此這就仍然是由其社會性（老鼠與一定生活的關係、牠在一定生活中的情況）所決定的。這一切只能由自然與社會生活的關係的複雜性亦即生活的複雜性來解釋，而不是一個什麼簡單、固定的自然屬性所能解釋。同時，從上面也可看出，我所說自然美的社會性，是相當廣闊、複雜、豐富而不是如有人所誤解的那樣狹窄庸俗。[22] 而這一點，也主要是因為我們把生活的本質規律（亦即美的社會內容）等了解得十分寬廣而不局限在狹窄的圈子裡的原故。我們肯定生活中有最根本

---

22 肖平：〈美感與美〉，《新建設》1957 年第 9 期。

最本質的東西如革命鬥爭等，但並不把其他許多東西如愛情等完全排斥在所謂生活本質（即善的社會內容）之外。

最後，如我們以前所再三說明，我雖反對蔡儀認為美在自然物本身的看法，卻絲毫不認為自然物自身的某些屬性條件對美不重要。相反，我認為是很重要的。例如老鼠只有夜中無人時才出來這一自然特性在構成冷清的夜的生活氣氛中就有重要意義。又如，松柳的不同的美，它們給人的具體美感也並不取決於其什麼社會性而取決於其不同形態等自然物自身條件。因此洪毅然對我的批評[23]，我覺得為無的放矢。關於美的自然條件方面，我以前談得很少是事實，這主要是因為爭論在社會性方面而又是批評蔡儀的原故，「相對忽視」是難以避免的，以後當再作詳細的論述。因為在肯定自然美的社會性之後，詳細地來研究其自然屬性等形式方面，才有重大的理論和實際意義，僅僅一般地論說社會性是遠遠不能解決問題的。但在研究自然條件之前，必須首先闡述和強調美的社會性。這裡並不是主要、次要的問題（如洪毅然的提法），而是必先肯定社會性這一根本原則下才能開始進行研究自然性的問題，這一點是洪所忽視了的。此外，洪文的大半似乎並不是反對我，而是針對肖平而發的，如老虎、蝴蝶、豬和老鼠等例。因為我從來沒有那樣狹隘簡單地解釋過自然美的社會性。這一點倒是希望洪毅然以後寫文章時注意注明一下。自然美是十分複雜的問題，希望以後能有專門機會談到。這裡暫從略了。

---

23 〈略談美的自然性與社會性〉，《新建設》1958 年第 3 期。

五、蔡儀的《新美學》的根本問題在哪裡？

註：本文寫於 1959 年，在收入本書前未公開
　　發表。寫作時朋友趙宋光先曾參加討論和
　　寫作。

　　蔡儀同志在去年出版的《唯心主義美學批判集》（下簡稱《批判集》）一書裡把批評對方都劃成唯心主義者，同時也在〈序〉中對自己的美學作了一些批評。然而，蔡儀最後寫道：「《新美學》的根本觀點以及關於美和美感的主要論點是不是完全錯誤的呢？就作者自己的認識來說，縱然有些說明可能有嚴重的缺點或錯誤，但是這些論點本身並不是完全錯誤的，至少是現在那些對於《新美學》的批評，還沒有能夠說出一種什麼真正的道理，使作者認為這些論點果然是唯心主義的或機械唯物主義的。」（《批判集》，第 12 頁）所以，蔡儀儘管承認和指出了《新美學》幾個缺點或錯誤，例如「不夠關心社會事物的美的重要意義，不夠重視美學理論的社會意義」；例如「重視形式而忽視內容，並以形式的特點作為本質的特點」；例如「或多或少的表現思想方法上的形而上學的傾向」；甚至還承認自己「不是把它（指美學研究）很好地和革命實際結合起來」，「根本上缺乏馬克思主義的基本精神」等等。但看來卻總使人感覺除了幾個次要的細節例子外，這些話基本上都只是抽象的說說而已。因為這些所謂缺點和錯誤，對《新美學》「根本觀點」的「論點本身」（例如「美是典型」、「美的本質就是個別之中顯現著種類的一般」、「自然美在於自然物本身」等等）是既沒干係又無影響的。蔡儀對自己美學的這些根本論點是一直沒有加以任何自我批評的。「美學研究」可以是「根本上缺乏馬克思主義的基本精神」，研究出來的「根本觀點」和「論點本身」卻「並不是完全錯誤的」，既不是唯心主義也不是機械唯物主義。⋯⋯這似乎很難令人信服。我們覺得，蔡儀同志「根本上缺

乏馬克思主義的基本精神」的美學研究，恐怕在其《新美學》的「根本觀點」的「論點本身」上也已留下了不可磨滅的印記，使這些「論點本身」也是「根本上缺乏馬克思主義的基本精神」，從而是錯誤的了。

　　應該承認：蔡儀是企圖從正確的地方出發的。我們也一向說蔡儀是抽象地「堅持了美在客觀……藝術美是生活美的反映這一唯物主義的反映論的基本原則」（〈關於當前美學問題的爭論〉）。例如，蔡儀說：「美在於客觀的現實事物……因此正確的美學的途徑是由現實事物去考察美，去把握美的本質。」（《新美學》，第17頁，以下凡該書引文只注頁碼。）很對，這是唯物主義。

　　遺憾的是，蔡儀的唯物主義是靜觀的唯物主義。蔡儀所主張「由現實事物去考察美」的「現實事物」，是缺乏人類社會生活實踐內容的靜觀的對象。蔡儀美學的根本缺陷，我們覺得，首先在於缺乏生活──實踐這一馬克思主義認識論的基本觀點。

　　蔡儀在考察美的客觀的現實存在時，從來沒有談到人對於現實作為實踐者的存在。他在反對朱光潛時說，「所謂『不依賴於鑒賞的人而存在』，不過是說，不依賴於鑒賞者的主觀而存在。」

（《批判集》，第 117 頁）在別的地方也說：「物的形象是不依賴於
鑒賞的人而存在的，物的形象的美也是不依賴於鑒賞的人而存在
的。」（《批判集》，第 102 頁）朱光潛把「人」理解為鑒賞者、認
識者，認為美依存於人即依存於人的意識、鑒賞，這說明他是個
唯心主義者。蔡儀反對朱光潛，因為要否認美依存於人的意識，
就否認美依存於人，人只是反映美而已，從而把「物的形象」和
「物的形象的美」的不依存於人看作是同一性質的東西。這也就
表明了：「人」在蔡儀這裡也僅是作為鑒賞者、認識者而存在，根
本沒有看到「人」同時也是作為實踐者、對現實的改造者的存在。
儘管蔡儀後來也被動地辯解道：美「未必不依賴於社會關係而存
在」。但在實質上他並沒看到：一切的美（包括自然美）都必需依
賴於作為實踐者的「人」亦即社會生活實踐才能存在。

　　馬克思說：「從前一切唯物主義……所含有的主要的缺點，就
在於把事物、現實、感性只是從客觀方面和從直觀方面加以理解，
而不是理解為人的感性活動，不是理解為實踐，不是從主觀方面
加以理解。所以結果竟是這樣：能動的方面竟是跟唯物主義相反
地被唯心主義發展了，但只是被它抽象地發展了，因為唯心主義
當然不知道有真正現實的活動，真正感性的活動。」（〈費爾巴哈
論綱〉）朱光潛的確是唯心主義地發展了人的能動方面，把人的能
動作用看成是人的意識的能動作用，從而認為美感意識是美的創
造者，美是人的主觀意識作用於對象的結果。蔡儀反對這一點，
但也同樣不了解人的能動作用究竟何在。他說：「既然意識能反映
存在，也就是認為主觀有它的能動作用，主觀必須作用於存在，

才能攝取存在的映象，才能反映存在，如果主觀沒有這種能動作用，那就會是『視而不見，聽而不聞』，就不能反映存在。」（《批判集》，第 107 頁。）很明顯，蔡儀所理解的人的主觀的能動性，也不過是人的反映、認識的能力，人的主觀只是被了解為靜觀的意識，這正是舊唯物論的特點。馬克思主義在這裡所以不同於這種唯物主義，就在於把人的主觀能動性，理解為有意識有目的的積極的革命的實踐：「認識的能動作用，不但表現於從感性的認識到理性的認識之能動的飛躍，更重要的還須表現於從理性的認識到革命的實踐這一個飛躍。」[1] 照蔡儀的理解：「馬克思列寧主義的認識論，就是反映論，它的基本規定就是存在決定意識，意識反映存在。」（《批判集》，第 106 頁）然而，舊唯物論的認識論也是反映論。馬克思主義認識論與此不同的，正是它的實踐論。「生活、實踐的觀點，應該是認識論的首先的和基本的觀點。」（列寧）「實踐的觀點是辯證唯物論的認識論之第一的和基本的觀點」。[2]

　　正因為蔡儀在哲學問題上不了解生活、實踐觀點的這種根本謬誤，就使他連車爾尼雪夫斯基的「美是生活」說也不能接受。蔡儀說當 1947 年讀到《生活與美學》時，便「想到《新美學》中在他所批評的問題上有過進一步的說明」，想到「對他的批評的答覆……」（《批判集》，第 2 頁）甘心情願把自己擺在「答覆」車爾

1　〈實踐論〉，《毛澤東選集》第 1 卷。

2　同上。

尼雪夫斯基的「批評」的位置上，這不也能說明問題麼？

　　為什麼會這樣呢？這正是因為「美是生活」的論點，雖然還不是科學的馬克思主義，但畢竟是革命民主主義者的鬥爭產物。它鮮明地指出了：「美是生活」，美不能脫離人類社會生活。這就比以往唯心論和靜觀唯物論高出一頭，因為這無論如何已把美與生活、與革命實踐聯繫起來了。它不能被信奉靜觀唯物論的、「不是把它（美學研究）很好地和革命實際結合起來」的蔡儀同志所接受和了解，也就並不奇怪了。

　　然而「由於俄國生活的落後」，「美是生活」說並未能上升到馬克思主義的水平。這主要表現在對「生活」缺乏科學的了解和解釋。在「美是生活」下面，車爾尼雪夫斯基寫道：「任何事物，凡是我們在那裡面看得見依照我們的理解應當如此的生活，那就是美的。」這樣，一方面雖然保證了「美是生活」的戰鬥性、革命性，因為在一個革命民主主義者主觀意識中的「我們的理解」和「應當如此」，當然有著積極的戰鬥的內容；但另一方面，用「依照我們的理解應當如此的生活」來解釋生活卻確實不科學，它沒有闡明生活的不依存於人的意識的客觀發展的規律。車爾尼雪夫斯基的這個漏洞雖然沒大到能動搖「美是生活」的唯物主義的美學基礎，但卻讓像呂熒等人利用它作為論證自己「美是一種觀念」的唯心論的一個藉口。

　　生活是什麼呢？生活的本質、規律是什麼呢？自居為「一個應用在美學上的費爾巴哈思想的解說者」的車爾尼雪夫斯基還很不明確。

　　然而，就在這時，並且還早一些，馬克思卻寫下了：「社會生活在本質上是實踐的。」（〈費爾巴哈論綱〉）馬克思主義發現了歷史發展的科學規律，把人的社會生活理解為生產鬥爭和階級鬥爭的實踐，說明了它們不以人們的意志為轉移的客觀性質。這在美學上也就為含糊籠統的「美是生活」說提供了一個科學發展的基礎。所以，對我們來說，是要在馬克思主義的理論立場上，發展車爾尼雪夫斯基的「美是生活」的基本看法；而對於蔡儀來說，美是生活、實踐的理論，卻始終是他的「美是典型」說的格格不入的對頭。因此，我們以前才說，「美是生活說不但是反對唯心論的有力武器，而且也還是反對機械唯物論和形式主義美學的有力武器。如果用車爾尼雪夫斯基的理論和蔡儀先生的美學理論作一詳細對比，就可明顯地看出這一點。」

　　正因為不了解人的革命實踐，脫離了有血有肉的社會生活，而來靜觀地「由現實事物考察美」，這就必然不能歷史地了解和把握現實事物，必然會走上抽象的形而上學的道路，得出一些失去生活血肉的自然科學式的定律和原理，來僵硬地概括和規範本是活生生的社會現實事物。蔡儀的「美是典型」的理論實質正如此：

美的東西就是典型的東西，就是個別之中顯現著一般的東西；美的本質就是事物的典型性，就是個別之中顯現著種類的一般。（第68頁）……總之，美的事物就是典型的事物，就是種類的普遍性，必然性的顯現者。（第80頁）……具有優勢的種類的屬性條件的客觀事物，它較之具有優勢的個別的屬性條件的客觀事物，是更完全地豐富地顯現著種類，也就更完全地豐富地顯現著事物的本質，普遍性，必然性。這個別的事物，就是我們日常所謂標準的事物，也就是我們上面所謂典型的事物。（第85頁）

在蔡儀的理論裡，有兩個東西特別突出，一個是所謂「種類的屬性條件」亦即所謂「種屬」；一個是所謂「一般性」「普遍性」。這兩點倒確是問題的關鍵。什麼是「種屬」、「種類的屬性條件」呢？原來蔡儀把所有事物按其具有的各種不同的屬性而歸入各種各樣的「種屬」的類別中。「譬如一個硯池，就它的形狀來說是方的，可以屬於方形物體的種類；就它的顏色來說是黑的，可以屬於黑色物體的種類；就它的原料來說是石頭的，可以屬於石質物體的種類；……」（第82頁）事物的本質屬性（此物之所以然）的所在就構成所謂「事物的本然的種類範疇」，「例如硯池，磨墨用的文具這種種類的屬性條件，是它的本質的必然的屬性條件；而文具這種種類範疇是它的本然的種類範疇。」（第83頁）美就是個別事物「顯現」這種「種類的一般」，例如個別硯池去顯現「方形」、「黑色」的一般；但「本然的種類範疇」對事物的美是有決定性的，所以硯池的美主要在於它能否和多少「顯現」了

文具這個「種類的一般」。文具這個種屬條件愈占優勢，硯池就愈美。同時，蔡儀又說：因為事物的種類互相錯綜複雜，同一事物是處在各種不同的「垂直的」和「並列的」種類系列中，因此常常對這個系列或種類不美，對另一個種類則是美。「當作家畜的美的狗的對於主人馴順柔媚的狗相，和當作園藝……的美的花木的矯揉造作的姿態，若當作自然的動物或植物來看，是多麼醜惡的呵！」（第 88 頁）等等，等等。蔡儀在《新美學》中對這一理論作了可說是驚人的煩瑣論證。可惜的是，誠如洪毅然同志所說：「所有那一套煩瑣的論證，盡都不能解決實際的美的標準的問題。」[3]

　　因為：第一，也是最根本的，「種類」究竟與美有何關係？為什麼「個別事物顯現了種類的一般」，或者說種類屬性條件占優勢的個別事物就會是美的呢？就會必然地給人以美感愉快呢？個別中顯出了種類優勢或一般，如某個硯池顯現了文具的種屬優勢、某個狗顯現了家畜的種類一般，就必然是美，就普遍能給人以美感，這不真有點玄乎其玄麼？但翻遍《新美學》全書，蔡儀對此一點也沒說明：典型——個別中顯現種類的一般為什麼會是美？

　　在我們看來，「種類範疇」等等與美並不相干。因為它與人們社會生活實踐沒有什麼必然的密切關係，而只是由蔡儀靜觀地自然科學式地考察、概括、提取現實事物的結果。所以為蔡儀所這樣那樣列舉的「動物」、「生物」、「家具」、「文具」種種種類，實

---

3 《美學論辯》，上海人民出版社，1958 年版，第 36 頁。

際上就只是完全脫離了活生生的社會生活實踐的抽象的靜止的實
驗室裡的事物的概念、範疇了。

其次，美有沒有一種客觀標準？因為照蔡儀的說法，一個事
物（比如家狗）既可以是美的（當作家畜），又可以是醜的（當作
動物）。從這個種類來看是美的，從另一個種類來看則又不是（這
是所謂「橫」的種類系列的互相干擾破壞）。又說，「所謂猴子的
醜，由於牠太近似於人類而又很不同於人類，我們把牠當作人類
的遠緣兄弟來看，所以覺得牠醜；而就牠是動物來說，具有一般
動物所沒有的智慧而活動敏捷的猴子，卻不是醜的」。（《批判集》，
第 47 頁）（這是所謂「縱」的種類系列的推移）那麼，到底猴子
醜不醜，家狗美不美呢？不知道！這決定於哪個種類角度「來看」
「來說」！這樣一來，蔡儀的理論竟落到這個地步了：客觀事物沒
有美醜，美醜決定於人所主觀選擇「看」、「說」的角度（種類）
了！

第三，依照蔡儀制定的所謂「典型的種類」說，自然事物按
其顯現「種類一般性」的等級高低系列而有美醜之分：「一般地
說，自然事物之中的生物是比較美的，而無生物是比較不美的」，
「在生物之中，大致動物是比較美的，而植物是比較不美的」，
（第 201 頁）等等，因為前者比後者更多地「顯現」了「運動」
或「生長生殖」這個物質或生物的種類一般性或屬性條件。關於
這一點，我們很早就問道：「那麼，蒼蠅、老鼠、蛇就一定要比古
松梅花美了。……而月亮也一定是最不美的了，因為它只是最低

級的物質種類（無生物）。」[4] 蔡儀對此始終沒有正面回答。只是說，「在《新美學》中認為一般自然界低級的種類事物是不美的，而高級的種類事物、有典型性的種類事物是比較美的。至於低級的種類事物之中更無所謂某一個別是典型的，是美的。」（《批判集》，第 128 頁）但依照蔡儀自己的體系，動物比植物高級，梅花有美為何老鼠沒美呢？這裡的自然物質的種類發展水平究竟為什麼就沒有決定美的高低、成為美的標準呢？愈能顯現「運動」（「物質的種類一般性」）的物質就愈美；愈能顯現「生長生殖」（「生物的一般的屬性條件」）的生物就愈美，這到底為什麼呢？也許它們愈「顯現」，就愈符合某種神祕的「天意」？蔡儀雖然沒有直接達到這一步，對問題只是不了了之。但以前一些客觀唯心主義的美學倒是如此的，他們也認為生物比無生物美，動物比植物美，因為前者更符合於創造牠們的上帝的意志（托馬士），或是更符合於理念的發展（黑格爾）。當然實際並不如此：一個珠寶（無生物）、一枝花卉（植物）就常常比某些動物要美得多，而被蔡儀認為最低級的無美可言的「泥土」，也並不一定比老鼠之類的哺乳動物（高級種屬）要醜。這一切卻只有從自然與實踐（生活）的關係、從自然的人化中才能了解。蔡儀拒絕從自然與實踐（社會生活）的活生生的關係中去考察和把握自然的美，認為自然美與人類生活根本無關，認為自然美在於自然本身，它先於人類而存在（並且是一個一成不變的存在，因為自然事物的種屬關係的改變畢竟

---

4 見本書〈論美感、美和藝術〉。

極有限），這就很容易走上神祕主義和客觀唯心論的道路上去。

第四，蔡儀的美學之缺乏社會性（即缺乏社會實踐、生活的觀點），在自然美問題上固然暴露最突出，卻並非個別問題，而是其整個體系的特點。蔡儀自己也承認「自己不夠關心社會事物的美的重要意義」，「所舉的例子，多是自然界的事物，很少社會事物；而且在談自然界的事物時說得比較充分，在談社會事物時說明得又不夠充分。」（《批判集》，第 4 頁）但蔡儀把原因歸結於因為「自然界事物的美，條件比較簡單，性質易於觀察，說明也就較為方便」等圖簡便的方法問題（同上）。實際原因恐怕並沒這麼簡單。我們認為，更深刻的原因在於：這是由他的整個體系的缺乏生活實踐──社會性的特點所決定的，理論決定了方法。因為對於脫離生活的「種類一般性」的理論原則來說，自然事物才是更好和更易支配、闡發、說明的對象；人類社會生活便不那麼容易劃「種類」和「種類系列範疇」。把機械的靜觀的「種類」放在社會美上，把僵硬的自然科學式的「種類」套在社會生活上，是較難行得通的。所以蔡儀的美學在社會美上表現了驚人的貧乏，說得極少而又極抽象。並且馬上就露出破綻。蔡儀把社會美歸結為「顯現著階級的一般性」，「人的性格的美，社會事件的美，都是決定於階級的一般性的」；（第 209 頁）「社會的事物便有以個別的特殊性為優勢的，也就是不美的；也有以種類的一般性為優勢的，也就是美的」。（第 207 頁）那麼，難怪人們就有理由發問：黃世仁的性格倒是以其「種類」──「階級的一般性」為優勢，座山鵰以及一切大惡霸大壞人都如此：他們的「階級一般性」倒

是極顯著的，他們又美在哪裡呢？

　　當然，蔡儀也許又會說，對這問題早已說明過，因為「社會美就是善」，「階級是有前進的，也有後退的。後退的階級的一般性所決定的社會事物，在階級的主觀方面也許以為是社會美；而客觀方面其實不是社會美」。（第 211 頁）但是，實際上，任何「階級的一般性」的具體顯現總都是一種客觀存在，那麼，為什麼「後退階級的一般性」又突然變成了僅僅是「主觀方面」認為美的東西了呢？這不與社會美是顯現「階級的一般性」相矛盾，從而與美是顯現「種類的一般」的原理相矛盾了嗎？「善」的規範在這裡不純然是一種臨時需要的外加嗎？善，與典型與「顯現階級的一般」（美）又有什麼關係呢？從「美是典型，典型是個別中顯現種類的一般」的前提裡，怎麼可能推演出「社會美就是善」的結論呢？因為善只是某些而並非一切「階級的一般性」；而在蔡儀的美的規定裡，卻只是說顯現「種類的一般」就是美，並沒規定要顯現怎麼樣（善或惡，好或壞）的「種類的一般」呀！這裡的邏輯必然聯繫究竟又在哪裡呢?很希望蔡儀同志能夠說明一下。在我們看來，這倒容易明白：在自然美那裡，蔡儀是很忠實於自己的理論原則的，美是顯現「種類的一般」，因此顯現任何種類一般性的都可以是美；這說法搬到社會美中便大大地露出它的脫離生活實踐、不分敵我好壞的客觀主義的根本毛病了。因為不分自然的敵我好壞（即自然對人的生活實踐的肯定、否定亦即利害的關係）、不從自然與人的生活實踐關係中來考察美，也許還不容易引人注意；如果在社會美方面也貫徹這種原則，問題就暴露得太

明顯，也不會被人原諒的了。於是只好又偷偷地把「善」的規定硬放進去，於是邏輯上、實質上就都違背自己的理論前提。可見，「美是典型，典型是個別中顯現種類的一般」，不問是怎樣的典型、怎樣的「種類的一般」，不與人的生活實踐聯繫起來，是一種十足客觀主義的靜觀唯物論！蔡儀在社會美上的破綻，倒把問題的本質弄得欲蓋彌彰了。

　　第五，再來看看藝術美。關於藝術方面的問題，我們擬另寫文章，這裡只談一點：即所謂現實醜改造為藝術美的觀點。蔡儀認為「現實醜，無論是自然事物也好，社會事物也好，它的醜就是個別的屬性條件是優勢的，而種類的屬性條件是劣勢的」。（第216頁）而藝術家卻可以「由另一個觀點去概括它的另一種類的一般性，去創造另一種類的美的形象」，（第217頁）「也就是將現實中典型性非常貧弱的事物，在藝術創作過程中，將它改造成為典型性比較豐富的東西；換句話說，也就是將醜的改造成為美的了。神就是人們概括著人類自己的優良的屬性條件而創造的一個典型，魔鬼也是人們概括人類自己醜惡的屬性條件而創造的一個典型。……可是人類的創造中，魔鬼和神是一樣的，一樣的偉大，一樣的美。」（第218頁）與社會美不一樣，這倒是忠實地貫徹了「美是典型」的理論的：只要是典型就是美，現實中醜的事物所以醜，是因為它們不典型；如果把它們集中概括起來成為典型，它們就變成美了。因此，在藝術作品《白毛女》中，黃世仁、穆仁智與喜兒、楊白勞就是「一樣的偉大，一樣的美」，因為都是典型。醜的典型就是美！在我們看來，這是多麼的荒唐呵！因為藝

術的醜的形象只是現實醜的集中反映，醜並不能夠經過藝術就變為美。黃世仁這種形象，無論在現實中或舞臺上，都是醜的，正因為充分、徹底揭露了他的醜、暴露了醜的形象，《白毛女》這個藝術品才成為美。美的藝術品與美的藝術形象是兩回事，美的內容和美的表現是兩回事，這點車爾尼雪夫斯基早就強調指出過。如果像蔡儀那樣把二者混同起來，藝術中也就無所謂正面形象（美）與反面形象（醜），而都是正面的、美的形象了。

誰都知道，在《白毛女》中，黃世仁被塑造得愈典型，愈暴露他那惡霸地主的本性，就愈醜。如果《白毛女》不揭露黃世仁的階級本質，不去把他塑造成像現實生活那樣真實或更真實的醜惡形象，使人痛恨他，仇視他，那麼《白毛女》就不能給人以美感享受，就不能成為美的藝術品。醜的形象所以構成美的藝術，首先就必須由於它是醜的形象，通過喚起人們對醜的憎恨而提供美感享受；藝術的典型就是要「更強烈更有集中性」地激起人們對美的形象的美感，對醜的形象的醜感，以更鮮明地善善惡惡的態度，使人民群眾「驚醒起來，感奮起來」。只是在這個意義上，藝術的典型才構成藝術美的條件：即它仍然是在肯定人類實踐（生活）的意義上才成為美的東西，而並不是「普遍性」的意義自身就等於美。關於這問題，我們的正面意見，另外再找機會談。這裡只是指出，無論是在現實生活中或藝術形象裡，典型的東西並不就等於美。醜的東西也有典型，並且愈典型便愈醜。藝術不能通過典型來美化現實的醜。蔡儀這種論點又一次證明了他的理論不了解藝術本質的客觀主義的靜觀性質。

　　第六，與此相聯繫，按照蔡儀的理論：「個別性占優勢的，就是醜的事物」，那麼，現實生活中的醜就永遠沒法減少或消滅。因為世界上永遠有許許多多的事物，它們對某一個「種屬」普遍性來說，個別性總是占優勢的。並且個別性占優勢的事物恐怕也永遠比典型的事物──種類普遍性占優勢的事物要多。那麼，醜就必然永遠大量普遍地存在。人類實踐（一切生產鬥爭和階級鬥爭）對此也毫無辦法。所以，無怪乎蔡儀認為自然美醜是非人力所能干預的存在。其實，這種論點正是他的整個理論的突出表現而已。蔡儀始終不能看見人類社會的生產鬥爭與階級鬥爭的革命實踐創造了所有一切的美，減少和消滅著許多方面的醜。蔡儀把美醜看作是種類一般性的優劣問題，與人的征服自然、改造世界、使現實愈來愈美的實踐鬥爭並無關係。

　　第七，形式主義的美的分類。蔡儀把美分為「單象美」、「個體美」和「綜合美」，所根據的也是其種屬理論：

　　單象的東西大致還有許多屬性條件，如弧線是單象的，便有長短、大小、曲度等屬性條件；音響是單象的，也有高低、強弱、音色等屬性條件；顏色是單象的，也有它所依存的物體反射該顏色光線的特性，及該顏色光線的振動狀態和放射微粒的不同等屬性條件。正因為這些單象的東西是許多屬性條件的統一，也有種類的屬性條件和個別的屬性條件，於是才有種類的一般性是優勢的，也就是有典型的，有美的。（第179頁）

我們且把車爾尼雪夫斯基關於光線顏色的美的看法與這對照一下吧：

太陽的光所以美，是因為它使整個大自然復蘇，……使我們的生活溫暖，沒有它，我們的生活便暗淡而悲哀，……一切光輝燦爛的東西總令人想起太陽，而且沾得太陽一部分的美。

……種種式式的光亮所給予我們的審美印象，主要是因為它對生活的關係而異。……顏色……的美感作用是因它們肖似什麼物象而異。赤色是血的顏色，……它有刺激性，同時也是可怕的；綠色是植物的顏色，豐茂草地的顏色，葉滿繁枝的顏色——它使人想起植物界的寧靜而茂盛的生活。……我們所以喜愛或是厭惡一種顏色，主要是視乎它是健康的、旺盛的生活的顏色呢，還是病態和心情紊亂的顏色。……我們喜愛鮮明的、純淨的色調，因為健康的臉色就是鮮明的、純淨的顏色；晦暗的臉色是病態的顏色，因為不潔的、混濁的顏色一般地是不愉快的。[5]

車爾尼雪夫斯基把顏色光線的美醜與人的生活聯繫起來研究，從而發現了顏色、光線的美中也有生活的內容；而蔡儀卻把顏色光線的美醜等等與他的什麼「振動狀態和放射微粒」的「屬性條件」聯繫研究，於是看到的最多也就只是物質現象的自然科學的外貌形式。在蔡儀那裡，這種形式的規定性成了美的本質。

---

5 《美學論文選》，人民文學出版社，1959 年版，第 120～121 頁。

「個體美」也如此：

　　所謂個體美是個體的種類的屬性條件是優勢的，也就是這個
體的個別的屬性條件，這個體的單純現象，都顯現著種類的一般
性，顯現著它的本質。（第 184 頁）

　　水、土、岩石等……個體性是很弱的。又如一棵草，一枝
樹，……完整性究竟比水或土較大，也就是個體性較強。至於高
等動物和人，完整性顯然很大，……也就是個體性最強的。（第
182 頁）

　　個體性愈強的，個體美就愈大。這裡個體性的強弱顯然與人
類社會生活又是毫無關係的。人類沒法使老鼠的個體性弱，也沒
法使一片河灘的個體性強，從而也就沒法使老鼠醜、河灘美。但
是實際上誰也得承認，河灘卻總比老鼠美（這正是社會生活使
然）。所以，儘管蔡儀一再聲稱個體美是「客觀事物的形式和內容
統一的美」，但實際上蔡儀在這裡看到的又只是形式——物質世界
的自然形體（個體）的「完整性」而已，而根本沒有看到物體的
社會生活內容。所以，蔡儀的美的分類純粹是從形式——從現實
對象的自然形體的形式上來著眼、來劃分，這是根本錯誤的。
　　蔡儀自己承認在把藝術分為單象美、個體美的藝術時，是「重
視形式而忽視內容，並以形式的特點作為本質的特點，所以都是
形式主義的觀點」。（《批判集》，第 12 頁）但蔡儀對藝術的分類原
來就是根據於對美的分類的：「我認為藝術的分類的正確標準，就

是藝術所反映的客觀現實的這種美的種類。於是藝術便有：一是反映單象美的藝術，二是反映個體美的藝術，三是反映綜合美的藝術。」（第 250 頁）既然承認了藝術的分類是形式主義，為什麼又硬要拒絕承認作為自己藝術分類基礎的美的分類的形式主義呢？這是否因為在藝術分類中，否認生活內容的問題暴露太明顯（例如音樂、建築變成了表現與生活無關的自然音響、形體的美），從而只好承認一下；而美的分類的錯誤卻涉及蔡儀整個美學體系的基礎，涉及「美是典型」的根本觀點，承認了就會必然地導致承認整個美學理論的謬誤，於是就乾脆不談了呢？

以上都是就「美是個別中顯現種類的一般」的所謂「種類」這個關鍵談的。下面再就所謂「一般性」、「普遍性」談兩句：

第八，在蔡儀那裡，儘管說「普遍性」（即「一般性」）與「個別性」是統一的，實際上卻是互相排斥和敵對的兩個東西：「個別屬性條件」占了優勢，就是醜；「種類的一般」（即「種類的屬性條件」）占了優勢，就是美。這樣，美的本質實際上就在「普遍性」。儘管蔡儀說「美的本質」是「種類的一般顯現在個別之中」，但卻到處都泄露了實際上把「美的本質」歸結為「普遍性」的看法。例如說：「比例和調和是單純現象的美的條件，正是因為他們之中包含著美的本質——即單純現象的普遍性。」（第 78 頁）在這裡以及還在別的地方，「普遍性」與「美的本質」幾乎是同義語了。這且按下不表，我們先看看這個「個別中顯現種類一般」的「一般性」、「普遍性」究竟又是什麼東西：

　　運動是物質的種類的一般性，是一切自然事物的種類的一般
性。凡沒有顯現這種類的一般性的是不美的，而凡是顯現這種類
一般性的是比較美的。……

　　生長生殖等現象就是生物的一般的屬性條件，凡是沒有顯現
這種一般的屬性條件的生物是不美的，而凡能顯現這種一般的屬
性條件的生物是美的。……

　　一切的動物都有能動性的活動，能動性的活動也就是動物的
主要的一般性。凡沒有顯現這種一般性的動物是不美的，而凡能
顯現著這種種類的一般性的動物是美的。（第200～201頁）

　　在這裡，實質上是先把現實事物的某些屬性概括出來成為一
個抽象的「種類的一般性」，然後又要具體的事物去「顯現」它而
成為美。在這裡，這些「運動」「生長生殖」等等「種類一般性」
已十分近似柏拉圖的一個個的理念。在柏拉圖看來，個別的具體
的感性的「硯池」愈多顯現「硯池」這概念，就愈真；在蔡儀這
裡，個別的具體的感性的「硯池」愈「顯現」其「硯池」的「種
類一般性」，就愈美。柏拉圖把真和美都歸結為理性的概念，蔡儀
雖還沒完全達到這一步，但已是十分輕感性，輕個別，而重理性，
重一般，認為它們才是美的本質。所以，這裡倒可以借用馬克思
論霍布士的話:「感性失去了它的鮮明的色彩而變成了幾何學家的
抽象的感性」，「唯物主義變成理智的東西」。[6]　（蔡儀的那些橫

――――――――――

6 馬克思：《神聖家族》。

的、縱的、大大小小的種類系列倒也很像張幾何學的圖形。）所以我以前一再指出，蔡儀的唯物主義是一種與客觀唯心主義相接近的抽象理性的機械唯物主義：

　　把物質的某些自然屬性如體積、形態、生長等等抽出來，僵化起來，說這就是美，這實際上，也就正是把美或美的法則變成了一種一成不變的絕對的自然尺度的脫離人類的先天的客觀存在，而事物的美只是這一機械抽象的尺度的體現而已。這種尺度實際上就已成為超脫具體感性事物的抽象的實體，而這也就已十分接近客觀唯心主義了。把人類社會中活生生的極為複雜豐富的現實的美抽象出來僵死為某種脫離人類而能存在的簡單的不變的自然物質的屬性、規律，這與柏拉圖、黑格爾的先驗的客觀的絕對理念，又能有多大的區別呢？僵化事物的性質，把它抽象地提昇為像概念式的實體或法則，這正是由形而上學唯物主義通向客觀唯心主義的哲學老路。[7]

　　……把如上述的運動（機械的）、生長生殖（生物的）等自然屬性從各種具體物體中抽象出來，說成是什麼「種類的一般性」，然後用它作為衡量動植物無生物等自然物的美的準繩和法則……（在具體的自然物中，這些自然屬性作為美的條件所起的作用、地位決不是這樣抽象、僵死、固定的。）而這種美為「顯現種類一般性」的理論，難道不是已相當接近於柏拉圖、黑格爾等認為

---

7 參看本書〈論美感、美和藝術〉。

美是「顯現了」某個客觀存在的抽象理念或共相（一般性）的客觀唯心主義的美學觀了嗎？……充分顯現了「種類一般性」與充分顯現黑格爾「種屬觀念」基本上是相似的。兩者都是在個別中顯現抽象的一般性，都是把顯現「一般性」作為美的本質。

所以我仍然認為車爾尼雪夫斯基對黑格爾美是理念顯現說的批評，在一定程度和意義上，是適用於蔡儀的。[8]

遺憾的是，蔡儀同志根本拒絕考慮，而總說我「歪曲」了他，並提出四點：

⑴《新美學》認為美有自然美、社會美及藝術美，後二者決定於社會關係或階級的一般性，自然美則在於自然物本身。而李澤厚原來是、這次依然是籠統地說：「蔡儀的美學觀」「漠視和否認了美的社會性質，認為美可以脫離人類社會生活而存在」。這是不是歪曲？（《批判集》，第140頁）

自然美問題確是我首先提出的，因為在自然美問題上最易暴露各派美學的特點。「因為社會生活的美的社會性實際上是自明的，因為生活總是社會生活，當然就有社會性。困難的問題在於自然美，……因為在這裡，美的客觀性和社會性似乎很難統一。正因為如此，就產生了各持一端的片面的觀點，不是認為自然本

---

8 參看本書〈論美是生活及其他〉。

身無美，美只是人類主觀意識加上去的（朱）；便是認為自然美在其本身的自然條件，它與人類無關（蔡）。承認或否認自然美的社會性是我們與蔡儀同志的分歧處」。[9] 蔡儀是喜歡談自然美的，《新美學》在事實上，同時也如他自己所說，也是多以自然美為對象、「多談自然事物的美」的。既然自然美成了蔡儀《新美學》理論的論證根據和主要對象；說蔡儀美學否認美的社會性，認為美可以脫離人類社會生活而存在，這算作「歪曲」嗎？

　　且不說此，就看看蔡儀所講的社會美。社會美當然總在社會之中，總不會有人愚蠢到脫開人類社會生活來講社會美。這一點我想誰也不會栽誣蔡儀。問題是在於實質：蔡儀所講社會美的「社會性」，是什麼樣的社會性呢？如前已指出，在我看來，這恰恰是一種脫離了有血有肉的具體的生活實踐的抽象的東西——即抽象的自然科學式的「種類一般性」的搬用而已。例如「……竹子也可以屬於社會的竹器原料的種類，石油可以屬於社會的燃料的種類」；（第84頁）並且還說了：「對於社會的事物，階級的屬性條件是本質的必然的東西」，（第83頁）「這人的性格具備著階級的一般性是優勢的，是社會美的性格」。（第211頁）這裡的確說了「社會」「階級」等等字眼，但所有這些都只是靜觀的、抽象的、客觀主義的東西，脫離真正的生活、實踐的具體社會性的東西。竹子和石油在人們生活中具有的那種種豐富多彩複雜多樣的具體的關係、作用、地位等等，完全被蔡儀抽象掉了——竹子做的用

---

9 參看本書〈關於當前美學問題的爭論〉。

具如何輕便耐用，竹林裡經常長出鮮嫩的筍子來供人採摘；石油在舊社會如何讓它流失，今天如何被辛勤的鑽探隊員所發現，又如何在工業化中發揮威力等等，等等——這所有一切活生生的具體的社會內容的美醜都被蔡儀拋掉了。在蔡儀那裡，竹子和石油作為「社會事物的美」只是在於「顯現」了那些抽象的「竹器原料」或「燃料」的「種類一般性」的東西而已！這種所謂社會性難道不覺得抽象和空洞嗎？

蔡儀的社會美的決定條件即「階級關係」、「階級一般性」，也是完全抽象、機械的東西，完全拋掉了社會生活中無限豐富多彩、生動活潑的具體內容。劉胡蘭、黃繼光、羅盛教的美就不全在於他們那種具體行為所表現出來的具體歷史生活和具體階級鬥爭的偉大內容，而在於他們「顯現」了某種抽象的「階級的一般性」；這樣，他們的美也毫無區別，同在「顯現」了一個「階級的一般性」。

所以在我看來，蔡儀的「社會美」也是十足地缺乏社會性——真正歷史的具體的社會實踐的內容的。我認為，「美的社會性，不僅是指美不能脫離人類社會而存在（這是一種消極的抽象的肯定），而且還指美包含著日益開展著的豐富具體的無限存在」。[10] 所以，說蔡儀的美學「漠視（就社會美說）或否認（就自然美說）美的社會性質」，我們以為並非歪曲。

---

10 參看本書〈論美感、美和藝術〉。

⑵《新美學》認為「美的本質就是事物的典型性，就是個別之中顯現著種類的一般」。所謂典型性或美的本質，說的是「事物的個別性與一般性的一種統一關係」。這就是說，事物的個別性或一般性都只是它這種統一關係的因素，只是規定它的美的因素，決不是說一般性或個別性就是事物的美。因此自然事物的個別性或一般性也只是規定它的美的因素，決不是說自然物的個別的或一般的自然屬性就是美。而李澤厚原來是、這次依然是說我「把美歸結為簡單的低級的機械、物理、生理的自然屬性或條件，認為客觀物體的這種自然屬性、條件就是美」。這是不是歪曲？

⑶和上述那點相關的還有一點，就是《新美學》認為事物的一般性（如以生物來說，它的生長生殖等生命活動）是規定事物的美的因素或主要條件，事物形體的一般性（如以生物的形體來說是均衡，其中以動物形體來說則是對稱）是規定事物形體美的條件。但這決不是說這種一般性就是美的法則；也決不是說這種一般性是可以離開具體的個別事物或事物的個別性而存在的。然而李澤厚原來是、這次依然是說我「把物體的某些自然屬性如體積、形態、生長等等從各種具體的物體中抽象出來，僵死起來，說這就是美的法則」。這是不是歪曲？（《批判集》，第140頁）

我們上面已詳細說過：儘管蔡儀說美的本質是個別性與一般性的統一，但實際上是把一般性、普遍性看作美的本質的（有蔡自己的話作證），是重一般輕個別、重抽象輕具體的。所以問題又在於實質：因為連客觀唯心主義的黑格爾也知道，理念必需顯現

在感性中才成為美，光理念不是美；但這並沒有妨礙他把理念作為決定的、主要的東西，感性成為美只是它的「顯現」；從而也沒有妨礙我們把黑格爾看成是客觀唯心主義者。蔡儀也一樣：儘管說一般性與個別性的統一才是美，但決定美的卻還是「一般性」，「一般性」占優勢才美，「個別性」占優勢就是醜了。所以這也沒有妨礙我們把蔡儀的某些論點看作是接近於客觀唯心主義。(但這還只是接近、趨向而還不等於客觀唯心主義。因為他所講的「一般性」畢竟還是感性的一般，雖然已是完全「失去它的鮮明的色彩而變成了幾何學的抽象的感性」。)

因此，最後：

⑷《新美學》的基本論點和黑格爾的美學觀點本質上的不同，在於黑格爾認為美是根源於客觀現實以外的觀念，《新美學》認為美在於客觀現實本身；黑格爾認為現實美不是真正的美，《新美學》認為現實美就是真正的美。而李澤厚原來是、這次依然是說《新美學》的論點相當接近於黑格爾的客觀唯心主義的美學觀。這是不是歪曲？是不是依然歪曲？如果李澤厚願意想一想形式不就是實質，當然能夠得到解答。(《批判集》，第 140 頁)

這裡，蔡儀似乎承認了在「形式」上與黑格爾有所近似之處了。但這「形式」的近似恐怕並非偶然，恐怕仍與「實質」有關。有了一點馬克思主義知識的人當然決不會公開說美不在現實而在理念，(朱光潛先生今天不也說美是主客觀的統一麼？)蔡儀也確

實是從美在現實出發的，並抽象地堅持了這個原則，所以我們始終肯定蔡儀的理論是唯物主義，但是一種抽象的失去感性血肉的具有「幾何學」特色的靜觀的唯物主義，基本上是屬於機械唯物主義的範疇。因為是帶著抽象的理智特色，所以在某些方面就接近於客觀唯心主義了。（其實與其說接近於黑格爾還不如說接近柏拉圖。因為黑格爾的理念倒是個無所不包、本身就先決地具有豐富內容的東西；柏拉圖的理式倒正是一個個僵硬的概念。）

關於蔡儀對我的指責，又一次認真逐點回答如上。但蔡儀把我對他的批評，令人感到遺憾得很，卻始終只說成是「歪曲」。其實對蔡儀的美學的這種批評意見，並不只是一兩個人的看法。有許多人都提出了同樣的問題，同樣的意見（請參看洪毅然《美學論辯》及《美學問題討論集》中的許多文章），我想，總不會所有這些人都在不約而同地歪曲蔡儀同志吧。

最後，對蔡儀的全部美學理論的意見，可以歸結為一個問題，也就是我們一開頭就提出的問題：美為什麼是典型？為什麼是「個別之中顯現著種類的一般」？典型——個別中顯現種類的一般——為什麼就是美的？就會必然地給人以美感愉快？因此，美到底是什麼意思？譬如說，自然在人類之前就有美，這美究竟是什麼意思？脫離人類社會生活、實踐的根本觀點的機械唯物主義是不能回答的。它不能解決具有深刻社會性質的美的問題。這就是我們全部批評的關鍵。

只有從生活、實踐的觀點才能回答這問題。

美是生活。為什麼呢？為什麼人從以生活為內容的美中能感到愉快呢？車爾尼雪夫斯基有過樸素而天才的說明：「對於人，什麼是最可愛呢？生活；因為我們的一切歡樂、我們的一切幸福、我們的一切希望，只與生活關連；……所以，凡是我們發現具有生的意味的一切，特別是我們看見具有生的現象的一切，總使我們歡欣鼓舞，導我們於欣然充滿無私快感的心境，這就是所謂美的享受。」[11]「在人覺得可愛的一切東西中最有一般性的，他覺得世界上最可愛的，就是生活」。[12]盧納卡爾斯基讚美了他的這種美學觀：「這種生之歡樂是新興階級的代表的特徵，它能夠推動人去掌握戰士和勝利者豪邁的勞動者世界觀，使他成為唯物主義者……。」[13]所以，如果說美感愉快是人從精神上對自己生活實踐的一種肯定、一種明朗的喜歡的話；那麼美本身就是感性的現實事物表現出來的對人們生活實踐的一種良好有益的肯定性質。

---

11 《美學論文選》，人民文學出版社，1959 年版，第 54 頁。

12 《生活與美學》，人民文學出版社，1958 年版，第 6 頁。

13 《論俄羅斯古典作家》，人民文學出版社，1958 年版，第 126 頁。

馬克思說，「物質」在培根那裡是「帶著詩意的感性光輝對人的全
身心發出微笑」(《神聖家族》)，這句話倒可借用在這裡來說美。
所以我們以前說，「美是包含著現實生活發展的本質、規律和理想
而用感官可以直接感知的具體形象（包括社會形象、自然形象和
藝術形象)」。[14]就是說，這些感性形象因為它們是社會發展的本
質必然，對於人們的生活、實踐具有一種肯定的內容和意義。只
有這樣，人們才會喜歡它，才會產生美感愉快。因為人們畢竟對
自己的生活（實踐）是熱愛的、肯定的。所以，要真正由現實事
物來考察美、把握美的本質，就必需從現實（現實事物）與實踐
（生活）的不可分割的關係中，由實踐（生活鬥爭）對現實的能
動作用中來考察和把握，才能發現美（包括自然美）的存在的祕
密。而蔡儀就恰恰沒有這樣做。

　　實踐在對於現實的關係上，構成主觀方面，這一主觀方面對
於它面對的客觀現實起著客觀作用，並將自己物化為客觀現實。
例如，生產鬥爭是人類最基本的實踐，通過這種實踐，人在自然
界打上了自己的意志的印記，使自己對象化，同時也使對象人類
化。現實就這樣成為人的現實。所以，馬克思主義所了解的自然
的「客觀現實」與蔡儀所了解的「不是人力所得干與，也不是為
著美的目的而創造的」（第204頁）自然和自然美是根本不同的：
「如同植物、動物、石塊、空氣、陽光等等理論地形成人類意識
的一部分，一方面作為自然科學的對象，一方面作為藝術的對

14 參考本書〈關於當前美學問題的爭論〉。

象……，這些東西也實踐地形成人類生活和人類活動的一部
分。……人類的普遍性……把整個自然弄成他的非有機的軀
體。」[15]「那在人類歷史中——人類社會的產生行為中……生成
著的自然是人的現實的自然，……是真實的人類學的自然」，「歷
史本身是自然歷史的一個現實的部分，是自然的向人的生成」[16]，
「自然的人類的本質對於社會的人類才第一次肯定地存在
著；……」[17]等等，等等。馬克思所說的這一切（包括以前我在
〈論美感、美和藝術〉文中引用的那一段），都是說明「自然的人
化」，自然與人類的歷史現實關係使自然成為人類的現實。而這又
都是蔡儀所根本不了解的。蔡儀說：

　　在馬克思，不是把自然和社會區別開來談的，而是把社會事
物包括在自然之中（？），而且明白地說：「人類是自然的一部
分。」在李澤厚，原來是把自然和社會區別開來談的，結果是把
自然歸入到社會之中。而且明白地說：「自然這時是存在一種具體
的社會關係之中。」也就是說自然是社會的一部分了。於是按這
種邏輯就必然達到自然界是依存於人的（？），而沒有人就沒有自
然界（？）的唯心主義的結論。……以他唯心主義的觀點去解釋
馬克思的論點，結果就是以他的唯心主義去歪曲馬克思主義……。
（《批判集》，第138頁）

---

15 馬克思：《經濟學—哲學手稿》，人民出版社，1957年版，第57頁。

16 同上書，第91頁。

17 同上書，第84頁。

　　事實果真如此麼？蔡儀說我歪曲了馬克思，到底是誰在歪曲呢？馬克思這裡到底講的是「人類是自然的一部分」這個舊唯物主義的老命題呢，還是自然是「人的本質力量的現實」這個真正嶄新的思想？請蔡儀同志在判定別人是唯心主義以前，先仔細看看書吧！在我看來，舊的靜觀唯物論只肯定人是自然，把人作為自然的人、把自然作為人的靜觀對象來對待，所以就不能了解自然（客體）與人（主體）的辯證關係，從而也不能了解和解決社會歷史問題；馬克思主義的唯物主義則大大前進了一步：除了肯定自然不依存於人、人是自然軀體以外，更把人作為社會實踐的人、把對象（包括自然）作為人的實踐的對象來了解和對待，這就徹底地解決了靜觀唯物論所根本沒法了解的「改造世界」的革命實踐的問題。想不到蔡儀到今天還不了解這一點。也正因為蔡儀不了解「自然的人化」這個根本觀點（蔡儀一句話也不敢說到它），當然就不可能了解美的本質，而只能自然科學式地（這就是舊唯物論的特點）來對待美這個實質上是社會性的問題。

　　與蔡儀所講的什麼「種類的一般」根本不同，我認為現實所以成為美的現實，所以具有美的性質，就在於它們肯定著人們的實踐（生活），通俗地說也就是它們對人的生活實踐有利、有益，而要使它們變得如此，又必須經過人們的實踐。現實世界本身是感性，所以「人在這個對象世界中不僅在思維中而且以一切感覺來被肯定著」。[18] 對象世界（現實）以一切感性的東西（即美的形

18 同上書，第 88 頁。

象性）肯定著人的實踐,「物質以詩意的感性光輝對人的全身心發出微笑」！所以,照我看來,客觀現實的美就不可能如蔡儀那樣把它在本質上分割為社會美和所謂「不是人力所得干與」的自然美。現實的美在本質上都是人類的、社會的。現實的美可以表現於自然——「人類的非有機的身體」,可以表現於社會；現實的美可以表現於人的社會活動,也可以表現於人的自然形體；（想想車爾尼雪夫斯基關於人體的美是生活表現的論點！）它們都具有人類的、社會的性質。

總之,當現實成為人類實踐的成果,帶著實踐（生活）的印記,或者適合於人類實踐（生活）,構成實踐（生活）的基礎、前提、條件,或者與人類實踐（生活）相一致,推動著、促進著、幫助著實踐（生活）——一句話,當現實肯定著人類實踐（生活）的時候,現實對人就是美的,不管人在主觀意識上有沒有認識到或能不能反映出,它在客觀上對人就是美的。

且不說勞動實踐所直接征服的對象如大地園林、水庫港灣,就是以前我們曾說過的「高山大海、日光月色」等等非勞動所直接征服的對象,也因為與人類社會生活實踐發生了良好有益的關係（即這些現實事物也是肯定著人們實踐的）,才成為美的對象。當陽光無可抵拒地曬死五穀時,中外神話中就都有射太陽的故事,這時陽光就不是美的對象,就沒有什麼「陽光明媚」可言；當荒山、猛獸還是人的生活、實踐的主要仇敵的時候,也只是醜的現實,人們不會去描畫、欣賞它們。只有社會實踐的發展,使自然不斷地「向人生成」,成為「人類學的自然」的時候,只有凶猛的

野獸不再是生活的威脅的時候，牠才成為美：牠以自己的體積、形態、力量、色彩吸引著人們：因為這些高大的形狀、強壯的體力、斑斕的彩色、靈活的動態……豐富著人們的生活需要，與人類實踐生活相一致，是能推動、促進和幫助人們的生活實踐的。因為人們在實踐（生活）本身中就需要有種種靈活、強壯、高大的本領。於是這些醜的現實就歷史地變成了人們娛樂欣賞的美的現實對象，而這是經過了漫長的人類的社會生活的實踐，特別是生產鬥爭的實踐的。

所以，美的本質就是現實對實踐的肯定；反過來醜就是現實對實踐的否定。美或醜存在的多少取決於人類實踐的狀況、人類社會生活發展的狀況，取決於現實對實踐的關係。

自然的美、醜在根本上取決於人類改造自然的狀況和程度，亦即自然「向人生成」的狀況和程度。

但人類的實踐——征服自然的生產鬥爭卻必需正確地運用客觀的自然規律，才能得到預期的效果。這就是說，只有或多或少地掌握了客觀規律的實踐，才能被現實所肯定，才能創造美。

自由是認識了的必然，正確反映從而運用規律的實踐是自由的實踐，自由的實踐就是能實現的，也就是創造美的實踐。正是要從這個意義上來了解馬克思的這段話：

……動物只在直接的物質的需要的統治下生產，而人類本身則自由地解脫著物質的需要來生產，而且在解脫著這種需要的自由中才真正地生產著；動物只生產自己本身，但人類再生產著整

個自然；動物的生產品直接屬於牠的肉體，但人類則自由地對待他的生產品。動物只依照牠所屬的物種的尺度和需要來造形，但人類能夠依照任何物種的尺度來生產並且能夠到處適用內在的尺度到對象上去；所以人類也依照美的規律來造形。[19]

人類從動物式的肉體的物質需要的直接束縛下解放出來，能夠掌握規律，看得更高更遠，為自己的長遠存在和發展而生產（即製造形式，形式一詞在這裡是寬廣意義上的用法），這也就是能使自然界在自己的支配之下的生產，是認識了必然的生產，是自由的。只有這種實踐才能日益衝破現實對實踐的限制，克服它對實踐的否定（敵對）態度，而迫使它肯定著自己，使其「造形」肯定著人們的實踐（生活），這樣的造形也就是美的。因此人們在反映它時，能在精神上把握和肯定著自己的實踐（生活），這即是美感的實質。所以，掌握必然的人的自由的實踐所造成的周圍一切的現實的形象，到處都肯定著人的實踐（生活），到處都看得見人們本質力量的對象化。現實就這樣成了美的現實，成為美感的對象。

在自然界中如此，在社會中也如此。社會分裂為階級以來，出現了階級鬥爭的實踐。互相矛盾鬥爭著的不同階級的實踐（生活），一部分互相對立著、否定著。所以，對一個階級是美的現實，對另一個階級會是醜（如車爾尼雪夫斯基所舉的不同階級婦

---

19 馬克思：《經濟學—哲學手稿》，人民出版社，1957 年版，第 59 頁。

女容貌的美）。在社會發展中喪失了「存在合理性」的階級，它的實踐（生活）的現實性，構成了對勞動人民、先進階級亦即對整個人類社會的醜。因為它的實踐（生活）與體現了社會發展的本質規律和前途的先進階級的實踐（生活）互相對抗和否定。真正的美的事物，由於否定著它的實踐（生活），在客觀上對於它倒是醜的。現實的美醜對於反動階級在客觀上的顛倒，決定了它主觀上美感的顛倒。這種美感的顛倒，反映了它的存在即是醜。只有先進階級的實踐（生活）徹底消滅和否定掉反動階級的實踐，使它喪失了「直接的現實性」，才能消滅現實的醜。今天中國人民和世界人民正在英勇地進行著這種實踐──改造自然和改造社會的偉大鬥爭，在徹底地掃除和消滅一切的現實的醜。而醜（不論是自然醜還是社會醜）也就的確隨著人類實踐（生活）的這種革命的發展而將減少。革命的實踐（生活）創造著美，消滅著醜。

　　而所有這一切，都是不了解實踐性這一馬克思主義哲學基本觀點的機械唯物論所不能理解的。不幸，蔡儀的美學的根本問題卻恰恰在這裡。

六、美學三題議

——與朱光潛同志繼續論辯

註：原載《哲學研究》1962 年第 2 期。為保
存論爭原貌未作任何改動。

美學的哲學基礎問題

　　美是主觀的還是客觀的還是主客觀的統一，這個所謂美學的哲學基礎問題，是幾年來爭得最熱鬧的。但是，究竟什麼是主觀、客觀，主觀、客觀用在這裡是什麼意思，卻似乎並不是那麼清楚。例如，呂熒認為美是觀念，但又有「客觀性」。這只是說主觀觀念中有客觀內容，而不是說美是客觀事物的屬性，所以儘管呂熒講了很多客觀性，實際上並不承認美是客觀的。朱光潛同志所用的「客觀」概念，基本上明確，即指人類以外的客觀自然事物，「客觀的」在朱先生那裡即等於「自然界的」，「在人類之外的」。但是，朱先生所用的「主觀」概念卻很值得研究一番了，這個概念幾乎是朱先生現今理論的關鍵。本來，在 57 年，朱先生所講的「主觀」，基本或主要是指人們的意識型態、情趣等主觀心理條件。如給美下的定義：「美是客觀方面的某些事物、性質、形狀適合主觀方面意識型態，可以交溶在一起而成為一個完整形象的那種特質」。如對「主觀」、「客觀」作的解釋：「『主觀』和『客觀』這兩個範疇究竟是什麼意思呢？……意識和一般心理方面的現象是主觀的，意識所接觸的外在世界是客觀的」，[1] 我當時即據此進

1　〈論美是客觀與主觀的統一〉，《哲學研究》1957 年第 5 期。

行了評論。但即在此時，朱先生「主觀」概念中就已開始包有另一涵義，即人類主體的實踐活動的意義，不過這成分還很少。到60年，這成分便大大增多了。例如說：「對於現實既要從客觀方面加以理解，又要從實踐或主觀能動方面加以理解」，「主客觀的統一來看實踐中人與物互相因依⋯⋯」[2] 等等。但這樣一來，朱先生所用的「主觀」概念也就非常複雜了。它既指人的意識，情趣，「知」；又指人的實踐，動作，「行」；既包括人的心理活動（如審美）；又包括人的物質活動（如生產）。只因它們都是相對於或作用於自然客體的主體活動，所以，便都被劃入「主觀」之內。57年朱先生就說過：「⋯⋯社會存在卻是可以以人們的意志為轉移的」[3]，在去年「交底」的文章裡，朱先生又說：「把『社會性』單屬客觀事物，『不以人的意識為轉移』，就很難說通了，把人（主觀方面）拋開而談事物（客觀方面）的社會性，那豈不是演哈姆萊脫悲劇而把哈姆萊脫拋開」。[4] 總之，「人」就是「主觀方面」，不管人的意識還是實踐；不管是人的精神活動還是物質活動。而社會既只能是人的社會，人的活動又總是有意識的，所以社會性等於主觀性，而主觀性又等於意識性。所以美的社會性就必然是「意識型態性的」了。朱先生一再強調的，正是這個道理，朱先生的美學的全部哲學祕密，也的確就在此處。

2　〈生產勞動與人對世界的藝術掌握〉，《新建設》1960 年第 4 期。

3　〈美必然是意識型態性的〉，《學術月刊》1958 年第 1 期。

4　〈美學中唯物主義與唯心主義之爭〉，《哲學研究》1961 年第 2 期。

　　這問題看來簡單，卻是人類思想史上一大問題。自古以來，不獨唯心主義認為「歷史為人類自由意志的創造品」（梁啟超），人類社會的存在和發展可以由人的意識、意志所決定。舊唯物主義也同樣在這問題上翻了觔斗。例如，雖然由洛克感覺論而來，法國十八世紀唯物主義曾認為「人是社會環境的一個產物」，但正因為這些「哲學家們在歷史中只看到人們的有意識的活動」，於是又認為「社會環境是……由人造成的」。「意見是社會環境的結果，反過來，意見又是這個環境……的原因。」[5] 環境（存在）決定意見（思維），意見（思維）決定環境（存在），永遠繞不出這個惡性循環。怎麼辦呢？直到馬克思主義才解決這問題，出路是：「我們必需了解，社會環境有它自己的發展法則，這法則是完全不依靠那被看成『有感覺、有理智、有理性的實體』的人的」。[6] 馬克思、恩格斯發現和強調指出了社會歷史的存在和發展不依存於人的意識，不以人們意志為轉移的客觀性質。[7] 所以儘管沒有主觀意識的人也就沒有社會存在，但是，社會存在及其發展卻並不依人的主觀意識或意志為轉移。

---

5 普列漢諾夫：《唯物論史論叢》，人民出版社，1953 年版，第 44、50、51、54 頁。

6 同上書，第 56 頁。

7 參看《政治經濟學批判》序（「人們在自己生活的社會生產中參與一定的、必然的、不依他們本身意志為轉移的關係」）《費爾巴哈與德國古典哲學的終結》（「人是賦有意識經過深思熟慮行動……但是……它卻絲毫不能改變歷史進程服從內在一般法則這一事實」）等等。

　　但是，並非所有人都能真正了解這一深刻原理。幾十年前，
波格達諾夫就認為，「在自己的生存鬥爭中，人們除非借助於意識
便不能結合起來，沒有意識，便沒有交往。因此，社會生活在其
一切表現上都是意識的——心理的生活……社會性是與意識性不
可分離的。」這個看法甚至說法與朱先生都很相似：因為社會的
主體是有意識有意志的人，所以事物的社會性就都需依存於人的
意識或意志，社會存在、社會意識都是主觀的、可以等同的東
西……。但這樣一來恰好否定了馬克思的那個大發現。所以，列
寧指出：「這個結論與馬克思主義毫無共同之處」。「所謂客觀的，
並不是指意識的存在物的社會、即人們的社會，能夠不依賴於意
識的存在物的存在而存在和發展，而是指社會的存在是不依存於
人們的社會意識的」。[8] 我在與朱先生討論的第一篇文章中，已強
調說明了這點，並引用了列寧的這些話，可惜朱先生沒有注意。

　　總之，在我們看來，朱先生是在「主觀」這一概念下，把兩
種應該嚴格區分的東西混淆起來了，那就是把人的意識（認識）
與人的實踐，把社會意識與社會存在混淆起來了。當然，在某種
意義上，實踐與意識（認識）都可以說是主觀的活動，因為它們
都是人類主體的活動，而區別於人類以外的物質運動形態，相對
於作為對象的客體自然。但是，就在這主體——主觀的活動中，
實踐與意識卻仍然有著根本性的區別，意識僅僅只是主體內部活

---

8 列寧：《唯物論與經驗批判論》，人民出版社，1953 年版，第 354、356
頁。

動的屬性，並不客觀地作用於外界，它不具有直接現實性的品格；相反，實踐則不僅是一種有意識有目的的活動，而且還客觀地作用於外界，實際地變化著外界，「通過消滅外部世界的規定的（方面、特徵、現象）來獲得具有外部現實性形式的實在性」，它具有「高於認識」的「直接的現實性」。[9] 所以，具有主觀目的、意識的人類主體的實踐，實際上正是一種客觀的物質力量。正如區別於社會意識，社會存在是客觀的物質存在一樣；區別於人類的意識活動，人類的實踐活動也是一種客觀的感性現實活動，它屬於物質（客觀）第一性的範疇，而不屬於意識（主觀）第二性的範疇。而朱先生的首要錯誤就在於根本沒把這兩者區分開來，相反地使它們在「主觀」這個籠統的概念下攪在一起，混同起來。這樣，在朱先生的論證中，便出現許多奇異的現象，其中常常上一句話還並沒講錯，下一句話卻完全錯了，上一段話還很有道理，下一段話卻很沒道理。所以如此，就正因為在上一句、上一段中，朱先生的「主觀」是指人類的社會實踐、物質活動，在這裡「美是主客觀的統一」是指美必須依存於主體的實踐，是社會實踐作用於自然客體的結果，這當然是正確的，我們也這樣主張。但是，緊接著在下一句、下一段裡，朱先生講的「主觀」卻又變為指人類的社會意識、心理活動等等，於是「美是主客觀的統一」，又變為是指美必需依存於主觀的意識，是主觀的意識、情趣作用於自然客體的結果，這當然就是錯誤的，為我們所一直反對。但朱先

---

9 列寧：《哲學筆記》，人民出版社，1956 年版，第 201 頁。

生卻把它們都叫做「主客觀的統一」，時而是指前面那個意思，時而又是指後面那個意思，並且說著說著，意思便變化了。[10]於是，美依存於「意識的存在物的存在而存在」便在不知不覺中變成了「依存於人們的社會意識」而存在。美是實踐（主）與自然（客）的統一，而不知不覺中變成了美是意識（主）與自然（客）的統一了。而這就正是因為朱先生把兩種不同的「主觀」──「主體」概念混在一起，把本是客觀的社會實踐活動（第一性，社會存在）

---

10 例子很多，姑舉一二：「勞動生產是人對世界的實踐精神的掌握〔按：這不錯〕，同時也就是人對世界的藝術的掌握」〔按：這句便大成問題了〕。「人自從進行生產勞動成為社會的人之日起，就在自然上面打下了人的烙印，自然便變成了『人化的自然』，體現了人的『本質力量』，這就是說，自然裡面也有人⋯⋯人是社會關係便是客觀存在，而且本身由物質決定，所以人裡面也有自然〔按：以上基本正確，雖然表述上有缺點〕。總之，人與自然這兩對立面是互相依存、互相滲透、互相轉化的〔按：這就有問題了：因為自然是不依存於人的〕。對立統一的辯證原則既適用於人與自然的關係，也就適用於審美過程即創造與欣賞過程中的主觀與客觀的關係〔按：開始變了，由生產勞動（主）與自然（客）的關係變為藝術，審美（主）與自然（客）的關係了〕。就是根據這個認識，我提出了美是主客觀的統一，認為一些主觀因素如世界觀、階級意識、生活經驗、文化修養等等〔按：這裡的主觀完全變成意識型態，而不再是生產實踐了〕。能影響人對於美的感覺、對於美的理想。由於人改變世界（包括藝術創作在內）要根據這種美的理想，所以它不但是客觀世界的反映，也是主觀世界的反映，這就是說美是社會意識型態性的⋯⋯」〔按：到這裡就完全變了，主客觀的統一由開頭的實踐作用於對象而變成意識作用於對象，從而主客觀的統一（等於美）也就變成意識型態性的東西了〕。

也囊括在「主觀」之內，於是就必然使它與主體內部的意識活動（第二性，社會意識）等同起來，用後者（意識，第二性）去代替、吞并、偷換了前者（物質，第一性）。

朱先生一直強調主觀能動性，認為它才是馬克思主義美學的精髓。但是，正因為朱先生混淆了兩種「主觀」（實踐與意識），從而也就混淆了兩種主觀能動性：意識的能動性（從感性認識到理性認識的能動的飛躍）與實踐的能動性（從理性認識到實踐的飛躍）。用意識的能動性囊括了實踐的能動性，用僅僅改變人們主觀意識狀貌的第一個飛躍吞并和替代了直接改變客觀現實狀貌的第二個飛躍。所以朱先生多次說：「實踐可以說是主觀意識影響客觀存在」，「審美活動本身……主要地是一種實踐活動」。「意識影響存在」就是實踐[11]（這個「影響存在」，實際上只是理性認識階段意識能動地改造了來自對象的感性材料），其中並不需要通過人類的感性物質活動這一關。於是，連「審美活動本身」也都是實踐，就並不奇怪了。但是，列寧卻曾著重說過「理論的領域」和「實踐的領域」的重大不同。在前者，人只是作為「認識」，「自身沒有規定性的東西（引者按：即人不是作為感性現實的物質存在）來和客觀世界相對立」，在後者，人才是「作為現實的東西（作用著的東西？）來和現實的東西相對立的」，「以自己的行動來改變世界」。[12]所以，人（主體）只有通過實踐才能影響存在，

---

11 朱光潛：〈美學中唯物主義與唯心主義之爭〉，《哲學研究》1961 年第 2 期。
12 列寧：《哲學筆記》，人民出版社，1956 年版，第 200 頁。

改造客觀世界，光是意識的能動性是完成不了這個任務的。朱先
生的毛病恰恰在於少了這個環節，「理論的領域」被當作即是「實
踐的領域」，審美被當作即是生產，意識的能動性被當作即是實踐
的能動性。馬克思說：「……能動的方面竟是跟唯物主義相反地被
唯心主義發展了，但只是被它抽象地發展了，因為唯心主義當然
不知道有真正現實的活動，真正感性的活動」。[13]朱先生的確是大
大地發展了人的「能動的方面」，但可惜朱先生只是發展了人的意
識的能動性即抽象的能動性，而並不是人們真正感性現實的能動
性的活動，並不是生產鬥爭和階級鬥爭的物質實踐。朱先生知道
並引用過馬克思這段名言，但卻認為：「這段話指出兩種形而上學
的片面的理解現實的方式：機械唯物主義片面地就客觀方面所現
的，直觀所得的形式去理解現實，唯心主義片面地從主觀的能動
的方面去理解現實。」[14]其實，這裡對唯心主義來說，根本就不
是什麼「片面的」問題，不是什麼「形而上學」的問題，而是說
唯心主義所講的「主觀的能動的方面」本身只是抽象的、意識的
活動，不是真正感性現實的物質實踐活動。正如黑格爾也講勞動，
「他把勞動作為本質」，但「黑格爾唯一知道和承認的勞動是抽象
地精神的勞動」。[15]而這就正是唯心主義之所以為唯心主義的所
在。而舊唯物主義的缺點，也不在如朱先生所說只是「片面地就

---

13 馬克思：〈費爾巴哈論綱〉，《馬克思恩格斯文選》（兩卷集）第 2 卷，莫
　　斯科版，第 401 頁。

14 朱光潛：〈生產勞動與人對世界的藝術掌握〉，《新建設》1960 年第 4 期。

15 馬克思：《經濟學－哲學手稿》，人民出版社，1957 年版，第 128 頁。

客觀方面」理解現實，而在於它們不理解主體存在的客觀實踐性
質：從一方面說，舊唯物主義把「事物、現實、感性」僅當作靜
觀對象，把人僅當作生物——生理自然存在，離開了人的社會性，
所以說「不是理解為實踐，不是從主觀方面去理解」；從另一方面
說，它們「把人的活動本身不是理解為客觀性的活動」，不理解實
踐活動所具有的改造世界的偉大的客觀物質的性質和力量。朱先
生對馬克思這段話的錯解，倒又恰好表現了朱先生哲學本身的基
本特點：(1)不理解人類主觀能動性主要是它的社會實踐，是這種
真正的感性現實性的活動，相反，而把它當作主要是意識能動性，
於是便把「能動性」「抽象地發展了」。(2)不理解人類主體的社會
實踐活動卻又正是一種客觀性的活動，把它也囊括在「主觀性」
之下，於是，感性現實的活動被混同於意識思辨的活動，客觀的
東西也就被看作是主觀的或「主客觀的統一」的東西了。

　　朱先生要求與「李澤厚派」劃清界限，明確分歧。我想，關
於美學的哲學基礎，首要分歧就在這裡。與此緊相聯繫，應該看
看朱先生近年來談得最多的「美學的實踐觀點」，或「生產觀點」、
「勞動觀點」。

　　朱先生的「實踐觀點」的基本點是：「不只是把美的對象（自
然或藝術）看成認識的對象，而是主要地把它們看作實踐的對象，
審美活動本身不只是一種直觀活動，而主要的是一種實踐活動；
生產勞動就是一種改變世界實現自我的藝術活動或『人對世界的
藝術掌握』。」[16]這也就是朱先生的「生產觀點」或「勞動觀點」：

---

16 〈美學中唯物主義與唯心主義之爭〉，《哲學研究》1961 年第 2 期。

「從生產觀點去看文藝與單從反映論來看文藝，究竟有什麼不同呢？單從反映論去看文藝，文藝只是一種認識活動，而從生產觀點去看文藝，文藝同時又是一種實踐過程」。[17]朱先生所要說明的，就是美不是反映、認識的客觀對象而是意識的主觀創造或「自我實現」。在 57、58 年，朱先生所主張的這種「自我實現」、「創造活動」還比較單純，即主要強調由主觀意識、情趣作用於對象就行了，但後來朱先生在這種「創造」、「實現」中又加進「實踐」、「生產」、「勞動」等概念，問題就又複雜了。本來，從生產實踐、物質勞動（亦即從改造世界的能動性中）來探究、規定美的本質，這是正確的，我們也是這樣主張的。但是，從藝術實踐、精神勞動（亦即從認識世界的能動性中）來探究、規定美的本質，這就不恰當了，我們反對這種主張，認為這根本不能叫什麼「實踐觀點」、「生產觀點」。但是朱先生卻混而統之，夾雜在一塊兒講，「實踐」時而是指生產實踐，時而又是指藝術實踐；「生產」時而是指物質生產，時而又是指精神生產。於是，又與前面一樣，常常是上句話是對的，下句卻錯了，前面對的，後面又錯了……，不過，這上下前後，這「實踐」、「生產」之中的兩種涵義，到底哪個才是朱先生的真意呢？答案與前面又完全一樣，朱先生實際上是口講生產，心指藝術，在兩種實踐、生產的混淆中用藝術實踐吞并了生產實踐，精神生產（勞動）吞并了物質生產（勞動）。

　　因為，人類的實踐活動，主要的和基本的是指人類的生產實

---

17 〈論美是客觀與主觀的統一〉，《哲學研究》1957 年第 5 期。

踐。藝術實踐孤立地來看,與生產實踐好像沒有區別,因為它也實現著某個目的,也必需有感性物質的創造活動。但是,從整個社會來說,卻與生產實踐有著根本的差別,因為生產實踐才真正起著改造客觀世界的能動作用,藝術實踐卻只是通過它所創造的作品能動地作用於人的主觀世界(思想、意識)。而這,對整個社會來說,只是解決認識的問題,它在本質上只是一種反映,與審美觀賞這種意識活動在本質上是共同的,應同屬於社會意識範疇。它的最終目的仍在反作用於生產實踐,推動這種基本實踐的發展,所以,正如實踐是認識(意識)的前提,又是認識(意識)的歸宿一樣,就整個社會來說,生產實踐是藝術實踐的前提,又是藝術實踐的歸宿。

同理,人類的生產主要是指人類賴以生存的物質生活資料的生產,藝術生產(精神生產)單獨來看,固也可說是生產,因為藝術創作也必須通過物質材料將意識物化,所創造的藝術品也是某種物質存在。但其本質與前者卻仍有根本不同。物質生產在社會生活中是屬於經濟基礎的一種物質變革,而藝術生產則是屬於上層建築並遠離基礎的一種「思想形式」,兩者必須如馬克思所講的那樣嚴格「分別清楚」。[18]但朱先生卻認為,「生產勞動就是……藝術活動」,「審美的或藝術的活動……看作人生第一需要」。[19]藝術即生產,生產即藝術。這樣,通過物質生產與精神生產的混同,

---

18 馬克思:《政治經濟學批判》序言,人民出版社,1955年版,第3頁。
19 朱光潛:〈生產勞動與人對世界的藝術掌握〉,《新建設》1960年第4期。

也就取消了物質生產的第一性，直接否認了「人們首先必須吃、喝、住、穿，而後才能從事……藝術」[20]這條歷史唯物主義的基本原理。所以，雖同是實踐，同是生產，但就社會來說，一是基礎，內容，存在，第一性的；另一則是上層，形式，意識，第二性的。把這兩者混同，無論在理論上和實踐上都會帶來混亂和錯誤。表面上是強調了藝術與生產的聯繫，實際上是用上層建築、思想形式替代了經濟基礎。

　　所以，總起來看，正因為朱先生在「主觀」概念下混淆了主體兩種不同的活動，在「能動性」下混淆了兩種不同的「能動性」，於是，就必然在「實踐」、「生產」概念下混淆兩種本質不同的實踐、生產──生產實踐與藝術實踐、物質生產與精神生產。正因為朱先生在唯物主義領域中把存在與意識、客觀與主觀混同起來，於是，就必然在歷史唯物主義領域中把社會存在與社會意識，把勞動與審美、物質文化（生產）與精神文化（藝術）混同起來。正因為在混同中朱先生主要是誇張後者，於是朱先生的「實踐」、「生產」、「勞動」實質上就都只是意識的「實踐」、意識的生產、勞動……，認為是它們創造了美，而不是人類革命實踐的客觀性活動，不是物質生產、社會存在創造著美。所以，美就不是客觀的，而是主（意識）客（自然）觀的統一。在我看來，這就是一條以唯心主義哲學作基礎的美學路線。

---

20 恩格斯：〈馬克思墓前演說〉，《馬克思恩格斯文選》（兩卷集）第 2 卷，人民出版社，1958 年版，第 166 頁。

　　下面簡單地談一點正面意見，並回答朱先生的批評。

　　美是客觀的。這個「客觀」是什麼意思呢？那就是指社會的客觀，是指不依存於人的社會意識、不以人們意志為轉移的不斷發展前進的社會生活、實踐。「我們以前一再強調的美的客觀性，美是客觀存在，其最根本和最主要的意思也就在此。就在於，美是客觀地存在於現實生活之中，廣大人民的生活本身是美的寶藏和源泉」。[21] 既如此，那朱先生的批評，如說「……所謂不依人的意志為轉移，就是說不受人的實踐活動的影響，美仿佛與人的改變世界的實踐活動無關……人的帳上就記不下任何功勞」[22]，便是無的放矢了。很明白，所謂「不依人的意志為轉移」，完全不是說可以依存於人的社會生活、實踐。我提出美的社會性，強調與蔡儀的分歧，就正是為了說明人類客觀的社會實踐活動創造著美。所以，我所主張的「美是客觀的，又是社會的」，其本質涵義不只在指出美存在於現實生活中或我們意識之外的客觀世界裡，因為這還只是一種靜觀的外在描繪或樸素的經驗信念，還不是理論的邏輯說明，為什麼社會生活中會有美的客觀存在？美如何會必然地在現實生活中產生和發展？要回答這問題，就只有遵循「人類社會生活的本質是實踐的」這一馬克思主義根本觀點，從實踐對現實的能動作用的探究中，來深刻地論證美的客觀性和社會性。

---

21 參看本書〈論美是生活及其他〉。

22 朱光潛：〈美學中的唯物主義與唯心主義之爭〉，《哲學研究》1961 年第 2 期。

從主體實踐對客觀現實的能動關係中，實即從「真」與「善」的相互作用和統一中，來看「美」的誕生。

簡單說來：（一）現實世界是客觀存在，它獨立於人類主觀之外，具有不依存於意識、意志的客觀必然性，名之曰「真」。（列寧：「真理就是由現象、現實的一切方面的總和以及它們的相互關係構成的」，「外部現實是真實存在著的東西（是客觀真理）」。）（二）人類作用於現實世界的感性物質力量，是一種有意識有目的的實踐活動，具有不同於動物的社會普遍性質，名之曰「善」。（列寧：「善是『對外部現實性的要求』，這就是說，『善』被理解為人的實踐」。）與「真」一樣，「善」也是「客觀的東西」，雖然「同時……具有主觀性的形式」，因為它是人類主體的實踐活動。（三）客觀世界不依存於主觀意志，「走著自己的道路」，有意識有目的的人的實踐活動要能實現，人要在對象中打上自己意志的印記，就必需遵循、掌握、運用現實世界的客觀規律，「人在自己的實踐活動中面向著客觀世界，依賴於它，以它來規定自己的活動」，只有符合客觀規律的主體實踐，符合「真」（客觀必然性）的「善」（社會普遍性），才能夠得到肯定。在實踐基礎上，對客觀必然性的能動反映，產生符合必然性的主觀目的，這就是「理想」。理想既符合客觀必然性，通過客觀性的實踐活動，便能得到實現。這樣，一方面，「善」得到了實現，實踐得到肯定，成為實現了（對象化）的「善」。另一方面，「真」為人所掌握，與人發生關係，成為主體化（人化）的「真」。這個「實現了的善」（對象化的善）與人化了的真（主體化的真），便是「美」。人們在這

客觀的「美」裡看到自己本質力量的對象化，看到自己實踐的被肯定，也就是看到自己理想的實現或看到自己的理想（用車爾尼雪夫斯基的話，就是看到了生活或「應當如此」的生活），於是必然地引起美感愉快。「美」是「真」與「善」的統一。真、善、美都是客觀的。所以，美只有在主觀實踐與客觀現實的相互作用的意義上，而不是在朱先生那種主觀意識與客觀自然的相互作用上，才可說是一種主客觀的統一。但這種主客觀的統一，仍然是感性現實的物質存在，仍是社會的、客觀的，不依存於人們主觀意識、情趣的。它所以是社會的，是因為：如果沒有人類主體的社會實踐，光是由自然必然性所統治的客觀存在，這存在便與人類無干，不具有價值，不能有美。它所以是客觀的，是因為：如果沒有對現實規律的把握，光是盲目的主體實踐，那便永遠只能是一種「主觀的、應有的」善，得不到實現或對象化，不能具有感性物質的存在，也不能有美。只有「實現了的善」，才「不僅設定在行動著的主體中，而且也作為某種直接的現實而設定下來……設定為真實存在著的客觀性」。[23] 馬克思在《經濟學─哲學手稿》中那段有關美的名言，曾為人們所再三引用，但這樣理解，才似比較準確。馬克思也正是在講了人類的本質特點──具有社會普遍性（即所謂「族類」普遍性）的生產活動之後，緊接著說：「……人類能夠依照任何物種的尺度來生產並且能夠到處適用內在的尺度到對象

---

23 本段以上引文均見列寧《哲學筆記》，人民出版社，1957 年版，第 151～223 頁。

上去；所以人類也依照美的規律來造形。」[24] 這個「所以」，正是說明這個統一，說明因為具有內在目的尺度的人類主體實踐能夠依照自然客觀規律來生產，於是，人類就能夠依照客觀世界本身的規律來改造客觀世界以滿足主觀的需要，這個改造了的客觀世界的存在形式便是美，是「按照美的規律來造形」。馬克思完全不是從審美、意識、情趣、藝術實踐而是從人類的基本實踐——人對自然的社會性的生產活動中來講美的規律，這就深刻地點明了美的客觀性的本質涵義所在，點明了美的必然的存在不是來自「先驗的形式」（康德），「理念的顯現」（黑格爾），「感性的靜觀」（費爾巴哈），而是來自人類的客觀社會實踐。美的普遍必然性正是它的社會客觀性。美是誕生在人的實踐與現實的相互作用和統一中，而不是誕生在人的意識與自然的相互作用或統一中，是依存於人類社會生活、實踐的客觀存在，但卻不是依存於人類社會意識的所謂「主客觀的統一」。

由上可知，一方面，「真」主體化了，現實與人的實踐、善、合目的性相關，對人有利有益有用，具有了社會功利的性質，這是美的內容；另一方面，「善」對象化了，實踐與現實、真、合規律性相關，具有感性、具體的性質，「具有外部的存在」，這是美的形式。現實存在對人類實踐有用有利有益，這是社會美。社會美以內容勝，它的形式服務於具體的合需要性。在遠古，當美本身還簡單而粗陋時，美的內容似乎就是美的形式，有用有利有益

---

24 馬克思：《經濟學－哲學手稿》，人民出版社，1957年版，第59頁。

的對象（如美食、財富），就是美的對象。反映在意識裡，「善」的觀念就是「美」的觀念，如普列漢諾夫所曾闡明的那樣。但隨著實踐的對象化愈來愈廣闊深遠，實踐所掌握的必然規律愈來愈普遍概括，因而愈來愈自由，於是這對象化的存在形式也就愈來愈自由，它自由地聯繫著、表現著朦朧而廣泛的合目的、合需要的社會內容。這是自然美。[25] 自然美以形式勝，它的內容概括而朦朧，像是「與內容不相干的」[26]，獨立而自由。所以，如果說，現實對實踐的肯定是美的內容，那麼，自由的形式就是美的形式。就內容言，美是現實以自由形式對實踐的肯定；就形式言，美是現實肯定實踐的自由形式。

在歷史發展中，人類不僅通過生產實踐日益掌握自然規律，而且通過社會革命、階級鬥爭，不斷實現著社會前進的必然規律，人們的現實生活和精神面貌日益充實豐滿起來，人的形象日益高大。億萬人民改造世界的雄偉實踐，為先進事業奮勇獻身的英雄人物的高尚的思想，頑強的意志，豐富的情感，健壯的體魄，成為社會美的主要表現。這樣，社會美日益獲得豐富深刻的生活內容，但是，其作為自然物質存在的各個別形式卻顯得局限、束縛；另一方面，自然美日益獲得鮮明生動的規律形式，但其直接內容

---

25 這裡的「自然美」概念，包括一切事物作為自然物質存在的外在形式的美，即「形式美」，與大自然的美（第二題所講的山水花鳥等自然美）涵義不完全一樣。

26 黑格爾：《小邏輯》，三聯書店，1954 年版，第 286 頁。

卻模糊、抽象。只有當社會美當作被反映的主題，通過提煉集中成為廣闊明確的藝術內容，自然美當作被運用的物質手段，經過選擇琢磨成為精巧純熟的藝術形式，在藝術中融為一體，美的內容與形式，社會美與自然美才高度統一起來，成為一種更集中、更典型、更高的美。這就是藝術美。所以，在創作中，對現實生活的觀察、體驗、分析常是對社會美的把握；對自然現象的觀照、領會、熟悉正是對自然美的把握。所要表現的生活、思想、情感是內容，所藉以表現的結構、程式、技巧是形式。藝術作品是兩者的有機統一。上面從邏輯說，藝術的形式是對自然美的自覺運用，藝術的內容是對社會美的自覺反映。從歷史說也是如此。藝術 (Art) 一詞無論中西都來自技術、技藝，即來自人們在物質生產中對自然規律、形式的熟練自如的掌握和運用。古代的工匠即是藝術家。因這時物質生產與藝術生產混然一體，實用物的製作常即是藝術品的創造。但是，它之作為物質生產總是在於對象內容的製造，它之作為藝術生產卻就在於對象形式的製造。對象的內容與人的社會需要、目的相關（如陶器為了盛水）；對象的形式則與人對自然規律、形式的掌握、運用相關（如陶器的造形）。只因為實用品的感性形式總被束縛在該個別實用需要的限定下（如陶器造形必得服從盛水的實用需要），就不能滿足日益增長、發展的對廣闊豐富的社會實踐明確觀照的審美要求。這樣，在一定社會發展和分工階段，就使物質生產的技藝逐漸從實用品的製作中分蘗出來，能用之於專供審美需要的藝術生產，亦即在物質生產之外又有了相對獨立的精神生產。所以，對社會來說，藝術品的物

質存在只是專供精神觀照的一種形式的存在，被柏拉圖斥為「影子的影子」，但藝術的本質卻也正在於它用這種無實用價值的自由形式，來深刻明確地反映廣闊豐富的社會內容，通過滿足精神需要，塑造人類心靈（「純」藝術[27]），來進一步推動社會生活實踐的發展（反作用於現實美的內容），或作用於社會物質生活的形式外貌，使之多彩化、條理化、韻律化（從工藝美術到勞動組織、生活安排），以進一步將世界美化（反作用於現實美的形式）。這樣，藝術美就日益深深地滲透在現實美中，使人們在生活實踐的各方面日益自覺地「按照美的規律來造形」。所以，藝術的本質（藝術美）就仍是現實肯定實踐的一種自由形式。

美是客觀的。那麼藝術美也是客觀的麼？藝術美只是美的反映，相對於觀賞者的意識，它誠然是客觀的存在；但相對於現實美（包括社會美與自然美）來說，它卻是第二性的，意識型態的，從而也就是屬於主觀範疇的。所以，朱先生用藝術美來概括一切美，把所有的美都說成是第二性的，意識型態性的，就為我們所不同意。在朱先生那裡，美是主客觀的統一，審美就是生產，藝

---

27 「純」藝術從實用藝術分化出來並不降低後者的重要性。相反，實用藝術始終是與人民生活聯繫最密切、影響最普遍的藝術。它通過雖朦朧但廣泛的形式美的方式，對人們起著潛移默化的作用。它們同樣具有時代性和階級性。所以，忽視或排斥它於美的對象之外，看不到它作為自由形式對實踐的肯定這一美的性質，是錯誤的。另一方面，誇張或誤認它即是現實生活本身，「衣裳打扮」、「環境布置」就是現實美、生活美，則又是混淆形式與內容，把藝術美當作社會美了。

術就是現實，思維與存在在這裡混然不分，沒有相互過渡的邏輯進程和歷史環節，這樣實際上兩者也就沒有真正的同一。有如黑格爾批評謝林：夜間觀牛，其色皆黑，混然一片，根本分不出什麼同一不同一了。在我們這裡，美是客觀的，現實與藝術、存在與意識是有分有合、有對立有統一的：美誕生於生活、實踐與現實的能動關係中（第一性的美，客觀），它經過藝術家的主觀意識的反映，成為藝術中的美（第二性的美，主觀），這物化形態的藝術美（相對於欣賞者的主觀來說是客觀），經過人們的思想情感（主觀）影響人們的活動，又去創造和增多生活、實踐中的美（第一性的美，客觀）。於是反覆循環，不斷上升，人們就不斷創造出了更新更美的生活，也不斷創造出更新更美的藝術。而這才是真正的思維與存在的同一性，主觀與客觀、藝術與現實的辯證法，這才是真正的美學實踐觀點：藝術來自現實，又為現實、為政治服務的觀點。

　　本該再談談反映論，因我與朱先生仍有很大分歧，但限於篇幅，這裡就不講了。我認為，藝術反映現實，在本質上是與科學一致的，共同的（這就是與朱先生分歧和爭論所在）。但在形式上卻有重要分別和特點。科學是對現實的一種冷靜的、理智的、抽象的認識，而藝術卻是一種情緒的、感性的、具體的把握，帶有一種將感情移入觀照對象的特點，因此似乎不像「反映」而像是一種情感的「表現」。與蔡儀不同，我完全承認這些事實，並認為完全可以通過哲學——心理學的分析，得到科學的解釋，以揭穿唯心主義就此進行的理論虛構。簡言之：這是因為觀照對象在這

裡主要是以其結構方面而不是以其意義方面作用於人，而又因人在實踐活動中是以自身的生理——心理的結構與對象客體的整體結構相適應、相關係而產生對對象的情緒或情感態度，於是後來即在觀照對象的結構時便又復現出在實踐中的這種對對象的情感態度，表現為一種感情的「外射」、「移情」、「表現」的現象，與科學的認識或實用的反應是以對象的意義為主，避開或忽略了對其整體結構的情感體驗不同。這就涉及到心理學的一些具體問題。

　　總起來說，我們認為，美的本質必然地來自社會實踐，作用於客觀現實（美是客觀的），經過審美和藝術的集中和典型化（反映論），又服務於生活、實踐（實踐觀點）。這就與朱先生主張美是人們主觀意識作用於客觀自然（美是主客觀的統一），從而藝術（等於美）就是生產勞動（「實踐觀點」）的看法是恰好對立的。而這就是全部分歧的關鍵所在。

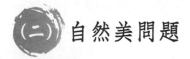

（二） 自然美問題

　　自然美問題是一個極端複雜的問題，需要今後作番深入細緻的研究。56年我提出它，只是為了論證一下哲學基礎問題而已。因為，在自然美問題上，我覺得各派美學暴露得最為鮮明：「因為在這裡，美的客觀性與社會性似乎很難統一……不是認為自然無

美，美只是人類主觀意識加上去的（朱），便是認為自然美在其本身的自然條件，與人類無關（蔡）」。[28] 我當時主要是企圖說明這兩條路作為哲學方向都行不通，只有認為自然美的本質仍來自客觀的社會生活、實踐，才是正確的道路。

本來，對自然美一個似乎很「平易近人」、「合乎常識」的看法，就是認為自然美在自然本身，與人類沒有關係，人只是發現它罷了，在最近許多文章中，這種看法相當普遍。不過，如果細想一下，便會發現這種看法是經不起推敲的。誠如恩格斯所說，「單憑經驗性的觀察決不能充分地證明必然性」。[29] 首先，說自然本身就美，這究竟是什麼意思？美總是對人而言的一種價值，沒有人，這種價值又能在什麼地方？沒有人類，太陽美不美，花美不美，它們的美學價值是什麼，正如它們的道德價值（善）是什麼，同是毫無意義、不能回答的問題。其次，說美就在自然本身，就必需具體地說明它在自然本身之何處？究竟是哪些自然條件或屬性才是美的？於是有些美學家就找到自然界的一些數學的、物理的、生物學的形式和規律上去了，──均衡、和諧、韻律、秩序……，認為美就是這些東西。而這也就是大家所熟知的形式主義的和機械唯物主義的美學。而這種美學卻還是不能進一步解釋：為什麼均衡、和諧、生長、秩序等等就會是美的呢？為什麼它們會必然地具有美學價值從而給予人們以美感愉快？不能回答這問

---

28 參看本書〈美的客觀性和社會性〉。

29 恩格斯：《自然辯證法》，人民出版社，1955 年版，第 191 頁。

題，美的本質還是沒有找到。因此，第三，正因為不能解釋而又要去尋求解釋，於是這種美學就常常由機械唯物主義走向客觀唯心主義去了：認為均衡、對稱、和諧、秩序、生長、發展等等之所以美，是因為它們作為自然的規律、特性或「常態」，顯耀著自然事物的合目的性的形式，體現了自然界本身的一種「符合理性」的內在本質或過程，換句話說，它們體現了某種神祕的「天意」、「理性」等等，從而成為美。這樣，唯物主義就轉化為唯心主義，決定論轉化為目的論，經驗主義轉化為神祕主義了。下面是歌德與愛克爾曼的一段話：

　　我（愛克爾曼）就問：「從您這番話能不能得出這樣的結論：如果一件東西達到自然發展的極致，它就會美呢？」
　　歌德回答說：「你說得很對，但是什麼叫自然發展的極致，還得加以說明。」
　　我說：「我所謂自然發展的極致，是指一件東西所特有的性格在那件東西身上完滿顯現的那個階段」。
　　歌德接著說：「照你所解釋的意義來說，當然沒有什麼可反對的，不過應該補充一句，要達到這樣完滿顯現性格還須要一個條件，那就是一件東西的各部分的構造必須符合它的本性，因而見出目的性，比方說一個達到結婚年齡的姑娘，她的本性是生產嬰兒和哺育嬰兒，所以如果骨盆不夠寬，乳房不夠豐滿，她就不會美。但是如果骨盆太寬乳房太豐滿，她也還是不美，因為這越出

目的性所要求的⋯⋯。」[30]

歌德這種對自然美的內在理性的看法　（「凡美都是有理性的」），在黑格爾那裡，就更加哲理化了：

⋯⋯在這三界的繁複形象裡，上述充滿敏感的觀點還朦朧地預感到一種符合理性的前進過程，在動植物的等級次第如此，在各種不同山脈的形成也是如此。個別動物的形體例如昆蟲區分為頭胸腹尾等，也使觀照者朦朧地預感到這是一種本身符合理性的身體構造⋯⋯可以看見它們是符合概念的。[31]

所以，企圖用自然界本身屬性來解釋自然美，在開始常常可以是雖機械但仍為唯物主義，但理論本身的邏輯卻必然會把它引到這條神祕的、目的論的道路上來的。在這次討論中，龐安福企圖用自然界本身的「生機」來解釋自然美，就有此危險。因為他並沒有也不能解釋為什麼自然界「生機」或「內在矛盾的新生方面」就能使自然成為美的？至於蔡儀同志的典型論，當然也是如此。

那麼，解釋自然美的另一條亦即朱先生的那條路呢？這條路的擁護者是更多了，特別是一些搞藝術的朋友對此道確不能不有

所動心。因為它的確能較好地解釋山水花鳥的欣賞和創作中的一
些現象。例如，無論觀雲步月或吟花詠草，總有主觀意識、情感
在起作用，自然美似乎總與人們觀賞時的情意有關，這就是藝術
中有所謂「情景交融」、「藉景抒情」。所以，朱先生一再強調：
「單靠自然不能產生美，要使自然產生美，人的意識一定要起作
用」，「總之，人不感覺到自然美則已，一旦感覺到自然美，那自
然美就已具有意識型態性」。[32] 自然美就這樣被決定於觀賞，其必
然性的存在就這樣被歸結為意識的作用。朱先生正是以自然美來
論證他的「主客觀統一」說的。

但是，與此同時，朱先生卻也講「人化的自然」（或「自然的
人化」）。朱先生也講：「人欣賞憑自己勞動實踐所征服改造的自
然」。[33] 朱先生的「實踐觀點」、「勞動生產觀點」也都運用到自然
美上來過。而這些應該不是唯心主義吧？

的確，朱先生是講過這些的，並且，當朱先生講人通過勞動
改造自然從而產生自然美的時候，這樣來理解「人化」的時候，
也的確不是唯心主義。但問題在於，與前面講「實踐」講「生產」
一樣，朱先生在這裡又把兩種不同性質的「人化」──實踐（生
產勞動）作用於自然的「人化」與意識（審美或藝術活動）作用
於自然的「人化」混在一起了。朱先生說，「人『人化』了自然，
自然也『對象化』了人。這個辯證法原則適用於人類一切實踐活

---

32 朱光潛：〈山水詩與自然美〉，《文學評論》1960 年第 6 期。

33 〈山水詩與自然美〉，《文學評論》1960 年第 6 期。

動（包括生產勞動和藝術）」。[34] 在這裡，藝術（審美）與生產是
被朱先生看作是同樣使自然「人化」的活動。其結果就很明白，
朱先生這裡主要也還是為了要講那種意識作用於自然的「人化」，
亦即審美時對象具有意識情趣或人格化的色調，來證明自然美也
是「意識型態性」的。然而，值得重視的是，朱先生這種混而統
之的「人化」論已經被許多同志自覺或不自覺地接受和運用了。
在近來每篇談自然美，談山水詩、畫的文章裡，幾乎到處可以碰
到「人化的自然」這個概念，其涵義也幾乎大半都是指賦予自然
以人的思想、情感、意識，於是「情景交融」便「人化」了，好
像自然美就是這樣產生的。但這卻並不符合經典作家的原意，所
以應追本溯源，澄清這個問題。

　　「人化的自然」本見於馬克思的早期著作，但馬克思並不是
談藝術或審美活動問題時提出這個概念，而是在談人類勞動、社
會生產等經濟學和哲學問題時用這個概念的。所以，馬克思用它
（「人化」）並不是像現在我們許多同志所理解那樣是指審美活動，
指賦予自然以人的主觀意識（思想情感等），而是指人類的基本的
客觀實踐活動，指通過改造自然賦予自然以社會的（人的）性質、
意義。「人化」者，通過實踐（改造自然）而非通過意識（欣賞自
然）去「化」也。所以，自然的人化是指經過社會實踐使自然從
與人無干的、敵對的或自在的變為與人相關的、有益的、為人的
對象。用馬克思的原話來說這就是「自然的向人生成」，自然變成

34　〈美學中唯物主義與唯心主義之爭〉，《哲學研究》1961 年第 2 期。

了「人類學的自然」，是「人類的非有機的軀體」。[35]這個變化靠意識、審美、藝術是辦不到的，而只有靠感性物質的革命實踐、靠生產活動才能辦到。所以，「人化」的這兩種解釋，看來也許只是毫釐之差，但實質卻有千里之別：一個是誇張主觀意識作用的唯心主義的理解，一個是強調客觀實踐的唯物主義的理解。從而，在美學上，前者就必然把自然美的產生、發展只放在與人們主觀的心理活動的聯繫中考察，把自然美歸結於思想、情感、意識能動作用的結果；而後者則必然把自然美的產生、發展放在與客觀社會的歷史行程的聯繫中考察，從實踐對自然的能動關係中，歷史地具體地來把握和了解自然對象與人類生活實踐的豐富、多樣、複雜、變化的客觀聯繫，它們對人類生活的客觀的關係、地位、作用、價值、意義等等，說明它們構成了自然或自然物的社會性，而這種客觀社會性就是自然美醜的本質。我以前曾舉過許多例子，如太陽、泥土（美）、洪水猛獸（醜）等，用來說明：「從歷史上大體看來，自然美的社會性最初主要是較直接簡單的與人類生活的經濟功利關係，如狩獵民族以某些動物為美的藝術對象（其實這時的自然美只是社會美）。後來這種明確直接的經濟功利關係大多被代以隱蔽間接的精神的娛樂休息等關係」。[36]今天雖然還有直接經濟功利或物質生活內容為美的自然對象 （如畫玉米 、 白薯

35.馬克思：《經濟學—哲學手稿》，人民出版社，1957 年版，第 57、91、94頁。

36 參看本書〈關於當前美學問題的爭論〉。

等），但主要趨勢卻是二者分家了：月亮、星星今天比太陽、土壤更經常為人所欣賞，齊白石雖然也畫白菜，但主要仍是畫花草。那麼，這種分家是不是說「自然人化」說就錯了呢？人們常常喜歡問：星空、月亮、原始森林並沒有去「化」它，並沒人去勞動、改造、實踐，也並沒有什麼「有利」、「有益」（善）的社會性，那它們為何還是美的呢？其實，這都是對「人化」理解得太狹隘、表面了。所謂「人化」，所謂通過實踐使人的本質對象化，並不是說只有人直接動過的、改造過的自然才「人化」了，沒有動過、改造過的就沒有「人化」。而是指通過人類的基本實踐使整個自然逐漸被人征服，從而與人類社會生活的關係發生了改變，有的是直接的改變（如荒地被開墾，動物被馴服），有的是間接的改變（如花鳥能為人欣賞），前者常常是局部的、可見的改變，而後者卻更多是整體的、看不見的改變，前者常常是外在自然形貌的改變，後者卻更多是內在關係的改變，而這些改變都得屬於「人化」這一範疇。所以，人化的自然，是指人類社會歷史發展的整個成果。人類經過幾十萬年的生產鬥爭，到今天就整個社會生活來說，自然已不再是危害我們的仇敵，而日益成為我們的朋友。自然由「自在的」而日益成為「為我的」了。這種「人化」當然對人們就具有普遍的客觀有效性（社會客觀性），因為它是人們社會實踐的歷史必然成果，而不是任何個人主觀意識在審美中的偶然的、一時的作用。而正是在這個普遍的、整個社會歷史成果的基礎上，我們才能愛荒涼的河岸，原始的森林，會欣賞狠惡的野獸，凶猛的暴風雨……，自然才能以其外形、形式取悅於人，儘管這些自

然事物並沒為人所直接馴服或改造，儘管它們的那個狹窄內容於人並不直接有利、有益、有用（如暴風雨之於莊稼）。所以自然美的本質──「人化」，是一個極為深刻的哲學概念，而不能僅從它的表面字義上來狹隘、簡單、庸俗地去理解和確定；正如馬克思主義所講的「實踐」是一個深刻的哲學概念，不能從它表現為「污穢的小商人活動的方面加以理解和確定」[37]，而要理解為人類的生產鬥爭、階級鬥爭的革命批判活動一樣。

自然美的本質在於「自然的人化」。但是，正如美的本質、內容是現實對實踐的肯定（客觀社會性），而美卻還有自由形式的一面（具體形象性）一樣；自然美的本質、內容是「自然的人化」，而自然美的現象、形式卻是形式美。對這一點的任何忽視，就會走向庸俗化。所以，我以前在論證自然美的客觀社會性時，就一再強調說過這點。有人以為這是我「有時顯得自相矛盾」[38]，其實是他沒理解本質與現象、內容與形式的差別和後者的異常的豐富性、多樣性。今天山水花鳥等大自然的美多半是一種形式美。所謂形式美，不是指形式充分、完滿地體現了內容的意思（這是內形式），如現在討論中有些人所認為的那樣，而是指與該具體內容好像無干的，相對獨立的外在形式的美。[39] 它們基本上是自然

---

37 馬克思：〈費爾巴哈論綱〉。

38 蔣孔陽：〈關於當前美學問題的討論〉，《文匯報》1959 年 11 月 15 日。

39 因一切藝術美均有其外形式的方面，所以形式美的規律都起作用，只是在某些偏於形式的藝術中起的作用顯得更突出一些（如實用藝術、戲曲等），在某些更偏重內容的藝術（如語言藝術、電影等）顯得較隱蔽一

規律的某種抽象、概括的形式：一定的自然質料如色彩、聲音……，一定的自然規律如整齊一律、變化統一……，一定的自然性能如生長、發展……。但它們之所以成為美，之所以能引起美感愉悅，仍在於長時期（幾十萬年）在人類的生產勞動中肯定著社會實踐，有益、有利、有用於人們，被人們所熟悉、習慣、掌握、運用……，於是才具有美學價值和意義。原始藝術史證明，像曲線、圓形、光滑、小巧等等「形式美」，正是來自實踐與自然的這種關係中。而形式美所以又與人們的生理快感密切聯繫在一起，則是因為人作為實踐主體，總是在主觀意識的支配、計畫下，以其感性生理的四肢五官來進行客觀性的活動。因此，在漫長的實踐史程中，人類客觀性的生理活動，因適應社會需要，主觀目的又符合自然規律、客觀現實，從而形成和具有了與動物的生理存在不同的特定性質和結構，「人的感覺，諸感覺的人類性，只有通過它的對象的定在，通過人類化了的自然才生成起來。五官感覺的形成是全部至今的世界史的一個工作」。[40] 實踐在人化客觀自然界的同時，也就人化了主體的自然——五官感覺，使它不再只是滿足單純生理欲望的器官，而成為進行社會實踐的工具。正因為主體的自然人化與客觀的自然的人化同是人類幾十萬年實踐的歷史成果，是同一事情的兩個方面，所以，客觀自然的形式美與

些。前者的社會思想內容更為朦朧、寬泛，不很明確、固定，如桌椅床鋪的美就不能要求有小說電影那種明確的社會思想內容。

40 馬克思：《經濟學—哲學手稿》，人民出版社，1957年版，第89頁。

實踐主體的知覺結構或形式的互相適合、一致、協調，就必然地引起人們的審美愉悅。這種愉悅雖然與生理快感緊相聯繫，但已是一種具有社會內容的美感形態。因為它是對現實肯定實踐的一種社會性的感受、反映，而不是動物式的消費欲望的滿足。將兩者混為一談，無視前者所具有的社會性質，簡單地認為自然美、形式美只是滿足人們生理快感，這是完全錯誤的。所以，不同的自然規律、形式具有不同的美，對人們產生不同的美感感受，還是由於它們與不同的生活、實踐的方面、關係相聯繫的結果。例如不同的色彩（如紅、綠）的不同的美（或熱烈、或安靜），就誠如車爾尼雪夫斯基所指出的那樣，是來自它們與不同的具體方面、生活相聯繫（紅與太陽、熱血，綠與植物、莊稼）。此外，如直線與堅硬的、困難的（不可入）東西，曲線與流動的、柔軟的、輕巧的東西；波狀線與動，回旋線與靜；崇山峻嶺與艱難險阻，山明水秀與活潑自由……，儘管具體事物或內容完全不同，但在形式裡面不仍然有著某種內在（自然質量的或過程的）聯繫和關係的相通和類似嗎？捨開其具體內容，這種相通和類似之抽象概括就正是形式美的特性（外形式）。所以，形式美、自然美也仍是客觀的，社會的。

自然美（山水花鳥的美），作為形式美適合人們的實踐的生理結構，本無階級性的問題。只因在階級實踐相互敵對的社會裡，自然與不同階級的實踐、生活具有不同的聯繫和關係，不同的作用和地位，才出現這個問題。一方面，勞動者的巨量勞動，將自然人化了，自然界以其外形肯定他們的實踐，本應是美的。但在

階級社會裡，勞動成果被剝削，勞動本身也歪曲為敵對自己的「疏遠化」的活動，「勞動者在勞動外邊才覺得在自己這邊，而在勞動裡面就覺得在自己外面」。[41] 因此，自然作為肯定勞動實踐的現實，作為勞動活動的對象化的自由形式，作為勞動實踐的歷史成果，對社會普遍地必然地具有娛樂觀賞關係的大自然的形式美，對勞動者就反而是異己的，沒關係的，不成為美。而那些個別的，對勞動者謀生有關，肯定其個體生活的自然對象（如牛羊瓜菜），倒對他們成為美的，而這種美實質上只是內容的美，社會美；而並非真正的形式的美，自然美。另一方面，剝削階級作為整個社會的代表者和統治者，勞動實踐的歷史成果——自然的普遍概括形式，對於他們就反成為美的。但由於他們在這方面（與自然的關係的方面）一般只是消費的受用的生活，「在勞動者方面表現為外在化、疏遠化的活動在非勞動者那裡則表現為外在化疏遠化的狀態」。[42] 這樣，自然界對人類社會實踐的肯定，就在客觀上被歪曲為對剝削階級消費生活的肯定。在藝術中反映出來的自然美的階級性，山水花鳥所以在封建士大夫那裡總散發著一種消閒懶散的情調，除了主觀反映的階級性的原因外，其客觀根源即在此處。

　　自然美的這種片面分裂，只有通過社會革命，消滅剝削，才能予以揚棄。這不是個從意識上提高勞動者的審美能力問題，而是從實踐解放勞動者的階級束縛的問題。一方面，只有勞動成果

41.馬克思：《經濟學—哲學手稿》，人民出版社，1957 年版，第 55 頁。
42.馬克思：《經濟學—哲學手稿》，人民出版社，1957 年版，第 65 頁。

歸勞動者所有，肯定勞動者的生活實踐的不再局限於狹隘的實用
對象，而是勞動的普遍成果和概括形式即整個自然及其外形，於
是勞動者就能自由地欣賞山水花鳥。另一方面，廣大自然界肯定
的不再只是剝削階級的消費生活，而是勞動者的積極戰鬥的生活
（其休息、娛樂的生活也是積極生活的一個組成部分），於是大自
然的美就以其概括地肯定人類實踐的真面目充分地顯示出來。

　　至於朱先生所再三強調的審美活動中的「人化」，那也只是客
觀上的「人化」──自然的人化與五官的人化──的主觀表現和
反映。一方面，正因為形式美的內容概括而朦朧，廣泛而自由，
所以就給反映它的審美意識活動留下了豐富的聯想的自由：利用
對象的形式、結構方面的特徵，來開展各種想像與抒情，象徵與
比擬等等。另一方面，正因為自然的形式美的本質仍在它的客觀
社會性，人們對它的深刻的能動的審美反映就可以通過對這種概
括的自然形式的觀照，賦予更多的社會生活的明確內容。人們的
想像與抒情，象徵與比擬就經常具有某種審美理想、觀念的深刻
內容。「觀松柏而感其剛毅長壽。見竹梅而想其正直高廉」，自然
對象以其形式特徵通過聯想抒情被賦予了各種情感的、道德的、
理想的性質，成為意識中的「自然的人化」。[43] 所以，這種意識中

---

43 同樣的山水花鳥，西方風景畫裡表現得更多的是人們對自然的現實的愉
　快感受或倫勃朗式的那種渺茫、悲愴的情調；中國山水畫則更多地表現
　著一種觀照的人生理想和詩意態度，這種意識中的自然人化的不同，仍
　與自然對人們生活的客觀關係不同有關，中西園林之異趣亦然。

的「自然的人化」不能創造現實中的自然美，但卻能創造藝術中的自然美；它不是自然美存在的本質，但卻是欣賞自然美的現象。它在說明藝術創作或欣賞活動時仍是有用處的。正因為此，我同意讓這個並不符合馬克思原義、但已為大家所習用的第二種涵義的「自然的人化」保留下來，只是強調必需與第一種涵義嚴格區分清楚。

很清楚，自然美問題上的論爭實質上是哲學基礎問題論爭的具體化和引申。這裡與朱先生的分歧仍然來自對「主觀」、實踐、生產的分歧。朱先生的「人化的自然」是意識作用於自然，是意識的生產成果；我所理解的「人化的自然」是實踐作用於自然，是生產勞動的成果。所以，朱先生的「人化說」只是「移情說」。為了反對「移情說」，我強調正確解釋「自然的人化」，認為朱先生拋開了自然美的真正的歷史本質、前提來誇張自然美的形式、觀賞：自然美的創造，只要有人去欣賞，去「人化」一下就行了。這就忘記了今天做到這一步，經歷了多少年代客觀物質上真正的自然的人化。許多事情常是這樣：只看到成果，忘記了前提；只看見上層，忘記了基礎；只看見精神，忘記了物質……，這就會給唯心主義以市場。一些人看見談自然美不去搞具體問題，而硬要爭這些抽象的哲學，也許會感到奇怪，其實他們沒有理解，不先談美的本質內容，就無法研究其自由形式，不先理解自然的人化的正確的哲學涵義，研究形式美也會誤入歧途。由內容到形式，由抽象到具體，這裡實質上有個美學研究的方法論問題在內。這個方法論問題我們立即要談到。

 美學對象問題

　　關於美學對象，我還是幾年前的那個老看法：「美學基本上應該研究客觀現實的美、人類的審美感和藝術美的一般規律。其中，藝術美更應該是研究的主要對象和目的，因為人類主要是通過藝術來反映和把握美而使之服務於改造世界的偉大事業的。」[44]此三者又非互不相涉，拼湊而成。相反，它們是以審美關係（主觀反映客觀，美學認識論）為軸心的一個整體。所以，概括地說，審美關係就是美學研究的對象。以主客觀反映關係為軸心並不與「美是客觀的」這一基本觀點相矛盾；相反，只有在唯物主義的美的本質的規定下，這一軸心才好正確地旋轉和展開。正如在肯定存在第一性的唯物主義的觀點下來開展邏輯認識論的研究一樣。所以，我所說的「研究客觀現實的美」，主要是指從哲學上來研究美的唯物主義的現實本質，亦即研究美的社會性和客觀性這個哲學本質問題，而不是指直接研究紅領巾清早上學，托兒所的阿姨迎接孩子等具體的現實生活現象或日常經驗。[45]所以，在這

---

44 參看本書〈論美感、美和藝術〉。

45 至於「環境布置」、「衣裳打扮」、「公園設計」等等（均見姚文元〈照相館裡出美學〉一文），如第一題所講，仍屬於藝術（實用藝術）範圍。

個問題上，我不同意洪毅然、姚文元的看法。離開美學的規律來講藝術的規律，不通過藝術來講美學（參考洪著《美學論辯》），這無論從邏輯（藝術的本質、作用）或歷史（美學史、藝術史）來說，都是講不通的。相反，研究審美關係——美及其反映活動（美感），就必然研究這種活動的物化形態即藝術；並且也只有通過這種物化形態，才好進行研究，才能對審美關係作出不只是心理學而且是歷史學的和哲學的分析。以審美關係為對象，就必然把藝術作中心，而以藝術作中心又並不是就藝術談藝術，而是從審美角度、溶化在審美關係中來揭示其一般規律。所以，這就與一般藝術學有了區別。這問題不多說了，下面只談談與此緊相聯繫的，這次討論中所尖銳表現出來的哲學方法論上的問題。

　　這次討論以來，有一些同志有點失望，因為討論並沒解決藝術欣賞、創作中所遇到的許多實際問題，從而要求美學聯繫實際。這種看法和要求是完全合理的。但是，在用具體努力來回答這種要求的同時，卻應看到這種意見在某些同志那裡，不幸有了相當片面的、對美學科學沒有好處的發展。這主要表現為在方法論上貶低和輕視理論思維的意義，例如認為這次論爭只是圍著一堆概念繞圈子，太抽象了，沒有意思；從而認為美學應該完全拋棄這種「概念之爭」而去研究、討論現實生活中許多具體的美醜現象和問題，認為這才是美學研究的「從實際出發」的正確方向和方法。這種意見表現在理論上，就是姚文元、龐安福等同志的文章。而姚文元〈照相館裡出美學〉、〈論生活中的美與醜〉兩篇則是最集中最典型的代表。龐安福認為「馬克思列寧主義的美學研究方

向」就是「始終把現實美做為直接的對象」，如果強調講究藝術，就是「企圖使人與現實美保持距離」，就是「為資產階級服務的美學」。[46]姚文元則更號召說：「老是停留在概念上不行了。應當有人出來勇敢地放下架子，面向生活，從無限豐富的社會生活中的美學問題出發，……從而打開一條創造性地發展的無限廣闊的道路。」[47]，並且還從理論上提出了美學的方法論：「我們的方法是：先從分析普遍的社會現象和自然現象中引出論點，然後綜合起來得出概括的結論，再從這個概括、結論聯繫實際去得出具體的結論。」[48]姚文元以身作則，勇敢地實踐了自己的主張，通過對廣泛的、各式各樣的日常美感現象（從托兒所的阿姨迎接孩子到自然界的無脊椎動物，從上海的洋樓到枯黃的葉子）的綜合概括得出了美的本質和「特性」。姚文元的這些文章和意見曾起過廣泛影響，被人譽為「不是從概念到概念，從理論到理論」，「從而耳目為之一新」。

應該承認，龐、姚迫切要求美學理論儘快發揮實際效用，表現了一種可貴的革命熱情，是值得尊重的。但問題在於，他們所特別提出來的，號召大家去運用的美學研究的方向、方法卻是並不可靠，並不科學，並不是什麼「馬克思主義美學研究方向」和「創造性……的道路」。如果說得嚴重一些，照這個方向、方法搞

---

46 龐安福：〈藝術美的實質及其他〉，《新建設》1960 年第 12 期。

47 姚文元：〈照相館裡出美學〉，《文匯報》1958 年 5 月 3 日。

48 姚文元：〈論生活中的美與醜〉，《文匯報》1961 年 1 月 17 日。

下去，就會走到一條庸俗的實用主義的道路上去。杜威在《藝術即經驗》一書中也是大聲疾呼反對美學專門研究藝術，使藝術「特殊化」，強調要從研究日常生活的美學經驗出發，認為這才是根本和起點。實用主義者站在主觀唯心主義的立場上，反對理性，淺陋地強調日常實際經驗，不足為奇。但我們的同志們如果也輕視理論思維和抽象分析的方法，即使與實用主義有本質的差別，也仍然是令人不安的了。因為輕視理論思維的結果常常是作了最不可靠的理論的俘虜，或者是最輕易地作出了不可靠的理論結論。「最清醒的經驗論者也陷入最荒唐的迷信中」。[49]這兩者也是對立統一、相反相成的。姚文元同志自己便是一個例子。

　　我們且來具體看看。姚文元同志也是主張「美是客觀的」，文章中也的確有許多說法都很正確。但是，姚文元同志為了避免「老是停留在概念上」，而企圖「從實際出發」，便從人們日常生活的「接觸」中來論證美的客觀存在：首先舉出了一大堆今天的現實中可以引起美感的生活現象：紅領巾清晨上學，托兒所的阿姨接孩子，讀《毛澤東選集》的工人、學生……，然後就說：「每一個普通的勞動人民接觸這些形象，不都會引起一種美的感覺，引起一種愉快而甜蜜的心情嗎？……」「從我們自己生活中可以深切體會到美並不是頭腦裡空想的產物，而是存在於實際生活中」。[50]姚文元同志以為，這樣就足以論證或說明「美是客觀的」，「美是……

---

49 恩格斯：《自然辯證法》，人民出版社，1955 年版，第 38 頁。
50 姚文元：〈論生活中的美與醜〉，《文匯報》1961 年 1 月 17 日。

客觀事物的形象」[51]了；既避免了從「概念」上去分析論證，又得到了一種淺顯明白、通俗易懂的研究方法。但是，遺憾的是，姚文元同志這樣來推論或論證「美是客觀的」，作為一種方法論，卻恰恰不能達到目的。因為，姚文元同志在這裡實際上是由美感來推出美，由人們的美感經驗的主觀存在來推斷出現實生活中美的客觀存在的。在這裡的推論過程實際是：因為人們對某些客觀形象產生美感愉快，所以那些形象就是美，美就是客觀的。姚文元不是由實踐而是由感覺來說明美的存在，這就恰恰不是從真正的大量的客觀實際出發，而是從主觀經驗出發。這種通過主觀「深切體會」之類來論美的客觀存在，就不是走著「由物到感覺和思想」而是在走著「由感覺和思想到物」[52]的路了。由這條路完全得不出「美是客觀的」結論，而理應得出美是主觀的或主客觀的統一或美是經驗等結論，後者卻正是朱光潛以至杜威的理論。所以，朱光潛同志在理論上所論證和採取的路線，卻又恰恰被姚文元同志在方法論上所採取和論證了。姚文元本意是反對朱光潛，但卻偏偏不自覺地追隨著朱光潛。

在我們看來，「美是客觀的」必需由論證人類社會實踐出發，通過理論邏輯的推演來證明美的普遍的必然的現實存在，這才是客觀的論證；（列寧：「觀察的客觀性（不是實例，不是枝節之論，而是自在之物本身。）」[53]）而不能簡單膚淺地訴諸日常主觀經驗

---

51 姚文元：〈論生活中的美與醜〉，《文匯報》1961 年 1 月 17 日。

52 列寧：《唯物論與經驗批判論》，人民出版社，1953 年版，第 65 頁。

或由「深切體會」之類出發來推斷，這是主觀的論證。(「這種實在論有了表象，就以為掌握了事物本身，其實它掌握的只是相對的東西」[54]，主觀的東西。) 也正由於姚文元同志這種方法論上的偏差，就帶來了許多理論上的自相矛盾和混亂。例如姚說:「因為沒有審美能力的主體，也就無所謂美醜之別」，並在許多地方，用「看到」、「覺到」、「聯想到」生活來說明對象的美 (與生活的聯繫)，依此種種，美就是依存於主體的審美能力，美與生活的聯繫就是「看到」、「覺到」等主觀意識的聯繫。這不正是朱光潛所要再三證明的麼？我們所主張美是客觀的，就正是說美不能依存於「有審美能力的主體」，因為審美能力只是一種意識能力；而只依存於有社會實踐能力的主體即實踐的主體亦即依存於人們的實踐。看來，同是主張「美是客觀的」，我們與姚文元同志在這裡就仍有很大的分歧了。姚文元同志方法論上的錯誤，就必然導致其理論上的這種朱光潛式的主觀唯心主義的失誤。姚文元同志的理論中還有許多錯誤，因本文並非專論姚的文章，不詳說了。總之，一方面應該肯定其主觀的良好意願和語言形式的通俗易懂的優點，但同時也應該看到，其理論實質是一種七拼八湊、東搖西擺的混合物。例如，上面講到姚一方面在實質上已不自覺地接近了朱光潛；同時，另一方面姚因大講「人類的社會實踐創造了美的對象」，但卻未經理論分析和推演，便直接去「聯繫實際得出具體

---

53 列寧:《哲學筆記》，人民出版社，1956 年版，第 209 頁。
54 同上書，第 277 頁。

的結論」,於是許多地方又陷於蔡儀式的那種靜觀的說明和煩瑣的規定(如自然美不是從與社會實踐的複雜的能動聯繫中,而只從與生活的簡單的靜觀對比中來說明,從生物發展等級來規定它們的美等等)。又例如,因為姚所講的審美客體只是一種籠統的感性直觀表象,內容與形式未經分析,混為一體,於是美的內容便是美的形式(如因為是勞動人民,所以其形象就美;因為為洋人所占,所以大樓就不美等等);而沒有看到作為自由形式的美的相對獨立的性質,這就有如王子野同志所指出,「姚文元同志認為生活中的美與醜就是道德中的善與惡」,「只看到內容與形式一致的方面……而沒有看到內容與形式不一致的方面」[55],從而就把複雜的問題簡單化,滑向粗陋的庸俗社會學。但同時,另一方面,又因為美畢竟有其形式特徵而要求有所規定,於是姚文元同志在作這種規定時,卻又完全撇開其社會內容光講表面形式,這又如朱光潛同志所指出,「所舉的美的四個特性,除『發展性』可能與『善』有關以外,其餘三個──新鮮性、生動性、多樣性和統一性──都主要地是形式問題」[56],從而又在另一方面把複雜的問題簡單化而滑向形式主義。這兩者倒是相反相成的,都是對內容與形式的對立統一的辯證關係沒去作深入的理論分析,而直接由感性直觀來推演論斷的結果。這樣,姚文元同志從日常經驗的通

---

55 王子野:〈和姚文元商榷美學中的幾個問題〉,《文藝報》1961 年第 5 期。
56 朱光潛:〈從姚文元的美學觀點談到美學中理論與現實的結合〉,《文匯報》1961 年 3 月 17 日。

俗說明出發，而最後卻偏偏得出了違反經驗、難以接受的一系列
的煩瑣機械的說明了，如「脊椎動物中爬行類絕大多數不能成為
美學對象」，「枯黃的葉子是醜的」[57]，等等。所以，姚文元同志
從具體的實際的感性經驗出發所得出的美的「特性」卻恰恰是一
種抽象的、空洞的、外表描述式的片面規定，帶著非常明顯的形
而上學的武斷性質，這種性質正如黑格爾所指出，「形而上學家把
這些對象從（通常的）表象中接受過來。當作現成的題材，而應
用知性的範疇去處理它們」，「這些範疇憑藉經驗偶然而漫無次序
的列舉出來，而它們的詳細內容只能基於表象去說明……，而並
未考慮到這些範疇本身的真理性與必然性」。[58]所以，這只是對對
象的「外在的思考」而「不是由這對象自己來規定自己」，從而就
必然帶著極大的主觀隨意性、片面性、抽象性而不能把握住真理。
換言之，不是從美依存於客觀社會實踐這一實質本身來規定和推
演美的特性（「自己規定自己」），而是把美作為表象中的「現成題
材」，給它從外面隨意規定上一些「發展性」、「生動性」之類（其
實還可以加上許多，如和諧性、完滿性等）的知性範疇，而這些
範疇之間又「漫無次序」「缺乏有機的聯繫」……，所以，它們最
多就只是從外面對美作了一些描繪和形容（「外在的思考」），而並
不具有真理性和普遍的客觀有效性，所以也就能為日常經驗所反

---

57 姚文元：〈論生活中的美與醜〉，《文匯報》1957 年 1 月 17 日。

58 黑格爾：《小邏輯》，三聯書店，1954 年版，第 108、110、113 頁，並參
　看 36、38 節。

對掉。這種由感性到知性的方法，正是形而上學的哲學方法，也正是毛主席所講的，不深入事物去詳細研究矛盾，而只是從遠處「望一望」，就來動手解決問題的方法。所以，這種方法儘管有人稱譽，卻也有人批評，例如王子野同志指出：「雖然姚文元同志的文章沒有直接否認理性的指導作用，但他的實際作法是絕口不談理論，而只是從生活實際中直接去發掘材料，加以綜合歸納得出美與醜的規律……這樣一來豈不又有點經驗主義的傾向嗎？」[59]我認為這種批評是十分正確的。

　　與姚文元同志的方法相對立的就是辯證的方法，理性的方法。馬克思曾指出政治經濟學研究中的兩種方法：由具體到抽象和由抽象到具體。後者才是更重要的、科學研究的方法。（前者作為簡單的知性的抽象，只是後者的一個史的前提，姚文元把前提當成了方法本身。）所以馬克思研究資本主義就並不是從那些五花八門的日常經濟現象的所謂具體實際出發，來簡單的綜合歸納一番以「引出論點」、「概括得出結論」，相反，而是從由真正具體實際的大量表象中得出的「最簡單的規定」——「最簡單、最普通、最基本、最常見……的關係」[60]（商品）出發，找出其根本矛盾來作深入的理論剖析，經過辯證的推理過程，才達到那些日常經濟現象和問題如「銀行」、「地租」的具體解決。關於這個真正馬克思主義的方法，馬克思曾強調說過：「從實在的具體的東西著

---

59 王子野：〈和姚文元商榷美學中的幾個問題〉，《文藝報》1961 年第 5 期。
60 列寧：《哲學筆記》，人民出版社，1956 年版，第 363 頁。

手，從現實的前提著手，……似乎是正確的。但是仔細研究起來，這是錯誤的」，「具體之所以為具體，因為它是許多規定的總結，因而是複雜物的統一。因此，在思維中它表現為總結的過程，表現為結果而不是表現為出發點」。[61] 在美學中，依我看來，像「衣裳打扮」、「挑選愛人」，像上海的洋樓、秋天的落葉，這種種日常生活中的美學現象或問題，表面似乎簡單容易，實際上卻正是「許多規定的總結」，是一個個「複雜物的統一」。因此它在我們的研究中就只能「表現為結果而不是表現為出發點」。所以，我們與姚文元的方法論不同，不主張從那些「似乎是正確的」的前提，那些實在的、具體的「衣裳打扮」、「環境布置」、「節日遊行」……研究起（這實際只是一些整體的「混沌表象」），而主張從真正的具體實際的大量表象中所得出的「最簡單的規定」──美感開始，主張「從美感開始也就是從分析人類的美的認識的辯證法開始，就是從哲學認識論開始，也就是從分析解決客觀與主觀、存在與意識的關係問題──這一哲學根本問題開始」。[62] 我們希望從這裡來探究和抓住美的本質和美學科學主要矛盾，逐步分析和展開這一矛盾的各種形態以及它們的滲透轉化的錯綜複雜的相互關係，再日益具體地達到對各種「複雜物的統一」的實際美學現象或問題的系統的解決，使這些現象不再是「混沌的表象」而成為「豐

---

61 馬克思：《政治經濟學批判》，人民出版社，1955 年版，第 162、163 頁。
62 參看本書〈論美感、美和藝術〉。

富的、由許多規定和關係形成的總體」。[63] 美學作為一門科學，就不同於一般的事務處理方法（它們有時還可以採用的簡單的知性方法），而要求這種由抽象到具體、由簡單到複雜的理論思維的唯一科學的方法。所以，在我們看來，美學對象就是研究美——美感——藝術這樣一個總過程，它由抽象的哲學到具體的心理學和藝術學。

但是，在哲學的開頭，我們就碰到了與朱光潛同志的重大爭論。在我們看來，這也很自然。而美學能夠提到哲學根本問題上來爭論，儘管抽象，有時且帶有學院派的煩瑣缺點，但總的說來，卻是值得注意而不只是值得厭煩的事情。這種爭論遠比去提倡爭論「衣裳打扮」之類的所謂具體問題重要得多。要駁倒唯心主義，建立馬克思主義唯物主義的美學，也必需從這個哲學根本問題開始。恩格斯講得好，「單是經驗論是不能駁倒心靈論者的」。[64] 犬儒學派的第根尼爬出木桶，用步行證明芝諾的錯誤，列寧記下了黑格爾的評論：「庸俗的反駁」，「不應該滿足於感覺的確實性，而必須去理解」。[65] 所以，像姚文元同志所主張和實踐的那種方法，輕視理論思維，直接從感覺經驗來推演立論，就不但不能駁倒朱光潛，相反，如上面所證明的，恰恰走到朱光潛的方向上去了。這一點，說明了理論思維的重要作用，也恰好證明了這次抽象的

---

63 馬克思：《政治經濟學批判》，人民出版社，1955 年版，第 162 頁。

64 恩格斯：《自然辯證法》，人民出版社，1955 年版，第 38 頁。

65 列寧：《哲學筆記》，人民出版社，1956 年版，第 212、259 頁。

理論論爭的意義和價值。而我們與姚文元同志的分歧，在某種意義上倒又是與朱光潛同志的分歧在方法論上的繼續和發展。所以，本文由朱光潛談到姚文元，由理論扯到方法，題雖三分，義實一貫，相互補充，串為整體，從哲學角度對幾年論爭發點議論。不當之處，尚望指正。

七、山水花鳥的美

——關於自然美問題的商討

註：原載《人民日報》1959 年 7 月 14 日。

　　范仲淹的〈岳陽樓記〉中，有這麼一段漂亮文字：「若夫淫雨霏霏，連月不開；陰風怒號，濁浪排空；日星隱耀，山岳潛形；商旅不行，檣傾楫摧；薄暮冥冥，虎嘯猿啼；登斯樓也，則有去國懷鄉，憂讒畏譏，滿目蕭然，感極而悲者矣。至若春和景明，波瀾不驚，上下天光，一碧萬頃；沙鷗翔集，錦鱗游泳；岸芷汀蘭，郁郁青青；而或長煙一空，皓月千里，浮光躍金，靜影沈璧，漁歌互答，此樂何極。登斯樓也，則有心曠神怡，寵辱皆忘，把酒臨風，其喜洋洋者矣……。」同一個地方，不同的自然景色給人帶來了或悲或喜的不同感受……。但是，悲喜既不能藏於無知無識的自然本身，而又非人們主觀意識所能隨意加上。「春和景明」不會使人「感極而悲」；「陰風怒號，濁浪排空」一般也難得令人「心曠神怡」、「其喜洋洋」……。那麼，自然景色——山水花鳥的美，究竟又在哪裡呢？

　　人在深山遇見老虎，不是像武松那樣打虎便是掉頭就跑，絕對沒法去欣賞，這與在動物園裡看老虎大不一樣；在行軍或收割時碰上一場大雷雨，咒罵之餘恐怕也少有人還能有夜裡睡得安安穩穩、一朝醒來吟詠「夜來風雨聲，花落知多少」的詩情逸興。所以，張庚同志說得好：「人與自然之間關係的變化」才使自然「變成美」。[1] 以狩獵為生的原始種族所描繪刻劃的，只是他們的狩獵對象。這些今天看來並不怎麼雅觀的野牛河馬所以偏偏成了他們的審美對象[2]，不正因為這些自然物是與他們的生活緊密聯

1　〈桂林山水〉，《人民日報》1959 年 6 月 2 日。

繫在一起、具有著良好的社會生活內容和理想的緣故嗎？至於一般的山水景色、花花鳥鳥，不是可畏可怖危害生活的仇敵，便是與他們疲於覓食的緊張勞動無關痛癢的閑花野草：沒有親密近切的生活姻緣，便沒有美的性質。就是桂林山水，也如此。朱光潛先生以前在《文藝心理學》中曾舉過一個例子，說「一個海邊的農夫逢人稱讚他的門前海景美，很羞澀地轉過身來指著屋後的菜園說：『門前雖然沒有什麼可看的，屋後這一園菜卻還不差』」，藉以說明美必須脫開「實用」和「功利」。但實際上，直到今天，某些自然對象也還是因為與人們社會生活具有這種比較明顯直接而重要的「實用」、「功利」關係，從而使人們在其中感到生活的巨大內容和理想，才成為美的。太陽光之所以「美得令人心曠神怡」，是因為它是「自然界生機的源泉」，「使我們生活溫暖，沒有它，我們的生活便暗淡而悲哀」。[3] 黃河長江是美的，因為它們是我們民族生活、繁殖的搖籃。好天氣才好工作，才使生活愉快，所以「春和景明」「水波不興」令人「其喜洋洋」，儘管你個人並不去捕魚⋯⋯。邳縣農民畫的玉米和甘薯，齊白石畫的白菜和南瓜，使人感到勞動生活的喜悅。一般說來，印著蜈蚣、甲蟲的花布，描寫老鼠、豺狼是善良主人的童話，卻使我們感到厭惡和彆扭⋯⋯，這些不都很好地說明了自然的客觀社會生活特性（與社會生活的某種良好有益的聯繫、關係、作用等），才是它的美的根

2　〔補注〕其實主要不是審美對象，參看本書第 103 頁附注。

3　車爾尼雪夫斯基：《論崇高與滑稽》。

本基礎和實質嗎？離開人的生活，自然就很難講有什麼美不美。
藝術創作如果不去把握和表現自然對象的人的、生活的內容，也
很難成為美的山水詩、風景畫。

　　自然的美是變化、發展的，是隨著人們社會生活的發展而發
展。隨著自然不斷被人的勞動所征服，從而自然與人們社會生活
的客觀關係愈來愈豐富複雜，它的美也變得豐富和複雜起來。當
大自然不再是可怖可畏的怪物而是可親可近的朋友，當山水花鳥
不僅是勞動生產的對象而更是人們休息娛樂的場所、對象，而且
這方面的作用愈來愈大的時候，人們就不但欣賞太陽的美，而且
欣賞起月亮的美來；不但欣賞莊稼的美，而且也欣賞梅花的美；
並且有時是更多地欣賞梅花和月亮的美……，儘管梅花和月亮既
不能吃，也不能穿，又不是人們勞動所直接征服的對象，與狹隘
的實用毫不相干。但是月光底下的娛樂、戀愛、散步、抒情……
的生活內容，不正是使月亮成為美、成為藝術對象的主要原因嗎？
正是這樣，山水花鳥──整個自然的美，因為社會生活的發展，
造成自然與人的豐富關係的充分展開（這才是所謂「自然的人化」
的真正涵義），就日益擺脫以前那種完全束縛和局限在狹隘直接的
經濟的實用功利關係上的情況，而取得遠為廣泛同時也遠為曲折、
隱晦、間接、複雜的生活內容和意義了。現在，同一自然物，處
在不同的生活關係、場合或條件下具有多樣不同的性質和意義：
老虎或老鼠，狐狸或甲蟲在不嚴重危害和威脅人們生活的條件下，
可因其機靈或勇猛而成為美和藝術的對象，而大糞、肥豬儘管實
用，卻因其惡臭或蠢笨不一定是今天吟詠描繪的題材。一些美學

家曾藉此強調美如花朵、雲彩等是不具有任何生活實用內容、沒有任何目的概念的「自由美」、「純粹美」，其實，卻只是自然美的生活內容更加複雜和廣闊化了的緣故。正因為生活內容的如此豐富，藝術中就不僅可以有太陽和莊稼、南瓜和玉米，而且也應該有梅花和牡丹、星星和月亮；不僅有「平疇交遠風，良苗亦懷新」，而且也有「明月松間照，清泉石上流」。

　　不過，在這裡，應該區別兩種所謂「人化」：客觀實際上的「自然的人化」（社會生活所造成）與藝術或欣賞中的「自然的人化」（意識作用所造成）。自然之所以成為美（自然美的本質），是由於前者而不是由於後者。同樣，也該區別兩個所謂「離開」：「離開人」和「離開人的比擬」。離開人（即離開人的生活，離開自然與人的客觀關係），自然美便不存在；離開人的比擬（或離開人的文化，離開自然與意識的主觀聯繫），自然美仍不失其為美。桂林山水固然因為美麗的名字、動人的傳說、抒情的題詠，而愈發引人入勝；但「我並沒有這樣的感覺：假使這些山從來沒有名字，它就完全成了頑石，不能給人任何心曠神怡的享受。相反地，就是在這種『不相識』的氣氛中，那種山明水秀的環境，那種細雨中的朦朧，那種雨止雲高時候波平如鏡，倒影明澈，上下一片青碧的景色，那種傍晚放晴時候一脈餘輝斜映在山頭水面，使得整個青碧的天地裡略微閃耀著一點淡淡的金色的境界：這些都是非常嫵媚的」[4]，顯然這說明了：即使人們沒有給桂林山水加上

4 張庚：〈桂林山水〉，《人民日報》1959 年 6 月 2 日。

比擬和名字，沒有韓愈的詩、劉三姐的傳說，它也仍是美的。其實，你去西山，你到郊外，迎面撲來的自然景色給你帶來的美感愉快，也並不需要經過「比擬」、「題詠」或「傳說」之後才產生。相反，「對自然美的悠然神往的欣賞，趕走我們的一切回憶，我們簡直沒有想到什麼，只想到眼前欣賞的對象而已」。[5] 所以，我覺得，張庚同志〈桂林山水〉的文章是把兩種不同的「人化」和「離開」混在一起，從而文中的一個基本論點：認為「山水的人化」是「觀念形態的產物」；自然美是「觀念形態的存在」，離開人的比擬和文化就沒有自然美……的看法（這與朱光潛先生的意見很接近：認為美是思想意識作用於客觀對象的結果），就是我所不能同意的了。

給自然以藝術的比擬和象徵，賦予它以「觀念形態的意義」，給它以意識即情感、想像上的「人化」，並不能創造自然美，但卻能使人們對自然美的欣賞形成一種富有更確定更具體的社會內容和意義的審美態度，能增強和引導人們欣賞的態度和方向。觀松柏而感其剛毅長壽，見竹菊而想其正直高廉……，民族的藝術文化使我們的審美感受具有這種特定的具體內容（外國人對松竹菊梅的美感就不一定有這種內容）。所以，「藝術對象……創造著有藝術情感和審美能力的群眾。因此，生產不僅為主體生產著對象，而且也為對象生產著主體」。[6] 藝術本要善於通過豐富的情感和想

---

5 車爾尼雪夫斯基：《當代美學概念批判》。

6 馬克思：《政治經濟學批判・導言》。

像，運用各種比擬、象徵、聯想、寓意等等「比興」手法，來形象地渲染、誇張和集中對象的美，熏陶感染人們的意識，使人們對生活和自然的審美態度和欣賞趣味，隨著這種影響和引導而變得日益豐滿、多樣和具有傾向性的社會內容，更敏銳地感受到對象的美醜。花朵似美人的比擬一出來，使人感到花朵和美人都更美。桂林山水的取名題詩也起了同樣的作用。所以，這裡的問題在於藝術家用怎樣的思想情感、怎樣的比擬象徵（想像）來引導人們。同一桂林山水，既可以被描繪得像韓愈詩句那樣的「柔美」，也可被柳宗元吟詠為「悲苦」、「嚴峻」……，藝術家的情感和想像在這裡有著廣闊的創造性的自由。但韓詩所以比柳詩更流傳，也因為它的情感和想像畢竟更吻合桂林山水對於人們的那種親切愉悅的生活內容和山形奇特的自然外貌。所以，藝術家要很好地做到「情景交融」、「以景寫意」，就要注意使自己的情感和想像符合於客觀對象的生活內容和自然形象的某一個性質或方面，使自己藝術中的「自然的人化」符合於客觀現實中的「自然的人化」的某一特徵。

自然是沒有階級性的。張庚所講的自然美的階級性，只是不同階級對自然美的欣賞亦即美感態度的階級性。這種階級性是被決定於人們的整個客觀生活，也部分地被決定於自然與不同階級的不同的客觀生活關係。勞動人民是自然的直接改造者，他們與自然的客觀生活關係是積極的、進取的、鬥爭的，他們對自然的審美態度、欣賞的情感和想像一般也經常是堅強、樂觀和開朗的。但在以前的制度下，長期被束縛在生活的艱難和繁忙中，他們卻

很少有閑暇、心情和條件來觀賞自然景色，所以經常是咒罵暴風雨而不去欣賞它，常常更多地讚美莊稼、菜園而較少去理會梅花、海景……，梅花、海景對他們的生活也實在是太無關緊要了！這方面，歷史上脫離勞動的剝削階級中的人們卻因占有勞動的實踐成果而搶先了一步：當船夫漁婦正苦於「濁浪排空」、「檣傾楫摧」的時候，詩人們卻能擺脫生活和自然的威逼來欣賞和吟詠「亂石崩雲，驚濤裂岸，捲起千堆雪」的山水美景；當梁山好漢家破人亡「鋌而走險」的關頭，徽宗皇帝卻仍有閑暇精心觀察「孔雀升高必先舉左腳」的細節來作出優美的繪畫……。但是，供慈禧太后玩賞的頤和園今天也為我們所遊玩觀賞，宋徽宗的花鳥畫，也正如王維、孟浩然的山水詩一樣，今天也還是有藝術價值，將來廣大的勞動人民也還是會來欣賞和肯定。為什麼？因為它們畢竟在不同程度上開始真實地反映了自然對於人們具有的豐富多樣的遊玩觀賞、娛樂慰安的生活內容（雖然首先為他們所占有和享受），反映了山水花鳥的美。

不過，對於脫離勞動的剝削階級和封建士大夫們來說，自然主要只是他們享樂遊玩或避開政治尋求慰安的場所。「晚年惟好靜，萬事不關心；自顧無長策，空知返舊林。」（王維）他們與自然的客觀生活關係一般是消極、妥協、退隱的。這就使他們在反映自然美上具有了自己時代和階級的特徵：他們喜歡吟詠、描繪的山水花鳥一般就是「渡口只宜寂寂，人行須是疏疏」，「斜陽外，寒鴉數點，流水繞孤村」……，其中總或多或少地摻雜浸染著那種種安靜、隱逸、感傷、哀怨、懶洋洋的牧歌式的生活色調和氣

氛、情感和想像。

今天藝術中的山水花鳥的美就不必照搬這種情調而可以反映出時代生活的新內容。這種新內容不在於把某種事物或概念作為時代標籤、社會符號簡單地剪貼在山水花鳥身上：「畫幾條小魚，題上『力爭上游』；畫兩隻鴨子，也題上『力爭上游』」；「在花叢中畫上工廠的煙囪，在山水畫中點綴幾個土高爐」（當然也可以這樣畫，但並不是主要的辦法），而在於「發掘描寫對象本身的美」。[7] 這「對象本身的美」又在哪裡呢？儘管現在到處有「土高爐」、發電站，但整個山水花鳥的外貌形體卻並沒太大的改變，改變的主要是它與人們生活的內在關係：今天開始逐漸克服自然作為生產對象和作為娛悅對象以前在不同人們那裡各持一端的片面發展，從根本上為勞動群眾開創能更自由更廣闊地欣賞山水花鳥的各種主客觀條件；同時，人與自然環境的關係問題，如何保持自然生態的問題，也更為嚴重和突出。今天藝術中的山水花鳥的美可以面貌一新地具有歷史上從未有過的社會生活的情調和氣氛。這才有可能使我們今天藝術中的「情景交融」、藝術中的山水花鳥的美超過和不同過去的王維與李白，石濤與八大，齊白石與黃賓虹。

---

7 何溶：〈美哉大自然風景〉，《美術》1959 年第 4 期。

八、關於崇高與滑稽

註：本文寫於 1959 年，1963 年曾略加修改，
在收入本書前未公開發表。

在美學中，除了「美」之外，還有「崇高」、「悲」、「喜」（或「滑稽」）等重要範疇。它們與「美」的關係，是一個至今有爭論的問題。爭論之一便是「崇高」、「滑稽」應否算是「美」的一種，是否屬於「美」的範圍？因為，就它們作為審美對象引起特定審美愉快來說，它們與美在本質特徵上是相同的；但就它們的審美特點來看，與美又的確有顯著區別。人們在經驗中便熟知，美的對象給人的感受經常是比較和諧、優雅、平靜的，崇高和滑稽的對象給人的感受則常常更為激烈、震蕩，帶著更多的衝突、鬥爭的心理特徵。自從柏克、康德將崇高與美作為兩種不同以至對立的審美對象加以考察以來，崇高以及後來與之有關的範疇（如「表現力」）在近代西方美學中日益突出，美的地位卻日益降低。浪漫主義藝術思潮將「醜」拉入審美領域，「醜」與上述這些範疇（崇高、滑稽、表現力等等）更經常糾纏在一起。這種傾向到現代愈益顯著。與希臘、文藝復興以「美」為準繩的古典主義相對照，現代美學和藝術則以「醜」為美，以「苦」為樂。「美」這一範疇已被看作是過時了的狹隘概念，愈來愈無人提及了。就是崇高、滑稽這些在近代美學中曾名重一時的重要範疇，也被現代西方美學擱置一旁。「符號」、「語言」、「表現」、「創造」、「有效性」等等

成了美學研究討論的中心。[1]但是，美學中的美、醜、崇高、滑稽諸範疇的本質，它們之間的複雜關係，現代美學儘管棄而不顧或輕視它們，卻始終並未能解釋清楚，而且還不時因此引起各種混亂。例如，作為觀照的審美範疇，「醜」本來相對於「美」而言，是具有否定的審美意義或審美價值的概念，但是由於它雖然與「惡」有內在聯繫，卻並不等於「惡」，特別由於它滲入像崇高、滑稽這種積極的審美範疇中，使審美對象在形式上所表現出來的醜陋並不一定具有惡的意義（例如舞臺上的丑角不一定是壞人，有時還是好人），「醜」的涵義在這裡與日常語言便似乎有所不同，反成為一種具有肯定的審美意義、審美價值的東西了。有的美學家（如鮑桑葵）便乾脆認為現實中根本沒有醜，醜只是因為人的欣賞能力不夠的結果。從而將審美對象分為「平易的美」與「艱難的美」（包括悲、喜等）兩種。另外一些美學家則乾脆將「醜」作為一個具有肯定的審美價值的重要美學範疇，認為崇高、滑稽等本質上便是醜。總之，是不滿足於美這個舊概念，各從其哲學的或實證的立場，要求以醜替美。這一點在當代西方藝術中尤為突出。

在我們看來，美學範疇是與美的本質緊相聯繫的，它們是美的本質的具體展開。對美的本質的不同哲學理解，自然會對諸美

---

1 可參看斯托利茲 (Stonitz)：〈美的概念的歷史〉，載《思想史雜誌》1961年第 22 卷，第 2 號。托馬士・門羅 (Thomas Munro) 的〈自然主義哲學中美的觀念〉，見《走向科學的美學》一書。

學範疇作不同或相反的解釋。機械唯物主義者將美的本質歸結為物體的自然屬性，於是便也將崇高歸結為同樣的性質，美與崇高的感受差異便認為是生物學、生理學的原因（如柏克）。唯心主義者將美的本質看作主觀的合目的性的形式，於是崇高只能從理性、心靈中去探尋（如康德）。我以為，美的本質在人們改造現實的能動的生活、實踐之中，主張從主體實踐對客體現實的能動關係去探求美的本質，認為美的本質是真與善的統一、合規律性與合目的性的統一。從而美、崇高、滑稽等等範疇，在我看來便是這種統一的各種具體不同的表現形態。「美」這個詞作為本質與作為範疇或形態，其涵義是不同的。作為前者，它包括優美、崇高、滑稽等範疇，是這些形態、範疇的存在的根據。在這裡美包括了所有的審美對象。作為後者，它只是美學範疇的一種，與崇高、滑稽平行並列，在這裡，「美」實際上即是「優美」。可見，廣義的美是指本質而言。狹義的美是指形態而言。在古代，由於在造型藝術上比較著重於優美的研究，美常指感性形式中的和諧統一，美的本質與美的形態便常混為一談，未加分別。近代以來，一方面由於客觀上崇高等等愈益從道德對象轉為審美對象，由文學領域跨入藝術（造型藝術和音樂）領域；另一方面由於主觀上人們審美能力的增強，日益能欣賞各種形態廣闊的美，反映在美學理論上，美的範疇便也添增豐富起來，美的本質與形態之間的關係變得離異複雜了。

美的本質是真與善、規律性與目的性的統一，是現實對實踐的肯定；優美以比較單純直接的形態表現了這一本質。在形式上，

它呈現為和諧、平靜、穩定……，現實與實踐，真與善，合規律性與合目的性似乎是處在交融無間、相對統一的狀態中，給予人們以比較寧靜和諧的審美愉快；在這種愉快中，感覺、知覺等心理因素較為突出，作為審美特點的感性功能較為顯著。它們比較早地從科學意識、道德意識中分化出來，成為較典型的審美感受，對象也成為較典型的審美對象，因而被注意和研究。但事物有相對靜止和絕對運動兩種不同的狀態，美的本質作為真與善的統一，也有這兩種不同的狀態。優美只是其中的一種，它在形式上表現為統一的成果。與此相反，崇高、滑稽等作為美學範疇卻表現為另一種狀態，它們表現為形式上的矛盾、衝突、對抗、鬥爭。美的本質在這裡呈現為統一的過程；表現為實踐與現實相鬥爭的嚴重痕記。所以，如果說，前者（優美）是本身排除了醜，是與醜相比較而存在的形態；那麼後者（崇高、滑稽）卻是本身包含了醜，是與醜相鬥爭而存在的更為複雜的形態了。如果說前者經常表現為形式上的和諧完美，人們通過感官便能直接感受領會；那麼後者卻經常表現為形式上的粗獷嚴峻，人們必需通過理智與情感更為緊張的探索與激蕩才能感受、領會。如果說，前者是多半訴之於「覺」；那麼後者則一般獻之乎「心」。

從而，「醜」的概念便也應該相應在此作一明確的界說。我們以為，醜作為美的對立物，它在現實生活和審美領域中，只應有消極、否定的意義；它之所以與積極的肯定的審美對象發生密切聯繫，只是因為它作為美醜鬥爭之一個方面，成為有時間接表現美的本質的一種感性形式的原故。所以，我儘管承認醜與崇高、

滑稽有聯繫和關係，儘管承認醜確乎是上述美學形態有機構成的一個方面或因素，但是不將醜等同於崇高、滑稽等美學範疇，或看作是它們的本質。

以上從美的本質的角度解釋了崇高、滑稽作為美學範疇的根本特點，以下分別對二者作些具體說明。

崇高 (Sublime) 在近代西方美學中，是研究得很多的問題。十八世紀英國美學家愛狄生 (Addison) 將「美、新奇與偉大」作為三項有區別的審美對象，認為非常大、非常強烈的東西使人產生崇高的美感；柏克 (Burke) 則把崇高的特點歸結為「恐怖」。他從生理學的觀點作了經驗的描述、解釋，認為人對對象不能理解而感到可怕，引起自衛的要求，因此引起崇高之感，這種感受是由感官的痙攣而引起的痛感轉化而來的。黑暗、孤獨、永恆、無限……，就都是些不易理解、令人恐懼的東西，它們經常是崇高的對象。深比高、高比長所以更易成為崇高的對象，也因為前者更令人恐懼。很明顯，這種解釋是經驗的表面描述。崇高理論到康德手裡獲得了深刻的發展，具有了哲學的內容。康德認為崇高有兩種：一是數量的，如高山的體積；一是力量的，如暴風雨的

氣勢。它們的特徵都是先令人懼後令人喜。它們之所以先令人懼，是因為對象以其數量的或力量的龐大形式突然壓來，使你感到自身的感性力量或智慧的渺小無力，而引起不愉快的震驚和畏懼。但更重要的是，這些對象畢竟還是作為不能真正為害於你的觀賞的對象，它的威力只是一種形式，你畢竟是能抵禦的（在房間裡欣賞暴風雨，風雨雖凶猛畢竟不能為害於你）。正因為如此，就引起一種自己能夠抗拒抵禦這巨大對象的喜悅，從而好像自己比對象更加強大更加有力，而引起精神上的滿足和愉快（風雨愈凶猛，給予欣賞者的愉快也愈大）。所以，康德認為，崇高並不在於對象，而在於人們自身的精神。它與美不同，是更涉及倫理的範圍了；美感是知性（理智）與想像力的和諧運動，崇高感則是理性與想像力的矛盾運動。康德這個理論影響很大。黑格爾則將崇高與古代象徵藝術聯繫起來，認為崇高是「觀念壓倒形式」，有限的感性存在容納不住那無限的理念內容，無限的理念直接外露，於是引起崇高之感。這說法也還是承續康德的理性力量而來。車爾尼雪夫斯基對黑格爾這觀點有過通俗的轉述：「凡是觀念超出了它所賴以表現的個別物象的範圍，從而不依賴那表現它的印象而直接說明自己，這種美的形式謂之崇高美。所以在崇高中，觀念對我們盡量顯出其普遍性和無限性。在這觀念面前，個別物象和它們的存在便仿佛無足輕重，渺然若失。」[2] 在黑格爾，崇高的本質和根源仍是觀念和精神，這種崇高（無限理念的直接顯露）具

---

2 《美學論文選》，人民文學出版社，1959 年版，第 78、97 頁。

有一種神祕主義的色彩。車爾尼雪夫斯基駁斥了這種唯心主義崇高論，指出「無限」這個概念十分模糊。與此對立，車爾尼雪夫斯基提出了自己的看法。他認為「崇高」一詞不如改作「偉大」這個通俗易懂的詞，因為所謂崇高不過是「遠大於」別的對象而已：「遠遠超過與之比較的其他物象或現象的東西，是偉大的。或者說，是崇高的。」[3]「一件事物較之與它相比的一切事物要巨大得多，那便是崇高。」[4] 車爾尼雪夫斯基的這種理論企圖擺脫唯心主義，卻在實質上停留在機械唯物論的水平上，不能深刻地去探究崇高的社會實質和規律，也沒能貫徹他的「美是生活」的基本理論，他對黑格爾的批判，過於簡單粗糙，並且如普列漢諾夫所指出，他對崇高的看法與對美的看法一樣，存在著明顯的矛盾。

　　根據我關於美的本質的看法，下面談談崇高的特性是什麼。首先，可以看看崇高所引起的美感特點是什麼。當你面對崔巍的高山，無際的海洋；當你看一場雷電交加的暴風雨或者是一片廣漠無垠的沙漠……，常常引起的是一種奮發興起的情緒。同樣，生活中的英雄事跡，無論是驚天動地的豐功偉績，或者是無聲無息的平凡中的偉大，也能引起人們的高山仰止、力求奮發的崇高感受。在藝術中，一齣動人心魄的悲劇，一曲慷慨激昂的樂章，常常令你熱淚盈眶而又不勝喜悅。這種崇高的美感與一般觀花、賞月、憶弟、看雲，與讀一首抒情短詩，看幾幅山水小畫那種寧

---

3 《美學論文選》，人民文學出版社，1959 年版，第 78、97 頁。

4 《生活與美學》，人民文學出版社，1958 年版，第 18 頁。

靜平和的美感，顯然大不相同。車爾尼雪夫斯基說：「美感的主要特徵是一種賞心悅目的快感，但是我們都知道，偉大在我們心中所產生的感覺的特點完全不是這樣：靜觀偉大之時，我們所感到的或者是畏懼，或者是驚嘆，或者是對自己的力量和人的尊嚴的自豪感，或者是蕭然拜倒於偉大之前，承認自己的渺小和脆弱」。[5] 這些特點可以歸結為：這是由於一種激蕩的、積極要求向上的精神提高而引起的滿足和愉快。這種震蕩可以激起自己的勇敢和意志，要求征服對象，戰勝對象；也可以激起自己的志氣和上進心，要求學習對象、趕上對象，……總之是要求擺脫、克服、淨化自身的渺小、卑瑣、平庸、有限而向上飛躍和追求超越。在這裡，審美感受中由想像所趨向的情感和理解不是傾向合規律性的自由形式的玩賞、領悟，而是更多地傾向於合目的性的必然內容的探索追求，巨大的倫理情感和深邃的哲理思維的滲透交融成為這種感受的特色。黑格爾在《歷史哲學》中說，「大海給我們以無際與渺茫的無限的觀念，而在海的無限裡感到他自己的無限時，人類就被激起了勇氣要去超越那有限的一切」。孟子說：「舜何人也，余何人也，有為者亦若是！」……這些話如果撇開它們的具體內容，倒可以借來形容崇高所引起的美感的心理特點：自己在對象面前感到渺小、平庸、困難或有限而激起強烈要求奮發之情，於是感到自己的精神境界是大大地提高了，從而引起喜悅。

那麼，引起這種感受的由來何在呢？照唯物主義看來，這種

---

5 《美學論文選》，人民文學出版社，1959年版，第98頁。

感受就應該是對象本身所具有的性質的一種能動反映。這就是說，崇高是客觀地存在於對象本身，並不是我們的主觀意識——想像力隨意加在對象身上的，例如車爾尼雪夫斯基就這樣看。但唯心主義卻相反，他們認為崇高並不在客觀對象，而是主觀意識作用的結果。所以他們認為「真正的崇高在於人本身，人的內心生活」，例如康德就這樣看。在這裡，正如在美的本質那裡一樣，崇高的客觀性與社會性又被片面地各持一端而分裂著。

我認為，崇高的根源和本質確實在於「人本身」，但這個「人本身」首先是指客觀的人類社會生活，而不能直接歸結於主觀的個體內心世界。崇高的根源或產生在人類社會生活的客觀實踐和鬥爭中，而不是根源或產生在人們主觀的觀念感受中；不是抽象的理性、無限的理念，而是實實在在的人對現實的不屈不撓的生產鬥爭、階級鬥爭和科學實驗的革命實踐，才是崇高的根源和實質。所以，社會生活中的崇高是一切崇高的本質和首要內容。

社會生活在本質上是實踐的，社會生活本身就是人們改造現實的艱巨鬥爭，它本身是在鬥爭中成長發展起來的：通過嚴重的漫長的艱巨的生產鬥爭、階級鬥爭和科學實驗的巨大實踐，人類終於迫使現實日益成為肯定自己生活實踐的對象，而產生了美，這個鬥爭、實踐的過程是多麼不容易、不簡單，多麼令人驚心動魄啊！人的所謂「能夠按照美的法則來生產」，不也正是他們的這種改造世界的社會實踐和鬥爭的過程麼？人在道德上的不朽，在審美中的崇高，其本質都在這裡。只有依靠社會的集體和力量，才能創造出生活的美來。對任何個人來說，他的崇高的本質歸根

結底仍在於他體現了一種社會的存在，作為一個為社會事業而奮
鬥、而獻身的成員的存在，而不是作為一個保持自然生命的動物
式的存在。個人在生活、實踐的鬥爭中為了公眾事業、為了社會
集體愈忘我、愈大公無私、犧牲一己，作為「社會關係的總結」
的人的倫理的理性本質，體現得愈鮮明愈自覺，那麼，他就愈能
成為崇高的對象。黃繼光、向秀麗是崇高的，他（她）們為了祖
國和人民赴湯蹈火。雷鋒、歐陽海以及今天無數活著的英雄模範
是崇高的，他（她）們為了社會主義、共產主義偉大理想而捨己
為人。崇高正是在與各種嚴重的敵人，與困難、凶惡、災禍、苦
難、挫折的鬥爭中（不管它們是採取狂風暴雨的激烈方式還是表
面上比較和緩的形式），才光芒四射的。考驗愈嚴重，困苦愈艱
巨，鬥爭愈激烈，也就愈能表現出崇高。黑格爾說：「……人格的
偉大和剛強只有藉矛盾對立的偉大和剛強才能衡量出來，環境的
互相衝突愈多，愈艱巨，矛盾的破壞力愈大，而心靈仍能堅持自
己的性格，也就愈顯出主體性格的深厚和堅強。只有在這種發展
中，理念和理想的威力才能保持住，因為在否定中能保持住自己，
才足以見出威力」。[6] 席勒也說：「敵人越凶險，勝利便越光榮；
只有遭到反抗，才能顯出力量。由此可以得出結論：只有在暴力
的狀態中，在鬥爭中，我們才能保持住我們的道德本性的最高意
識，而最高度的道德快感總有痛苦伴隨著」。[7] 但是，在唯心主義

---

6 《美學》第 1 卷，人民文學出版社，1958 年版，第 222 頁。
7 〈論悲劇題材產生快感的原因〉，《古典文藝理論譯叢》第 6 冊，第 78 頁。

那裡，崇高只是神祕的理念威力或抽象的道德本性的顯現；在我看來，這卻正是人類事業的不可戰勝的威力和本性的顯現；所以，在崇高中，是最能顯現出社會生活的本質過程的——實踐對現實的艱巨鬥爭。由於鬥爭的艱巨，有時醜惡在局部占了優勢，使英雄死亡，正義失敗，但是由於在這一鬥爭中，表現了主體實踐力量的現實的或潛在的威力。這就不但不能掩蓋而且還經常造成或增強這種力量，使人們在它面前奮發興起，鞭策自己去更加勇敢地鬥爭。它在倫理學上是「不朽」的本質，在美學上是「崇高」的本質。崇高作為美的巨大內容和價值就在這裡。它仍然是真與善、合規律性與合目的性的統一。它與一般優美的不同，在於它是以運動形態體現了這個統一，直接在形式上顯露出實踐與現實相抗爭的嚴重痕記。優美則多半是在靜止狀態中體現這種統一，從而就在形式上排除了這種痕記。優美表現為現實對實踐的單純的肯定，表現為對醜的排除，表現為實踐的成果，表現為審美感受中比較平靜的和諧的愉悅。崇高表現為現實（客體）與實踐（主體）的鬥爭過程，表現為現實與實踐的對立、衝突和抗爭，表現為美醜並存的矛盾，表現為審美感受中的鬥爭動蕩的愉快。所謂實踐與現實本也是同一事物的動靜兩個方面，實踐是現實的，現實在本質上是實踐的。它們在車爾尼雪夫斯基那裡被籠統地稱作「生活」。因此我們所謂現實肯定實踐，實際上只是試圖將「生活」一分為二，予以歷史唯物主義的分析和改造，將「生活」放在主體實踐與客觀現實二者之間的辯證關係中來考察。因此，主體實踐活動（合規律性的合目的性）與客觀現實存在（合目的性

的合規律性）二者，作為審美對象都可以是現實對實踐的肯定。並且崇高與優美的動靜區別不是指表面現象，崇高可以是動的實踐活動的對象和自然對象（如暴風雨），也可以是靜的社會或自然的現實存在的對象。但無論在哪種對象中，其本質特徵仍在「動」，仍在於在形式上顯露出實踐活動與客觀世界的鬥爭和衝突的嚴重痕記。同樣，可以有動的優美現象，也可以有靜的優美現象，但它們的本質特徵卻都在「靜」：在形式上表露出客觀世界對實踐活動的統一或一致。但另一方面，動的實踐活動一般更能體現出崇高的本質，正如靜的現實對象一般更易體現出優美的本質一樣。自然界常以優美勝，而崇高多半體現在人們的實踐、鬥爭的行動過程中。

那麼，自然界的崇高呢？夏夜的星空，澎湃的海洋，翻騰的風雨，突兀的山峰，……它們所以能激起人們的崇高感，它們的崇高又從何而來呢？是在於那形態、體積、色彩等等自然條件特點本身嗎？還是人的意識、想像所賦予的呢？大多數美學家作了後面的回答，前面講到的康德、黑格爾（「大自然從想像力借取了崇高」等等），便是如此。唯物主義者例如車爾尼雪夫斯基則認為「自然界的崇高是確實存在的，並非我們的想像力所移入，像通常美學（按：指黑格爾）所設想的那樣」；但是，這「確實存在」的自然界的崇高，卻又不能直接歸之於巨大的體積、形態本身，因為這無法解釋為什麼這些東西（巨大的體積、形態）能給人以具有深刻倫理內容的崇高感受。照我看來，自然界的崇高，歸根結底，以一種非常曲折和間接的途徑，歸結為自然對象與人類社

會生活的某種特定的關係。與自然美一樣，自然界的崇高，既是「客觀的」（非主觀意識所移入），又是「社會的」（不是自然本身的特性）。

那麼，自然界的崇高與社會生活的客觀關係的特點又何在呢？是一種什麼特點使這些自然對象具有或成為崇高呢？

自然界的崇高對象，例如大海、高山、深淵、雷電……，大都曾經是與人為敵的東西。它們在人類社會生活中，曾經長久是嚴重鬥爭的可怖對象。它們對實踐的關係長久是衝突、否定的關係。「自然威力所以可怕，是因為它不憐惜人，而人在它面前束手無策」。[8] 所以儘管這些東西今天已經被歷史的社會實踐所征服（如沒有征服，就根本不能作為審美對象，猛獸在原始人那裡正如暴風雨在耕作、行車的人那裡一樣，都不能作為美學──崇高的對象來觀賞。荒涼的風景也只有在文明發達時代和社會裡才能具有崇高的審美性質），但是它們卻仍然在形式上保存著和表現著與人鬥爭和抗衡的痕跡和印記；它們總是以驚人的、能壓倒人的自然威力──獅虎的凶猛力量，雷電交加似乎能摧毀一切的聲勢，江河氾濫的破壞氣質，荒涼風景所顯示出來的災難，以及高山、大海、星空、日出的威懾或神祕氣概，而構成崇高。儘管這些東西已經無害於你，你能把它們作為美學的觀賞對象（審美對象），但當你觀賞的時候，卻總會自覺或不自覺（更多是不自覺地）感

---

8 車爾尼雪夫斯基：《美學論文選》，人民文學出版社，1959 年版，第 96 頁。

到：這風暴、這力量……是多麼屬害、多麼不可思議，多麼令人不可比擬啊！總能感到它們與人的實踐相抗衡的氣質，但又因為它們並不能傷害你，並不能危害人們（因為社會實踐已把它們征服，猛獸已關在籠子裡，風暴雷電已無害於人……），你（也都是不自覺地）感到完全能抵禦它們，從而你才面對它們引起一種奮發喜悅之情——亦即崇高的審美感受。

在講自然美時已指出，今天的自然美已不再以其與社會生活的功利實用的直接聯繫為內容，而是以其一定的形體、色彩、結構、組織等形式來引起人們的美感。今天自然界的崇高也如此。正如梅花、荷葉常常比油菜、土豆更多成為自然美的對象一樣，老鷹和古松（它們與人可能一向並無鬥爭的關係）就比蛇和臭蟲（牠們是長久與人為敵的）更能成為崇高的對象。今天，高山、大海是以其碩大的輪廓、體積，古柏、勁松是以其剛健的姿態、顏色——總之是以一定的結構組織等感性形式，來使人引起崇高感的。但自然美作為優美，它們形式特點在於，必須符合於人們長期習慣、熟悉或掌握著的那種自然規律、性能，如均衡、對稱、和諧等等，崇高的形式的特點卻與此恰好相反，常常是以人們不習慣、不熟悉的特徵，常常是違反或背離那些一般的均衡、對稱、比例、調和等規律，以造成對感官知覺的強烈的刺激、否定或痛苦。所以，粗糙（與作為美的「要素」的光滑相反），巨大（與美的精細相反），瘦硬（與美的柔軟相反）……，常常為自然界的崇高或崇高的自然感性形式所必需的特色。這就是因為像「精細」、「光滑」、「柔軟」等總容易顯現出人工、人為、為人所馴服的對

實踐的單純肯定，而與崇高相背離。崇高要求在形式上看出實踐的嚴重鬥爭，要求人們少去流連觀賞那表面精細可愛的形式，而通過粗糙醜陋的形式迅速地接觸到那內在的衝突，並且從現實形式上去感受到實踐的嚴重艱巨的鬥爭。米開朗其羅常常故意留下一大塊不加修飾的粗糙的頑石，倫布朗的暗黑色彩，貝多芬、柴可夫斯基的不協和音，某些文學作品故意不去講求結構、情節、語言的優美、秀雅，而著重表現出樸素、粗獷、單純的風格，道理都在這裡：崇高在外形式上也要求顯示出實踐的艱巨過程和鬥爭痕記，以便不去訴諸感官心理的和諧享受，而去訴諸倫理心理的激勵昂揚。

崇高在以前還經常被分為許多種類，如峻拔的崇高、恐懼的崇高、具有創造力量（如力）的崇高與具有保持力量（如數量）的崇高等等，但是社會生活的鬥爭千差萬別，崇高也因之可以多種多樣，用分類去窮盡和規範它，是不必要和不可能的。重要的是，要研究上述崇高的一般本質，在分析具體對象時，精確而具體地把握住對象獨有的個性特徵。

崇高既然以形式上嚴重的鬥爭痕記顯示出對實踐的肯定，因

此藝術中的崇高，便經常體現在以行動衝突為基本特徵的戲劇形式中。其他藝術形式，如造型藝術、如音樂雖然都可以有崇高，但造型藝術限於它的靜止形象和感性的特徵，音樂限於它的表現觀念內容的不夠明確，不能像動的再現藝術那樣能充分、集中地展示出這種具有明確的理性因素的崇高來。儘管大講悲劇的亞里士多德沒講崇高，大講崇高的康德未提悲劇，黑格爾也未將二者直接聯繫起來，但是悲劇與崇高卻終於在美學上被柏克、車爾尼雪夫斯基等人放在一起了。車爾尼雪夫斯基說：「美學家們把悲劇性看作是最高的一種偉大（即崇高），也許是正確的」，悲劇性是否是最高的崇高，我以為還可研究，但說悲劇性是崇高的一種，卻是大抵不錯的。因為藝術中的悲劇正是在情節或性格的發展過程中，以激烈的衝突形式將現實與實踐的矛盾鬥爭集中地反映出來，以喚起人們積極的審美感受。現實中的悲劇只能使人採取特定的倫理態度，不能成為審美對象；只有當現實肯定實踐之後，這一轉化才有可能（這也就是唯心主義美學始終弄不清楚悲劇為何總多用歷史題材與異國題材的深刻原因），對象所引起的才不是悲傷而是愉悅。作為美學範疇或形態的「悲」與日常語言中的悲，涵義大有區別。日常語言中所說的悲劇，涵義很廣泛，一般泛指各種悲慘的、悲哀的、不幸的事件或人物，可以具有完全不同的內容、意義和情感態度。作為美學範疇的悲，則必需在本質上與崇高相通或類似，即它的本質不在於是一種悲慘的事實或嚴重的哀傷；恰好相反，一切悲慘或哀傷在這裡都必需可能化作積極的力量。悲劇在本質上，應該與崇高一樣，能夠使人感奮興起、提

高精神，而引起美感喜悅。化悲痛為力量，這才是悲的美學實質
所在。如果美學的悲只引人產生悲傷、失望、消沈、頹喪，而絲
毫不引起崇高之感，那這種悲就不能算是具有審美崇高的悲，悲
劇的實質主要在於能否創造崇高，能否激發人們精神的高揚，而
並不在於是否以不幸、悲慘、死亡為題材內容。死人滿堂不一定
是悲，沒人死亡的《熙德》或《生死牌》卻是蕩人心魂的傑出悲
劇。

　　然而，一般講來，悲劇卻又多半是以正面人物的悲慘、不幸、
死亡為其題材內容的。為什麼藝術中的這種悲慘、不幸、死亡，
能引起人們的美感喜悅呢？

　　關於悲劇的快感問題，在西方美學史上有過不少討論，其中，
亞里士多德的看法始終比較重要。他認為，悲劇引起人的恐懼和
哀憐，淨化人的情欲而獲得精神上的提高。關於懼什麼，憐什麼，
兩者關係如何，它們又如何能淨化，以及淨化究竟是什麼等等問
題，後人有過極多的爭論[9]，這裡不詳加介紹了。我們可以從希
臘悲劇中看出建築在這一藝術基礎上的亞里士多德的理論的特
色。希臘悲劇中的優秀作品，撥開其重重神祕外衣，是以人與「命
運」的鬥爭構成它的審美實質的。所謂「命運」，實際上是沒有被
了解和掌握的客觀規律（自然規律和社會規律）的表現。因此好
像在冥冥中有命運存在，它們總要以各種出人意料的、防不勝防

---

9 朱光潛先生以前寫的《悲劇心理學》（英文，1933 年版）中有一些介紹，
　可以參考。

的偶然性出現，來故意阻撓、危害、破壞著人們的生活和理想。它的威力好像竟是不可抗拒似的。希臘的命運悲劇反映了人們當時對客觀規律的無知、恐懼和不能控制，所以才有所謂哀憐與畏懼。但是，這些悲劇所以具有巨大的美學力量，卻又恰恰不在於它們宣揚了「命運」的不可抗拒，叫人放棄抵抗，聽憑安排；正好相反，而是在於它們描寫了人們為了自己的合理的生活，畢竟要去和「命運」作抗爭，要去抵禦「命運」，要盡力去避免「命運」所預定的不幸和禍災，而不是俯首帖耳、心甘情願地去接受宰割。以歷來為美學家所稱引的奧狄普斯的命運悲劇為例，如果拉俄士甘心接受「命運」的安排，不把嬰兒拋棄；如果奧狄普斯甘心屈從神諭所預告的不幸，不設法逃避，那這一切就都不會發生。正因為力求擺脫這種不幸，努力為自己的生存而奮起鬥爭，反抗「命運」，才得到這樣悲慘的報復和不幸的下場。人在這種巨大威力的「命運」面前似乎是渺小的、軟弱的、無能為力的，其反抗和鬥爭似乎也是無用的和徒勞的，但是卻正是這種反抗和鬥爭揭示了人們為自己的生存和發展而堅決奮鬥的合理性。所以鬥爭儘管失敗了，卻雖敗猶榮，更加激起千千萬萬觀眾的崇高情感。儘管在這裡會產生畏懼和哀憐的感受，但就在這感受中更激起人們激動、敬佩、嚴肅、自豪（高乃依便曾主張悲劇效果中除畏懼與哀憐之外還應加上讚美）等等感受。人們在現實生活中本就是經過了與所謂「命運」的頑強搏鬥而取得生存和發展的。在這搏鬥中總要付出不幸、悲慘、死亡的沈重代價，來最後成為「命運」的主人、惡的征服者和客觀規律的掌握者。所以醜對美的壓倒或

戰勝，在整個人類社會實踐中就只是暫時的、局部的，儘管死暫時壓倒了生，而生卻在人心中永存不朽；儘管醜壓倒了美，而美卻在人心中萬古長青。古往今來，多少志士仁人為正義事業而堅決奮鬥、前仆後繼，甚至有時是「知其不可而為之」地進行。在這裡，一切死亡、不幸、悲慘激勵著人們，悲劇中的命運的不可抗拒的恐怖實際體現著人的實踐、鬥爭的偉大，體現出倫理、理性的不可征服。以前席勒依據康德的理論曾把悲劇的愉快歸結為道德目的性的勝利：人們由感性的痛苦而得到理性的快慰，從而得到倫理精神上的提高。席勒在這裡和在《審美教育書信》中強調，這種美比優美有遠為重大的社會教育作用。但是，席勒對悲劇的現實本質並不理解，從而他主張通過壯美和悲劇來提高人們的倫理精神，也就只是一種唯心主義的教育幻想罷了。

如果說，在希臘，悲劇還是以神祕命運這種原始形式出現的話，那麼在後來，它就以一種更明確的社會力量和內容而出現了。悲劇藝術在資本主義上升時期發展到了另一個高峰，並廣泛流行在各門藝術中。資本主義的社會力量或內容經常渲染著一種個人主義的特色，它們經常是通過個人的野心、貪欲、企圖、意願而出現或實現的。個性、心理因素比古代獲得了更為自由充分的發展。資產階級悲劇的得意主題是個人與環境的搏鬥、抗爭和個人的最終失敗。希臘的不可抗拒的「命運」，在這裡被變換為同樣不可壓抑的個人的某種「天性」或情欲（哈姆萊脫的猶豫、奧賽羅的嫉妒、麥克佩斯的野心⋯⋯），這些擁有優秀品德或才能的人終於因這種似乎是注定了的個人性格中的致命缺陷而傾覆、死亡，

這就是近代美學所講的所謂「性格悲劇」。在這種「性格悲劇」裡，比希臘悲劇更加鮮明地體現了現實生活中一定的社會倫理的力量和鬥爭的特色。無論是直接描寫個人與環境的對抗也好，或是個人內心世界的衝突也好，近代藝術的悲劇人物和性格典型都是特定時代、民族階級的社會鬥爭的體現。在這裡，悲慘、不幸、失敗所以常常被渲染得異常突出、嚴重和殘酷，正面形象所以常是畸形、醜怪或帶有致命的性格缺陷，都無非是要把這種個性抗衡顯得更加突出。從經典式的《哈姆萊脫》一直到十九世紀的浪漫主義和批判現實主義中寫不盡描不完的那種種悲劇，儘管形態各有差別，基本特徵都是如此。亞里士多德的理論建築在希臘的「命運悲劇」的基礎上，黑格爾的悲劇理論卻反映了近代資本主義的這一特點。儘管黑格爾是以希臘悲劇為其理論的範例，近代悲劇在他看來主觀性太強，但他所深刻揭示出來的兩種倫理力量的衝突，我以為倒正好適用於資產階級的「性格悲劇」。這種所謂「性格悲劇」如果不作自然性的抽象解釋，正好體現了資本主義特定時代環境和鬥爭形勢下的某種要求和心理，具有特定的社會內容和意義。它通過個人性格，經常表現了社會鬥爭中兩種勢力的衝突。與亞里士多德的淨化論不同，黑格爾的悲劇論是理智主義的，比較著重於認識。他強調衝突雙方都是正義的，都有片面性，在它們衝突和滅亡中體現出理念實體的威力，從而喚起人們的認識。但是，在黑格爾那裡，這種必然性只是作為實體的理念，而不是在社會勢力的衝突和鬥爭中所體現的歷史的本質和規律。同時，由於認識論和本體論在黑格爾哲學裡是一個東西，這種所

謂認識也就成為所謂互相悼念的「和解」。

由於黑格爾較少談及悲劇中的個人的受難、痛苦等因素，沒有充分重視悲劇所激起的情感上的昂揚，太著重於對理性和必然性的領會認識，引起了來自左右兩方的修正與攻擊。叔本華與尼采從意志哲學、超人哲學出發，強調悲劇愉快來自對生之意志的逃避，來自如醉如狂的酒神精神的日神化，即痛苦的現實化為藝術意象。布臘得雷則把希臘的「命運」與黑格爾的「正義」結合起來，強調不可預測的偶然性，追求一種「痛苦的神祕」，使黑格爾的認識因素較重的「和解」變為情感因素較強的對英雄死亡、個人意志的膜拜。車爾尼雪夫斯基則從左邊來反對黑格爾。他反對把悲劇與必然性聯繫起來，認為黑格爾的悲劇論只是希臘命運論的變種，而希臘悲劇實質上只是對偶然性的一種盲目荒誕的宿命迷信。車爾尼雪夫斯基指出，偶然性實際上是不能阻礙人的勝利的，儘管有天災來破壞農民的收成，但這種破壞並非必然。相反，農民愈努力耕作，則歉收會愈少，生活會愈幸福。航海者的鬥爭是艱苦的，但卻並非總是悲劇的。「有一隻船遇著風暴給暗礁撞壞了，可是卻有幾百隻船平安抵達港口」。[10] 可見悲劇與必然性並無關係，認為黑格爾把悲劇中的受難者和覆滅者都說成是因為他們本身具有不合理的片面性而必然如此，就未免太殘忍了。車爾尼雪夫斯基認為「悲劇是人的偉大的痛苦或者是偉大人物的滅亡」，「至於痛苦和滅亡的原因是偶然還是必然的呢？那反正是一

---

10 《生活與美學》，人民文學出版社，1958 年版，第 21 頁。

樣的。痛苦與滅亡總是可怕的啊！」[11]「在偉大人物的受苦和滅亡中並沒有什麼必然性的」。車爾尼雪夫斯基的這種悲劇觀的健康成分在於：它宣傳事在人為、勇敢進取的樂觀主義（災禍並不是注定的、必然的，它阻礙不了我們的努力），反對一切故意藉悲劇來宣揚悲觀主義、宿命論的反動理論，否定了為唯心主義所神祕化了的悲劇必然性。然而其巨大缺點在於，它並沒了解悲劇的真正的美學本質及其與社會歷史的深刻關係，把必然性從悲劇中排斥掉，就完全喪失了悲劇所特有的審美意義。在這一點上，車爾尼雪夫斯基比黑格爾就大大不如了。

　　馬克思反對拉薩爾搬用黑格爾悲劇論的唯心理論，也不像車爾尼雪夫斯基那樣完全拋開了黑格爾的合理內核，而是用歷史唯物主義的觀點批判地改造了黑格爾理論中的合理因素，將悲劇中包含的必然性與明確的社會傾向性，與社會歷史的階級鬥爭聯繫起來，使悲劇的美學實質得到歷史具體的社會內容和階級內容。美的本質，如我所理解，總是體現著某種社會發展的本質、規律和理想的。崇高作為美的形態，是在鬥爭痕記中體現出這一本質。這也就是體現著「歷史必然的要求」的事物（它多半是新生的、進步的社會階級的力量、勢力或傾向）與嚴重的反動社會勢力、階級力量的鬥爭。但是，「當舊有政制的存在還具有自信和必須自信的時候」，亦即舊有勢力還非常強大，其存在還有一定現實性的時候，便使「歷史必然的要求」在實際上不可能實現。與黑格爾

11 《美學論文選》，人民文學出版社，1959 年版，第 108、107 頁。

認為「現實的就是合理的」剛好不同,這裡,我們看到的是「合理的」(也就是必需存在的) 與 「現實的」(也就是所謂「合理的」,即它的存在還具有一定的歷史現實性,還具有「自信或必須自信」)的激烈的鬥爭。後者壓倒了前者,摧毀了前者,但這樣一來,卻更加暴露了後者存在的不合理和必然滅亡,更加顯示出前者存在的合理和必然勝利。這樣,悲劇就以否定形式肯定了人們的實踐和鬥爭,具有了美學價值。所以,美學意義中的悲並不像車爾尼雪夫斯基所認為,是純粹偶然的不幸、災難或死亡。合乎自然規律的死亡,偶然被汽車撞死,都難以構成具有審美意義的悲劇。因為它們不能顯示出具有深刻的社會意義和力量的衝突。悲劇總必需在表面偶然的死亡、不幸和悲慘中,看出一種歷史的意味,體現出社會生活實踐中的嚴重鬥爭,體現出正義實踐的暫時被否定,體現歷史的先進要求的必然失敗、而又必然不會失敗這種種尖銳的矛盾和衝突。

古今中外許多成功的悲劇形象,當然更為形形色色、多種多樣。但無論是盜火給人間而遭到天譴的普羅米修士,或者是因猶豫、輕信而陷自己及親人於死地的哈姆萊脫與奧賽羅,或者是因過失、野心而使自己覆滅的李爾王與麥克佩斯,總都與一定的社會生活或社會勢力的矛盾、鬥爭的種種曲折、複雜、間接、隱晦相聯繫。與人們正義實踐相對抗的醜惡勢力,既可以集中表現在具體的人物身上(如舞臺上的曹操、嚴嵩等奸臣),也可以表現在一般人的性格、意識、行為、觀念中,惡在悲劇中並不一定非戴上猙獰凶惡的面具不可。在大觀園溫情脈脈的紗幕中,在那麼仁

慈善良的賈母、寶釵身上，不正體現著那不自覺的「惡」麼？因此，悲劇藝術在這裡所展示的就不是某個個人的品德、行為的問題。人們在這裡感到摧毀美的不是某個個別惡人的惡行，而是一種更為巨大、更為嚴重的勢力。正如車爾尼雪夫斯基所說：「在他身上表現了敗行本身的可怕，邪惡本身的可怕，而不是邪惡產生的個別惡行的可怕」。[12]悲劇的深度常常因此而增強：和一個壞人作鬥爭或死於一個騙子之手，與向一個制度搏鬥而犧牲在不自覺地體現了這個制度的自己的親人之手，其悲劇性的程度顯然不可同日而語。後者所揭示出來的歷史趨向、所展示的兩種勢力的衝突的社會意義，是更為深刻的。在《雷雨》中，驚心動魄的並不是周樸園、周萍這些個人的罪惡（連他們也沒落得好下場），而是整個社會制度。作者曾說：「《雷雨》所顯示的……是我覺得的天地之間的『殘忍』……，在這鬥爭的背後或有一個主宰來使用它的管轄……。而我始終不能給它以適當的命名」，「隱隱仿佛有一種情感的洶湧的流來推動」他去「發洩著被壓抑的憤懣，毀謗著中國的家庭和社會」。如果揭開所謂「天地間的殘忍」和希臘命運悲劇式的神祕色彩，那麼就可看見《雷雨》作為悲劇，是在於表現了封建主義勢力可怕地擺布和作弄著人們，人們儘管反抗（侍萍二十年的努力奮鬥，繁漪對自由、幸福的渴望，四鳳對愛情的追求），都無力地慘敗了。但儘管失敗了，卻因為它代表著歷史的要求而使人看到了其內在的合理性、正義性；封建勢力儘管勝利

---

12 《美學論文選》，人民文學出版社，1959 年版，第 110 頁。

了，其存在儘管是強大的，卻激起了人們對它的情感上的憎恨和理智上的認識，從而產生了強大的悲劇的美學效果。總之，悲劇的審美感受有兩個方面，有兩種突出的心理動力：一方面，因目睹失敗而同情而「哀憐」，但同時感到被摧殘者的正義、勇敢而激勵自己奮發興起；另一方面因目睹失敗而震驚而「畏懼」，但同時感到人們（也是自己）必須更好地去認識客觀規律（必然性）和掌握這規律，從而進行更有效的鬥爭。悲劇的審美愉快就產生於這兩種複雜的心理形式、兩種主要的心理功能的緊張運動之中，其哲學本質正是對真理的探索與倫理的追求的交融統一，激勵鬥志和發人深思、理解與情感、對客觀規律性的緊張的探索與對主體目的性的強烈的感動，交錯溶合，震撼激蕩，這就是悲劇的美感特點。只是有些悲劇更著重於這一方面，有些更著重於那一方面，有些美學家強調這一方面，另一些強調那一方面而有所不同罷了。

那麼，今天還要不要悲劇？悲劇在今天有什麼內容和意義？這是還在爭論中的問題，這裡簡略提幾點看法。古典悲劇的時代是畢竟過去了，但悲作為美學意義上的崇高，卻仍是激勵鬥志、啟人深思的強大的藝術武器，只是其具體內容和表現形式隨著歷史的發展而不同。悲劇在今天大概可以有三種。第一種是如盧那察爾斯基所講：

馬克思和恩格斯對拉薩爾說過，悲劇應當寫的不是西金根而是門采爾。那麼我們的劇作者為什麼不表現門采爾的悲劇，為什

麼不表現初期農民和無產階級革命英雄的英勇犧牲，為什麼不表現這樣一種人，他既非自天而降的英雄，也非出塵絕俗的天才，而是一個階級的領袖，他的階級還不可能取得勝利，然而局部的失敗，正如馬克思論到公社時所說的，卻是後來勝利的最大保證。要知道，這是歌頌高度悲劇性的形象的戲劇作品，這個形象能在我們心中引起熱烈的同情，極大的敬意，同時又能激發新的銳氣……因此，歌頌我們鬥爭中的犧牲者，描寫這場日後會獲得勝利的鬥爭的犧牲者——這無疑是現代悲劇首要任務和最好的基礎。[13]

在中國現代革命中，「為有犧牲多壯志，敢教日月換新天」，有多少驚心動魄的現實的革命悲劇題材在等待著藝術家們。這種激勵鬥志的革命悲劇是今天藝術創作的重要任務之一。

第二種悲劇可說是偏重於啟人深思這一方面的。在社會主義的今天，那種客觀必然性以盲目的異己力量來壓倒人們的悲劇本應該是日益削弱。但是，各種異化仍然嚴重存在，它們奴役壓迫著人們的頭腦、心靈和軀體，封建主義和小生產者的各種殘餘、各種官僚主義權益勢力還嚴重存在，並經常穿著種種社會主義或馬克思主義的外衣，它們像一種盲目的力量支配、影響、侵蝕著人們，何況又還有著各種各樣的認識上的落後和錯誤。舊勢力上壓倒進步力量，否定先進的實踐，造成不幸和災禍，仍然嚴重地

---

13 《蘇聯作家論社會主義現實主義》，人民文學出版社，第41～42頁。

存在著。藝術應該去反映、描寫這種悲劇，這有助於人們去認識、去理解，從而在生活和實踐中去更好地進行鬥爭。這大概是今天悲劇藝術最主要也是最艱巨的任務。

第三種，歌頌、表現正面的崇高。這本質上已經不屬於悲劇的範圍了。如前面所講，像黃繼光、向秀麗、雷鋒、歐陽海那種種的赴湯蹈火、捨己為人的英雄事跡，便實際上已不是什麼悲劇。因為儘管在死亡犧牲壓倒了英雄這點上是悲劇性的，但是就其表現整個社會生活的本質和內容來說，並不構成悲（「歷史必然的要求」不可能實現等等）。相反，它只是一種正面的崇高，是一種壯美。這種崇高具有一種樂觀的理性主義的特徵。中國傳統藝術和美學中對這種崇高一向很重視，中國文藝中一向很少有希臘那種神祕的命運悲劇，也很少有近代歐洲資本主義那種種令人畏懼、恐怖的「性格悲劇」、「罪行悲劇」，而且也一般地不喜歡渲染悲慘、不幸、失敗。中國藝術著重表現的常常是鬥爭的艱巨和它的最終勝利，著重渲染的多半是正面形象的勇敢、頑強和不屈不撓，從這裡面表達出一種英雄氣概和悲壯的美來。無論是楊家將或者是梁山泊，無論是《趙氏孤兒》或者是《生死牌》，都是以英勇的行為和不屈的鬥爭來正面強調崇高的美。所以，以前一些人說中國藝術中沒有悲劇，認為因為中國具有伏爾泰式的理智主義而使悲劇藝術失色。中國人對崇高這個範疇的總的把握，與西方美學傳統有所不同，它一向就很少帶有恐怖、神祕、可怕、悲慘、不可理解等成分，而多半以更加理智和樂觀的概念像陽剛、雄渾、

豪健、宏壯、峻拔等來形容它和規範它，直接把它看作是一種巨大的美。

　　如果說，崇高（包括悲劇）是現實肯定實踐的嚴重形式的話；那麼，滑稽 (comic) 則是這種肯定的比較輕鬆的形式。如果說，前者因醜惡的為害巨大而激起人們奮發抗爭之情；那麼後者卻因醜惡的渺小而引起人們輕蔑嘲笑之感。由於在實踐鬥爭中，主客體所占據的矛盾主導地位的不同，而形成肯定實踐的不同的形式，它們以不同的特色分別烙記著實踐與現實相抗爭的深刻痕記。如果說，崇高作為實踐與現實抗爭的痕記在於真（規律性）對善（目的性）的壓倒，真好像就是惡，從而在現象形式上表現為對善（主體）的欺凌的話；那麼，滑稽作為實踐與現實相抗爭的痕記特色，卻在於善（目的性）對真（規律性）的壓倒，善好像是假（不存在），從而在現象形式上表現為對真（客體）的戲弄。也就是說，主體的合目的性的實踐在鬥爭過程中已確定地占據矛盾的主要方面，客體現實作為敵對對象已成為缺乏存在根據的事物，成為可以任意擺弄的存在，但又因為還在鬥爭過程中，這種失去存在根據的對象硬要堅持其存在，這樣就暴露出它內容的空虛，暴露出

它的違反規律性,實質上成了假的可笑形式。車爾尼雪夫斯基說:
「只有當醜力求自炫其為美的時候,那時候醜才變成了滑稽」,
「那個時候它才以其愚蠢的妄想和失敗的企圖而引起我們的
笑」。[14]黑格爾也說,「喜劇人物的特徵在於他們在意志、思想以
及在對自己的看法等方面,都自認為有一種獨立自足性。但是通
過他們自己和他們內外兩方面的依存性,這種獨立自足性馬上就
被消滅了」。[15]馬克思說:「黑格爾在某處說過,一切巨大的世界
歷史事變,可以說都出現兩次。他忘記了一點,第一次是以悲劇
出現;第二次是以喜劇出現。」拿破侖第三模仿拿破侖,路易勃
朗代替了羅伯斯庇爾。滑稽對象的特點在於它失去存在的根據,
將為或已為實踐否定。從亞里士多德到車爾尼雪夫斯基都說過滑
稽對象的「無害」性質,其實這正是說,這種對象是壽命不長,
為害不久,已為或將為人們的實踐鬥爭所克服所壓倒的。所以,
滑稽具有的審美實質,就在於引起人們看到惡的渺小和空虛,意
識到善的優越和勝利,也就是看到自己的鬥爭的優越和勝利,而
引起美感愉快。滑稽所引起的美感特點是一種輕鬆的愉快,經常
與笑聯繫在一起。這裡的笑不是生理意義上的反射,而是具有深
刻的社會性質的。達爾文說:「大概笑聲最普通的原因,就是某種
不合適或不可解釋的事情,而這種事情會激起那個應該具有幸福
的心境的笑者感到驚奇和某種優越感來」。[16]一般的笑經常與某種

---

14 《美學論文選》,人民文學出版社,1959 年版,第 111 頁。

15 《美學》第 1 卷,人民文學出版社,1958 年版,第 239 頁。

愉快的情緒、心境聯繫在一起。作為滑稽感的笑更是如此,如黑格爾那樣,將可笑性與喜劇性分開,並不可靠。實際上黑格爾指出喜劇的主觀性的偏重和突出,已經說明滑稽與主體的自信和優越的聯繫。

車爾尼雪夫斯基說:「我們既然嘲笑了醜,就比它高明。譬如我嘲笑了一個蠢材,總覺得我能了解他的愚行,而且了解他應該怎樣才不至於做蠢材——因此同時我覺得自己比他高明得多了。」[17]笑正是「具有幸福的心境」的人們在醜的面前表現了「優越感」。這一方面為霍布士等人所強調;另一方面,笑所具有的理智批判的特點,則為另一些美學家所看重。所以作為滑稽感的笑也包括倫理與理智兩個方面。但與崇高感中的強烈的倫理追求和理智探索相反,滑稽感的笑具有倫理的滿足和冷靜的認知的特點。由知覺、想像到理解、情感的運動異常迅速敏快,觀念之間的矛盾被突然訴之於知覺。所以不同於崇高感中的餘音繞梁,一唱三嘆;作為滑稽感的笑經常是拍案叫絕、驚喜交錯,「頓悟」式的特點更為突出,所以娛樂性也更為鮮明。比起崇高來,滑稽的形態也更為多種多樣,這是因為隨著人類實踐的發展各種醜惡愈益變得內容空虛,渺小可笑,愈益成為滑稽的對象;反映在藝術上也出現了多種多樣的喜劇。滑稽既然是惡失去其存在根據而又要勉強抗爭的情態,因此自然界本身就無所謂滑稽。自然不能引人發

---

16 《人類和動物的表情》。

17 《美學論文選》,人民文學出版社,1959 年版,第 118 頁。

笑，因為自然被人征服後就是征服了，它沒有意識要去掙扎、反抗，除非某些動物有這種情況（動物的這種反抗有時也表現為崇高或悲劇，但那多是人們意識化的結果）。一般說來，自然界的許多滑稽，是由於它的外在形式與人們生活實踐中的類似形式相比較，顯得拙笨醜陋的原故，同時也表現了人們對自然形式的歪曲、戲弄的愉快。例如鴨子走路的蹣跚，狗熊行動的蠢笨等等。而人的形體動作上的不必要的機械、停滯、遲頓……，語言中的囉嗦、重複、錯誤……，之所以成為滑稽的對象，引起人們發笑，也是這個原故。因為它們成了脫離生活常規、失去存在根據的醜。例如，一個很莊重的人突然摔了一跤，於是旁觀者發笑了，摔者也會臉紅地爬起來。但如果摔者是小孩、老人或病者，人們卻不會發笑而是趕著去扶起他來，因為摔跤（脫離實踐正軌的醜）在那裡是有其合理根據的。同樣，一個小孩牙牙學語，這是很正常的現象，不會引人發笑；但如果一個正常的成人突然如此，便覺得好笑，成為滑稽對象了。各種鬧劇中，這種現實中的滑稽得到了各種集中的和誇張的反映，如舞臺上丑角的某些動作、形態、語言中插科打諢等等。這是一種初級階段的滑稽。因為它所嘲笑否定的對象和意義相當簡單，經常只是對人的形體、動作等自然形式與外在環境或正常生活習慣的不適應不協調，與人們生活所已有或應有的正常、聰敏、靈活相背離或違反而嘲笑否定之，較少涉及大的社會內容或社會意義。但也正因為如此，它們成為最普及最通俗最大量最常見的滑稽對象和笑料。相聲藝術裡充分利用了這個方面。

　　社會生活的發展，使藝術中的滑稽——喜的形態日益高級和深刻。它從嘲笑人的形體動作的醜，上升到嘲笑人們精神世界的醜，上升到嘲笑某種社會制度、秩序中的醜。卓別林說：「智力愈發達，喜劇就愈成功。未開化的人很少有幽默感。因此，根據我們對喜劇演員的理解，古代的畸形小丑或皇帝的弄臣是非常可憐的喜劇演員。」這話是有道理的。在「未開化的人」的時代，社會實踐力量對現實的征服或勝利本不多，可供嘲笑的醜也就不多，當然也就很難談得上幽默感。這並不是智力發達與否的問題，而是社會生活發達與否的問題。只有社會生活愈發達，人們的物質生活、精神面貌愈提高，美愈增多，醜愈喪失其存在的合理性，從而對醜的否定才愈能採取滑稽的形態。皇帝的弄臣或畸形小丑，他們只能以怪誕的形體動作或故事情節來供君主、貴族娛樂。在我們今天看來，這種娛樂本身倒反是喜劇性的了：它說明這些皇帝貴族們的精神生活是多麼貧乏空虛。所以，在戲劇中，外形畸陋的丑角常常由被嘲笑的對象反而成為嘲笑嘲笑者的對象，統治階級本想用小丑來嘲笑人民，而人民卻反而利用小丑來嘲笑了統治者。可見，由畸形小丑上升到莫里哀、吳敬梓、荷加斯、杜米埃，實際上反映著社會生活和實踐鬥爭的日益向前的巨大勝利。

　　今天所需要的藝術中的滑稽，不應是追求庸俗的小噱頭趣味或鬧劇性的滑稽，而是通過鬧劇性的滑稽，以表現出一定涵義我們需要喜劇的大發展。它也大致可以分為三種：

　　第一種是對敵人的諷刺打擊。這種喜劇今天仍大有其發展的生活基礎。剝去行將就木卻裝腔作勢的種種封建舊制度人物、性

格身上的偽裝，揭出其渺小可笑、必將滅亡。

第二種是表現人民內部矛盾的喜劇。這裡面在今天有很大一部分仍然是與封建主義的矛盾鬥爭。盧那察爾斯基曾詳細地說明過這種滑稽。

第三種，也正如上述悲劇的第三種一樣，它已超出了傳統的喜劇範圍。它是以表現積極的正面的美為目的的：用幽默嘲笑來烘托出正面的東西。正如戲曲中李逵、焦贊以其魯莽、誤事等可笑來襯托其正面優秀的品質，喜劇中常常可以把正面人物置於狼狽可笑的窘境，而愈發襯托出他個人或環境的美，從而造成一種喜氣洋洋的歡樂氛圍。在這裡，對「醜」的嘲笑實質上只是為了故意的反襯。像電影《今天我休息》中的那位民警的故事便是如此，對他的嘲弄取笑正是對他的讚揚和稱許。電影《五朵金花》也屬於這一類，通過一連串可笑的誤會，反映了白族社員的歡樂的生活。

當然，這些劃分都不能是絕對的。今天需要多種多樣的喜劇。正如需要各種類型的崇高和悲劇一樣。總之，既要有富有深刻教育性能的藝術中的崇高，也要有大量的富有娛樂性能的藝術中的滑稽。塑造崇高的美固然是今天藝術的突出目標，而創造出反映明朗歡快的生活基調的滑稽的美，也同樣是今天藝術的重要任務。

九、試論形象思維

註：原載《文學評論》1959 年第 2 期。

神用象通，情變所孕；
物以貌求，心以理應。

——《文心雕龍·神思》

第一個問題，有沒有形象思維？答曰：有。這在心理學上可以找到很多根據。例如巴甫洛夫曾根據第一、第二信號系統相互關係中的不同特點，把人的高級神經活動分為三種類型：藝術型、分析型和綜合型。藝術型的人在思維過程中，第一信號系統的活動占較突出的地位。這些人善於想像，在思維活動中總有許許多多的具體形象浮現著，伴隨著。他們善於「整個的、連續的、完全的」（巴甫洛夫）即用活生生的形象整體來反映和把握現實。分析型的人好像把自己的知覺僅限於對物體的客觀特徵的反映上，綜合型的人則常常是把各種想像、推測以及願望貫串到形象裡去。其實在日常生活中也可以見到類似的情況。如說一件事，有的人善於抽象概括，三言兩語乾乾淨淨就說完了。有的人卻喜歡描述一番，把一件事繪聲繪色，說得活靈活現，像親歷其境似的。又如到課堂裡，有的人一看，說這是在講課，於是就注意在講什麼，注意搞清它的意義。有的人卻不同，喜歡注意這個講課人的手勢

聲調，那個聽課人的樣子等等形象細節[1]，並由此引起某些情緒記憶和聯想……。這些，在一定意義和一定範圍內，也似都可以說是類型的差異。一般講來，藝術家（作家、畫家、音樂家、演員等等）多半屬於藝術型。但純粹的藝術型和分析型也許較少。據說黑格爾是分析型，只喜作抽象的理論思考，「他認為使他自己第二信號系統脫離開具體的形象很幸運」（巴甫洛夫），但這畢竟是極端的例子。很大一部分人，連最偉大的藝術家如達‧芬奇、歌德也是屬於中間型的。不過我覺得這也畢竟反映在他們的藝術作品裡了：達‧芬奇的畫帶著智慧的美，歌德的詩有深厚的哲學意味。

　　心理學上類型的區分說明了思維中確有不同的情況和特點，說明了有些人，特別是已經有習慣和鍛鍊的藝術家們，在思維中是喜歡利用形象來反映的。偶爾翻閱高爾基的《回憶托爾斯泰》，有一段很有意思，它記載托爾斯泰有一次正讀著一本評論他的書時，「笑了起來，並且說：『多麼大膽的假髮匠啊。他居然說我欺騙了自己，因此我也欺騙了別人。』旁邊就有人奇怪，問道：『為什麼說假髮匠呢？』托回答說：『我偶而想到的。他時髦，他漂亮，他讓我想到一個莫斯科的理髮匠，他到鄉村去參加一個農家叔父的婚禮，他在那兒態度算是莊嚴文雅的，他會跳上等的舞曲，

---

1 這篇文章所用的「形象」一詞，不僅指主觀反映之後的意象 (image)，而且也指客觀事物本身的形貌、樣子。「形象就是生活本來的樣子」（車爾尼雪夫斯基）。

因此他把任何人都看不在眼裡。』」我想，這位評論家大概總是個自以為是、自命不凡，無知而又傲慢的角色。讓我們說，大概會歸納成這樣一個邏輯判斷。但是，托爾斯泰卻把他活生生地想像成一個參加農村叔父婚禮的理髮匠了……。這就是藝術家和藝術創作的特點之一：「浮想聯翩」，善於創造性的聯想，善於作具體形象的具體想像，即善於形象思維。

蘇聯《共產黨人》雜誌 58 年第 1 期有一篇伊凡諾夫的文章：〈談談藝術的特徵〉（見 58 年 6 月份《學習譯叢》）。這篇文章與毛星同志的文章是正好相反的。毛星同志主張文藝的特徵在於思維的內容，而不在於思維的形式，這篇文章的論點則恰好相反：主張文藝特徵只在思維形式，而不在思維內容。因此這兩篇文章可以對照著讀。我是同意伊凡諾夫的論點的。他指出：

> 人的認識有各種不同的形式，但最終可歸結為兩種區別最大的形式——科學的形式與藝術的形式。實質上，可以把它們確定為人的兩種認識能力。每個人都有這兩種認識能力。不過，有的人用概念思維的能力強些，有的人用具體畫面和形象思維能力強些。
>
> 因此藝術的實質恰恰可以規定為這樣一種認識形式：從現實現象的具體感性面貌中再現現實現象。而這就是形象思維。

他引據別林斯基作了許多論證，這裡不複述了。

心理學曾講到表象思維與概念思維的不同。醫生看病，植物

學家觀察植物，固然也必須注意事物、對象的形狀樣子等外貌、形象，但常常是很快就通過知覺、表象歸結和過渡到概念、判斷的邏輯思維階段，而拋開活生生的感性形象了：病在哪裡？是什麼病？這株植物是草本還是木本？什麼性能？等等。即使有時還盡量記住許多形象，如醫生看病，遇有疑難，也盡量回憶聯想類似病例的形象、症狀，但在這時，醫生也就很明確地用這些形象來作比較、分析……，而這實際已進入歸納、演繹的邏輯思維範圍了。至於那些被喚起浮現的病例形象樣子本身，卻是並不推移發展的。又即使有時也利用浮現的形象的推移和改變，來作科學工作中的創造性的想像，但這想像畢竟只是為了幫助確定、同時也很快就過渡到和歸結為概念、判斷、推理的邏輯思維。我們想像一個機器的圖樣，是為了幫助我們在邏輯上明瞭這個機器製造的道理，然後好製圖設計，我們這時想像只是一種短暫的、輔助的手段，不但在客觀上不著重形象的社會性的內容、意義，在主觀上很少帶有社會美感感情，而且形象本身也是片斷的、孤立的、比較模糊和籠統的。僅憑形象想像根本就不可能設計出複雜的機器圖樣。一個科學家（不管自然科學或社會科學）如果不用邏輯概念判斷來確定實際上是打斷他的形象想像，那他就只能是一個空想家，而不是科學家了。

　　毛星同志認為：「人的思維常常是具體的，常常是伴隨著具體事物的形象的」，因此就沒有什麼特殊的形象思維。這恐怕不合事實。因為我們說具體的思維，是指思維內容的具體，而不是指具體的形象。例如，我們進行思維，想到「我國現在的農業生產力」

這個概念或判斷時，我們就應想到這是些什麼樣的生產工具，和什麼樣的人等具體內容，而並不是也不會去想像某些具體的生產工具、某些具體的人的各種感性形象。同樣，說「桌子是木做的」，「資本主義一定滅亡」等等概念、判斷，也並不一定會浮現某個桌子或某個資本主義社會的具體形象或圖景。而有許多科學概念、判斷、推理，也根本不能有感性形象，如「本質」、「社會上層建築」、「光波」等等高度概括的抽象，就是形象所無能為力的。相反，人類許多時候正是需要脫離感性形象，通過抽象的概括，才能達到對客觀世界的本質認識。如果任何邏輯思維都伴隨著形象出現，那對人來說倒會是件不勝其煩的痛苦的事情了。所以，與毛星同志相反，我倒覺得，在日常生活和科學研究中，一般思維（即邏輯思維）是並不常常伴隨著具體形象的。而即使有時有形象的浮現和想像，也都只是作為邏輯思維的材料被割裂地利用著、支配著的。它們不是形象整體的具體、細緻、清晰的有意識的活動和發展，不是形象思維。

形象思維卻不同，它是「浮想聯翩」──自始至終都不斷地有較清晰、較具體的形象的活動，而且這形象及其活動，還是愈來愈清晰、愈明確、愈具體，「情瞳矓而彌鮮，物昭晰而互進」，「文徽徽以溢目，意泠泠而盈耳」。[2] 它是一個創造性的綜合想像的過程。所以，它不同於一般思維中形象不自覺地、雜亂無章地或孤立靜止地、籠統模糊地浮現。它本身是一個思維過程。

---

2 陸機：〈文賦〉。

　　常常是這樣：一個故事，一段情節，一個場景，一段旋律……，打動或觸發了藝術家，留下了深刻的印象。藝術家就在腦子裡有意識地結合自己以前的經驗、印象開始了形象的想像，從外貌到內心，從語言到動作，加一點什麼，減一點什麼，使形象逐漸活起來。藝術家就生活在他們的講話、作事、吵架、和解中，如見其人，如聞其聲。因此，這些形象的時間、地點、關係、變化、面貌、聲音、動作、姿態、習慣、性格、思想、感情，藝術家都必須設身處地一步一步去想像得十分周詳、明確和具體。魯迅說：「作家用對話表現人物的時候，恐怕在他心目中是存在著這種模樣的。」狄德羅說：「每一個畫家、戲劇作家都應該同時是個相命先生。」藝術家的確要「流連萬象之際，沈吟視聽之區」，要有能耐去精確地、栩栩如生地想像和算定每個形象的外貌特點及其靈魂。而有些作品，例如，有些風俗畫所以只有事件或場景的表達而沒有形象的發掘和創造（但列賓《縴夫》等畫就曾極大量地反覆地摸索捕捉和練習人物頭像的塑造）；有些小說所以只有故事情節的過程，而沒有人物的神情性格、聲音笑貌（魯迅的阿Q形象卻孕育了好幾年，托爾斯泰曾反覆修改《復活》女主人公的外貌形象），原因之一就在於不懂得或不善於作艱苦深入的形象思維，而相當抽象地即僅從邏輯上去思考和處理題材的原故。高爾基說：「情節是人物性格的發展史。」這實際上也就是叫人注意作具體的形象想像，而不要作抽象的情節處理。由形象本身發展出情節，這才會是真正具體生動的情節。這就當然不能是抽象的邏輯思維的安排，而只能是具體的形象思維的結果。

第二個問題,形象思維的實質和特點是什麼?

思維,不管是形象思維或邏輯思維,都是認識的一種深化,是人的認識的理性階段。人通過認識的理性階段才達到對事物的本質的把握。形象思維的過程,在實質上與邏輯思維相同,也是從現象到本質、從感性到理性的一種認識過程。但這過程又有與邏輯思維不同的本身獨有的一些規律和特點,這就是在整個過程中思維永遠不離開感性形象的活動和想像。相反,在這過程中,形象的想像是愈來愈具體、愈生動、愈個性化。因此,形象思維是個性化與本質化的同時進行。這就是恩格斯稱讚黑格爾所說的「這一個」:典型的創造。形象思維的過程就是典型化的過程。所以形象思維可以分成這兩方面來講。

一方面,從開始的第一瞬間起,為藝術家所注意、所觸動、所盡量尋捕的某個現實中的形象、事件,就一定是它本身具有著某種較深刻的社會意義或是能使藝術家聯想、觸發起某種深刻的社會意義的東西。常是這樣:藝術家被生活中的某事某物打動了,他感到在這事這物的形象外貌下藏有某種東西吸引他,打動他,擾亂他,他於是去聯想、想像或思考,儘管他一時還說不出來,還不明確這吸引、打動、騷擾他的究竟是什麼東西、什麼意義,

但它實際上卻已進入形象思維的第一步了：開始感受、注意、觀察、捕捉和挑選含有某種意義（對真正的藝術家來說，這意義當然是社會意義、本質意義）的現實生活形象了。「一個感受力比較敏銳的人，一個有『藝術家氣質』的人，當他在周圍現實世界中，看到某一事物最初事實時，他就會發生強烈的感動。他當然還沒有在理論上解釋這種事實的思考能力，可是他卻看見了這裡有一種值得注意的特別的東西，他就熱心而好奇的注視著這個事實，把它攝取到自己的心靈中來，開頭把它作為一個單獨的形象，加以孕育，後來就使它和同類的事實和現象結合起來，而最後終於創造了典型。」（杜勃羅留波夫）這種「強烈的感動」，也就是人們常說的所謂藝術家感受力、敏感、靈感等，實際上它在性質上是一種一般人都有的美感直覺能力。只是對一般人來說，它主要表現在藝術欣賞上（欣賞時不很明確但卻敏銳地感到藝術作品形象中有某種東西、某種意義打動自己和吸引自己），對藝術家來說，它還能驚人地表現在對生活形象的捕捉上罷了。這現象並不神祕但卻是事實：藝術家善於敏銳地感受生活形象的意義而開始創作。

　　據說，果戈理的小說《外套》的材料是得自朋友們的一個笑談。但果戈理聽了以後，卻「沈思起來」。顯然這故事中有某種東西打動了他、觸發了他，使他去開始形象的想像，而最後終於完成了那篇深刻揭露舊俄社會本質的著名作品。魯迅《狂人日記》的主人公，其模特兒據說是魯迅的一個表兄弟，在西北作事，忽然說同事要謀害他，便逃到北京，四處躲藏，但自己還說沒用。

他告訴魯迅說他如何被人跟蹤追捕。在客店深夜聽見腳步聲，就
說捕捉他的人已知道他的住處，已埋伏好。於是馬上要求換房間。
大清早跑到魯迅那裡，魯迅問他為何起得這麼早，他說，要被處
決了，面色蒼白，音調淒慘。在路上看見荷槍的士兵，便忽然神
情大變，表情比真正臨死的人還要恐怖。這是個患迫害狂的精神
病者。[3] 這樣一個看來似並無什麼意義的事件，卻觸動了魯迅，
使魯迅感觸和聯想起許多事情，於是便注意、琢磨、加深和改變
這個狂人形象的內容和意義，使狂人的舉動、言語具有一定的社
會性質和涵義，而終於通過狂人的形象勾畫出了一幅驚人的圖畫，
揭穿了當時整個社會在物質上和精神上對人的殘酷的迫害。

　　所以，對藝術家來說，形象思維的第一步就要善於在廣闊繁
複的現實生活中，在五光十色的現實形象中去感觸到、去發現和
捕捉那些本身具有深刻社會意義的或容易聯想起這種意義的形象
和事物。藝術家的才能首先就表現在這裡：感觸、捕捉、聯想和
了解（常常是不明確的了解）形象。捕捉生活形象的深淺、遠近、
寬狹，是區別一個藝術天才或庸才的標誌之一。有些人對生活形
象常常是視而不見，以為平常；有些人卻能鍥而不捨，悟出道理。
所以，如果只對形象有興趣而不管是什麼形象，也不知道去發現、
選擇有意義的形象，這就完全不是藝術才能。托爾斯泰說得好：
「如果近視的批評家以為我只是描寫我所喜愛的東西，如奧布朗
斯基如何吃飯，卡列尼娜有怎樣的肩膀，那他們就錯了。在我所

3　參看周退壽《魯迅小說裡的人物》。

寫的作品中，指導我的是為了表現，必須將彼此聯繫的思維匯集起來……。」即從形象中能顯現出思想、意義，不是為形象而形象。如果一個藝術家只對人家吃飯抽煙的樣子、買褲戴帽的偏好有興趣（如毛星同志文中所舉的例），而自以為這就是在捕捉形象，是在開始形象思維，那就可笑和可憐了。

　　進一步，從注意捕捉形象到使這形象發展成長，更是一個艱難的過程。托爾斯泰寫《戰爭與和平》時曾說：「考慮、反覆地考慮我目前這個篇幅巨大的作品的未來人物可能遭遇到的一切。為了選擇百萬分之一，要考慮百萬個可能的際遇……」。一個形象下一步究竟應該如何作，如何說，的的確確有太多的可能，困難就在如何從千百個可能中，選擇一個最好的最正確的可能，使形象能夠摒棄一切非本質的無關重要的生活現象，集中一切富有代表性和意義的現象，來更進一步發展和深化它內在的含意。每一個細節的選擇和確定，都應該是形象的社會本質意義的擴大和加深。連話劇演員在舞臺上的一切日常生活動作，都必須不是自然形態，而是經過選擇提煉了的東西，其他藝術就更如此。魯迅《祝福》中關於祥林嫂的情節，據說是很多故事湊在一起的，這些情節（如改嫁，小孩被狼吃掉，捐門檻等），生活中本來並不相干，但魯迅卻隨著祥林嫂形象的發展把它們集中在一起。據說魯四老爺的原型也沒那麼壞，但魯迅卻把生活中另一個人的樣子加到魯四老爺原型身上。這樣一來，就深刻多了：祥林嫂的形象變得更苦命，魯四老爺變得更凶殘，從而封建社會的本質也就暴露得更鮮明了。又如《狂人日記》中的狂人，其原型據說病好後就住在家裡，並

沒去「候補」。⁴ 但魯迅偏要說狂人病好後就作候補官去了。短短一句，便加深了狂人的形象，使這形象更完整了：只有狂人才是清醒的，才敢大膽地反抗，喊出禮教吃人、救救孩子，而一清醒，便又親身去做迫害者去了。當時的現實是多麼像一間不透氣的「鐵屋子」，是多麼真實的「殺人如草不聞聲」呵。列賓名畫「意外的歸來」，據說初稿是畫一個年輕的女大學生，但我們今天所看到的定稿卻是一個經過多年折磨的上了年歲的革命家。這個形象的琢磨改變，也就使內容大為深刻化了：進行革命的已不是沒有經驗的或剛出茅廬一時衝動的熱情的女學生，而是頑強、憔悴而有經驗和力量的職業革命者了。這樣，社會的苦難（對革命的長期殘酷的鎮壓和迫害），革命的信念（儘管如此，革命仍在進行）就顯現得更加深沈、充分和有力了。中國古代畫院以詩題試畫：「如『野水無人渡，孤舟盡日橫』，自第二人以下，多繫空舟岸側，或拳鷺於舷間，或棲鴉於篷背；獨魁則不然，畫一舟人臥於舟尾，橫一短笛，其意以為非無舟人，止無行人耳，且以見舟子之甚閑也」（鄧椿）；「唐人詩有『嫩綠枝頭紅一點，動人春色不須多』之句，聞舊時常以此試畫工，眾工競於花卉上妝點春色，皆不中選；惟一人於危亭縹緲綠楊隱映之處，畫一美人憑欄而立，眾工遂服，可謂善體詩人之意矣。」（陳善）為什麼會得「魁」，為什麼會「眾工遂服」？很清楚，這也是因為經過精細的琢磨、想像後所塑造出來的形象，更能深刻地表現出當時所要求表現的事物和生活的本

---

4 參看周遐壽《魯迅小說裡的人物》。

質意義所在。「野水無人渡，孤舟盡日橫」，是要求表達出那種安閑、恬靜、懶洋洋的牧歌式的封建農村氣氛。所以，「非無舟人，止無行人」，就比連舟人也沒有（這容易變成一幅無人煙的荒涼野渡），更深刻和更真實了。「動人春色不須多」的詩句是企圖通過和寄託於自然景色來表達生活中的春意，而生活中春意總是與愛情緊相聯繫的；這樣，當然畫紅妝美人就比死板地去按詩句字面畫大紅花更能概括和表現「詩人之意」了。這是巧妙，是含蓄，也是深刻；而所謂深刻就是更正確更真實地反映了生活的本質。畫既如此，詩亦如之。有名的「春風又到江南岸」與「春風又綠江南岸」；「雲山蒼蒼，江水泱泱，先生之德，山高水長」與「先生之風，山高水長」，一字之差，形象迥異，形象所概括的內容也有區別。「風」比「德」，「綠」比「到」，不但形象更具體，更生動，更具有感性傳染力，而且所包含的內容和意義也更豐富。「風」不僅是「德」，而是整個人所有的品貌風格；「綠」不僅是「到」而是「到」的可見的具體結果。很明顯，這裡的字斟句酌，具有很大的意義；這意義就在於：只有對形象作精細的推敲琢磨，才能使它更真實更準確地概括和反映出生活中美好的、本質的東西。而形象思維所以被看作是思維，其意思和價值也全在此：去粗取精，去偽存真，由此及彼，由表及裡，以達到或接近本質的真實。這無論是人物的描寫，詩句的推敲，演員的體驗，畫家的捉摸……，都毫無例外的。

　　上面是形象思維的一方面，與此同時的另一方面，是在形象思維的過程中，隨著形象本質化的程度的加深，形象的個性化的

程度也同時在加深。因為形象本質化的道路和過程，本就是一步一步地十分具體地進展著的。形象在這過程中既不斷地在具體增減刪添、發展變化，它就必然會比生活中變得更加活躍，更加獨特，正因為它合規律地集中了許多帶有深刻社會意義的情節、姿態、氣氛，所以個性也就必然會更加突出了。「狂人」因為害怕這害怕那，覺得兄弟和妹妹都想吃他的肉（真的狂人並無此事），就愈發像狂人；祥林嫂兩次出嫁，兩次又都不幸丈夫先死，小孩又被狼吃掉了，怕鬼神而求捐門檻，把這些在生活中本來是分散在不同人身上的細節集中、提煉、統一在一起，這一方面固然使形象的本質意義加深了，而同時另一方面也就使祥林嫂這個人的命運、遭遇、性格更加個性化、獨特化了。任何藝術都必須如此。狄德羅〈繪畫論〉中說，一個畫家要善於抓住一瞬間，這個瞬間既要表現前前後後許多的時間，而這個瞬間又必須是獨特的富有個性化的一瞬間。油畫「列寧在工作中」作者談自己創作的經過：作者想表現十月革命前一段時間列寧隱蔽中的地下工作的情況，最初企圖用列寧在寫作時突然聽見外面有聲響、豎耳細聽的一瞬間來表現。但最後定稿卻是，列寧突然發現了一個重要意見，而匆忙書寫的那一瞬間：在一個簡陋的房屋內，椅子斜擺著，列寧只隨便坐了小半邊，顯然坐得很不舒服，但列寧根本沒來得及顧到這些，聚精會神地一手按著書的某處一手匆忙地書寫……。這當然是比初稿更個性化的一瞬間，而同時卻又是比初稿更本質化（概括的意義更多）的一瞬間。列寧隨便坐著急急書寫的姿勢，不但完全獨特地、自然地表現了列寧那種爽朗、樸素、令人感到

十分親近的個性，（與很多人為表現領袖的莊嚴，結果弄得十分死板、枯燥不同），集中表現了生活中極富有個性的一瞬間；而同時又深刻地生動地表現了列寧地下工作時期的緊張、熱情、忘我的本質的東西。而緊張、熱情、忘我這些本質東西又正是通過前一方面的隨便、匆忙等個性化的方面，才最好地表現出來。所以，很清楚，形象思維的兩方面——本質化與個性化是完全不可分割的統一的一個過程的兩方面。如果把這兩方面分割開來，只要求本質化，即沒有個性化的本質化，那常常必然是邏輯思維的直接引申，形象不能具體地生長發展，結果像一個影子或符號貼在紙上活不起來，這就容易產生公式化、概念化的作品，而不能打動人心。同時，如果只追求個性化，即沒有本質化的個性化，那常常必然是形象思維的混亂，或是一大堆無意義的奇異的情節，或是一大堆無意義的自然主義的描寫，這就必然是自然主義或形式主義的作品，使人感到厭惡和無聊。

形象思維還有一個主要特徵：這就是它永遠伴隨著美感感情態度。在整個形象思維過程中，藝術家每一步都表現著自己的美感或情感態度，並把這種態度凝結體現在作品裡。在創作前，它常常表現為一種要求說出的情感衝動。托爾斯泰說得很乾脆，如果沒有這種非說不可的創作要求，那就根本不必提筆。《紅旗譜》的作者說，他寫小說是一種極強烈的情感要求他這樣做，要求他寫出來，好像這是他的義務。為什麼會這樣呢？很清楚，那是因為生活中的某些事物、經歷、情節，感染、觸發、打動了藝術家的感情，藝術家對此不僅是有所觸，有所知（即使很模糊很不明

確），而且是有所感。從對客觀形象的第一瞬間的感觸、捕捉和選擇開始，就已自覺或不自覺地伴隨著藝術家主觀的情感——美感態度來表現了：有所激動，有所感傷，有所喜悅，有所憎惡，或愛悅之，或鄙厭之，或憐憫之⋯⋯。只有這樣，情動於中，才能構思，才能欣然命筆。中外古今許多理論家、藝術家都十分強調創作過程中情感態度的重要。〈樂記〉說：「情動於中，故形於聲」；《詩品》說：「非長歌何以騁其情」；魯迅說：「能憎能愛才能文」；別林斯基說：「沒有情感，就沒有詩人」（這裡和以上所指的「詩」應為廣義的文學藝術而不僅是狹義的詩歌）。托爾斯泰則更認為藝術的本質和使命就在於傳達感情：把作者的感情傳給讀者；上一代的傳給下一代⋯⋯。其他英、法、德國許多美學家也有與此相同或近似的論點。所以，不僅是像詩歌、音樂、舞蹈⋯⋯這些更直接表現感情的藝術（所謂「表現性」強的藝術）是如此，就如小說、繪畫、雕刻以至建築、工藝等（所謂「造型性」強的藝術），也是如此。

在這裡，正確的情——美感感情態度是藝術典型化的必要條件。只有充分具備和抒發正確優美的主觀情感態度，才能真正完滿地客觀地反映事物的本質真實。情感愈真愈強，就愈有反映的能力，就愈能正確巧妙地進行選擇、集中和提煉；情感卑下虛偽，就必然造成形象的虛假、淫濫。《文心雕龍》很早就強調指出過這點：「故情者，文之經⋯⋯詩人什篇，為情而造文，詞人賦頌，為文而造情⋯⋯為情者要約而寫真，為文者淫麗而煩濫」，「夫以草木之微，依情待實⋯⋯言與志反，文豈足徵」。這就是形象思維中

情感態度的必要性。那麼，可能性呢？可能性就在於「生活現象本身充滿著情緒內容」，生活本身具有一定的情緒色調。所以，只要不是抽象的邏輯思考而是具體的形象捕捉和想像，生活形象或其表象首先就自然會激起一定的情感態度。「詩人感物，連類不窮」，「目既往還，心亦吐納」（劉勰）。「現象在你的心裡造成相應的情緒，它會影響你的心靈，並激起相應的體驗」（斯坦尼斯拉夫斯基）。其他藝術家也同樣，在形象的選擇、捕捉和長期孕育過程中，藝術家不僅注意和熟悉他們，而且對他們的行為、言語、思想情感以至一舉一動也自然會有所評價，有所喜惡。這正如在日常生活中與一些關係十分密切、長期相處的熟人（不論是友是敵，是愛人或是孩子）打交道一樣，也總是關心的，注意的；對其言行以至很小的在別人看來是無足輕重的一切也是有所愛憎喜惡一樣。藝術形象既像活人似的在藝術家周圍（實際上是在腦子裡，或畫面上），與藝術家息息相關，藝術家是在與他們同生活共起居中來描寫、塑造他們，就必然會「隨著他們，感受同樣的心理活動」，（狄德羅）「一個角色從萌芽到成熟的各個不同階段，會以不同的方式影響演員本人的性情和心境」。（斯坦尼斯拉夫斯基）這不但對表演藝術家而且對語言藝術家都如此的。所以無怪乎巴爾扎克在描寫高老頭死後會幾天不愉快，福樓拜描寫包法利夫人服毒時，感到自己嘴裡也有砒霜味。只有自然主義作家和作品才真正拒絕表現感情態度。但是，實際上不表示態度，也還是一種態度：對醜惡不表示憎，客觀上就表示了作家對醜惡的寬容和默認；對美好不表示愛，客觀上就表示了作家對美好的冷漠和輕視。這

對「傳染感情」當然是有害的。所以，托爾斯泰在稱讚莫泊桑的同時，就表示了對莫泊桑的某些自然主義的描寫的嚴重不滿，指出作家對所描寫的對象不表示態度，是錯誤的，有害的。而中國古代批評家也早說過：「繁采寡情，味之必厭」。

簡單說來，藝術家塑造正面形象，懷有的常常是同情、愛護、欽佩和崇敬的肯定的感情態度，常常是盡量發掘自己內心的某些近似或相同的美好品質、感情，來體驗和想像這些形象的外貌和內心。藝術家也常把自己的優美性格、情操放在要塑造的正面形象的身上。所以我們常聽說書中的主人公的原型就是作家自己。例如據說安得烈公爵與彼爾（《戰爭與和平》）是托爾斯泰的兩面，賈寶玉是曹雪芹的影子，保爾柯察金是作者的自傳形象……，其實不僅如此，一些原型根本不是採自作家本人的正面形象，其思想、感情、性格、行動也常常被賦以作者本人的某些東西。這很自然：因為作者感情上喜歡他，便常常把自己的形象不吝嗇地賦予了他。

對反面形象，也需要有設身處地的體驗和想像。「文學家在描寫吝嗇漢的時候，雖然是不吝嗇的人，也必須要把自己想像為吝嗇漢；描寫貪欲的時候，雖然不貪欲，也必須要感到自己是個貪婪的守財奴」。（高爾基）只有這樣，通過作家自己的設身處地的想像，才能忠實地具體地造形。這是極重要的。但這裡更重要的是：作家一方面設身處地，另一方面卻又要保持清醒，站在比所設想對象更高一些的地位，站在能批判的角度和立場，帶著憎惡否定情感態度來設身處地。因為，只有這樣，才能真正真實地描

繪和深刻地揭露，才能使人感到不是自然主義的「客觀」「如實」的照像。既憎惡之，又模仿想像之，這並不矛盾。其實就在日常生活中也可見到：一件醜陋的事情或姿態，在當事人看來也許並不覺得，但一經別人有意模仿或敘說，便能引起哄堂大笑。所以如此，就因為旁觀者清，站在「有意」要嘲笑、諷刺的更高的立場、角度上來作了具體的形象模仿和誇張的原故。在創作過程的形象思維中，藝術家一方面必須與形象同起居共體驗，「生活於角色中」；而另一方面卻又須清醒地考察和批判著形象，「從角色中感覺到自己」。「演員在舞臺上生活，在舞臺上哭和笑，可是在他哭笑的同時，他觀察著自己的笑聲和眼淚。構成他藝術的就是這種雙重的生活……」（斯坦尼斯拉夫斯基）。對一切藝術家都應如此。只有這樣，普希金才不會是奧涅金，萊蒙托夫也不就是皮卻林，作家比其形象站得更高。

　　藝術家對自己作品的形象或形象總體的感情態度，其本質是一個美的理想問題。關鍵在於藝術家主觀的美的理想與現實生活中客觀的美的理想能否、如何以及在何種基礎、何種範圍和何種程度上統一和一致。而主客觀的美學理想是否一致或接近，關鍵又在美感——感情態度是否對頭。因為藝術家的美學理想並不是作家自己宣布的一套抽象的信念、理論或宣言，而是一種由美感態度發展成長出來的一套自覺或不自覺的比較根本和系統的對世界、人生和藝術的感情態度或原則。這種美感感情態度是一種深入骨髓的在長期生活和教養下形成的具有強烈的階級性質的東西，它本身就已包含著立場觀點等根本問題在內。這在藝術欣賞

或藝術創作中都會隨時頑強地表現出來。古話說，情感最難作偽。抽象道理可以說得頭頭是道，但一創作或一欣賞就馬上出毛病；主觀意圖十分良好，一到具體作品裡就突然走樣，看來好像有點形象思維不由自主，其實卻仍是靈魂深處的美感感情態度在作合規律的運動的表現。不熟悉工農而寫工農，或還熟悉但並不熱愛或是抽象地熱愛，於是就必然會從自己的知識分子的感情態度出發，來觀察、體驗和讚賞，把自己所領會的和自以為是美好的一切（這常常就有作家本人的某些東西）加在形象身上，這樣一來，形象便成為知識分子了。正因為形象思維不同於邏輯思維，藝術創作就不能像寫理論文章那樣可以避開感情態度的流露。

所以，如果了解到形象思維的根本特徵之一，是永遠伴隨著美感──感情態度，那麼問題的核心就在於藝術家的美感感情態度究竟是怎樣的態度，是符合客觀現實發展及其情緒色調的先進階級的感情態度呢？還是相反。從而，這裡的結論就應該是，今天藝術家最根本的問題，是如何使自己具有真正的勞動人民的感情態度。只有具有了這種感情態度，才能高度真實地去體驗，去觀察，去分析，去想像，去描畫，去塑造，才能保證自己的形象思維能夠正確無誤地進行，由此及彼，由表及裡，去粗取精，去偽存真，在個性化的典型形象中充滿情感地揭示出今天生活的本質的真實。

第三個問題，形象思維與邏輯思維有什麼關係？

我們認為，邏輯思維是形象思維的基礎。這好像倒過來了，難道理性變成感性的基礎了？其實不然。因為前已指出，形象思維，作為「思維」，已不是感性的東西了，只是不脫離感性而已。而且，形象思維所不脫離的、所依靠的感性，也不但不是僅具有自然生理性質的感性，而且也不同於一般的感性活動，而已是一種美感性質的感性了。巴甫洛夫指出，人作為具有第二信號系統的動物，是運用詞（概念）來進行認識、反映和思考的。「我們不僅在交際中利用詞，而且在體驗中也是利用詞的。所以這一件全人類所共有的事實，即第二信號系統不斷地暗地裡控制著第一信號系統，就是容易理解的了」。（巴甫洛夫）這就是說，人的第一信號系統的感性活動已根本不同於動物，它在社會性的第二信號系統的強有力的控制和支配下，已不僅是單純生物學的自然反應，而開始具有一定社會生活的認識內容了。巴甫洛夫這一學說與馬克思指出人的五官的社會化，與非社會的感覺已有質的不同的觀點是正相吻合的。而美感也首先是憑藉著感官的這一社會性質才有可能存在和發展。既然在日常生活中，人的感覺和體驗都已利用了詞，都暗地裡受概念的滲入和支配；那麼在藝術家的感受和

體驗裡，在要去發現、開掘事物的本質意義的形象思維裡（從最初的感觸到形象的加工），又豈能不以邏輯思維作基礎？事實上，藝術家的形象思維所以不但不同於動物性的純生理自然的感性，而且還不同於人們的一般的表象活動和形象幻想，就正是因為它作為一種具有美感特性的東西，是必須建築在十分堅固結實的長期邏輯思考、判斷、推理的基礎之上，它的規律是被它的基礎（邏輯思維）的規律所決定、制約和支配著的。美感是對現實的一種客觀反映，又是對現實的一種主觀判斷。它不但包含知覺、感情的因素，而且也包含認識的因素。它對現實的反映和判斷不是一般感性活動的直接反應，而是表現其整個生活經歷、立場觀點、文化教育的複雜的高級的反映。美感的形成是以長期的邏輯理智認識為其基礎。在美感態度裡，即以直覺的方式表現了人們主觀對客觀現實的相當於高級邏輯推理的價值判斷。只是一般人的美感主要只應用於藝術欣賞上，而藝術家卻能以不同形態和程度的敏感[5]應用在創作上——應用在捕捉生活現象到形象不斷加工的觀察、感受、體驗、想像等形象思維中。所以只有對社會生活的形形色色的形象、事件、人物能夠有長期的、經常的、反覆的、是非得失的推究、考慮和判斷（儘管這種推究和考慮不一定每次都能提到很高或很明確的理論高度），能夠對這些對象、事物的性質、價值和意義有胸有成竹的了解、熟悉和評價，只有在這基礎

---

5 參看黑格爾《美學》，中譯本第 1 卷，第 163 頁：「在感性直接觀照裡同時了解到本質和概念」。

上，藝術家才有可能去十分敏銳地（有時是似乎根本未經考慮靈感式的「一味妙悟」）觀察、感受、體驗、選擇、提煉和集中，去進行上節已講過的形象思維的本質化的運動過程（捕捉有意義的形象和使形象的意義步步加深）。《滄浪詩話》說：「詩有別材，非關書也，詩有別趣，非關理也，然非多讀書多窮理則不能極其致。」《文心雕龍》說：「先博覽以精閱，總綱紀而攝契」，「積學以儲寶，酌理以富才，研閱以窮理，馴致以懌詞」，然後才能去進行形象的想像。斯坦尼斯拉夫斯基體系在藝術中算是一個特別強調形象思維的體系了。但「體系」卻仍然十分重視創作前案頭工作的理性了解，在情緒記憶的儲備中也強調對生活現象意義的認識；在創作活動中，強調對「最高任務」的了解的巨大意義；指出「智慧」能推動「情感」和「意志」；指出「想像的工作常常是由這種有意識的理性活動來作準備並加以指引的」。（《演員的自我修養》）這些，對其他藝術也有同樣的意義。儘管有了豐富的生活經驗和感性材料，但也需要反覆再思索（邏輯思維）再閱讀（資料文件），咀嚼再三，大量想，大量看，觀察、體驗、分析、研究所有一切後，再進入創作過程，這才不會使形象思維在五色繽紛的個性化的道路上盲目亂闖而失去方向。這才能夠使藝術家的形象思維和感性能力像長著眼睛似地遵循著暗中的邏輯規律正確無誤地進行。魯迅的「狂人」和「阿Q」所以能夠概括得那麼深刻，其形象思維所以能夠進行得那麼深遠，就決不僅是因為魯迅對生活現象有十分豐富的感性材料的熟悉、積累、儲備而已；而更是因為魯迅對當時社會現實有過長期的冷靜的清醒的研究和分析

（邏輯認識）。從羅亭到涅茲達諾夫（《處女地》），屠格涅夫成功
地創造了一系列「多餘的人」的形象。這也是因為作者對社會生
活中的這一問題是一直賦予了極大的注意和思考（邏輯思考）的
原故。屠的著名的理論論文《唐吉訶德與哈姆萊脫》，就幾乎可作
為他的這些藝術形象的一個邏輯注釋。所以儘管有了形象材料，
藝術家還需要反覆地閱讀、研究看來與形象思維並無直接關係的
文獻資料。托爾斯泰寫《戰爭與和平》前據說曾讀了一房子的歷
史資料；茅盾寫《子夜》前正值中國社會性質問題的學術論戰，
中國民族資產階級的地位、出路等嚴重問題被討論著，作者注意
了這次理論論爭，才更有興致催自己動筆。與一般美感的形成完
全一樣，對歷史和現實生活的邏輯了解和理論認識常常自覺或不
自覺地滲透到以後的形象思維中，並構成藝術家整個感受和感性
的內容和基礎了。常常有這種情況：形象塑造到一定時候突然發
展不下去了。不管藝術家如何想像也好，如何用邏輯來規定指引
也好，形象下一步應該如何具體行動，其具體的思想情感的變異
如何，藝術家反正是不清楚了。如果硬寫下去，形象就會變得不
合發展規律、不真實和難以信服了（我們作品中一些形象的發展
轉變就常如此。一下突然變了，看不出有什麼道理）。認真的藝術
家這時常常是擱下筆來，再深入到生活中去，努力再去觀察體驗；
同時再大量地閱讀有關的資料文件，再去分析、研究……這樣，
也許需要經過一段時間，也許就是很快的一瞬間便靈感似地恍然
大悟，完全知道形象下一步應該也必然會如何做了，於是便再回
到創作過程的形象思維中來。記得《收穫》和《暴風驟雨》的作

者都談到這種類似的情況，都談到這時再深入鑽研黨的文件政策
對自己創作的幫助。

　　邏輯思維作為形象思維的基礎的另一涵義，是指邏輯思維經
常插入形象思維的整個過程中來規範它、指引它。這也就是說，
在形象思維過程中，藝術家常常隨時自覺地運用邏輯思維來從內
容上和形式上，從思想上和技巧上準備、考慮、估計、評論自己
所企圖或正在感受、想像、描畫、塑造的形象。首先，選擇題材，
明確主題，確立結構，安排情節等方面，就常常借助於邏輯思維，
而在具體想像過程中，也常常會考慮這形象合不合理？會不會是
這樣？應不應該是這樣？這樣有什麼意義？等等，這也是在對自
己的形象思維（從感受到想像）作邏輯的估計和評價。這時固然
常常從形象思維行程中暫時退出來，形象思維被暫時「干擾」或
「打斷」；但這種「打斷」一般都很短促（有時只一瞬間或「一念
間」，有時較長一些，如前述擱筆再作邏輯思維之例），很快就又
回到形象思維行程中去，而這一回去卻大大地規範和指點了形象
思維，幫助它去作修改、增刪、改變的想像琢磨工作。所以藝術
家的整個思維活動實際上必須包括形象思維和邏輯思維兩方面。
這兩者常常是相互滲透和交織在一起地進行著的（這對於語言藝
術特別如此，因它是用詞作形式材料，兩種思維有時就十分接近
以至合而為一）。如果說在科學家那裡，形象想像與邏輯推理的關
係，是前者輔助後者；那麼，在這裡，則恰恰倒過來：後者輔助
前者，以前者為主。不過，對許多科學認識和邏輯思維來說，可
以根本不須要形象的幫忙或輔助；但對於任何藝術認識和形象思

維來說，邏輯思維都是完全不可缺少的。儘管在某些情況下，邏輯思維可能表現得很不顯著、很不自覺（如在抒情小詩或工藝圖案的創作中等等）。

說邏輯思維是基礎，並隨時插入形象思維中去，這並不是說邏輯思維可以替代形象思維任何一部分。確定主題、題材、結構、情節雖確常常更多地藉邏輯思維的幫助（即在這時，也有形象思維。情節結構的安排就仍是最粗略的形象的想像），但作為作品最重要的形象本身的具體出現、發展和成熟，卻只能依靠對它自身作具體形象的感受和想像的精細捕捉和反覆推敲。「春風又到江南岸」。「到」為什麼要改為「綠」，事後看來，一切明白，用邏輯可以解說得很清楚。但在推敲的當時，只是感到形象還不夠飽滿，不夠滿意；這時求助於邏輯思維，也最多只能具體到指出這個句子不夠味，是因為「到」字太輕易，須要換個更沈著、更豐富的字等等。但究竟應該是個什麼字，這卻是無法用邏輯思維的演繹、歸納等等方法所能推出的，而還是只有回到形象思維中來琢磨、想像，來反覆地對意象作具體的捉摸，像賈島發痴似地老用手作「推」、「敲」的動作手勢（這就正是形象思維：具體的形象想像）一樣。只有這樣，才能找到最真實的形象和最需要的字。蘇聯名畫「戰鬥後的休息」中的主人公是焦爾金。照理說，這個人物經過名詩的塑造，在邏輯概念上也已是很明確的了。但畫家要把他塑造為造形藝術的形象，就還得重新琢磨：「在他臉孔、表情和手勢上就不得不花費很長時間。最初我的焦爾金有著一付青年戰士柔和而好心的臉孔。但是我看出他太年輕，而最主要的有些笨手

笨腳，而且還過於善良。他還缺少機智認真的態度和最本質的東西──善於講尖刻的俏皮話。另一個顯然又不夠深刻、善良和聰明，但是感覺不到他有生活經驗和豐富的閱歷。我又試著……。在探索這一形象的時候，我經常也畫寫生速寫……在一張接著一張的速寫裡，終於開始接近畫裡所需要的形象」（《蘇聯美術家創作經驗談》第 51 頁）。在創作中（例如繪畫），可以找到像「善良」、「柔和」、「勇敢」等邏輯概念或判斷來規範、指點和估計、評價自己所作形象的優缺點所在，但形象究竟如何改動，如何才能達到要求，卻並不是這些已算是很具有形象性的邏輯語言所能為力，還是必須回到繪畫形象本身上來推敲，必須通過綜合長期積累起來的感性印象的改造，通過「一張接著一張」的速寫，來「接近所需要的形象」。邏輯思維的概念、判斷、推理不能直接演繹出形象來，這對造型藝術也許是特別明顯。其實對抽象性較大的、用詞（概念）來塑造形象的語言藝術也還是相同的：無論是金聖嘆的「草蛇灰線」，或者是投機商的《小說作法》，都確乎無法演繹出作品。所以，有些好心的讀者從抽象的理論原則和邏輯思維出發，責備藝術家如何不這樣那樣，要求藝術家應該這樣那樣，也是因為他們沒能很好了解這兩種思維的關係，沒有了解從一個邏輯的抽象要求到一個形象的具體塑造，其中還相距很遠很遠。既不是有了邏輯認識就能演繹出形象，也不是有了形象就能按邏輯的直接要求來發展。當年的林道靜到了北戴河便一定會去看海，並且一定愛在海灘獨自徘徊感傷，這實在不是郭開同志用邏輯指令所能禁止或反對的。因為這是林道靜這個形象發展的必

然：在此時此地必作此事。而形象的這樣行動和發展又是完全符合其內在邏輯（思想）規律的：儘管林道靜的看海和欣賞風景表面看來似乎沒有什麼重要的邏輯認識的意義（與全書的主題關係似乎不大也不直接）。但作者卻按形象思維的規律描寫了這個必要的場景，這個場景對刻畫和加深形象的面貌、性格等起了作用。所以別林斯基說：「思想不是以教條主義方式出現的抽象概念，而是構成充溢在作品裡的靈魂」。

形象思維與邏輯思維的相互關係的更深一層，就是創作方法與世界觀的問題。藝術創作中一些「似乎神祕」的現象，例如客觀形象大於作者主觀思想；創作過程中形象糾正作家的思想感情的偏見……，都涉及這個根本問題。簡略說來，所謂形象糾正作家偏見，其實並不「神祕」。在日常生活中也有類似情況，例如原來對一個人印象不好，後來長期朝夕生活在一起，卻發現以前的看法錯了，是抽象地看問題。又如儘管對某人懷有很深的敵意，但這人的具體的某些行為、言語、性格以至思想情感，卻還是不能不令人感到佩服、同情以至讚賞等等。這兩種情況在藝術創作中都有。前者是形象的具體想像和發展糾正了原來的抽象認識和安排（如托爾斯泰之對卡列尼娜）；後者就是屠格涅夫所講的：「正確而有力地再創造真實……是文學家的最大幸福。即使這個真實與他個人感情不能一致」（如屠格涅夫本人之對巴扎洛夫）。但要做到後者，卻仍需要一定的條件。第一，作者不是像《蕩寇志》之類的作者那樣的「昧良心」──反動透頂的階級立場已深入思想感情的骨髓，使他們作徹頭徹尾顛倒黑白的捏造。這是最

起碼的條件，符合這條件，即在不好的藝術作品裡仍可以不自覺地保留一些片段的真實：因為形象思維必須具體地描寫，不像邏輯思維可作抽象的概括。而在具體描寫中就常常不能不反映出一點點或一些片段的真實的現實圖景，因為具體形象總必須依據一些現實原型，很難一點一滴都完全捏造。其次，更高得多的條件，就是像屠格涅夫所講的那種情況：儘管作家對所描繪塑造的對象有思想或情感上的成見，但卻仍能設身處地客觀地深入形象中來觀察、體驗、分析、研究，作出比較客觀的描寫。但這時實質上是蘊藏在作家心靈更深處的某些思想感情已戰勝了成見和固執的原故。屠格涅夫不滿意巴扎洛夫，但在塑造巴扎洛夫形象過程中，其感情深處是不斷地欽佩、讚賞著這位年輕子輩的。這種感情就在許多地方戰勝了固有的偏見而塑造出了成功的形象。而追根到底，為什麼又會有與偏見相對立的思想感情在形象思維過程中出現呢？除了形象的誘發以外，就仍然是藝術家的思想感情本身中原來就有某些並不一致的、矛盾的地方所致。藝術家的思想感情就其表現在某些政治、倫理等大問題的認識上，和表現在一系列細小生活態度上；以及表現在這一方面、這一範圍與另一方面、另一範圍上，都常常是有不相同或大不相同的出入、差異和矛盾的（這種現象也是一般人都常有的）。所以並不是形象能自然糾正和戰勝作家的成見，相反，這還是必須通過作家自身的思想、感情、性格、信念中的矛盾、鬥爭來做到的。外因必須通過內因起作用。至於所謂客觀形象大於藝術家主觀思想，則又還有一個重要原因。巴甫洛夫曾指出，所有的邏輯思維都是通過把現實分剖

開、切成片斷後去把握的。不但一個片斷的邏輯思維而且即是把所有邏輯思維集合起來，也還是不能還原為一活生生的生活整體。對《紅樓夢》再說上千言萬語，也還是不能還原為《紅樓夢》十個章節所給人的活生生的形象印象，對一個電影鏡頭解說一時半刻，也還是不能抵上那個鏡頭一剎那間留給人玩味的豐富涵義。邏輯思想總是片斷的，而形象卻如生活本身一樣，是整個的。這樣，形象就必然會大於思想，而不是邏輯分析所能完全窮盡、所能包羅無遺。中國藝術常說的「言有盡而意無窮」、「象外之旨」、「弦外之音」，等等，也包含這個道理在內。這是藝術有限無限的客觀規律的一種表現。作家主觀邏輯思想上也許只要求表現某一感受，某一思想，某一方面，但因他必需通過形象來反映，結果形象整體就常常大於作者的主觀思想了。而批評家的任務就在這裡：憑藉著理論認識的威力，他比作家能更敏銳、更透徹地看出形象整體所客觀包含著的豐富意義，從而加以指出和說明，使欣賞者和藝術家本人對作品得到更深刻和更正確的了解和感受。但偉大的作品形象，也常常不是一時能為批評家所看透，所以，就留給下一代更下一代的批評家、欣賞家以艱巨的研究分析任務。《紅樓夢》、《哈姆萊脫》……，不就如此麼？

但是，這是不是說，藝術家進行形象思維時根本不可能或用不著去把握形象的邏輯意義呢？不可能或用不著從邏輯思維上來把握、了解形象呢？當然不是。客觀形象大於主觀思想，這只是事情的一方面。這並不是說，藝術家的主觀思想，不能或無法去充分把握住形象的本質意義的方面。藝術家的主觀思想是完全可

能把握住和符合於客觀形象所昭示、所包含的最本質的最主要的意義的，儘管難以完全窮盡它。對今天的藝術家來說，如何使自己的主觀思想能夠更自覺地把握客觀形象所昭示、所包含的意義，如何使邏輯思維充分自覺地掌握形象思維的進行，是極為重要的事情。恩格斯所指出的意識到的歷史內容、巨大的思想深度和莎士比亞情節的生動性的高度結合和統一，杜勃羅留波夫所嚮往的詩與科學的高度統一，就必須首先從邏輯思維對形象思維的充分把握上來追求和達到。

　　美學家包姆加同早就說過，一個明晰生動更被了解的觀念比一個模糊、貧弱、不被了解的觀念將更是詩（藝術）的。杜勃羅留波夫指出有正確的「普遍觀念」（邏輯思維）指引的藝術家就更能使其作品在反映現實上「更加明白，更加生動」；相反則會破壞藝術家的正確感受和想像，使作品變得虛偽和脆弱。邏輯思維是形象思維的基礎，今天的藝術家們要學會自覺地了解和掌握這一基礎，盡量加強理論學習和邏輯認識的能力，日積月累，這些邏輯、理論的認識能力就會變成一個穩固的基礎來正確地指引藝術天性（形象思維）的發展和進行，滲透在這天性中來敏銳地強有力地把握和反映出生活本質的真實。

第四個問題是形象思維的不同特色。

上面只是就形象思維的一般的共同的性質和特點交代了一下。其實更重要的，還在分門別類地來具體探求和研究形象思維的各種規律特點和過程。這對藝術創作和欣賞才有更具體的幫助。因為隨著藝術種類和形式的不同，隨著創作方法的不同等等，形象思維過程中又還有各種具體的不同特色。這種不同涉及許多其他美學原則的很複雜問題，遠不是這篇文章所能談清，因此這裡簡單附一筆，不作論證，只是提醒大家注意罷了。

第一種不同，是隨著藝術種類和形式的區別，各門藝術的形象思維也各具特色。不但音樂家與畫家，而且小說家與詩人、戲曲演員與電影演員，其創作過程中的形象思維也有某些具體的差別。儘管詩人可以同是作家，戲曲演員也可以拍電影（不是拍戲曲電影），但當他從事不同的藝術種類的形象創造時，卻仍然需要適應不同藝術形式的特點，運用不同特色的形象思維。這點對藝術家和藝術創作是很重要的，只有充分掌握適合於某一藝術形式的形象思維的性質、規律的特點，才能順利地進行創作。例如，電影編導就不同於小說或話劇創作。首先它要求極明確、極具體的視覺形象畫面和蒙太奇（鏡頭組接）語言的「思維」。它不同於

理智性極大的、作為「思想的藝術」的文學（小說、話劇等）的形象思維可以容許一定程度的邏輯抽象性和概括性（文學的形象比起來就抽象得多），它不同於音樂和詩歌的形象思維中直接抒情的方法，也不同於繪畫、雕塑的形象思維的側重於凝凍的集中。而電影思維中的所謂「微相學」——細微的面部表情變化傳達出千言萬語不能表達出的人的內心細微活動和變化，卻又是別的藝術中的形象思維所不需要和沒有的。不獨電影，其他藝術也都有自己的形象思維的特色。例如，繪畫之不同於音樂便很顯然：前者要求形象思維的極大的細節確定性，後者卻要求很大的寬泛性，前者通過造型來表現情感，後者則恰恰相反，通過情緒的表現來描繪和造型。形象塑造的具體方式和過程大有不同。即同在繪畫中，國畫與油畫也有差異：油畫用焦點透視，形象想像必須比較固定集中；國畫散點透視，則比較自由。即使面對同一對象，油畫常首先注意感受、選擇其色彩，國畫則側重於捕捉線條。從知覺、感受到想像，各門藝術便都有特點。萊辛早指出過詩與畫各有其適合的塑造形象的方法。當然，要強調指出，所有這些，只是在一定範圍內有意義，如加以誇張，認為各門藝術的形象思維都各各互不為謀，完全沒有關係甚至沒有共同的規律、性質和特點，那就大錯特錯了。實際的狀況倒恰恰相反：各門藝術的形象思維不但遵循共同的規律，而且還互相滲透和互相影響而千變萬化的。

　　第二種不同，是隨著創作方法的不同而有所不同。例如現實主義與浪漫主義，這基本上是創作方法問題。創作方法不等同於

形象思維，它的內容更寬廣，更複雜。但創作方法的不同卻常常
起源於、同時更常常表現為、歸結為形象思維的不同特色中。現
實主義與浪漫主義，其形象思維是各具特色的；從感受、捕捉生
活現象到集中、提煉、想像，以及他們的觀察、體驗、分析、研
究的具體狀態和道路都互有差異。郭沫若曾說，一個主情（浪漫
主義），一個主智（現實主義）。只要不絕對化，這說法是有道理
的。心理學上說，創造性的形象想像，可以有各種不同的方式：
如「結合」、「典型化」，等等。西方很早就有所謂「模仿」與「想
像」（都是指狹義的）之分，中國王國維也說過「造境」與「寫
境」之別。一般說來，浪漫主義因偏於情感、意願的抒發外露，
形象思維就更側重於主觀的想像、虛構，因此其形象常具有更突
出、更獨特、更罕見的誇張特色（誇張不一定就是浪漫主義，但
我認為浪漫主義卻一般具有主觀情感或想像的較突出的誇張）。現
實主義偏於理智的認識，形象思維就側重於較客觀的模擬、提煉。
當然，在所有作家和作品中，兩種形象思維可以都有，也常常是
都有，只是輕重偏向不同，「熱情與理智誰占優勢就使藝術家變得
狂放或冷靜」，（狄德羅）因此作品的形象特色也有所不同。

　　第三種是形象思維的民族特色問題。形象思維是全人類的現
象，認為各民族各有一套規律性質各不相同的形象思維，是錯誤
的。但是，正如邏輯思維因民族語言的不同在表述上各有特色一
樣（我們討厭歐化句式翻譯體，就正是因為它們的邏輯思維的表
述是不合民族特點，違反民族語言的規律的），形象思維在民族生
活的傳統習慣的長期影響下，在創作過程和表述上也產生了特色。

這當然就涉及藝術的民族形式問題，涉及中國藝術傳統的典型化
方法的規律和特色問題。但所謂典型化方法的民族傳統和特色，
實際上也就是形象思維的民族傳統和特色。很清楚，無論聽京劇
也好，地方戲也好，讀中國古詩也好，看山水畫也好，總感到它
們的造型和表現運用了某種共同的民族規律，其典型化的方法亦
即其形象思維的道路具有某種共同的民族特徵。中國藝術是特別
強調「神似」的，強調突破表面的形似，精煉地概括出生活的風
貌神韻。這無論是繪畫、吟詩、作戲……，都如此的。正因為強
調藝術的真實，強調高度的提煉和集中，因此，無論在繪畫、音
樂、戲曲、舞蹈、小說、詩歌的形象思維中，都極善於大膽地捨
棄非本質的細節現象，通過概括力極強的風格化、程式化等等方
法來進行各各具體的造型或表現。例如，中國戲曲程式化的突出
就是它的優點。程式化是把從生活中長期提煉集中概括出來的精
華凝結為美的形式。問題在於不把程式化看作完滿不變、獨立自
足的僵死格式，而注意必須把它與更個性化、更具體化的形象思
維結合起來，以後者來充實前者。所以，概括性的形象思維（其
中包括程式化的思維）與更具體化的形象思維的矛盾統一和靈活
運用，恐怕是中國藝術傳統典型化方法亦即形象思維過程的特色
之一。應該特別重視這一特色，好好研究和了解它。而不要不顧
這些，硬搬外國。因為即使是斯坦尼斯拉夫斯基的科學體系，如
不與中國民族喜聞樂見的習慣了的形象思維──典型化方法相結
合，硬套在民族戲曲上，就必然會出問題。

　　第四種不同是隨著藝術家個人的才情性格而有所不同。例如，

每個藝術家的形象思維中都有現實主義和浪漫主義的成分，但是，隨著藝術家個人的性格、愛好、興趣、以至思想感情的不同，對生活、對人生的閱歷經驗的不同，而各有所偏，各有所好。藝術家是帶著其本人所有的一切來進行創作，來形象地感受、捕捉和選擇、提煉的。人的不同決定了他的形象思維特點的不同：感受力的方向、範圍的不同，對事物意義的捕捉和選擇的不同，主觀情感表現的不同（同一憤怒，同一悲哀，不同的人就有很大的不同，有的喜怒形於色，急於作強烈的抒發；有的不動聲色而深自悲樂，長久不能忘懷）。這種種的不同，最後表現為美感的不同（即美感的個性差異），才能的不同，凝結為作品風格的不同。所以說，「人即風格」，「才難然乎，性各異稟，……無日紛雜，皎然可品。」（《文心雕龍》）因此，注意自己的美感、才能和風格的特點，亦即注意自己形象思維（從感受的偏好到想像的習慣）的特點，掌握它的規律，這對進行創作，就將有很大的幫助。批評家的職責也就在應善於發現和指出藝術家的風格——形象思維的特色所在，幫助藝術家去磨銳、去確立自己獨有的藝術感受能力、概括手法和表現方式，以造成自己獨有的藝術風格。別林斯基讀赫爾岑的小說，就指出作者形象思維的特色是理智的強大；車爾尼雪夫斯基很早就準確指出托爾斯泰形象思維的特點是側重分析人們的心理，善於掌握人們心靈運動的辯證法。中國文藝批評的傳統，從古代一直到魯迅，更極善於精細地鑒別和點明藝術風格的差異和特色：曹丕曾分析了同代詩人的「氣質」的差異，劉勰總結了歷代作家「體性」、「才略」的不同。沈德潛說，「性情面貌

人人各具，讀太白詩如見其脫屣千乘，讀少陵詩如見其憂國傷時……即下而至賈島李洞輩，其一章一句莫不有賈島李洞者存」，……他們都能從美學上來強調指出和幫助藝術家去注意進行獨具一格的形象的塑造，去進行自己的形象思維。

　　關於形象思維，就簡單而匆忙地談這一些，說得很不充分，可能還有錯誤。好在我寫這篇文章，是為了展開討論；所以拋磚引玉，望能就正於大家。

補記：

　　本文是鄭季翹同志〈文藝領域內必須堅持馬克思主義的認識論（對形象思維論的批判）〉（《紅旗》雜誌 1966 年第 5 期）一文的重點批判對象。為保持原來面目，未作任何改動。

1979 年 12 月

十、關於形象思維

註：原載《光明日報》1978 年 2 月 11 日。

形象思維是文藝創作的客觀規律

形象思維本是一個老問題。這個詞雖然出現較晚，但問題很早就被注意和提到。在宋代而不滿意宋詩、以盛唐氣象作為詩的最高境界的著名的《滄浪詩話》，便曾突出地提出：「夫詩有別材，非關書也；詩有別趣，非關理也……所謂不涉理路不落言筌者上也。」又說：「盛唐諸公惟在興趣，羚羊掛角，無跡可求……言有盡而意無窮。」就是說，詩有不同於讀書、說理的自己的特殊性質，它不是一般的概念語言或思維（「言筌」、「理路」），而要求在有限的言詞形象中包含著極為豐富的內容和意味。這是針對當時宋人以議論為詩，在詩中大掉書袋，比興缺如，弄得形象乾癟、意興索然而發的。中國美學很早便十分注意文藝的特徵，例如《詩經》的比興，先秦的〈樂記〉等都如此。嚴羽比康德（也是極為強調這一特徵的）、黑格爾就早了好幾百年。

「形象思維」這個詞，一般以為來自俄羅斯文獻，說它在西歐至今還是一個陌生的名稱，其實並不盡然。例如在西歐也相當出名的普雷斯可特 (F. C. Prescont) 的《詩心》(The Poetic Mind) 一書中，便強調提出過 visionary thought（視象思維），並指出它是不同於日常思維的另一種思維（參看該書〈思維的兩種方式〉等章節）。這似乎可以表明形象思維的觀念是相當普遍地被注意和使

用著的。總之，無論在各種各樣的文藝創作中，還是在古今中外的美學理論中，儘管用詞、提法有所差異，但形象思維的存在，它作為文藝創作所應遵循的普遍規律，是幾乎眾所公認的。

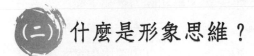

（二）　什麼是形象思維？

如果硬要用一句話概括，可以說，不脫離形象想像和情感的思維，就叫形象思維。但細究起來，問題卻非常複雜。首先，什麼是思維？這個看來似乎不成問題的概念，其實並不很清楚。特別是電子計算機出世能代替人的一部分腦力活動之後，問題就更突出了。思維的本性、特徵、過程、因素是什麼？人的思維與機器「思維」的區別何在？哪一部分或種類的思維是機器所永不能替代的？等等，都是需要深入探索的重要科學課題。日常思維、理論思維和形象思維之間的聯繫與區別，它們各自具有的形態、過程和特點，涉及一系列極為複雜的心理學問題，不能多談，這裡只從哲學角度作一點簡單說明。

思維這個詞，可以分廣義和狹義兩種使用。就廣義說，只要反映了事物的本質或內在聯繫，達到認識的理性階段的（所謂本質、理性，也是相對的），就可叫思維，不管是用概念的方式還是用形象或其他的方式。如兒童心理學中有「動作思維」，原始人有

思維的「前邏輯階段」等等。就狹義說，它是指用概念、判斷、推理去反映事物。但從認識論看，對一個事物達到了理性認識，主要是指了解了它的內部矛盾和本質規律。毛主席說中國人民在太平天國、義和團時期，對帝國主義的認識還停留在表面的感性的認識階段。這並不是說太平天國、義和團對帝國主義的認識不用概念、判斷、推理。同樣，未用概念、判斷、推理，例如一首小詩，一個曲調等等，它用形象也仍然可以表達出作家、藝術家對事物或生活達到了本質認識的理性階段。毛主席的詩詞，魯迅的小說，就是這種典範。

所以，我們說：「思維，不管是形象思維或邏輯思維，都是認識的一種深化，……是從現象到本質，從感性到理性的一種認識過程。」[1]

也可以說：「並沒有一種與邏輯思維相平行或對立的形象思維，……但已約定俗成為大家所慣用了的這個名詞（指形象思維），所以仍然可以保留和採用，是由於它們原意是指創造性的藝術想像活動。……在哲學認識論上，它與邏輯思維是相同的：由感性（對事物的現象把握）到理性（對事物的本質把握），在具體心理學上，它與邏輯思維的規律是不相同的。」[2]

這就是說，形象思維所以叫思維，不是用狹義（邏輯學的涵義），而只能用廣義（認識論或心理學的涵義）。關於這問題的某

---

1 參看本書〈試論形象思維〉。
2 參看本書〈審美意識與創作方法〉。

些爭執是由於上述語義不清而引起。首先要把語義、概念搞明確，然後才能明瞭爭論的實質所在。這個實質性的分歧就在於：是否承認形象思維（叫它藝術想像也可以）有不同於一般邏輯思維的心理學的規律和特徵。那麼，究竟有些什麼特徵呢？

 形象思維的基本特徵

限於篇幅，概略描述一下。

一個特徵是本質化與個性化的同時進行。邏輯思維的特點是到了理性認識階段，一般便捨去感覺、知覺、表象等感性材料和活動。形象思維不同，它始終是浮想聯翩，欣然命筆，形象的活動並不停止或減退，而是隨著認識的發展，愈來愈具體、愈確定、愈生動、愈鮮明、愈個性化，五彩繽紛，層出不窮。忽而雲霞明滅，湖月照影，忽而迷花倚石，熊咆龍吟。唐代三李（李白、李賀、李商隱）的作品特別具有這種特點，形象豐滿，意興萬千。從這些典型作品可以推知他們在創作過程即形象思維中，那種浮想聯翩的生動情況：創造性的自由想像把各種本不相連或不相干的事物、對象，通過各種比興，而不是概念推理的方法，在感受、選擇、比較中取捨留棄，去粗取精，去偽存真，由此及彼，由表及裡，最後凝聚集合，融為一體，塑造出藝術形象和典型意境。

　　可見，這個形象思維的過程一方面是認識不斷深入、由感性到理性的本質化的過程，另一方面又是想像不斷展開、豐富，使形象具有特色的個性化的過程。這兩者是同時進行，不可分割的。

　　詩是如此，其他藝術亦然。例如，魯迅《祝福》中關於祥林嫂的故事（改嫁、小孩被狼吃、捐門檻等等），就原型說，本是分散在好些人身上，它們並不相干；魯四老爺的原型也沒有那麼壞。但魯迅卻隨著祥林嫂形象的展開，把這些悲慘的故事、情節集中在一起，把生活中另一個人的形象加在魯四老爺原型身上，這樣一來，祥林嫂被壓迫的苦難形象變得更強烈、更典型，魯四老爺的吃人者的凶殘面貌揭露得更深刻、更有普遍性，從而對當時社會生活的本質也就展示得更清楚了。另一方面，這些人物，例如祥林嫂的命運、遭遇和性格也就更具體化、更獨特、更個性化了。這不正是形象思維中的本質化與個性化的同時進行，理性階段並不脫離具體形象想像的認識特徵嗎？不但小說創作如此，無論是詩句的推敲，演員的體驗，畫家的構思等等，無不如此。

　　形象思維的另一特徵是富有情感。大家都知道，沒有情感，文藝創作就沒法進行。機器也能「作曲」、「寫情書」，但始終不成其為文藝。對形象思維來說，無論是創作衝動的發生，創作過程的延續，都是以情感作媒介或中介，受著情感態度的支配和誘導的。並且，文藝創作中的情感態度總是和作家藝術家想像中的形象融合在一起。且不說抒情詩、音樂這種直接表情性的藝術，形象和情感不可分割；就是在偏重客觀描寫的小說、戲曲、繪畫等藝術中，也是如此。作家藝術家在所塑造的各種人物、場景、情

節中，總塗上了一層主觀的情感色彩，把自己的愛憎好惡給予了他所構思所想像的人物、事件和對象。這就是為什麼我們看到作家藝術家常常把自己與所塑造的人物或環境混同起來的原故。這與其他工作如寫理論論文時的情感態度明顯不同，後者的情感態度畢竟是外在的，從來沒人能從一個化學方程式或一條經濟學原理中，感受到和尋得出作者個人的情感來。

 ## 形象思維與邏輯思維的關係

　　形象思維既不脫離具體形象和情感，抽象的邏輯思維又起什麼作用呢？是不是文藝創作不要思想呢？

　　當然不是。思想是整個創作的基礎，是形象思維的前提。前面引過的《滄浪詩話》就知道作詩雖不同於讀書說理，但「非多讀書多窮理，則不能極其至」。所以，除了反理性論者完全否定邏輯思維，把形象思維神祕化外，今天主張形象思維的同志絲毫沒有輕視而是十分重視邏輯思維的作用的。

　　因為，一個作家或藝術家的創作之不同於小孩或猩猩的亂畫或模擬，主要不在於創作中有一個抽象的邏輯思維的階段，首先出發點便有根本區別。文藝創作的出發點，並不是一般的感知表象（小孩也有），而是包含理解（這不是思維嗎？只是有時未自覺

意識到罷了）在其中，與情感、感知相統一的審美感受。「理解了的東西才更深刻地感覺它」，一段情節、一幅圖景、一個人物，甚至一塊斑痕、一個身影……，所以能夠打動作家、藝術家，使他感到其中有某種東西吸引著他、激勵著他，這些生活素材所以對他能有意義，使他產生創作要求或衝動，原因就在於被打動者原先就有大量的邏輯思維和生活經驗的緣故。一個祥林嫂便引起魯迅寫出那麼深刻的作品，主要原因不正在於魯迅早就有了對中國社會長期的大量的觀察、體驗、研究、分析，早就有了堅實的邏輯思維的基礎嗎？

　　而且，不僅作為基礎，邏輯思維還在整個形象思維行程中，或暗中或明處不斷地起著指引、規範和制約的重要作用，只是有時表面看來不很明確或自覺罷了。但在長篇巨製中，情況就表露得極為明白，作家有時還從形象思維中完全退出來，冷靜地從理論角度去分析、研究、評量、決定作品和形象所處的狀況和發展的方向（如擬定、修改寫作提綱等等）。可見，邏輯思維經常是以各種不同形式或滲透、或干預、或交融在形象思維過程之中的。

　　總起來看，從形象思維的基本特徵和它與邏輯思維的密切關係出發，便必然強調今天革命的文藝工作者要深入到現實社會生活中去，否則就既不可能獲得正確的情感態度，也不可能獲得現實生活的真實形象（人物、故事、情節、場景等等），反對形象思維，以為憑幾個邏輯思維的概念、推理，把它們再圖像化一番，就可以創作出作品，這就必然要割斷文藝與現實生活、與廣大人民的密切關係，「四人幫」的陰謀文藝及其理論不就正是這樣的嗎？

補記：

關於邏輯思維應否干預形象思維，我在本書〈形象思維再續談〉一文中對自己的提法有修正。該文指出，形象思維並非思維，藝術不是認識，並肯定創作過程中的非自覺性，反對邏輯思維過多地干預形象思維，因為我認為，這正是我們文藝作品數十年來的一個主要毛病。形象思維是文化大革命中受到猛烈政治批判的問題，許多人因持此論而大受迫害。文革結束，此案即翻；而主張和反對雙方開始大規模的學術爭辯，發表文章極多。我因被認為是倡導此論並於文革開始時首遭批判的重要對象，多處約文撰稿和講演，本書收錄和保留了幾篇的文章作為紀念，但論點例證均多有重複囉嗦之處，希讀者見諒是幸。

1979 年 12 月

十一、形象思維續談

註：本文據一次講演整理而成，原載《學術研
　　究》1978 年第 1 期。

關於形象思維，最近收到一些詢問和意見，其中一個中心問題是形象思維與邏輯思維的關係。想圍繞這個問題，講三點：一、形象思維與邏輯思維的區分、先後、優劣等問題；二、從美感看形象思維與邏輯思維的關係；三、所謂形象思維的「邏輯」。

「形象思維」這個詞，本身看來似乎就有矛盾，因為在一般習慣中，思維一詞通常狹義（嚴格意義）使用，主要是指脫離開表象（即形象）的概念、判斷、推理。所以，有人說形象和思維聯在一起就不通，主張用「藝術想像」來替代它。形象思維本意的確是指藝術想像，但它比「藝術想像」作為科學術語有一個優點，就是它包含有「思維」這個語詞，可表達出反映事物本質的語義，而「藝術想像」這個詞就不能表達出這種涵義。把形象思維簡單說成即是想像、聯想和幻想，是不準確的，因為聯想和想像可以是作夢，可以是隨便亂想，「形象思維」這個詞本身就有要求藝術創作去反映事物本質的意思。所以，這個語詞終於成為馬克思主義的美學術語，解放後廣泛流行，不是偶然的。形象思維可說是能達到本質認識的藝術想像。當然，「思維」一詞在這裡就是廣義（寬泛意義）使用的了。

　　一些人感到形象思維很神祕，其實不然。在日常生活和日常思維中，常常有形象思維的成分（也只是成分）。日常思維中既包含有抽象思維（即邏輯思維）的成分，也包含有形象思維的成分，既有概念、判斷、推理，也有表象、意象、想像的活動，它們經常滲透混合在一起。正是從這種日常思維中，分化出高度發展的科學思維和藝術思維，就是現在一般講的邏輯思維和形象思維（黑格爾也把思維分成三種，與此大體相當，見《美學》第 3 卷「緒論」）。科學家為了對事物進行深入的認識，經常必須盡可能地捨棄事物的形象表象，使自己的思維運行在高度抽象化的概念推移之中，作出判斷和推理，有時任何形象表象都沒有也不能有。例如數學家的演算、黑格爾的《邏輯學》，都是這種高度抽象的邏輯思維。另一方面，藝術家則主要用形象思維，盡可能地甩開抽象的概念、判斷、推理，使自己沈浸在想像和幻想的形象世界裡，與想像中的人物、環境、事件打交道，描繪它們，抒寫它們，好像它們都是真實存在著似的，與作家同呼吸共命運。古今中外作家創作談中這種事例講得不少。以前有人說，作夢的人經常不知道自己是在夢裡，藝術家的創作有時也有類似情況，他沈浸在自己編造出來的藝術幻夢之中。作夢是沒有多少邏輯思維的，一個形象連著一個形象，有時非常合情合理，有時則變化無常毫不規則。藝術創作當然不是作夢，不能把藝術和夢完全等同起來，但在非邏輯思維這一現象上，兩者又確有類似之處，它們都是形象的推移。但藝術創作作為形象思維，它不只是形象的推移，而要在這推移中反映出事物本來的規律，這與作夢便不大相同了。正

是在這一點上，它與邏輯思維是共同的。

恩格斯說：「我們的思維能不能認識現實世界？我們能不能在我們關於現實世界的表象和概念中正確地反映現實？用哲學的語言來說，這個問題叫做思維與存在的同一性問題」。[1] 用「表象」來反映現實是文藝，用「概念」來反映現實是科學；也可以說，表象是形象思維的細胞，概念是邏輯思維的細胞。拿文學來說，它的基本材料是語詞，每個語詞都是在進行概括，都有一定的抽象性。但詞和詞並不一樣，有的詞和表象關係很密切，提到這個詞就容易浮現出某種形象表象，例如前門、天安門等等，這是一種表象性的語詞。有的詞則離形象很遠，甚至根本沒有形象，許多科學概念，如真理、生產關係、虛數、信息論等等，就沒有也不可能有表象，任何形象表象都沒法表達這種高度抽象的本質概括。這才是真正概念性的語詞。很明顯，文學和科學雖然同樣用語詞，但前者主要應該以表象性強的語詞作材料，少用那些不能喚起形象表象的詞彙。

從語詞概念和思維發展來看，表象詞彙和形象思維在日常生活和日常思維中，早期所占比重要更大一些。拉法格在《思想的起源》中說，原始人沒有硬、圓、熱等抽象概念，只有「像石頭」、「像月亮」、「像太陽」的形象比擬。在我們看來是很具體的語詞，在原始人那裡還是很抽象的。概念如此，判斷、推理亦然。某些少數民族往往用某種形象的比喻，某種動物的性格和關係，

---

1 《馬克思恩格斯選集》第 4 卷，人民出版社，1972 年版，第 221 頁。

來表達某種判斷和推理。他們還不習慣用抽象思維。兒童也是這樣。對兒童進行教育，經常要用寓言來表達某個邏輯的道理。在現代生活中，概念性的詞彙則是愈來愈多。自然科學一大堆術語就滲入日常生活和日常思維之中。可見，從認識論歷史看，無論是原始思維和兒童心理，在日常思維中，都是抽象思維的成分和比重隨著人類的發展和個人的成長而逐漸增大。這說明抽象思維（邏輯思維）是人類思維極大的成果。列寧說，表象不能把握每秒三十萬公里的運動，而概念能把握它。[2] 說明用形象表象把握、反映、認識事物的某些或某種本質規律，有一定的局限性和困難。作為認識來說，形象思維當然不及邏輯思維。人們認識世界主要靠並越來越靠邏輯思維。

　這是不是說藝術低於科學，形象思維低於邏輯思維？不是。因為藝術不只是認識。如果藝術只是認識，那人類幹嘛要兩種認識？一種就夠了。這是一個很重要的問題，後面還要講到。這裡只講，即使把藝術作為認識，形象思維也有非邏輯思維所能替代的方面。列寧指出過，邏輯思維中的概念，總是對不斷運動著的現實事物的一種僵化、宰割。就是說，從概念開始的邏輯思維，反映現實時，總要去掉現實對象中許多生動活潑的東西，總是從一個角度、一個方面去認識世界。形象思維則不然，由於它的方式、過程和成果都離不開形象表象的活動，它給予人們的便是如同生活本身那樣的一個多方面的活生生的整體，而科學和邏輯思

2 參看《哲學筆記》，人民出版社，1956 年版。

維給人的總是一個方面或片面。在這個意義上，巴爾扎克的《人間喜劇》比當時經濟學家、統計學家所提供的材料就還要多；《紅樓夢》提供的滿清貴族上層生活材料、情景，也比當時任何歷史記載和後人的分析研究，要更為具體細緻，豐富生動；說它們都是當時社會的百科全書，就是這個意思。藝術是豐富生動的生活本身的整體再現。所以，從認識來看，科學與藝術，邏輯思維與形象思維也各有所長，何況藝術的本質並不在認識。

在同樣用語詞作單位的文學創作和理論論著中，形象思維和邏輯思維的關係、比重、情況又是多種多樣、錯綜複雜的。理論論著中可以有充滿情感的和形象表象的語句，長篇小說中有時也不乏大段的議論說理。但所有這些又都只居於次要、從屬、輔助的地位。同是文學創作，詩與散文也不一樣。在有些散文中，邏輯思維和形象思維非常接近甚至彼此重合。中國古代一些散文，便既是議論文章，又是文學作品。所有這些問題，需要以後作細緻的專門研究。

邏輯思維作為形象思維的基礎，也是一個搞得比較混亂的問題。我認為，這個提法不能作狹隘理解，就是說，不能理解為在

任何藝術創作、形象思維之前，都必須先有一個對自己創作的邏輯思維階段以作為基礎。誠然，有些創作和形象思維是這樣的，例如寫一部長篇小說和多幕劇本，經常先擬提綱，確定主題，安排大體的人物、情節、場景、幕次等等，很多是邏輯思維。但是，即興創作、即席賦詩，甚至有時在夢中獲得佳句，就不能這麼說了。其他藝術更是如此。因此，說邏輯思維作為形象思維的基礎，是在遠為深刻、寬廣的意義上說的。這裡想通過美感來作點說明。美感一般來自對藝術成品的欣賞，但從藝術家創作的成果，來看藝術創作的起點和過程是有好處的。

　　美感的一個基本特徵，是它的直覺性。多年來許多人不敢談這個問題，其實這是一個人所熟知的普遍存在的心理事實。欣賞一件藝術作品，看到一個漂亮形象，審美愉快直覺地產生出來。經常不是讓我考慮考慮之後，再去判定它美不美、應不應該喜歡，而是當下直覺地感到它美或不美，產生或不產生審美愉快（美感），儘管一時還說不出什麼道理。如果你直感不到美，即使別人千言萬語說它如何如何，你也只能口頭上或思想上同意，但仍然產生不了美感（由於審美能力不夠，經人指點後，可幫助產生美感，這是另一個問題）。審美是最不能勉強的，好像人的本能——生理感覺似的：苦的東西儘管人說如何甜，嘗起來仍然是苦的，無怪乎達爾文甚至普列漢諾夫都把美感說成是一種「本能」。當然，審美能力和美感愉快並不是一種生理快感，並不是先天具有的東西，它不是動物性的本能。看一幅好畫，並不是「眼睛吃冰淇淋」，不是生理快感，而是一種精神享受，是人所獨有的社會性

的美感。在這種似乎是本能式的個人直覺的心理形式後面，其實有著極為堅固深厚的社會功利的理智、邏輯的考慮。只是對個人來說，沒有自覺意識到罷了。個人生活在一定的社會、時代、階級之中，不知不覺地接受了、承認了、保持了這個社會、時代、階級的功利、理智、邏輯的考慮，這種考慮成為他的美感的根本基礎。儘管你是直覺到它美，但這個直覺不是憑空產生的。你所以喜歡這些東西，是有其時代的、社會的、文化教養等方面的原因。在美感直覺性中，潛伏著功利的、理智的邏輯基礎。普列漢諾夫就這問題講得很多，舉了好些原始民族的例子，也以此論證過十八世紀法國的繪畫和戲劇。普列漢諾夫說：「……功利是依靠理智來認識，美是依靠直覺能力來認識的，……功利只能為科學的分析所發現，美的欣賞的主要特徵是它的直覺性，不過功利究竟是存在的，是美的欣賞的基礎。」這個為魯迅所肯定和介紹的基本觀點，我認為是馬克思主義美學中一個關鍵問題。一方面不能否認和抹煞美感的直覺性，另一方面又不能把這種直覺性看做是生理本能和神祕感覺，而要看作正是社會的理智的因素沈澱在感覺中才可能有美感。這與形象思維的特點便大有關係。

再從美感構成因素來看。美感至少是包含知覺（在文學是表象）、情感、想像、理解四種因素的有機構成。這幾種因素的不同比例、不同方式的組合配列，形成各種不同的美感。例如有的美感是平靜、寧適的愉快；有的則激動、亢奮一些；有的在愉快中還夾雜某種痛苦和悲傷，如此等等。這涉及一系列極為複雜的文藝心理學問題，美感是尚待發現和解答的某種未知的數學方程式。

　　在這幾種因素中，理解是很重要的一環。在情感和想像的自由運動中，理解在暗中起著作用。也正因為此，才產生審美愉快，使美感不同於生理快感。快感是由於生理上感到愉快而判定對象是你所喜歡的，美感則是因為你感到對象美才產生愉快，這是大不相同的。而所以感到對象美，則是因為這幾種心理因素，其中又特別是理解因素在起作用的原故。我在以前的文章曾強調說過，這種理解是一種領悟而不是說教，它不是概念認識。當時曾用《四溟詩話》中一個例子：「韋蘇州曰，『窗裡人將老，門前樹已秋。』白樂天曰，『樹初黃葉日，人欲白頭時。』司空曙曰，『雨中黃葉樹，燈下白頭人。』三詩同一機杼，司空為優。」這位司空的為優，只是不自覺地運用了今天常見的電影蒙太奇：黃葉樹、白頭人兩個鏡頭一組接，便產生了兩個畫面之間的第三個意義。對這個第三個意義的理解，正是構成美感、產生審美愉快的重要因素。這種理解因素當然不同於抽象的概念認識，它比用「將老」、「已秋」之類的確定概念，表達的涵義要更多，更豐富，更使人心領神會。司空圖《詩品》說：「不著一字，盡得風流；語不涉難，已不堪憂」，詩詞本是用字的，偏偏說「不著一字」，意思就是說不必用那種種概念性的語詞，也不必說如何如何困難憂愁，只要善於運用表象形象和形象之間的推移聯繫，這種憂愁的意思便自然訴諸心目，感人至深了。這是因為它「語不涉難」，卻使想像、情感自由地趨向於「難」的理解。中國美學傳統素來講究「狀難寫之景如在目前，含不盡之意見於言外」，「若隱若現，欲露不露，……終不許一語道破」，所謂「神餘言外」、「弦外之音」以及

「計白當黑」,「以少勝多」,「此時無聲勝有聲」等等,都是說的這個道理,都是要求藝術作品給欣賞者留有自己想像和理解的餘地,讓欣賞者發揮自己上述那幾個心理因素的主觀能動性,這才可能產生審美愉快,否則都說完了,說盡了,道破了,知覺、想像、情感、理解都沒有活動的餘地了,也就不會產生美感。中國美學非常懂得這種藝術的審美特徵,幾句小詩,幾筆水墨,所以能留下那麼深厚雋永的意境,就是因為它沒有用概念來道破,從而使想像、情感和理解產生合規律性的自由運動,獲得一種包含理解、領悟而又非概念認識所能表達或窮盡的感受。

這裡所以講一大堆美感,是為了說明形象思維。創作成果是創作過程的物化和終點,它們有相通、相似和相同之處。欣賞者和藝術家並不隔著一道萬里長城,毋寧說只有程度上的差異。藝術家比一般人更具有審美能力或審美感覺,一般稱之為藝術敏感、創作靈感、天才等等。一般人只在藝術成果和作品中感受到美感,藝術家善於在生活中,在現實對象、場景、人物、情節、姿態、動作、話語、音調等等中去感受、捕捉、發現、探索、追求某種打動他的心靈的東西,這其實也就是一種粗糙的萌芽狀態的美感。因為生活中的美是分散而處於原始狀態,不像藝術作品那麼集中而典型,對它的審美感受也就不可能那麼集中而典型。只有善於感受、體驗,具有藝術敏感的作家、藝術家才能發現它、捕捉它,以它作為進入創作過程、開始形象思維的起點。很明顯,這個起點便不是一般的形象表象。一般的形象表象,小孩都有,但並非形象思維(所以日常思維中的形象思維的成分並不能等同於藝術

家的形象思維）。作家藝術家形象思維的感知、表象和想像活動與美感相似，一方面有直覺性的特徵，另一方面又有深厚的社會的理智邏輯基礎，包含理解因素在其中。作家藝術家在生活中感受到某種形象，引起創作衝動，展開藝術想像，進入創作過程，一時不一定說得出多少道理，但這決不是憑空產生，而有其深厚的邏輯基礎和原因，這種情況與上述美感的情況基本上是一樣的。「一段情節、一幅圖景、一個人物，甚至一塊斑痕、一個身影……，所以能夠打動作家藝術家，使他感到其中有某種東西吸引著他、激勵著他，這些生活素材對他能有意義，使他產生創作要求和衝動，原因就在於被打動者原先就有大量邏輯思維和生活經驗的緣故。」[3]《祝福》據說是一夜之間寫出來的，並不意味著魯迅在這一夜裡或這一夜之前才從邏輯思維上研究和分析中國社會，在這一夜裡，魯迅也許根本沒有從邏輯上、理論上考慮、研究中國社會，但他創作得如此成功，卻深刻地說明了他的藝術直感有強大的正確的邏輯思維作為基礎，因為魯迅早就對中國社會有長期的深入的思考和研究。

　　否定文藝創作和形象思維的特徵，以及直覺、靈感等等現象，是不符合客觀事實的。同樣，否定邏輯思維作為上述形象思維以及直覺、靈感的基礎，也是不對的。唯心主義美學特點之一，就是誇張藝術想像和直覺、靈感，把它們絕對化、神祕化，把文藝創作和作夢完全等同起來，抹煞邏輯思維作為基礎的意義。

---

3 參看本書〈關於形象思維〉。

　　美感是直覺能力，但這能力可以培養。形象思維的能力也是
這樣。培養也不只是欣賞藝術，而是要提高整個文化教養水平，
提高邏輯理解能力。有些人看不懂電影，是由於理解能力不夠，
從而感受不到蒙太奇句子所表達的那種含意。中華民族的審美教
養本是很高的，我們一定能夠遵循形象思維的規律，創造出無愧
於我們偉大民族的藝術作品來。

　　邏輯思維有邏輯，形象思維有沒有邏輯呢？這要看「邏輯」
這個詞的含意指什麼。邏輯思維的邏輯是指概念、判斷、推理的
規則。例如概念之間的種屬邏輯關係，判斷的邏輯分類（全稱肯
定、特稱肯定……），推理的邏輯規定和格式（如三段論、四名詞
謬誤等等），在這個意義上的邏輯，形象思維是沒有的。形象思維
不能找出什麼判斷分類、推理格式來。像什麼「草蛇伏線」之類
的「小說作法」，只是概念化的扯淡，並非形象思維的邏輯。但如
把「邏輯」一詞理解為客觀規律，那形象思維當然有其自己的這
種規律。這種規律亦即是形象思維的特徵，即我 1959 年提出的
「本質化與個性化的同時進行」和「富有情感」。[4] 這兩個特徵是
不可分割的，所以兩點實際上是一點，即「以情感為中介，本質

化與個性化的同時進行」。

每種藝術都有自己形象思維的獨特規律和表現形式。其中邏輯思維和形象思維的相互關係、交錯情況、所占比重、滲透融化很不一樣，需要各別作具體研究。但是上面講的這個規律（「以情感為中介，本質化與個性化的同時進行」）還是共同的。因為形象思維的這個規律，不過是美和美感的本質特徵在藝術創作中的體現。

美是具體形象性和客觀社會性的矛盾統一，美感是個人直覺性和社會功利性的矛盾統一，展示和表現在形象思維、藝術創作中，便是個性與共性、偶然和必然的矛盾統一。藝術創作通過本質化（去粗取精，去偽存真）與個性化（由此及彼，由表及裡）的同時進行，把個別與一般（共性）統一於特殊，把偶然與必然統一於典型。特殊、典型（包括意境）也就是「這一個」。它是獨特的活生生的個性（特殊），又表現出社會的本質、必然和共性（典型）。它是藝術的美、理想的美或美的理想，給人們以審美愉快（美感）。特殊、典型、意境、美的理想，正是形象思維通過上述規律才能達到的。[5]

但是光講這個還不夠，因為本質化和個性化的同時進行，究竟是如何進行的呢？形象是如何由此及彼、去粗取精的呢？這就要講到「以情感為中介」的問題。

搞任何事情都要有情感。革命工作和科學研究，都需要極大的熱情，都要有獻身精神。藝術創作於此並無特殊。區別在於，

---

4 參看本書〈試論形象思維〉。
5 參看本書〈典型初探〉、〈「意境」雜談〉。

藝術創作的情感是作為形象思維中的一個活躍因素在起作用，與其他活動有所不同。演算數學題，搞革命規劃，你如果不壓制那沸騰的感情，不極其冷靜地考慮研究，就容易出錯。情感因素並不能也不需要直接滲入演算和工作之中，構成思維的組成部分。形象思維則相反，它經常需要情感作為媒介或中介，才能使形象彼此聯繫起來。各門文藝創作使用的比興，經常是通過情感為中介來進行的。「東方紅，太陽升」用以比領袖，自然事物為什麼能比擬社會人物，這種形象的由此及彼的推移過程如何可能，兩個本來並不相關的對象，為何能聯繫起來，不正是通過情感為中介來進行的嗎？人們把對太陽溫暖的情感反應與領袖聯繫了起來。用暴風雨比革命（如高爾基著名的〈海燕〉散文詩中，呼喚「暴風雨來得更猛烈些吧！」），用花比美人，也無不如此。它是用對不同對象的相似的和相同的情感，把這些本不相干的對象聯繫了起來。此外，還有把情感相反的對象聯繫起來，如「橫眉冷對千夫指，俯首甘為孺子牛」等等。這就是沒有情感的機器所不能作到的。機器可以搞某些邏輯思維，不能搞形象思維。

以情感為中介，使形象由此及彼，推移變換，彼此聯繫，就能把現實生活的複雜性和多方面性作為整體表現出來。現實事物本來是多方面的，它們具有彼此矛盾的性質或特點，人對它們的情感態度也經常是多方面的、矛盾變化和錯綜複雜的。例如，老虎既有吃人的一面，又有勇猛的一面。於是在詩文中既有「苛政猛於虎」之類的詠嘆，用老虎來比擬殘暴、迫害；同時又有「秦王掃六合，虎視何雄哉」，國畫中常用老虎為題材，寫出那威嚴雄

壯的氣派。又如老鼠作為令人憎惡的禍害，《詩經》有「碩鼠碩鼠」的比喻。但另一方面，齊白石也畫偷吃燈油的小老鼠，「夢破鼠窺燈，霜送曉寒侵被」，老鼠作為夜的點綴，又並不成為可憎反而成為藝術中可愛的小動物了。又如，同一春草既可以表現「千里萬里，二月三月，行色苦愁人」的淡淡哀傷，也可以表現「野火燒不盡，春風吹又生」的倔強、開朗、旺盛的生命力……。這種對同一事物的不同甚至相反的情感反應和聯繫，正是使審美和藝術領域無限寬廣、千變萬化的原因之一。邏輯思維裡對同一對象不能同時既肯定又否定，形象思維對同一對象卻可以同時既愛又恨，既同情又氣憤，既「哀其不幸」，又「怒其不爭」……，表現出種種矛盾複雜的現實情況和情感態度來。所以，一個人物典型、一種藝術意境，它所包含的豐富內容和情感意義，經常不是僅用好人壞人、肯定否定兩種邏輯判斷所能窮盡無遺，形式邏輯的排中律（非此即彼）在這裡有時會失去效用。並且，形象思維中的肯定判斷有時表示出來的，恰好是情感上的否定意義，否定語句則表現出肯定意義。親愛者偏稱「死鬼」，「你這個好人」是反話，……在日常生活中便多見，更不用說集中反映在藝術中了。這些都是只知道非此即彼的邏輯機器所不能理解和不能作到的（小說創作中，有違背作家主觀意志、情感的形象發展的特殊情況，這裡暫略）。

形象思維中還包括利用心理學講的感覺器官中的「聯覺」現象，來塗上一層情感色彩。譬如「明亮的聲音」，「喧嘩的色彩」，聲音只有高低並無明暗，色彩只有明暗並不喧嘩，但我們完全理

解這種說法，這是因為低與暗、高與亮有一種「聯覺」（知覺之間的聯繫）的原故。用在文藝中，「綠楊煙外曉寒輕，紅杏枝頭春意鬧」，如王國維所說，「著一『鬧』字而境界全出」，溫度不能用斤兩來稱，春意也無所謂鬧不鬧，然而通過這兩個具有聯覺的表象性的語詞，詩人給對象塗上了一層情感色調，創造出優美的春天意境：輕的曉寒，鬧的春意，便成為著名的巧思麗句了。至於情感多與表象性的語詞有密切和直接的聯繫，與概念性的語詞則稀薄或沒有。這些心理學的常識，這裡不多講了。

文藝創作和欣賞中所謂「移情」也是如此，詩人、藝術家把自己的情感轉移到對象上去了。且不說像「感時花濺淚，恨別鳥驚心」、「曉來誰染霜林醉，總是離人淚」……這種所謂「有我之境」，就是像「曖曖遠人村，依依墟里煙」這種客觀描寫式的所謂「無我之境」，也仍然是詩人主觀情感態度所決定或選擇的。村景曖曖，墟煙依依的景象、意境，不正是詩人對中世紀田園生活的情感態度的表現嗎？它們都是以情感為中介，使形象推移、想像活動起來。莎士比亞的博喻，三李詩中的意境，形象都是一個接著一個，以情感為中介，山光水色，五彩繽紛。中國美學強調「詩中有畫，畫中有詩」，前者要求有可見的鮮明的形象性，後者講的就是情感性。畫面要有情感才是好畫，儘管這種情感可以不是直接而是通過形象的客觀描繪表現出來的。包括小說創作也常如此，例如魯四老爺的原型並沒有那麼壞，祥林嫂的故事原來分散在幾個人身上，為什麼魯迅要那樣描寫魯四老爺，要把祥林嫂的故事集中起來，這種本質化和個性化的同時進行，不正是由於魯迅對

剝削者的憎惡和勞動者的同情這種情感態度（與理解交織在一起）
所決定的嗎？形象思維以情感為中介，使想像和理解處在自由的
運動中，這就同時把情感客觀化，使理解沈澱在情感之中，具有
理性的內容。可見，在形象思維中，美感這幾種心理因素是彼此
滲透、融為一體、非常活躍的。福樓拜說，包法利夫人服毒的時
候，他嘴裡都有砒霜味，甚至連知覺都影響到了。這是邏輯思維
一般不會有的。由此可見，形象思維並不僅僅是一個思維問題。

　　今天所以強調一下情感，原因之一，在於音樂是表情性的藝
術。[6] 音樂與書法、建築、舞蹈這類藝術接近，比它們的表情性
更突出。從這類藝術，倒可以看出藝術的本質特徵和作用究竟是
什麼？它是不是模仿？是不是認識？我認為，藝術的本質特徵和
作用，不在模仿，也不在或主要不在狹義的認識。藝術主要不是
教人去認識（狹義）世界，而是教人去行動，去改造世界。它主
要是使人激勵起來，團結起來，去改造自己的環境，而不只在給
人以一種認識而已，它毋寧是給人一種情感的力量。這種情感力
量不是生理的，而是包含社會倫理理智的功能在內，這就是我們
常講的教育作用。藝術的教育作用所以不同於讀一本理論書籍的
那種教育作用，原因正在於它是通過情感上的強烈感染或潛移默
化來進行的。藝術的這種本質、特徵和作用，便決定了它的思維
方式。

　　既然如此，光從兩種不同認識方式，來講形象思維與邏輯思

---

6 本文係在中央音樂學院講演的記錄整理稿。

維的區別就很不夠了，這兩種思維不僅是認識方式和認識對象的不同，而且它們作為認識的根本含意就有不同。

要指出這一點，是因為光從模擬或狹義的認識出發，要求音樂、舞蹈等表情性藝術也去摸擬現實對象，便違反了這些藝術的形象思維的要求和規律。如果舞蹈從頭到尾都充滿模擬現實生活中的動作，開機器呀，打風鑽呀，便等於啞劇，而不是舞蹈了。如果音樂只是摸擬現實音響，便等於口技，而不是音樂了。就連器樂模擬民歌也並不是正確的道路。表情藝術主要應該通過情感的比擬去進行創作，模擬因素只占極次要的、從屬的地位，起點醒的作用而已，例如貝多芬《田園交響樂》中的鳥聲、暴風雨聲。而暴風雨過後那段極為甜美酣暢的音樂，表現出萬物生機勃勃的情景、意境，就根本不是模擬所能做到的。無論中文、外文（英文 Visionary thought, Imaginative thought 俄文 образное Мыщцение），形象思維主要指視覺形象，音樂卻訴諸人們的聽覺，只喚起某種很不確定的朦朧的視覺景象。然而音樂卻能通過特定的意境，表現出具有高度哲理性的深刻思想和主題，這甚至是視覺形象非常鮮明的藝術部類都難以作到的。藝術中的音樂和科學中的數學，同樣是人類文化的皇冠珍寶。

音樂是表情的，卻與數學有極為密切直接的關係。它的形式具有極其嚴格的數學結構，無論是創作和專業的欣賞都經常會注意、考慮、思索這方面的問題，特別是在訓練、學習階段。正如作詩填詞必先注意、考慮、思索詩句的平仄、韻律一樣，各門藝術都有其形式結構方面的要求，在創作中必須遵循，音樂在這方

面最為突出和嚴格。對藝術形式結構方面的這種注意、考慮當然是邏輯思維。創作首先必須掌握這種形式技巧，如果連平仄韻律都分不清楚，就難作出好的詩詞。但在比較成熟的藝術家那裡，這方面經過鍛鍊，非常熟悉，在創作過程中便很少再去考慮。會作詩詞的人，可以衝口而出，就合平仄，很少考慮是否平聲仄聲，其他藝術也無不如此。而這是需要經過長期、大量訓練才能達到的。所以，說邏輯思維是形象思維的基礎，還包含有對藝術形式結構方面的熟練掌握的意思在內。

可見，形象思維完全不是如反對者所說的那麼簡單，從形象到形象就完了，它不但要求大量的長期的從內容到形式的準備，這準備包括大量的邏輯思維作為基礎，而且它本身還是一個調動人的各種主要心理因素，從情感到理解，從知覺到想像，錯綜複雜地交織在一起，而不斷深入的創造性的「思維」過程。正因為每個人這幾種心理因素的情況、特點、配合、比例等等並不相同，有大量的個性差異。有的人情感愛激動，有的人愛冷靜地觀察，正如有人喜讀杜甫，有人愛唸李白，有人喜歡《簡愛》，有人卻喜歡《咆哮山莊》一樣。欣賞有這種種美感的個性差異，創作就更如此了。正是在形象思維中，這種種個性差異可以得到豐富而充分的展開，創作出極為豐富多彩各具個性特色的作品出來，這是邏輯思維和科學論著所沒有也不需要的（當然這也是相對而言）。總之，形象思維作為中心，既與藝術本質又與藝術個性直接相關，它涉及的領域和問題非常廣泛，是一個重要的美學課題，需要我們今後仔細研究。

十二、典型初探

註：本文原載《新建設》1963 年第 10 期。

近幾年來，關於藝術典型問題有過許多討論。對目前流行在一些論著中的看法，我有幾點意見，提出來請大家指教。

第一個問題：究竟應該怎樣來闡釋藝術典型作為共性與個性的統一問題？僅僅從共性與個性（或普遍性與個別性）的一般關係上能否準確地解釋藝術典型？

藝術典型是共性與個性的統一，亦即普遍性與個別性的統一似乎已成定論。但是，任何事物，都可以說是共性與個性（即普遍性與個別性）的統一。「個別一定與一般相聯而存在。一般只能在個別中存在，只能通過個別而存在。任何個別（不論怎樣）都是一般。任何一般都是個別的（一部分，或一方面，或本質）」。[1]「共性，即包含於一切個性之中，無個性即無共性」。[2] 那麼，典型於此又有什麼特殊之處呢？藝術典型區別於其他事物的特殊的矛盾和特殊的本質，又在哪裡呢？用共性、個性的一般關係來闡釋藝術典型，能說明問題嗎？

---

1 列寧：《哲學筆記》，人民出版社，1956 年版，第 363 頁。

2 〈矛盾論〉，《毛澤東選集》第 1 卷。

　　有些同志看到了這點，想設法補救。他們認為，典型所體現的共性或普遍性，比起其他事物來，要更加集中、更加充分或更加有社會意義一些。典型的個性或個別性，比起其他事物來，也要更加生動、更加突出一些。典型是「以鮮明、生動而突出的個別性，能夠顯著而充分地表現了他有相當社會意義的普遍性」[3]，等等。這種說法比起前面那種籠統的共性個性說，好像是確切一些了。它希望確定藝術典型之不同於其他一般事物的特性所在。可惜的是，這種說法缺乏實質上的規定性，它所說的「鮮明」、「生動」、「顯著而充分地」、「有相當社會意義」等等都缺乏明確的解釋。究竟什麼是「顯著而充分」，什麼不是「顯著而充分」？究竟什麼才算是「有相當社會意義」，什麼不能算「有相當社會意義」？便非常含混模糊。它們在理論上只是些形容詞彙，在實際運用中，很難成為一種客觀的標準。因為所謂「顯著」、「充分」、「相當」都是相對的，如果沒有明確規定，就主觀說，可以人言言殊，同一形象，你說「充分」，我說「不充分」；就客觀說，甲形象比乙形象，可能「充分」、「顯著」，而比丙形象卻又不然；究竟誰算典型，便沒有一種理論的尺度來衡量判斷，容易陷在主觀隨意性和相對主義的錯誤中。所以，僅僅用某些形容詞彙來限制一下共性個性說，來堵塞一下漏洞，仍然是不能解決問題的。

　　一般流行的共性個性說的突出的弱點，還表現在對藝術典型的階級內容的闡釋上。他們認為典型的共性就是典型的階級性。

3　蔡儀：〈文學藝術中的典型人物問題〉，《文學評論》1962 年第 6 期。

因此，對藝術典型的共性的分析就直接歸結為對某種階級性的尋找。實際上這是把問題簡單化了。在具體運用上，會碰到很多困難。例如，像阿Q、林黛玉、魯智深、哈姆萊特、浮士德、安娜・卡列尼娜、朱老忠、李雙雙……，這些藝術典型的共性，是否就只是體現了某個農民階級、某個地主階級的階級性？就是這種階級性的共性一般使他們具有普遍意義成為藝術典型的？是否找出他們的階級性的共性一般便了解了他們的典型性？……阿Q是因為體現了辛亥革命時期農民（或雇農）階級的階級性，而具有普遍意義，成為典型的嗎？林黛玉體現了當時破落中的官僚地主階級的階級性的共性了嗎？那她與賈府中那麼多的少爺小姐又如何相區別呢？或者，林黛玉是體現了市民階級的階級性？那又與《三言》、《兩拍》中那些市民階級的人物如何區別呢？並且，即使找到了林黛玉體現了某個階級的階級性（與個性相統一），便能說了解了林黛玉之所以成為藝術典型嗎？等等，這些問題都不是典型＝共性（與個性相統一）＝階級性（與個性相統一）的簡單公式所能解釋的。

有人看到了這點，便提出，共性不僅僅是階級性，還包括有所謂「社會性」，認為典型的共性是階級性與社會性的「矛盾的統一」。[4] 但是，階級性便是人的社會性在階級社會中重要內容，抽出了階級性的社會性究竟還有些什麼具體內容，這種沒有階級內容的社會性究竟是些什麼東西？這位同志始終沒有明確說出。所

---

4 陳則光：〈再論典型的社會性〉，《羊城晚報》1962年8月2日。

以這種說法遭到了批評和反對。[5]

　　在討論中有些同志強調指出「共性並不全是階級性」[6]，「典型人物的普遍性並不全等於階級性」[7] 這一現象，但他們由此認為，作為典型人物的性格核心，只是和階級性「有關」，並不能歸結為階級性，常常是「大於」或「小於」階級性。例如，作為阿Q典型性格的核心是精神勝利法，這精神勝利法雖然和封建農民的階級性的落後方面有關，卻並不等於農民階級的階級性，因為農民階級的階級性中還有強烈反抗的方面，並且這還是主要的方面。此外，不同時代不同階級卻又可以有「性格核心大致相同或類似」的典型，如阿巴公、嚴監生、葛朗臺，他們作為典型的普遍性——慳吝，是大致相同或類似的。因之，他們以為，「典型的普遍性雖然和階級性有關係，卻不就是階級性，而是不同階級的人在某種相同的社會生活條件下可能有的性格中大致相同的因素」。[8]

　　這種說法揭示了典型的共性並不簡單地等同於階級性，暴露了典型的階級性有非常複雜的具體內容，是值得重視的。這種說法把典型的共性或普遍性最終歸結為某種不同時代、階級所共有的社會性格的類型性，是一種超脫了特定具體的社會內容的心理

---

5 參看毛星：〈關於典型問題〉，《羊城晚報》1962 年 8 月 2 日。郭正元：〈典型的社會性異議〉，《羊城晚報》1962 年 2 月 13 日。

6 楊凌杰：〈共性並不全是階級性〉，《羊城晚報》1962 年 4 月 12 日。

7 蔡儀：〈文學藝術中的典型人物問題〉，《文學評論》1962 年第 6 期。

8 同上。

或性格的一般，如慳吝、勇敢、主觀主義，等等。例如愛情（《羅米歐與朱麗葉》）、嫉妒（《奧賽羅》）、猶豫或心理分析學的「最新」解釋：戀母情結（《哈姆萊特》）等等。據說正是這些人類普遍具有的情欲、性格、心理中的特點或弱點，才是藝術典型的共性所在，也才是藝術典型之成為典型而長久流傳的根本原因。這種抽象的藝術永恆主題要藝術去體現超歷史的性格、抽象的愛憎、與生俱來的原始情欲等。

我以為，上述這兩種對典型不同的理解中，存在著一個共同的問題。兩者都是或多或少地將共性與個性、階級性與典型作了某種平面的、靜止的、抽象的說明。

列寧曾指出，辯證法可以從最簡單的「任何一個命題開始」。他在揭示一般與個別作為對立統一的辯證法關係之後，接著說：「在這裡已經有自然界的必然性、客觀聯繫等等的因素、萌芽、概念了。這裡已經有偶然和必然、現象和本質，因為當我們說伊凡是人，哈巴狗是狗，這是樹葉等等時，我們就把許多特徵作為偶然的東西拋掉，把本質和現象分開，並把二者對立起來。」[9] 任何事物都有一般與個別亦即共性與個性的對立統一的關係，辯證法就需要緊緊抓住這個對立關係，從這裡開始（而不是停留在這裡）作進一步的邏輯分析。因為一般與個別（或共性與個性）比起更深一層的邏輯範疇來說，還是比較表面的範疇，它們作為人們認識客觀世界的邏輯網結點，還是比較單純和外在的。因此

---

9 《哲學筆記》，人民出版社，1956 年版，第 363 頁。

就需要由此進一步來分析已包含在一般與個別中的更深入的關係。列寧在《哲學筆記》中曾摘引黑格爾的一段話：「一般乃是一個貧乏的規定，每個人都知道一般，但卻不知道作為本質的一般。」列寧在這裡批注說：「『一般』即『本質』。」 [10]

所以，典型作為共性與個性的統一，就不要停留在一種靜止的抽象了解中，應該更加具體地來研究這種統一的特點，由共性與個性的範疇進到更深一層的本質與現象、必然與偶然的範疇上來。注意探究作為本質或等於本質的一般，亦即一般所以能成為一般的根本道理。典型作為個性體現共性的特點，其實質正在於它是在偶然性的現象中體現著必然性的本質或規律。典型之作為典型，在於它是本質，是必然的關係，是規律性（「規律就是關係」 [11]，「規律是本質的現象」 [12]）。而典型的個性所以能有突出的普遍意義（共性），在於它是體現必然的偶然，是表現本質的現象，是具有規律性的實在。

其實，這種對典型的理解，在日常語言中便有樸素的表現。當我們說一件事物是「典型」的，常常不只是指它具有該類事物的某種共性或普遍性，而主要是指它足夠地或明顯地體現了該類事物之所以為該類事物的本質特徵或必然規律。例如，說這人是典型的懶漢，其意思與其說是指這人充分地表現了懶漢的共性或

---

10 《哲學筆記》，人民出版社，1956 年版，第 274 頁。

11 同上書，第 135 頁。

12 同上書，第 133 頁。

普遍性，還不如說是指這人表現了懶漢之所以為懶漢的本質特徵。所以，許多獨一無二的事物（如白毛女），儘管看不出它的什麼種類的普遍性，也仍然可以是「典型的」。因為它體現了新舊社會或整個生活的本質（如白毛女體現了舊社會把人逼成鬼，新社會把鬼變成人這一社會生活的本質）。實際上，正因為它充分體現了一定事物的本質、必然，它才可能具有廣泛的普遍性和代表性。所以列寧說：「必然性＝『存在的一般性』（存在中的普遍性）。」[13]

因此，所謂典型，是著重在它的共性——本質——必然這一方面的。這一方面是典型本身中內在矛盾的主要矛盾方面。典型之所以與其他事物相區別，正因為它把一般事物中的共性與個性、本質與現象、必然與偶然作為矛盾雙方鮮明對立起來，亦即把一般事物中的這種矛盾激化起來和發展起來，並在這對立和激化中，將共性——本質——必然這一矛盾的主導方面確立起來（在一般事物那裡則不一定如此），並捨棄與這一方面完全無關的許多純粹個性的、現象的、偶然的東西，以求得這一方面的明確和突出。所以，我們看到，當馬克思主義經典作家探究現實生活的本質規律的時候，總是十分重視現實中典型事物的研究，重視典型研究的方法。因為在這裡，現實生活的本質必然的規律性，是表現得、暴露得最為充分、最為顯著的。馬克思在《資本論·初版序》裡指出：「物理學者考察自然過程時，要在它表現在最精確的形態且最不受擾亂影響的地方去考察；如可能，還在各種條件保證過程

---

13 《哲學筆記》，人民出版社，1956 年版，第 268 頁。

正常進行的地方做實驗。我要在本書研究的，是資本主義生產方式及與其相應的生產關係和交換關係。直到現在，它的典型的處所是英國。就是為這個理由，所以在我的理論的說明上，英國成了我的主要的例解。」[14]在英國，資本主義當時發展得最為充分，它的內在矛盾和本質特徵、必然規律也暴露得最為顯著，比大陸各國如當時還受著嚴重的封建主義殘餘干擾的德國來說，就是典型的了。列寧指出：「在解決某個錯綜複雜的社會經濟問題的時候，起碼的一條就要首先把握住最典型的事情，因為這些事情最不受局外的、複雜的影響和環境的左右」。[15]毛主席十分重視典型調查，解剖麻雀。這種調查正是為了找出事物的本質必然的規律。所以，依據馬克思主義經典作家對現實典型的理解，便可以了解藝術典型的基本特點：它是一定本質必然的規律性獲得充分發展或突出暴露的事物或現象。它確立本質必然這一方面為其矛盾的主導方面，規定為它的基本特點，從而它才可能比一般事物具有更大的普遍性和代表性。

所以，在共性與個性的基礎上，提出必然與偶然這對範疇，從必然與偶然的角度來闡釋藝術典型作為共性與個性的統一，就不是什麼換兩個名詞的問題，而是希望能夠把問題深入一步。典型作為共性與個性（一般與個別）相統一的特點，正在於它體現了事物的本質必然。科學試驗與藝術創作所以要把一般與個別結

---

14 《資本論》第 1 卷〈初版序〉，人民出版社，1953 年版，第 3 頁。
15 《列寧全集》第 6 卷，人民出版社，1959 年版，第 108 頁。

合起來，也正為了揭示這一本質必然。我在〈以「形」寫「神」〉一文中，曾初步提過這個論點。因為所謂「以形寫神」，「神形俱備」，其實質就是要求藝術以其外在形象表達出事物內在的本質必然的東西。對以人物為反映對象的藝術來說，就是要求在具有個性特徵的形體外貌的塑造中，傳達出人的內在的本質必然的東西，而這就是具有一定社會內容的人的精神、品格。也正因為它傳達出了這種具有一定社會內容和社會意義的精神、品格（「神」），這種藝術形象才具有一定的普遍性和代表性。「傳神」成為中國藝術所強調講求的問題，其實質涉及藝術典型的關鍵。形、神就不是共性個性的問題，而正是現象、本質、偶然、必然的問題。

在西方，自希臘起，藝術發展的總的傾向一直比較著重於對客觀現實作再現式的描繪，再現因素突出的史詩、戲劇、人物畫、小說成為藝術的主要種類。因此，在理論上，關於藝術典型的學說發展得比較充分。亞里斯多德在《詩學》中有一段著名的話，就可以看作是涉及典型問題的，他說：「詩人的職責不在於描述已發生的事，而在於描述可能發生的事，即按照可然律或必然律可能發生的事。歷史家與詩人的差別……在於一敘述已發生的事，一描述可能發生的事。因此，寫詩這種活動比寫歷史更富於哲學意味，更受到嚴肅的對待；因為詩可描述的事帶有普遍性，歷史則敘述個別的事。所謂『有普遍性的事』，指某一種人，按照可然律或必然律，會說的話，會行的事，詩要首先追求這目的，然後才給人物起名字。」[16]亞里斯多德在這裡已經有了藝術形象應該表現必然規律，從而具有哲學意味、帶有普遍性的思想。藝術形

象的必然規律與普遍性內在地聯繫在一起，之所以是普遍的正因為它是必然的、合規律性的（「普遍性的價值就在於它表現了因果聯繫」）。不過，這些思想在亞里斯多德，還只是一種開始。

黑格爾對此就講得相當明確具體了。在《美學》中，黑格爾從廣闊的歷史時代的外在環境的論證開始，逐漸闡釋到具體的「情境」、「動作」，再把所有這些集中到人物性格這一點上。這樣，就使典型作為共性與個性的統一，得到了從外在環境到內心性格的詳盡規定，使藝術典型之不同於一般事物的本質特徵得到了深刻的闡明。他說：「日常的外在和內在的世界固然也現出這種存在本質，但它所現出的形狀是一大堆亂雜的偶然的東西，……藝術的功用就在使現象的真實意蘊從這種虛幻世界的外形和幻相之中解脫出來，使現象具有更高的由心靈產生的實在。因此，藝術不僅不是空洞的顯現（外形），而且比起日常現實世界反而是更高的實在，更真實的客觀存在。」[17] 黑格爾強調藝術通過典型體現本質必然才能高於現實，是很有道理的，但他要求典型所體現的本質必然是一種觀念性的東西，是絕對理念，而並不是現實生活的本質必然的規律性和所具有的具體的社會歷史內容。

馬克思主義從生產力與生產關係的根本矛盾出發，指出生產鬥爭和階級鬥爭是社會生活發展的動力，是社會生活的本質必然和規律。所謂社會生活或歷史發展的某些本質必然的方面，經常

---

16 亞里斯多德：《詩學》，人民文學出版社，1963 年版，第 29 頁。

17 黑格爾：《美學》第 1 卷，人民文學出版社，1958 年版，第 10 頁。

與這些鬥爭有關係，實際上正是社會矛盾、階級鬥爭的形勢和規律的某些本質必然的方面。馬克思主義經典作家正是從這個角度對藝術典型作了深刻的闡釋。他們指出，典型人物的「行動的動機不是從瑣碎的個人欲望裡，而是從那把他們浮在上面的歷史潮流裡汲取來的」。[18]他們要求作為藝術形象的人物、性格具有歷史的必然性。恩格斯批評《城市姑娘》不典型，與其說是批評它沒有表現出當時工人階級的共性一般，還不如說是批評它沒有充分地表現出當時歷史本質的必然性、規律性：戰鬥的工人階級的出現。「工人階級對於壓迫他們的環境的革命的反抗，他們想恢復自己的人的地位的緊張的企圖──不論是半自覺或自覺的──都是屬於歷史的一部分，因而可以在現實主義的領域中要求一個地位」。[19]恩格斯在這裡提出典型環境中的典型性格，正是要求將性格的典型性放在體現本質必然的特定具體的歷史環境中。恩格斯在分析易卜生作品時，也是對其小市民階級內容進行了歷史的分析，指出它作為典型具有的本質必然的具體特點。列寧關於托爾斯泰的幾篇論文，雖然講的是托爾斯泰作品的整個內容，但是對我們理解藝術典型（作品的主要內容）也極有啟發。當普列漢諾夫只看到托爾斯泰對舊制度的揭露批判，弗里契把托爾斯泰只看

---

18 《馬克思、恩格斯、列寧、斯大林論文藝》，人民文學出版社，1958 年版，第 12 頁。

19 《馬克思、恩格斯、列寧、斯大林論文藝》，人民文學出版社，1958 年版，第 19 頁。

作是貴族階級的生活畫家時，列寧卻再三強調指出，托爾斯泰作品的偉大意義在於它體現了特定歷史時代階級的本質必然的東西，是「整個第一次俄國革命的歷史特點、它的力量和它的弱點」的生動表現[20]，是「俄國千百萬農民在俄國資產階級革命到來的時候所具有的思想和情緒的表現者」[21]，「在托爾斯泰的作品裡，所表現出來的正是這種農民群眾運動的力量和弱點、威力和局限性」。[22]……可見，如果把托爾斯泰作品中的重要內容和主要成就（那麼多的藝術典型），無論是安娜或是列文，是喀秋莎·瑪絲洛娃還是普拉東·卡拉達也夫，用一種靜止的非歷史的共性個性說分析，把這些形象的典型性簡單歸結為表現了沙皇俄羅斯貴族地主階級、階層的共性，或某個妓女階層、農民階級的共性，就不能很好地揭示體現在這些形象身上的真正的典型性質——俄羅斯資產階級革命（農民革命）的一切力量（對沙皇政權的社會制度的憎恨和抗議，對資本主義的懷疑和反對等等）和弱點（封建家長制度的嚴重影響、落後、順從、神祕主義等等），從而也就並沒能理解這些典型之所以為典型的所在。同樣，為普列漢諾夫所輕視的高爾基的巨著《母親》，列寧卻從政治角度作了很高的評價，指出這部作品的藝術典型反映了當時在現實生活中固然還很稀有，但在本質上卻是歷史必然的規律性的現象。所以，列寧指出：

---

20 同上書，第 87 頁。

21 同上。

22 同上書，第 82 頁。

「如果站在我們面前的是一位真正的偉大藝術家，那麼他至少應當在自己的作品裡反映出革命的某些本質的方面來。」[23]這種本質方面，在以塑造典型人物為主要目的的藝術種類裡，就必然集中體現在這些典型形象身上，即便是在某些地主貴族階級的生活、人物、性格身上（如像列文、安娜）。實際上，如前所述，這些形象之所以具有典型性，正在於它們反映了歷史的某些本質必然的方面。

只有這樣來理解藝術典型，才能夠深刻地了解毛主席在對《武訓傳》的批判中所提出的，文藝家只有深入地學習歷史的本質規律，才能成功地創造藝術作品的重要意義。毛主席說：「我們的作者們也不去研究自從 1840 年鴉片戰爭以來的一百多年中，中國發生了一些什麼向著舊的社會經濟形態及其上層建築（政治、文化等等）作鬥爭的新的社會經濟形態，新的階級力量，新的人物和新的思想，而去決定什麼東西是應當稱讚或歌頌的，什麼東西是不應當稱讚或歌頌的，什麼東西是應當反對的。」[24]毛主席的這一思想與列寧要求藝術反映革命的某些本質方面的思想，是一脈相通的。毛主席還說：「有的同志想：我還是為『大後方』的讀者寫作吧，又熟悉，又有『全國意義』。這個想法，是完全不正確的。『大後方』也是要變的，『大後方』的讀者，不需要從革命根

---

23 馬克思、恩格斯、列寧、斯大林論文藝》，人民文學出版社，1958 年版，第 79 頁。

24 毛澤東：〈應當重視電影「武訓傳」的討論〉。

據地的作家聽那些早已聽厭了的老故事，他們希望革命根據地的作家告訴他們新的人物，新的世界。所以愈是為革命根據地的群眾而寫的作品，才愈有全國意義。法捷耶夫的《毀滅》，只寫了一支很小的游擊隊，它並沒有想去投合舊世界讀者的口味，但是卻產生了全世界的影響⋯⋯。」[25] 毛主席在這裡，如列寧一樣，說明了傑出的革命藝術作品在於它對革命歷史的本質必然的反映。因為它所反映的是時代歷史的本質方面，是它的規律性的東西，它就必然對現實具有普遍意義（「全國意義」、「世界影響」）。儘管這裡說的是整個作品，但對藝術典型（藝術作品的主要內容）是完全適用的。所以，藝術典型作為共性與個性、普遍性與個別性的統一，不能從共性個性的一般關係上來看它的數量上的普遍性或代表性，而只有從其充分反映或體現客觀現實生活的本質規律（在階級社會裡經常是社會矛盾、階級鬥爭的本質規律），具有必然性的階級內容這一角度去闡釋，才能獲得真正深刻的把握。

　　藝術典型的所謂階級性問題，也只有從這個角度來闡釋，才可能得到比較準確的理解。

　　首先，階級性本身便是歷史具體的。它是社會各階級在社會生產中的不同的客觀地位所必然具有的性格，其中有各種成分、方面和特性。這種種成分、方面和特性在不同的歷史條件和階級鬥爭的形勢下又常常具有各種不同的內容。藝術典型體現的某一階級的階級性，並不一定是這個階級的階級性的全部，甚或也並

---

25 〈在延安文藝座談會上的講話〉，《毛澤東選集》第 3 卷。

不一定是這個階級的主要的屬性、方面、特徵；相反，藝術典型既可以表現某一階級的全部屬性、方面和特徵，也可以表現它主要的屬性、方面和特徵，同時還可以只表現它的任何其他的某一屬性、方面、特徵，只要這一屬性、這一方面、這一特徵是特定歷史時期的階級關係和階級鬥爭中的本質必然的問題，或與整個社會發展和階級鬥爭具有本質必然的聯繫，它就可以具有典型性質，具有一定的社會普遍意義。所以，藝術典型體現社會生活和階級鬥爭的本質規律是可以採取多種形式的，既可以通過某個階級的主要屬性、方面、特徵（如李逵、朱老忠體現了農民階級對剝削階級的反抗鬥爭的階級性），也可以通過它的任何其他的屬性、方面、特徵（如阿 Q 體現的農民階級的封建主義的落後性）。在第一種情況下，典型的共性（對階級鬥爭規律的體現）便常常與典型的階級性（某一階級的本質屬性）相等同。在第二種情況下，典型的共性雖仍在於體現了階級鬥爭的本質必然，卻並不在於體現了某一階級的主要屬性、方面、特徵，並不與某一階級的階級性相等同。相反，如上面所指出，只要與一定社會歷史的發展規律、本質必然相聯繫，與當時社會矛盾、階級鬥爭的形勢、規律相聯繫，並以它們為具體內容，則某個階級的階級屬性，不管是哪一方面，就都可以具有典型性，產生普遍意義。可見，藝術典型所以是典型，並不在它體現了某種相對說來是比較靜止和抽象的階級屬性，而在它體現了相對說來是更為豐富具體的特定社會鬥爭的活生生的本質規律。並且，藝術典型的某種階級屬性歸根到底也還只是這特定的社會鬥爭的本質必然的表現形式。列

寧指出：「在觀察各個階級……時，不應當認為它們處於靜力學上的狀態，而應當認為它們處於動力學上的狀態，也就是說，不應當認為它們處於靜止的狀態，而應當認為它們處於運動的狀態。」[26] 我以為，流行的共性等於階級性的說法和共性等於性格類型的說法，都是把階級性、性格類型作一種「靜力學」的抽象分析，而不是把它們放在歷史發展和社會鬥爭的具體運動中來看它們的具體內容。所以，我覺得，離開特定的社會鬥爭的歷史具體內容來泛泛地談典型的階級性，把典型的普遍性（共性）簡單歸結為某一階級的一般屬性，而不是從社會矛盾、社會鬥爭、從階級關係的「動力學的狀態」中來歷史具體地把握這種屬性，就會把典型所具有的豐富生動的階級內容變成了一些單調的概念，論證典型的普遍意義（共性）也變得簡單庸俗，以致產生一系列關於典型（共性）是等於階級性，還是「大於」、「小於」、「不全等於」階級性等種種繁瑣爭論。這種爭論表明雙方都局限於把問題作一種平面的、靜止的分析，而不善於從階級鬥爭、從社會關係的「動力學的狀態」來作歷史具體的考察。

　　只有從這種「動力學的狀態」的階級分析，從社會生活、社會鬥爭的本質必然來闡釋藝術典型的普遍意義（共性），才能具體地了解它的階級性的特點。例如，作為阿 Q 這個藝術典型的基本特徵——即已以「阿 Q 精神」為名的「精神勝利法」，便是一定歷史社會條件和階級鬥爭的形勢下的特定產物；具體地說，是半

---

26 《列寧選集》第 2 卷，人民出版社，1960 年版，第 563 頁。

封建半殖民地的中國在帝國主義的侵略下，封建古國的傳統光榮不斷遭到損害打擊，人們雖然十分憤懣，卻不能或不敢作正面的積極的抵抗，卻自欺欺人地以幻想中的勝利來安慰自己。這的確曾經是一定歷史時期中占當時社會統治地位的思想觀念。這種占社會統治地位的思想觀念，其實質是當時占社會統治地位的封建地主統治階級（特別是其中的頑固派）的思想觀念。因為封建統治階級一方面要維護自己對人民的統治，不敢在人民面前丟失自己的「面子」；另一方面，對帝國主義的欺凌雖不甘心，但又無可奈何，於是便只在幻想中虛構自己的勝利，來保持自己的地位和尊嚴，便於一方面安慰自己，一方面統治人民。但是，不但當時許多封建頑固派分子在不斷失敗之餘，還一味盲目地愚昧地輕視外國，以自己各種反動、落後、醜陋的東西為光榮；而且，甚至當時的進步知識分子在努力學習西方的科學技術的時候，也還總強調這是中國古已有之，後來流失到西方去的東西，等等。可見這種思想觀念遠不局限在某一個階級、階層範圍之內，而成為一種具有社會普遍意義，成為當時社會統治思想的東西，成為如魯迅所說的「現代的我們國人的靈魂」，即「國民性」。這種消極可恥的「靈魂」是有著時代、階級的具體根源，是與一定時代、社會發展的必然本質有著內在的聯繫和關係的。如果我們研究一下當時和以後的各種歷史記載和小說，在它們所描寫的封建階級頑固分子的形象身上便可以找到不少這種「精神勝利法」的可恥現象。但是魯迅的《阿Q正傳》卻偏偏把這種本是封建統治階級的思想觀念放在一個雇農或農村流浪漢的阿Q身上，這就不但反映

了社會統治階級的思想（占社會統治地位的思想）已多麼可怕地滲入人民的靈魂之中，迫切需要加以根除，指出了問題的嚴重性質；同時，更為重要的是，通過這個以「精神勝利法」為典型特徵的農民形象的塑造，極為深刻地反映了當時整個中國社會和中國革命的最根本的問題和最本質的方面：農民有自發的強烈反抗的要求，但仍然沒有覺醒，不但沒有先進思想來指導他們，而且舊社會的統治思想仍牢固地壓在他們的頭上，鎖住他們的靈魂。中國農村迫切需要一個根本性的革命變革，資產階級民主革命沒能實現這個變革，所以失敗了。這就正是當時社會矛盾的焦點，是個千真萬確的巨大的歷史課題，而這也正是阿 Q 的典型性之所在。農民階級當時缺乏革命覺悟，他們所身受封建統治思想和一切舊勢力的支配，便都從阿 Q 所特有的那種十分可笑而又可憐的「精神勝利法」中集中地、充分地表現出來了。所以，阿 Q 的「精神勝利法」在這裡是與當時占社會統治地位的自欺欺人的「國民性」分不開的，同時，在這裡它又是與阿 Q 之作為農民階級、與當時農民階級尚未覺醒分不開的。這樣，阿 Q 精神在這裡就獲得了一種比在封建地主統治階級那裡遠為重要、遠為深刻的本質內容和必然性質，在一個農民身上來揭露、批判「精神勝利法」比在一個地主身上來揭露、批判，就要來得深刻得多。後者只是暴露和批判，只暴露了當時革命的對象；前者卻是「哀其不幸，怒其不爭」，涉及革命的動力，具有強烈的正面激情，達到了革命悲劇性的歷史高度，深刻地反映了「歷史必然的要求和這個要求的實際上不可能實現」的矛盾。所以它們在反映革命的本質方面，

反映當時社會關係、階級鬥爭的形勢和規律方面是大有差別的。
這,也許就是魯迅寧肯寫一個農民的阿Q,而並不寫一個地主的
阿Q(據周建人同志說,阿Q的原型並非農民,而是一個破產地
主)的原故吧。這,也許就是魯迅寧肯寫一個落後的農民不寫一
個先進的農民的原故吧。所以,如果用簡單的共性個性說或共性
等於階級性的說法來理解阿Q作為農民的典型,便會遭到「難道
阿Q精神是農民階級的階級共性,難道反抗、鬥爭,不更是農民
階級的性格?」「難道當時沒有農民的武裝反抗,沒有農民起義的
歷史事實嗎?難道這些不更能代表農民階級的階級性格嗎?」「困
難和矛盾主要在這裡:阿Q是一個農民,但阿Q精神卻是一種消
極可恥的現象」等等疑難和反對。只有將阿Q的典型性與當時本
質必然的歷史內容緊密聯繫起來,來理解它的社會普遍性,才能
解決這些疑難,才能理解正是一個落後的、沒有覺醒、身受封建
主義毒害的農民——阿Q,比一個先進的農民,在當時來說,反
而是更典型的道理。儘管阿Q身上的阿Q精神只是當時農民階級
階級性的一個方面,但因為這一方面在當時歷史必然的情況和條
件下,卻成為時代的主要問題,是當時階級鬥爭的形勢和規律的
集中表現。因此,通過它就能更集中更突出地反映當時社會生活
和階級鬥爭的本質必然,它也就因此而具有普遍意義,而成為典
型。對於其他許多著名的藝術典型,如林黛玉、賈寶玉,如列文、
安娜·卡列尼娜,也應該從這樣一個角度,從其如何反映了當時
社會時代的歷史必然和本質規律,亦即當時社會鬥爭的基本特點
來理解它的普遍性和階級內容,而不能簡單地尋找出它等於某個

階級的一般階級屬性便了事。[27]

　　許多藝術典型的普遍意義的確經常超出時代階級的範圍，似乎為許多時代和階級所共有。例如，阿巴公或嚴監生的慳吝、貪婪，奧勃洛莫夫的懶散因循，阿 Q 的「精神勝利法」，林、賈的生死不渝的叛逆性的愛情……。這種現象，需要作具體分析。實際上它包括兩種不同的情況。第一種情況，某一藝術典型所體現的某種在當時時代階級條件下的本質內容和必然規律，在一定的歷史時期內始終不但沒有消失，而且仍然具有普遍性的社會意義，雖然由不同時代不同階級打上具體不同的烙印，採取具體不同的現象形態，但其歷史性的必然內容卻是類似或相同的。例如在剝削制度條件下極度發展了的剝削者的貪婪、慳吝、懶惰、自欺欺人等，不但表現在剝削階級那裡，而且還經常滲入被剝削階級的某些人的身上，長期存在並世代流傳下來。因此它在剝削制度及其影響未徹底消滅以前，總是具有普遍性的。可見，這種普遍性就並不是性格或心理的類型式的普遍性，並不是什麼永恆不變的抽象人性，而仍然是生活、歷史發展所具有的社會的、現實的普遍性。第二種情況則更為複雜，藝術典型所以似乎具有超時代、階級的性質，是與藝術本身的繼承特點有關。這一特點在於，它

---

27 例如《紅樓夢》同一階級人物的眾多典型，如寶釵、鳳姐、賈母、王夫人……，便根本不是一般的階級共性所能說明，他們實際是表現了在特定歷史條件和具體階級鬥爭環境下，這一階級的不同方面，不同傾向，不同發展……。

不像科學那樣，只是一種認識的延續、利用和改造，而是情與理相統一的活生生的形象魅力的永存。正由於人們需要吸取各種力量來鼓舞自己，幫助實踐，變歷史的陳跡為現實的力量，所以才向過去時代的藝術典型作不斷的回顧和借用。馬克思談到，法國資產階級在革命時期，「借用」古代的「服裝」、「語言」來為自己服務，他們「求助於過去的亡靈，借用他們的名字、戰鬥口號和服裝」，「克倫威爾和英國人民為了自己的資產階級革命，就曾借用過《舊約聖經》中的詞句、熱情和幻想」，他們在古代「找到了必須的理想、藝術形式和幻想……為的是要把自己的熱情保持在偉大歷史悲劇的高度上」。[28] 我以為，馬克思這一論斷對於了解藝術作品的流傳也是有啟發的。人們常常喜歡借取和利用過去的藝術形象，甚至只借取和利用它的某一特點、某一方面，來為自己服務，以教育自己、認識生活。於是，唐‧吉訶德就成了一切主觀主義者的代名詞，李逵、張飛也成了鹵莽直率的代號，雖然鹵莽直率、主觀主義遠不足以概括這些藝術形象的典型內容。同樣，儘管多愁易病、好哭體弱並不就是林黛玉作為典型的主要意義，但是在今天的日常語言中，卻幾乎成為被稱為林黛玉的標誌。人們通過具體的典型形象的某一特徵的借用，來培養而特別是來鞭撻、諷刺人們生活中、行為和意識中的某些東西和方面。有趣的是，許多歷史上本是正面的藝術典型（如林黛玉或哈姆萊特）也

---

28 《馬克思恩格斯文選》（兩卷集）第 1 卷，人民出版社，1961 年版，第 223～224 頁。

經常成為嘲諷的代稱。這也就清楚地證明了藝術典型的所謂普遍意義，實際上是包括像這種借用的方式在內的。不能認為，只有具有這種特點才算典型。實際上，這種情況只是典型的一種形態而已。托爾斯泰創造了許許多多藝術形象，這些形象並不具有像唐·吉訶德、哈姆萊特這樣一直為後代所不斷借用某一方面的突出特徵，但是它們卻仍不失為傑出的藝術典型。這也可以說明，利用藝術典型的某種特殊形態，把典型的實質說成是永恆不變的抽象性格，是站不住腳的。

總之，我認為，藝術典型是體現特定的社會生活和歷史發展的本質必然和規律，而具有歷史具體的特定的社會普遍性（共性）的。典型的階級性也應該從這裡、從具體的社會鬥爭中去作分析。我不贊成簡單地用共性個性的一般關係來剖析典型；不贊成脫開種種歷史具體的社會矛盾，將典型的共性簡單地歸結為某種階級屬性。我也反對將典型簡單地看作只是一種抽象的性格類型。

這裡所著重闡述的，是藝術典型的必然性的本質內容的方面，亦即它的普遍性或共性的方面。但是，藝術典型還有另外一個方面，偶然性亦即現象形式的方面、個性的方面。恩格斯指出，藝術形象應當「每個人是典型，然而同時又是明確的個性」。它們是典型和鮮明的個性的統一。這一方面於理解藝術典型的特性是更為重要的。這個問題，下面將要談到。

第二個問題：僅僅從客觀方面來理解藝術典型，是否充分？

藝術典型作為客觀現實的集中反映，是經由藝術家主觀能動的創造結果，其中鮮明地表現著藝術家主觀的審美意識和審美理想。但是，目前有關藝術典型的論著，卻很少論及這一方面的問題。因此，這裡想作為一個問題提出來，簡單地談談。

藝術典型與審美理想有密切的聯繫。藝術家只有通過自己主觀的審美意識的能動作用，特別是審美理想的表達，才能塑造真正的藝術典型。審美理想是藝術典型的主觀方面的前提。審美理想是以非邏輯概念所能替代的情與理相統一的形象觀念，展示出對客觀現實的主觀把握。如果我們以一系列藝術典型作分析，如十九世紀俄羅斯「多餘的人」的畫廊，如中國古代叛逆女性的形象傳統，如中國現代文藝史上許多工農兵和知識分子的形象（從阿Ｑ到朱老忠和梁生寶，從孔乙己、魏連殳到林道靜），便都能看出藝術的審美理想與客觀現實的本質規律的一致。我們在魯迅所選擇的題材和主題上（農民問題和知識分子的道路問題）也可看出藝術家的審美理想這種與社會生活、階級鬥爭本質必然的一致性。普列漢諾夫關於法國十八世紀繪畫、戲劇中藝術典型的分析，也清楚地說明了不同的審美理想如何反映著、符合著其時代

階級的規律性的歷史動向。藝術家的審美理想在對現實的本質把握中凝聚了自己的情感、認識、願望、評價，既具有著鮮明的時代性，也具有鮮明的個性。不同氣質的藝術家便有不同的審美理想。從而對同一客觀現實的本質必然，藝術家各因其審美理想的不同便各有不同的反映，這決定了他們所塑造的藝術典型也大不一樣，其中顯示著各種嚴重的分歧或對立。屠格涅夫的巴扎洛夫與車爾尼雪夫斯基的拉赫美托夫的彼此對立，便是階級性方面對立的著名例子。屠格涅夫在其資產階級自由主義的社會政治思想和世界觀的支配下，他的審美理想總充滿著一種哀傷的貴族式的情緒，雖然他敏銳地感受到了現實生活中的新事物，看到了它們是體現了現實生活和社會發展的本質必然的東西，而力圖去反映它，甚至去歌頌它，但是他的貴族階級審美理想的偏見卻阻撓他去積極地去表現它。於是他只好將他的英雄埋葬在缺乏意義的偶然夭折中，與此襯托的是那麼一往情深地對老一代沒落貴族的輓歌悲悼。具有唯物主義和革命民主主義世界觀的車爾尼雪夫斯基則不同，他的審美理想，他的新人理想的情感觀念充滿著戰鬥的革命的階級內容，從而他的英雄典型便是剛毅不屈、與舊世界奮勇決裂的革命者。可見，對同一客觀現實本質規律的把握，卻因藝術家的世界觀和階級立場的不同，他們的情感傾向和形象觀念也即是他們的審美理想的不同，造成了不同反映，產生不同的藝術典型。這種情況在文藝史上是經常出現的。革命的、進步的、落後的以至反動的藝術家都可以接觸到現實生活中某些本質性的問題，但通過他們審美理想和藝術形象的創造，卻作出完全不同

以至截然相反的答案。高爾基的《克里·薩木金》與阿志巴綏夫的《沙寧》，林黛玉、賈寶玉與安公子、十三妹，《水滸傳》裡的英雄好漢與《蕩寇志》裡的陳家父女等等，便都是例子（當然，也還有許多作品，並不觸及社會生活的本質問題，它們或者是故意避開這些問題，或者是沒有能力去發現它們）。

總之，藝術典型的創造，從客觀方面說，固然是一定現實社會生活的本質必然的再現，就主觀方面說，卻又是一定時代的人們的審美理想、一定的情感思想的表現（這種表現本身當然也是現實生活的一種反映）。所以，藝術典型代表著人們的理性要求和實踐需要，集中地呈露著他們的功利要求、愛憎態度、是非判斷，體現了人們的特定的情感（情）與認識（理）的統一。人們不是從邏輯認識的抽象形式中而正是在這種審美形式（藝術典型的正面範例和反面標本）裡去把握客觀現實的。所以，不從審美意識特別是審美理想的這一方面來提出問題，便難以深入地理解典型的藝術特性所在。

與此緊相聯繫，對於了解典型的藝術特性，亦即對藝術典型來說更為突出的方面，是審美理想的個體經驗性與藝術典型的形式偶然性方面的密切關係。這一方面使藝術典型具有了比科學反映要遠為多樣和獨特的現象特點。因為，所謂客觀現實的本質必然，作為規律性的內容，是抽象而單純的。科學正是通過邏輯將它從現實現象形態中抽取出來，以抽象而單純的形式表現出來。藝術則不然。因為它是通過審美理想——非邏輯概念所能替代的形象觀念來進行典型創造，所以它便能以多樣而獨特的現象形態

表現出來。與必然性相反相成的偶然性在這裡具有極大的意義。
偶然性成為構成典型的藝術特性之所在。一個資本家或工人的科
學概念，只要求用明確的概念語言作一個嚴格的規定，不需要多
餘的形容和不同的說法。但是，一個資本家或工人的藝術典型，
卻不但不是幾句話所能窮盡，而且還是千差百異、多種多樣的。
對同一現實生活的本質必然的反映，即使在同一時代、階級的藝
術家，也仍然可以有多種多樣的藝術典型的創造，它具有包羅萬
象而變化無端的感性現象的多樣性和個別性特點。這一特點乃是
與審美理想，具體地說，與審美理想的個體經驗性的特點分不開
的。

　　審美理想對現實生活的本質必然的反映，亦即它的所謂歷史
必然性的理性內容，一般是建築在其個體經驗性的感性基礎之上。
這即是說，審美理想是建築在人們具有個性特徵的審美感受（即
美感）之上，是從普遍大量的審美感受中提昇出來的。審美理想
的經驗基礎──審美感受的具體性和個別性的特徵，使它不能像
邏輯概念或抽象思維那麼客觀和單純，總具有更多的偶然的成分
和個性的因素，可以產生多種多樣的不同特點。一方面，審美感
受作為知覺、想像、情感、思維（理解）的綜合體，人們主觀的
全部心理特徵於此有著重要的作用，例如隨著人們知覺天賦、想
像本領、情感傾向、理解能力的出入，便可以產生巨大的經驗差
異和個性色彩；另一方面，又因為審美感受是對客觀現實的感性
形式的把握，它不但不脫離而且是深深地與對象的全部現象特徵
相聯繫，並作出反應，從而現實對象在感性形態上的多樣性質和

不同形態，在這裡也具有了充分的意義。從這個角度看，審美理想本身便具有（歷史）必然與（經驗）偶然、（理性）普遍與（感性）個別的矛盾，也正因為審美理想所反映的現實生活的本質必然是通過和建築在這個矛盾之上，所以，它就一方面可以達到理論邏輯的認識高度，而與科學相通；另一方面又總不等同於科學，不是科學所能包羅窮盡，總具有偶然性、個別性的特點。本來，從哲學上講，一般總不能窮盡個別，個別總比一般更為豐富多彩和生動活潑。偶然性總不能全部包括在必然性之中，它總是作為必然性的出現形式和對必然性的補充。正因為審美理想不同於一般邏輯構思和科學觀念（只取本質必然這一方面），從而它的物化（物態化）對象——藝術典型也就必然如此了。藝術家懷著建築在豐富多彩的個性經驗基礎上的審美理想去進行創作時，就必然帶著他的全部個性特徵，他的興趣、愛好、情緒、性格，他的世界觀和立場特有的呈現方式，他所特別注意和特別感受深切的事物，以及這種注意和感受所採取的獨特途徑和方法……。「屠格涅夫先生所特別醉心的是關於所謂生活的詩和人道問題的正面或反面的現象。托爾斯泰伯爵所最最注意的是一些情感和思想怎樣發展成別的情感和思想……。有的詩人最感興趣的是性格的勾描；另一個則是社會關係和日常生活衝突對性格的影響；第三個詩人是情感和行動的聯繫；第四個詩人則是激情的分析」。[29]（車爾尼

---

29 《古典文藝理論譯叢》第 5 期，人民文學出版社，1963 年版，第 161 頁。

雪夫斯基）這樣，就決定著他創造藝術典型為什麼採取這樣或那樣的形式，決定著藝術典型隨藝術家審美意識的個性差異而產生的無限豐富多彩的感性形式中的偶然性。關於藝術形象的偶然性，美學家們都曾強調指出過。例如，亞里斯多德說：「如果一樁樁事件是意外的發生而彼此間又有因果關係，那就最能〔更能〕產生這樣的效果（指悲劇效果──引者），這樣的事件比自然發生即偶然發生的事件（指無必然關係的偶然──引者），更為驚人（甚至偶然發生的事件，如果似有用意，似乎也非常驚人，例如阿耳戈斯城的彌提斯雕像倒下來砸死了那個看節慶的、殺他的兇手，人們認為這樣的事件並不是沒有用意的），這樣的情節比較好。」[30]黑格爾在論證美的理念時著重指出：「單就它本身來說，必然性是各部分按照它們的本質即必須緊密聯繫在一起，有這一部分就必有那一部分的那種關係。這種必然性在美的對象裡固不可少，但是它也不應就以必然性本身出現在美的對象裡，應該隱藏在不經意的偶然性後面。否則各個實在的部分就會失去它們的地位和特有的作用，顯得只是服務於它們的觀念性的統一，而且對這觀念性的統一也只是抽象的服從。」[31]

中國藝術是強調「神似」的，但卻同樣也強調神似必須寓於感性的形似之中，強調形的感性上的偶然性、多樣性、豐富性、複雜性。「求神似於形似之外，取生意於形似之中」。「古人繪事，

---

30 亞里斯多德：《詩學》，第31～32頁。
31 《美學》第1卷，人民文學出版社，1958年版，第143～144頁。

如佛說法。縱口極談,可拈往劫因果,奇詭出沒,超然意表,而總不越實際理地」。[32] 他們強調提出客觀對象的現象形態的多樣、偶然等等複雜情況,指出它們「無定形」、「無偏正」,要求藝術家去仔細觀察和研究,從而可以在多種多樣的偶然性的感性形式裡,表達出客觀現實的本質必然來。中國詩論裡常講的出人意外卻在人意中,「莫不因方以借巧,即勢以會奇」,也都是這個道理。只因中國藝術以抒情詩、山水畫為大宗,關於情節的偶然性問題不十分突出,但從其著重客觀現實和主觀情感的多樣性、豐富性的論證中,是同樣可以看出這一點的。

豐富多樣的現實世界給予藝術創作以無限廣闊的自由天地。藝術家的創作個性在這裡可以獲得充分的展開,隨著藝術家審美感受的不同,隨著他們對事物的敏感、捕捉、把握、提煉的方式的不同,便使藝術領域內可以產生萬紫千紅而各具特徵的藝術形象。藝術世界也正是以其類似於現實世界的多樣豐富的感性特徵,訴諸人們的審美意識。可見,藝術和藝術典型缺少了偶然性這一方面,便將失去藝術的特性。列寧曾談到過這個問題。他在反對印涅薩·阿爾曼德關於「戀愛自由」的糊塗的資產階級觀點時說:「……您所談到的並不是階級典型的對比,而是某種當然可能發生的『偶然事件』。但是問題難道在於偶然事件嗎?如果您要把婚姻中的低級的接吻和片刻的曖昧關係中的純潔的接吻這種偶然事件、個別情況作為您的主題,那麼這個主題應當放在小說裡去發

---

32 《中國畫論類編》,第 1122 頁。

揮（因為在小說裡全部的關鍵在於個別的環節，在於分析這些典型的性格和心理）。難道在小冊子裡可以這樣做嗎？」[33]

列寧在這裡把科學著作（「小冊子」）與文藝作品（「小說」）作了區分，指出後者與偶然事件、個別情況的關鍵性的聯繫，指出需要從這偶然性中分析出它的本質必然的典型性來，來發掘和創造一個典型的性格和心理。可見，對藝術典型的個別性、偶然性的忽視，就將使藝術與科學等同起來；相反，如果科學迷戀在大堆偶然事件、個別情況的細節中，便也將有害於科學反映現實的邏輯必然性質。

典型（本質必然）與個性（偶然性）的統一，是藝術典型的基本特徵。一方面，與科學不同，藝術裡如果缺乏這種偶然，必然就會流於空洞一般，反而顯得並不必然，不能以形象具體性來實現藝術的特有功能；另一方面，與生活不同，藝術中的偶然是經過提煉、取捨的，是與必然緊相聯繫的，是充分表現必然的必要方式。關鍵的問題在於，如何把握生活進行創造的全部本領。有能耐的藝術家不但善於敏感、善於捕捉生活中許多本來即含有一定必然意義的（甚或並不含有這種意義的）偶然事件和個別情況，並且還善於分析、琢磨和加深它的意義，善於把本來沒有多大意義的生活現象改造一番，把真正偶然的（非本質的）東西去掉，善於把許多個別的、偶然的現實現象貫串起來，一方面使藝

---

33 《列寧論文學與藝術》第 2 卷，人民文學出版社，1960 年版，第 711 頁。

術形象的個性和偶然愈發突出，同時另一方面使形象的典型性也愈發深刻和充分，使每一外在感性的偶然中都包含有內在本質和必然。從而，這裡的偶然就不是某種與必然無關、無足輕重的東西，恰好相反，偶然在這裡是與必然相統一，是必然出現的具體形式，它不是可有可無的東西，而是必然在藝術中豐滿生動、富有血肉的獨特形態。魯迅的一系列藝術典型的創作過程，便是傑出的典範。[34] 例如，據說是阿 Q 原型之一的人，「以前人蠻好」，後來做了小偷，「常常弄根辮子，胡說亂講：『辮子甩一甩，人要死一萬，辮子翹一翹，人要死多少』……。」[35] 這個相當偶然的生活現象，卻為魯迅敏感地把握住，發掘和加深這種「胡言亂語」中可能含有的某種洩憤式的朦朧的反抗情緒。魯迅不斷地捕捉、琢磨、集中和加深這種種生活現象中的偶然，使它們充分地反映出當時社會生活的本質必然，而最後終於創造了一個從裡到外、從大處到細節，都是偶然性與必然性、個性與典型性完美統一的藝術典型，就連阿 Q 的穿戴也如此：「只要在頭上戴上一頂瓜皮小帽，就失去了阿 Q。」[36] 可見，只有在藝術中深刻地把握和自由地運用偶然與必然亦即個性與典型相統一的辯證方法，才能把藝術形象的傾向性與多樣性，把藝術創作的範例性與獨創性充分地和諧地統一起來。這也可說是各部門藝術家進行創作的一個共

---

34 參看本書〈試論形象思維〉。

35 《文藝月報》1959 年第 9 期。

36 〈寄「戲」周刊編者信〉，《魯迅全集》第 6 卷。

同原則，我們在許多藝術種類中，都可看到這點。「事物的基本性
質可能通過各種形態來表現，因而在藝術上如何揭示這一思想，
可以採取多種多樣的形式，反動統治者的苛政本身，有多種多樣
的形式。在《竇娥冤》裡的縣官，兇得很，朱筆一揮，就把無罪
的少女置於死地，當然是一種苛政。在《一隻鞋》裡的縣官，看
來是一個膽怯的小丑，一經『老虎』出來作證，不得不把本來要
治罪的好人放了。……『老虎』不挺身而出，為無罪的人當堂作
證，鄉村醫生的命運不是很明顯的嗎？」[37]「依凡諾夫畫了一個
正在哭泣的女人，眼淚從眼睛裡漫出來……有些美術家、作家和
其他幹部，看到女人臉上那點晶瑩的淚水，震動了，不自覺地叫
好了……同是俄羅斯的畫家──彼羅夫的一張畫，『送喪』，沒有
畫眼淚，作品也很動人。送喪的那個女人，坐在棺材的前面，只
是個背影，看不見臉上的表情，更不見她的眼淚。可是她那低著
頭，彎著背的身段使你感到她很悲哀，……現實生活很複雜，笑
有時也可以是悲哀的表現形式，流淚有時是因為快樂，痛苦到了
極點反而沒有眼淚。從形象的完整性而論，從形象表現思想情感
的作用來說，彼羅夫作品中的背影，與依凡諾夫作品中的那一點
眼淚的描寫，又有什麼根本性質的區別呢？……正因為現實生活
是不簡單的，我們的創作活動才有很大的自由，現實生活的基本
特徵和內在意義，可以通過其形式的這一方面來表現，也可以通
過另一方面來表現」。[38]

---

37 王朝聞：《喜聞樂見》，作家出版社，1963 年版，第 109 頁。

38 王朝聞：《一以當十》，作家出版社，1962 年版，第 174～175 頁。

這些例證說明了藝術形象和典型的偶然性（多樣性和獨創性）的特點。

總起來看，可以知道，一方面不能是缺乏必然的偶然，沒有典型的個性，這就是那種糟糕的個性化；另一方面，不能是缺乏偶然的必然，沒有個性的典型，這就是公式化和概念化。後者是當前的主要問題。

第三個問題：藝術典型是一成不變，只有一種形態嗎？藝術典型的形式本身是怎樣發展的？

這需要作全面的歷史研究才能回答，這裡也只作為問題提出來。

與任何事物一樣，藝術典型的形式是歷史的產物。作為藝術家審美理想對客觀現實的反映，典型形式是被決定於一定歷史時期的社會生活；被制約於一定時代人們對於審美理想的要求。從而它是隨著社會生活的發展，隨著人們審美意識的發展而發展變化的。藝術典型作為共性與個性、本質與現象、必然與偶然的統一，其統一體內的矛盾雙方所處的地位，它們相互聯繫的特點，隨著這種發展也是各有不同的。這種不同便形成了藝術典型的多

種歷史的和現實的形態。

　　概括說來，古代（資本主義以前）的類型性的典型與近代（資本主義以來）的特徵性（或性格性）的典型，便是藝術典型中最為顯著的兩種歷史形態或形式。

　　前一種形態的特點在於，它是以共性的相對突出，在共性與個性、本質與現象、必然與偶然的統一中，以前一方面在現象形式中的直接呈露為特點。這種典型形態以其較為明晰的倫理、理智內容的直接揭示，來滿足人們的倫理判斷和知性認識的要求。亞里斯多德區分悲喜劇，強調悲劇著重一般的人，並以它為最高藝術時，便已開後代類型說的先河。亞里斯多德的理論經由後代的定型化，到文藝復興的理想地模擬自然，到十七世紀的法國古典主義，類型理論適應當時君主專制，發展到了極致。布阿羅強調美即是真，要求藝術形象在理智的思辨統轄下，體現理性的抽象原則和一般。典型在那裡表現為一種被理智嚴格規範了的社會品德、思想的共性、本質和規律，一切個性和偶然都絕對從屬於它，以體現它為直接目的，是它的直接表現形式。普希金曾說莫里哀筆下的偽君子連喝水時也都是偽善的。這裡，典型便是一種類型的形態。應該承認，這種類型性的典型在藝術典型的發展史上，起過積極作用。它大力排除了流行在藝術中的大量怪誕荒唐的偶然性的情節和形式，盡量在紛然雜陳的現實人生中去提取某些具有普遍意義的主題、人物和性格，將之集中起來，經由理智的分析和理想的補充，加以規範化和定型化，成為類型，再對這種類型加以各種充分的描寫，務必使其本質特徵徹底明白地暴露。

因為重視對情感作嚴格的規範和對感受作明晰的分析，因之，從內容到形式，古典主義類型說都要求嚴整，追求完美，排斥各種越出規則的、不合理的情感的和感性的偶然因素，強調對現實作出理想的（實為理智淨化了的）本質必然的反映。在這裡，真實即美，美即典型（類型）。審美理想與審美感受、共性與個性、必然與偶然，處在一種古典式的和諧中。所以，儘管這種藝術原則、這種對現實真實的提取途徑，帶有嚴重的理智化的缺陷，容易造成公式化的觀念標本；但是，它在強調和推動藝術典型的普遍意義和明確內容的方面，是有很大功勞的。自此以後，典型——類型這一藝術概念和藝術原則以無可置疑的地位在理論中確立起來，成為藝術創作的重要目標和鵠的。直到十八世紀，古典主義類型說仍為強調藝術的道德作用的啟蒙主義者（像伏爾泰、狄德羅、雷諾茲等等）所堅決擁護，類型說與他們崇奉教育、強調理智的啟蒙觀點是相通的。

在中國，情況也有相似之處。漫長的封建社會使人們的審美意識與有嚴格秩序規範的倫常觀念緊密地結合在一起，在根本上受著它的規定和制約，對現實的審美感受積澱著社會的倫理觀念和道德要求。這就使其審美理想在突出倫理觀念方面顯得十分明晰和確定，現實生活的本質必然的方面以比較純淨的、規範了的倫理理智形式在藝術裡被呈現出來。在中國古代各種藝術裡，藝術典型多半是類型形態的。無論是文學、戲曲[39]、繪畫，無論是

---

39 參看秋文《京劇流派欣賞》，上海文藝出版社，1961 年版。

選擇情節、確立主題、塑造人物、表現性格、安排結構，在共性與個性的統一中，共性在現象形態中鮮明突出，個性似乎無處不直接體現共性，它好像即溶化在共性之中。不管是小說、戲曲裡的張飛、李逵、諸葛亮（人物、性格），或者是抒情詩、山水畫的詠懷寫意（情感），以及各門藝術對感性形式的著意講求，追求程式化的嚴整完美，都鮮明地表現了這一點。中國的類型性的典型並沒有發展到西方古典主義那樣的極端和片面，但在儒家思想的支配下，卻具有更為明確的是非善惡的倫理規範，連臉譜也是忠奸分明，各有確定意義。中國各門藝術對如何塑造典型（類型）作了細緻的研究和詳盡的規定（如詩論、畫論、戲曲中的如何提取題材，如何反映對象，如何創造形式、確立範本，如何形成各種類型，它們的各種特徵等等，都有規範）。以前曾有人因此而斥責中國藝術是形式主義，缺少典型，這其實不過是戴著一副西方近代典型論的眼鏡罷了。

可見，一定的社會歷史條件，特別是一定時代、民族、階級的社會體制和相應的思想觀念，對藝術典型的具體形式起了重要作用。以嚴格的等級秩序為理性準則的專制社會，統治人們的審美理想是強調統一重於強調多樣，強調共性重於強調個性，強調具有社會普遍意義的理知觀念重於強調具有更多個人特點的生活的或性格的偶然因素。對現實的藝術概括採取了由共性到個性、從必然到偶然的道路。於是，藝術典型多以類型形態而出現。

到近代資本主義興起後，社會統治秩序與生活發展的尖銳矛盾，使以個性解放、情感的自我表現為特徵的浪漫主義藝術思潮

狂飆突起，類型說才開始徹底崩潰。浪漫主義對古典主義的嚴整秩序予以破壞反抗，它強調個性與特徵，強調情感，強調主客觀世界的多樣、紛繁與變幻。從而對現實的藝術概括，採取了新的方法和途徑，它不再是由共性到個性，而是採取了相反的概括道路，即由個性到共性、由特殊到一般的道路。倫理判斷和理智觀念的外在規範和直接干預被排斥，人們的審美理想不是經由對感受的理智規範化的道路，而是經由情感作為理性的實踐要求，對感受加以肯定或否定的強烈的主觀改造。藝術形象在共性與個性、本質與現象、必然與偶然的統一中，個性的、偶然的、現象的方面被突出出來。從而藝術形象的內容與形式便不再處在古典式的和諧中，而是處在相互對立和衝突中。對形式的完美不再追求，典型不再以美為理想和目標，而轉向以美醜衝突為特徵的「崇高」和以自我和個性為特徵的「表現」了。可見典型形式的變化總與一定時代、社會相聯繫的。

浪漫主義最先爆發在德國。本來，在溫克爾曼和萊辛那裏，古典趣味還占統治地位，希臘和亞里斯多德正被推崇和提倡。溫克爾曼大力歌頌希臘古典的「寧靜的莊嚴」，影響極大。但是，在法國資產階級大革命影響下，青年歌德、席勒終於掀起了浪漫主義的狂飆運動。希臘以來的古典式的美（希臘雕刻是其最高典範）已不再能滿足人們的審美理想。席勒提出了古代與近代、素樸詩與感傷詩的根本區別。在施奈格的反應下，甚至要求用更恰當的詞彙來替代一向被認為是藝術理想的「美」。歌德整個說來也是徘徊在希臘的古典主義與近代浪漫主義之間，亦即狹義的美（古典

藝術，重共性與感性形式）與廣義的美（近代藝術，重個性與理性〔非指知性、理智〕內容）之間。這一切都顯示著典型的近代形態——特徵（或性格）形態將要開始確立。

首先是希爾特強調特性作為藝術的主要原則。但是他還不肯承認自己的特性說已離開了萊辛、溫克爾曼的古典傳統。為了與當時尚占統治地位的希臘狂熱相調和，他甚至把希臘藝術也算在特性說的原則下。但是這實際上自相矛盾，因而遭到了歌德的批評。歌德指出，希臘的美——共性占優勢的類型，並不一定就是最高的美。相反，個性化的藝術倒是真正有生命的藝術。他說：「特性的藝術才是唯一真實的藝術。只要它從內在的、完整的、個性的獨立情感出發，來作用於周圍，不管甚至不意識到所有與它無關的東西……它就是完整的和有生命的」[40]；「類型概念使我們漠然無動於衷，理想把我們提高到超越我們自己；但是我們還不滿足於此，我們要求回到個別的東西進行完滿的欣賞」……。[41]以後，黑格爾在他的《美學》裡以更嚴整的理論形態論證了這一點。

在藝術實踐領域內，不獨浪漫主義文學突出地表現了這一點，而且在造型藝術裡，與希臘和文藝復興相對應，從倫布朗到羅丹（他在《藝術論》中便認為有性格即美），也是顯著的例證。馬克思、恩格斯曾談及過「倫布朗」式的現實主義的真實個性與「拉

---

40 轉引自鮑桑葵《美學史》，倫敦，1934 年版，第 310 頁。

41 轉引自朱光潛〈歌德的美學思想〉，《哲學研究》1963 年第 1 期。

斐爾式」的神化的理想的不同。自十九世紀三〇年代以來近代文學中的批判現實主義，將這種以特徵（性格）為主要標誌的典型形態，作了充分的發展。它雖然不再像浪漫主義那樣以情感的自我表現為特徵，而著重對現實感受的提取；但是，這種提取再也不退回到古典主義對感受作理智的淨化，追求形式的完美，排斥偶然和個性。相反，它們大都是著意於現實中個性特徵的集中，通過大量的個性和偶然來表現必然本質，在個性與共性、現象與本質、偶然與必然的聯繫中，前者對後者的體現遠不是那麼鮮明直接，現象的豐富性成為特點。黑格爾關於小說作為複雜的資產階級社會的史詩的預言終於實現了。

可見，適應著近代社會生活和人們心理、意識的複雜多樣，人們的審美觀念便有了變化，素樸詩讓位於感傷詩，古典主義經由浪漫主義讓位於現實主義，以共性突出的類型讓位於個性突出，從而既是典型又是鮮明個性的特徵（性格）性典型。這種典型因為一般談得很多，這裡就不再談。

典型還有許多值得進一步研究的種種形態。就在同一歷史形態如特徵性的典型形態中，像托爾斯泰所創造的典型便不同於奧勃洛莫夫、阿Q那種典型，它們作為形態又各有不同的特點。下面只簡單談談隨著藝術種類的差異，典型具有的不同形態。

典型作為美學範疇，具有對各門藝術的普遍意義。以再現（模擬）為主的藝術，如小說、戲劇、雕塑、風俗畫等等，似乎沒有問題。但是，以表現（抒情）為主的藝術，如建築、音樂、抒情詩、山水畫等等，藝術典型又怎樣講呢？開瑞特曾以表現的普遍

意義來解決這個問題[42]，實際上，以表現為主的各類藝術，其反映現實和創造典型，是通過特殊的概括方式實現的。由於中國這方面的藝術部類十分發達，這種方式也就顯得非常突出，一般都以「意境」一詞來規定它和說明它。「意境」的創造，是抒情詩、畫以至音樂、建築、書法等類藝術的目標和理想，「意境」成為這些藝術種類所特有的典型形態。

　　但是，與小說、戲劇中的典型形態畢竟不同，「意境」比較起來總是更側重於藝術家主觀情感的抒發，它是通過情感的表現來反映現實，因之，它的所謂典型化，與其說在於其所描繪的客觀對象、事物方面，就不如說更側重在其所抒發的主觀思想情感方面。例如以自然景物為題材的作品，其藝術形象的典型性，便不在於表現了景物本身某種自然科學上的典型性質（如山之所以為山，水之所為水的自然規律和本質），而在於通過自然景物的描寫表現具有一定普遍性（共性）的人們的思想情感或生活意趣，仍然在於表現人的一定時代、社會的思想感情、審美感受與審美理想。所以，中國古代講「意境」，在抒情詩裡，便總是強調「情景交融」，並指出其中是「情為主，景為從」，是「以意為帥」的。在山水畫裡，也總是強調「畫雖狀形主乎意」，強調「山川與予神遇而跡化」的。可見，「意境」──一定的自然景物的藝術創造中，主要是依靠主觀思想情感（意）所具有的「典型」性質：在各種不同藝術（如音樂、建築、詩、畫）中的「意境」裡，儘管

---

42 參看開瑞特 (E. F. Carritt)《美的理論》第 4 章，倫敦，1923 年版。

沒有故事、沒有情節、沒有人物性格，卻仍然可以反映一定的社會生活的本質必然，仍然可以具有典型性質和典型意義。「渡口只宜寂寂，人行須是疏疏」，在這種安寧平靜的牧歌式的「意境」中，不仍然具有時代、階級的本質必然的鮮明烙印在嗎？它不正反映著中國封建社會農村生活的停滯氛圍和士大夫階級對它的「溫情脈脈」的理想化嗎？它與今天我們的民歌所創造的「意境」——「千里山水萬里雲，草原緊接天安門」的意境，不有著明顯的差異嗎？所以，作為一定思想情感所提煉概括的生活境界，「意境」所傳達、所渲染的一定氣氛和情調，畢竟可以反映表達社會生活中的一定時代、階級的本質必然。從而，儘管景物對象大體不變，但由於不同時代、社會的藝術家所要反映、表達的東西並不相同，他們所創造的藝術意境的典型性質和普遍意義也就大不一樣了。

正如典型一樣，藝術意境本身也是多種多樣的。它至少也可以分出兩種形態來，即所謂「無我之境」與「有我之境」。許多人以為「無我之境」是沒有藝術家主觀思想情感，因而並不存在，這是一種誤解。其實，所謂「無我之境」不過是指比較客觀地描寫景物、對象，情感不直接表露，所以說是「無我」。這種意境，在某種意義上也可以說是「寫境」，是「以境勝」等等。這種「意境」貌似無情卻有情，它通過景物的客觀描寫，渲染出某種特定的氛圍和境界，引導你必然產生某種情感傾向，於不動聲色中極深刻地打動人們。「有我之境」則不同，它比較偏於主觀情感的直接外露，在一定意義上，它也可說是「造境」、「以意勝」等等。

在這裡，情感直接移入景物，役使景物，景物失去了客觀性，蒙上一層主觀的色彩，它們所傳達出來的情感比較具體而確定，於強烈的抒發中迅速地感染人們。與典型的兩種形態大體相當，「無我之境」多見於古代（漢魏古詩，北宋畫），基本屬於古典主義範疇；「有我之境」一般總要晚一些（宋詞、元畫等），一般屬於浪漫主義範疇。在西方，情況也大體相似，但發展得更為極端（與中國古代的浪漫主義仍不出古典主義範圍不同），羅斯鏗曾以荷馬和渥得渥斯為例強調說明過這點。[43]

藝術典型是一個內容豐富、形態複雜的問題，在各種不同藝術種類裡，它便有各種不同的規律和特點。例如同是以再現為主的雕塑與繪畫，或同是以表現為主的舞蹈與音樂，因為客觀、主觀、共性、個性側重的不同，其典型特點也經常各有偏重。如以概括性為長處的雕塑、舞蹈，其藝術典型便更偏重於客觀的共性，希臘雕刻於此達到了一個相當完美的古典境界。相反，以個別性見長的音樂、繪畫，其典型便更偏重於主觀的個性，十九世紀的浪漫派音樂於此也達到了一個相當完美的境界。雖然所有這些都只是相對地來說，都只具有相對的意義。但藝術的種類形式對典型形態的制約，卻是不容忽視的。這是美學所應研究的一個重要問題，只有對這些問題有了具體的把握，才能具體地了解各門藝術中的典型的性質和特徵，才能深入地了解各門藝術的發展規律和趨向。這就要求對馬克思主義基本原理採取嚴肅鄭重的態度，

---

43 參看羅斯鏗 (Ruskin)《近代畫家》第 3 卷第 12 章。

要求真正嚴肅認真地研究藝術史的大量材料，真正科學地找出它的規律性的内容，而不能將馬克思主義庸俗化，誇誇其談，任意編造。[44]因此，這篇文章也就不過是開個頭，提出幾個問題供討論而已。對它們的比較完滿的論證還有待於今後的努力。

---

44 〔補注〕這是針對當時姚文元的藝術分類文而言的，在當時原稿和校樣上均曾注明，發表時被刪去。

十三、「意境」雜談

註：本文原載《光明日報》1957 年 6 月 9 日、
　　16 日。收入本書時有所刪改。

……讀一首詩，看一幅畫，總之，欣賞藝術，常常是通過眼前的有限形象不自覺地捕捉和領會到某種更深遠的東西，而獲得美感享受。齊白石的畫，在還不懂事的小孩眼中，不過是幾隻不像樣的蟲、蝦；柴柯夫斯基的音樂，在「非音樂的耳」中，最多也不過是一堆有節奏的音響。然而，也就在這蟲、蝦、音響之中，卻似乎深藏著某種更多的東西，藏著某種超越這些外部形象本身固有意義的「象外之旨」、「弦外之音」。看齊白石的草木蟲魚，感到的不僅是草木蟲魚，而能喚起那種清新放浪的春天般的生活的快慰和喜悅；聽柴柯夫斯基的音樂，感到的也不只是音響，而是聽到如托爾斯泰所說的「俄羅斯的眼淚和苦難」，那種動人心魄的生活的哀傷。也正因為這樣，你才可能面對著這些看來似無意義的草木蟲魚和音響，而「低徊流連不能去云」了。藝術的生命、美的祕密就在這裡。就在：有限的偶然的具體形象裡充滿了那生活本質的無限、必然的內容，「微塵中有大千，剎那間見終古」。藝術正是這樣把美的深廣的客觀社會性和它的生動的具體形象性兩方面，集中提煉到了最高度的和諧和統一，而用「意境」、「典型環境中的典型性格」這樣一些美學範疇把它呈現出來。詩、畫（特別是抒情詩、風景畫）中的「意境」，與小說戲劇中的「典型

環境中的典型性格」，是美學中平行相等的兩個基本範疇（這兩個概念並且還是互相滲透、可以交換的概念；正如小說、戲劇也有「意境」一樣，詩、畫裡也可以出現「典型環境中的典型性格」）。它們的不同主要是由藝術部門特色的不同所造成，其本質內容卻是相同的。它們同是「典型化」具體表現的領域；同樣不是生活形象簡單的攝制，同樣不是主觀情感單純的抒發；它們所把握和反映的是生活現象中集中、概括、提煉了的某種本質的深遠的真實。在這種深遠的生活真實裡，藝術家主觀的愛憎、理想也就溶在其中。哲學家常喜歡說人生有各種「境界」。社會生活中常有各種不同的方面，各種不同的高度，從而有各種不同的「境界」。甚至對一個人來說，他的思想、行為、情感乃至一笑一顰，也都只是社會生活的產物，可以是一定生活境界的表現。魯迅說：「只要在他頭上戴上一頂瓜皮小帽，就失去了阿Q。我記得我給他戴的是氈帽」。就在這個看來是毫不足道的外部衣著的細節的真實裡，卻表現著某種本質的東西，一頂瓜皮小帽就會破壞阿Q的形象，破壞作品所展示的社會生活境界，使阿Q失去農民的純樸而帶著某種可惡的市井的流氓味。一個細節如此，「意境」更不用說。它也是人生和生活境界的集中和提煉，是它的典型的反映。所以，「意境」也可稱作「境界」，如王國維《人間詞話》的用法。但是，因為「意境」是經過藝術家的主觀把握而創造出來的藝術存在，它已大不同於生活中的「境界」的原型，所以，比稍偏於單純客觀意味的「境界」二字似更準確。

「意境」和「典型環境中的典型性格」一樣，是比「形象」（「象」）、「情感」（「情」）更高一級的美學範疇。因為它們不但包含了「象」、「情」兩個方面，而且還特別揚棄了它們的主（「情」）客（「象」）觀的片面性而構成了一個完整統一、獨立的藝術存在。所以，「意境」，有如「典型」一樣，如加以剖析，就包含著兩個方面：生活形象的客觀反映方面和藝術家情感理想的主觀創造方面。為簡單明瞭起見，我們姑把前者叫做「境」的方面，後者叫做「意」的方面。「意境」是在這兩方面的有機統一中所反映出來的客觀生活的本質真實。

下面對「境」和「意」兩方面加以分析。

「境」和「意」本身又是兩對範疇的統一：「境」是「形」與「神」的統一；「意」是「情」與「理」的統一。在情、理、形、神的互相滲透、互相制約的關係中或可窺破「意境」形成的祕密。

「形─神」的問題實質上就是典型形象的問題。

藝術最基本的單位是形象。「意境」的基礎首先就是「形象」。要詩、畫有「意境」，那最基本的要求就是「意境」必需通過「形象」出現。所以，王國維在提出「境界」說時，曾特別強調所謂「隔」與「不隔」的問題：

……「池塘生春草，空梁落燕泥」等二句，妙處唯在不隔，……「闌干十二獨憑春，晴碧遠連雲，千里萬里，二月三月，行色苦愁人」，語語都在目前，便是不隔；至於「謝家池上，江淹浦畔」，則隔矣。(《人間詞話》)

鍾嶸也早說過類似的話：

……至乎吟詠情性，亦何貴於用事，思君如流水，既是即目，高臺多悲風，亦惟所見；清晨登隴首，羌無故實；明月照積雪，詎出經史；觀古今勝語，多非補假，皆由直尋。(《詩品》)

鍾、王二氏這裡所說的實際上就是形象問題。有形象，生活的真實才能以即目可見、具體可感的形態直接展示在人們前面，使「語語都在目前」。這樣，才能「不隔」，而所以「隔」，主要就是用概念、用推理替代了形象的原故(隔與不隔還有情感的問題，此處暫略)。所以，鍾嶸、王國維都一致反對用代字(「桂華流瓦，境界極妙，惜以桂華代月耳」)，反對用典故等等，就是這個道理。我們古代的藝術理論家早就懂得：「意境」必須依賴形象才能存在。

但是，這「意境」中的形象，是怎樣的形象呢？

它應該是「形」與「神」的統一。這就是古代藝術家常常談到的「形似」與「神似」的問題。

首先，要求「形似」：「意境」的真實首先「必求境實」，古典

藝術要求形象必需基本上外部造型上忠實於生活中的原型，符合於、近似於生活的本來面目（現實主義與浪漫主義在外部造型的真實上有許多差異，另文再談）。「山下盡似經過，即為實境」（笪重光）。「畫無常工，以似為工；學無常師，以真為師」（白居易），「夫像物必在於形似」（張彥遠），「未有形不似而反得其神者」（鄒一山）。所以，學畫必先摸物寫生，吟詩亦常詠物摹仿。這是一方面。另一方面，就要求在「形似」的基礎上達到「神似」，不獨外形像，而且精神像。要求形象傳達出現實生活中更內在更深刻的東西，而這才能達到真正的所謂生活的真實。強調這一方面是中國美學思想的傳統和特色所在，無論是在詩歌中繪畫中，無論是在理論上實踐上，反對自然主義、要求典型化的「神似」，中國古代藝術在這一點上是表現得十分鮮明強烈的。顧愷之早提出過「傳神」，所謂「一像之明昧不如悟對之通神」，要求肖像畫傳達出人物的內在的精神面貌和思想品德。人們傳說著，這位大畫家特別重視於「點睛」。這就正是因為在人的形體中，眼睛是最能夠細緻深刻地表達出人們內在的品德情緒的，所謂「神在兩目，情在笑容」也。以後中國畫家講求神趣韻味，講求「氣韻生動」，就都是這樣一脈相承下來的：要求深入地真實表達出生活中的那種生動的本質。「苟似，可也；圖真，不可及也……似者得其形，遺其氣；真者氣質俱盛」（荊浩：《筆法記》）。「畫之為用大矣，盈天下之間者萬物，……而所以能曲盡者，一法耳，一者何也，曰傳神而已……故畫法以氣韻生動為第一義。」（鄧椿）畫既如此，詩亦如之。《文心雕龍》說：「形在江海之上，心存魏闕之下，神

思之謂也。文之思也，其神遠矣，故寂然凝慮，思接千載，悄然動容，視通萬里」，司空圖說：「詩象之景，如藍田日暖，良玉生煙，可望而不可置於眉睫之前也。象外之象，景外之景，豈容易可談哉」。《滄浪詩話》說：「盛唐諸公惟在興趣，羚羊掛角，無跡可求，故其妙處透徹玲瓏，不可湊泊，如空中之音，相中之色，水中之月，鏡中之象，言有盡而意無窮」。儘管這些說法裡包含著神祕成分，卻也同樣包含著許多值得去分析和吸取的寶貴的思想和發現。它們基本的特色都是或從創作過程（如《文心雕龍》）或從形象特色（如司空圖、嚴羽）深刻地揭出了作品的真實在於「神似」，要求深刻地去反映生活。齊白石說，他的作品是「在似與不似之間」，歌德也說過美在「真與不真之間」。而所謂「景外之景，象外之象」，「水中月，鏡中花」實際上就都只是「真與不真」「似與不似之間」的意思：它們不等同於生活裡的形象原型，月已不是真正天上原來的月，花也不是真正可以「置於眉睫之前」的那朵真花，而是經過藝術家選擇、集中、提煉了的更真實更具有普遍性的然而已不同於原來樣子的「水月鏡花」。但是，這種水月鏡花，畢竟還是有月、有花。它仍然不能完全脫離、離異於生活中的原型。所以，「阿Q」一出，弄得許多人惶惶然，像罵自己又不像罵自己，鏡中的「阿Q」很像自己而又不是自己。似與不似，真與非真，這就真正達到了形似與神似的高度統一了。而這，也就是恩格斯所說的「這一個」，只有在「這一個」──這「神似」的形象裡，才可以包含住社會生活的深遠的內容，才可以鑒照出社會生活的內在的本質。人們面對著這樣的形象，就不會感到它

只是普通生活中所遇到的形象和「個性」，而會透過這個有限的個性、有限的形象領悟出無窮的「景外之景，象外之象」。齊白石的草木蟲魚所以不僅僅是草木蟲魚，唐‧吉訶德所以不僅是西班牙的某個唐‧吉訶德，藝術之所以能成為人類反映世界改造世界的手段，其實質就都在此。通過藝術，人們認識的遠遠不只是「眉睫之前」的那個形象本身，而是獲得對實際生活的感受。生活本身的深廣的客觀社會性質通過眼前的這個生動的具體形象展開出來了，生活的韻味通過這「神似」的形象傳出來了，於是你才獲得認識真理時的莫大的美感的喜悅，感到這藝術品有味道。其實，中國古代藝術理論所一再提出、強調的所謂「韻」、「味」，所謂「弦外之音」、「味外之致」以及王漁洋的「神韻說」等等，就都是雖然朦朧然而確切地捕捉了、點明了藝術生命的這種祕密。典型與意境的這種祕密：「以形寫神」，在「形─神」的統一上反映出生活的神髓韻味──生動活潑的生活內在本質。於此，翁方綱解釋得很好：

　　……其謂羚羊掛角，無跡可尋；其謂鏡花水月，空中之象，亦皆即此神韻之正旨也，非墮入空寂之謂也……然則神韻者是乃所以君形者也。(《神韻說》)

　　如果說，王漁洋的「神韻說」是從藝術作品的客觀形象來著眼立論，那麼，袁隨園的「性靈說」就是從藝術家主觀創作方面來提出和解釋這同一問題的。如果說，前者主要涉及了「形」與

「神」的問題；那麼後者就恰恰涉及我要講的「情」與「理」的問題。「情」與「理」的問題，從研究藝術家主觀創作情況著眼，構成了研究「意境」問題的另一方面。

　　明中葉以來的浪漫主義文學思潮在「性靈」理論中蕩漾著最後的餘波。袁枚所強調的，是從詩人主觀的情感和感受的忠實抒發出發，來達到創造典型的境界，反映生活的風神。「心為大籟，誠中形外」，「鳥啼花落，皆與神通……但見性情，不著文字」（《續詩品》）……。袁枚顯然是看到了在真正美好的藝術意境中，充分灌注了、滲透了創作者的主觀愛憎情感的這一特點。於是袁枚抓住了這一方面提出「有性情而後真」的理論。其實，袁枚所強調的這一方面正如王漁洋所強調的另一方面一樣，也早就是中國古代美學思想一個很重要的傳統。從「情動於中，故形於聲」（〈樂記〉）「變風發乎情」（《詩序》）的古代起，中國美學一直強調情感是藝術的內在生命：「詩緣情而綺靡」（陸機：〈文賦〉），「情者文之經」（《文心雕龍》），「非長歌何以騁其情」（《詩品》）。情感由外物的刺激而起（「人稟七情，應物斯感」），而又藝術地以外物為對象抒發出來，「情」與「物」就這樣互相結合，溶為一體。黃宗羲說：「詩人萃天地之清氣，以月露風雲花鳥為其性情，其景與意不可分也」，「情者可以貫金石，動鬼神。古之人情與物相游而不能相舍……唯其有之（正因為藝術家有情感），是以似之（於是其藝術作品才能真實於生活）」。很清楚，藝術的「意境」所以能是生活的「神似」的境界，正在於它不是生活境界的自然主義的複製，正在於這「意境」中包含著藝術家主觀的情操性格，正在於這「意

境」是通過積極能動的主觀所反映、把握了的客觀。也因為這藝術的客觀中包含著藝術家的主觀，由藝術家主觀能動地創造出來的客觀，才是最真實的最大的生活的客觀。所以，由「形」而「神」的過程，典型意境的塑造過程，也就是藝術家主觀情緒感受的表達過程；反映的過程，就是生產的過程；「神韻」的獲得的過程，也就是「性靈」抒發的過程。它們是合而為一的。

這一問題是十分重要而複雜的。它涉及美學主客觀的根本問題。因為問題在於：藝術作品的力量是它能夠最深刻地反映出真實的生活的客觀。而要達到這一地步，又必須依賴於藝術家主觀的能動作用。於是，藝術家的主觀在這裡究竟占什麼地位、起什麼作用呢？

許多美學家抓住上面所說的這個現象，認定主觀情感是決定藝術的力量。藝術只是主觀情感的創造。所以，藝術所創造出來的美就只是主觀作用於客觀的結果，是意識型態的對外抒發的結果。而這就是「主觀擁抱客觀」，「心借物以表現情趣」種種說法的根由。

我的看法是：應該強調主觀情感的作用。但情感，和思想一樣，形象思維，和邏輯思維一樣，其價值和意義並不在於它們自身，而在於它們能使人更深入地體悟、反映世界。正如主觀理論思維愈強愈準的思想家，就愈能發現客觀事物的本質規律從而建立科學的學說一樣，主觀情緒愛憎愈強愈準的藝術家，就愈能創造出真實於生活的作品。所謂「性靈」的抒發，所謂「情景的交融」等等，就都還是為了更深入地本質地反映生活的真實。正是

在這種意義上，有「情」才能「神」。列維丹所以優於施什金，石濤之所以優於四王，其一部分的道理就在此：景中溶化著藝術家主觀的強烈的情感，使景不只是自然物的外部形貌聲色簡單的複製，而變成能深刻反映客觀社會生活的藝術。自然美獲得了深刻而新穎的揭示。

這裡進一步的問題在於：既然「情」——藝術家主觀的情趣愛憎是為了反映生活而抒發，那麼，怎樣的「情」才能起這樣的作用呢？顯然，並不是隨便任何一種情感的抒發都能構成藝術的「意境」，這就正如並不是隨便任何一個邏輯推論都能成為正確的理論一樣。藝術家的情感等主觀因素自然有它的客觀規定性，也就是說它本身必需是正確反映了客觀的主觀。只有這樣的主觀，在藝術創作的意境塑造中才能起它可能起和應起的作用——忠實地去把握住客觀，反映出把握住那種深遠的生活的本質、規律和理想。例如，在「新鬼含冤舊鬼哭，天陰雨濕聲啾啾」的陰暗的「意境」中，包含了詩人主觀對這種不義戰爭的不滿、憤怒和憎惡。詩人的這種正義的憤怒是生活真實的反映，是正確反映了客觀的主觀，正因為這樣，這種主觀積極的能動作用就更能夠反過來幫助他的藝術作品去反映出真實的客觀。這也就是說，詩人的感情愈強烈，對這種非正義戰爭愈憤恨，那他描寫塑造出來的這個戰爭的形象就愈真實，它的詩篇就愈美好，愈動人。反之，如果是無動於心的客觀主義的描寫，或者是某種嗜血的歌頌，那不變得蒼白貧弱，便將變得醜怪可怕。所以，要求藝術更深地去反映生活，去創造美的意境，不但不排斥藝術家主觀因素的積極作

用，而且還鼓勵和積極發揮它的作用。問題只是在於藝術家主觀
情感究竟是怎樣的情感。

在中國古代美學思想裡，這就是所謂「情」與「理」的問題。
中國古代美學指出：「情」不能是氾濫無歸的「情」，而必須是合
乎「理」、「止乎禮義」的「情」。「情」以「理」為準則、為規範。
「緣情」並不離乎「言志」，「言志」也是為了「載道」……如果
我們剝去倫常禮義的外衣，仍可窺見其中對藝術家主觀作用的某
種認識。

「理」是什麼？道理，規律，準範。一個東西所以是一個東
西，生活所以是這樣而不是那樣，必有其道理在。「理者，成物之
文也」。「理」指的是事物的內在的客觀邏輯（規律）的主觀反映，
也就是指今天的所謂思想性。「理」、「思想」，探到（即反映）了
客觀事物的本質、規律。所以，「理」與「神」常常被連在一起談
到：「思理為妙，神與物游」（《文心雕龍》），「理字即神韻也」（翁
方綱）。「造乎理者能畫物之妙，昧乎理者則失物之精，……造其
理者，能因性之自然究物之微妙，心會神溶，默契動靜，察於一
毫，投乎萬象，則形質動蕩，氣韻飄然矣」（張放禮）。真正藝術
的「情」，被要求是合乎某種思想的「情」。這樣，藝術家情感在
作品中抒發愈強烈，則作品的思想性也愈強。「情」與「理」在這
裡是不可分割地統一著的。有「情」而無「理」，就是背「理」的
「情」，是違背生活真實的主觀主義的藝術；有「理」而無「情」，
就是光禿禿的道理，這種藝術就只能是失去生活真實的公式化、
概念化的枯燥的推理論文。黃宗羲說得好：「文以理為主，然而情

不至，則理亦郛郭耳」。所以「情」、「理」一體而不可分。這不可分的整體就構成了作品和「意境」的「意」。所以，「意」不僅是「情」，也不僅是「理」，它可說是「情」化的「理」，也可說是蘊「理」的「情」。「意」（情理的矛盾統一）是藝術能達到神似，能創造典型和意境的主觀創作方面的必要條件。莊子說：「可以意致者，物之精也」。李翱說：「義深則意遠」。藝術通過作家主觀這種「情」、「理」的統一，通過主觀的「意」，去把握和反映現實生活達到創造「神似」與「形似」相統一的典型的藝術作品。情合乎理，形造乎神，於是「意境」出現。

「情」與「理」，「形」與「神」這兩對中國美學的古老範疇，深刻概括了藝術創作的內容，對於我們今日仍有理論意義。《文心雕龍‧神思篇》讚曰：「神用象通，情變所孕；物以貌求，心以理應」。這四句對創作「神思」的總結，也可以作為這裡對藝術「意境」的分析的總結。因為這四句話已把主觀的「情」「理」（「意」）與客觀的「形」「神」（「境」）的互相滲透制約的辯證關係精煉地概括了可意譯為：生活的風神必須通過形象來表現，主觀的情感在這裡起了催生的作用；雖然對象仍必須根據事物的外部形貌塑造出來，但其深入的本質卻已早為心靈所把握和領會。

朱光潛先生在《詩論》一書中有談「詩的境界」的一篇，其中對詩的意境作了相當精闢的分析，提出了問題，揭開了現象，許多地方與本文作者所想到的是相同或近似的。但是，因為美學基本觀點的歧異，使得許多地方貌同而實異，甚至常有差以毫釐，失之千里的區別。這裡提出兩點簡單說明一下：

　　第一，朱先生從「直覺即表現」的克羅齊理論出發，認為意境是不含名理作用的直覺的結果。因牽涉到美學根本問題，這裡不能多講。但簡言之，在我看來，「意境」不可能是直覺創造——簡單地「見出來的」結果，而是「情—理」、「形—神」統一的結果。「意境」不是主觀情趣對客觀意象的一種任意的直覺式的把握、寄託或統一所能得到。朱先生在這裡第一，否認藝術的意境是生活境界的反映。第二，否認藝術的意境是經由藝術家艱苦勞作的典型化的結果。我卻認為，在藝術家捕捉到某一「意境」時，即使有時是一剎那間的靈感或直覺所致，看來似乎是「不落言筌，不涉理路」的「一味妙悟」所致，但這正是長期搜尋積累的結果。所謂「非讀書多參理，則不能極其至」，所謂「積學以儲寶，酌理以富才，研閱以窮照，馴致以懌辭」，皆是也。所以，在更多的時候，藝術意境的形成總是經過千錘百煉的。「新詩改罷自長吟」和一字一句的推敲，就都決不只是形式技巧的雕琢，而正是為了更精細深刻地提煉出藝術的「意境」。這一點也是朱先生所承認的。朱先生在書中甚至還承認了思考和聯想對於創造詩的境界的重要。這樣，就實際上與朱先生自己所信奉的「直覺即表現」，意境為直覺所造的美學理論自相矛盾了。

　　第二，朱先生認為詩的境界是情趣與意象的契合而成，這就是所謂「即景生情，因情生景」的移情作用。我認為這也並不錯，問題在於這種作用是如何產生的，詩的意境作為主觀情趣移於客觀意象的結果，如何可能？朱先生完全撇開形神和情理諸問題，沒去分析情與景如何才能構成詩的「意境」。根據朱先生的直覺理

論，主觀的任何情趣都可以造成「意境」而無分優劣。朱先生說：
「辛棄疾在想到『我見青山多嫵媚，料青山見我應如是』時，姜
夔在見到『數峰清苦，商略黃昏雨』時，都見到山的美。在表面
上意象（景）雖都似是山，在實際上都因所貫注的情趣不同，各
是一種境界。我們可以說，每人所見到的世界都是他自己所創造
的」。這樣，好像辛詞與姜詞中的「意境」都只是各人的情趣不同
而已，而實際上辛、姜之不同卻是通過情趣所把握的生活真實的
不同。「稼軒郁勃，故情深；白石放曠，故情淺」（《蓮子居詞
話》），「白石有格而無情」（《人間詞話》）。正因為稼軒懷著對祖國
命運的熾熱的情感關懷、憂慮和抑鬱，它所達到的境界就比雖高
潔而冷漠的白石詞的境界，更高一等。白石「寡情」，也就使他不
去反映去表達當時那種國破家亡的深沈悲痛的社會生活的真實。

　　有各種各樣的生活境界，有各種各樣情感思想的境界，才能
有各種各樣的藝術中的境界。有「橫刀立馬」的英雄的戰鬥生涯，
有「碧雲天，黃花地」的小兒女的悲歡離合。即使對一個人來說，
也常經歷著各種不同的生活境界。而不論哪種境界，只要善於選
擇、集中和提煉，使之能深入地展示出某個方面的生活真實，就

能給人以美感享受。王國維說：「境界有大小，不以是而分優劣，『細雨魚兒出，微風燕子斜』何遽不若『落日照大旗，馬鳴風蕭蕭』，『寶簾閑挂小銀鉤』何遽不若『霧失樓臺，月迷津渡』也」。然而，生活中雖有各種境界，但它們卻都只是一定時代、社會的境界。藝術意境所展示的生活真實，總是一定歷史、社會的具體存在。詩畫中的意境也常常帶有時代特徵，這與小說戲劇中的「典型環境中的典型性格」完全一樣。中國古琴聲裡的意境多中和平易，即使是深重的哀傷，也都絕非近代浪漫主義那種狂熱、粗獷和激烈。在「渡口只宜寂寂，人行須是疏疏」（〈山水訣〉）的中國古代山水畫中，傳出來的也是那種同樣安寧平靜的牧歌式的社會氛圍。「春水碧如天，畫船聽雨眠」，是閑散瀟灑的傳統士大夫獨有的浪漫情調……。所有這一切，都帶著一定時代、社會的特徵；如果我們今天的詩人、畫家還要去複製這樣的意境，那當然就只能是某種假古董了。當然，即使在今天，生活中也仍然有「渡口寂寂、人行疏疏」的時候，人們也仍然可能有聽雨春眠的閑情逸趣。但是，所有這一切寂寞、寧靜、聽雨眠以至渡口的寂寂、人行的疏疏又都多麼不同於古代啊！所以，即使當詩人或畫家以此為對象而吟詠或描繪時，其透過完全近似的形象所塑造出來的「意境」將完全不同於王維或韋莊了。畫面上可以同樣是寂靜的渡口，詩題上可以同樣是小舟春雨，然而，所造的意境卻可以傳達出各種不同的社會時代的生活，各種不同的思想情感，各種不同的歷史氛圍。「西風殘照，漢家陵闕」與「蕭瑟秋風今又是，換了人間」，同樣的懷古，情調意境似同而仍異：一則是感傷的憑弔，一

則是豪壯的快語。而像「西風烈……蒼山如海，殘陽如血」這樣悲壯瑰麗的意境，也就只能產生在激烈艱苦的現代戰鬥生活的體驗中。此外，像唐詩與宋詞，中國山水畫與西方風景畫，以至北宋與南宋的畫，盛唐與晚唐的詩，它們所塑造的意境都因時代生活的不同而情調風趣各異。豪邁的盛唐詩不同於穠麗的晚唐詩，渾厚純正的北宋畫不同於有霸悍激勵之氣的南宋畫，更不要說富有親切人間味的中國山水畫之不同於近代西方的一些荒涼憂鬱的風景畫了……。

　　即在同一時代裡，由於作家的生活經驗、思想情感、性格傾向等等的不同，他們所捕捉和所熟悉的生活境界也各有不同。這種不同造成了他們所塑造的藝術意境的不同，從而決定了他們作品風格的不同。所以，風格並不是一種虛無飄渺的東西，而是由許多具體的條件造成的。其中「意境」占著很重要的地位。司空圖《詩品》曾形象地描述了二十四種風格，中國畫論中也有所謂神品、妙品、逸品等等之分……，其實這種分別所根據的就正是所造意境之不同。司空圖《詩品》清楚地顯出這一點：「寥寥長風，荒荒油雲」，雄渾的風格正是由於這種雄渾的意境；「采采流水，蓬蓬遠春」，秀麗的風格就終決定於這種優美輕容的意境。王維與李白，董源與范寬，風格不同，而也由於所造意境有異之故。即使是極為近似的景物的描繪，所造意境也有不同。阮籍：「夜中不能寐，起坐彈鳴琴，薄帷鑒明月，清風吹我襟。孤鴻號外野，朔鳥鳴北林，徘徊何所見，憂思獨傷心。」蘇軾：「缺月掛疏桐，漏斷人初靜，時見幽人獨往來，縹緲孤鴻影；驚起卻回頭，有恨

無人省，揀盡寒枝不肯棲，寂寞沙洲冷。」雖然同樣是清冷月夜
的畫面，同樣是蔑視世俗的孤傲，然而一則是憂思重重，一則是
絕對冷峭。其中仍然展示著阮籍時代和蘇軾時代士大夫心理面貌
的巨大的差異，而這差異歸根結底，又仍然是社會階級和時代生
活的差異，使得阮籍時代的憤世嫉俗與蘇軾時代的對整個人生的
空漠之感是大不相同的。

上節已說過，「意境」是「意」─「情」「理」與「境」─
「形」「神」的統一，是客觀景物與主觀情趣的統一。在這統一
中，由於兩者的相互關係特別是顯現形式不一樣，產生所謂藝術
「以境勝」、「以意勝」的問題。《人間詞話》說：「古今人詞之以
意勝者，莫若歐陽公；以境勝者，莫若秦少游。」若以下面兩首
詞加以比較，可以見出這裡所謂意境各有偏勝之說的意思：一則
是豪放痛快，盡情傾吐；一則婉約曲折，言不盡意；各有所長，
不能優劣：

尊前擬把歸期說，未語春容先慘咽；人生自是有情癡，此恨
不關風與月。離歌且莫翻新闋，一曲能教腸寸結；直須看盡洛城
花，始共春風容易別。(歐陽修：〈玉樓春〉)

漠漠輕寒上小樓，曉陰無賴似窮秋，淡煙流水畫屏幽。自在
飛花輕似夢，無邊絲雨細如愁，寶簾閒掛小銀鉤。(秦觀：〈浣溪
沙〉)

又例如，秦少游的「山抹微雲」的著名慢詞就是「以境勝」──

以客觀的景物來呈現情感的傑作；歐陽修的「別後不知君遠近，
觸目淒涼多少悶」等詞，卻是「以意勝」——主觀情感的明快抒
吐的優秀代表。此外，在詩、畫中，這類現象極多。例如溫（庭
筠）韋（莊）李（義山）杜（牧）之分，四王八怪之別，都在某
種意義和某種程度上表現了這種情況（當然這一點又不能說死，
不能機械地去硬套）。「意勝」或「境勝」，主要是體現著一定的創
作方法和形象思維的特色問題。杜勃羅留波夫論小說時所說屠格
涅夫與岡察洛夫兩種創作風格和方法的不同，王國維講到的有我
之境與無我之境，羅斯金講的荷馬史詩中的自然與近代詩人中之
自然之異，都在某種意義上與此有關——即所謂「意」與「境」
的關係和配合問題。

　　這裡緊連著的是所謂「古典的」與「浪漫的」問題。在各種
藝術中，理論家常常喜歡區別它們二者。這裡只簡單提一下它與
「意境」有關的地方。大略言之：「古典的」多意境渾成，不露痕
跡，因而它表現為有節制、含蓄、沈鬱、客觀、含不盡之意等等
特色，中國古代詩畫多如此，大多屬於這一範疇。浪漫主義則多
「意」勝於「境」，表現為情感外露、強烈、激動、主觀等等特
色，它主要是伴隨著近代資本主義個性解放的產物。在中國，除
盛唐曾有一度高漲外，應該說直到明代中葉以來才大露光芒，作
為一種時代潮流而出現。在創作上表現如《牡丹亭》、《西遊記》；
在理論上，如公安派、如石濤《畫語錄》。但以後隨著清代社會生
活的逆轉而又消沈下去了。中國美學思想基本的和主要的則還是
古典主義的美學思想，它所強調的是一唱三嘆、言不盡意式的含

蓄和沈鬱。這主要是由傳統社會的歷史條件所決定。為達到這一境界，中國美學還提出了許多具體的問題，例如在意境的創造中，就要求「以景結情」：以無情無知的客觀景物來反襯出感觸深重的主觀情緒，「結構須要放開，含有無不盡之意，以景結情最好」（《樂府指迷》），「詞家多以情寓景」（《人間詞話》）。相反的方法，「其專作情語而絕妙者，如牛嶠之『甘作一生拼，盡君今日歡』，顧夐之『換我心為你心，始知相憶深』」（同上）即以「意勝」而近乎浪漫也。後面這種在中國古典藝術中是比較少的。

魯迅的小說，明顯繼承了中國這種獨特的「古典的」詩歌傳統。即以上述例子說，魯迅就極善於通過所謂「以景結情」的方法塑造出許多極為沈鬱的「意境」：《祝福》裡的漫天雪花和爆竹的無知的歡樂，分外地反襯出不幸者的悲苦和淒涼；《藥》結尾的淒清畫面把當時時代生活的沈重和先驅者的孤獨，反映發掘得多麼真實和深刻！

「意境」是中國美學根據藝術創作的實踐所總結的重要範疇，它也仍然是我們今日美學中的基本範疇。可惜對這一問題研究極為不夠。幾年來沒有任何文章。因此，這篇文章所能談到的一些，

當然只能是拋磚引玉、極不成熟的雜談了。系統的分析有待今後的努力：需要深入到中國古典藝術理論和作品的遺產中去追尋探索，需要結合今天藝術創作和理論批評工作中的許多問題來論說。例如，在今天各個藝術領域中，藝術家們顯然還不善於去塑造壯美或優美的「意境」。在今天的作品裡，常常並不是「以意勝」或「以境勝」或「意境渾成」，而是「以理勝」：美的客觀社會性的內容以赤裸裸的直接的理性認識的形式出現。於是，作品就變成了公式化、概念化的說理：歌曲成了口號，漫畫成了標語，詩歌成了政論……，而不善於把「理」通過「情」而溶化在「神似」的形象之中，不善於把「形」「神」「情」「理」統一起來。同樣，在藝術批評中存在著完全相同的毛病：理論家、批評家們不去從藝術所塑造的「意境」的特色出發，不去細緻具體地分析它們所反映的客觀生活的深廣度和體現的作家主觀的風格、手法等傾向，而只是停留在主題內容的邏輯的複述上，藝術的形象意境在這種教條主義的解剖刀下變成了毫無生氣的「思想性」加「藝術性」的外在的湊合。不去分析作品的形象和意境的時代生活和個人情感的特色、風格和創作方法的特色，只是指出他們的作品都直接間接談到了政治，談到了國家大事和民生疾苦，因此就都直接間接是重要主題，似乎這麼一來就保證和論證了這些詩詞的內容和價值。把詩的生命──「意境」問題撇開或還原為主題思想的抽象簡單的圖解，這比起我們古代批評對詩的意境的生動細緻的發掘，該多慚愧。然而，這種文章在近來的《文學遺產》上就常常可以碰到。

　　當然，回過頭來，又應該看到，今天無論創作或批評中的這種「以理勝」的普遍現象，在一定時間内的現實存在，倒有其必然性。普列漢諾夫論民粹派的作品時提出過在某些文學新興時期，常常是思想内容壓倒了表現形式。這時的藝術家常常是「熱誠的教導者」，他們首先在理性上、在邏輯思維上接受了新思想的熱烈的鼓舞和感動，從而致力於去直接表現和宣傳他們的這些思想主張。他們還不熟悉生活，還不能深入細緻地觀察研究生活，感性具體地從生活本身中來提煉和表現出主題。因此，在他們那裡，多半傾向於「席勒化」，不善於「莎士比亞化」。這種現象常是新時代誕生前後的新興文學的特色。以後隨著生活的發展，希望藝術家的這種時代熱情走向深沈的道路，藝術家們應跨過對時代生活的抽象理論的認識階段，深入細緻地來潛沈在廣大的人民生活中。這樣，對生活境界才日益有真正切身的把握、體驗；這樣，藝術家才逐漸不但能從理論信念上，而且還更能從感情上具體地來把握和了解生活；這樣，藝術「意境」的百花齊放才能到來。

十四、以「形」寫「神」

——藝術形象的有限與無限、偶然與必然

註：本文原載 《人民日報》 1959 年 5 月 12 日。

　　讀了王朝聞同志的文章《一以當十》後，令人想起一些有趣的問題。例如，藝術中的有限與無限、偶然與必然的問題。成功的藝術作品，總能夠在一些偶然的有限的具體形象裡傳達出那必然的、無限廣闊的內容來打動人和感動人，所以才「一以當十」。記得小時候看齊白石的畫，看來看去也只是幾隻蝦米，並且既不如池塘裡的蝦米那樣好玩，也不如學校掛圖上的那樣仔細認真，令我佩服……。但後來，年紀大些時再去看，卻不同了：看到的不僅是畫面上的蝦子，而且還感到一種那麼親切開朗令人想活動起來的愉快情緒，一種年輕的春天般的對生活的肯定和喜悅。於是，我完全折服了：這是真正的藝術！畫蝦子不僅僅是蝦子……，其中包含著更多的、更廣闊、更豐富的東西，儘管畫面上並沒把它直接畫出或注明。因此這使我想到，中國藝術傳統那麼講究那麼強調的所謂「象外之旨」、「弦外之音」、「言外之意」，大概也是就這個道理說的。「象」、「弦」、「言」是些具體的有限形象，它們只是些「一」；但這些「一」應該突破或超越自己形象本身的表面有限意義（所以說是「外」），而概括集中地反映出生活和人民思想感情的更豐富深遠的「旨」、「音」、「意」──「十」、「百」、「千」，反映出「神」。幾隻蝦子的形象是極有限的，但它所反映出來的健康生活的韻味和風神卻是廣闊無垠的。記得一篇心理學家談用繪畫測驗兒童的有趣文章。其中說：許多兒童用語言來說明和解釋自己的繪畫，其解說的內容比畫面上可見的事物總要多一些。（例如「樹沒有葉子了，下雪了，冬天來了」。）另一些兒童則不行，他只能指著所畫的事物說：這是什麼，那是什麼。（如

「這是樹」，「這是雪」，「這是太陽」……。）這個心理學的研究報告當然與我們要談的藝術不相干，但這使我感觸到：前一部分兒童的繪畫倒是很有些合乎藝術規律：「象外有旨」，雖然這個「旨」非常簡單、淺陋，但「天下雪，樹無葉」的「象」卻畢竟表現或要求表現出一個「冬天來了」的「旨」。後者則不然，「象」只是「象」：下雪就是下雪，出太陽就是出太陽……。當然，藝術家的創作與這種兒童繪畫有很大甚至根本性質上的不同。例如，對兒童說來，有「旨」無「旨」可能主要在於有沒有表現「旨」的要求。對藝術家來說，問題常常不在於有沒有而在於能不能實現這種要求。藝術總是從生活中提取形象，而形象總是有限和偶然的。而且生活裡的形象卻並不都具有同等價值：有些生活形象本身就具有更大的內容或意義，相對地說，在那些「有限」中蘊藏著更多的「無限」，「偶然」中體現著更多的「必然」；而另一些生活形象，卻是比較狹窄的「有限」和「偶然」，常常「一」就只是「一」，「形」就只是「形」，甚至有些還是純粹的假象。但不管哪種生活現象，藝術家如果不對之加上一番「由表及裡」、「去粗存精」的功夫，那就常常總在或多或少或大或小的程度上困在有限的「象」、「弦」、「言」之中，而不能傳達出更多的「旨」、「音」、「意」來，困在「形」中，不能傳出「神」來。例如，我們今天有些作品寫煉鋼就只是煉鋼，畫積肥也只是積肥，……看不出也感受不到畫面形象之外能有更多更豐富的東西。其實，寫煉鋼並不必把開會、辯論等等生活中煉鋼的原委過程全盤寫上，儘管這可以是千真萬確的生活現象，但如果只在這表面上作文章，

那即使把形象模擬得維妙維肖,鋪張得極大極長,到頭來恐怕仍不能脫出表面形象的有限內容和意義,仍不能高度概括地反映出廣闊的時代生活的本質,仍只能低於生活。郭沫若也說:「日常生活不等同於藝術,如果話劇只是日常生活的幾個切片,那麼處處都是舞臺,而且不要錢,觀眾何必還要出錢買票到你劇院來看話劇!」[1]

所以,我想,任何場景、題材、情節、人物……,都只是些具體的有限形象。關鍵在於如何去對待它處理它:是把它永遠囚禁在「這是什麼那是什麼」的「形」中呢,還是使它衝出這種局限,讓「形」中包含更多的東西。「這是樹」,「這是雪」,「這是在煉鋼,積肥」,是「形」,齊白石的蝦,魯迅的阿 Q,毛主席的「蕭瑟秋風今又是,換了人間」也是「形」。但這兩種「形」卻有多麼大的不同:一種是真正有限的孤立的一覽無遺的「形」,一種是有限中見無限、意味深長、百看不厭的「形」。藝術家應該盡量爭取後者,避免前者。中國古代的許多藝術家是很懂得這點的。所以他們總是強調要突破「形似」達到「神似」,強調要「以形寫神」、「形神兼備」。悠久豐富的藝術實踐使他們了解,藝術形象總是有限的具體:把場景鋪張到〈三都賦〉那樣長,也不能寫盡生活現象;把花朵刻畫到工筆畫之細,畢竟仍不如自然物本身。所以,要突破形象的有限,就不能只著重在表面的外形模寫或場面鋪張上──在「形似」上作文章,而更應盡量使形象具有深度,盡量

---

1 《戲劇報》1959 年第 5 期。

提煉形象，使它最大限度地反映和表達出豐富的生活真實。也就
是使「形」來傳「神」。只有「以形寫神」，才能「一以當十」。中
國傳統藝術驚人地具有這種本領，它積累了創造了十分卓越的典
型化的方法：善於用很少的東西表現出很多的東西，用很有限的
形象反映出很廣闊的內容。無論國畫、戲曲、小說、詩詞，莫不
皆然。一齣小雜劇，可以「觀古今於須臾，撫四海於一瞬」；一軸
小山水，可以上下數千尋，縱橫幾百里；小說是粗線條的高度概
括的鉤勒；詩則更強調「情景交融」、「景中有意」，從不為寫景而
寫景，它們都毫無例外地一方面特別講究「惜墨如金」「字斟句
酌」；另一方面也特別講究「一唱三嘆」，「言有盡而意無窮」。正
因為愈重視藝術內容的無限廣闊性（「意無窮」），也就愈珍惜藝術
形象的有限性（「言有盡」），就愈發嚴格要求這藝術有限形象中能
包含廣闊豐富的內容，從而也就愈發惜墨如金，字斟句酌，千錘
百煉，精益求精，務使一字一句、一筆一劃、一章一節、一舉一
動，都毫不浪費。《蔡寬夫詩話》說：「晉宋間詩人造語雖秀拔，
然大抵上下句多出一意，如……『蟬噪林愈靜，鳥鳴山更幽』之
類，非不工矣，然終不免此病」。以後詩家也都有所謂「合掌」
（上下對偶同一意思）之忌。這些藝術鑒賞和評論所以那麼苛刻，
那麼精細地講求這等道理，就正因為他們了解，形象是有限的。
只有「形」中見「神」，以「形」寫「神」才成為美（這是我們民
族美學的主要精神之一），因此形象就應該是高度的精煉集中，任
何多餘或重複就與此相違背……。今天我們可以批判地領會和學
習這些道理，我們也要珍惜自己的每一個字句、每一個細節、每

一下筆觸、每一個鏡頭、每一句臺詞……，要充分利用藝術的有限形象，把它挖掘又挖掘，提煉再提煉，像魯迅的小說那樣，像毛主席的詩詞那樣，使一章一節、一字一句都能以極有限的形象傳達出極豐富的生活內容。在這個「形」中見出「神」，「一」中見出「十」，見出「百」、「千」，這才不會使人「一覽無遺」，而成為「百讀不厭」。

與此相聯繫的偶然與必然也同此道理。藝術的有限具體形象總是偶然的，透過它反映、表現出來的廣闊深遠的內容卻總必須是必然的。生活現象本身就具有極為豐富複雜的多樣性的偶然。同樣的壞人仍可以有很大不同。同樣的好人，亦然。在同一環境下長大的革命者，既可以是活潑、機智、開朗的歐陽立安，也可以是沈默寡言、穩重的歐陽應堅。(見陶承《我的一家》)生活中的這種個性差異的偶然，並沒有妨礙相反倒是加亮了他們作為革命者的各自所必然具有的鮮明特色。共性通過個性，一般通過個別才能存在；必然與偶然，也是這樣。在生活中如此，在用形象反映生活的藝術中就更應如此。也只有這樣，「形」才能傳「神」，「一」才能當「十」，藝術典型才有意義。

同一《秦香蓮》，既可以寫成「鍘美」——藉包公的力量以雪恨，也可以寫成「審美」——用自己的手來復仇；同一《昭君出塞》，御弟王龍既可以是京劇裡的庸俗的小丑，也可以是湖南地方戲裡的一往情深的好人。「鍘美」或「審美」，都可以，藝術可以從生活現象本身的變幻多端、複雜多樣的各個不同側面的偶然來反映、來描寫，但這種種反映和描寫卻都必須是能反映和表現出

生活和人們思想感情所要求的必然。所以問題不在於藝術中能否有偶然，而在於這偶然能否和如何表現出必然，在於這偶然的「形」能否和如何表現必然的「神」……。《狂人日記》中的狂人的言吐舉動等形象恐怕是最少見最不平常的「偶然」了，但魯迅卻仍可以從這偶然中表現和反映出一種多麼深刻真實的社會生活內容的必然。一個《狂人日記》中的狂人，就代表了封建制度下億萬個被壓榨、被迫害者。狂人愈狂，愈誤會、愈怕哥哥吃他的肉，愈像偶然，也就愈發揭露了禮教吃人的本質，愈是必然。正如有限與無限一樣，在這裡，偶然與必然又是辯證地矛盾統一著了。中國藝術，無論小說、戲曲、詩詞、繪畫，也是特別懂得這道理的。所以，一方面它們很強調「無巧不成書」，「莫不因方以借巧，即勢而會奇」，故事性、戲劇性異常強烈緊湊；另一方面卻又巧得合理，巧得不露痕跡，好像必然如此，因此令人完全信服。「詩宜樸不宜巧，然必須大巧之樸」（《隨園詩話》）。纖巧牽強，「戲不夠，神來湊」……，就一向被認為是敗筆，因為這種偶然沒有必然內容。同樣，《秦香蓮》的結尾如果不是「審」、「鍘」而是大團圓，這就行不通；相反，《生死牌》如果不是大團圓而是以賀總兵的跋扈收場，這也行不通，觀眾都不會答應。儘管生活中可以有這種偶然，藝術也必須摒棄。因為這種偶然沒有必然性內容，不能反映生活中普遍或將普遍出現的社會發展必然的偶然，它是一種不能傳「神」的單純偶然的「形」。所以，所謂「詩比歷史更真實」，「藝術的真實不同於生活表面的真實」，也就是說，藝術所選擇集中的偶然，比歷史和生活中出現的偶然，更有必然性；

更能反映生活的本質真實；它更巧，也更真；它是一，更是十；
它故事性愈強，真實性就必須愈高。「薛寶釵出閨成大禮」之日正
是「林黛玉焚稿斷痴情」之時，不巧嗎？巧。不真實嗎？非常真
實。強烈的戲劇性的藝術對比加強了主題思想的表現，使人更感
到這齣悲劇的必然性的力量。曹操可說是個傑出歷史人物，可以
也應該有翻案的戲。但長久流傳在舞臺、小說上的奸雄的曹操形
象，卻也仍是一種具有必然內容的偶然：集中體現在曹操身上（這
是偶然。因為歷史上有許多比曹操品質更壞的統治者。但請注意：
「偶然」並不是說沒有原因，曹操被塑造成壞人是與其某些品質
手段的確陰險毒辣從而為人民所憎惡有關係的）的奸險、陰狠、
毒辣，是人民對統治階級典型的刻畫（這是必然）。集中在一個曹
操形象上的「偶然」卻正是千百個封建統治者臉譜的「必然」。在
這種意義上，藝術比歷史又更真實了。

　　深刻了解和掌握藝術中有限與無限、偶然與必然，對今天創
造一個萬紫千紅、百花齊放、富有多樣性獨創性的藝術形象的園
地，有重要的意義。忽略藝術的有限和偶然，就容易丟失生活本
身的多種多樣的豐富複雜的形象，而讓必然和無限以赤裸裸的姿
態出現。這是我們今天的突出毛病。戲劇中的保守的工程師都必
戴眼鏡、穿西服和工人爭持……，這常常是僅從邏輯概念上來表
現無限和必然的原故；保守的工程師常具有資產階級思想以至生
活習氣，這確乎是生活中常有的事。但是，它們赤裸裸地出現，
而不通過生活本身就具有、而藝術應該把它更集中更突出地來表
現的十分具體的有限和偶然，觀眾得到的就只是一些邏輯概念，

戲就不「耐看」了。馬克思主義美學是強調藝術的傾向性的，但同時更指出這傾向「應當從場面和情節中自然而然地流露出來，而不應當特別把它指點出來」。美感是想像力和理智的諧和的自由運動，無論是自然主義的形象的有限或者是赤裸裸的邏輯的必然，就都不能給人以發揮想像力的餘地，去低徊流連反覆玩味其「象外之旨」、「弦外之音」，而只剩下光禿禿的理智的認識：「這是什麼，那是什麼」，那當然就不「耐看」了。

所以，藝術中如果光是有限和偶然，就常常是自然主義或形式主義；如光是無限和必然，就容易成公式主義和推理論文，兩者都不是美。美，就正如車爾尼雪夫斯基所說，它是包羅萬有而又變化多端的東西。包羅萬有是它的無限豐富的必然的生活內容，而變化多端卻正是它的多樣偶然的有限的藝術形式。要包羅萬有而又變化多端，就要形神兼備，「一」以當「十」，以「形」寫「神」。

十五、虛實隱顯之間

——藝術形象的直接性與間接性

註：本文原載 《人民日報》 1962 年 7 月 22
日。

　　列維坦有幅著名的風景畫，畫的是條坎坷不平的、往西伯利亞去的道路（〈伏那奇米爾卡〉）。在沈鬱荒寂的畫幅裡很好地表達了沙皇時代俄羅斯深重的苦難，雖然畫面上沒有出現被流放的革命家們。記得第一次看到它，還是在解放前，當時給我的印象非常深刻，並且，還令我突然想起一首古詩來：「步出東門行，遙望江南路；前日風雪中，故人從此去……」。後兩句是被沈德潛譽為漢魏詩中最好的句子的。這兩句也並沒直接敘說什麼情感。但在我的頭腦裡，不知怎的，卻總喚起一幅風雪中一連串的足跡伸向遠方的畫面，抒情性極為濃厚。後來，看蘇聯影片《夏伯陽》，政委走後那條空蕩蕩的馬路逐漸淡出，又使人獲有類似的感受。看來，在這些藝術部門不同、思想內容也不同的作品裡，卻有著某種共同的規律在。都能使人在空蕩蕩的地方看到豐富的東西，在表面的形象直接性中領悟到背後間接性的道理。藝術所以能夠化平淡為神奇，比生活更集中和更強烈，大概正由於能將間接性寓於直接性之中，它們之間有一種特殊的關係在吧。魯迅的阿Q，齊白石的魚蝦，梅蘭芳的一招一式，……成功的藝術形象總是直接性（實、顯的方面）與間接性（虛、隱的方面）矛盾雙方的一種特殊的和諧統一：其直接性總是超出自己，引導和指向一定的間接性；其間接性總是限制自己，附著和從屬於一定的直接性。兩者相互依存、相互制約，使人們的抒情的想像趨向於一定的理解，獲得自由而又必然的聯繫與和諧，從而發生審美愉快。

　　藝術形象光有直接性是不夠的。那樣，想像活動不起來，與生活形象就很少區別。巴比仲派畫家羅梭在野外寫生，一個過路

人問他：「你在幹什麼？」羅梭答道：「你不是看見我在畫那棵大橡樹嗎？」那個人仍然很奇怪，說：「那棵橡樹不是已經長在那裡了嗎？你畫它幹什麼呢？」真的，如果畫畫只是純粹的摹仿，藝術只是簡單的復現，那個過路人便問得非常有道理。因為光有直接的形象，的確不能就算是藝術。不獨生活本有形象，無勞藝術去再製；而且科學也利用形象，例如，就有給小學生認識橡樹的植物畫圖。而藝術家畫幅上的橡樹所以畢竟不同於小學校課室裡的植物掛圖，在醫學上也許非常有用的逼真的蠟人在美學上遠不及某些斷頭缺臂的雕像，正在於一個是生活的實（一般直接性），一個是藝術的實（特殊的直接性）；前者一般只訴諸冷靜的實用或認識，後者卻能訴諸情感的觀照與想像；前者只告訴你這是什麼東西，那有什麼用處，對象一般的意義方面占了主導；後者卻經過想像，對象的結構方面把你引向更為廣闊自由的領悟和欣賞。形象的直接性在這裡主要只是作為一種特殊的感性材料、手段，它必須超出自身本來的意義，與廣闊深遠的情感、思想、內容聯繫起來，才能成為藝術特有的直接性。在這裡，畫幅上的橡樹才不只是橡樹，而是作者的情趣、生活的風神。「當年鏖戰急，彈洞前村壁。裝點此關山，今朝更好看」；「雄關漫道真如鐵，而今邁步從頭越。從頭越，蒼山如海，殘陽如血」，小不足道的斷壁殘垣，高所難攀的山關險道，就其現實的直接形象（一般的實）來說，並沒多大意義，但是，在牢籠萬物、氣包洪荒的詩人那裡，卻能隨意驅使，取捨自如，化常見為非凡，寓間接於直接，或以色調的疏快優美，或以意境的悲壯偉麗，使形象遠遠超出其本來

個畫面（直接性）之外的第三個意義（間接性）：想像在這裡自由
而又必然地符合於、趨向於某種非既定的理解（審美認識，藝術
的虛），於是便比用「已秋」「將老」之類的確定概念來說明表達
（概念認識，一般的虛），更要使人心領神會、咀嚼一番了。《白
雨齋詞話》說：「意在筆先，神餘言外……若隱若見，欲露不露，
反覆纏綿，終不許一語道破」。說的也是這個道理。語言文字本是
概念認識的手段，但在藝術裡卻要求它不再當作推理符號來做邏
輯論斷，而要求利用它與感性經驗的聯繫來喚起自由的生動表象
與情感，如果「一語道破」，就恰恰破壞它的這一特性。所以，詩
人作家的鍛詞煉句，最重要的就在於求得形象感染力的明確。試
看李白詩：「玉階生白露，夜久侵羅襪，卻下水晶簾，玲瓏望秋
月」，確乎沒「一語道破」思婦的哀怨，但卻像通過一連串無聲的
電影鏡頭，從外景（白露、秋月），特寫（玉階生露、露侵羅襪），
動作（下簾、望月）等富有形象感染力的蒙太奇語言，沒有概念
而又明確地道出了一切。同樣，前述司空的「為優」，也仍在他不
求概念認識的明確而力求形象感染力的明確從而取勝的。可見，
關鍵在於，藝術形象的間接性不能是抽象的概念、理論，而必須
本身也是具體感性的；它與直接性必須彼此滲透相互依存，而不
能彼此割裂或外在拼湊。否則，雖著意讓概念也穿上美麗的衣裳，
裝點得五彩鮮艷，銀幕、舞臺上即使用鬧哄哄的鼓掌、笑嚷以示
興奮，詩歌小說中即使用一片片的歡呼、熱鬧以表激情，但因為
沒有真正具體的表象和情感的藝術間接性，就並不能使觀眾和讀
者感奮或激動起來，反覺得上面的笑鬧激動不過是一種形象（一

般直接性）加概念（一般間接性）的外在拼湊，於自己的喜怒哀樂是隔了一層的。相反，「東方欲曉，莫道君行早。踏遍青山人未老，風景這邊獨好」，「此行何去，贛江風雪迷漫處。命令昨頒，十萬工農下吉安」，軍容無嘩，並沒笑嚷，但飽含樂觀情感的形象卻語語如在目前，直接性與間接性是這樣地水乳交融，彼此滲透，沁人心脾，使人感到分外的歡快。抒情、寫景、敘事，至此方為不隔。可見，藝術形象的間接性不但不能離開直接性，而且還必須具體和完全溶化在直接性之中。它不是附加在直接性身上的抽象的思想、理論、概念，而只能是由直接性自身生發出來的具體的想像、情景、感受與理解。直接性與間接性的這種互相交織、溶為一體的虛實關係：實（直接性）裡含虛（間接性），雖實亦虛；虛不離實，雖虛亦實，就構成藝術形象的根本特性。

從而，一方面，就直接性與間接性、虛與實的聯繫和關係的特點來說，藝術形象就比概念認識要遠為自由、靈活。這正是由於藝術的直接性（實）所指向的不是僵硬寬泛的既定概念，而是生動活躍的自由聯想，不是抽象思維，而是形象思維，在這裡，各種感性具體的聯覺、感知、印象、情緒都被喚起和活動起來，使人能百感交集，浮想聯翩，所以它所包含的內容比概念要遠為廣闊具體，多樣豐富，而需要和值得人們去咀嚼玩味，反覆體會，覺得其中不簡單，不是幾個概念、幾句說明所能規定和代替的。我們常說「形象大於思想」，「可意會不可言傳」，就正是這個道理。「前日風雪中，故人從此去」所指向的深厚友情的間接性是幾個概念所能「言傳」和窮盡的嗎？「蒼山如海，殘陽如血」所抒寫

的悲壯景色的直接性，又是幾個推論所能規定和代替的嗎？古人說，詩無達詁。其實只是因為直接性與間接性這種自由聯繫的特點，藝術形象的虛實關係的這種豐富性、靈活性的特點，才使人們能各根據其不同的生活經驗、文化修養、精神財富來見仁見智地補足、充實形象，來各自進行欣賞中的不同的「再創造」。人們也正是通過這種「再創造」，把客觀的直接形象與主觀的情感體驗在想像中合而為一，在對象中感到自己，於景物中看到生活，於是覺得物我同一，親切非常，當然就不會再隔一層了。

　　但是，另一方面，藝術形象與概念認識又有本質相通的地方。它們都與一定的理解、判斷、邏輯相聯繫。它們都是對對象的本質反映。間接性的抒情想像不管怎樣活動自由，但總得有個範圍；藝術的虛不管怎樣不可言傳，意在言外，但總得有個「意」在。否則，想像的自由便會完全失去規範，而形象的間接性也將變得含混模糊。著名的李義山的某些詩，有時就有這個問題。因為作者沒有或不願對其形象間接性有所較明確的規範，沒有或不願讓讀者的想像趨向於某種較明確的理解，於是便撲朔迷離，朦朧恍惚，很難審定其意之所指而「苦恨無人作鄭箋」了。但不管怎樣朦朧恍惚，李義山卻又總還保持了一定的規範：能把想像必然地引向感受和理解一個色彩繽紛、富有優美情緒、音調的形象世界，所以其作品就還是成功的。近代的未來主義、現代抽象派的某些作品則完全捨棄和否定了直接性與間接性這種必然聯繫，他們自以為在那些破壞自然形體、七橫八豎的狂亂構圖中，有某種高深的「哲理」或事物的「本質」在，其實正因為毫無想像的必然規

範，其所謂「自由」的形象就不可能真正具有或引向某種有意義的間接性的感受內容，而只是一種純粹主觀的、偶然的、自己不知所云、別人也莫名其妙的抽象欲望或變態情緒的表現，它們給予人們的反常的官能刺激，充分地反映了反理性主義的時代特點。我們認為，真正美好的作品，其形象的直接性與間接性，欣賞的想像與理解，藝術的創造與「再創造」，是必須既自由而又必然的。一方面，虛自由地擴大實，豐富實，充實實；另一方面，實又必然地制約虛，規範虛，指引虛。正因為這樣，藝術才既具認識的功能，又不失審美的特性。「更立西江石壁，截斷巫山雲雨，高峽出平湖」，沒有概念化，想像的流轉是自由的，然而卻又有對未來世界的明確的展望和理解。「橫掃千軍如卷席，有人泣，為營步步嗟何及！」沒有說理，豪邁的情感抒發自如，但卻不由得使人想起毛澤東同志的軍事戰略和在這戰略指導下的偉大勝利：不在一城一地的得失，大踏步地前進、後退，使步步為營的愚蠢敵人處處挨打，終至潰滅。也正是在這理解中，豐富的體驗與生動的想像便變得更加深刻了。百年前，杜勃羅留波夫曾慨嘆說：「把最高尚的思維自由地轉化為生動的形象，同時，在人生的一切最特殊最偶然的事實中，完全認識它的崇高而普遍的意義——這就是一種到現在為止，還沒有什麼人能夠達到的、使科學和詩完全交融在一起的理想」。在這裡關鍵的是，思維、認識必須是自由地而不是概念地轉化為形象，實際也就是想像與理解，直接與間接，情感與認識，自由與必然，科學與詩，已達到一種水乳相溶式的滲透統一。

　　從上面看來，直接性與間接性的聯繫與關係是太疏遠不行，太密切也不行；太淺露了不行，太深藏了也不行。過猶不及，虛實之間的這種種妙處，全在藝術家去朝夕揣摩，匠心獨運。但是，有作為的藝術家們卻還是能夠靈活運用，變化無窮，作出各樣各式的文章，寫出多種多樣的風格來。在直接性與間接性的矛盾統一中，在虛實的關係比例中，有時使作品更偏於間接性的品味：抒情、想像趨向於理解的自由運動徐緩漸進，使人老在形象中玩味捉摸著某種道理，於是這就以含蓄勝。有時在這統一中又使作品更偏於直接性的突出：抒情、想像趨向於理解的自由運動迅速緊湊，使人頓時在形象中體會領悟到某種道理，於是這就以明銳勝。雖然這兩者始終仍是虛與實、間接與直接的和諧統一，但前者以其間接性的深沈，後者以其直接性的新穎，卻可以形成不同的風格，給人以不同的感受。《文心雕龍》說，「文之英蕤，有秀有隱……隱以複意為工，秀以卓絕為巧」。前者經常是「義主文外」，「玩之無窮」，一唱三嘆，餘音不絕。前面的許多例子如「故人從此去」、「玲瓏望秋月」等等，便都屬此類。魯迅《故鄉》描寫見到閏土「問問他的景況」時，閏土剛斷斷續續說了幾句，便「只是搖頭……沈默了片時，便拿起煙管來默默的吸煙了」。「沈默了片時」之後，本來可以來一個長篇大論，然而作者卻偏偏寫他終究是「拿起煙管來默默的吸煙了」，欲說還休，欲說還休，終竟一句也沒說。但在這一句不說的後面不是大有逼人三思的深意在麼？《紅樓夢》寫黛玉臨終時高叫：「寶玉，寶玉，你好……」，便「渾身冷汗，不作聲了」。「你好」什麼呢？沒有說，也說不出，

說不盡，然而卻老令人捉摸體味著其中的感情和道理，這，不又比說出來還更感動人麼？至於「秀」，則不同。在這裡，藝術家反覆錘鍊著精萃的字句和形象，使情感、想像和理解能得到一種緊湊巧妙的聯繫和暢通，形象、思想與風神取得一種創造性的表現和點破，於是使人感到先獲我心，驚喜交錯。王國維說：「『紅杏枝頭春意鬧』，著一鬧字而境界全出。『雲破月來花弄影』，著一弄字而境界全出矣。」（《人間詞話》）《苕溪漁隱叢話》說，「古今詩人以詩名世者，或只一句或只一聯……如池塘生春草，則謝康樂也，澄江靜如練，則謝宣城也……孟浩然有氣蒸雲夢澤，波撼岳陽城；賈島有鳥宿池邊樹，僧敲月下門……」。這一句一字一聯，就集中地表現了「彼波起辭間，是謂之秀」「如欲辨秀，亦惟摘句」[1]——某些形象直接性的鮮明美銳（顯）的特色。電影《青春之歌》裡，余永澤、林道靜雙人照（結婚）處漸漸化出，化入了油鹽醬醋罈罈罐罐（婚後生活），那是多麼巧妙的諷刺。當盧嘉川就義高喊「中國共產黨萬歲」聲後，馬上就是林道靜所手貼的標語特寫——「中國共產黨萬歲」的赫然大字。它又是緊湊地告訴了人們：共產主義者是斬不盡殺不絕的，一個戰士倒下去，千百個戰士站起來！電影《耕雲播雨》用窗外時遠時近的雷聲插入室內有雨無雨的爭論，便加添了情節的戲劇性的緊張；話劇《雷雨》中，周萍與四鳳正難捨難分之際，閃電中窗口出現了繁漪；小說《林海雪原》裡楊子榮在威虎山剛剛坐定，又偏逢小爐匠脫

---

1 劉勰：《文心雕龍》。

走上山；相聲裡講究「抖包袱」那一著，繪畫裡也有戲劇性的「一瞬間」⋯⋯，這些不也都是「彼波起辭間」使「境界全出」的蒙太奇語言的「秀」（顯）麼？形象直接性的巧妙新鮮，使想像與理解頓時獲得迅速緊湊的領會暢通，從而收到炫人耳目、動人心弦的藝術效果，真乃：「言之秀矣，萬慮一交。動心驚耳，逸響笙匏」。[2] 自然，「隱」、「秀」的區分又不能是絕對的，不但一篇之中可以有秀有隱，二者兼備；而且它們本身也可以相互交織，多采多姿。

　　總起來看，藝術創作可以各擅勝場，有隱有秀，百花齊放，殊途同歸：總都是直接性與間接性的矛盾統一，是想像與理解的自由而又必然的和諧運動。形象的直接性可以少而精，形象的間接性要求深而廣；一個是不著一字，盡得風流；一個是只著一字，境界全出；一個能令人動心驚耳，拍案叫絕；一個卻叫人一唱三嘆，低徊流連。而總之，一方面是不要概念而又趨向於、符合於一定的概念，一方面是不止於形象而又即在形象之中，兩者水乳交融，合為一體，就構成藝術形象的美的祕密。司空圖曾說，詩的妙處是「味在鹹酸之外」，然而，依我們看來，不又仍在這虛實隱顯之間麼？

---

2 劉勰：《文心雕龍》。

十六、審美意識與創作方法

註：本文原載《學術研究》1963 年第 6 期。

　　創作方法是美學中一個非常複雜的問題。本文作為粗糙的讀書札記，許多論點只具有初步探討的提綱性質。

　　第一個問題：什麼是創作方法，它包括些什麼內容？

　　創作方法是構成藝術家之所以為藝術家特徵所在。藝術家的全部財富，他的世界觀、階級立場、社會政治思想直到他的生活經歷、習慣愛好、個性特點，都無不直接間接地體現在或折射到他的創作方法中來，決定和制約著他對藝術形象的創造。實際上，我們是從具體的藝術形象的世界裡感受到藝術家創作方法的存在及其不同的特色的。李白的詩與杜甫的詩，吳承恩的孫悟空與曹雪芹的賈寶玉很不相同；同是宗教題材的敦煌壁畫，北魏《太子飼虎變》裡的峻酷的哀禱不同於盛唐《西方淨土變》裡的歡樂的頌歌；同是柏格尼尼的畫像，安格爾不同於德拉克羅瓦……。這裡，引導藝術家們創造了如此豐富而各不相同的形象世界的「方法」，亦即藝術家們自覺或不自覺地用來指引他們去反映現實進行創作的原則和途徑、精神和手法，是確乎有所不同的。這種不同雖然已經物態化在藝術作品的形象世界裡，但其實際的作用和具體的表現卻出現在藝術創作的形象思維和物質體現的過程中。這

個過程與藝術家的審美意識有著密切關係。創作方法作為一個極
為複雜的問題，可以從不同方面來分析研究；例如從藝術與政治
的角度來著重研究創作方法與世界觀、階級立場的關係問題，從
藝術心理學的方面來著重研究創作方法中的個性特徵，等等。這
篇札記是想從審美意識這個角度談談某些有關的問題。

　　審美意識是人們反映現實、認識現實的一種方式。如果說，
作為客觀存在，美的本質是真（合規律性、客觀現實）與善（合
目的性、社會實踐）的統一，那麼，作為主觀意識，審美感的本
質便是理（理解、認識性活動）與情（意志、情感實踐活動直接
相關）的統一（從心理功能上來看），也是感性與理性的統一（從
認識論上看）。審美感受與審美理想各有側重地體現著這個統一。

　　審美感受是感知（或表象）、想像、情感、思維（理解）幾種
心理功能的複雜的動力綜合。審美感受一般不離開對對象的直接
反映，表現為滲透著理解的感覺，是人類特有的理性認識、邏輯
思維基礎之上的感性活動。審美理想則是從大量審美感受中提煉
集中的產物。正因為如此，審美理想與其他理想、觀念有所不同，
它具有經驗性的形象特徵和標準，非邏輯概念所能等同或替代。
另一方面，審美理想又與審美感受不同，它更鮮明地顯示著一定
時代、階級的理性要求。對比審美感受，審美理想的想像因素與
情感因素相對地較為突出。這種情感和想像滲透了理性內容，與
一定的世界觀、社會利益和實踐要求密切相關。車爾尼雪夫斯基
關於貴族階級與農民階級各不相同的美人的理想，是眾所熟知的
例子。普列漢諾夫也多次論證過這個問題。例如他指出，中世紀

僧侶階級在拜占庭聖像中塑造的美人的理想與資產階級在古代維
納斯雕像上所找到的美人的理想，是正好表現著不同時代、階級
的歷史特點和實踐需要的。中國的情況也一樣，古代雕塑中的秀
骨清相（北魏、北齊）與豐滿肥腴（唐、宋），展示著不同時代、
階級對美的不同理想。可見，審美意識中的情與理的辯證法在這
裡展開為：在審美感受，理解（知性）沈澱為知覺，成為感性的
方面；在審美理想，情感沈澱為理想，成為理性的方面。一方面，
只有理解沈澱在感性中，才可能構成不同於一般感覺的審美感受；
另一方面，只有情感沈澱在理性的思維中，才可能構成不同於一
般概念的審美理想。

　　從審美意識角度來看藝術創作，其核心正是有關審美理想的
問題。審美理想一方面以其理性內容與世界觀相聯繫，另方面以
其感性形式與審美感受相聯繫。如果說，一般人們多半停留在觀
照形態的審美感受內，其時代、民族、階級的審美理想通過審美
感受才呈現出來；那麼，藝術家的特色便是不滿足於、不停留於
對現實和既有藝術的審美感受上，而是在廣泛地觀察、分析、體
驗、研究現實的基礎上，提煉集中審美感受，由觀照進入創作，
經由形象思維或藝術想像 1 ，創作藝術作品，以繼承、革新舊有

---

1 「形象思維」作為嚴格的科學術語，也許並不十分妥貼，因為並沒有一
　　種與邏輯思維相平行或對立的形象思維，人類的思維都是邏輯思維（不
　　包括兒童或動物的動作「思維」）。但已約定俗成為大家所慣用了的這個
　　名詞，所以仍然可以保留和採用，是由於它的本意原是指創造性的藝術
　　想像活動，即藝術家在第二信號系統滲透和指引下，第一信號系統相對

的藝術形象和審美意識，來主動地為其時代、社會樹立審美理想，
以滿足一定社會的實踐需要。創造出或崇高或優美的藝術形象以
體現自己時代的審美理想，是藝術創作的重要職責之一。藝術家
的創作既是為其時代、社會樹立特定的審美理想，可見，藝術家
在創作中所遵循的原則和途徑、精神和手法（即創作方法），必然
與藝術家如何捕捉集中審美感受上升而為審美理想的過程，亦即
審美理想的形成過程有著內在的關係。這個過程是十分曲折複雜
和多種多樣的。但概括起來，基本上不出兩種傾向：一種是審美
感受的客觀再現占優勢，審美理想似乎即形成在這感受之中，感
性的、理解（知性）的因素較顯著，從而創作精神更傾向於記錄
感受、認識對象、再現現實；在手法上也更多地偏重於現實地描
繪對象，或者追求感性形式的完美（如古典主義的現實主義），或
者追求感性材料的真實（如批判的現實主義），具有平易近人、真
實寫照的外貌特點。總起來是感性的現實和冷靜的理智起了主導
作用。另一種傾向是，審美理想的直接表現占優勢，審美理想似
乎形成在審美感受之外，與對現實的審美感受相對立相衝突，在

突出的一種認識性的心理活動。它以邏輯思維為基礎，本身也包括邏輯
思維的方面和成分，但並不等同於一般的抽象邏輯思維，而包含著更多
的其他心理因素。在哲學認識論上，它與邏輯思維的規律是相同的：由
感性（對事物的現象把握）到理性（對事物的本質把握）；在具體心理學
上，它與邏輯思維的規律是不相同的，它的理性認識階段不脫離對事物
的感性具體的把握，並具有較突出的情感因素。參看本書〈試論形象思
維〉。

這裡,理性的、情感的因素較顯著。從而創作精神更傾向於抒發內心,改造對象,表現情感;在手法上也更多地偏重於理想地表現對象,追求超感覺的內容和觀念,採取象徵、寓意等方式,以突破感受的經驗習慣。總起來是理性的觀念和熱烈的情感起了主導作用。[2] 前一種,一般稱之為現實主義,後一種,一般稱之為浪漫主義。

現實主義與浪漫主義,其涵義非常複雜多樣,甚至往往是含混不清的,特別是當廣泛運用它們的時候。例如說科學是現實主義而藝術是浪漫主義,等等。以至有些人分析出它們有六、七種不同涵義而主張廢除這樣的詞彙。[3] 但不管怎樣,這兩個詞仍然不斷地被人們所接受和沿用下來。實質上,它們本也不只是藝術或藝術家才可能有的兩種不同的傾向或途徑。在日常語言中,便可以聽到說這個人是現實主義者,那個人是浪漫派;科學中也有所謂浪漫主義……。這是因為,一方面,主觀與客觀、人與現實諸關係基本可說是認識與實踐的關係,是認識客觀規律性與發揚主觀能動性的關係。因此,人們對待現實的態度、傾向在這兩個方面的側重不同,便可以形成所謂現實主義與浪漫主義的分別。另一方面,由於人們的知覺、想像、性格、情緒等生理心理上的先天後天諸差異,使人們對待世界的方式、能力在這兩個方面的

---

2 參看席勒〈素樸詩與感傷詩〉;斯泰因夫人〈論德意志〉;黑格爾《美學》
　　第 2 卷;別林斯基〈智慧的痛苦〉等。

3 參看雷德 (A. Reid)《美學研究》第 13 章。

的直接性自身（一般的實），成為偉大革命的一代詩史。觀乎此，則藝術形象的生命所在，主要不在直接性本身是些什麼，而在直接性中表現了什麼，也就可以明瞭了。（所以說「主要」，是因為題材作為一般直接性，仍有其相對的重要意義，特別是在某些再現藝術——如小說、電影、風俗畫等部門中。）

藝術形象的直接性（實）有其特點，其間接性（虛）也有特點。如果前者的特點在於引導後者，那麼後者的特點就在於它不脫離前者。這樣，審美認識才有別於概念認識。概念認識是想像過渡於、歸結於既定概念，是把想像放在確定的普泛概念下，以形成一套脫離具體感性的道理或知識。這就是生活中的一般間接性，其集中的形態就是科學。審美認識則是想像符合於、趨向於非既定的某種概念，是把非確定的概念溶解在想像裡，以得到一種不脫離具體形象的感受和體會，這就是藝術特有的間接性。所以它給人的是欣賞而不是推理，是領悟而不是說教。領悟和欣賞雖也可說是一種認識，但不是概念認識。相反，如果出現了概念認識，則審美認識就反而要被阻抑下來，作品就常常失去它的可以捉摸可以玩味的藝術效果，而使人索然敗興。謝榛《四溟詩話》中有個有趣的例子：「韋蘇州曰：『窗裡人將老，門前樹已秋。』白樂天曰：『樹初黃葉日，人欲白頭時。』司空曙曰：『雨中黃葉樹，燈下白頭人。』三詩同一機杼，司空為優。」司空何以為優呢？詩話作者沒有說。古人沒法看電影，不能發現這位司空的「為優」只是不自覺地運用了今天常見的電影蒙太奇：黃葉樹、白頭人的鏡頭一組接，有如愛森斯坦等人所闡明的那樣，便產生了兩

側重不同[4]，便也可以形成現實主義與浪漫主義的不同。前一個
不同主要與人們的社會傾向的內容，與人們的審美理想關係更多，
後一個不同主要與人們的個人心理形式，與人們的審美感受關係
更多。前一個不同構成不同的創作精神，後一個不同形成不同的
創作手法。[5]實際上它們即是人們對待世界的兩種基本態度（精
神）和兩種想像形式（手法）。

　　現實主義與浪漫主義所以在藝術的創作方法中占有比在其他
地方遠為突出的地位，是因為創作方法作為審美意識的物態化的
方式，其實質是理與情的統一；因此，對理與情兩方面的不同偏
重，在這裡就比在其他地方（例如，比在以理解、認識為主的科
學思維中或以意志、情感為主的倫理行為中）能夠得到更充分、
更完備的發展，以分別滿足人們認識與情感的不同需要和要求，
而終於形成藝術中的兩種創作精神、兩種創作手法以至兩種創作
流派。

　　在這裡應該緊接著說明的一點是，現實主義與浪漫主義作為

---

4 參看容 (C. Jung)《心理類型》。

5 手法可以有廣義的與狹義的兩種涵意。本文所用的是廣義的涵意，亦即
　藝術家在創作過程中所經常運用或遵循的具體法則，因為只有這種涵義
　的手法（如象徵、描寫……）與如何表現精神有比較直接的關係，從而
　才與精神、內容方面構成矛盾的統一體。狹義涵意的手法（如對比、反
　覆……），多半只涉及形式美在物質體現中的運用問題，與精神、內容的
　關係是更為間接的，有更大的相對獨立性質，所以不在本文探討範圍之
　內。

對待世界兩種不同的精神，是並無優劣長短之分的。它們本身還只是一種抽象的、潛在的可能性。只有在具體的時代、社會的思想傾向的指引下，才能使它們由單純的潛在可能性實現為各種具體的現實性。同樣有著現實主義精神的人，在不同世界觀的指引下，既可以成為明察秋毫的科學家，也可以成為斤斤計較的庸人市儈。同樣有著浪漫主義精神的人，在不同世界觀的指引下，既可以成為熱情澎湃的戰士，也可以成為白日夢囈的冒險家。現實主義精神與浪漫主義精神所具有的肯定否定的社會價值，並不取決於它們的抽象的可能性自身，而取決於它們如何通過審美理想受世界觀的具體制約和指引。世界觀通過審美理想制約和指引著創作精神，使藝術家的現實主義的或浪漫主義的創作精神具有確定的社會傾向。藝術家一般總在其藝術創作中追求著一定的目的、意圖，遵循一定的原則的。但是什麼是這種目的、意圖和原則呢？因世界觀的不同、審美理想的不同，便有創作精神不同的回答。

喬治桑和福樓拜有一場有趣爭論：喬治桑說，「你呀，不必說，一定要寫傷人心的東西；我呀，要寫安慰人心的東西。你……限制自己於描寫，同時有系統地極其小心地藏起你私人的感情……你讓讀者分外憂愁，我呀，我只想減輕他們的不幸。」(《與福樓拜的書信》)「現實的災禍的直接的敘述，醞釀的熱情的呼籲都不是獲得拯救的出路；寧肯吟一首甜蜜的歌曲，寧肯聽一曲牧童的短笛，寧肯寫一篇使孩子們沒有驚恐、沒有痛苦、值得安眠的故事……」(《小法岱特・序二》)，於是喬治桑就寫了許多讚揚勞動人民的純樸、善良和理想化了的農村圖畫(如《小法岱特》、

《魔沼》、《棄兒弗朗沙》等）。另一方面，福樓拜說，「你事無巨
細，一下子就升到天堂，再從天堂降到地面，你由先見的原理、
理想出發……我呀，可憐的東西，膠著在地面上，好像穿的鞋是
黏底，一切都刺激我，撕裂我，蹂躪我，……」（《與喬治桑的書
信》）於是福樓拜就有無情揭發資產階級的現實生活、使偽善的衛
道者們激怒得要作者吃官司的《包法利夫人》。世界觀的不同，經
由審美理想展現為創作精神的不同，希望改變現實，懷著空想社
會主義的世界觀的喬治桑，強調追求遠離醜惡現實的社會理想，
走向浪漫主義。悲觀厭世而抱有帶著懷疑主義特徵的世界觀的福
樓拜，執著在對現實的審美感受的真實中，著重審美理想的現實
性到懷疑它的正面價值，走向批判的現實主義。

　　從上面的這個例子也可以看出，創作精神是決定創作手法的，
它構成創作方法中精神與手法這個矛盾中的主導方面。對待世界
的現實主義創作精神使藝術家傾向於冷靜描寫和採取真實再現的
現實主義創作手法。巴爾扎克對雨果創作手法上的許多非難：「雨
果先生的對話太是自己的語言」，「他不變成人物，而是把自己放
進他的人物裡」，實際上根源於他們兩人創作精神的根本差異；白
居易寫諷喻詩因為強調自己的創作精神是「惟歌生民病，願得天
子知」，「文章合為時而著，歌詩合為事而作」的現實主義，所以
要求創作手法也是「其詞質而徑，欲見之者易喻也；其言直而切，
欲聞之者深戒也；其事覈而實，使採之者傳信也」的現實主義，
而排斥屈原、李白式的幻想、誇張、象徵、狂放。堅持「穿黏底
鞋」的福樓拜聲明，他在手法上也要「特意迴避偶然性和戲劇性，

不要妖怪，不要英雄」（這些形象對浪漫主義卻多麼重要！），契訶夫則甚至連「天空瞧著」、「海在笑」（高爾基〈瑪爾華〉開頭第一句就是「海在笑」）這樣的形容語句也不能容忍：「海不笑，不哭；它嘩嘩地響，浪花四濺，閃閃放光……您看托爾斯泰的寫法，太陽升上來，太陽落下去……鳥兒叫，誰也沒哭，誰也沒笑……」。[6]

　　另一方面，懷著強烈浪漫主義精神的藝術家因為要求否定現實和改變現實，就經常使其創作手法、形象想像不滿足於日常現實本來面目的複寫，而「上窮碧落下黃泉」，遠遠翱翔於現實之上，沈溺在主觀感情、理想的激蕩和抒發裡，緬戀在各種對象的臆測、虛構中。藝術家經常忍不住從客觀再現中跳出來作強烈的抒情表現，以它來直接表達主觀理想和塑造情感形象。無論是拜倫、席勒，是音樂中顯赫的浪漫派，或者是繪畫中席里柯、德拉克羅瓦……，在中國，無論是屈原、李白、李賀、《西遊記》或者是揚州八怪……，仙魔神鬼的虛構形象，色彩繽紛、飄忽不定的幻想和憧憬，熱情的誇張，偶然性的情節，戲劇性的巧合效果……，幾乎成了人所熟知的浪漫主義的形式和手法。這兩種精神和兩種手法，如果借用莫泊桑的話，就一個是把「事實本身賦予過於次要的意義」（精神），所以「想像和觀察交融在一起」（手法），這是浪漫主義；另一個是「小心翼翼避免一切複雜的解釋……和議論，而限於使人物和事件在我們眼前通過」（手法），

_____

6 《契訶夫論文學》，人民文學出版社，第 403 頁。

就正因為它「不是娛樂或感動我們，而是強迫我們思索理解蘊含在這事件中的深刻含意」（精神），這是現實主義。可見，現實主義更偏重於客觀的再現，更偏重於理解，而浪漫主義則更偏重於主觀的表現，更偏重於情感。不同的手法和形式，正符合於、服務於不同的精神和內容。

形式、手法被決定於內容和精神，但遠遠不是那麼機械和簡單。相反，在中外古今極為複雜多樣的藝術實踐裡，精神和手法的結合有著極為複雜多樣的情況。精神決定手法，兩者符合和一致，這只是一般的或大體的情況，但還有許多相反的情況：現實主義精神採取浪漫主義手法或者浪漫主義精神採取現實主義手法。《伊索寓言》以及許多神話，以至謝德林的小說，魯迅的《理水》、《奔月》之類，都可說是前者，手法屬於或接近於浪漫主義，而精神實質卻是現實主義的。另一方面，車爾尼雪夫斯基的《怎麼辦》充滿了浪漫主義的革命精神，卻是現實主義表現手法（包括拉赫美托夫形象的塑造）；魯迅在《藥》裡的浪漫主義精神，也只是在瑜兒的墳上「放上一個花環」的現實主義手法而已……。精神與手法的這種離異，原因是很多的：（一）首先是創作手法作為表現形式一經形成，便具有極大的相對獨立的性質，而可以服務於不同的創作精神，它能對精神起巨大的反作用。在這裡，個人心理特徵的差異有著重要的意義，藝術家這種心理特徵經由審美感受在其藝術想像（或形象思維）、物質傳達中獲得充分的展開，使藝術家的觀察、體驗、反應、表達……，產生各種具體的不同：或是更多地如實描寫，盡量地接近對象，或是更多地離開

對象，讓虛構作自由的飛翔。特別是在已經成熟和有了自己創作
個性的藝術家那裡，一定的審美感受、藝術想像（或形象思維）
的途徑已固定為個人的習慣、經驗和傾向，使藝術家對現實的觀
察、捕捉、體驗、分析、研究到概括、提煉、集中，都受著這種
習慣、經驗和傾向的內在規律的制約，而在表現創作精神時便深
深地留下了自己的痕記，使創作方法具有特定的感性形式和個性
面貌。契訶夫的手法，使人們確信契訶夫在表現浪漫精神時，也
決不會像果戈理那樣作抒情獨白。果戈理的浪漫手法，使其在現
實主義巨著（《死魂靈》、《巡按使》）中，也仍然保留其幻想、誇
張、抒情獨白的種種特徵。杜甫、白居易、《儒林外史》在表現其
浪漫理想時，手法也還是現實主義的（例如「安得廣廈千萬間」
等）；屈原、李白、《西遊記》在表現其現實主義精神時，手法也
還是浪漫主義的（如嘲笑豬八戒在耳朵裡攢私房銀子等）。創作手
法的相對獨立性質使相同的手法可以服務於不同的精神。同樣，
不同的手法也可以服務於相同的精神。例如，同是現實主義畫家
的列賓與蘇里柯夫，創作精神儘管大體相同，但是由於他們審美
感受的個性心理差異便使他們創作手法頗有不同：列賓畫人物草
圖多著重客觀原型的實錄，較少加進主觀的想像和解釋，這種想
像和解釋要在畫面上去多次加工進行；蘇里柯夫則恰好相反，他
在感受和捕捉對象時，就已加上自己的創作意圖和創作想像，他
的人物草圖與原型出入、變形就很大，但是以後移到畫面上的加
工修改卻較小。[7]（二）其次是時代環境或其他種種原因，使藝

---

7 參看《繪畫心理學》，科學出版社。

術家或故意、或被迫採取特殊手法：這如寓言體裁的採用；魯迅《狂人日記》的獨特形式等等。（三）再次，傳統的影響和繼承，例如十九世紀英國現實主義（勃朗特姊妹、狄更司）所以總有著許多象徵、怪誕的手法，就是因為直接承受上一代浪漫主義的結果。充滿浪漫精神的李商隱在手法上所以時常採用和摻雜許多現實主義手法，就鮮明地體現了杜甫的現實主義的偉大影響，而與李賀不同。就是在李賀那裡，煉詞鍛句和反覆推敲，也仍然在手法上表現了以杜甫為代表的上一階段的影響。總之，手法作為藝術表現的形式，它一經形成，便是比較穩定的，歷史的傳統和個性的特徵在這裡可以起著巨大的作用。所以，手法對精神有統一、服從的一面，但也有矛盾、離異的一面。而手法與精神的分歧離異，隨著不同的具體情況，可以有好的性質，例如擴大了精神的表現方式；也可以有壞的性質，例如妨害精神的表現。從上可見，構成創作方法的精神與手法這兩個方面，其關係是非常錯綜複雜的，需要繼續深入探究。這裡可以指明的是，不能把精神與手法截然分開，也不能把它們混為一談。截然分開或者混為一談，就常常容易忽視藝術創作的實際情況，忽視精神對手法的具體規定和手法對精神的無限豐富的表現形式；不是使創作方法變成沒有具體藝術形式的抽象內容和空洞精神，便是用藝術的外表特徵和手法，替代和抽掉內在的精神或內容。

　　具體分析創作精神與創作手法的各種各樣的交織配合和豐富多彩的矛盾，有助於深入地了解藝術世界中五彩繽紛、各有特色的創作風貌或美學風格。在〈典型初探〉文中，我曾引述過車爾

尼雪夫斯基關於屠格涅夫、托爾斯泰等作家創作特徵的評論，這
種創作特點都無不與藝術家的創作精神和創作手法，以及它們之
間的相互關係有著密切的聯繫。例如，屠格涅夫和托爾斯泰美學
風貌的差異，實質上表現著他們創作精神和手法的差異，表現著
屠格涅夫的資產階級自由主義的世界觀和審美理想與托爾斯泰宗
法制農民的充滿宗教情緒的世界觀和審美理想的巨大差異，同時
也表現著他們兩人的個性心理的巨大差異。一個富於詩意的敏感，
擁有浪漫的熱情；一個執著於嚴峻的剖析，具有現實的態度。後
一種差異（感受、手法的差異）在實踐中是被制約於前一種差異
（理想、精神的差異）的，正是前一種差異使他們終於發生嚴重
的衝突。[8] 可見，同是現實主義或浪漫主義的創作方法，卻仍然
可以出現各種紛繁精細的不同。這種不同，歸根結底，表現著不
同的時代、階級的藝術家所具有的理想的不同，對待現實的根本
態度的不同，表現著他們的世界觀的不同，而在根本上反映客觀
的一定時代、社會的現實與理想的關係的特點不同，從而在藝術
中出現了各種不同的現實主義和浪漫主義的創作方法。但是理論
總是採取了比較純粹的態度，在實際上，「進步的」或「反動的」
現實主義，「積極的」或「消極的」浪漫主義，反映一定時代、社
會的特點，雖然有時涇渭分明（《金瓶梅》與《紅樓夢》，拜倫、
雪萊與湖畔詩人等等），但在許多時候，卻總是魚龍混雜，難以分
辨的。同一音樂家威柏，既可寫出《自由射手》，也可寫出《優幕

---

8 參看羅曼・羅蘭《托爾斯泰傳》。

蘭》；《三言》、《兩拍》中既有體現進步精神的故事，也有庸俗反動的東西。現實主義可以夾雜著自然主義（左拉、莫泊桑），消極浪漫主義也常與積極浪漫主義混在一起（德國浪漫派等）。在中國，阮籍、陶潛、蘇軾、馬致遠等等，積極與消極，現實主義與浪漫主義，也還不是那麼清楚明白。這裡，就必須通過歷史的考察，揭示它社會、時代的本質特徵，才能真正具體地理解創作方法諸問題。

　　第二個問題，創作方法作為藝術史上的流派，其規律和原因何在？

　　藝術家可以常常分別成為現實主義者或浪漫主義者。其實，如上面所說，作為手法，現實主義與浪漫主義，無所謂好壞，它們同樣服務於精神。藝術性高的手法可以服務於思想性低的精神。反之亦然。作為精神，現實主義與浪漫主義也各有好壞，並非一切現實主義精神就都是好的。只是在名稱上我們已習慣於把現實主義或現實主義精神在它的好的含意上來理解和運用。其實，有好的現實主義，也有壞的現實主義，正如有好的和壞的浪漫主義一樣。

　　那麼，恩格斯所講的「現實主義的勝利」，又是什麼意思呢？看來這問題只能理解為，巴爾扎克世界觀（「看法」）的內部矛盾，通過創作方法，使其一方面戰勝了另一方面。同時，這也說明，現實主義比起浪漫主義來，無論就精神或手法來說，其客觀規定性要大一些，主觀情感、意願的飛翔的自由要小得多，從而其客觀現實的真實暴露的可能性就要多一些。浪漫主義在不同世界觀和審美理想的指引下，既可以朝著過去，也可以面向未來；既可以消極地逃避現實來「否定」現實，也可以積極地變革現實來否定它；既可以遁入神祕宗教和無可解決的生死謎語中，也可以走向真正的人民性和民間去……，不同的藝術家可以作出不同的選擇。在這裡，與在現實主義那裡本是一樣的。只是由於浪漫主義精神的特點更偏於主觀情感、意願，更偏於審美理想的直接表現，從而它的積極與消極、進步與反動，受世界觀直接制約的情況更加突出和明顯，客觀反映能力要小得多。可見，就藝術反映現實說，現實主義是更為根本的東西。現在的問題是，在一定歷史時期，就有或是屬於現實主義範疇或是屬於浪漫主義範疇的一定流派或思潮作為必然的藝術現象而出現。那麼其規律又何在呢？

　　藝術家偏重於不同的方法，這當然有許多原因。例如個人心理上的性格、氣質的原因，就很重要。歌德「過於入世的」性格，「他的氣質、他的力量，他的整個精神的傾向都是把他推向實際生活」，而成為現實主義者。同時代的席勒，卻能「逃向康德的理想去避免鄙陋」，而終其生是浪漫主義者。就是一般人的審美趣味，也常隨個人性格不同而各有所偏：有人更喜歡屈原、李白一

些，有人卻更愛杜甫、陶淵明一些，等等。但是，一個也許更為主要的原因，仍然是時代和社會。常常是一定時代和社會對藝術的不同要求，通過審美理想，使藝術家自覺或不自覺地具有和充滿不同的精神傾向，這種精神傾向又規定著藝術家採取相適應的不同的手法，而形成這一定歷史時期中的一定的藝術流派或思潮。所以，一定的現實主義或浪漫主義的高漲，常常是一定時代、社會的要求，一定的經濟、政治的反映，而並不是藝術家個人的性格、愛好所能隨意支配；相反，時代、社會的這種要求，倒反過來要來支配、控制甚或改變藝術家個人的性格、愛好或傾向，來改變他的「藝術天性」。例如，福樓拜或果戈理，如果按其個人的「藝術天性」來說，也許都是更傾向於浪漫主義精神的作家，他們也都寫出過出色的浪漫主義的作品（如福樓拜的《聖安東尼的誘惑》，果戈理的《狄康卡近鄉夜話》）。但是卻正是由於時代的要求，使這些富於浪漫主義傾向的作家終於要走上現實主義的道路：苦難深重的現實要求有責任感的藝術家認真地對待它，深刻地揭發它，而不要讓自己的想像躲到根本還看不到前途和出路的主觀浪漫空想中去。於是，《包法利夫人》、《死魂靈》儘管掩蓋不了藝術家個人天性偏好的痕跡（果戈理的誇張、嘲笑和抒情；福樓拜對語言的唯美主義的癖好等），但畢竟還是現實主義的巨著。而在另外的一定時期，例如在充滿希望的革命高漲時期，現實主義大師也會轉向浪漫主義。魯迅的〈鑄劍〉是驚人的浪漫主義傑作；契訶夫絕筆之作的〈新娘〉也展示了衝破藩籬的浪漫晨曦。同樣，除了時代，還有著深刻的社會、階級的原因。契訶夫堅持現實主

義的年代，卻也是高爾基開始其革命浪漫主義的創作年代。當時高爾基自己所特別鍾愛的是〈切爾什卡〉、〈伊利吉爾老婆子〉、〈瑪爾華〉這些充滿浪漫主義精神的作品；相反，契訶夫儘管非常讚揚高爾基，卻始終不太喜歡這些作品，而更喜歡現實主義精神較強烈的〈草原上〉、〈筏上〉……。所有這些，就正是階級的原因。當時俄羅斯的海燕般的無產者的革命浪漫主義的創作精神和手法，是為非無產階級的偉大的現實主義者契訶夫所不能理解和採用的。

　　時代和社會對藝術家創作方法的規定和制約，具體地表現為藝術史上先後發生和矛盾鬥爭的各種流派和思潮。在西方，文藝復興以後，古典主義，浪漫主義，現實主義，作為文藝的主要流派、思潮，彼此有規律地起伏消長著。還正是因為這些思潮和流派是那麼突出和重要，才使得像「浪漫主義」、「現實主義」這些名詞和概念，被當作一種特定的創作方法而確立起來，成為研究探討的對象。對這些方法的研討好像就起源於對這些文藝思潮、流派的研討。所以很多人在研究現實主義開始於文藝復興呢還是十九世紀，開始於宋人話本呢還是明清小說，等等。這顯然就是把作為藝術反映現實的創作方法，與這種方法在一定時期所呈現的具體歷史形態（思潮、流派）混同作為一個問題來看的。這種混同有一定的道理和根據，因為某種創作方法的確只在一定的歷史時期才充分發展到它的成熟完備的形態，而表現為一定的獨特的歷史思潮和流派。從其最完備成熟的形態剖析追尋，知道了複雜的也就知道了簡單的，這確是條研究途徑。但是如果滿足於此，

不注意其中的差別，那就會把創作方法看成一種僵死不變的東西，無法說明文藝思潮的所自來，現實主義、浪漫主義好像就是從十九世紀突然跳出來的東西了。實際上，創作方法，無論是其精神的方面或手法的方面，都是一個由低到高、由簡單到複雜、由萌芽到壯大的發生發展過程。在原始人的洞壁繪畫裡，我們看到現實主義的萌芽，在遠古許多神話故事中，我們看到人類的浪漫幻想。原始藝術中對待世界的現實態度與巫術象徵的浪漫觀念，難以仿效的天真和樂觀與難以置信的粗糙和野蠻，清醒的觀察、認識與蒙昧，荒唐彼此有機地滲透交織，展示著人類審美意識與創作方法第一張奇異多采的畫圖。無論在精神或手法上，其中都包含了現實主義與浪漫主義兩個方面和兩種因素。所以，從有審美意識和藝術創作的時候起，人們對待世界的兩種基本精神，和人們形象思維的兩種基本途徑，就必然表現在藝術上，因而就必然開始有兩種基本的創作方法。但由這種原始藝術的粗糙的摹擬複寫，到「典型環境中的典型性格」的塑造，由這種簡單幼稚的誇張幻想，到驚心動魄的英雄巨人的創造……，現實主義和浪漫主義卻都經歷了一個漫長的藝術發展的過程。

問題在於：歷史——時代和社會的複雜錯綜關係，使這兩種精神和手法，複雜多樣地交錯配合形成了種種具體不同的方法和流派，而披上許許多多的名稱——「古典主義」、「感傷主義」、「自然主義」、「象徵主義」以及「建安風骨」、「盛唐之音」，等等。而各門藝術部類的不同，便使這種情況更加複雜化了。例如，以理想性取勝、塑造「可親而不可及」的巨大形象的雕塑，歷史

上曾有過不同的現實主義與浪漫主義的創作精神和手法。但這兩種方法的區分卻又有一定的限度，因為雕塑藝術的種類特性使其創作精神更偏向於浪漫主義，而其創作手法卻更偏向於現實主義，從菲底亞斯到米開朗基羅到羅丹，各不相同，這裡面的種種規律需要具體分析，無公式可套。本文只以文學這門歷史上最重要的藝術種類為主，大概指出，在特定的歷史時期內，一定時代和社會的現實與理想不同的矛盾統一關係，將在根本上支配決定著某一種傾向的審美理想、某一種精神、某一種創作方法作為其時代和階級的藝術主流而出現。例如，在苦難深重、黑暗勢力還很強大、前景和出路相當渺茫、看不見晨光的漫漫子夜時，社會審美理想便淹沒在審美感受之中，看不見它的顯著的先導作用，批判的現實主義和享樂的自然主義，就常常為不同階級、不同階層所擇取，現實主義成為主流。而當人民力量開始強大或其影響仍然保留著，黑暗勢力並不能完全控制局面，社會審美理想要求背離對現實的審美感受，突出它的先導地位，不同階級、階層就可以沈浸在積極的或消極的對變革現實的浪漫主義憧憬中。局面已經打開，前途充滿希望，整個社會處在上升時期，或是人民力量已經崛起，舊勢力行將崩潰，作為先導的社會審美理想與作為基礎的審美感受的矛盾關係處在比較和諧的統一狀態時，就可以出現現實主義與浪漫主義的某種結合和交融，雖然這在歷史上比較稀少。以上所說主要是時代的因素。階級的因素也很重要，同一時代，不同階級、階層因其經濟地位、政治要求的不同，而可以對社會生活分別懷有和採取不同的精神。例如，當新興資產階級正

日益沈浸在冷冰冰的現實主義精神中的時候，封建貴族或小資產階級卻可以徘徊在感傷的浪漫情調中。當統治階級沈溺在纖細頹廢的形式快感的審美理想中的時候，新興階級則提倡嚴肅的「道德的藝術」、「政治的藝術」與之對抗，把感性形式美擱置一旁，審美理想更偏重於內容的追求、理性的突出。占統治地位的精巧、矯飾、學院程式的審美趣味和創作手法愈發展到極端，新興階級的創作手法就愈與之採取對立的方向和原則，於是這就形成同一時代不同階級的不同藝術流派和藝術思潮。[9]

下面最簡略地回顧一下歷史的情況。

據研究，原始藝術大致可以分出以忠實再現、描寫為主的階段和繼之而起的以象徵、符號為主的階段[10]，這約可相當於現實主義與浪漫主義的區別。但原始氏族的審美意識實際上是與其他社會意識如科學意識、道德意識混在一起沒有分化的，藝術採取了禮儀、巫術、宗教等等方式。因此，審美意識本身尚未取得獨立地位，其中的所謂現實主義與浪漫主義的區分便只具有萌芽的意義。奴隸制社會在社會大分工的基礎上建立，社會審美意識獲得了分化、獨立和高度發展。統治階級的意識是社會的統治意識。奴隸主階級直接顯示權威暴力和原始的宗教世界觀，使其審美理想具有某種沈重、威嚇的因素，繼承了和發展了原始藝術第二階段的象徵特點，產生了企圖盡力誇張統治威力的巨大的象徵藝術

---

9 參看普列漢諾夫《十八世紀法蘭西的繪畫和戲劇》等著作。

10 參看赫伯脫‧里德《藝術與社會》。

（如龐大的金字塔建築，枯燥冷漠的埃及雕刻，中國殷周青銅器等）。但是隨著早期奴隸制社會為奴隸主制成熟期所替代，在經濟、政治的繁榮發展的基礎上，這一階級的審美理想中的陰森、威嚇因素便為歡快、明朗的因素所替代。這裡不再是上階段的具有獨特浪漫氣質的象徵藝術，現實主義的創作方法成為主流，審美理想沈溺和滿足在愉快的審美感受中，它們以難以復現的健康童年的魅力，以社會的人為主題，對它的存在作了完美的確認、樂觀的自信和無可限量的遠大前途的預告（如希臘古典藝術。戰國至漢代的中國藝術），在歷史上第一次創造了非常完美的藝術感性形式，成為具有典範意義的古典藝術。

　　與此相對立，中世紀封建社會占統治地位的審美理想在封建主義和宗教世界觀的支配下，普遍帶有禁欲主義的色彩，感性現實的有限世界遭到輕視、封閉和唾棄，更多地傾向於內心世界和精神生活的平衡、滿足的無限追求。與古典世界的單純明淨不同，情感的豐富性、細緻性、複雜性在這裡獲得了高度的發展和表現。西方中世紀在封建主野蠻的相互殘殺和基督教統治影響下，向苦難中求歡樂，於醜怪中顯美麗（峨特建築，拜占庭藝術等），審美理想帶有濃厚的悲劇特徵和病態色調，浪漫主義成為主流。中國封建社會基本處在儒家中庸哲學的理性主義統治下，更多地偏重於在現實人生中取得情理的和諧統一，在藝術創作上具有自己的特點。

　　文藝復興使社會從中世紀蒙昧的黑暗裡甦醒過來，而資產階級社會前景的局限還沒有暴露，社會的審美意識在人文主義世界

觀的支配下，向希臘尋求理想。當時，時代的朦朧曙色引誘人們
作最大的樂觀展望，這就使文藝復興的現實主義比希臘具有更多
的浪漫主義的成分，審美理想不僅沈溺和滿足在審美感受的有限
形式的完美中，而且還極力起著提高感受的先導作用。兩種創作
精神在這裡有某種交融。文藝復興藝術的雄偉風度、高尚理想，
對生活的歡快的肯定和積極的追求，在手法上，無論是莎士比亞
或者是造型藝術家們，都能大膽地把現實與幻想、悲與喜、崇高
與卑下、英勇與滑稽揉合在一起，在這種揉合中塑造現實主義的
真實性格（不同於以後浪漫主義在這種揉合中所具有的矯揉造作
和片面化的弱點），同時這些性格裡又充滿了昂揚的浪漫音調（與
以後批判現實主義的人物不同）：就連哈姆萊特、李爾王也有著多
麼動人心弦的激情！但現實主義在這裡始終還是主要的方面。當
時時代的特點，規定藝術家對待現實的精神更傾向於客觀的理解
和研究。藝術家常常就是科學家。達・芬奇以對現實的忠實再現
為自己的創作信念和準則，莎士比亞也借哈姆萊特的口指出藝術
是「大自然的鏡子」。文藝復興是希臘古典現實主義的雄偉的歷史
再現，是藝術史上另一個高峰。

　　十七世紀的法國古典主義，服務於鞏固專制王朝的政治目的，
有其明確的理性主義世界觀作為創作原則。它的審美理想的特點
是，在這種世界觀直接作用下，審美感受受到嚴格規範化。它所
追求的美，與希臘古典主義的感性形式的完滿不同，而是幾何學
式的規律性的真實。由於作為皇室宮廷和貴族階級的藝術，它並
不面向真正廣闊的人生和現實，而是將中世紀以來騎士文學所浪

漫主義地發展了的情感世界，加上了抽象思辨的規範。它的強處在於能尖銳地刻畫內心世界裡的巨大主題（個人與社會的關係），如國家義務和愛情、個人利害與榮譽等嚴峻衝突，要求以理克情，個人服從國事，對待事物給以鮮明的理性回答。現實在這裡變得異常抽象和淨化，缺少豐滿的歷史具體性，人物性格多是「類型」。就在以精確描繪見長的造型藝術裡，也是這種淨化了的理性統治著──普桑的繪畫、凡爾賽的庭園藝術。這不是生活的而是心理學和倫理學的現實主義，但它從理智上揭示內心情感的嚴重主題方面所取得的藝術成就，像法國悲劇那樣撼人心魄的理性的激情，仍然是值得我們今天批判地去吸取的一份遺產。十八世紀啟蒙者的現實主義作為上升時期資產階級的代表，他們面向的現實是真正比較廣闊的生活本身了，普通的地主、日常的市民生活代替了法國悲劇的帝王將相。他們的審美理想是用啟蒙主義的世界觀──明白清晰的理智來到處解說現實、分析感受，他們的藝術充滿著理論式的冷靜態度。所以理智多於感情，議論多於描繪，分析多於綜合，思想多於形象。無論是斐爾丁的小說，夏爾丹的繪畫（在大衛那裡達到這種現實主義的最高峰：古代羅馬英雄的崇高服裝下的資產階級革命信念），都很清楚。固然，一方面，它在將現實作啟蒙的分析和教訓中，常常失卻對現實的審美感受的全部豐富、生動的生活內容，形象貧乏，細節真實性很低，遠不及以後的批判現實主義；但另一方面，它那種爽朗的理智態度和啟蒙精神，卻又是以後的批判現實主義所未能具有的。而這一切，卻正是由當時時代、社會和階級（新興期的資產階級）的特性所

規定。

十九世紀浪漫主義的洪流——從德國的神祕派到英國的湖畔詩人和拜倫、雪萊，到法國的拉馬丁、夏布多里昂和兩果、喬治桑，從音樂、繪畫到其他，這是藝術史上非常重要的帶規律性的巨大事件。啟蒙者預言的「理性的王國」在資產階級社會的現實裡破產了，新秩序成了「漂亮諾言的諷刺畫，只能引起悲痛的失望」（恩格斯），金錢的無情統治和平庸的市儈生活令人焦躁和煩悶，不久前的革命和人民運動的印象還記憶猶新……，現實令人失望，理性令人懷疑，人們（主要是一部分資產階級的「浪子」們，下同）企圖回到個人的內心世界和在情感生活中去尋求信任，「理智會犯錯誤，而情感則絕不會」（舒曼）。盧梭的思想又風靡起來，人們由社會退到個人，由個人退到心靈，由心靈退避到自然，由自然再退避到超自然的神祕崇拜。總之是懷著騷亂和憤鬱的心情，急切要求對現實的否定而不斷地轉向個人和心靈，人們對現實的審美感受只具有否定的內容，於是便用從情感出發的理性觀念來與審美感受相對立，產生了浪漫主義的虛幻的審美理想。它以對完美形式的空前破壞，突出地表現了對感性和理智的蔑視，與對理性和情感的狂熱追求，審美理想似乎是以背離、超脫審美感受而十分突出。遠古象徵藝術的崇高風格，在這裡獲得了浪漫主義的理性新內容。浪漫主義與現實主義，在這裡便像表現與再現、崇高與美等等一樣，在創作精神和創作手法上完全對立了起來。感性與理性，形式與內容，在這裡充滿著尖銳的矛盾和衝突。這個衝突反映著當時個人與社會、生活與心靈的對立，在實質上

反映著資本主義制度的根本矛盾。隨著世界觀和社會思想的不同，積極的浪漫主義轉向未來的眺望，消極的浪漫主義走向中世紀田園生活的牧歌。在手法上出現了「國之人莫我知」的孤獨的「傲岸不羈」的巨人，出現了怪異離奇的不平常的情節和故事，出現了天堂、地獄的象徵性的深長寓意。時間、空間的哲理性的抽象沈思，細緻感傷的個人心理的抒情；對自然界的膜拜神往，異國情調，中世紀的幻夢……，總之，對理智和感性有限形式的蔑視，對理性、無限、神祕的追求，一切正好是與平庸現實相對立的獨特形象。它煽起強烈的感情，直接刺激人們去行動（反抗現實或逃避現實）。「幻想的文學」代替了「思想的文學」，雨果代替了狄德羅。進步浪漫主義所具有的誇張的然而是強烈的否定現實的熱情和理想，是藝術史上的重要瑰寶。但是，這種浪漫主義精神的根本弱點卻在於：它總帶著個人主義的病態特徵，帶著或多或少的遠離甚至敵視人民集體和社會生活的空想性和脆弱性。理想與現實在這裡常常完全對立和割裂。

　　緊跟著浪漫主義思潮後面，是著名的十九世紀批判的現實主義。通過主觀憤怒的抒發來表示對現實的狂暴否定，只具有短暫的激情作用，資本主義秩序的逐漸穩定使社會的浪漫熱情日益萎縮，誇張狂熱的空想和呼號已令人生厭；人們開始確認現實感受的否定性質，而對它加以冷靜的觀察和分析。於是，與希臘古典現實主義的審美理想沈浸在肯定性質的審美感受中恰好相反，這時的審美理想卻沈浸在其具有否定性質的感受中，以至於似乎是沒有理想。特別是在當時實證主義哲學和蓬勃發展著的自然科學

的影響下，日益走向對複雜錯綜的現實作出各種細緻的揭發和解剖。這樣，它便以其對現實的驚人的洞察和認識的能力，通過細節的真實、典型的塑造，以空前豐滿的感性形態使現實主義這一創作方法發展到空前高度。這裡並沒有故意令人驚駭的曼弗雷特式的巨人，而是平平常常但同樣動人心魄的高老頭或于連，「如果昨天小說家是選擇和描述生活的巨變、靈魂和感情的激烈狀態；今天的小說家則是描寫處於常態的情感、靈魂和理智的發展……以單純的真實來感動人心」（莫泊桑）。所以，這種創作方法的特色是，達到了為以前任何現實主義所未能做到的巨大的再現力量和認識意義。馬克思主義經典作家正是從這個方面給了它很高的評價：英國現實主義小說家「給世界揭發的政治的和社會的真相比所有政治家倫理學家加在一起還要多得多」；從巴爾扎克「所學到的東西也比從當時所有專門歷史家、經濟學家和統計學家的全部著作合攏起來所學到的還要多」。這種現實主義「只是批判，並不肯定什麼」（高爾基），它一般失去了積極的浪漫主義的精神，也少有啟蒙主義的理智的樂觀信念，更缺乏希臘古典藝術或文藝復興的那種開朗的氣魄和形式的完美。在斯湯達、巴爾扎克那裡還多少保存著上一階段的浪漫氣質的餘波，他們曾經是動蕩的社會生活的積極參預者，在他們的創作中，強烈的愛憎，正面的激情還不時閃出逼人的光芒；到了拿破侖第三資本主義「和平發展」的穩定時期，上一代激盪的年代過去了，藝術家對前景的無望，對信念的嘲笑，對現實的實證精神，使現實主義只是從事於嚴酷冷靜的揭發再揭發，像福樓拜、莫泊桑、左拉，就發展到了典型

的地步。他們經常只是社會生活旁觀者和「研究者」，左拉批評巴爾扎克太浪漫，主張採用嚴格的科學式的客觀記錄和詳盡描寫。這種對待現實的創作精神，正是時代和社會所賦予的。如果說，啟蒙主義是在資產階級初興期誘人作樂觀的美夢，浪漫主義是感到大夢初醒後的失望而大喊大叫追尋出路，那麼，在資本主義社會已日益定型的時刻，則正是「夢醒了無路可走」的痛苦，於是既不能走進群眾革命隊伍中而又要作資產階級的「浪子」的藝術家，就只好把熱情放在冰箱裡而對一切都作冷靜的觀察、懷疑、嘲弄、揭發。「當你坐下來寫作時，你要心冷如冰」，「我們把生活寫成原來樣子，以後就什麼也不管了，⋯⋯我們既沒有近的又沒有遠的目標，我們的心裡是完全空的」（契訶夫）。所以，相對講來，這種現實主義教育人去認識是更多於直接煽動人去行動的。

當然，批判現實主義也還各有不同，英國不同於法國，法國不同於俄國。這種不同仍然刻著各別時代、社會的痕跡。從普希金到契訶夫，俄國的傳統所以在上世紀批判現實主義潮流中最富有浪漫精神，並不是俄國藝術家的「天性」有何不同，而是由於當時的俄國藝術是與當時激烈的社會鬥爭──俄國人民解放運動三階段緊緊地聯繫在一起的。先進貴族（十二月黨人）和隨後革命民主派的世界觀的深刻影響，使藝術家們對現實的感受具有更多的肯定成分，審美理想在這裡有著更鮮明的先導色彩。所以，在資產階級革命已經過去的西歐，無論是于連，或是簡・愛、希斯克利夫，便都是與社會鬥爭，與人民、與時代的進步事業或多或少隔絕的個人反抗和個人奮鬥；在階級鬥爭劇烈、人民解放運

動高漲的俄羅斯，從奧涅金、皮卻林開始，「多餘的人」卻總在憧憬著和追求著某種朦朧的、有重大意義的生活目標。在狄更司或巴爾扎克那裡，大衛・科波菲爾或葛朗苔・歐也妮的心中對社會並沒有太大的仇恨或作了紳士般的妥協或理想的大團圓；而在陀斯妥也夫斯基或屠格涅夫，在宣揚黑暗的宗教或軟弱的自由主義的同時，其主人翁總與現實還有著難以抑制的憤恨和難以避免的不可調和……。托爾斯泰所以不滿意莫泊桑，契訶夫所以不喜歡左拉，都是認為後者的創作方法太客觀。同樣，列維坦比柯羅也總具有更多的抑鬱和憂傷。正是社會鬥爭的局勢，才使俄羅斯十九世紀下半期的先進藝術，從文學到音樂（強力集團、柴可夫斯基）到繪畫（流動畫派、列賓）的創作方法達到當時世界批判現實主義的高峰。可見，藝術家的創作精神和手法的不同，根本上是通過審美理想而被決定於處在具體不同的歷史階段上的時代和社會。一定時代和社會的基本特點，一定世界觀的基本特點，通過審美理想，決定了藝術家的創作精神和創作手法的基本面貌。

　　中國的藝術歷史還沒有足夠的研究可以供這裡作概括的敘述。但以上的基本原則是大體相同的。原始陶器和殷周銅器、《詩經》與《楚辭》；理論上的儒家與道家（莊子），可說是中國現實主義與浪漫主義的最早的標誌。《史記》作為史書，其認識的方面是基本的，但因為離社會大變革相去未遠，激盪年代的回想使它添上了激情閃灼的浪漫篇章。漢代，浪漫主義成為主流，體現上層統治階級審美理想的漢賦以其對貴族階級現實生活的肯定，與下層人民對苦難現實的沈重吟詠（樂府詩），成了鮮明的對比。建

安文學繼承了漢樂府的傳統，但由於處在人民起義的鬥爭年代，便開拓了現實主義與浪漫主義相結合的新門戶，其對待現實的精神是深刻嚴肅的現實主義，其中跳躍著一種力求振發的積極的浪漫精神，這特別在曹氏父子的詩篇中最為明顯：它不滿足於對苦難感受的現實記錄，而突出地表現著新興貴族地主階級的代表壯心未已、平定天下的豪邁感情（這不同於以後的杜甫、白居易或陸放翁）。繼六朝消極浪漫主義（游仙、山水）和自然主義（宮體）之後，「盛唐之音」是浪漫主義的，積極的流派（李白、岑、高詩派）是主導。它的時代和階級的背景，是世俗地主階級在經濟政治上突破了六朝貴族門閥統治及其在文藝上的束縛，在當時社會生活基本處於向前發展的年代，它還有著積極抱負和理想的表現。所以，與盛唐的浪漫主義緊相接連的，是雖然產生在水深火熱的苦難生活中、卻仍然具有積極進取的儒家優秀思想的杜甫的現實主義。以李白、杜甫為旗幟，浪漫主義和現實主義兩種創作方法達到了一個處於上升時期的世俗地主士大夫階級文藝所能達到的最高峰。其後，隨著這個階級的穩固地全面占據統治地位（宋代），與人民群眾的階級矛盾日益發展，它在藝術上便也逐漸衰頹起來，對待現實不再有激昂的熱情（除了在民族危機的年代），中唐以來便已開始了冷靜蕭瑟的退避（對陶淵明開始推崇；韋應物、劉長卿的消極的現實主義；即使是白居易的現實主義，也遠遠缺乏李白、杜甫那樣的浪漫氣概和遠大理想），而終於走進晚唐和宋代的享樂、愛情、山林等浪漫主義中去了（花間和北宋詞，山水畫的興起和蔚為主流）。從晚唐到北宋，開始了中國封建

藝術的審美理想和整個審美意識由前期到後期的巨大轉變。前者
「文」與「道」的理論中對封建理想與社會現實的執著，已不再
是後期審美理想的中心，佛道的影響已開始滲透於儒家的理論中，
對內心世界的探索，對人生無常、世事多變的憂傷、喟嘆和空幻
之感，對個人精神生活的平衡穩定的追求，含蓄、淡遠、意趣、
神韻的講究，構成從司空圖《詩品》開始到蘇軾、到嚴羽《滄浪
詩話》以及以後文人畫等藝術創作的精神特徵，它們是後期世俗
地主階級的審美理想的突出表現。前期封建地主階級的審美理想，
由於來自對現實的審美感受，它成為古典的現實主義；後期封建
地主階級的審美理想，由於對現實生活感受的退縮和逃避，更多
地轉向個人和心靈，成為浪漫主義（宋詞、元畫等等）。但這種浪
漫主義，因為始終在儒家理性主義的控制下，與西方中世紀又有
很大的不同，在大的範疇內，又仍然不脫古典主義的範圍。

　　城市居民的宋明話本和《三言》、《兩拍》，開闢了市民文學的
現實主義的新階段。在這種「極摹人情世態之歧，備寫悲歡離合
之致」的世俗生活的風習畫和人生故事中，充分地表露了市民階
級對待生活的特有的現實主義精神。這裡並沒有多大的激揚熱情
和浪漫幻想，它們一方面是對日常世俗的生活的腳踏實地的肯定、
自信和津津玩味，另一方面則是對封建階級榮華富貴的攀附、羨
慕和服從。在這種現實主義傾向下，封建貴族上層的腐敗與市民
階級的低級趣味的融合，產生了典型的自然主義（《金瓶梅》等）；
另一方面，農民階級與市民階級的先進要求的吻合，又把積極的
現實主義推進到一個新的高度（《水滸》、《三國演義》等），後者

更多地擇取了巨大的歷史主題和下層人民的理想。主角不再是矮
小的賣油郎而是黑臉大漢李逵、魯智深，不再是像荷蘭小畫派式
的日常生活的細節，而是風雲龍虎的戰鬥，它的現實主義精神大
大衝破市民階級的局限，獲得了更深刻的人民（農民階級）性。
所以，即使在同是現實主義的宋明話本和《水滸》、《三國演義》
之間，也要注意它們的現實主義的時代、階級的不同特色。這裡
特別值得提出的是，反映時代、社會的激烈鬥爭和變化的問題。
明代中葉以來，文藝思潮和流派的發展變化的客觀規律，是一個
頗為重要和非常有意思的問題。我以為，從上述市民階級的現實
主義（話本和《水滸》、《三國演義》）到隨後的積極浪漫主義（《西
遊記》、《牡丹亭》、公安派的散文等）到清初的感傷主義（《桃花
扇》、《長生殿》、《聊齋》、歸莊的散曲等），直到成熟形態的典型
的批判現實主義（《紅樓夢》、《儒林外史》），這種種創作方法的演
變正是由當時特定的時代、社會、階級，通過對藝術家及其審美
理想的作用，而決定和支配著的。其中過渡傳遞的痕跡宛然可尋：
當明中葉封建力量衰敗、進步勢力衝擊專制皇權以來，理論思想
上曾出現儒家的「異端」（泰州學派、李贄），「異端」思想的世界
觀在藝術家們的審美理想中留下了深刻影響（李贄與公安派、湯
顯祖、徐渭等的關係）……，終於在文藝上出現了明代顯赫一時
的反抗現實的積極的浪漫主義（這在詩、畫裡一直延續到清代的
揚州八怪、袁枚等）。然而，隨著清朝的入侵，農民革命的失敗，
社會生活和心理氛圍發生了重大變異。封建地主階級借助外力重
新樹立了牢固的統治，黑暗勢力分外加重了，一切先進的理想、

要求被扼殺，現實充滿了沈痛的社會仇恨和民族悲憤。現實生活的情況規定了藝術創作精神和審美理想。一方面是明代興旺的市民文學的萎縮，適應封建統治，復古文藝的保守的現實主義的繁榮（從正統文學的詩詞、散文的復興到四王畫派的推重）；另一方面，沈浸在愛國主義感傷中的進步士大夫，經過這場巨大歷史生活的教訓和明末清初民族民主思潮（黃梨洲、王夫之、顧炎武、唐甄等）的洗禮，對現實的認識有了非常深刻的發展。表現在理論上，出現了葉燮的唯物主義美學理論，表現在創作方法上，以前的歡快的浪漫主義經過感傷階段（《長生殿》、清初的詩詞散曲等），日益走向嚴峻的批判的現實主義。《桃花扇》可說是這個轉折的預告。《桃花扇》仍然帶著浪漫主義的濃厚感傷情調，卻已在開始對腐朽的本階級作現實主義的痛苦的悔恨和無情的揭發，它嘲弄地和憂鬱地感嘆著「眼看他起朱樓，眼看他宴賓客，眼看他樓塌了」，而最後歸結為否棄上層生活的隱逸「漁樵」。這種審美理想和創作精神，到了封建統治已經鞏固、黑暗勢力更加穩定的清代，得到了非常深刻的發展，產生了像《紅樓夢》、《儒林外史》這樣的巨著。產生它們的時代和社會背景，是封建統治迴光反照的最後階段，是一個死氣沈沈的漆黑的反動年代：各種封建渣滓——從程朱理學到復古文藝，正鬧哄哄地盛極一時，先進的思想情感被束縛壓制得麻木蒼白，像戴震這樣偉大的思想家也只能埋身在考據中，絲毫得不到正確理解。具有民主啟蒙思想的先進士大夫們看不到可以指望的出路，也找不到可以指靠的力量，他們看到的只是本階級生活現實的糜爛、卑劣和腐朽，嚴峻的批判

現實主義精神在這裡完全成熟了：與前一階段市民階級的現實主義對富貴榮華、功名利祿的渴慕恰相對照，這裡充滿著的是來自本階級的飽經滄桑、洞悉隱祕的強有力的否定和判決。這樣，創作方法在這裡達到了與外國十九世紀資產階級批判現實主義相媲美的輝煌高度，然而也同樣帶著沒有出路、沒有革命理想、帶著濃厚輓歌色調的根本缺陷。一直到中國十九世紀的下半葉，反帝反封建的革命鬥爭日益高漲，與政治鬥爭密切結合著，積極浪漫主義的憤懣不平悲壯慷慨的詩歌——從龔自珍到譚嗣同到以柳亞子為代表的南社詩人們，才成為這一社會鬥爭高漲時期進步文藝的主導。

　　上面所以要因陋就簡地畫一下創作方法的粗糙的歷史輪廓，是想指出，對創作方法必須作一種歷史具體的研究。這樣才能具體說明，在什麼樣的時代和社會的條件規定下，可能出現什麼樣的創作精神和創作方法，並成為一代藝術的主流和方向。如能比較清楚地說明創作方法的歷史的具體內容，對今天的創作方法就可能有更深刻的認識和了解，因為一定的創作方法、創作思潮總是一定的時代精神的表達。在我看來，我們今天特別需要現實主義，而應堅決摒棄一切假浪漫主義。

十七、略論藝術種類

註：本文寫於 1959 年，1962 年 10 月修改，
　　原載《文匯報》1962 年 11 月 15 日、16
　　日、17 日。

藝術分類的原則

　　藝術能否分類？一些著名美學家否認這一點，例如，克羅齊認為，既然一切藝術都是「直覺的表現」，只是主觀創造的同一事實，「並沒有審美的界限」，因此「就各種藝術作美學分類那一切企圖都是荒謬的」。[1] 開瑞特也說：「只要承認美是表現和任何情感均可表現，則美的哲學分類之不可能是很清楚的。」[2] 更多的美學家主張分類，例如，同是主張表現說的鮑桑葵在批評克羅齊否認外在體現的重要時，即強調作為中介的物質手段對美的意義，指出藝術分類有關美的祕密，因為它們是各以其不同的中介、手段、形體而才有其精神和表現的。[3] 遠早於鮑桑葵，在古典美學中，萊辛即揭示出不同藝術由於不同的物質手段所必然擁有的特殊的審美力量和效果，這實際上已確證了藝術分類的必要性。[4] 美學史上關於藝術分類的古典著名理論，如亞里士多德（根據摹擬的手段、方式和對象來分），康德（借用人的語言表現來分：

1　克羅齊：《美學原理》，人民文學出版社，1958 年版，第 105 頁。

2　《美的理論》第 8 章。

3　鮑著《美學三講》。

4　《拉奧孔》。

詞——語言藝術， 姿態——造型藝術， 音調——感覺遊戲的藝術），黑格爾（象徵、古典、浪漫）等等，其中有不少值得研究的合理成分，特別是黑格爾根據理念內容和物質形式的統一原則作出的邏輯歷史的分類，是頗有價值的藝術史理論。後來比較流行的藝術分類，如卡瑞埃分為時間藝術、空間藝術、時空聯合藝術，如庫森、哈特曼等所分視覺藝術、聽覺藝術、想像力藝術等。這種分類，因為僅從單方面的主體或對象的外部狀貌作為原則，顯得比較表面，不能深入揭示出各門藝術的美學實質。分類的意義和目的在於尋找和發現各門藝術反映現實的特性和規律，自覺地認識它們、掌握它們。「對於物質的每一種運動形式，必須注意它和其他各種運動形式的共同點。但是，尤其重要的，成為我們認識事物的基礎的東西，則是必須注意它的特殊點，……每一種社會形式和思想形式，都有它的特殊的矛盾和特殊的本質」。[5] 藝術也完全如此，具體的創作自由是建立在對這些特殊的矛盾和特殊的本質的美學掌握上。如果違背各門藝術的特殊審美規律，「向雕刻提出連環圖畫的要求， 向雕刻提出多幕劇的要求」[6] ；希望工藝表現思想；編寫舞劇堆砌話劇情節……，就會導致創作的失敗。藝術種類不是個學院性的純理論問題，而是有其現實意義的。

　　分類的意義既如此，分類的原則是什麼呢？

　　藝術是人們主要的審美對象，訴諸人們的五官感覺（主要是

5　〈矛盾論〉，《毛澤東選集》第 1 卷。

6　王朝聞：《一以當十》，第 307 頁。

視、聽）。一方面，藝術是作為成品，作為靜觀的欣賞對象而存在。另一方面，藝術又是人們審美意識（通過作家或藝術家的創作實踐）的物態化，這一方面，藝術是作為創作，作為主動的實踐過程和產品而存在。藝術之所以成為藝術，是因為後者而不是前者。藝術是人們主觀審美意識與客觀世界相統一的成果，是人們審美意識作用於現實材料的物化形態。所以，這一方面在把握、規定和顯示藝術的美學本質和特性，才是更根本的。它應是藝術分類的原則和依據所在。「任何本質力量的特有性恰恰是這個力量的特有的本質，所以也是這個力量⋯⋯的對象化地——現實的、生動的存在特有的方式」。[7]

審美意識本質力量的特有性，這個力量的特有本質，是情感與認識的統一。在其物化形態中，就體現為對主體的表現與對客體的再現的統一。物化了人們審美意識，在對象化中體現了審美意識特有的本質力量的藝術，其內容是情感與認識、表現與再現的統一體。情感與認識、表現與再現都是對現實的反映（亦即廣義的認識），但因社會生活的不同需要，反映可以各有偏重，或以情感——表現為主，或以認識——再現為主，就分別構成表現藝術與再現藝術兩大種類，前者如音樂、舞蹈、建築、裝飾、抒情詩等等，後者如雕塑、繪畫、小說、戲劇等等。這兩類藝術的區分，古今均有人指出過。例如尼采關於酒神藝術和日神藝術的著

---

7 馬克思：《經濟學－哲學手稿》，人民出版社，1957 年版，第 88 頁。

名說法[8]，當代法國美學家蘇利奧分藝術為再現與非再現兩類[9]
等等。

表現與再現作為分類的第一原則，是就審美意識的物化的內
容特性來說的。另一方面，審美意識的物化的形式特性對分類也
有著規範作用。審美意識的物化或者是在（藝術）實踐的過程中，
或者是在（藝術）實踐的產品中，來實現或呈現出來的。審美意
識的物化形式是過程與產品的統一，而由於它們或偏於過程或偏
於產品，就或以動（時間）為主，或以靜（空間）為主，而分成
動的藝術與靜的藝術，前者如音樂、舞蹈、戲劇等，後者如建築、
裝飾、雕塑、繪畫等（各種物質材料本身或靜或動的特性，自然
地制約著它們被用作藝術手段的不同偏重，靜的材料如石頭偏重
於產品的靜的創造，動的材料如聲音多偏於過程的動的表現）。跟
表現與再現（內容）一起，動與靜（形式）就構成分類的第二原
則。這樣，一經一緯，相互交織，以前者為主導，就構成了總的
分類原則。[10]

按這原則，藝術就可以分為下列幾類：(1)表現，靜的藝術——
這是實用藝術：工藝、建築；(2)表現，動的藝術——這是表情藝
術：音樂、舞蹈；(3)再現，靜的藝術——這是造型藝術：雕塑、
繪畫；(4)再現，動的藝術——這是戲劇、電影，因為這類藝術的

---

8 參看《悲劇的起源》。

9 參看利斯脫威爾《批評的近代美學史》第 14 章。

10 〔補注〕這一總原則尚待進一步研究和展開，這裡說得是不充分和不清
　楚的。但文中講到的各門藝術的美學特徵，仍認為是重要的。

物質材料的綜合特點，故名綜合藝術；⑸語言藝術：文學。用語言作手段來構成藝術，嚴格地說並不是審美意識的物化，語言僅有物質的外殼（語音），其實質（語義）是精神性的表象（客觀世界的主觀映象即想像）。因此它不能按物化方式來分動靜遵循上述第二原則，應該單獨構成一類，實際上它也是屬於動的再現藝術範圍之內的。

上面只是分類中的幾個舉舉大者，各種藝術又可細分，如繪畫中有油畫、國畫、版畫等，電影中有故事片、紀錄片、美術片等，如版畫中還可分為木刻、石版、銅版等，美術片中也可分為木偶、動畫、皮影等。但這已逐漸越出分類的美學研究範圍了。下面，只就上述五大類別從藝術種類的特性（一般不涉及具體藝術內容）作些粗略說明。

第一類：實用藝術（主要是工藝與建築）

1. 工藝：

這裡主要指在造型和色彩上美化日常生活的用品、環境的藝術，從品類繁多的日用品、家具直到被一些人誤認作是所謂「生活美」、「現實美」的衣裳打扮、環境布置等等。這門藝術廣闊多樣，與人們的生活關係密切，有人因其不是專供欣賞而排之於美

學門外，這是不對的。從我關於美的本質理論來看，人們在物質生產中要求對象在外在形式上也成為對自身作情感上的直接肯定，要求從外部形式上也看出自己本質力量的直接表現。這就從根本上決定了實用物品的生產所以應該是美的和它之所以以表現為其基本的美學規律。並且這方面的美學價值和內容，將隨著社會生活的發展而愈益突出、普及和重要。

這樣，工藝的美就不在於要求實用品的外部造型、色彩、紋樣去摹擬事物、再現現實；而在於使其外部形式傳達和表現出一定的情緒、氣氛、格調、風尚、趣味，「使物質經由象徵變成相似於精神生活的有關環境」。[11]在這裡，自由運用形式美的規律，有著巨大的作用。對稱表現出更多的嚴肅、完整的情調，不對稱的均衡則顯得更活潑流暢一些……，如色彩上的熱色與冷色、強烈對比與和諧對比，造型上重心的高低、直線與曲線……，可以形成豐富多彩或強烈、或平靜、或緊張、或穩定種種不同的美，這種美的內容不是明確具體的認識，而是洋溢、烘托出來的朦朧寬泛的情感。[12]所以，不應要求工藝美具有像小說、繪畫那樣確實限定的藝術內容，而是由其外在形式所烘托的氣氛情調，在潛移默化中影響、作用於人們的情感和思想（在實用品上加印上詞句、圖畫，如送往邊疆的毛巾印上北京字樣或天安門的圖景，這是為了滿足一種特殊的具有明確認識內容的情感需要，不算工藝美的

---

11 黑格爾：《美學》第 3 卷。
12 參看本書〈美學三題議〉「自然美問題」部分。

一般規律）。

　　工藝品首先是實用物，是在一定環境、場合下使用的。因此，工藝美一方面固然必需將情感概括化，烘托出一種廣泛朦朧的情緒色調；但另一方面，這種烘托的情緒色調又必需有特定的具體性，必需與特定的實用環境、場合的氣氛相符合，以適應、烘托、滿足人們在不同環境氛圍中的不同的心理要求。並且，工藝美的情緒色調不僅有這種各個生活方面不同要求的具體性，同時又還有各個時代和社會的不同要求的具體性。不同時代和社會對其實用環境所要求的情緒色調，所希望看到的自身本質力量的對象化，是具有不同的內容的。例如，從客廳的太師椅、臥室的「寧波床」到墳墓上石碑，嚴格的平面、直線的對稱，堂皇富麗的暖色，極度發展了的雕琢、繁密等便是中國傳統社會講求的工藝美。人們從工藝的審美處理上便可以辨識出這是巴羅克，那是羅可可，這是宋瓷，那是明代家具等社會、時代以至階級的烙印。但現代實用品的特點卻大不相同，一是大規模的工業生產，二是為廣大人民群眾服務和使用。因此它就要求充分利用現代技術作科學的合理設計，以符合人民群眾的經濟利益和現代生活的適用特點。從而，附著於實用品身上的工藝美，也就必然地趨向簡單明瞭、爽快活潑，而注意功能美便成為一個很突出的問題。認為物品的功能就是工藝的美，這是錯誤的；但不顧物品或遠離物品的功能來追求工藝美，也是錯誤的。現代健康的傾向是，注意盡量服從、適應和利用物品本身的功能、結構來作形式上的審美處理，重視物質材料本身的質料美、結構美、盡量避免作不必要的雕飾、造

作。與瑣碎、繁密、雕琢、華貴的為少數人使用服務的古代工藝品相對立，大方、簡樸、明快、開拓，才正是現代工藝美的時代特色所在。

可見，工藝的美總是與概括特定的情緒色調和服從特定的功能結構分不開的，是與其作為實用品在什麼社會、時代為什麼人服務分不開的。所以，對工藝美的現代性（亦即科學性與群眾性）的講求，就正是社會物質生活，正是當代社會生產力、科學技術與社會生產關係、精神面貌兩者統一的必然的要求和反映。

此外，工藝還包括專供玩賞而無實用價值的如象牙雕刻、刺繡等特種手工藝，它們實際上已完全脫離實用而成為獨立的純藝術，因之，就常常可以不遵循實用藝術的美學規律，例如，便可以設計得更古色古香，更繁密、雕琢一些。

中國的書法在這門藝術中占有一個特殊的位置。由於它的物質手段（筆墨）的靈便特性，便使它有可能遠為自由地運用形式美的規律來表現出人們的情感、氣度以至個性來。比其他工藝，它更接近於建築和音樂。今天，人們在實際生活中已很少用毛筆，書法幾乎已是一種純粹的表現藝術了。

2.建築：

同作為靜的表現藝術，它的美學規律基本與工藝相同。「建築與工藝沒有質的區別，只有量的區別」（車爾尼雪夫斯基）。但量變為質。它的質的特點也正在於它的「量」。具有巨大形體的建築強迫你長期地經常地感受它、接受它的比工藝遠為巨大的美學影

響。這種影響的巨大，一方面在於它的物質實體性巨大存在所帶有的感知效果（書法雖也可化靜為動，但畢竟只能作平面的安排，就不能有這種物質實體存在的力量）。同時，另一方面，還在於它的組織的數的結構的複雜所帶來的領悟效果。建築物比一件工藝品是遠為複雜多樣的整體。立面體型、平面布置、內外部空間結構的處理、門窗式樣、色調裝飾以及園林布置……，各以其特色構成一個豐富複雜的如樂曲似的錯綜組合。它雖靜，卻如動，當你在中國園林中徘徊，在峨特教堂裡瞻望，你好像走進一支樂曲中，建築物的各因素各方面可以給你一種曲調或旋律似的審美感受，領會到一種巨大、深邃的情感內容。謝林把建築稱為「凝凍的音樂」[13]，不是完全沒有道理的。

　　與工藝一樣，建築中實用與美觀的統一，在這裡也是非常具體的。劇場建築不同於學校建築，宿舍不同於辦公樓，一般建築又不同於紀念性建築，前者活潑輕鬆，後者莊重嚴肅。烘托出與不同實用需要相和諧的各種不同的情調、心境。而流傳下來的古代最成功的建築所以常常是廟堂陵墓與宗教性建築，也正是因為這些建築物的實用功能本身就是情感性的；展現了特定時代和特定社會、時代、民族或階級的情感和理想。所以建築藝術在這裡充分發揮了它的力量。今天紀念性建築、公用建築也仍然是這門藝術的皇冠。在這些建築中，我們可以清晰地看到在情感表現中的整個時代的一定社會面目和一定的思想觀念。「……希臘建築表

---

13 參看鮑桑葵《美學史》第 12 章。

現了明朗和愉快的情緒，回教建築——優美的峨特式建築——神
聖的忘我。希臘建築如燦爛的陽光照耀的白晝，回教建築如星光
閃爍的黃昏，峨特建築則像是朝霞」（恩格斯）。

　　與工藝一樣，作為實用藝術，建築藝術與人們的物質生活和
社會生產力有直接的關係。前者與建築物的實用功能，後者與建
築物的材料結構密切相關。因此，在今天社會生活和技術條件下，
如果硬要在具有鋼筋鐵架的結構中去追求木建築的形象格式（如
「柱高一丈出簷三尺」的法式），在具有現代實用功能的機關學校
建築中，抄用古代宮殿的繁複裝飾（如強烈的紅綠彩色，精雕細
琢的藻井斗栱，金碧輝煌的屋頂涼亭⋯⋯），就不但是經濟上的盲
目浪費，而且也是審美上的錯誤理解。與中世紀教堂建築（石結
構、冷色，指向天空的尖頂，高曠的內部空間⋯⋯渲染著神祕、
崇高的宗教氣氛），或四合院的民房（封閉性的空間、正房廂房布
置井然⋯⋯反映了封建社會自給自足生活的封閉性、上下尊卑的
等級秩序、安靜緩慢的生活節奏等）不同，現代建築藝術充分注
意和正確通過功能、結構的合理，鮮明地反映出這個時代的群眾
性與科學性的特色。應該注意充分的陽光空氣，門窗（所謂建築
的眼睛）的寬敞明亮，造型的單純樸素⋯⋯，以呈現出一種明快、
開朗、富有活力的藝術風貌。

　　與工藝一樣，建築藝術的民族性應該從屬和服從上述時代和
社會的特性。民族形式、傳統不是原封搬用古代某些固定的技巧、
格式、形象（如紅綠彩色、對稱結構、大屋頂等），而是在新的實
用目的、新的材料技術的藝術運用的前提下，來批判地繼承古代

建築所表現出來的民族精神和氣派（如平易近人、親切理智、恢
宏大量……）和造成這種氣派的某些傳統的形式結構原則（如注
意合理布局，色調溫暖，避免神祕奇巧等官能刺激）。不在現代社
會基礎上講民族性，是不對的。

第二類：表情藝術（主要是音樂與舞蹈）

1.音樂：

在有關音樂的美學觀點中，叔本華把音樂抬到藝術王座的看
法，影響最大。「音樂決不同於其他藝術，其他藝術只是觀念的複
寫，觀念不過是意志的對象化而已。音樂則是意志本身的複寫。
這就是音樂為什麼特別能強有力地透入人心的原因」。[14] 叔本華的
美學觀源出於其悲觀主義的意志哲學（審美是對意志的盲目流轉
的暫時逃避），但他在這裡卻說出了一個有關音樂本性的重要問
題。即音樂與其他藝術有所不同，與人的內心情感的直接表現密
切相關。音樂與表情的深刻的本質聯繫，中國的〈樂記〉、希臘的
柏拉圖早樸素地指出過，黑格爾也曾認為，「在音樂中，外在的客
觀性消失了，作品與欣賞者的分離（在其他藝術中還有這種對峙）

---

14 叔本華：《世界作為意志與觀念》第 52 節。

也消失了。音樂作品於是透入人心與主體合而為一，就是這個原因，音樂是最情感的藝術」。[15]音樂是在時間中進行著的，其物質手段（聲音）的特性是動的過程。情感也是在時間中運行的，與時間有本質聯繫（如常常事情過去了，而快或不快的心境、情緒卻還延續一個時間），所以，如果說，靜的表現藝術在表現情緒、抒發心境方面還受著物質材料（藝術手段）的特性限制的話，那麼，動的表現藝術，而特別是像與情感有直接聯繫的音樂，完全可以把藝術的表情因素、方面發展到極致，成為表現藝術的頂峰，那就並不足怪了。從而，說建築是凝固了的音樂而音樂是流動著的建築，這個似乎奇怪的比擬，卻表達了這兩門藝術的一個共同的美學特徵：即反映現實的原則不是摹擬，而是比擬；不是描寫，而是表情；不以如實的再現為主，而以概括的表現為主。它主要不在於去描繪特定的事物、情景，甚至特定具體的歡樂悲傷，而在於去表現悲、歡等概括的情感境界。建築用形體、線條、色彩等物質材料，音樂用強弱、高低、快慢、穩定與不穩定、協和與不協和等樂音運動，通過概括性的「比擬」，來反映廣闊的現實。通過比擬，不但能表現出人們內心細緻複雜的各種情感、心理，而且也還能富有情感地間接再現出許多不屬於聲音範圍的自然事物（如蔚藍的天空、平靜的湖水等等），社會現象（如現實的苦難、光明的到來等等）。所以，如果像某些人那樣，把反映現實的音樂形象簡單地理解為是像繪畫、小說那樣是寫現實界的聲音，

15 斯推司：《黑格爾哲學》第 693 節。參看黑格爾《美學》第 3 卷。

去追求所謂「現實音響的概括」,「客觀音響原型的人化」(如蘇聯克列姆遼夫的音樂美學),就會重犯十八世紀音樂摹擬論的錯誤,而在實踐中引導音樂走向自然主義(音樂中的某些摹擬手法,如《田園交響樂》第二樂章的結尾也只是為點醒一下,造成更明確的氣氛、情景偶爾用的)。摹擬所以能成為繪畫而不成為音樂的美學原則,另一方面也是與其不同的物質手段相關:事物一般都反射光波可以被人認知,而遠非一切事物都能發聲,所以口技(聲音摹擬)的認識功能便極為局限,並不構成藝術。[16]也正因為不受描寫對象的摹擬原則的限制,音樂與建築一樣就能夠廣泛而自由地運用形式美的結構原則。黑格爾說音樂所以是藝術還在於它的建築式的結構。可以認為,建築般的嚴格的數學結構是音樂美的形式基石。畢達哥拉斯關於音樂與數的理論,來布尼滋所說音樂是靈魂在數學中不自覺的練習,剔除其唯心主義神祕論的成分,仍是值得繼續研究的。正因為音樂的數的結構,能夠極為概括地深刻地反映現實世界的廣闊多樣的數的秩序、和諧,與深刻的情感內容的凝合,就使音樂作品能達到和具有哲理性的思想深度。與漢斯立克認為音響物質形式的運動便是一切的形式主義相反,在數學結構的形式基礎上的比擬原則,通過情感,是與廣闊的現實生活內容相緊密聯繫的。因此,音樂工作者一方面要善於去熟練、掌握這種具有內在數學規範的複雜形式和技巧,另一方面要善於去提煉、凝聚情感內容,不僅從對現實生活的直接感受中,

---

16 這一意見為趙宋光所提供。

而且也從對其他藝術的間接領會中（因為在那裡，情感已經被提煉了一次，所以常常可以看到音樂從其他藝術如繪畫而特別是文學中借取題材）。作為強大的表情藝術，音樂不但善於將人們情感的全部細緻性、豐富性充分表現出來，而且還具有最能激奮人心、鼓舞士氣的藝術特長。伴隨著悲壯豪邁的〈國際歌〉，近一個世紀多少工人階級的英雄們作出了壯烈的豐功偉績。以聶耳、洗星海的作品為首的抗戰時期的群眾歌曲的巨大作用，也是人所熟知的。今天需要在群眾歌曲的大量創作、流行的基礎上，創作出具有深刻時代特徵的大型音樂。這又不是贊同今天某些器樂作品中符號式地去搬用或引用歌曲曲調（這只是種抽象簡單的概念式的表現手法），而是主張要善於去發掘、擴充、借鑒、豐富原有曲調的音調和邏輯兩方面所反映和表現的特定的時代的情感內容。

2.舞蹈：

「……歌詠之不足，則不知手之舞之足之蹈之」。可見，舞蹈是以人體姿態、表情、造型而特別是動作過程為手段，表現人們主觀情感為特性的。舞蹈以身體動作過程來展示心靈、表達情感，一方面源自日常生活中情感動作、體貌姿態的表情語言的集中、發展；另一方面則又來自對培育身體力量和精神品質的操演鍛鍊動作的概括、提煉。這兩者從不同方面都規定了舞蹈動作所具有的高度概括、寬泛的表現性質。因為，一方面，正如音樂中的表情一樣，作為日常表情語言的人體動作姿態所傳達出來的情感是類型性、概括性的（如悲、喜、愛慕等等）；另一方面，正如體

操、雜技一樣，身體鍛鍊動作中所顯示出來的精神素質也是高度
類型化、概括化了的（如機智、勇敢等等），它們都鮮明然而卻概
括地展開著作為主體的人所擁有的潛在的巨大精神能力和情感體
驗。而並不是十分具體地再現出在某個特定場合、情境下的具有
確鑿認識內容的情感、心靈。這樣，就從本質上規定了舞蹈藝術
的美學特性：主要不是人物行為的複寫，而是人物內心的表露，
不是去再現事物，而是去表現性格，不是摹擬，而是比擬。要求
用高度提煉了的、程式化了的舞蹈語言，通過著重表達人們的內
心情感活動變化來反映現實。如同音調的強弱高低一樣，動作的
多樣的幅度、力度、角度，就可以表現出不同的情感、性格和形
象。幾句話可以交代說明的精神狀態、情感體驗，用舞蹈則可以
把它抒寫得細緻深入、淋漓盡致。所以，舞蹈中一切摹擬性、再
現性的描寫敘述的因素（如虛擬的各種生活動作、情節、事件、
圖景），都應該絕對服從於這種表情因素。複雜曲折的情節，繁細
準確的圖景，因受著人體形式本身的限制，就遠非舞蹈所能摹擬
複寫。古代以傳遞經驗認識現實的摹擬式的舞蹈走向戲劇，操練
式的舞蹈才成為今天的舞蹈。至於直接摹寫生活情節、場景的舞
蹈所以仍然在民間廣泛存在，則是因為人們對某項事物、情節有
在情感上加以反覆品味、認識的興趣或需要，卻並不是發展的主
要方向。專業舞蹈永遠要在其中吸取養分、原料，應該從現代人
們生活的動作姿態中，從民間素樸簡單的舞蹈中，加工提煉、高
度概括出各種舞蹈詞彙，同時改造、革新舊的詞彙、程式，通過
比喻、象徵、誇張、形式感的舞蹈文法的運用和創造，來更自由

地、寬廣地表達出這個時代的情感內容，而不要搞成一套套啞劇式的模擬。

舞蹈使人的心理表現與生理運動、美感愉悅與快感享受緊相聯繫，經由人們內在的身心呼應和模仿，這門藝術具有最為生動活躍的傳染效果。群眾舞蹈和各種交誼、娛樂性舞蹈將是現在和未來社會中極有前途的藝術種類。

如上所說，作為表現藝術，舞蹈與音樂、建築一樣，其內容具有寬泛性、多義性（音樂這一特色最突出）。但同時，與用抽象的音調、線條作藝術手段的音樂、建築不同，舞蹈通過人體形象便使其內容自然地更帶有限定性、摹擬性，而具有一定的造型的再現性質與認識作用，使人聯想及各種有關的具體內容。舞蹈是表現藝術中最接近於再現藝術的。

第三類：造型藝術（主要是雕塑與繪畫）

1.雕塑：

在舞蹈裡，我們已看到造型性質的加強，舞蹈的形體動作的凝固就走向了雕塑。萊辛曾談到希臘只為美麗的人造像。[17]泰納

---

17 參看《拉奧孔》。

也曾談到希臘雕刻與當時提倡體育運動的關係。[18] 人體所以成為雕塑的基本對象，雕塑所以用於歌頌，其深刻的原因在於：人們在其他事物對象中最多只能認識到人的本質力量的外在的、局部的、限定的實現，而在人本身的形體外貌中就可能集中地認識到人的本質力量的內在的、完備的、概括的存在。雕塑以實體性的物質存在形式（不同物質材料就有不同美學效果）再現出人的形體，實際上就是以產品（與舞蹈的過程不同）充分地現實地物化了上述對人的本質力量的全面概括的肯定。希臘雕刻以其所謂「人的發現」，實即馬克思所講的希臘藝術如「正常的兒童」，它們以對人的本質力量所作的第一次完美的確認和樂觀的自信，在藝術史上留下了光輝的古典之頁。

雕塑的上述這一特性使它最適宜於去表現內容寬廣、寓意深長，使人感到可親而不可及的崇高的正面形象。黑格爾曾說，雕塑最適宜於表現神[19]，中外古代雕塑也確多用以表現神，因為神還不是「多種多樣的在活躍的運動和行動之中的主觀生活，例如人的情欲，動作，事變」[20]，即還不是生動的人間個性。剔除其

18 參看《藝術哲學》。

19 〔補注〕這幾句很平常的話曾遭到姚文元的批判，其實他根本連本文字句也沒看清，就大扣帽子。姚文元那篇講藝術分類的大文《新建設》1963 年第 9 期），無妨與本文對讀。他引了一大堆材料，講了一大堆「理論」，卻始終未能揭示各門藝術的基本特性。他也未論證他那些藝術部類是如何從其分類原則中得出來的。

20 黑格爾：《美學》第 1 卷，人民文學出版社，1958 年版，第 105 頁。

中神祕因素，其合理內核在於：黑格爾天才地猜測到了雕塑內容具有的較大的寓意性、理想性。雕塑的本領在於它能突出地表現高度概括了的、理想性強的、單純的性格、品質、氣概，而不在於瑣細描寫某一複雜具體的形體姿態或動作細節，也不在於表達非常個性化了的內心生活的和外部特徵的精確風貌。即使是向繪畫趨近的浮雕也是概括事件，而還不是繪畫的「一頃刻」。雕塑「所應描繪的是性格的永恆和實質的特性，它的普遍品德，如善良、誠懇、勇敢、智慧等等。一瞬即逝的心境情緒如發怒、驚訝等則應排之於外。它們是繪畫而不是雕塑的對象……，純主觀和個性的心靈狀態該排除在外。正因為此，最好的雕塑是並不要眼睛的光芒的，雖然繪畫則非常需要它」。[21] 撇開黑格爾對寧靜的共性的古典主義的偏愛（黑格爾認為雕塑的理想是寧靜安息而不是運動激情），這裡還是道出了雕塑的美學特性來了：要求外部造型的單純和觀念概括的純粹。也只有這樣，才能使雕塑避免因太寫實、太逼真的個性化反而可能引起厭煩憎惡的感受效果（因嚴重缺乏真實的血肉、動作，像一個呆笨殘廢的人）。其實，萊辛在區別語言藝術與造型藝術時，早也一再提示了雕塑的這種單純性和概括性：「對雕塑家來說，維納斯就只是愛情……稍微離開這一理想，我們就難以認識它。多一點權威少一點謙樸，就立刻不會是維納斯而成為朱羅。……一個發怒的維納斯，對雕塑家來說就是一個矛盾的題材。因為愛作為愛是不發怒的。對詩人來說則不同

---

21 斯推司：《黑格爾哲學》第 686 節。

了。維納斯誠然是愛，但還有更多的東西，她是愛的女神，但除此還有她自己的個性……那麼，她可以發怒又有什麼奇怪呢？」[22] 所以，即如塑造現代戰鬥英雄的雕像，也不應著重追求某個太個性化的戰鬥姿態或太複雜的心境、情節，而要在面貌形體上概括而單純地表現出英雄的勇敢性格和高貴品質。

今天我們應該更多地創作能夠宣傳重大思想、長久感染人的令人欽慕瞻仰的大型雕刻：廣場上的雕像、紀念性的雕像、裝飾大型建築物的雕像等。這種雕塑，群眾性最廣，思想性最強，教育作用最大，是值得我們著重提倡的。而在大型雕塑中，上述美學規律是更突出的（室內雕塑或浮雕，具體情節、動作可以更多，寓意象徵性可以更少），現代雕塑所以日益走向抽象化、非再現的寓意，也仍然是上面這個規律的重要展現。

2.繪畫：

「畫者，掛也，以彩色掛物象也」。繪畫通過一定的色彩、線條、形狀，以異常精確具體、個性化了的圖景的物態化產品來反映生活供人感受。比起雕塑來，繪畫一方面更加寫實，對對象的細節描繪加強了。更重要的是藝術家的內心表現也加強了。這兩者使繪畫比雕塑就更為個性化。黑格爾說：「繪畫由理想的場地走入生動的現實，它通過細節的準確描繪，尋找再現出現實現象的外觀……這種作品中現實現象的生動力量是更接近於藝術家的心

---

22 《拉奧孔》第 8 章。

靈目的的……。」「從純傳統的類型、建築式的構圖、雕像式的法式，從缺乏運動和動作中解脫出來，來尋求生動的人的表情，富有特徵的個性，賦予內容以所有理想和外在情境的有關細節，正是這些構成具有自己獨特效能的繪畫藝術的進步。」[23]但是繪畫形象是一個靜止的凝凍的頃刻，而現實生活卻是運動變化著的活生生的長河，因此這個矛盾的統一和解決就在於：要善於從生活中去捕捉、選擇而特別是琢磨、集中、提煉這一頃刻的圖景畫面來概括出它的前因後果，要使這個異常具體的個別的一頃刻的畫面具有典型性，比現實原型的一頃刻更深、更廣、更高、更真實、更普遍。外部的面貌能展示內心的一切，靜止的場景能表現運動的行程。「作品不是僅僅讓人看一下，還要讓人考慮，讓人長期地反覆觀賞……；讓想像自由活動才是最有意義和效果的，我們愈看下去，就愈能在裡面想出更多的東西來。」[24]

　　正如情感與物化過程的本質聯繫（情感在時間中延續）使音樂成為表現藝術的頂峰一樣，認識與物態化產品的本質聯繫（認識在空間中展開），便使繪畫達到再現藝術的極致。它們分別充分實現了表現、再現的特性。而在這兩大藝術部類中，如果雕塑接近於舞蹈，那麼，繪畫便可比於音樂。前者（雕塑、舞蹈）都是以具有實體性的物質存在的人體姿態作手段，或再現或表現人的概括性的力量、性格；後者（繪畫、音樂）則是以擺脫了物質實

---

23 黑格爾：《美學》第 3 卷。

24 《拉奧孔》第 3 章。

體性存在的平面、聲音作手段，來再現或表現人的具體性的事件、感情。如果前者反映的是人的本質力量引而未發的可能性、普遍性，那麼後者反映的便是人的本質力量展示了的現實性、特殊性。如果前者有更大的客觀性、物質性，那麼後者便有更多的主觀性、精神性。所以黑格爾將繪畫、音樂同列入精神超溢物質的浪漫藝術類型中（其中繪畫因是外部圖景的再現所以更客觀一些，音樂是內在情緒的表現更主觀一些），而與古典藝術類型的雕塑區分開來。近代以來，繪畫中的主觀表現因素，西方從十八世紀風景畫、靜物畫的興起到十九世紀浪漫派、印象派的出現，中國則自元代講求意趣、寫意替代傳神以來，是更為顯著了。但不管怎樣加強，繪畫畢竟與音樂不同，它總必需仍以空間展現為基礎。與上述雕塑的抽象化一樣，現代繪畫也完全捨棄圖景的具象描繪，西方現代主義的美學理論，像克乃夫・貝爾就提出美是「有意味的形式」，強調線條的情緒表現就是一切。洛絜・佛萊認為「審美情感只是關於形式的情感」，「某種純粹形式的關係才喚起特殊深邃的情感，對內容的情感和聯想等欣賞並非真正是審美的」[25]，像康定斯基主張繪畫完全向音樂看齊，立體主義要求徹底破壞現實形體以求得事物的「真實本質」，等等，再現與表現的界線在日益消失，但看來，比起雕塑，具象（再現）比抽象（非再現）於繪畫本質似應更適合一些。

---

25 引自布爾根編《新批評主義》。

第四類：語言藝術（文學）

　　語言藝術與所有其他藝術性質上的重大區別，使文學常與整個藝術並列稱呼。這區別來源於作為文學的藝術手段的物質材料的特性。文學是用與感覺、知覺富有聯繫的、理解性與情緒性相統一的詞語來喚起人們的表象、聯想和想像，而不像其他藝術那樣直接訴之於感覺。關於語言藝術這一特點的闡述，西方美學家有不少理論。如瑞恰茲的理論曾經有著重要影響。他否認有一種特殊的審美方式，「我們看畫、讀詩、聽音樂的活動與早上穿衣，去展覽會等活動並無不同」，只是更為複雜的經驗的統一，是各種衝動、情緒的中和、均衡而已。[26]他把詞的功能分為意義的、情感的、語調的、意向的四種，認為對詩人來說，情感功能是最重要的[27]，詩中的詞義是含糊的，無關緊要的，重要的是它與人們一定的身心利害關係相關聯，是情緒性的整體，可以先於理智的了解，等等[28]，我們關於文學的社會意義和內容研究得較多，關於文學的語言形式的美學特性，卻研究極少，這方面是需要加以

---

26 參看《文學批評原理》第 2 章。

27 參看《實用批評》。

28 參看本書〈美英現代美學述略〉。

注意的了。

　　文學用詞作為藝術手段。這一手段的特點如本文講分類原則時所指出，它的實質（詞義）並不是物質材料而是精神性的表象。它已從直接的感性中脫離出來，如黑格爾所強調認為，「在詩中，心靈是為其自身決定內容……雖然運用聲音來表現它」，「因為聲音——這詩中保留下來的唯一物質材料，已不再是其聲音自身的情感，而只是（觀念的）符號」。[29]這樣，就與其他藝術用物質材料所提供的感性經驗和思想內容不同，詞義所提供的這一切都已受著確定知性理解的規範，而不像形體、色彩、聲音等所呈現或暗示的那麼朦朧、寬泛和不可限定。用繪畫或音樂描繪或表現的情節、情感與用文學所表達的，其內容所能具有的知性（理解）的確鑿性，是不可同日而語的，更不用說建築、舞蹈等部類了。所以，語言藝術的這一獨特手段與知性（理解）的直接不可分割的聯繫，就使它比其他藝術具有遠為巨大的理性力量，更易達到深刻明確的思想高度，使人們能夠由感受體驗迅速直接地趨向於認知、思考，便於對現實進行理性的深入把握，而成為所有藝術中思想認識作用最強的一種。所以說，文學是思想的藝術。在這裡，感覺形式的愉悅因素退居很次要的地位，思想內容的認識因素占著壓倒優勢。這門藝術主要以內容的理性深度取勝。

　　文學用詞作藝術手段，詞在現實世界的廣闊聯繫，能使世上一切情景、事件、色彩、聲音、氣味、感覺、心理狀態……，都

---

29 鮑桑葵：《美學史》附錄一，參看黑格爾《美學》第 3 卷。

能通過它的信號刺激間接地使人感知。其他藝術「由於材料的限定，僅只有少數觀念能在諸如石頭、色彩、音調等現實的特殊形式中充分呈現出來。從而內容與藝術構思的可能性便局促在非常限定的範圍內……。相反，詩則從一切對感性材料的臣屬中解放出來……因此……能夠表現和裝點任何可出自或進入人們想像中的內容。它所以能如此，是因為它所用的材料不是別的，正是想像自身」。[30]其他藝術所直接描繪、抒寫或間接暗示、呈現的主客觀世界，總受著各該物質材料的限制，聲音不能描寫嗅覺，正如線條難以表現味道一樣。由於詞能自由而廣闊地與感性經驗取得間接聯繫，從無限廣大的人生外在世界，到無限複雜的心理內在世界，比其他藝術能夠更多面、更廣泛地去把握對象、反映現實，喚起和組織人們豐富複雜的表象經驗，使人們更完整、更充分地感受生活、認識世界。所以黑格爾把詩（文學）定義為「普遍性的藝術」（不受特殊藝術類型的束縛）。另有人則說它是「經驗的藝術」，「完整形態中的生活的充分意味」[31]，是有一定的道理的。

　　如果上面是文學與其他藝術的主要區別，那麼在這裡文學與科學的區別就在於，雖然它們都運用詞，但文學的詞是與感性的情感和形象緊密地聯繫著，「必需……不能僅僅訴之於思想……。詩人的想像在這裡應保持在純思的抽象普遍性與物質對象的具體有形性之間」。[32]從而這種塗滿具體感性色調的詞便必然喚起人們

---

30 黑格爾：《美學》第 3 卷。

31 樸浮：《美的心理學》第 6 章。

32 黑格爾：《美學》第 3 卷。

利害經驗的情緒反應，而具有情感內容。「詞，由於成年人過去的
全部生活是與那些達到大腦半球的一切外來刺激或內起的刺激物
相聯繫著……因而詞也能隨時引起那些刺激所制約的有機體的行
為或反應」（巴甫洛夫）。這與盡量從具體感性表象中抽象出來的
科學的冷靜詞彙不同，文學的詞常能引起行動反應，具有情緒感
染能力和性質。這也就是常講的文學語言的形象性和情感性的實
質。其次，與科學的詞講求和具有的概念的確鑿限定不同，文學
的詞因廣泛多面地與感性對象相聯結，所喚起和代表的表象經驗
經常是錯綜交織、相互暗示著的，因此便自然帶有某種不可限定
的混合、游動從而豐富、靈活的特性。正是由於這一特性，才使
詩人作家反覆吟味，鍛句煉詞，以求能充分而準確地傳達顯現出
擁有豐富的感性聲色的一定的意象世界。一字之差在這裡所以能
造成千里之別，就正由於它們之間所包含的感性內容、所喚起的
表象經驗有豐富與貧瘠、充分與狹窄、合適與不當，亦即混合游
動與僵死固定的區別的原故，而這與科學語言正又是有所不同
的。[33]

　　因為表象經驗難分動靜，所以語言藝術單獨構成一類。但這
卻仍無礙於其內容能或更偏於主觀情感的抒發，成為表現性的文
學品種（抒情詩），或偏於客觀現實的描述，成為再現性的文學品
種（小說）。表情是抒情詩的首要因素，意象、圖景的描繪必需被
統帥和被支配於它，是它的一種折光和反射。所謂一切景語皆情

---

33 參看本書〈形象思維續談〉。

語也。因為是表現藝術，所以比例、節奏等形式美的規律在抒情詩中仍起著作用。如意象的節奏式重疊出現（內在的形式美），語音的節奏美（外在的形式美），對情感的表現與渲染，都有重要的意義。與此對峙的是以敘說故事為首要因素的再現藝術——小說，它顯然更傾向於對現實的客觀把握，具有強大的認知功能。本來，它就是源出於人們為傳遞經驗、領會人生而進行的對日常生活事件、重大歷史情節的相互告知、描敘和流傳。[34]

　　語言藝術既以詞義為其手段實質，除了少數感嘆詞是真正的情感的直接抒發外，其他都是具有或多或少或明或暗的客觀圖景的表象，所以其總的種類特點是更傾向於再現的。抒情詩的表現也還是通過一定的再現，如所謂藉景抒情之類。而另一方面，詞義是離不開其物質外殼——語音的。人們是在語音的運動過程中來了解詞義喚起表象的（靜態的書本也需經由動態的閱讀。默讀或朗讀都是語音的運動）。這樣，如果結合詞義實質（再現）與語音外殼（動）來看，便可以發現為什麼文學會與動的再現藝術（戲劇、電影）有緊密的必然關係，會構成它們的靈魂。

　　文學滲入動態再現藝術中可以有兩種方式，一是帶著它語音的外殼，使語音也構成動態再現藝術的物質材料中的一個因素，例如話劇。另一則是捨棄語音，著重將詞義化為視覺、聽覺（主要是視覺）的直接感性對象，例如電影。

---

34 參看帕克《美學原理》第 9 章。

前面曾指出文學因不是用物質材料作為手段較其他藝術的優長之處，但同時文學也因此而具有重大的弱點，即與感性現實只有間接的聯繫，表象經驗比之直接的感覺知覺，其刺激和感受便要遠為貧弱模糊。千言萬語描述一個人遠不及一張畫使人感知得那麼生動鮮明，所以人們總不滿足於文學的刻畫而要求它變為直接可感的藝術對象。正是這種需要，便使文學與動態再現藝術的內在必然聯繫的可能性成為現實性，而出現各種戲劇和電影。

這也就是為什麼我們要在動態再現藝術（綜合藝術）之前來先談語言藝術的原因。

第五類：綜合藝術（主要是戲劇與電影）

1.戲劇：

戲劇把生活中的矛盾衝突，提煉集中起來加以表演，在如實的動的過程中再現現實，使觀眾作為一場生活事件的目擊者而獲得異常生動強烈的感受。戲劇感受之所以強烈，不但在其形式上這種不同於文學、能直接訴諸人們的感性直觀的特點，而且更在於其內容是高度的理解與情感相結合的特點。不像靜態的繪畫的認知只含有朦朧的情感傾向，也不像動態的音樂情感只含有朦朧的認知因素，戲劇是依靠語言藝術，在對情節衝突——「戲」的

理智了解的基礎上來引動人們的情感態度的。這種情感態度隨著
「戲」在時間中的延續，一直處在不斷的緊張均衡的運動過程
中[35]，——這點與音樂類似——就逐漸能達到異常昂越激動的境
地。在這種境地中的情感，其內容就不再是某種寬泛朦朧不很明
確的東西，而是具有明確的認識內容的倫理態度了。戲劇將理智
的是非認識與情感的悲喜感受結合在一起，轉化為對具體事物、
對象的愛憎利害的倫理判斷和理性力量，而直接導向於實踐的行
動。這就是為什麼「走出劇場，人會覺得高尚些」（狄德羅、車爾
尼雪夫斯基），為什麼戲劇具有強大的鼓動人們行動的力量的原
故。

　　文學也能將認識與情感高度結合變為理性判斷，但一方面由
於它是通過表象來進行，失去了直感所能引起的特有的情緒效果，
同時更重要的是，文學中的情感抒發與情節衝突遠沒有戲劇這樣
提煉集中，這就削弱了認識的尖銳性和情感的迫切性。儘管有情
感表現，小說總偏重於事件的客觀展開的敘說；儘管有事件描寫，
抒情詩總偏重於心靈的主觀自我的抒發。戲劇則不同，它「將史
詩的客觀性質與抒情詩的主觀原則在實質上統一起來」，「戲劇不
躲避在與外界世界對立的心靈生活的抒情表現中，而是通過和在
它的外部實現中來陳述這一生活。所以事件不是來自外部情境而
是來自個人的意志和性格……，同時個人也不再是專門執著於唯
我獨尊的獨立性中，而是通過他所置身的情境的特性來成為他自

---

35 參看樸浮《美的心理學》第 7 章。

己的」,「在我們眼前像確定事實似的直接呈現出本質上獨立的行動,它不僅源出於性格的自我實現的個人生活,而且將具體生活中的理想的意向、群眾、衝突等實質性的相互作用的結果,作為限定形式⋯⋯」。[36]黑格爾就這樣解決著亞里士多德古典情節論(情節是戲劇的首要因素)和近代性格論(性格最首要)的論爭,深刻地抓住了戲劇美學的本質問題,強調了主觀性格和客觀情節在衝突中的統一。

戲劇是綜合藝術,由於各種不同因素占據主導地位,便使戲劇有許多不同的種類,而可大別為更偏重於再現的如話劇和更偏於表現的如歌劇、舞劇、中國戲曲。兩者各有其特殊規律。前者——話劇依據於再現性的語言藝術,以製造「生活的幻覺」為能事,戲的內容比較複雜,而表演形式則比較簡單,與生活相去不遠。其中又有或更側重情感的現實體驗(斯坦尼斯拉夫斯基),或更側重哲理的深邃把握(布萊希特)。後者——歌劇、舞劇、戲曲,則是建築在音樂舞蹈的表現特性基礎上的再現,雖然作為戲劇,其摹擬寫實的成分已比原來的歌、舞分外加強,但卻總仍以表現為其主要因素。所以其戲的內容是比較簡單的,表演形式則非常複雜,非常強調形式美的規律。如戲曲便「是建築在歌舞上面的。一切動作和歌唱,都要配合場面上的節奏而形成自己的一種規律」。[37]「中國戲曲的表現形式,基本上是一種歌舞形式⋯⋯

36 黑格爾:《美學》第 3 卷。

37 梅蘭芳:《舞臺生活四十年》第 2 集。

給觀眾一種美的感覺的藝術」[38]，要求程式、類型切合情節衝突的靈活運用。形式因素的欣賞、愉悅，在這類藝術中占有突出的地位。

可以知道，各劇種受著各該主導因素本身的或表現或再現的特性的制約與支配，便各自形成自己的美學本性和獨特規律，應該按照它們的這些客觀規律來發展變化。如果話劇不去講究語言，加深它的思想理性內容，反而著重向戲曲看齊，在表演動作上去追求虛擬，搬用程式，這就正如戲曲不去講究「唱、念、做、打」的優美形式以傳出一種氣勢、韻味，反而在情節衝突和服裝布景上去寫實、摹擬、追趕話劇一樣，是同樣捨本逐末，沒有出路的。

2.電影：

電影是「把繪畫與戲劇、音樂與雕刻、建築與舞蹈、風景與人物、視覺形象與發聲語言聯結成統一的整體」（愛森斯坦）。在這巨大的綜合性之中，視覺形象是最主要的因素。攝影技術的進步不但使電影的視覺畫面無限開拓，能夠「一隻手拿細筆描繪眼睛和睫毛，另一隻手拿粗筆勾勒一百公里寬的空間、巨大的熱情和群眾運動」，而且使這些畫面本身也可以變為如繪畫似的藝術品，具有驚人的表現能力。黑白明暗的色調、造型性的渲染、構圖組織的精巧……，默片時代便曾留下不少成功的範例。但是，作為電影，其視覺形象的特色與繪畫有根本不同，它必需是在運

---

[38] 程硯秋：〈戲曲表演藝術的基礎——「四功五法」〉。

動過程中的畫面。畫面形象應該服從於運動,而不能盲目追求如繪畫那樣的靜態畫面所要求的藝術效果。動的視覺形象的畫面才是電影的本性所在。

而這就涉及蒙太奇的問題。作為電影藝術的重要手段,蒙太奇(鏡頭組接)一定程序中所顯示出來的邏輯關係和理解內容,成為與文學比美的特殊的語言。蒙太奇將邏輯、思想、知性的理解力化為視覺的直感形象,使人們在直感中進行有明確涵義的思想理解活動。電影在實現、培養和發展人們在直感中的知性能力,將理解積澱在感受中,已有巨大的心理學的收穫。蒙太奇成為一種表達思想的可見的語言。它在揭示現實形象中的巨大的思想涵義,豐富人們的認識能力方面,可以起很大的作用。

正由於上述視覺畫面與蒙太奇各自具有的特性的統一,就使電影擁有再現一切運動形式中的現實世界的巨大能力。電影所以能與文學比美,也正在於電影不但能複寫出星羅萬象的人們的宏觀世界。甚至可以包括某些純精神性的複雜狀態,如抽象的哲學玄思、淡淡的莫名惆悵等等,凡與視覺表象即與外界物質事物能有直接間接的確定聯繫或相互對應的心理狀態,電影都能在一定範圍和一定程度將之忠實地再現出來,使內心活動展示為鮮明的運動中的畫面形象。所以,電影不再是外界事物交代式、紀錄式的攝影,而成為可以包含豐富的潛臺詞和深刻的思想內容的複寫現實的再現藝術。從而,蒙太奇語言的存在,富有內容的畫面形象動作……,便都使電影中的發聲語言(對話、獨白等)可以壓縮到極精煉簡短的地步,成為一種雖必要卻次要的因素。所以說,

放棄畫面形象和蒙太奇語言的巨大表達能力，而濫用對話來表達內容，是一種犧牲電影本性的懶漢作法。

電影更接近小說，更少接近戲劇。不但因為它主要不是利用發聲語言，而且還因為它可以擺脫戲劇直接在觀眾面前表演所具有的過於逼真的實感效果，而能如文學的表象那樣，遠為自由廣闊地反映現實，使人們可以對生活獲得史詩般的多面整體感受和哲理性的理解高度。長鏡頭的出現、畫面的流暢開展、樸素的寫實手法的加強……，便在形式上也更趨向於小說式的流暢敘述。

如果說，戲曲在表現基礎上達到了最大的再現；那麼，電影則恰好相反，在再現基礎上卻能達到最大的表現。它的確是種「充滿情緒的敘述」。[39] 不但現實對象的選擇，方位、角度、長鏡頭的安排，蒙太奇句子的組織……，可以自由廣闊地體現藝術家的主觀世界：立場、觀點、情感、思想、趣味、風格，所提出的問題，所進行的判斷，所抒發的情感，所傳達的認識；而且更重要的是，所有這一切都是通過間接的再現方式表現出來，是化為直接可見的視覺畫面出現的，它不能完全離開視覺形象的再現基礎（「抽象電影」因完全拋開了這基礎，所以失敗了）。而這樣，就不但使所表現的一切具有確定的認識傾向，並且使這傾向也好像是自然地從形象自身流露出來的。最主觀的表現通過最客觀的、似乎是現實的如實存在的形式傳達出來，這是電影宣傳思想、表達情感極有成效和信服力量的重要原因之一。如何發揮電影這些特性，不

---

39 愛森斯坦：《蒙太奇在一九三八》。

再停留在簡單的紀錄式的生活複寫上,而是盡量實現它所具有的巨大的表現能力和心理效果,是很值得深入探討、研究的。特別是在今天,電影已成為從老人到兒童、從學者到工人最喜愛的藝術種類。

上面從分類角度將藝術各主要部類的各主要美學特性作了極為簡略概括的點明。總括起來,可以看見,靜的表現藝術是作為人們的生活環境,對人們一定精神生活所作的物質象徵,是人們對現實一定情感的概括表現。動的表現藝術則是這種情感集中而強烈的直接抒發。靜的再現藝術提供對現實的情感認識的物態化對象。動的再現藝術將這認識大為擴展並與情感的運動結合起來。語言藝術則有對現實深入把握的理性力量,並滲入各門藝術,幫助它們表達思想。各門藝術隨其動與靜、表現與再現的性能不同,再因其所用材料特性的不同,便各有自己的內容與形式,各有自己的對象與方法,各有自己的特長與弱點,各有自己的規律與法則。例如,在表現藝術的種類中,內容積澱為形式,內容即在形式之中,一方面這就使形式規律所造成的美的因素在這些部類中占有重要的地位;另一方面則又使內容具有一定的多義性、寬泛性的特色。在再現藝術的部類中,形式與內容有一定的分離性和獨立性,內容作為聯想因素與形式作為直感因素,相互交融地進入創作和欣賞中,內容具有更大的限定認知性,而形式美的規律則不很突出,所以可以有醜。關於這些深刻而有趣的問題,因非本文任務,不能多談了。要再一次指出的是,表現與再現在所有藝術中都應是統一的。並且,表現並不就是表情,而是整個主觀

世界的傳達；再現也不就是描繪，而是整個客觀世界的複寫。所以，表現中有認識，再現中有情感，否則便只是盲動的情感和死板的認知。同時，表現的形式可以來自再現的概括，再現的內容通過表現也愈益深刻，在兩者往復循環、不斷上升中，藝術才獲得了長足的進步。中國古典藝術在表現與再現的統一方面取得了一種古典主義的高度和諧。我在以前的文章中，曾一再指出，「中國美學思想基本和主要的則是古典主義的美學思想」。[40]它反對情感的粗糙表露，也反對事實的如實摹寫，在再現中提倡表現，在表現中強調再現（如詩歌講究以景結情，詩中有畫；繪畫則講求意趣，畫中有詩），以取得情與理的古典式的平衡、一致與和諧。不是抽象的思辨，不是狂熱的激情，而是在理智的控制和滲透下的情感對現實人生的追求和滿足。所以如此，當然是中國長期傳統社會經濟基礎的產物，是共性即個性，理性即感性，倫理即心理等古典理性主義精神（鮮明反映為儒家的哲學思想）的顯現。

要注意到，近代藝術的總趨向是日益走向表現。西方古典美學是眾所周知的摹擬說，近代浪漫主義興起後，表現成為基本的美學傾向。[41]充分估計這一趨向，對藝術發展的了解，是有意義的。

總之，各門藝術各有其不同的審美本性和規律，這裡重要的是，各門藝術應該努力遵循和盡量發揮自己的特長，注意自己的

40 參看本書〈「意境」雜談〉。
41 參看鮑桑葵《美學史》第 1 章。

局限，而不要越俎代庖，只有各門藝術彼此區別、分工而又互相滲透、補充，才能共同構成一個五色繽紛、五音嘹亮的藝術世界的豐富整體。藝術世界的多樣和豐富根源於客觀現實世界和人們主觀世界的多樣和豐富，也服務於生活和人們需要的多樣和豐富。

十八、關於中國古代抒情詩
中的人民性問題

抒情詩在我們整個古典文學中占著極其顯著的重要地位，在任何一部中國文學史的著述中，有關詩或抒情詩的論述總費去了最大的篇章。然而，儘管我們再三強調繼承民族文學遺產，但如何從文學的人民性這一角度來闡述我國古代抒情詩的內容、特點和價值，卻還沒人作過真正認真的研究。一方面，這固然是由於這一問題本身的異常複雜的性質所影響，另一方面，也反映了只知道大講階級性的庸俗社會學的嚴重影響和阻礙。但這一問題的深入探討，不但對於我們認識和研究古代抒情詩和其他文學作品有直接關係；而且對於今日詩歌的創作和批評，也有巨大意義。例如，對於抒情詩的社會性質的深入了解，對於作家個人感受的抒發因與歷史環境、人民情緒和社會氣氛相合拍、相交融，才為人民所共同感受和理解這一特點的深入了解，對今天的藝術創作就有幫助。

　　詩歌，首先來自民間。自《詩經》、樂府直到今日的民歌民謠，中國廣大人民在長期的生活鬥爭中創造了一座巨大的詩歌寶庫。雖然古代人民的創作常限於口頭傳誦而未被寫定，更加上統治階級的有意扼殺，留到今天的大都只是為數不多還被竄改刪削的簡短篇章。但是，就在這些作品裡，我們不仍可以感觸到那閃

亮著的人民情感和智慧的光華，不仍然可以呼吸到濃厚的人民現實生活的真實氣息嗎？這些具有美學深度的人民自己的創作，是以後千百代優秀詩人歌手們寶貴的楷模和典範。

有人說，民間詩歌的特色，帶著濃厚的社會敘事性質。這些詩歌是所謂「感於哀樂，緣事而發」，「饑者歌其食，勞者歌其事」。人民用自己的歌喉，質樸地歌唱著生活與鬥爭、苦難與幸福……。在這裡，繚繞著我們的是一個真實素樸的社會生活的樂章，它以一種令藝術巨匠們也驚羨的單純美，強烈感觸著人們。這些作品浸透了廣大人民的思想感情。人民把自己的歡樂與悲哀，希望與理想，憤怒與仇恨，凝聚在對現實生活的歌唱中了。在〈孔雀東南飛〉、〈孤兒行〉等悲慘的社會敘事中，我們看到了人民對不幸者深厚同情和慰藉；在「碩鼠碩鼠」、「坎坎伐檀兮」等嚴厲的社會諷刺中，我們聽到了強烈憤恨的反抗之聲。許多民歌實質上就是最優美的抒情詩，它們直接地表達了廣大人民的心聲，社會生活的真實在這裡也得到了鮮明的反映。

然而，提出了這樣的問題：許多民歌的抒情中是常常帶著沈重的抑鬱和憂傷的情調的。那麼，是否應該在今日來肯定和「宣揚」這種據說是「帶著悲觀情緒」的抒情詩呢？

我認為，這種提法是不準確的。高爾基說過，人民永遠是樂觀主義者，他們與悲哀沒有緣分。然而，也應該承認，在古代民歌中的確常有著一種「鬱鬱多悲思」的深沈情緒，「秋風蕭蕭愁殺人，出亦愁，入亦愁，座中何人，誰不懷憂」，在中國古詩中，無論是《詩經》、樂府，都的確常常充滿著一種沈重的悲傷音調。所

以問題就在於：不要簡單粗暴地對待這種現象，而要認真地理解它和研究它。這種民歌抒情詩中的憂鬱和悲哀，是具有著現實生活的深刻內容和社會、時代的根源的。在古代社會裡，在生產力極端低下、人民生活極度困苦而剝削和壓迫者卻貪得無饜、殘酷壓榨的年月裡，這不正是人生和社會本身的合理的憂鬱和悲哀麼？這不正是人民生活真實苦難的反映麼？所以，民歌中的憂鬱和悲哀總是那樣的浩大和深沈，它實際上早已失去了個人詠嘆的性質，而成為全人民或全民族的共同的感受和傾吐了。這不但中國是如此，其他民族中也有同樣的情況：「……可是我們這裡歡樂的歌曲還很少……我們大部分民歌都顯出一種沈重的悲哀。時而是母親在歌曲中哀哭著兒子，或者是未婚妻哀哭未婚夫；時而是年輕的妻子怨訴著丈夫的粗暴以及婆婆的惡毒；時而是善良的年輕人為了和他內心裡一切可愛的東西離別開了，在遙遠的異地，憂思著故鄉；時而是被自己的悲哀所壓倒的窮人，憂傷著什麼都沒有；生活在蔑視裡。在所有的歌曲中，都可以看出一種願望，一種對於較好命運的憧憬，一種靈魂的衝動……」。[1]

　　正是這樣，就在這些帶著真摯的生活憂鬱和悲傷的人民歌聲裡，我們仍然可以聽到那種「激越而勇敢的衝動」，那種對幸福生活強烈的理想和願望、朦朧的憧憬和追求……。人民沒有為苦難所嚇倒和埋葬，人民在對自己悲慘命運的慨嘆中，實際已浸入了自己為爭取美好前途而不可屈服地生活鬥爭過的積極精神。所以，

---

1 《杜勃羅留波夫選集》第 1 卷，新文藝出版社，1954 年版，第 431 頁。

我們讀這種詩甚至是關於年華易逝人生短促的悲嘆時，也並不引起消極頹廢的情緒；恰好相反，引起的是深厚的同情、澄澈的沈思、不可抑止的憤怒和要求奮發的激勵情感。

　　從而，可由此再進而考察統治階級知識層文學家們的個人的抒情詩創作。這裡，問題也就變得更為複雜了。首先，如高爾基評論西歐資產階級文學時所指出，在統治階級知識分子的文學創作中，我們首先應該分出兩類作品和兩派作家：「一派是讚揚和娛樂自己的階級的……，所有這些人都是典型的『善良的有產者』，沒有多大才能，然而如他們的讀者一樣靈巧和庸俗」。[2] 中國封建古籍中汗牛充棟的各種各樣的詩集、文集，也屬於這一類。儘管它們之中有的也曾經流傳當世，烜赫一時，然而在時間的嚴酷考驗下，卻早已消失得無影無蹤了。但是，歷史在唾棄這些堆金積玉的高貴傾吐的同時，卻長久地保存著另外一些統治階級知識分子所寫下的抒情作品。玄言詩、宮體詩、香奩集、西崑體……可以消失，而阮籍、陶潛、蘇軾，甚至李後主的作品卻能夠長久為

---

2 《蘇聯的文學》，新文藝出版社，1953 年版，第 24 頁。

人們所記住。這不是偶然的，優美的詩歌在廣大的人群中之所以
長久流傳，顯示著其內容蘊涵著一定的人民性。因為，抒情詩固
然與社會敘事性質的史詩有所不同，它主要是純粹通過個人主觀
感受的直接傾吐來反映現實、表達生活。「詩言志」、「詩緣情而綺
靡」，但重要的是詩人所傾吐出來的個人感受、個人的思想情感同
時必須也能為廣大人民所感受、所理解。別林斯基說得好：「偉大
的詩人談著『我』的時候，就是談著普遍的事物，談著人類……
因此，人們能在詩人的憂鬱中認識自己的憂鬱；在他的靈魂中認
識自己的靈魂」。

　　有人因而提出了問題：在中國古代封建社會裡，與人民處在
直接敵對地位的地主士大夫們又如何能寫出這種具有人民性的詩
篇來呢？他們的抒情詩又為什麼能為人們所感受、所理解、所喜
愛呢？

　　中國傳統社會的士大夫地主知識分子的確大多處在「幫兇」、
「幫忙」、「幫閑」的階級地位，這是基本的情況。也正是以這種
情況為基礎，就產生了前面指出的那一派文學，「綴風月，弄花
草，淫巧侈麗，浮華纂組」[3]，「應制」、「奉詔」、蒙昧、安命……
每個時代都有這種奴才文學和幫閑文學。它們不只是「娛樂自己
的階級」，同時它們更是維護自己統治的精神武器。

　　但與此同時，高爾基也指出了，在這些平庸作家之旁，統治
階級中還出現過另外一派作家，「另一派為數不多，只有幾十個，

3 石介：《怪說》。

是批判的現實主義和革命浪漫主義的最偉大的創造者。他們都是自己階級的叛逆者，自己階級的『浪子』。[4] 在中國漫長的古代封建社會裡也有著類似的情況，在統治階級士大夫中出現了許多傑出的像屈原、司馬遷、曹植、陶潛、李白、杜甫、白居易、蘇軾、辛棄疾、孔尚任、吳敬梓、曹雪芹等等這樣的文學巨匠。他們的創作中包含著很深刻的人民性的內容。

　　這些作家之所以能夠突破自己階級的局限取得驚人的藝術成就，當然有各種不同的複雜原因。每個偉大作家都是通過自己獨特的道路而達到這種成就的，需要具體分析和研究。但是，如果要初步探討其一般的規律，我們就不能如現在許多論文滿足於僅以個人或作家主觀的某些因素來解釋。應該重視在我們偉大古典作家背後的激烈的社會鬥爭、強大的人民運動和時代潮流對作家詩人們的刺激和壓迫，應該重視民族戰爭以及各種政治集團或路線、文化思潮或傾向的尖銳鬥爭，尤其是符合和代表著人民利益和要求的社會力量、社會意識對作家詩人們重要影響。應該深入地去探索人民群眾的思想情感是怎樣「突破層層的重圍」而衝進文壇，作家詩人們的思想情感怎樣與人民群眾有了深刻的聯繫或相通之處的……。這不但對於社會敘事性質的史詩——小說戲劇是如此，而且對於抒情詩也不例外。只有這樣，才不會把很多優美的抒情詩簡單地說成只是某些個人的「失意」、「不幸」、「不滿現實」之類的牢騷，才會更深刻地去揭露這些作品的形象世界中

---

4 《蘇聯的文學》，新文藝出版社，1953 年版，第 24 頁。

豐富的人民性的美學內容和社會基礎。

在這一點上，抒情詩與社會敘事詩一樣，是帶著特定時代的特定色彩的。優美的抒情詩常常能與一定社會歷史中的人民的思想情感聯結起來，或者與特定的現實生活聯結起來。這樣，個人情感的傾吐才能超出純粹的個人意義來反映現實和生活，而獲得廣泛的社會意義，為當時和後世人民所接受和理解。李白的抒情詩不能產生在魏晉，正如曹植的抒情詩不能產生在盛唐一樣。但他們的個人詠嘆都反映了時代和生活。

所以，如果把那種悲壯激越、慷慨不群的著名的「建安風骨」，單純地只看作是某些英雄們的個人感觸的抒發，就失之膚淺了。且不論建安時代抒情詩所具有的濃厚社會敘事的史詩性質，就是在那些純粹個人志趣和感觸的抒情中所以帶上那種獨特的蒼涼悲壯的音調，正是當時社會現實生活所加上的深重烙印。典型社會環境中典型的人民情緒、社會氛圍的反映和抒發，是「建安風骨」人民性實質之所在。劉漢王朝的統一帝國崩潰了，連年不斷地在進行著殘酷的戰爭，社會生產和人民經濟生活受到了極嚴重的破壞，漢民族處在外敵入侵的危險中，廣大人民企望著和平與溫飽，上層志士強烈要求著奮發和復興……。規模浩大的農民起義失敗後，社會的動亂分裂和衰退、人民的深沈苦難構成了建安時代的社會背景，在這背景下的人民情緒所形成的社會氛圍本是極其沈鬱悲壯的，這種強烈的社會影響於是不能不「穿破層層重圍」，使統治階級中與人民生活有某些接觸的優秀詩人也感染著，從而，也就不能不使他們的文學創作中自覺或不自覺地反映

和抒發著這種時代的苦難、生活的艱難和人民的憂鬱和悲哀。功業極盛、勢傾一時的曹氏父子寫出了像「延頸長嘆息，遠行多所懷。我心何怫鬱，思欲一東歸」；「秋風蕭瑟天氣涼，草木搖落露為霜。群燕辭歸鵠南翔，念君客遊思斷腸」等具有深厚人民情感的民歌式的著名作品。很清楚，人民現實生活中的「喪亂之音」的突進文壇，就是作為一時代的典型音調的「建安風骨」的主要特色。只有在這個意義上──不是在形式的相似而是在內容的人民性上，「建安風骨」才正是民間詩歌──漢魏樂府的提高和總結。我們所以能夠接受並喜愛「烈士暮年，壯心不已」，「懷此王佐才，慷慨獨不群」，「救民塗炭」「天下歸心」這種抒情詩人們的純粹個人志趣的傾吐，也正是因為這種傾吐，這種感情不是缺乏社會現實內容的虛假庸俗的狂言豪語，不是那種充滿在許多文集詩集中的無病呻吟，相反，通過詩的藝術形象，這種抒情真實地具有著當時社會現實和人民生活的內容和當時先進的社會理想。對人民的同情和對統一祖國的進步事業的渴望，使作者這種個人抱負的傾吐帶上了真摯、正義的英雄色彩，而使人振奮和喜愛。含蘊著深厚的現實主義和積極浪漫精神的建安抒情詩並非偶然地長久影響著後代詩人們。

　　被稱為典型地代表著「盛唐之音」的偉大的浪漫主義抒情詩人李白的作品，就無論從內容、形式和風格來說，都恰好與建安詩歌的「喪亂之音」成了一個鮮明的對照。這種詩歌的不同根源於社會情況的不同。「盛唐之音」與「建安風骨」同樣是其各別的時代的典型的聲音。在隋末農民大起義猛烈破壞和摧毀舊政治經

濟基礎而建立起來的統一的大唐帝國，正是中國古代民族和中國
封建地主制度的燦爛的黃金時代。社會的經濟、政治、軍事、文
化各方面，正從衰退、分裂、停滯、腐朽和對貴族舊社會新的鬥
爭的勝利中解放出來，處在蓬勃發展、欣欣向榮的上升階段。封
建文化這時已發展為相當成熟的狀態，我們的祖先這時是當時全
世界無與倫比的高度文明的偉大民族。處於上升階段的地主統治
階級中的許多知識分子們，在這個時候具有奮發有為、生氣勃勃、
敢於突破舊有束縛的青春的創造能力。他們在這封建制度的繁榮
時期中創造出新的藝術和文學，來肯定新制度的建立並歌頌它的
繁榮。但這種文學藝術的永生價值，卻又恰恰不是在於它們狹隘
地反映和歌頌地主剝削制度的建立，而在於它們具有著一種與人
民思想情感相通或一致的健康向上的樂觀主義的精神。馬克思、
恩格斯曾指出，在資產階級上升時代，資產階級中進步階層的最
優秀的思想意識和文學藝術領域內的代表們，是能夠有熱情、正
義的高貴品格和仇視一切貪婪、卑劣的進步思想情感的，他們充
滿著對生活的自信和肯定，也能夠突破自己的階級狹隘性，「作為
整個社會的代表而出現」，來反映廣大人民群眾的思想和情感、願
望和要求。在中國封建制度的上升時期中也有過這種情況。盛唐
時期那種許多開朗樂觀的著名詩篇，像李白那種對封建社會庸俗
生活的厭棄和爭鬥，對更高的人生價值和生活理想的強烈渴望、
熱情夢想和追求，那種蔑視世俗、笑傲王侯、充滿著排山倒海似
的巨大力量的浪漫詩歌，就恰恰是這一封建社會上升階段中社會
進步精神的反映，就恰恰是這一典型的社會環境中最高的典型產

物。它是不可能產生在像建安時代那種衰頹亂離的社會基礎之上的。與「建安風骨」完全一樣，「盛唐之音」也同樣具有著高度的人民性，它永遠是我們民族的自豪的聲音。

所以，與唯心論美學所斷言的相反，即使是抒情詩，它的美也並不在於體現了什麼先驗的永恆不變的「抽象人性」，而在於它具有著豐富的人民性的內容──它以形象反映了一定社會歷史環境下的人民思想情感和它所形成的社會氛圍；說出了生活的真實，歷史的真理；表達了先進的社會理想和美學理想。

上面還只說到一個方面。還要看到，正因為與小說戲劇不同，抒情詩主要是通過詩人個人主觀感受的直接傾吐來反映現實、表現生活，作家的世界觀、作家主觀自覺的思想意識在這裡就占住了特別重要的地位。「風格即人」，它常常在很大的程度上決定著抒情作品的內容和風貌。如前所指出，作為作品重要內容和時代特色的社會氛圍、人民情緒，對作家主觀的感染常常可能是並不自覺的；然而，卻不能想像，作品和創作方法竟可以與作家自覺的主觀思想意識或世界觀完全沒有關係；不能想像，社會氣氛、人民情緒以及各種社會矛盾、鬥爭、各種生活影響可以完全不通

過作家主觀思想意識而在作家個人的抒情詩中表現出來。在研究抒情作品的客觀社會根基的同時，還應該著重研究作家本人的主觀世界，這兩者實際上是不能分割開的。

如果說，西方包括高爾基指出的那些巨匠在內，都在不同程度上通過不同的方式接受了近代資產階級民主主義、自由主義思想影響，成為思想中的進步方面；那麼，也可以清楚地看出，道家思想中的素樸的追求自由解放的精神和儒家思想中的兼濟愛人的觀念，就常常是我國歷史上尤其是近代以前的優秀古典作家們的主觀思想或世界觀中的重要因素。在孔子那裡，與「禮」相補充的「仁」的提出與強調，企圖用「仁」來重新解釋和規定「禮」……，應該承認有進步意義。孟子把美化了的「仁政」理想（如「黎民不饑不寒」等）與對黑暗統治的斥責（如「……庖有肥肉，廄有肥馬；民有饑色，野有餓莩，此率獸而食人也……」等）結合在一起，把知識分子獨立自主的個人抱負、個人志趣的強調，與對富貴權勢的蔑視和不屈結合在一起（如「得志與民由之，不得志獨行其道，富貴不能淫，貧賤不能移，威武不能屈……」等），又向前邁進了一大步。以後，中國歷代統治階級中許多優秀的知識分子和作家們，常常能在儒家思想中吸取和繼承這種比較積極的方面，他們常常懷抱著「博施濟眾」、「兼善天下」、「嫉惡如仇」、「剛強不屈」等剝削制度下的進步的社會理想和高尚的個人品格。這種抱負實際上成為他們世界觀中的進步方面，去推動他們深入生活、同情人民，踏上創作道路的一種思想上的力量。所以，不能像今天許多論著那樣，把「先天下之憂而

憂，後天下之樂而樂」或「人生在世不稱意，明朝散髮弄扁舟」
這種個人的抱負與志趣，一概簡單地判定為反動地主士大夫們對
功名利祿的鑽營，或頹廢卑怯的遁世來估計和抹殺，應該更加細
緻地和更嚴謹地去研究在一定的歷史條件下，它所包含的合理的
和現實的因素。在黑暗腐敗的封建社會裡，堅持正義、同情人民、
熱愛祖國與講求風骨氣節、反對奴顏婢膝、潔身自好、有所不為，
就正是中國歷代統治階級中進步分子優良品質的不可分割的兩個
方面。這種要求社會進步與黑暗現實、黑暗統治的不協調不合作
的「狂狷」品質，是能為人民所理解所同情的。這些優秀的人們
和作家在專制淫威下，經常處在不幸者的地位。這些作家抒吐其
個人情緒感觸，對自己不幸的深沈悲嘆，對自己志趣的高揚吟詠，
常常不能不以各種方式，直接間接地有意無意地與其對國家命運
的關懷、對人民苦痛的同情、對黑暗時政的憂憤、對統治集團的
嘲諷、蔑視……密切聯繫和融合起來了。個人的抒情超出了狹小
的範圍，獲得了廣泛的現實意義。而這，也就是為數不多而經久
不滅與那些汗牛充棟而轉瞬即逝的「有感」、「詠懷」根本不同之
所在。「幫忙」「幫閒」的封建文人墨客們的無病呻吟、矯揉造作，
是不能有這種人民性的。韓愈說，「不平則鳴」，又說「文窮而後
工」。也正是這種不平和窮困的聲音，雖然它們在表現形式上可以
屬於純粹個人詠嘆的性質，但人民仍能在其中「認識自己的憂
鬱」，「認識自己的靈魂」。

　　在屈原和杜甫那裡，這種情況不是很明白麼？在他們那些個
人感憤抒發的深處，是憂國憂民的精神，是對社會現實和人民生

活的關注。在白居易、辛棄疾那裡，這種情況不也很明白麼？無論是「江州司馬青衫濕」的身世淒愴，或者是「更能消幾番風雨」的壯士悲憤，不也正是當時時代或民族的普遍的憂傷和義憤麼？另外一些抒情詩人，儘管並不能像杜甫甚至也不能像辛棄疾那樣能有「詩史」、「詞論」式的創作，他們也沒有如李白那樣作為一代歌手的典型時代音響，他們作品中的人民性仍然存在，只是表現形式更為複雜。一般說來，他們通過多種不同方式，抒發了根基於現實生活真實感受之上的思想情感或品格操守中的可珍貴的東西，它們在客觀上散發著一種與當時周圍黑暗環境衝突、抗爭的不協調的氣息。晉代詩人陶淵明就是傑出代表。陶詩一向在所謂「靜穆」、「超然」的讚譽下，被一些人歪曲為安命、保守。實際上恰恰相反，作為陶詩基本特點之一的，就正是那種對污濁傾軋的當時上層社會生活、對腐爛短促不保百年的榮華富貴的大的懷疑、厭棄和蔑視，就正是那種對自己忍受窮困的正直生活和節操的大的滿足和驕傲。詩人抒發了自己的志趣和理想。無論是「行舋誠可學，違己詎非迷」、「榮華誠足貴，亦復可憐傷」的高傲心懷的傾吐，或者「春蠶收長絲，秋熟靡王稅；荒路曖交通，雞犬互鳴吠」的牧歌式的農村理想的圖畫，都不是什麼「沒落的士族意識」[5]；恰恰相反，在這些個人抒情作中蘊涵著高貴的情操和理想，這種對幸福溫飽生活的願望，對上層社會的倨傲和輕蔑，正是根源於廣大人民貧困悲慘的現實生活的基礎上的。在陶詩中，

5 張芝：《陶淵明傳論》。

發自生活深處的真實的「窮苦之音」——那些對貧困、饑餓、寒
冷、屈辱的慨嘆，緊密地與個人的志趣與理想的吟詠溶化在一起。
「……勁風侵襟袖，簞瓢謝屢設；蕭索空宇中，了無一可悅。歷
觀千載書，時時見遺烈，高操惟所舉，深得固窮節」；「竟抱固窮
節，饑寒飽所更。敝廬交悲風，荒草沒前庭，被褐守長夜，晨雞
不肯鳴」……。被沈德潛驚為「說得斬絕」的「吾駕不可回」的
詩人的高貴品格和志趣，實際上是建築在多麼深重的現實苦難的
真實感受之上的啊！

　　當然，許多詩人的詠嘆和抒情，並不能也沒有陶淵明這樣堅
實的生活根基，但因為他們的詩仍然不同程度反映了現實生活的
許多類似的根本問題，雖然這些詩的內容和價值不如以前提到的
那些詩人，卻仍然有其一定的人民性而能被流傳和肯定下來。像
阮籍、蘇軾這些被現在認為難以評論的優秀詩人，正是如此。阮
籍的「徘徊將何見，憂思獨傷心」的「憂生之嗟」；「抗身青雲中，
網羅孰能制？豈與鄉曲士，攜手共言誓」的「使氣之詩」；「天地
解兮六合開，星辰隕兮日月頹，我騰而上將何懷」的「慷慨之
詞」；以及蘇軾的「明月幾時有」、「缺月掛疏桐」式的孤傲與寂
寞，「長恨此身非我有，何時忘卻營營？夜闌風靜縠紋平，小舟從
此逝，江海寄餘生」式的懺悔和追求……，都是多麼深沈地抒發
了在黑暗專制制度的脅迫下，對本階級生活的極大的苦悶、煩厭、
不滿足，這裡面以不同的深度浸染了與黑暗現實不協調的憤慨、
對立與抗爭的思想。雖然許多時候帶著濃厚的悲觀情緒，但這種
情緒也正是「對現實的蔑視和否定」，是「因為感覺到孤獨、無力

而產生的憂愁與絕望」（高爾基）。在古代中國的優秀士大夫的思想抱負中，「致君堯舜上，再使風俗淳」，「許身一何愚，竊比契與稷」與「野人曠蕩無腼顏，豈可久在王侯間？」「白鷗沒浩蕩，萬里誰能馴」（上皆杜甫詩），是矛盾又統一著的兩個方面。魯迅在論嵇康、阮籍時，就深刻地指出了他們「表面上毀壞禮教者，實則倒是承認禮教，太相信禮教」[6] 的矛盾的兩面。所以，儘管由於階級和歷史的局限，使這些封建士大夫的個人抒情詩裡時常夾雜著許多低沈、頹廢和絕對孤獨的音調，但是，如果我們善於具體歷史地去深入研究，就仍然可以發現其中富有著人民性的精神。實際上，在中國許多作家那裡，在像左思、劉琨、陳子昂、韓愈以及宋代蘇辛派詞人、元代某些散曲作家那裡，都可以發現這種珍寶。

前已指出，抒情詩並不是純粹個人性質的現象，不但每個詩人隨著其生活道路、創作道路的不同，作品帶著自己獨特的個性和風格；而且每個詩人隨著其所處社會歷史環境的差異，其創作的內容和風格同時也反映著時代的特色。然而，一般說來，更應注意研究我國封建時代抒情詩所具有的共同的民族風貌，例如長久被人稱道的那種含蓄沈鬱、一唱三嘆、「短歌低吟不能長」的卓異風格。這種風格曾被統治階級多方歪曲，從古代一直到今日好些人都用「溫柔敦厚」、「樂而不淫」、「怨而不怒」之類的論讚，掩蓋了它的深刻實質和真正面貌，不必否定這種傳統「詩教」，但

---

6 〈魏晉風度及文章與藥及酒之關係〉，《魯迅全集》第 3 卷。

更重要的是應該從社會歷史環境中來探索和揭示這種風格的形成的真正原因。古代中國漫長地處在專制統治的嚴酷高壓下，在連資本主義社會中的那種殘缺虛偽的自由民主都一點也沒有的環境裡，實際上是根本不可能有任何真正明暢、爽朗的傾吐的。魯迅先生就曾感慨向秀〈思舊賦〉的「剛開頭就煞了尾」，指出阮籍「雖然也慷慨激昂，但許多意思都是隱而不顯的」。[7] 優秀的古代詩人們，儘管長久地背負著這種沈重的歷史社會的重擔，儘管他們嚐著這種「吟罷低眉無寫處」（魯迅）的痛苦，卻仍然找到了真實表達自己思想感情的藝術途徑。從〈離騷〉的香草美人開始，他們通過各種比較曲折隱蔽的「意在筆先，神餘言外」、「寫物附意」、「諷兼比興」等方式來抒發自己的思想感情。他們的藝術成就達到了這樣驚人的高度：不但絲毫沒有使自己的創作降低了感染能力；而且還恰恰相反，異常熾熱、豐富、複雜的感情和愛憎通過「欲說還休、欲說還休」的痛苦壓抑下透露和衝奔出來，比明快直接的傾吐，給人以更加強烈、更加沈重、更加有力的感受和影響，形成了自己民族的美學風格和審美趣味。思想內容與藝術形式就這樣緊密結合在一起，使中國抒情詩在世界藝術中永遠放射著自己民族獨特的光芒。

　　總結上面，可以看出，抒情詩和其創作者所以能屬於廣大人民，所以能為人民所欣賞和愛好，原因不是別的，正是因為它們本身具有廣泛和深刻的社會現實意義，具有與人民的思想情感共

---

7 同上。

同或相通的地方，因此才能世世代代地激起人們普遍的共鳴和反應。然而，這一問題的複雜性還遠沒有為許多研究者所了解和注意，李煜詞所以為今日許多研究者所「逃避」並被公認為「最難解釋」，清楚地反映了這一點。很清楚，許多人是被李後主作為一個荒淫皇帝的「不利」身分所嚇住了，許多人是被那種極其沈痛哀傷的抒情所嚇住了。於是不是把它打入「反動沒落的統治階級的感情」式的冷宮，便是把它裝扮為「在異國感到孤獨的人的憂鬱」或者「不啻是對於保衛祖國的重要性的呼喚」式的「愛國主義」。實際上，一方面，李煜的詞並沒有因為被貶入冷宮而失去了它長久流傳所憑藉的感人的藝術魅力，另一方面，也並沒有因為被解說為「愛國」而減少了人們對李煜所追懷的「故國」與人民的祖國究竟有何相同之處的懷疑。這就證明了，要真正了解它，還必須對李煜詞的美學形象作更深的探索。在「此中日夕只以淚洗面」的生活基礎上的李煜後期的詞的感人能力，恐怕絕不只是因為它表述了李煜個人對以前故國生活的懷戀，但同時也恐怕並不在它有著某種並不存在的「愛國主義的情感」，它是通過人生的慨嘆和往事的追懷，深切地表述了對自己被處在被侮辱被損害的難堪地位的真摯的悲痛。這種悲痛是完全能為人民所理解所同情的，這種悲痛在古代黑暗社會中有著一定的社會現實意義。有這樣一個情況：同是亡國皇帝的作品，宋徽宗的〈眼兒媚〉、〈燕山亭〉就遠沒有後主的〈虞美人〉、〈浪淘沙〉為人愛好；同是後主的詞，「多少恨，昨夜夢魂中」、「四十年來家國，三千里地山河」等就遠沒有「春花秋月何時了，往事知多少」幾首傳誦得廣，這

似乎不能看作偶然的或純粹是文學技巧上的問題。王國維指出過這個現象，並企圖加以解釋：「……道君（指宋徽宗）不過自道身世之感，後主則儼有釋迦、基督擔負人類罪惡之意，其大小固不同矣」[8]，所謂「大小不同」，正在於：抒情是僅僅圍繞著對個人以前美好生活的懷戀呢，還是有著更廣更深的內容，是「萬水千山，知他故宮何處」比較狹隘的悲痛和哀愁呢，還是超越了個人身世之感，具有一般意義的「問君能有幾多愁，恰似一江春水向東流」比較博大深厚的生活痛苦與悲哀？前者最多只能引起人民旁觀的同情（甚至還根本引不起這種同情），後者卻能夠激起人民自己生活中的切身感受，激起自己感情上的共鳴。所以，如對李後主以及許多其他詩人的作品從這些方面去探索研究，也許能得到更大的收穫。

上面最簡略地考查了中國古代抒情詩的性質、內容和風格的一般情況，肯定了在所謂詩人「言志」的創作中也可以有廣泛的人民性的內容。下面再考察一下包括在抒情詩中的一般的離別、

---

8 《人間詞話》。

愛情和歌詠自然的詩篇。

　　近代影響很大的文學批評家王國維在其《人間詞話》中曾標出「境界」為論詞的標準，並指出「境界」有二：「有詩人之境界，有常人之境界。詩人之境界，惟詩人能感之而能寫之，故讀其詩者亦高舉遠慕，有遺世之意……。若夫悲歡離合、羈旅行役之感，常人皆能感之而惟詩人能寫之，故其入於人者至深而行於世也尤廣。」雖然王國維看出了抒情作品中的某種性質不同的類別，但把這種分別解說為詩人主觀稟賦之不同，卻是不很準確的。實際上，所謂「詩人之境界」是完全能為「常人」所感受和理解的，不過因為敏感的詩人們所感受和寫出的都特別強烈集中和深刻，所以讀來就使人「高舉遠慕」，「忘其鄙近，自致遠大」[9]，把精神帶上了更高的境地，這正是許多優異的抒情作品的價值，像上述那些憂國憂民、剛強高傲的「言志」「詠懷」等作品，就在不同程度上具備著這種內容。至於王氏所謂的「常人的境界」，一般日常生活中的「悲歡離合、羈旅行役之感」，實際上也絕對不是沒有階級界限的「常人皆能感之」，對所有人都一樣的東西。「後車數十乘，從者數百人」，「行則連輿，止則接席」，貴族們的「行役之感」，與孤獨的流浪者「異鄉日暮」、「蕭然羈旅」的「客愁」就根本不同；而「公子愛敬客，終宴不知疲」與「落月滿屋梁，猶疑照顏色」的友情也異樣。所以，不管詩人是寫一般的友誼、愛情，或是寫通常的「悲歡離合、羈旅行役」，關鍵就仍在於：詩

---

9 鍾嶸：《詩品》。

人寫出的個人感受是不是能和廣大人民在其生活中所感受所理解的相同或近似。如果是，這些作品就能夠為人民所了解和傳誦，否則，它就將和時間一起很快消逝。

一方面應該充分注意到這樣的特點：在抒發一般日常生活中的愛情、友誼、離別、自然景物等感受的時候，統治階級中的詩人們與人民在感情上和生活感受上的差異和隔閡，的確比關於社會敘事或個人志趣方面的抒情來得小，甚至小得多。遠離人民的詩人王維寫出的「勸君更進一杯酒，西出陽關無故人」的深厚友情，仍然令人感動，宋徽宗的工筆畫，馮延巳的愛情、離別詞，至今仍保留著其藝術的價值。像〈長恨歌〉這樣的創作，當時就傳遍了社會的中下層。雖然它們都是帝王貴族和統治階級知識分子所創作，雖然它們的題材主要也還是描繪著上層社會的愛情生活。重要的是，在這藝術形象世界的塑造中，詩人塗上了真正的人民愛情的色彩。如何其芳同志所指出，作者雖然以明皇楊妃為題，「然而由於詩人用自己的想像和感情去豐富了這個故事，就賦予了它以一般的意義，使它在某些方面和其他描寫古代的普通男女的不幸戀愛故事具有相同之點了」[10]，作者渲染和美化了他們的愛情，通過高度的藝術手法，把它表現得那麼真摯和多情，使它帶上那麼感人的人民愛情生活中的不幸者的悲劇色彩。所以，人民在這裡並沒有去計較作品中的主人翁本是虛偽污濁的統治者和他們那種荒淫享樂的色情生活，而只是喜愛對那種與自己生活、

10　〈關於寫詩和讀詩〉，《中國青年》1953 年第 23 期。

自己感情相接近的生死不渝的愛情的歌唱。元曲《梧桐雨》以及
清代名劇《長生殿》裡的「但使有情終不變，定能償夙願」也是
如此。(《長生殿》還有其他更加豐富的內容)許多統治階級知識
分子寫下的優美的愛情詩歌，都是因為以不同的方式在不同的程
度上，與人民的愛情生活中純潔、痴心的深厚感情有或多或少的
相通之處，也才能被流傳下來，例如李商隱的詩，北宋詞人的作
品(包括五代詞人和《花間集》所收的一些優秀作品)。

　　生活是豐富的，人民的胸襟和要求是廣闊的。生活中除了主
要的東西，還有著許多別的東西。人民除了要求反映生活中最重
要的東西外，對於真實地反映了與人民生活相關的其他東西。也
是極高興、極喜愛的。

　　正如齊白石老先生的作品雖然並沒反映和描繪百年來中國人
民生活中最重要的方面——反帝反封建的革命鬥爭，卻仍為廣大
人民所喜愛一樣，人民對於我們許多古代優美的山水詩、詠物詩，
對於寫這些作品的詩人的態度，也是如此。

　　如果可以說，我們喜愛齊白石的花草蟲魚，是因為通過這些
生氣勃勃的細小生物的美麗形象，使人感受著一種生活的朝氣和
生命的喜悅，則我們喜歡許多優美的山水詩、詠物詩也是這樣。
杜甫、李白這些巨匠的創作固不用說，就像孟浩然的〈春曉〉，蘇
軾的〈蝶戀花〉(「花褪殘紅青杏小」)，姜派詞人史達祖的〈雙雙
燕〉(「過春社了」)等等，都是在自然景物的白描中洋溢著這種生
氣蓬勃的輕快、清新的春天生活的氣息。

　　王國維這句話很正確:「一切景語,皆情語也。」[11] 陸機也說
文人們常常「遵四時以嘆逝,瞻萬物而思紛;悲落葉於勁秋,喜
柔條於芳春;心懍懍以懷霜,志眇眇而臨雲」。[12] 詩人們在詠嘆自
然景物時,正是把自己對一定的現實生活的感受,把自己一定的
思想感情密切地滲入於其中的。馬克思指出人類在改造世界的同
時,形成和發展了自己的審美感。所以,在介紹和評論這些歌詠
自然的抒情作品時,不能如現在一般論文簡單空洞地解釋為「描
寫了祖國山河的壯美」之類,而不去深入地注意和考察「凝固」
在這描寫中的人的思想感情的特點。

　　山水詩、風景畫要有藝術性,得表述人的某種典型的心情和
感受。我們看到的並不單是山峰、河流,其中所表達的也不只是
對自然界的描繪,而首先是人的深刻的感受和心情,即人的思想
和感情。而不同的時代背景、不同的社會生活,作家的不同的身
世、個性,也就使詩人們即便在其山水詩、風景畫中也都必然帶
著特定的情感和風貌。他們的「典型的心情和感受」也就具有著
各別的社會、時代內容。有些詩人,例如屈原、杜甫,就把自己
憂國憂民的深刻情感凝固在對自然景物的依戀中了;有些詩人,
例如陶淵明,就把自己對農村生活的深切體驗及理想、情操凝固
在其田園詩中了;有些詩人,例如李白,就把那種豪放、勇猛的
青春氣概凝固在其對祖國山河的歌唱中了。所以,「國破山河在,
城春草木深」、「曖曖遠人村,依依墟里煙」、「君不見黃河之水天

11 王國維:《人間詞話》。

12 陸機:〈文賦〉。

上來，奔流到海不復回」，無論內容或風貌都是不同的，然而它們重要的共同點就恰恰在於：它們不是自然主義的僵死圖畫，而是一定的社會現實生活中的可貴的思想情感的反映。不難看出，「人民性」這一概念是嚴格的，同時又是寬闊的。如前所指出，有些詩人雖然遠離人民和社會鬥爭，但我們也仍承認他們的作品，肯定他們為白描風景的能手。王維的詩、袁中郎的小品文不也能為人民所接受麼？其所以如此，是因為這些詩人們與假情雕琢的文人們究竟不同，他們常常是政治生活或其他社會生活中的失意者或不幸者，對社會煩厭不滿，使他們常常消極地把心轉向大自然，在自然中去尋找「撫慰」的力量。這些高傲的孤獨者把自己的生命、自己的生活、自己的樂趣，寄託和沈浸在對自然的依靠中了。他們把自然加上了人的色彩，自然景物與人的生活、人的情感交融在一起。「詩中有畫，畫中有詩」，這些詩人們常常以最精煉的筆墨，生動地、形象地描繪了自然，而為人們所喜愛。

　　總起來看，無論在什麼文藝領域內，都應該仔細研究和區分各種不同的作品。研究文藝中的人民性問題，就該深入地理解和把握各種差別，以此來論述和評價作品，來具體揭示和論證每個作品和作家的人民性的具體內涵和特色。然而，我們現在的許多古典文學的研究者們卻不幸常常忘記了這點，他們雖然懷抱了最好的願望和動機，卻常常走向庸俗社會學，例如，對於「詞」，在簡單地一律否定抹殺之後，翻過來卻又是不分皂白地一律肯定和讚揚，抽象地從純藝術風格或形式上評論這個詩人或作品的「清新」、「疏朗」，那個詩人或作品的「濃艷」、「粗豪」。也有研究者

生怕背離了封建學者的「正統」標準，把庸俗腐朽的作品和藝術傾向奉為正宗，而把真正富有社會現實生活內容的作家、作品和藝術傾向一律貶為「別調」。例如，好像「詞」這種形式本身就決定了它不能具有人民性似的，這當然完全不對。一方面我們不要害怕去肯定某些著名的詩人作家的創作傾向的反人民反現實主義的事實，另一方面，對於一個並非優秀的詩人或作家，我們也並不拒絕去吸取和接受其創作中一部分的優美的作品。

不難看出，人民性是一個複雜的問題，它具有既嚴格又寬闊的內容，現在該是創造性地來研究它的時候了。

註：本文寫於 1954 年，原載《光明日報》1955 年 6 月 19 日、26 日，副標題為「讀書札記」，這是我在文藝理論或美學領域內的第一篇文章。在〈論美感、美和藝術〉文中，曾提到「美學中兩對重要範疇，這就是：藝術的時代性和永恆性，藝術的階級性和人民性」。這篇札記和下篇談李煜詞正是涉及這兩對範疇的，雖然不是對它們的全面的理論論述。當時發表此文時，《文學遺產》編者曾加了一個按語，反映了當時古典文學研究中和此文發表時的一些學術情況，並對年輕的我有所鼓勵，特保留在此，以為紀念：「編者按：在古典文學研究工作中，對於如何理解古典文學作品的人民性問題，經常是個極複雜、艱難，然而卻又是極重要的問題。從來稿中，我們時常可以看見某些作者愛從作品中去找尋所寫『民』字有多少，來解釋作品的人民性有多少，或者先給作家如土地改革一般劃下階級成分，然後再根據這個成分來將作品的價值減低或抹煞。這些全都非辯證唯物主義和歷史唯物主義地具體來研究分析問題，當然不能給我國長遠的具有現實主義優秀傳統的古典作家和作品以正確的評價。在這裡所發表的這篇論文，我們覺得是經過一番深思熟慮寫出來的，而且關於中國古代抒情詩歌的人民性問題，作者也坦率地提出了自己的正面意見，很可供大家的研究和商討。」

十九、談李煜詞討論中的幾個問題

註：本文寫於 1956 年，當時未能發表。

　　近幾月來，關於李煜（後主）詞的討論很熱鬧。《光明日報‧文學遺產》連續發表了好些文章和座談會記錄，引起了很多讀者的注意和關心。但目前對後主及其詞的分析評論，存在著許多問題。下面提出一些不成熟的意見，請大家指正。[1]

　　（一）大家所集中討論和爭論不已的第一個問題，是關於作為古代封建皇帝的李後主的政治措施及其個人生活的問題。本來，在討論以前，似乎並不存在這些問題。因為作為皇帝的李後主，一向是以一個昏聵無能、貪歡享樂的「亡國之君」留在人們的印象中的，大家都認為他的個人生活與政治措施是剝削壓迫人民，與人民群眾的利益是完全對立的。但是在這次討論中，許多同志大概是先懷著要肯定後主詞的「善良願望」吧，於是就去匆匆忙忙地翻閱史書，引出了幾條史料，強調說明「後主的生活並不像一般人所想像的那樣荒淫腐朽，他的行為也並不那麼昏暴和愎諫」，「他還有基本上積極的政治活動和嚴肅的生活的一面」。這些同志所以要強調說明這一點，主要是認為這樣就能保證後主詞的價值，就能保證後主詞的內容的「嚴肅」和「積極」。然而，這卻使另外一些同志不同意，這些同志也去匆匆地翻閱史書，也引出了幾條史料，強調證明著後主的確是個「好聲色」、「不恤政事」的不折不扣的「荒淫皇帝」。從而，也好像如此，便保證了後主詞的沒有價值，保證了它的內容的「腐朽」和「荒淫」似的。這樣，

1　有關後主的一些史料，許多同志都已徵引過了，本文均略。本文所引意見均見《文學遺產》各期有關後主詞的文章或座談記錄，不一一注明。

雙方的爭執便變成：一方面，因為後主是個荒淫皇帝，所以其詞荒淫腐朽，沒價值；另一方面，因為後主並不那麼壞，所以其詞「歌頌愛情的堅貞」，有價值。但是，問題解決了沒有呢？並沒有。因為雙方的前提和結論雖然恰恰相反，但雙方用以作前提和結論的觀點和方法卻又不幸恰恰相同。因為雙方所遵循的理論和邏輯都是：政治措施和個人生活上的好壞完全繫於皇帝個人才能品德的好壞，也證明著皇帝個人的好壞；皇帝個人政治上和生活上的好壞便又決定其文學作品的好壞。但是，這樣一來，雙方爭論得愈熱鬧，也愈把讀者弄糊塗了。因為像歡快清新的「一片芳心千萬緒，人間沒個安排處」，煩亂鬱悶的「剪不斷，理還亂」，逃離恨惘的「宴罷又成空，夢迷春睡中」……，卻並不因為有人讚揚其作者「仁慈寬厚，很愛人民」便格外增加了什麼「愛國主義」之類的豐富內容，也並不因為有人斥責其作者「沒有什麼仁政，只是醉生夢死的過著奢侈生活」便失去它長久感人的藝術魅力。那麼，後主到底殺人還是不殺人，行仁政還是不行仁政，信孔子還是信佛教……，究竟與這些詞有什麼具體的和密切的關係、聯繫呢？這一點誰也沒說清楚。既然如此，那麼又為什麼許多同志這麼高興地要去糾纏在後主到底荒淫不荒淫，昏聵不昏聵，到底是好皇帝還是壞皇帝這個煩惱無望的糾紛裡呢？……仔細看來，是有這樣一個原因的：即大家對古代封建皇帝及其政治措施、個人生活的了解上有一些糊塗觀念。中國的封建皇帝的確是威風凜凜，手掌生殺予奪之大權的，國家的盛衰興亡，人民的安康疾苦，皇帝個人的確是要起相當重要的作用和負相當重要的責任。因此，

皇帝個人的才能品德，皇帝是「荒廢政事」，還是「勤政愛民」，的確對國家的命運和人民的生活有一定的影響。但是，儘管如此，也仍然不能把這一點加以絕對化。因為雖然在萬人之上能隨便殺人弄權的中國封建皇帝，也決不是一個真正不受任何規律所束縛羈縻、可以從心所欲的神明或上帝，恰好相反，皇帝不但受著歷史和時代的束縛和限制，而且其任何的政治措施、政治行為（尤其是重大的政治活動），甚至以及其個人的私生活的好壞良否，都是自覺或不自覺為其代表的階級、階層或集團的利益、要求和狀況所支配和決定。正如開國君王大都是雄才大略、奮發有為一樣，亡國之君一般也都是「好聲色，不恤政事」的。所以，並不是某個皇帝因為具有卓越的才幹便能開基創業，而是這種才幹正必需在其階級或集團的現實環境的陶冶教養下，才能產生。另一方面，某個皇帝「昏庸」、「荒淫」——「好聲色，不恤政事」也正是其整個階級、階層或集團的荒淫腐朽的現實環境的陶冶教養下的結果，是這一統治階級、階層或集團腐朽沒落的集中反映。在李後主是否「荒淫」的問題上所以糾纏不清，正是沒有注意到這個道理的原故。因為，如果從這個道理出發認真地考慮一下，便可以看出，已有足夠的具體史實告訴我們：表現著其整個政權和集團的衰敗趨勢，李煜時代南唐上層統治集團的一般的生活便都是荒淫腐朽的。後主雖然也不滿和嘲諷大臣韓熙載的「縱情聲色」，實際上不過是以五十步笑百步罷了。後主的「性驕侈，好聲色」，「不恤政事」，使「百姓疫死，士卒乞食」，倒是南唐政權必將覆滅的時代裡的一種必然的現象。當然，也許「紂之惡不如是之甚

也」吧，也許後主的確也有一些善良的願望、寬厚的感情和某些積極的政治措施吧，但是作為一個亡國之君，體現著其代表階級或集團的沒落滅亡的客觀趨向，其政治上生活上這種昏聵無能、驕奢淫佚的基本方面，是我們所不必也不能為之掩飾的。李氏王朝的顛覆，南唐之滅於北宋，是經過相持數十年之久的歷史情況醞釀發展所最後造成。所以，在討論中，即使是竭力「護衛」後主的同志，也承認「南唐之滅亡於北宋，作為一種歷史現象來看，是不值得惋惜的」。那麼，也很清楚，作為一種社會歷史現象來看，後主的昏聵驕奢同樣是不值得我們去惋惜和粉飾的。既然如此，我們的同志們為什麼一定要去爭論這個不成問題的問題呢？上面說過，這主要是因為在這些同志看來，證明後主昏庸不昏庸，是好是壞，是直接關係著肯定或否定其作品的。這些同志正是抱著這個看法來互相責難的。但是，這樣一個看法到底正確不正確呢？證明後主在政治上是個「有民主作風」的「好皇帝」，便能保證其愛情詞一定作得好嗎？相反，便一定會壞嗎？……

　　事情恐怕並不如此簡單。歷史和文學都是極端複雜的現象。如果我們稍稍注意一下，便可以看出，在古代文學史中，在文化還是壟斷在少數剝削階級手裡的時候，上層統治集團的貴族宮廷作家，一般說來，是遠離人民的現實生活的。但這些人物雖然一般地過著荒淫腐化的生活，只要不是完全滿足於肉欲、完全沒有內心精神生活、完全不能了解體會女性愛情和心理的蠢才，是有時也能創作出一些真實動人的反映描繪女性心理和愛情以及一般自然景物、離愁別恨等日常生活中的感受的作品來的。由於他們

有較高的文學藝術的知識、技巧、教養，和較多的觀察、體會、研究的機會及環境，他們就常常能夠細緻、精確地捕捉和描繪出人們（多半是女性）在愛情生活以及離愁別恨中各種變幻不定、複雜多樣的感受、情緒和活動，在反映和展開人的內心世界上向前跨進了一大步，寫下了許多觀察銳敏、生動人微的優美的抒情詩篇。而像愛情、離別這樣一些日常生活中的片斷的心理感受和心理狀況，人民群眾與統治階級也不是完全沒有共同和相通的地方的。所以，只要不是像「香馥馥，燈前有個人如玉」那種惡俗的肉欲小調，而是比較真實地反映和描寫人們心理和情感——即使是「不足道」的、沒有什麼重大社會價值和意義的愛情感受和情緒，人民也還是可以把它作為遺產接受下來，從其中獲得美感享受，用以豐富自己的精神世界和心理認識的。這正是像五代北宋許多在政治上毫不足取的詩人仍然為我們所記得，像《花間集》這樣並無重大社會價值的作品仍然在今日被重印出版，其中一部分作品仍然為我們所傳誦和喜愛的原故。作為昏聵荒淫的皇帝的後主前期詞，基本上也是如此，無論就題材內容或社會意義來說，它與五代北宋詞並沒有質的區別。其前期詞，正如同其同時代人的許多類似的作品一樣，仍是可以肯定下來的。

需要說明的是，我們雖然很不贊成去糾纏作為皇帝的後主到底是好是壞、昏庸不昏庸的問題，但我們並不反對人們去研究後主個人的身世、性格、才能等，只要這種研究是為了並圍繞著闡明後主詞所獨有的藝術風格這一目標。因為後主詞，即使是其前期詞，在其先後和同時代的詩人中，便已具有其脫盡脂粉氣的高

朗、抑鬱和傷感的「粗頭亂服，不掩國色」的風貌特點，創造了一些超越前人的優美的藝術意境。只要不把後主詞的這種特點隨意誇張為反映南唐人民感傷情緒這種具有特定社會內容的東西，而去切實地具體研究、了解後主個人的環境、思想、性格、氣質等，那對幫助我們去理解作品，當然會有很多好處。

總括上面，我的看法是：作為一個皇帝，李後主在私生活上的荒淫佚樂，與一般封建皇帝和上層封建官僚沒有也不能有什麼大的不同；後主在政治上的昏聵無能，與一般「亡國之君」也沒有什麼大的差異。強調它或掩飾它，都沒有什麼必要，因為這些情況與他的愛情抒情詩的文學創作的好壞，並沒有直接的必然的邏輯聯繫。作為詩人的後主，他前期作品的價值和局限，應該肯定的和應該批判的地方，與他先後和同時代人的同類作品，也沒有什麼本質的區別。

（二）大家所集中討論和爭論不已的第二個問題，是後主詞中的愛國主義思想情感的問題。大多數同志對這個問題是持肯定態度的。理由是，詞中直接便有「故國」、「南國」、「無限江山」等詞句和觀念，詞中洋溢著家園之思、鄉土之愛。為了進一步說明後主的愛國情緒的「正義性」、「合理性」，這些同志提出了許多理由，如說南唐李家王朝是「建立在農民起義的基礎上」，與「北方諸政權」的建立不同；南唐的經濟情況比北方繁榮先進，趙宋滅南唐是「落後勢力鎮服了進步勢力」，是使歷史「後轉」，「造成社會停滯的關鍵」……。總之，結論是，「人民很愛南唐」，「當時人民具有愛國情緒」，而當李姓王朝將要覆滅的前後，連「當時南

唐的人民也是感傷的」，所以，當時是一個「悲劇性的時代」。這些同志的意圖在於，由此找到一條肯定後主詞的愛國主義性質的途徑。因為依照這些同志的論證，當時南唐人民是愛國和感傷的，後主詞也是愛國和感傷的，所以後者正是前者的反映和表達。這種論斷，粗粗一看，似乎也有些道理，尤其是當有人舉出在抗戰時期讀後主後期詞便令人產生愛國情感的例子的時候。但是，如果仔細推敲一下，便可以看出，這種論證是多麼牽強了。

暫且不論後主詞是否真有愛國主義，首先應該搞清楚究竟什麼是「愛國主義」，以及當時人民是否可能因李氏王朝的衰敗覆滅而產生愛國主義的思想情感的問題。

大概大家都會同意，說「愛國主義」不是用來到處糊貼裝飾的籠統模糊的商標，而是一個具有特定的社會生活內容和時代歷史特點的具體概念。因為，所謂「國家」，按照馬列主義，首先就是指維護階級統治的一整套的強力機構和工具。在中國的封建時代，這就是以皇帝為核心和標誌的一整套剝削壓迫人民的封建官僚制度。在這裡，「國家」經常意味和表示著某姓的王朝或某姓的皇帝，所以，「忠君」就是「愛國」。在這種情況下，嚴格說來，除了與統治階級瓜葛甚深的「遺老」以外，人民群眾對於這種上層統治階級、集團的「國家」——某姓王朝、某姓皇帝，並不是也不可能那麼真正地愛戴，對它們（「國家」或王朝）的變異，政權的轉移，即所謂「改朝換代」，不管它是和平的「禪讓」，或者是流血的「征討」，一般說來，也不是那麼深切地關心。因為，與農民起義推翻舊王朝或者異民族入侵覆滅了舊王朝不一樣，這種

「改朝換代」對人民社會生活並不產生或引起重大的影響和作用，以致能夠普遍地激起人民的愛國情緒。所以，要南唐人民去愛國——去愛李姓王朝，堅決反對趙宋統一中國，在道理上講來，也是有些荒謬的。實際上，也沒有足夠的史實能證明，南唐李姓王朝的覆滅曾引起南唐人民或全國人民普遍的義憤、堅決的反抗和沈重的感傷，竟造成了一個「悲劇性的時代」。沒有史料能足夠地證明：人民對李姓王朝有過強烈的愛戴和擁護。如果今天有人硬要去牽強附會來證明南唐人民對李姓政權的忠君愛國；那麼，明天這些同志不又會須要去證明魏、蜀、吳的人民對其曹、劉、孫三姓的「愛國主義」，去證明隋唐人民對陳叔寶、宇文周的「愛國」麼？

國家既然都是統治階級的工具，那麼，這是不是說，古代的中國人民便根本不可能有愛國主義了呢？當然不是的。在一定的歷史條件下，特別是異族入侵，統治階級的國家與人民利益十分接近或一致的時候，人民對這「國家」則是極其愛戴擁護的。所以，應該注意到，與有人在討論中所否認的恰恰相反，中國古代人民的愛國主義和祖國觀念一個十分重要也十分鮮明的歷史特點，就在於，它與民族感情民族觀念的不可分割的聯繫和統一。自秦漢以來，中國已形成和出現了一個以漢民族為主體的統一的民族國家。無論在經濟生活、語言風俗和思想情感上，全國人民——無論南方與北方共禍福，同哀樂，息息相通，一脈相關。形成這樣一個統一的民族國家也正是由整個南北方經濟生活內在的規律性所決定，它對全體人民是有利的，是符合民族的利益和

人民的願望的。自秦漢以來，古代中國人民的愛國主義思想情感總是以保衛和愛護這個統一的民族國家為內容，以它的繁榮或衰敗而驕傲或痛苦，總是與抵抗和反對異民族的威脅和侵略相密切聯繫。因為異族入侵所帶來的，經常是影響整個民族全體人民的最嚴重的後果：社會的倒退，國家的分裂和深重的屈辱和苦痛。正因為如此，正因為民族與國家統一的這種特點，也才有可能使人民在異族侵略的情況下，把作為統治階級的工具的國家和皇室作為自己的國家和首領，作為保障自己和平幸福生活的標誌和命脈而英勇保衛它。也正因為如此，上層統治集團的政治軍事代表人物常常能在這時作出完全符合人民的利益要求的行動。這從文學史上來看，是最明顯不過了。許多偉大的愛國主義詩人和作家總是產生和出現在這種尖銳的民族鬥爭或民族危機的時代裡，而從「誓掃匈奴不顧身」的豪邁的英武氣概到「謅一套〈哀江南〉，放悲聲唱到老」的沈痛的亡國悲哀，都正是典型地反映了這種典型的時代氛圍和人民情感，具有著真正充實豐富的社會、時代內容和人民性。與這種情況相對照就可以知道，所謂亡國的感傷和沈痛，根本不可能是趙宋統一國家的時代氣氛和思想情感。所以，說趙宋統一南唐時是一個「悲劇性的時代」，說「當時南唐人民也是感傷的」，說後主詞是這種感傷的愛國主義的反映，就是十足的虛構。而就詞論詞，誰也難於相信：後主的那種個人的沈痛和感傷就是人民群眾的愛國主義的情緒；誰也難於相信：像充滿了那麼濃厚的悔恨和絕望的個人抒情，能夠是什麼愛國情緒的反映和代表。我們如果拿稼軒詞與之一對比，問題也就很明白。

　　當然，另一方面，如果同志們一定要把後主詞（包括前後期）
中確有的對自己家鄉的愛戀描繪、強調為後主詞的愛國主義內容，
那也未嘗不可以。因為愛鄉土、愛故鄉，總是愛國情感的一項具
體內容。但是，如果這樣，則又有何詩何詞不可以算作愛國主義
呢？描繪、讚美和追懷、眷戀自己的家園鄉土的詩詞是這樣的多
呵！所以，如同恩格斯、列寧嘲笑那些把「拿破侖死於 1821 年 5
月 5 日」當作「絕對真理」的人一樣，這不過是喜歡「對於簡單
的東西使用巨大的字眼」罷了。

　　上面所以如此不憚煩地說這許多乾枯的道理，是因為感到應
該從理論上澄清古典文學研究工作中對愛國主義理解上的混亂。
這種混亂不是偶然出現的。今日有人在後主詞中找愛國主義，是
與昨天有人從《紅樓夢》、《儒林外史》中找民族情感，在〈長恨
歌〉、《西廂記》中找愛國思想，有著一脈相承的內在聯繫的。「愛
國主義」變成了一個無往而不適的輕便法寶而被到處祭用著。

　　現在再讓我們看看後主後期詞的真正的內容和價值吧。在討
論中，實際上有一點是基本上沒有什麼爭論而為大家所同意的，
這就是後主後期（降宋後）詞比其前期有著遠為重要的內容，後
主主要是以其後期作品而贏得他的地位的。而後期作品的主要內
容和價值，是在於它們「較深切地表述了對自己處在被侮辱被損
害的難堪地位的真摯的悲痛」，「這種悲痛是完全能為人民所理解
所同情的，這種悲痛在古代黑暗社會中是具有一定的社會現實意
義的」。[2] 所以，問題就在於應該進一步探索後主詞中這種「被侮

---

2 參看本書〈關於中國古代抒情詩中的人民性問題〉。

辱被損害」的思想情感的更具體的内容和特色，探索這種情緒形象化的道路，它的特有的風格和面貌。因為所謂「被侮辱被損害」的情緒是有多種多樣的，也可以由多種多樣的藝術形象和方法表達出來。那麼，後主的方法和特點是什麼呢？

這裡可惜不能細論。簡單說來，有這麼兩點：首先，後主是「通過人生的慨嘆」來表達和抒發自己的屈辱和不幸的。從作品形象來看，作者所深切感受和苦痛的，遠不只是念念不忘或執著於傷感往日豪華的不可復得（僅僅表達這種情感的詩，如「多少恨，昨夜夢魂中」等並不是最優秀的作品），而另有一種較博大較深沈的思想情感。作者從自身遭受迫害屈辱的不幸境地出發，對整個人生的無常、世事的多變、年華的易逝、命運的殘酷……，感到不可捉摸和無可奈何，作者懷著一種悔罪的心情企望著出世的「徹悟」和「解脫」，但同時卻又戀戀不捨，不能忘情於世間的歡樂和幸福，作者痛苦、煩惱、悔恨，而完全沒有出路……。這種相當錯綜複雜的感觸和情緒遠遠超出了狹小的個人「身世之戚」的範圍，而使許多讀者能從其作品形象中聯想和觸及到一些帶有廣泛性質而永遠動人心弦的一般的人生問題，在情感上引起深切的感受。而這也就正是王國維所神祕地解說的所謂悲天憫人的「擔負人類罪惡」的「血書」的真正實質所在。後主作品中這種比較寬大深厚的情感，主要是由其對失去自由的屈辱的囚徒生活感受所引起，同時也與其個人的思想（如受佛學影響）和性格（如比較善良真摯，不像「此間樂不思蜀」式的蠢劣）也有關。所以，完全無視後主詞的這種特色，簡單地把它一筆抹殺為對自己過去

荒淫生活的懷念，是不正確的。但是，另一方面，也不能把後主
這些詞誇大為有什麼積極反抗的情緒。這些詞中雖然也有一些憤
懣和不平，但低沈和哀傷仍是它基本的占壓倒優勢的音調。它清
楚地反映了這個遠離人民的不幸者的個人的軟弱無力、無所寄託
和完全的孤獨和絕望。這些作品讀來不是令人振奮的，而只是令
人深深悲哀的。

　　後主後期詞的第二個特點，是它「通過往事的追懷」來表達
其痛苦的情緒。作者在這裡把自己的屈辱和悔恨與對家鄉和幸福
的一失而永不可復得的最沈重的痛楚融合在一起了。失去家鄉、
失去幸福，而對家鄉和幸福的往昔生活的追懷，是一種具有廣泛
意義的情緒，它能夠引起許多人類似的感觸而在感情上引起共鳴。
所以，我固然一方面反對把這種情緒誇張為「愛國主義」；但另一
方面，我也並不拒絕承認，在一定時間條件下（例如在自己的鄉
土被敵人侵占，和平幸福生活被敵人破壞的時候，如抗戰時期），
這些作品在讀者感情上能由鄉土之思而引起某種愛國情緒來。

　　最後，關於「雕欄玉砌」等詞句，我覺得是不值得去死扣和
爭辯的。因為無論對作者或對讀者來說，它只是對照著目前苦痛
境遇而追懷往日幸福生活的一種藝術概括，並不一定非與「剝削
人民」、「荒淫生活」相聯繫不可。後主詞長久傳誦不絕，在古代
和今天，許多不幸者仍然能在其中找到自己情緒的表現和共鳴，
不是完全偶然的事情。

　　由此看來，討論具有的缺點是：它完全停留和糾纏在作者個
人的生活行為上，而對作品本身藝術形象的內容和特色，注意和

分析太不夠。而這，卻也正是《紅樓夢》討論中所早已表現出來的文學研究工作中一個普遍性的問題。

（三）簡單談一下第三個問題：對文學作品的社會、時代背景的了解問題。在這次後主詞的討論中，大家都指出，要了解作品必須研究和了解作品的歷史背景和歷史環境。但事實上大家都並沒很好地執行這種主張。相反，對所謂作品的歷史背景的了解上，卻有許多嚴重的庸俗社會學的謬誤。簡單說來，這就是大家把所謂歷史背景完全看作是社會的經濟情況。所以，在這次討論中，歷史背景的研究竟完全集中在南唐的生產力和經濟情況上。但是，儘管一部分人強調南唐的繁榮富庶，「荒土盡闢，國富民強」；另一部分人強調南唐的衰敗貧窮，「百姓疫死，士卒乞食」，互相爭論不休，問題卻始終未能解決。因為，難道南唐經濟情況的好壞，便是後主詞的「歷史背景」麼？它如何能決定後主詞的內容風格呢？有南唐某種生產力和經濟情況便能產生後主的某種詞麼？這當然不能不令人懷疑。所以，在這裡，南唐經濟還是南唐經濟，後主詞還是後主詞，歷史自歷史，文學自文學，兩者根本沒有也不可能聯繫起來。而勉強「聯繫」的結果，卻是走向庸俗社會學的方向，如說：「南唐生產力和經濟情況比唐代安史亂前已發展了一步。當時南方與北方比較起來的確是新的東西多一些。反映南方生活情況的後主詞，就顯得清新自由得多」，等等。後主詞及其「清新自由」的藝術風格就是這種「南方生活」的反映麼？這到底是如何反映的呢？令人費解之至。

這些同志把後主詞孤立起來研究，而不願意去探索和了解具

有特定的題材、內容、風格（多半是並非社會生活中的重大問題
的愛情、離別，以及描繪自然景物的抒情詩）的「詞」在五代北
宋之所以突然崛起並廣泛流行在當時的上層社會中，成為文學的
主流和一時的風尚，有其真正深刻的歷史背景。自唐末五代以來，
社會物質生活的變化（商業城市的繁榮、市民階層的發展等）和
階級鬥爭的複雜劇烈　（戰亂頻繁，舊士族統治階層的完全沒落
等），使當時上層封建士大夫知識分子的思想情感和心理狀況產生
了許多變化。他們逐漸失去了對社會事業的積極進取的蓬勃旺盛
的心情和精力，他們開始對人生世事感到朦朧、厭倦和懷疑，轉
向和沈溺於官能的刺激和愛情的享受。在日常世俗歡樂的沈浸中，
他們同時又感到閑愁、煩悶、無聊、傷感、不滿足和要求精神上
的解脫。所以，無論是在他們的政治活動時，或者是山林隱居時，
也無論他們在愛情歌唱或是在宮廷享樂中，開始透露出來的常常
是那種「一場春夢酒醒時，斜陽卻照深深院」式的煩悶、苦惱的
情緒。上層社會和士大夫知識分子這種時代情感和心理的特點，
最清楚地反映和表現於其時代的文學藝術中。五代北宋詞的內容、
題材、風格實質上正是反映了和決定於當時上層社會和士大夫的
社會階級的這種心理狀態，而這種社會心理狀態卻又是反映了和
決定於當時社會物質生活和階級鬥爭的狀況的。只有真正深入到
這種種複雜曲折的歷史背景中去探索，才能打開作品的社會根源
的祕密。不這樣做，不去深入研究「詞」的出現和其內容的真正
的社會時代原因和特點，不去研究後主詞的真正的歷史背景，而
簡單地以南唐的生產力和經濟情況來作為後主詞的歷史環境，來

直接解說後主詞的內容，這暴露了這些研究者在基本觀點和方法上的謬誤。

（四）最後要談的一個問題，是討論中反映出來的輕率任意的主觀主義的研究態度問題。這次討論有這樣一個特點，即雙方許多同志都能引用一些史料作為靠山來反對別人。實際上，歷史材料變成了自己主觀意見的注腳。因為他們不是從歷史材料的研究中去發現真理、確立意見，剛好相反，而是先抱著一個主觀的意見去找方便的材料。所以，抱著肯定後主詞的意圖的同志便找了幾條說後主「仁慈寬厚」的材料提了出來，認為必須否定後主詞的便又找了幾條相反的材料提出來。雙方都絕口不提或一筆帶過於自己意見「不利」的材料。這樣，不能不令人奇怪：難道這兩種相反的材料一定得由兩個或兩派持相反意見的人才能分頭發現嗎？為什麼這些同志不可以把這兩種材料仔細反覆研究後，去偽存真，去粗取精，發現其問題，解決其矛盾，實事求是地解釋明白，以求得一個比較科學全面的說明呢？不這樣做，憑著自己的主觀立論的需要，也不管這些材料是出自何人，是否真實、準確（如正史野史便不相同，站在趙宋立場與站在南唐立場的記載當然更不一樣），便提出一部分，抹殺一部分，再加以任意的解釋（如見有「江南父老」字樣便說是人民，用有關趙佶的史料來解說後主等），難道這是正確的研究態度、研究方法麼？

補記：

後主詞長久引起後人「共鳴」，以及文學藝術的永恆感染力，實質涉及所謂人性心理結構問題。這種心理結構，不是動物性的

先天屬性，而是社會的產物，歷史的成果。如同物質財富一樣，它是人類精神財富的表現，是人區別於動物之所在。

1979 年 12 月

二十、美英現代美學述略

註：本文寫於 1964 年，原作為內部參閱資料，
　　後發表於《美學》1979 年第 1 輯。文中
　　材料以寫作時所見到的為限。

十九世紀末以來美英資產階級美學簡述

　　自鮑謨加同給美學命名和康德寫了《判斷力批判》以來，直到二次大戰前，近代美學一直以德國為故鄉。車爾尼雪夫斯基曾說，「只有德國的美學才配稱作美學」。[1] 近代美學理論和論著大半出於德國學者之手。康德之後有席勒、謝林、黑格爾，黑格爾之後有他的一大批門徒如費歇爾 (Vinscher)，羅森克朗茲 (Rosenkraz) 等人，此外還有形式派的侯巴特 (Herbart)、齊麥爾曼 (Zimmermann)，創實驗美學的費希納 (Fechner)，以及叔本華、立普斯、哈特曼 (Hartmann) 等人。他們大都以卷帙浩繁的著作、包羅萬象的體系和某些獨創的看法，在美學領域中起了廣泛影響。在第二次世界大戰前，由得索爾 (M. Dessoir) 主編達三十年的《美學和一般藝術學》雜誌，還一直是資產階級所公認的國際性的美學權威。當時像得索爾 (1867～1947)、尤提茲 (E. Utize, 1883～1956)、柴格爾 (Moritz Geiger, 1880～1938)、沃開特 (Volkelt, 1869～1930)、穆勒爾佛雷弗斯 (R. Müller-Frerenflls, 1882～1949) 等人都是很有名的人物。美英與之比較是要遜色的。但就在這一時期 (十九世紀末至第二次大戰前)，美英美學也仍有其自己的傳

1 《美學論文選》，人民文學出版社，1957 年版，第 25 頁。

統和特色。它們上承十八世紀英國美學的經驗主義傳統，比較著重於對審美感受作各種生理、心理的解釋，同時受實證主義的強烈影響，多從藝術鑒賞、批評以及生活經驗的關係中提出某些美學觀點，較少進行抽象的思辨和建造龐大的體系。迄至第二次大戰，它們的主要代表人物和理論，有斯賓塞 (Spencer) 的遊戲說，格蘭・阿倫 (Grant Allen)、馬歇爾 (Marshall) 等人的快樂說，布洛 (Bullough) 提出的距離說，鮑桑葵 (Bosanquet)、科林伍德 (Collingwood) 的表現說，貝爾 (Clive Bell) 與佛萊 (Roger Fry) 的形式說（以上英國）。在美國，除了愛默生 (Emerson, 1803～1882) 較早外，主要有桑塔耶拿 (Santayana) 的自然主義與杜威的實用主義理論。下面對它們作些最簡略的敘述。第二次大戰以來美英美學的主要人物如托馬士・門羅 (Thomas Munro)、蘇珊・朗格 (Susanne Langer)、赫伯特・里德 (Herbert Read)、赫羅特・奧斯本 (Herold Osborne) 等人。這在下面幾節中作較詳細的述評。

斯賓塞 (1820～1903) 的美學思想主要在其《心理學原理》二卷九章中，他以生物學的「進化」理論來解釋席勒從哲學上提出的遊戲衝動問題，認為高等動物，特別是人類，由於營養豐富，除了進行保持生命的活動之外還有「過剩而無用的精力」，這種精力的無目的發洩遊戲就產生審美愉快，所以美就是無目的無利害的一種過剩精力的活動。「不斷增長的精力過剩將按比例帶來不斷增長的審美活動和愉快」。[2] 在斯賓塞的影響下，阿倫 (1848～

---

2 引自開瑞特 (E. F. Carritt) 編《美的哲學》(*The Philosophies of Beauty*)，牛津版，1931 年，第 184 頁。

1899) 用實驗方法探求人的苦樂感受的神經生理原因，認為美的特點在於它「不直接與維持生命的功能聯繫起來」，因而「能給予我們神經系統以更大的刺激而只有最小的消耗」。例如視、聽所以能成為高級的審美器官，就在於它們與保持生命無直接聯繫，並「能在刺激後迅速恢復」。其後，馬歇爾也用生理學來解釋審美現象，強調「持久性」是美感區別於其他快感的特色，其他快感持久即變為痛苦，「美是相對說來更持久的、真正的愉快」。[3] 快樂說是上世紀末比較風行的理論，它們大都把美當作與人的感覺、情感有關的愉快感受，強調它無關實用的非功利性，著重從主觀心理方面來探討研究。但這種過剩精力說和快樂說有一個理論上的明顯謬誤，這就是它抹殺審美的社會性，把它當作生物學、生理學的東西，把美感與快感混淆等同起來，看作只有量的差異（如「持久性」、「感官不易疲勞」等等），沒有質的不同，從而也就把具有深刻社會和歷史內容的審美和藝術問題，加以簡單化了。人們經常把斯賓塞的遊戲說與席勒聯繫起來，並稱為「席勒─斯賓塞的遊戲說」，其實二者有重大區別（卡西爾〔E. Cassirer〕也指出了這一點）。作為上升時期資產階級的思想代表，席勒有關藝術的遊戲性質的觀點，具有深刻的哲學意義，接觸到了某些重要的本質問題，斯賓塞的遊戲說卻完全是庸俗的生理學的實證假說，它與快樂派一起，反映了日益追求表面的實證論證和形式的刻意

---

3 以上引文均見利斯脫威爾 (Listowel) 著 《近代美學批評史》 (*A Critical History of Modern Aesthetics*)，倫敦，1933 年版。

雕琢。快樂派的美學理論就正是與當時王爾德 (Wilde) 等的唯美
主義文學以及印象派藝術的感覺主義等文藝思潮相呼應的。它們
共同是十九世紀七〇年代後的時代、社會的特定產物，也正因為
如此，隨著二十世紀初這種理論便不符合需要了。現代派藝術由
講求形式走到從根本上破壞形式，由講求形式美的審美愉快到根
本否定這種愉快，二十世紀現代藝術已很少給人以純粹的愉快，
或形式的美感，倒更多是夾雜著痛苦、煩惱、不安等多種因素的
複雜感受，或形式的不和諧與醜陋，這就不是單純著重感官愉快
的快樂派等理論所能適應，從而快樂派理論反而成為現代各派美
學的一個攻擊對象了。[4] 就是精力過剩的遊戲說，在現代人類學
關於原始藝術研究的衝擊下，也較少能有人堅持。但是遊戲說和
快樂說卻正是資產階級美學由古典進入現代，由哲學體系進入實
證理論的早期階段，以後就沿著這條線下來。這是本文要從這裡
開始論述的原因。

　　比快樂說稍後而更有影響的是從本世紀初興起的克羅齊美
學，克羅齊本人是標榜黑格爾的。英國著名的新黑格爾主義者鮑
桑葵 (1848～1923) 和著名的歷史學家、批評家科林伍德 (1889～
1943)，受克羅齊的強烈影響，在美學上都是表現說的主張者。與

---

4 例如它一方面遭到朗格 (S. Langer) 等人的攻擊，另一方面又遭到奧斯本
　等人的非難。奧斯本 (Osborne) 便認為愉快既非美的充分條件，又非它的
　必要條件，這實際上便是完全否定美與愉快的聯繫了。見奧斯本《美學
　與批評》。

當時布臘得雷兄弟一樣，鮑桑葵在黑格爾主義的影響下，企圖將古代著重客觀物質形式的美學觀與近代著重主觀精神內容的美學觀折衷調和起來，他說：「古代關於美的基本理論總是與韻律、對稱、和諧等等，總之一句話是與變化統一的原理相聯繫，現代則更著重於意義、表現、生活的徹底表達，總之一句話是與特徵（或性格 Character）的概念相聯繫。如果將這兩個因素結合起來，便可得一美的定義了，這就是對想像與感官有個性特徵的表現，而同時又受其手段的一般或抽象的表現條件所制約」。[5] 他在這裡要「補正」克羅齊不講物質體現的「謬誤」，認為「審美態度的核心在於心物合一，這裡，心靈是情感，物是它的表現」；「因為美在心而認為外在體現不重要或偶然，在我看來便是謬誤」。[6] 鮑桑葵的這種調和主張只使他獲得一個美學中的折中主義者的稱號。[7] 鮑桑葵畢竟是本世紀初的人物，他不了解克羅齊的表現說不但如巴比特（Babbitt）所說的那樣[8]，是上世紀以來浪漫主義文藝思潮在美學理論中的最終表現，而且正是現代藝術日益要求徹底否定美的突出表現。這一點本世紀以來的藝術已充分表露出來了。在藝術實踐是如此，在理論上，就認為藝術的本質特徵並不在美。「美」這個詞，從古代希臘起，一般常含有形式上的和諧、合式

---

5 鮑桑葵：《美學史》，倫敦，1934 年版，第 5 頁。

6 鮑桑葵：《美學三講》(*Three Lectures on Aesthetics*)，倫敦，1915 年版，第 68、69 頁。

7 如利斯脫威爾便把他與亞歷山大 (S. Alexander) 同放在折中派之內。

8 參看巴比特《新拉奧孔》(*The New Laocoon*) 第二部分。

的意思，在現代人們看來，便太典雅、太狹隘而不合胃口。「這些
年來，『美』、『美的』這詞已不受歡迎了，……這個概念已不再在
美學中占據中心和主要地位……。它很少出現，出現也常用在一
種嘲笑的方式上……美以及幾個傳統的所謂『美學範疇』——崇
高、秀雅完全不適用了」[9]，而主張用「表現」、「表現力」以及
「審美價值」(Esthetic Value)、「審美性質」(Esthetic quality) 等詞
來換取或代替「美」這個概念。例如比鮑桑葵稍後的科林伍德便
認為「藝術不是美」，美包括「各種可敬可贊的愛的對象」，藝術
則以審美為特徵。藝術的審美價值不一定是美，而美也不一定就
是藝術的審美價值，而美學主要是研究藝術，從而美也就不成為
美學的對象了。那麼什麼是藝術的審美價值或審美性質呢？科林
伍德特別將藝術與娛樂、技藝、模擬、宣傳等一一區別開來，認
為藝術本質只是感情表現。他所謂感情表現並不是描述感情，也
不是發洩感情或激起觀眾的感情，而只是在想像中意識到自己的
情感。他說：「首先，他意識到有種感情，但他還不意識這是種什
麼感情。他只覺得他內心中騷亂激動，但不知其實質。這時他只
能說：『我覺得……，但我不知道我到底覺得了什麼』。通過某種
活動他才能從這種境地中解脫出來，我們這才稱他表現了自
己」[10]，伴隨著這種表現後的輕快之感就是審美感情，所以審美

---

9 門羅：《走向科學的美學》(*Toward Science in Aesthetics*)，第 262 頁。

10 科林伍德：《藝術原理》(*The Principles of Art*)，牛津，1937 年版，第 109
　頁。

不是靜觀，不是感官愉快，而是想像，亦即是表現或語言：「審美活動是思想在意識形式中將感覺經驗轉化為想像的活動」。[11]這樣，他便極端地發揮了克羅齊的唯心主義的表現理論，在英語國家裡，被稱為「克羅齊－科林伍德的表現說」。與克羅齊不同的便是科林伍德比較著重意識、思想在審美中的活動（未強調直覺）；既然藝術家表現的感情是經由意識了解的社會性的感情，從而科林伍德就更注意和強調藝術家是觀眾心靈的代言人和預言家，注意作家與觀眾的合作等等，不贊成浪漫派一味的「自我表現」，而認為觀眾也是在自己的想像——表現中欣賞藝術，具有更多的自由主義色彩。[12]但在這裡，科林伍德實際上已陷於自相矛盾，因為他一方面主張表現只在藝術家的心中，藝術作品只是藝術家的情感的想像，而根本否認體現，輕視技藝、技術因素；而另一方面卻又強調與觀眾的「合作」，這就理論本身的邏輯說，是很難自圓其說的。[13]也有人從「表現」作為創作過程、作為傳達、作為藝術作品的性質三方面證明克羅齊－科林伍德的學說不能成立，並提出「為什麼只有情感表現才是藝術？其他的東西如思想是否是表現」等等問題，指出並非所有表現都一定是成功的藝術品，不能以創作過程來評定作品的價值；在創作中也常有冷靜的謀劃

---

11 同上書。按：科林伍德將思想 (thought) 分為理智 (intellect) 與意識 (Consciousness) 兩種，前者用於科學，他對「想像」也有自己的獨特解釋和用法，此處均略。

12 參看前書的最後幾章。

13 朗格：《情感與形式》，紐約，1959 年版，第 382、383 頁。

和不動感情的許多實例，如著名現代詩人艾略特所主張的「感情的逃避」；同時作者所表現的情感，也未必就是觀眾所恰好感受到的等等[14]理由來批駁「表現說」。但儘管如此，儘管所謂「表現」是經不起推敲的含混詞彙，「表現說」本身也是破綻百出的理論，但由於它適應了現代藝術的總思潮，所以它始終很有勢力。科林伍德至今仍有影響。當代英國著名美學家、曾任英國美學協會副主席的開瑞特 (E. F. Carritt) 在其流傳甚廣的《美的理論》、《美是什麼？》等著作中極力宣傳了克羅齊的表現理論。「表現說」成了現代美英美學的正宗主流。

　　「表現說」的倡導者、宣傳者如開瑞特等人都不是與文藝實踐領域有直接聯繫的人物。「表現說」基本上是從哲學角度提出來的美學理論，有人曾認為克羅齊不過是為了建造其整個哲學才提出其美學理論。因此像「表現即直覺」（克羅齊）、「表現即想像」（科林伍德），「美是能在其中發現情感表現的東西」[15]（開瑞特）等等，總不免空疏籠統。現代藝術需要更具體的理論論證。這樣，與表現理論並行，出現了迄今還很有影響的克乃夫·貝爾 (Clive Bell, 1881～1964) 與洛絜·佛萊 (Roger Fry, 1866～1934) 的形式主義美學，他兩人都是造型藝術的鑒賞家和批評家，主要在後印

---

14 浩斯帕斯 (Hospers)：〈藝術表現的概念〉 (The Concept of Artistic Expression)，見韋茲 (Morriss Weitz) 編 《美學問題》 (*Problems in Aesthetics*)，紐約，1959 年版，第 193～217 頁。

15 開瑞特：《美是什麼？》(*What is Beauty?*)，倫敦，1932 年版，第 87 頁。

象派的創作實踐的影響下，提出了所謂「有意味的形式」（或「有意義的形式」〔Significant form〕）這一說法。貝爾說：「線條、色彩在特殊方式下組成某種形式或形式的關係，激起我們的審美感情，這種線、色的關係和組合，這些審美地感人的形式，我稱之為『有意味的形式』」[16]，「藝術作品中的再現因素，……總是不合適的。因為欣賞藝術，並不需要從生活中攜帶什麼，並不需要有關生活的觀念、事物的知識……不需要熟悉生活中的各種情感……」「欣賞藝術，我們不需要任何別的，只需要對於形狀、色彩的感覺和三度空間的知識……這正是偉大藝術之所以普遍與永恆的標記所在」。[17]佛萊說，「審美感情只是一種關於形式的感情，由於形式的某種關係可引起特定的深刻的感情」。[18]「我們對藝術作品的反應是對於關係的反應，而不是對於感覺對象、人物或事件的反應」。[19]總之，他們強調藝術有一種特殊的審美性質，它不是藝術作品的理智、情感、情節、故事等再現內容，再現這個方面只是「釣餌」，勾引人們去接近它（作品），但時過境遷，便不再能引起人們的情感。具有永恆性的則是線條、色彩、明暗本身的某種純形式的關係，對這一方面的感受和想像比上一方面要遠為持久，它排斥了有關現實生活的種種考慮、聯想與行動。而集

---

16 貝爾：《藝術》(*Art*)，紐約，1913 年版，第 8 頁。

17 同上書，第 25、27～36 頁。

18 《視象與構圖》(*Vision and Design*)，引自韋茲《美學問題》，第 49～61 頁。

19 《轉換》(*Transformation*)，引自開瑞特《美的哲學》，第 267 頁。

中注意於感受和想像這種形式（如線的韻律），使它們對情感保持一種有目的的「秩序」與「變化」的關係，這才是真正的審美態度和藝術本質。這種作品就正是「有意味的形式」。很清楚，這是非常明確的形式主義。它不同於侯巴特、齊麥爾曼的形式主義。齊麥爾曼等人只講自然物質的外在形式，貝爾—佛萊所謂「有意味的形式」是講「表現」的，不只是指對象本身的某種客觀的形式規律。但是，究竟什麼是「有意味」，它包含些什麼內容，貝爾等人卻始終沒有講清楚，甚至還承認講不清楚，這樣，就不能不使它帶有一種神祕的性質。「有意味的形式」被認為乃是世界本質之所在，是「事物中的上帝，特殊中的普遍，無所不在的韻律」。所以，它以自身為目的，才比作為與人們實際生活相關的目的要令人感動。這不很有神祕主義的味道麼？這派理論與由後印象派以及塞尚開其端、畢加索集其成的立體主義等藝術派別相呼應、拍合，直接為這種藝術實踐服務。（塞尚便多次有過類似的言論，如「繪畫不在奴隸般地去抄錄題材，而在於無數關係中去尋找和諧」[20]，但佛萊並不承認這種完全非再現的藝術。）正因為如此，這派理論才特別受到重視，「有意味的形式」成為美學中的流行的口頭禪，並被人評為「在許多方面，從邏輯上說，這大概是現代藝術理論中最令人滿意的」。[21]實際情況卻並不如此，從邏輯上來

---

20 引自文丟里 (Lionello Venturi)《走向現代藝術的四步》(*Four Steps Toward Modern Art*)，紐約，1957 年英文版，第 74 頁。

21 奧斯本 (Osborne)：《美學與批評》(*Aesthetics and Criticism*)，倫敦，1955 年版，第 131 頁。

說，這一理論很貧乏，甚至在形式邏輯上陷於循環論證（審美感情是由「有意味的形式」所激起，而「有意味的形式」又被規定為特定的形、色組合引起審美感情[22]），但由於這派理論以其直接對造型藝術的比較銳敏深入的分析評論，具體地強調了審美的非功利性、宣傳藝術與生活相隔開的要求，它就像本來極為含糊籠統的布洛的「距離說」一樣，成為現代美學的寵兒了，[23] 它構成當代美學的一個重要流派和傾向。

美英現代美學除了像貝爾─佛萊、像布洛這種強調審美與生活的分別，強調審美的非功利性傾向和派別以外，還有一些與之恰好相反的、非常強調審美與生活的聯繫，強調審美的現實功能的派別和主張。早在十九世紀下半葉，英國的威廉・莫利斯 (William Morris, 1839～1896) 與羅斯鏗 (John Ruskin, 1819～

---

22 參看《英國美學雜誌》1963 年 10 月號，第 291～292 頁。

23 布洛 (Bullough, 1880～1934) 的距離說，認為人對藝術的審美態度的基本原則和特徵便是適當心理距離，距離是通過把對象及其所生的感受與一個人的自我分離開而得到的，是通過把對象放到實用的需要的目的的考慮之外而得到的，如果距離太近（這多半是欣賞者的缺點），則引起實際生活態度的反應，而失去審美態度；藝術家比常人要「高明」，就在於他能更超然於生活。另一方面，如果距離太遠（這常是藝術品的缺點），則使人漠然無動於衷，也不產生審美態度。現實生活經常需要通過一定的時、空距離才能進入藝術，但如這距離太大太遠便也不能產生藝術的審美作用。布洛以這樣一個非常簡單的原則闡釋許多審美經驗和藝術現象，儘管非常含糊籠統，卻受到了相當廣泛的歡迎，被劃入古典理論之列，至今仍很受重視，由於國內對此說已有一些評介，本文從略。

1900) 曾分別從空想社會主義與宗教倫理的不同立場，強調過藝
術的社會作用，在藝術創作中（如繪畫中的前拉斐爾派）也產生
過一定影響。但他們的這些主張或只具有空想的性質或具有明顯
的向後看傾向，沒有在美學中獲得進一步的發展。二十世紀以來
的一些強調審美與生活經驗相關聯繫的美英資產階級的理論，以
杜 威 (1859～1952) 和英國著名的文學批評家芮恰茲 (I. A.
Richards, 1893～1979) 作為這種傾向的主要代表，與它們已大不
相同了。貝爾等人主張，有一種特殊的審美感情，芮恰茲卻認為
根本沒有什麼特殊的審美感情；所謂審美感情，實質上只是許多
實際生活中的各種經驗、情緒的心理衝動的平衡、中和而已。這
種種經驗、衝動愈豐富愈複雜而又愈能組織統一在一起，就愈能
引起審美愉快。芮恰茲說：「當我們看一幅畫或讀一首詩或聽音
樂，我們並沒有做什麼不同於去展覽會或早上穿衣的活動，但引
起經驗的樣式是不同的。一般說來，這經驗是更為複雜的，如果
我們成功的話，也是更為統一的。但我們的活動根本上卻並無種
類的不同」[24]，「所謂『形式』的神祕不過是因為我們對它（人的
心理—神經系統）的作用的細節還茫然無知罷了」。[25]與貝爾—佛
萊主要以現代造型藝術為基地，芮恰茲的理論則以表現出種種複
雜感受和感情的現代文學為其經驗基礎，他的理論成為美英現代

---

24 芮恰茲：《文學批評原理》(*The Principles of Literary Criticism*)，第 16～
　　17 頁。
25 同上書，第 172 頁。

派詩歌的美學依據。

　　與芮恰茲類似，杜威從其實用主義工具論哲學基礎出發，在人的生理與環境不斷衝突和平衡的相互適應中來探求美感根源。他認為完全變動、騷亂或完全靜止、完整的世界沒有美感經驗的可能，「生命在環境中進行，不僅在其中而已，而還是由於它和通過相互作用於它而進行的」，「正由於我們所居住的現實世界是運動與終結的結合，破裂與重新統一的結合，生物的經驗才可能有審美性質。生命與環境不斷地失去平衡而又重建起平衡，由騷亂走入和諧的時刻是生命最強烈的一刻」。[26]杜威強調藝術來自日常生活中美感經驗的提煉，認為美感經驗與一般經驗並無根本差別，強調過去的藝術理論從脫離了生活的藝術出發，現在則應從日常的普通經驗出發。他說：「一件首要的工作擺在從事藝術哲學的人面前。這件工作就是去恢復作為藝術作品的精煉強烈的經驗形式與一般認為是構成經驗的日常事件、行為等之間的承續關係」。[27]「藝術在人們經驗中的源泉可以從打球者的姿態優雅如何影響觀眾，可以從家庭主婦栽花的愉快，可以從她丈夫在屋前耕種的強烈興趣，可以從觀賞者對撥爐火和注視火焰飛揚的高興中看出來」[28]，等等。

---

26 杜威：《藝術即經驗》(*Art as Experience*)，紐約，1958 年版，第 13、17頁。

27 同上書，第 3 頁。

28 杜威：《藝術即經驗》，第 5 頁。

　　芮恰茲利用語詞在文學作品的豐富複雜的涵義所引起的各種感受的交錯作用，即各種感受、情緒的中和統一形成審美感受來加以誇張，以之作為藝術本質。實踐他的理論的現代派詩歌正是以支離破碎的詞句、撲朔迷離的意象、晦澀含混的象徵和以對古典形式的徹底破壞，傳達出那種種瘋狂、頹廢、神祕等等反理性的複雜感受。與芮恰茲從文學批評出發相仿佛，杜威從哲學出發提出類似的所謂經驗的均衡、中和的觀點，是以生物性的個體對環境的適應來解說美的感受，把藝術看作是趨向所謂「完善」的一般日常經驗，實際是某種神祕的主觀境界的把握和個體性的某種經驗的滿足，同樣充滿著反理性主義的特徵，杜威反對用理論和思辨去論證這種所謂審美經驗的「圓滿境界」，主體與客體、感性與理性、知覺與對象在他那裡完全混成一堆，不可分析，不可言說。就連他自己的理論，也是一片模糊籠統，有人就譏之為輪廓模糊之浪漫派的繪畫。但這樣一種反理論的理論，在美國頗有影響，不斷被人提及，表現了它符合現代的社會需要。關於杜威，國內已有過批判，他的美學是值得專門評述的，這裡暫先簡單提一下。

　　除了杜威，在美學領域內享有世界聲譽的美國美學家還有桑塔耶拿 (1863～1952)。因為他的有名的美的定義即「快樂的對象化」，一般都把他歸於前述的快樂派，但他的快樂說不是從生理學的觀點，而是從其自然主義的哲學立場來加以論證的。桑塔耶拿很早分出質料美、形式美與表現美三種。他認為審美特徵不在於非功利性，因為任何一種注意或滿意都專注於對象而不及其他；

另一方面如果我們對美沒興趣（interest 即利害），則根本無審美之可言。審美特徵也不在如康德所講的那種普遍必然性，因為所謂「普遍性」不過是由於人們機體環境的相近所使然而已。桑認為，美是一種內在的積極價值，它建立在娛樂的感知中，其他快樂與美的知覺之不同，在於後者能對象化（或客觀化）。他說：「美是一種價值，它不能被認為是一種能影響我們感知的獨立的存在。它存在於知覺之中，而不能存在於別處。不能知覺的美正如不能感受的愉快一樣，是自相矛盾的」，「美是一種價值，這就是說，它不是事物或關係的知覺，而是一種情感。……一個對象如果不能給人以愉快便不是美的。說有任何人對之均漠然無關的美，是一種自相矛盾」。「美只存在於知覺中，卻好像是客觀事物的一種性質，美通過快樂的對象化而建立起來」，「當知覺過程本身是愉快的，當理智操作（通過它，諸感覺因素都聯結和籌劃出來，事物的形式與實質的概念也產生出來）自然地愉快時，我們便有一種與對象緊密聯結著的愉快，它與對象的特徵和結構不可分割。這些結構、特徵在我們中的位置也就是知覺的位置。在這種情況下，我們自然就很難區分愉快與其對象化的感受。與它們一樣，它聚成了對象的一種性質……我們給予它以『美』這個名稱」。[29] 簡言之，即在知覺中將主觀愉快對象化，這就是美。桑塔耶拿的美學雖然比較陳舊，但它遠比生理學的快樂說更受今天美

---

[29] 轉引自韋茲《美學問題》(Morris Weitz, *Problems in Aesthetics*)，第 641、644、643 頁。

學家的推崇，後面專門講的門羅，便正是打出所謂自然主義的旗幟的。後面專門講的朗格也受他一定影響。

　　以上列舉了上世紀末葉到第二次大戰美英美學界一些主要人物和理論，當然這遠不是一個完備的名單，例如，像英國的培恩 (Bain)、亞力山大 (S. Alexander)、彼得 (W. Pater)、蘇利 (J. Sully)、浮龍李 (Vernonlee)、美國的巴比特 (Babbitt)、杜卡斯 (Duccese) 等人，都是有名的心理學家、哲學家、文藝批評家，也是美學中的重要人物。同時美英美學與歐洲大陸的聯繫也是千絲萬縷不可分割的。例如，不但斯賓塞有遊戲說，德國的谷魯士 (Gross) 也倡此說，浮龍李的移情說與立普斯的關係也很密切。實際上，現代美英各派美學理論大都可以溯源於德國，這種情況不詳述了。

　　如本文開頭所說明，這一時期美英美學界比歐洲大陸，特別是比德國，是要遜色一籌的。這種情況直到二次大戰時方有所改變。由於納粹的迫害，德國及歐洲許多學者遷居美國，在美國進行研究和擔任教學工作，用英語出版著作，再加上美國未受戰爭災害，在出版、集會、研究等條件方面的相對優越，美國美學界在戰時和戰後，比其他資本主義國家就表現得相對地活躍，於 1941 年創辦了《美學與藝術批評》雜誌，1942 年組織了美國美學協會，雜誌成為協會的機關刊物，1942 年至今由托馬士・門羅 (Thomas Munro, 1897～1974) 主編，刊登有關美學和藝術理論、藝術史等各方面的論文，有較大的國際性的影響。許多人推崇這一雜誌是繼由德國得索爾之後的「國際美學界的領導」。一些人說

美學「中心」已轉到「盎格魯─撒克遜語言的國家」。門羅自己也
說：「在美學中，德國過去的領導曾經是出色的，……自從大戰以
來，領導權卻要讓給法國和美國了」[30]，「自第二次世界大戰結束
後，美學又重新成為國際性的課題，重要著作在各國都可以見到，
國際會議又重新舉行了。美國新一代的學者在世界範圍內復興美
學起了主動的作用」[31]，甚至在美學史的研究方面，也都表現出
反對過去鮑桑葵等人專門推崇德國美學的情況……。[32] 但是，在
今日歐洲大陸，特別是法國，各種美學思潮如托馬士主義（馬利
坦〔Maritian〕可為代表，但此人已留居美國）、現象學派、存在
主義以及蘇里歐 (E. Sourion) 等人仍很活躍。總的說來，美英與歐
陸基本情況差不多，當代西方美學並沒有太多新東西，它們依然
是承繼上述的一些理論演變發展而來。如果說，上世紀末的快樂
說是美英美學的新階段的開始，那麼今天的種種理論則是它的發
展或完成。一般說來，它們大都是克羅齊表現說的進一步的引伸

---

30 法貝爾 (Martin Faber) 編：《法國和美國的哲學思想》 (*Philosophic Thoughts in France and the United States*)，紐約，1950 年版，第 656 頁。

31 門羅：《走向科學的美學》(*Toward Science in Aesthetics*)，紐約，1956 年版，第 96～97 頁。

32 斯托利茲 (J. Stonitz) 在許多美學史的論著中強調近代美學的幾個基本觀點（如非功利性）並非創自德國，而均來源於英國十八世紀的美學家（如艾狄生等人）。此外，最近還有人著文論近代美學是由三個來源所形成的，即十八世紀的德國的哲學，英國的心理學和法國的文藝批評（此文見《英國美學雜誌》1964 年 1 月號）。

和變形。其中，也可以說有兩派，一派著重所謂經驗內容，一派著重表現形式。（這種區分偏重，在歐陸本自黑格爾以後便已開始，如侯巴特的形式派美學與移情說等內容派美學。）在英美，前一派如貝爾－佛萊較重形式，在當代則有朗格等人予以繼承發展；後一派如芮恰茲、杜威等人，著重所謂經驗本身的內容關係，門羅等人可說循此方向。甚至在心理學的美學中，格式塔派與弗洛依德派也可說是以不同的面貌表現了這兩種不同傾向。它們又日益在符號美學的名目下接近和合流。現代美英美學與其哲學一樣，從本世紀三〇年代中起便以符號主義最為時髦，各個不同的派別各從其不同的哲學立場對藝術、美學諸問題作種種符號的解釋，下面對這些主要派別和人物作些介紹和說明。[33]

（二）分析哲學的「美學觀」

邏輯實證主義以及稍後的語義學和分析哲學，是近三十年來在英語國家中占統治地位的學院派的哲學思想。由它派生出來或與它關係密切的語義學美學，也成為當代美英美學中一個重要動向。他們甚至認為，當代對美學的最重要的貢獻，便是這些為語

---

33 〔補注〕關於興起於六〇年代的結構主義美學等等，本文均未及介紹。

言分析所激動或指導的論著。這些論著又可分兩種不同的傾向和派別。一種以蘇珊‧朗格為其主要代表，另一種則是地道的語言分析哲學家們的美學。我們先看後者。

這一派實際上很難說就是什麼美學派別。因為他們並沒有、一般也並不企圖提出美學理論。他們所以構成一種傾向和派別，其共同點在於，各人從不同角度對美學中的各種基本概念、理論作了語言上的瑣細分析，以證明這些概念和理論的毫無意義或含混籠統。他們共同崇奉的理論原則便是邏輯實證論奠基人維特根斯坦的著名原則：「全部哲學就是『語言批判』」、「家族類似」和「遊戲理論」。

在他們看來，美學中的糾紛和災難，大都是莫須有的誤用語言的罪過。上至像克羅齊的「藝術是表現」或貝爾的「藝術是有意味的形式」等種種理論，下至像「美學」「藝術」這些語詞本身，都是具有多種涵義，從而是混沌一團需要分析的東西，並且，它們還經常在實際上並不一定存在，而不過是由美學家們所虛構出來的一種語言「陷阱」而已。「藝術，與美學一樣，總需要為一個事物而存在 ；一個名詞並不足以擔保一個實體相應於它而存在」。[34] 實際上並不存在什麼可以叫做「藝術」這種東西，不可能有某種構成各種藝術作品的共同性質的東西，從而，也就不可能有對這種性質探求研究的學問。「所有美學理論設想創立一個正確

---

34 愛爾頓 (Willian Elton) 編：《美學與語言》(*Aesthetics and Language*)，紐約，1954 年版，第 3 頁。

的理論都在原則上便錯誤了，因為它們根本就誤解了藝術這個概念。它們以為『藝術』能有一個真正的或任何真實的定義，這是錯誤的。……藝術，像這個概念的邏輯所顯示，並沒有必要和充分的性質，因此關於它的理論不但在事實上是困難的，而且在邏輯上也是不可能的」。[35]這位作者將藝術概念也分為「封閉的」與「開放的」兩種，前者如「希臘悲劇」，已經是歷史的存在，不會再變動，這可以下定義。後者如「悲劇」、「藝術」，便仍在不斷變化中，新的情況迭出無窮，這就在邏輯上不可能保證它有任何某種確定的性質，不可能給它一個「有之必然無之必不然」的既充分又必要的規定。他們認為，自柏拉圖以來尋求藝術的規定所以迄今毫無結果，其原因正在於此。美學中的許多謬誤也在於此：從前一種封閉概念中得出某種性質卻以為適應於後一種開放概念：「美學理論是邏輯地徒勞無益的。它企圖去規定不可能規定的東西，去陳述事物的必要與充分的性質，而這些事物並沒有這些性質；去設想藝術是一個封閉的概念，而它實際運用卻要求和表現了它的開放性質」。[36]所以，「我們所要開始的問題不是『藝術是什麼』，而是『藝術究竟是何種概念』？哲學本身的根本問題便是去解釋在概念的適用與正確運用它們的條件之間的關係……。我們不應問，什麼是哲學 X 的本質……而應問，什麼是 X 的用

---

35 韋茲：〈美學中理論的作用〉(The Role of Theory in Aesthetics)，見《美學問題》，第 146～147 頁。

36 同上書，第 149 頁。

法？X 在語言中是什麼？我以為這才是首要的問題……所以，在美學中，首先的問題便是藝術概念的實際運用的說明，給予這個概念的實際功能一個邏輯的描述，包括描述正確運用它的條件在內」。[37] 這位作者又進而分析人們運用「藝術」概念時所包含的描述的與評價的兩種用法，由於這兩種用法經常混在一起，於是本來只是個人的評價就變為一種一般的規定了。「這是一個藝術作品」，常只是一種讚賞，不同的人便有不同的讚賞的標準（例如「有意味的形式」、「各種要素的和諧」等等）。「從而，如果一個人評價地使用藝術一詞……那他可以拒絕稱任何東西為藝術，除非體現了他的標準」，這樣，「評價的標準……便變為認識的標準了」，「（藝術一詞的）評價用法並不錯誤。……但是不能把各種只是一種評價用法的藝術理論當作是藝術必要而充分的性質的真實的規定」。[38] 當代英國著名的邏輯實證者艾耶爾 (A. J. Ayer) 便曾認為，所謂倫理學、美學等價值判斷，實際上只是一種感情的表現，只能從心理學社會學研究其原因結果，它們不是哲學的命題，無所謂真假，也沒有什麼客觀的有效性。例如，「你偷錢是錯誤的」這個判斷實際只等於說「你偷了錢」加上一種感情態度或加個驚嘆號而已。偷錢與否是可以由經驗證實的事實，但錯誤與否卻不是能為經驗所證實的事實，從而也沒有客觀的真假。別人認

---

37 韋茲：〈美學中理論的作用〉(The Role of Theory in Aesthetics)，見《美學問題》，第 149～150 頁。

38 同上書，第 155 頁。

為偷錢錯誤也只表示其一種感情態度而已。「美學的詞語與倫理學的完全一樣。像『美的』『醜的』便與倫理學的詞彙一樣，並非對事實的陳述，而只是表現某種感情和引起某種反應而已。從而，如在倫理學中一樣，以為審美判斷有客觀有效性是沒有意義的，美學中不可能爭論有關價值的問題，只可能爭論有關事實的問題。美學的科學處理告訴我們什麼是審美感受的一般原因，為什麼不同社會會產生和讚賞它們的藝術品，為什麼社會中趣味會有變易，等等，所有這些都是心理學與社會學的問題。……美學批評的目的並非給予知識而是交流感情。批評家表現自己的情感，力圖使我們能分享他對待藝術作品的態度……因此，我們的結論是：與倫理學一樣，不能證實美學是體現知識的一種形式……。從而，任何企圖將我們的倫理學、美學概念的用法作為涉及一個不同於事實世界的價值世界存在的形而上學理論的基礎，乃是對這些概念的一種錯誤的分析」。[39] 在倫理學和美學中，「詢問矛盾雙方的觀點何者為真，是毫無意義的，因為價值判斷並非命題，真假問題不會在這裡引起的」。[40]

此外，像卡爾納普的所謂「偽裝了的命令」是同樣的看法，芮恰茲在二○年代提出的語言的情感意義，也是與此相通的觀點，到四○年代斯蒂文生 (C. G. Stevenson) 在《倫理學與語言》一書

---

39 艾耶爾：《語言、真理與邏輯》(*Language Truth and Logic*)，倫敦，1956
　　年版，第 113～114 頁。

40 同上書，第 22 頁。

中詳加發揮，認為倫理判斷「主要的用途不是去陳述事實而是去產生影響」。[41]語言在描述用法之外有「動力用法」，等等，成為在現代倫理學中頗享盛譽的所謂「感情主義」理論。實質上，這不新鮮，他們自己便承認是來自休謨。休謨早就認為除數學和可由經驗直接證實的事實外，別無知識可言。他否認道德行為有客觀規律，認為那是心 (heart) 的事，而非頭腦的事，那是同情 (sympathy) 的問題，而非認識的問題，邏輯實證主義在現代科學的衣裝下，以瑣細的語言分析，極端發展了這一觀點，他們看到了倫理和審美判斷所具有的規範作用，誇張這一點，把它們與科學命題絕對分割、對立起來，否定善惡美醜具有客觀真理之可言。

艾耶爾的觀點可說是這派美學較早的情感主義階段。分析美學，則是比較晚近的階段。這主要是受維特根斯坦晚年著作著重普通語言日常用法分析的影響。他們分析美學詞語中各種不同用法和功能，要求在一定的用法系統中去把握詞語的意義。例如，他們認為「試設想兩人同看一張畢加索的畫……一人說『好』，一人說『壞』。前者是就作品的形式而下此判斷，後者是抱怨作品的再現（或缺乏再現）方面。我以為適當的解釋正是：『他們應用「好」是具有不同意義的』」。[42]同樣，在美學理論中，如克羅齊主張「藝術是表現」而貝爾主張「藝術是有意味的形式」，也不過是各人看到對象的某個方面卻用來概括全體，名之為藝術。實際

---

41 艾耶爾編：《邏輯實證主義》，第 269 頁。

42 艾爾頓：《美學與語言》，第 158 頁。

上他們兩人所講的「藝術」是各不相同的東西，他們不過是各不相同的「限制藝術一詞使用於對他特別重要的……某種樣式」上而已。而語言既然如遊戲一樣，依照語言的各種特殊用法便可以有各種不同的遊戲，那就「不可能駁斥某人對詞的意義的限制」，不能反對他的特殊用法，從而這種「藝術是表現」、「藝術是有意味的形式」斷語本身便是先驗的，非經驗可能證實或反駁。正如說「藝術就是繪畫」，並不能指著雕塑或查字典去反駁它，因為這裡所用「藝術」一詞就是這個意思，這裡把「藝術」一詞就限定在這個意義上來使用。「我們所有能做的只是同情或抱怨他的這種使用而已」。[43] 可見，各種美學理論之間的爭論，正如許多個人的欣賞之間的爭論一樣，實際上只是運用語詞的問題，並無任何真假意義。在這種分析哲學的影響下，有許多作者從語言上分析了美學中各種常用的概念如「感情」、「感受」、「表現」等等，指出它們涵義甚多，是十分模糊籠統的，其中包斯馬 (O. K. Bounsma) 的〈藝術的表現理論〉一文甚受推崇[44]，他分析「藝術是表現」這種理論由於「表現」一詞的含混模糊，是並沒有什麼意思的。例如說，音樂表現憂傷，到底是說藝術家表現了自己的憂傷呢，還是說音樂使聽眾變得憂傷呢，還是說音樂本身是憂傷的？說音樂本身是憂傷的又究竟是什麼意思呢？因為音樂並非人，又如何本身能憂傷呢？等等。他從語言上分析的結果，認為所謂憂傷其

---

43 艾爾頓：《美學與語言》，第 100～113 頁。

44 參看《美學與語言》，第 73～99 頁；《今日美學》，第 148～168 頁。

實就在音樂之中,說它憂傷不過是說它比較緩慢、低沈一些而已,說音樂「表現」憂傷,正如說語句「表現」觀念一樣,是沒有什麼意義的。所以,在這種種美學理論中,首先是應該澄清概念,「『美是什麼』的簡短正確的回答便是,『美是很多不同的事物,但還沒有很好地了解,而就用美這個名稱用在它們身上了』」。[45]

總之,他們認為,美學中的過錯大都由於在邏輯上犯了所謂「急於概括」的毛病,這毛病弄出了一個實際並不存在的美學對象來了。「在美學中,由特殊走向一般,就是走的錯誤的方向」。[46]「美學的蠢笨就在於企圖去構造一個本來沒有的題目……事實也許是,根本就沒有什麼美學而只有文學批評、音樂批評的原則」。[47]「這種概括的傾向是與實體論的傾向相聯繫的,或者與相信有一實質或最終本質表現在對象中等信仰相聯繫的,與以為要理解對象就必須首先抓住其本質的信念相聯繫的」。[48]可見,歸根到底,「問題不在於存在怎樣的對象,而在如何應用語詞」[49],「美學的首要任務不在於去尋求一個理論,而在於去解釋藝術概念」。[50]所以整個這派的美學觀,仍然可以用其哲學祖師維特根斯坦的一段話概括起來:「關於哲學大多數命題和問題不是虛偽的,

---

45 參看門羅《走向科學的美學》,第 265 頁。

46 艾爾頓:《美學與語言》,第 169 頁。

47 同上書,第 50 頁。

48 同上書,第 3~4 頁。

49 同上書,第 7 頁。

50 韋茲:《美學問題》,第 153 頁。

而是無意思的。因此我們根本不能回答這類問題，我們只能說它們的荒謬無稽。哲學家們的大多數問題和命題，是由於我們不理解我們語言的邏輯而來的」。[51]

　　很清楚，這是一種美學取消主義。它們對含混詞語的澄清，實際上把美學一些根本問題，淹沒在煩瑣的字句分析中，從而取消了它們。正如邏輯實證論在哲學根本問題上反對所謂形而上學一樣，在美學上也同樣如此，他們以對「實體論」和「概括傾向」的攻擊，從根本上否定美學理論存在的可能，把人們拖進無窮無盡的極為繁瑣的概念、語詞的分析中，脫離現實世界和文藝實際。這批學院教授們一直有較大的閑暇與心情，在象牙之塔裡作這種遠離現實生活的煩瑣研究，它的社會影響和群眾性很小。所以儘管這派「美學觀」當今仍很有勢力，對美學作語言分析成為今日常見的美學課題，但也有許多人激烈地反對它。有人駁斥分概念為封閉與開放、認識與評價從而藝術不能定義的說法，認為儘管詞意含混，但仍是可以予以澄清和規定的，「正如生物學家雖然不滿意他們關於『種』的本質的含混的規定，但仍努力地描述、解釋這種共同的感受一樣，我們也不應放棄去尋求澄清藝術真正是什麼」[52]，從而認為規定一個藝術的定義是完全可能的。有的人

---

51 《邏輯哲學論》，商務印書館，1963 年版，第 44 頁。當然這派人的觀點
　　也不是完全一致。例如，對於歷史上的各種美學理論，有的認為純粹是
　　濫用語言所造成的「陷阱」而不值一顧；有的卻仍認為這些理論在一定
　　情況下強調出藝術及某些方面使人注意，有其積極的作用，等等。

52 韋茲：《美學問題》，第 159 頁。

則批評說,「在我看來,主要的結論便是,分析哲學家們⋯⋯將概括與過於概括之間的簡單然而十分重要的界限遺漏了⋯⋯。例如托爾斯泰將基督教藝術的性質與目的概括為一般藝術的性質與目的,大家早就同意這是過於概括;又如純形式主義者企圖把再現藝術硬納入非再現藝術之中,這也是過於概括。這種過於概括並不能顯示概括本身就是錯誤的。當一個過於概括的情況被發現,應該說是回到而不是放棄正確的概括⋯⋯」。[53] 有人則指出這派理論單從語言分析著眼,完全忽視了現代心理學,並不無諷刺地認為這種分析美學的重要性在於它代表了不問世事的「相當大的一定數量的職業哲學家們的思想」,「語言分析學派之於哲學猶如行為主義之於心理學,都是對『外在』現象的研究。包斯馬的論文讀起來好像它是寫在從未知有深層心理學的地方,⋯⋯他常提及感情一詞,但很難看到它是否涉及過任何比笛卡兒稍細緻的感情理論。也許,正是這種對當代心理學的忽視,比其他任何因素,更使語言分析哲學家的作品具有一種古雅的性質」。[54]

---

53 《英國美學雜誌》1963 年 7 月號。

54 莫利斯·菲利甫生 (Morris Philipsin) 編:《今日美學》(*Aesthetics Today*),紐約,1960 年版,第 143 頁。

蘇珊・朗格的符號論

　　如果說，上述語義學家和分析哲學主要對美學作了否定的話；那麼，以朗格為代表的美學則提出了肯定的主張。如果說，前者完全運用了維特根斯坦的晚年觀點，認為語言與對象無干，它的意義不是詞與對象之間的關係，而只是語言本身的規則和慣例的話；那麼，後者則可說倒接近於維特根斯坦的世界是形象的圖畫的早年觀點，認為藝術的意義在於它是人的情感的邏輯畫圖。朗格的「藝術是情感的符號」的理論，是二次大戰以後在美英現代美學中較為重要的見解之一。

　　朗格是美國的大學教授，寫過《符號邏輯導論》等哲學著作。她在 1942 年出版了流行甚廣的《哲學新解》一書，其中講音樂的意義一節是頗為著名的，以後又專門在《情感與形式》、《藝術問題》等著作中，提出和論證了藝術是情感的符號的主張。朗格指出自己的這種主張是「許多美學家所已勞作的藝術哲學中的一個步驟──也是重要的一步」。[55] 其中著名的德國哲學家、新康德主義者卡西爾（E. Cassirer, 1874～1945，後留居美國）是朗格理論的直接先驅。卡西爾提出人的本質在於能夠製造符號，運用符號。

---

55 《情感與形式》(*Feeling and Form*)，倫敦，1959 年版，第 410 頁。

他用符號來解釋宗教、禮儀、藝術等各種社會現象。他認為，美是心靈的一種積極的活動，是一種有生命的形式。「在藝術家的作品中，熱情的力量變成了造型的力量」；「藝術給了我們以一種新的真理——不是經驗事物的真理，而是純粹形式的真理」[56]，「科學在思想上給人的秩序，道德在行動中給人秩序，藝術在視、觸、聽覺現象的理解中給人以秩序……，藝術可以定義為一種符號的語言」[57]，等等。朗格說：「這是卡西爾——儘管他並未認為自己是美學家——在其廣闊的符號形式的研究中，砌下了這個結構的樞石。我則將這石頭放在適當的地位，以聯接和支持我們所已建立起來的那些東西」。[58]

朗格首先分析了「意義」的各種內容和涵義。遵循卡西爾，她區別了「信號」與「符號」，認為符號是思想的工具，它有一種概念作用，通過它指示某種東西以便於認識。它以本身的各個部分的組成關係與所指示的東西有著邏輯的類似，亦即所謂形式結構上的相應關係。她認為，沒有任何符號能夠不要這種邏輯形式。動物可以利用信號，只有人才能製造符號、使用符號。人的所有表現活動的形式如言語等，以及從原始民族的禮儀到文明社會的藝術，便都是符號。符號又可分為兩種，一種是推論的符號，另

---

56 卡西爾：《論人》(*An Essay on Man*)，耶魯大學出版社，1944 年版，第 164 頁。

57 同上書，第 168 頁。

58 《情感與形式》，第 410 頁。

一種是表象的符號。前者是真正的語言，是一種符號系統，它有與客觀事物相對應的詞彙和確定的句法，是可以翻譯的。表象的符號卻不然，它並沒有一個真正符號的全部功能，表象的符號的意義就在其自身，不能說它另有意義，它只有「有生命的內容」，它即是生命本身的形式。[59]所以這種符號不但不能翻譯，而且也沒有獨立意義的詞彙。「例如，明暗構成畫像或攝影，但它們本身並無意義。孤立看來，它們不過是些斑點。儘管它們是再現對象的要素，但它們並沒有相應的名字，沒有專畫鼻子的斑點或專畫嘴巴的斑點。它們是在不可言說的複合中傳達出一幅整體圖畫來」[60]，「它們作為符號的功能在於它們包含在一個同時的、完整的表象中」。[61]它們所傳達的是可以感覺可以理解但非一般語言所能傳達的經驗領域。「有大量的經驗是可以認識的，……但卻沒有推論的公式，從而不是語詞所能表達的，這就是我們有時稱之為經驗的主觀方面的東西，即經驗的直接感受……。所有這種直接感覺的經驗常是沒有名字的，即使有，也是為了它們存在的外在狀態。只有最顯著的一些有像『怒』、『恨』、『愛』、『懼』的名字，它們被正確地稱之為『感情』。……所有這些主觀存在的不可分割的要素，構成我們稱之為人類的『內在生命』的東西」[62]，這是

---

59 參看《情感與形式》，第 30 頁；《藝術問題》，第 139 頁。

60 《哲學新解》(*Philosophy in a New Key*)，第 87～88 頁。

61 同上書，第 89 頁。

62 朗格：《藝術問題》(*Problems of Art*)，紐約，1957 年版，第 22 頁。

一般語言（所謂「推論符號」）所不能表達的，這種所謂人類的複雜的「內在生命」即情感，只有通過藝術——「表象的符號」才能陳述出來：「它（指好的藝術作品）系統地陳述情感現象、主觀經驗、『內在生命』……生命之實際感覺過程，時時交織著緊張和變動，流動和徐緩，各種欲望的驅使和引導，特別是我們自我的有韻律的繼續，便都是推論的符號系統所不能表達的。主觀的億萬形式，生命的無限的複雜感受，不是語言所能陳述的。但是它們卻正是藝術作品所能顯現得很清楚的……。藝術作品是一種有表現力的形式 (expressive form) 或生命力 (Vitality)——從最敏銳的感受到最複雜的感情——便正是它所能表現的」。[63]

　　與艾耶爾等人不同，朗格強調藝術作為表現情感的特殊符號，訴諸人們的理解，而不是個人情感的自我表現，不是發洩情感或激起情感，而是在一種符號形式中意識到情感。因為這種情感是超越個人的「普遍性」的「人類情感」，它自身的特定邏輯就是藝術所要表現的。「音樂的功能不是刺激情感，而是表現情感；不是音樂家的情感的表現，而是音樂家所理解的情感形式的符號表現。它所說的是他的情感想像，而不是他個人的情感狀態，表現的是他所知道的『內在世界』，這可能是超越他個人的」。[64]「如果自我表現是藝術的目的，那麼就只有藝術家能判斷他的作品的傳達了。如果藝術的目的是激起情感，那他就得研究聽眾，並以他的

---

63 朗格：《藝術問題》(*Problems of Art*)，紐約，1957 年版，第 133 頁。

64 《情感與形式》，第 28 頁。

這種心理研究來指導他的創作，像廣告術那樣了」。[65]「符號呈現出主觀現實不僅是語言所不能做到，……而且也是語言本質所不可能的。這就是為什麼那些只認推論是符號形式的語義學家們以為整個情感生活是無形式的、混亂的、只能以『喲』等驚嘆形式來表現的原因。他們也常常相信藝術是一種情感的表現，但這種『表現』只是指言說者有一種感情、痛苦或其他個人經驗，它也許暗示給我們以快或不快、強烈或溫暖這種一般種類的經驗，但卻並不將內在生命客觀地放置在我們面前，以便我們去了解它的複雜性、它的韻律、變換的整個風貌……。藝術家創作悲劇並不需要他自己也絕望，沒有人在這種心境中還能創作……哭泣的嬰兒比音樂家更能發洩他的情感……我們不需要自我表現……因此，藝術家所表現的並不是他個人的實際情感，而是他所知道的人類的情感……意識自身的邏輯」。[66]「根據這一觀點，藝術的功能因此便不再給人以何種愉快，即使這種愉快如何高尚；而是給他以前所未知的某種東西。藝術，與科學一樣，其首要目的是『理解』」。[67]

　　朗格強調藝術作為情感表現的符號形式是具有普遍性的，訴諸人們的理解和認識，重視意識在審美中的作用，反對情感的發洩和自我表現，在這些要點上，朗格發揮了科林伍德的表現說，

---

65 《情感與形式》，第 18 頁。
66 《藝術問題》，第 24～26 頁。
67 《情感與形式》，第 19 頁。

即不是像嬰兒哭鬧那種感情表現，而是由意識整理情感、知覺而成的特定的非推論的邏輯形式。但與科林伍德不同，朗格著重認識情感表現的客觀化的符號形式。她又特別指責了近代美學專門注意主觀的審美態度的心理學的方法和道路，反對芮恰茲和杜威。她說：「決定實用主義哲學整個程序的主要假定便是，人的所有興趣都是由動物需要所誘發的『動力』的直接或隱晦的表現。……這個大前提應用在藝術理論上便是，審美傳達應看作或是直接的滿足 （愉快），或是一種工具的價值即作為實現生物需要的手段……但不論哪種情況，藝術經驗與日常生理的、實用的與社會的經驗並無什麼本質的不同。然而，真正的藝術鑒賞家會立即覺得將偉大藝術當作與日常生活經驗……無本質不同來處理，是恰恰沒有抓住它的真正本質，沒有抓住那使藝術有如科學甚至有如宗教那樣重要而又有其獨特創造功能的東西。……對待藝術作品的是一種特殊的態度，其反應特徵是一種完全特別的感情，比普通的愉快有某種更多的東西……」。[68]這種感情就正是貝爾－佛萊稱之為「審美感情」的東西。

　　朗格顯然是要將克羅齊－科林伍德的表現說與貝爾－佛萊的形式說更直接緊密地聯繫、統一起來，她自己也認為是直接承續「貝爾、佛萊、柏格森、克羅齊、彭希、科林伍德、卡西爾」[69]的理論路線而來。她非常贊同科林伍德，只怪他沒有能區分兩種

68 《情感與形式》，第35～36頁。
69 同上書，第410頁。

符號，不重視體現，忽視技巧、技術；從而用重視形式的貝爾—佛萊加以補充結合，這才可能有不同於日常經驗的「審美感情」。

朗格這種理論似乎更全面更細緻地把內容（表現）與形式結合、統一起來了，實際卻仍然走向神祕化。站在卡西爾的新康德主義符號論的立場上，朗格認為人用這種種形式結構來整理混亂的客觀現實（現象）的功能，便是人的本質所在。因此，朗格所講的情感的客觀形式，意識在審美中的作用，她所講的藝術本質在於理解等等，是要求去把握和「理解」所謂普遍性的「人類感情」。但這種所謂「人類感情」究竟是什麼，朗格卻始終沒說明白，而且愈說愈玄虛，愈說愈抽象，愈說愈神祕了。她把藝術表現的情感的符號形式最終歸結為異常抽象、貧乏的所謂「生命」、「生命力」之類。

朗格把各種藝術與人的情感生命作了某些類似對比說：「你愈研究藝術的構造，你就愈會看到生命本身的構造與它的相類似──從低級的生物形態到人的情感和人格的偉大結構。後者正是我們藝術作品的皇冠。正由於這種相似，一曲歌或一首詩才不只是某件事物，而似乎是一種有生命的形式。這不是機械地謀劃設造出來的，而是為了表現某種好像存在於作品本身中的意義，即我們自己的情感的存在，即現實」。[70] 朗格認為生命是不斷變換的，「有生命的形式經常是動力的，一個有機體如瀑布一樣，只存在於不斷地行進中。……最為主要的情感，或可說最為尖銳的感

---

70 《藝術問題》，第 58 頁。

受便是永恆與變換的矛盾運動的感受，它統治著生物的每一個細胞，每一根纖維」。[71] 除了「動力形式」而外，「有機的結構」和「韻律的過程」也是生命的統一特徵，這些也都是「人類意識中最為深刻的方面」[72]，所有這些便都正是藝術作品的基本原則。音樂中的強弱變化、結構韻律便正是這種情感生命的邏輯圖畫，「音樂是情感生命的音調類似物」。[73] 造型藝術儘管不在時間中展開，但像線條也是生命運動形式的表現，等等。就連文學也如此，「詩的整個結構有如有機體，有如一活生生的存在……只要分開它的一個要素，它就不再是詩——整個意象便走樣了」。[74] 可見，朗格要藝術家不要去表現自己個人所感受體驗的情感而去表現這種不可言說的「普遍性」的「情感生命」。有人企圖將她的這種理論與存在主義聯結起來，有人則企圖將她與心理分析派的深層心理學聯繫起來。[75] 朗格自己以及更多的人則將其理論作為現代抽象藝術的守護神，認為就本質說，一切繪畫都是抽象繪畫，它們正是將不可捉摸沒有定型的人的內部狀態化為直接可見的客觀對象，等等。朗格的「符號說」理論很適應於二十世紀現代藝術，同時也是「表現說」、「形式說」種種理論的自然歸宿。它比前人

71 《藝術問題》，第 48 頁。

72 同上書，第 54 頁。

73 《情感與形式》，第 27 頁。

74 《藝術問題》，第 57 頁。

75 參看里德 (Herbert Read) 《未知的事物的形式》 (*The Forms of Things Unknown*)；巴拉特《藝術與分析》(*Analysis and Art*) 等書。

理論有所進展。把藝術說成是符號，確實較重要。但也有人指出，符號總要有一定的指示對象，具有一定的意義，才成其為符號。如果說藝術是符號，那麼符號總有所指示的對象，但藝術作為符號，如朗格所認為，其內容就在自身，不能說具有什麼意義，也並不指示別的什麼，因為所謂情感的生命只有在藝術作品中才能真正存在，那麼，藝術也就根本不是什麼符號了。「當想起符號要成為符號總需有一對象，困惑的讀者便只能得出結論說：要麼這些感受形式根本就不是什麼符號，要麼是『符號』──但是在一種新創的、前未曾有過的意義上來說。」[76]「藝術作品和它的『意義』不能分開，那藝術作品便不是符號了。」[77]從而認為朗格的符號說不能成立。但是朗格的符號說與科林伍德的表現說、貝爾的形式說，仍是現代美英美學中很有影響的三種重要理論。

 ## （四） 托馬士・門羅的新自然主義

　　上面分析哲學和符號說雖然觀點不同，傾向對立，在是否承

---

76 巴拉特：《藝術與分析》，丟南大學，1957 年版，第 70 頁。

77 貝內爾朗 (Berel Lang)：〈朗格的阿拉伯圖案畫與符號的崩潰〉，《形而上學評論》(*The Review of Metaphysics*) 1962 年 12 月號。

認藝術有真理認識之可言上有所分歧[78]，但它們仍同屬於研究藝術與符號、意義、語言的關係的語義學派的大範圍內。托馬士‧門羅倡導的自然主義美學，在所注意的問題、領域，基本的傾向、特徵，採取的途徑、方法上，與它們都有較大的差別。如果說，朗格是繼承和綜合了表現說、形式說，著重審美特徵的探討，那麼門羅則承繼杜威，強調美學聯繫實際和藝術研究。

門羅著重指出，「自然主義」一詞用法已很混亂，在他這裡，並不意味是一種自然唯物主義的世界觀，也不意味是像左拉、庫爾培那種藝術風格或流派，更不意味是任何反映現實的藝術主張。[79]門羅宣稱他的自然主義乃是「一種研究方法，可以適用於所有的風格，它在這意義上處理所有的美學和藝術問題。……美學自然主義不企圖去了解美的最終本質是什麼，它滿足於對美的經驗的存在現象所作的探究」。[80]他說：「美學中的自然主義無需是一個完整的形而上學的自然主義或唯物主義、機械論、無神論、不可知論等等任何理論體系。它完全可以與各種宗教信仰相適合。它並不意味著藝術是感性現象的單純模擬，或藝術是追求感性愉快，或執著於去表現惡與醜。它並不認為宗教的和倫理的理想在藝術中的表現不重要。它並不與自文藝復興以來西方文明拋棄對

---

78 參看里德同意朗格而力駁艾耶爾一派的論文：〈一種科學的哲學的界限〉，載《未知的事物的形式》。

79 門羅：《走向科學的美學》，第 271～272 頁。

80 《美學與藝術批評》1961 年冬季號。

理想世界的興趣而專注於現實世界的一般傾向相並行。它不是左拉和十九世紀法國藝術家們的自然主義。它並不專門讚頌或傾向於任何一種特殊的風格」。[81]「它是在現代心理學和人文科學的基礎上，嘗試科學地描述和解釋藝術現象和所有與審美經驗有關的東西，自然主義拒絕超經驗的價值和原因，因為這種理論妨礙科學的判斷和證明……。對美學自然主義來說，美學不只是概念的分析，它要研究藝術創作、藝術功用等實際問題」。[82]

　　門羅追述美國美學傳統特色時，認為美國在哲學和藝術心理學中是英國的經驗主義等傳統的「直接的繼承者」，「一是從培根、霍布士到桑塔耶拿的自然主義和經驗主義，一是從斯賓塞到杜威的進化論、民主和自由主義」[83]，並指出，「從愛默生到杜威，在美國是強調哲學、藝術應該與日常生活保持緊密的接觸。……美學理論也一樣，應該是來自藝術和其他生活中審美方面的經驗，從而又返回去澄清和指導在這個領域內我們的信仰和態度，……歐洲的傳統總是執著美學應該是有關美的純粹的抽象的論證，任何實用目的都是缺點。從美國人的觀點看來，這種態度的危險就在於，它使美學理論成為毫無生氣的、虛假造作的、即使在理智上也很少價值的東西」。[84]例如，「英國的美學自第二次大戰以來，

---

81 門羅：《走向科學的美學》，第 109 頁。

82 《美學與藝術批評》1961 年冬季號。

83 《走向科學的美學》，第 119 頁。

84 同上書，第 98～99 頁。

便主要是從語言學的邏輯實證論的或其他高度專門的哲學觀點出發的。它沒有與藝術的理論研究密切聯繫起來」。「今天美國的美學具有強烈的自然主義的傾向，……它相信藝術作品和與它有關的經驗，像思想和人的其他活動一樣，是一種自然的現象。它是物理科學、生物科學所研究的那些東西的繼續。……」「杜威和其他美國美學家是在廣義上使用『實用』一詞，它不是指一種狹隘的功利如武器、犁鋤或汽車。……即使撇開藝術不談，美學也是實用的，如果它能幫助人們去理解和享受自然美以及審美愉快與生活其他傳達的關係。與行動沒有關係、不能影響人的意識生命，或在具體經驗之外的任何美學理論，作為純粹知識是極少意義和價值的」。[85]

　　從這樣一種實用主義的立場出發，門羅描述和提出了美學對象和範圍的問題，主張美學應廣泛研究藝術各方面的實際的具體的問題。「美學仍然經常被傳統地看作是研究美的一個哲學分支，美學的目的和主題的這種定義使美學家的探討不是指向去了解可能的話去控制現實現象，而是指向一種飄忽不定的概念，指向其意義是十分含混和爭論不休的抽象，這樣就永遠不能找到結果。因此儘管寫了不少字，都只是關於是什麼美的適當定義的毫無成果的爭論」。[86]「在具有科學方法和客觀的學者精神的批評家、歷史家和哲學家之中，這些年來，『美』『美的』這詞彙已不受歡迎

---

85 《走向科學的美學》，第 151 頁。

86 同上書，第 154 頁。

了。……原因很明顯，半世紀以來美學是沿著科學的、自然主義的路線迅速地發展起來了。它已經包括了藝術的一般理論在內，它從包括心理學、文化史、社會科學等的各個有用的來源中，嘗試去綜合涉及藝術及有關的經驗、行為的事實報導。它非常注意它所考察的現象和領域的多樣性，從而需要一系列複雜的詞語來描述它們和解釋它們。美以及幾個傳統的所謂『美學範疇』──崇高、秀雅……，都強烈地有一種表現褒貶的評價的味道。因此在以講究描述和事實的美學、藝術史、藝術批評中，像在那些老牌資格的科學中一樣，便是不合式的了。學者們在這裡要避開對藝術作品、藝術風格或藝術家的主觀的個人的評價……，而代之以分析和解釋……。歷史學家和心理學家愈來愈看到藝術趣味的巨大的變易性，看到對不同的文化集團和個人什麼是美。在這種事實陳述中加上自己的倫理的或審美的判斷，似乎有損於學者的精神和科學的正當性。即使在以評價為主要工作的美學和批評的部門中，像『美』這種古老詞彙也是極端模糊含混和有爭論的……」。[87]門羅承認「美的概念值得繼續研究」，因為美學中許多重要問題都與它有關；但強調美學不應再是思辨哲學，而應該「首先是去發現和陳述作品的事實，把它當作一種可以觀察的現象，並與人類的經驗行為和文化的其他現象聯繫起來」。[88]門羅認為現在比以往任何時候都更有條件在極為廣闊（從原始藝術、東

---

[87] 門羅：《走向科學的美學》，第 262～263 頁。

[88] 同上書，第 7 頁。

方藝術到西方古今各派藝術）的眼界和事實的基礎上，在藝術史、文化史、心理學高度發展的基礎上，來毫無偏見地進行系統的考察和概括。美學應以這種藝術的一般理論作為它的主要內容。門羅這種評述，在一定程度上反映了現代美國美學的實際情況，它們認為古典美學對美的研究，大都是從一定的哲學體系出發的形而上學的論證，並無實際的價值；因而它們根本不談美的本質這種問題，而專以藝術和審美經驗作為美學研究對象。總之是極力反對傳統美學的「概念分析」、「抽象爭論」，反對各種所謂超經驗的「主義」解釋。看來，這個自然主義美學似乎很科學了，它不但反對各種抽象思辨、主觀假設，要求用各種科學——心理學、社會學等等對審美事實作為一種可以理解、論證的自然現象，來加以描述解釋，而且還要求美學通過這種研究，又回過頭來「幫助人們去理解和享受自然美以及審美愉快與生活其他方面的關係」以起「實用」的作用。

正如杜威等人的「實踐」觀點一樣，門羅的「自然主義」所謂聯繫實際是指聯繫特定人們的主觀內省經驗。所以門羅直接宣稱自然主義「完全可以與各種宗教信仰相結合」，把唯物主義的理論一概斥之為「超經驗」的形而上學。從而，同時藝術在這裡又只是在個體與環境的生物性的適應生存中作一個「有用工具」。門羅繼杜威之後，貶低理論，否認抽象思維的意義、作用，正是實用主義在美學中的必然表現。以描述經驗現象為滿足，避開對現實事物作純理論探討，門羅這種反對美學是思辨哲學而主張是經驗科學的「自然主義」，在一定程度上典型地表達了現代美學的現

實狀況：與康德、黑格爾等人的古典美學恰好相反，它們大都拒絕探討美的本質這種根本哲學問題，而津津玩味於各種實證的經驗分析和現象描述，雖然我們應該承認在這方面確有不少收穫和成果，但作為美學理論卻是不足道的。

　　那麼，門羅所提倡的「科學研究方法」呢？門羅強調自然主義美學是所謂經驗主義的科學方法，這種方法並不是費希納所首倡的那種狹義的實驗美學，而是一種「廣義的描述、觀察現實事實的態度」。「廣義地說，美學中實驗的態度便是從各種來源和考察中，利用所有審美現象的線索，將這些線索放在一起，在這基礎上通過歸納和假設以走向試驗性的概括」。[89]「特別需要的是直接研究具體的藝術作品……，使所有的一般理論都來自對藝術作品的詳盡的分析，而不僅是舉例證明」。[90]「科學方法決不等於應用 X 光，……不等於如幾何學那樣絕對的邏輯證明……，也不能用數量測量。……用它們處理像生物學、心理學和社會科學所遇到的複雜變動的現象，便常常無能為力而必需加以發展了，……回到直接經驗的具體事實，保持新鮮的觀察，注意易被忽略的方面……只有堅持試驗性質和虛心坦率的方法才可被稱為 『實驗的』」。[91]因之他所謂的實驗的科學方法，指的是一種從主觀經驗出發的「態度」，這種態度被認為是「客觀的」描述事實，即描述

---

89 《走向科學的美學》，第 14 頁。
90 同上書，第 14～15 頁。
91 同上書，第 5～6 頁。

經驗，而不把評價褒貶加入其中。「推論的基礎是通過感覺和內省的觀察，是個人和集體的經驗而不是從似乎是自明的原理出發的演繹」[92]，「今日美學中是愈益重視描述的、發現事實的探究，而不同於陳舊的純粹評價的探究。」[93] 評價固然仍是美學中的一大問題，但「學者們在這裡要避開對藝術作品、藝術風格或藝術家的主觀的個人的評價……而代之以分析和解釋……。在事實陳述中加上自己的倫理的審美的判斷，似乎有損於學者的精神和科學的正當性」。[94] 門羅要求美學「類似於自然科學」那樣，作純粹的客觀描述，「而不同於陳舊的純粹評價的探究。」但是這種所謂「客觀的」「科學的」描述也不能沒有基本原則，因為在一定社會中所進行的觀察描述，總不能不直接間接地具有一定的評價態度，想逃避這一點，是根本不可能的。門羅的自然主義美學規定了幾條基本原則和一個基本立場：「作者（指門羅）不去尋求簡單的公式，但他有個立場……他主張在文化進化的背景中來觀察藝術，認為這是討論藝術在社會中的作用和未來的基礎。他警告說，如果馬克思主義在這問題上比自由世界的思想家們給予了更多的注意，那麼現在就是後者該為藝術進步找出一個適意的線索的時候了」。[95] 「進化」與「相對主義」（多元論）便是門羅找出的「適

---

92 《走向科學的美學》，第 99 頁。

93 同上書，第 100 頁。

94 同上書，第 262～263 頁。

95 《美學與藝術批評》1963 年秋季號。

意的線索」，也是他所標榜的兩個基本原則。所謂進化是指科學和
現代技術的作用，認為它們作為進化的重要內容之一，使藝術與
技術在本質上得到統一，使審美與功用可以攜手並進，更有助於
人類的福利。「藝術都是技術，如古人所很好地理解的那樣，……
在藝術與我們稱之為『應用科學』的更為功利的技術之間，並無
本質的差別，只不過後者更早更徹底地為科學所掌握控制罷
了。……美學中科學方法的發展，藝術的生產和應用，將日益會
當作一種科學技術來處理對待。藝術會被看作是應用美學，正像
化學工程是應用化學一樣……，科學正迅速地進入藝術和美學之
中，在這一過程中它變得日益寬廣和人道化了」。[96]對各種藝術作
品的評價，門羅則強調所謂「相對主義」的原則：「沒有某種從任
何觀點來看都是最好的藝術。沒有某種生產、演奏或經驗感受藝
術的唯一正確的方法。這裡有許多好的方法，各有其不同的價
值。……評價同時是個人的與社會的，它一部分建立在我們共同
的生理本質的基礎之上，一部分建立藝術所必須適應的不同和變
動的情況、需要和功用之上。由於這些，藝術在不同時間便給予
不同的評價」。[97]這兩條基本原則有其非常合理的方面，但也突出
地表現了實用主義的特點：應付環境，否定客觀規律，片面崇拜
物質技術，相對忽視精神世界的豐富內容。例如門羅最終便認為，
人們的藝術傾向和愛好，他的「接受某種藝術標準和目的基本上

---

96 《走向科學的美學》，第 259～260 頁。
97 同上書，第 100 頁。

是一種感情過程，而被決定於遺傳和環境」，不是科學、理性所可能邏輯地證明或改變的。「個人以為他是通過純理智達到他的標準並能邏輯地證明它們，其實這是一種假象……」[98]這種否定客觀規律性的多元論和絕對的相對主義，可以為宗教和神祕主義開啟大門，門羅也正是這樣邁入宗教藝術的懷抱中去的。以「客觀的」「科學的」姿態始，以宗教的神祕的說教終，這經常是實用主義經驗論的道路。

總起來看，門羅並沒有提出多少有關美學或藝術本質的科學理論和主張，他所大力倡導的是一種實用主義的研究態度和方法。但他的這套理論具有一種通俗易懂、平易近人的特點，產生了國際性的實際影響。它並且是自覺作為與馬克思主義歷史唯物論的對抗者而提出來的。如何結合杜威的美學論著，對它作進一步的分析研究，仍是今後一項任務。

門羅是美國美學雜誌的主編，這裡附帶地簡略介紹一下《英國美學雜誌》的主編，也是戰後甚為活躍的美學家奧斯本 (H. Osborne)。[99]奧斯本大體上是遵循了英國感覺主義的傳統，同時有著現象學的特色。他說，美只是一種感覺印象物，強調只應對藝術欣賞「自身」作一種現象學的經驗描述。他說：「對美學家來說，所有的美常常是也只能是某種複雜的反覆出現的感覺的性質。至於進一步的問題，感覺的美是否反映作為這些感覺的源泉的事

---

98 《走向科學的美學》，第 106 頁。

99 〔補注〕門羅、奧斯本兩人現均已離職。

物的相似性質，不在美學範圍之內」。[100]「必需懂得現在被稱為感覺的『現象學』，即研究感覺自身的性質與各種特徵。不用考察它的生理原因，也不用考慮它作為概念思維或實用知識的基礎的這種應用」[101]，更不要為各種所謂「形而上學」的原則所束縛，去徒勞無益地尋求美在客觀還是在主觀、是感情還是理智等等必將遭遇不可克服的困難的問題。他反對對藝術客體作數學的測量，認為可測量的物質材料與只能知覺的感覺材料是並不能一一對應的。奧斯本認為，「我們稱之為美的感覺的一束性質」[102]，「藝術作品並非一件物質的東西，而是常常體現在或記錄在物質手段中的、以我們稱之為美的一束特殊的感覺印象的持久可能性」。[103]但就感覺具有物質對象的源泉來說，也可說美是物質的屬性之一。它的特點乃是一種複雜的有機的整體結構。總之，他認為美學乃是一種藝術批評的哲學，但不能用倫理的和社會的標準來談藝術作品，因這樣就會使美學成為社會學、倫理的分支，「美學是研究形式美而非研究題材的偉大……」。奧斯本特別著重於人們審美感受能力的培養、訓練和提高等問題。比起門羅來，他帶有更多的英國哲學中的學院派的特徵。

---

100 奧斯本：《美的理論》(*The Theory of Beauty*)，倫敦，1952 年版，第 94～95 頁。

101 同上書，第 118 頁。

102 同上書，第 99 頁。

103 同上書，第 202 頁。

（五）心理學的美學

　　以上都是有明顯哲學依據的美學思想。但自黑格爾以後，西方美學的基本傾向和特點之一，是日益採取了所謂「自下而上」的「科學」姿態，即大都撇開對美的本質諸問題的哲學探討，而著重於對藝術和審美現象作各種歷史的和心理的研究。上世紀後半葉以來，關於藝術歷史的研究曾風行一時，蔚為大觀，像泰納、格羅塞、吳夫林等等，都是有相當影響的。與此相平行，便是許多心理學的美學的發展和盛行。例如，其中著名的便有立普斯、浮龍李等人的移情說，有經由閔斯特堡、樸浮等人終由布洛提出的距離說，有斯賓塞和谷魯士等人的遊戲說。遊戲、移情和距離是直到本世紀二、三〇年代還最為流行的所謂心理學的美學理論。但是，隨著時間的推移，不但曾經收集、積累過一些材料、也確乎作出不少成績的十九世紀下半葉曾烜赫一時的藝術歷史主義潮流已為心理主義所代替，而且就是像「距離」、「移情」這種企圖在現象上解釋某些審美現象的理論雖仍有影響，也已嫌簡陋。代之而起、歷久未衰並占據了統治地位的是弗洛依德和容的心理分析學。總之，對美學的哲學和歷史的研究讓位於心理的研究，心理的研究又被歸結為性欲昇華、集體無意識等的探討。

　　本來，所謂心理學的美學理論——遊戲說、移情說和距離說，

從心理科學的角度看，原是相當含混籠統的。它們最多只是一種
表面的現象描述，並沒有什麼心理科學的真正解釋，例如為什麼
需要移情，它的具體心理行程是怎樣的，所謂心理距離究竟是什
麼，等等，就並沒有心理學的科學說明，它們實際上是太哲學化，
太不夠心理學了，所以也從未為心理學家所重視。「所有這三個觀
念——移情、遊戲與心理距離，曾顯著地決定著我們現在對藝術
的解釋，但其中沒有一個是被現在的心理學家們所真正注意的，
至少在這個國家（指美國）和這種語言（指英語）內是如此。這
些觀念看來是已完成其使命至少現在被擱置一旁了。它們已不在
今日特別是在美國、英國和意大利很有活力的三種研究主流之中，
這些研究可名之為心理分析的、格式塔的和實驗的」。[104]

　　實驗美學自德國費希納開創以來，曾在美國十分流行。直到
最近（1962 年），美國教授伏蘭亭 (C. M. Valentine) 還出版了他幾
十年有關實驗美學研究的總結性著作《美的實驗心理學》，（這書
在四十多年前曾以小冊子出版過，所以有人稱之為灰燼裡再生的
鳳凰。）這書包括大量的有關藝術欣賞的各種實驗材料，「並特別
著重於個性差異」。但由於實驗美學的明顯的缺點，早已不為人們
所重視。例如有人說，「坦率地說，我不相信通過這種實驗和測
量，我們關於藝術已經了解了許多……我也不相信按照這個方向
我們會了解許多……當然美學從實驗心理學可以得到一些好處，
關於知覺、學習和感情的實驗便有某些重要的材料貢獻，但這些

---

[104] 《今日美學》，第 279～280 頁。

考察大部分已在藝術心理學的領域之外⋯⋯」。[105]門羅也說：「任
何一個簡單知覺本身的效果大不同於它處在更大形式中的效果。
兩個並排的小塊顏色的效果或者一個簡單的和音過程的效果，並
不是它們在藝術作品的效果的可信的標記⋯⋯」，因而不要對它寄
予很大期望[106]等等，便可見一斑。比起實驗美學來，格式塔心理
學和心理分析學卻不同，它們各自提出了一些美學理論和觀點，
分析了許多藝術作品，在美學理論中有更大的影響。

　　格式塔心理學著重知覺的完形研究，從而對以知覺為特徵的
審美經驗也作了一些論證。曾經當過美國美學協會主席的阿海姆
(Rudolf Arnheim) 的《藝術與視知覺》一書是這方面的代表作品。
阿海姆認為，事物的運動或形體結構本身與人的心理—生理結構
有相類似之處，因此它們本身就是表現。對象可以顯得是人的情
感的「移入」，其實就是由於這個原故。微風中的柳樹並不是因為
人們想像它類似悲哀的人才顯得悲哀，相反，而是由它搖擺不定
的形體本身，傳達了一種在結構上與人的悲哀情感相似的表現，
人才會立刻感到它是悲哀的。所以，事物形體結構和運動本身就
包含著情感的表現。他說到一個實驗，即要受試者用各種隨意的
舞姿來表現悲哀，結果各種具體舞姿雖然不同，但卻都有速度較
慢，姿態不緊張，方向搖擺不定，像受制於某種力量等共同特點。
阿海姆認為，任何線條也都可以有某種表現，各種升降、強調、

---

105 《今日美學》，第 290 頁。

106 門羅：《走向科學的美學》，第 50 頁。

鬥爭、安息、和諧、雜亂……普遍地存在於宇宙中，它們都可以成為知覺的表現對象。藝術就要善於通過物質材料造成這種結構完形，來喚起觀賞者身心結構上的類似反應，而並不在於只以題材內容使觀眾了解其意義而已。阿海姆以米開朗其羅的《亞當的創造》為例說，在這幅壁畫中，上帝和亞當的線條結構的動靜本身，就給人以創造的直接了解。外行只看題目，內行卻由形體結構本身直接了解到題目的意義，喚起身心的同樣感受。由此可見，藝術作為表現，並不在於題材。抽象繪畫沒有主題，仍然不失為表現。塞尚和畢加索在同樣題材的靜物畫中，卻因線條結構的不同而作了或安詳或騷亂等不同表現，從而具有不同的審美特性。看來，這派說法與朗格等人的理論比較接近，只是它從心理學的角度提出主張，這裡就不再詳論了。

格式塔心理學多以視覺藝術作為分析對象，比較注意對象的感性形式的方面，較少涉及題材內容的方面；與此相映對，心理分析學派的美學則更多以語言藝術為其理論的演習場，在造型藝術上也多注意其文學的聯想內容。比起格式塔心理學來，心理分析學影響更廣，勢力更大；心理分析的創始者弗洛依德(1856～1939)被推崇為與愛因斯坦相並列的現代最偉大的人物之一。弗洛依德寫有〈達・芬奇〉、《機智和它與無意識的關係》等有關美學的著作多種。他以畫家的童年傳記材料對《蒙娜麗莎》、《岩間聖母》作了所謂深層心理的分析。例如，他說達・芬奇是非婚生子，跟隨父親與生母分開了，所以《岩間聖母》有兩個女性形象，嬰兒的神態表現了對生母的強烈眷戀和愛慕……，這便是此畫的

深層的心理意義所在。弗洛依德特別著重性欲尤其是幼兒性欲的作用和意義。他說：「美的享受產生一種特別的銷魂的感覺……它之來自性感領域這一點是肯定的，愛美是具有一種被禁止的目的的情感的一個完整的實例。『美』與『吸引』首先是性欲對象的特質。」[107]「弗洛依德對藝術心理學的最重要的貢獻，便是發現置根在無意識中的未實現的意願在藝術作品得到了滿足……，對藝術作品的享受主要來自這些幼年意願的滿足」。[108]弗洛依德這種理論廣泛流行於美英美學和文藝領域中，像哈姆萊脫、浮士德等著名藝術形象便一再成為他們的解說對象。在心理分析學各派別中，原是弗洛依德的合作者、後因在理論上產生嚴重分歧而獨立的另一重要人物是德國學者容 (Jung, 1875～1961) 的理論。容認為，人的大腦在歷史中不斷進化，長遠的社會（主要是種族）經驗在人腦結構中留下了生理的痕跡，形成了各種無意識的原型，它們不斷遺傳下來，成為人人生而具有的「集體無意識」，它們是超個人的。藝術家就像煉金術士一樣，要善於通過物質材料的藝術，將人們頭腦中這種隱藏著然而強有力的原型喚醒，使人們感受到這種種族的原始經驗。人在這種藝術作品面前，不需要靠個人的經驗、聯想，就會本能地獲得原始情欲的深刻感受。所以，在這個意義上，藝術又正是一種符號，它不是有意識的符號，而是無

---

107 弗洛依德：《文明與它的不滿足》(*Civilization and Its Discontents*) 英譯本，第 38～39 頁。

108 韋茲：《美學問題》，第 632 頁。

意識的符號。有意識的符號是死去了的符號，它的涵義確定，不能引起強烈的情感反應，不是藝術。例如用獅子象徵勇猛，松樹象徵堅貞等等。無意識的符號卻不然，它還沒有確定的涵義，但卻具有種族的不自覺的長遠記憶，從而便享有廣大的力量而可以煽起人們強烈的感受。可見，藝術並不在表現任何觀念意識，而在喚醒某種隱藏的東西，即人們頭腦中的先定的原型。容的追隨者鮑德金等更用文學材料追尋出各種原型，認為它們在藝術中反覆出現，正是藝術的本質和規律所在。弗洛依德和容都是德國的心理學家，不在本文範圍之內，不再詳述，要指出的是，這派理論在文藝評論和研究中影響極大，當代英國美學協會主席、著名的文藝批評家赫伯特・里德 (Herbert Read) 便是這派理論的積極宣傳者和運用者。他結合許多文藝作品，作了各種具體的論證，例如里德曾以畢加索的名畫《幾加亞》為例說，畢加索為了表現這一激動人心的主題，最初曾用英雄形象等現實圖景，後來幾經探索，就拋棄了這些需要依靠文學聯想的現實形象而以牛、馬等符號出之。因之這樣就喚醒人們無意識中的原型而激起更強烈的反應。在這裡，馬是與母親「利比多」有關，馬的嘶叫形態表現了世界的受難和痛苦，牛的得意則表現了敵人的殘暴。里德概括說：「……必需承認心理分析給我們的好處是不可估量的。這門新科學對藝術哲學的幫助有兩個方面，也就是兩層應用。第一層是告訴了我們，藝術能夠有隱祕的符號意義，在文化中，藝術的力量正在於它對人格深層的表現。因之我們相信藝術不只是現象的再現便得到了一種科學的證實。第二層是更為重要的，心理分析

證明了符號的意義可以是、而且一般也的確是隱祕的。這樣的符
號不必是再現的，它可以是超現實的，它可以是完全幾何式的或
『抽象的』。這證明了藝術家的自由」。[109]里德在這裡是企圖將朗
格與容、抽象藝術與心理分析結合起來。

里德自稱不是哲學家，他的論證也不很系統嚴密。另一個美
國哲學家帕克 (Dewitt H. Parker, 1885～1949) 的理論則可看作正
是在心理分析學派的強烈影響下的比較系統的美學主張。帕克特
別注意研究價值問題，著有《人的價值》等哲學倫理學著作，他
將價值與欲望的滿足聯繫起來，將欲望看作最根本的問題，理智
和知識也只是為了實現欲望，道德歸根結底也是依存於愛的。帕
克將古代哲學家分為兩派，德謨克里特、盧克來修一派認為存在
中無價值，價值是隨生活和意識而開始的；蘇格拉底、柏拉圖一
派則認為存在與價值不可分，離開了價值，存在即無意義。帕克
自認屬於後一派，他認為「存在與價值的統一來自存在，即經驗
的體系」，「存在就是經驗」，而「欲望，在我用這詞的廣泛意義
上，乃是所有經驗的發動力，是它的內在動力和它的價值的源泉。
所以，真理乃與任何主張為藝術而藝術的理論相反，因為事實上
審美經驗的實質也就是所有經驗的實質，同樣是緩和欲望結果而
得到的滿足。幾乎任何在生活中驅使人們的欲望，都再現在藝術
中。這裡並沒有什麼具有特殊本質的審美興趣或感情，所不同的
只是欲望表現的方式罷了。在日常經驗中，欲望被現實對象占據

---

109 里德：《未知的事物的形式》，第 92～93 頁。

著，並通過一系列行動導向一定的目的，它包括與物理的和社會的現實環境的相互作用。在藝術，欲望則是指向一個內在的或虛構的對象，並且不是通過一系列的行動導向某個目的而得到滿足，而是就滿足在當下給予的經驗中。這種滿足欲望的方式，我稱之為想像中的滿足」。[110]「審美價值是在想像中轉化了的實用價值。鞋子的美是看起來很美，而不是穿在腳上的感覺，但都必需是看起來覺得穿著它必然是舒適的才行。屋子的美不在住在裡面很舒適，但卻必需看起來使人覺得住在裡面是舒適的。美正在它的用途的回憶和預測中，它們是想像的兩個方面。用是行動，美則是純粹的意圖。明瞭了實用意圖作為純意圖能進入美中，則可解決實用工藝品的矛盾，可以調解人們堅持藝術與生活相聯繫和美學哲學所主張的美的非功利性的矛盾」。[111]總之，「藝術對象是在現實生活中所不能滿足的欲望一種想像滿足的代用品」。人體所以最美，就在於它是無數人類欲望的預約滿足的結晶。所以，儘管帕克所說的欲望也許比弗洛依德專指的性欲要廣，但其對藝術的基本看法都是相當一致的。這就是帕克並不屬於心理分析學的美學範圍之內，卻在這裡加以介紹的原因。

　　心理分析學的美學也不斷遭到許多批評。例如，朗格說：「心理分析學的美學理論被極力推崇著。但不管怎樣，這個理論（儘

---

110 轉引自韋茲編《美學問題》，第 65 頁。
111 帕克：〈藝術的本質〉，同上書，第 68 頁。關於帕克，參看本書〈帕克美學思想批判〉一文。

管也許確有所據）對藝術家與批評家所遭遇到的爭論和藝術的哲
學問題並沒有任何真正的解決方法。因為不管它已如何深入，弗
洛依德派的解釋連最初步的藝術標準也沒能提供。它可以解釋一
首詩是為何寫下的，為什麼它會流行，在它的虛構的意象中隱藏
著什麼人類特徵，一幅畫中有什麼隱祕觀念，以及達‧芬奇的女
性為何神祕地微笑，卻不能給好壞藝術劃出一條界線來。對偉大
的作品是重要和有意義的特徵，我們也完全可以在某些十分無能
的畫家、詩人的拙劣作品中發現……」[112]，因為只要是藝術，既
都是無意識的表現，也就無所謂好壞、優劣了，美學的標準也就
沒有了。其他人還有許多類似的批評，心理分析並不能提供什麼
美學原理，連弗洛依德派的一些人自己也只得承認這一點。

　　值得注意的心理分析學派的動向之一，是將個人心理與社會
歷史相結合的企圖，上述容已有此傾向。有人在最廣泛的意義上
要求所謂「深層心理學」（即心理分析）與所謂「深層歷史學」
（指從經濟等基礎來探討歷史和社會，並主要是指馬克思主義）
結合起來，將個人心理與社會經濟等物質條件結合起來，認為「深
層歷史學是深層心理學的對應物」。「總之，我們可以說，心理分
析學停留在一方面，對歷史唯物主義的理解則停留在另一方面。
這好像兩支探險隊各在山之一側，各對其所在之一側有科學的材
料，而對另一側則了解甚少，但他們都沒能達到頂峰，以將兩側
的發現融合在一個全面的描述中。我個人深信，深層心理學與深

---

112 朗格：《哲學新解》，第 177 頁。

層歷史學兩者都表現了真理的主要方面，但都同時局限在缺乏另方所有的東西，所以，最後的問題是將二者結合統一為一整體」。[113]這一觀點和傾向，我認為是值得注意的。無論是弗洛依德的心理分析和以後的深層心理學，也無論是格式塔心理學，其中頗不乏許多重要和正確的科學成果和論斷，但它們作為理論和方法應用到美學領域，卻經常並不太成功。

 結語

　　縱觀上述現代美英美學領域，總的看來，不能不說是相對貧弱的。其弱點是缺少有創見有系統的理論性的建樹，儘管分析是細密了，具體成果（如對藝術的美學研究）也不少，但總的傾向是愈來愈支離破碎，分崩離析，連他們自己也在抱怨缺乏概括性、綜合性的理論。像本世紀初克羅齊在美學界中那種風靡一時的聲勢和情況，現在也不復再有。但是當代這些派別和理論卻仍共同地表現著三個基本特點，一是避開對美學中的哲學根本問題，美學的哲學基礎或美的本質等問題作理論探討論證，力加排斥，這些問題被一概斥之為所謂「形而上學」。無論是門羅、奧斯本或者

---

113 《今日美學》，第 455 頁。

是語義學派，都總是在批評傳統的美的哲學的旗號下掩蓋、抹殺或取消對美的本質和藝術本質問題的研究。這是與現代哲學特別是流行在英美的邏輯實證論和分析哲學的潮流相一致的。與此相聯繫，其第二個特點便是，常常由經驗主義走向神祕主義。由於反對和逃避探究美的本質問題，大肆提倡和風行對藝術和審美經驗作現象上各種實證的細緻論證和經驗描述，雖然獲得了許多具有科學價值的成果，不應抹殺，但其總的理論傾向和研究方法上，卻帶著明顯的反理性主義的特徵。

門羅對古代宗教藝術的推崇，容那種蒙昧主義，以及朗格的那種最後類似於叔本華的理論，都無不表現了這一點。但因為它們在一定程度上採取了尊重科學和事實的姿態，重視對經驗材料的收集解釋，其中仍然具有許多有價值的東西，特別是像門羅的所謂自然主義，更是如此。第三個特點是，現代美英的美學理論與其文藝創作實踐與流派、思潮是互相呼應、彼此配合的，例如，二十世紀現代藝術以背離人們通常的審美感受為能事，它們以苦為樂，要求表現某種獨特的心理衝動、原始本能、變態情緒……，於是十九世紀末年以唯美主義為背景的快樂派美學便讓位於像容、朗格等人的符號主義（藝術是一種表現心靈深處的隱祕的符號）。又如，與造型藝術和音樂相聯繫，便有貝爾、佛萊、朗格以及格式塔等著重藝術的感性形式的美學理論；另一方面與文學相聯繫，便有芮恰茲、心理分析學以及杜威、帕克等著重藝術的社會內容的美學理論。前者強調有某種特殊的審美的感情，認為對比日常經驗，它具有非功利的獨特性質。後者則強調審美即是日

常生活中的心理要求的變形或複雜化，強調它與一般經驗的功利
聯繫。它們在體現共同要求下，又各具特點，以適應西方現代社
會的不同需要和目的。同時，它們既有彼此結合的方面（如里德
之結合容與朗格），也有彼此爭論不休的方面（如克羅齊與杜威的
爭論，佛萊對心理分析的批評），如此等等，情況是複雜而變化
的，需要具體深入研究。最後應指出，這些美學理論提出的某些
現象、問題和觀點有其合理的成分，值得我們今天特別注意，如
在美學中，某些語言概念（如「美」、「醜」）涵義籠統或不很準
確，需要加以較精密的規範的問題；如人的知覺、情感等主體心
理結構與藝術作品的客觀的組織結構的對應或呼應問題；如心理
的東西與歷史的東西的相互關係問題；如對待傳統的古典美學的
問題；以及無意識問題、格式塔（完形）問題，等等。

二十一、帕克美學思想批判

註：〔補注〕本文寫於 1964 年，原係帕克《美
　　學原理》中譯本（商務印書館，1964 年
　　出版）序言。上文是對現代美英美學的概
　　括介紹，本文目的在於選擇一個代表性的
　　對象作較具體的分析。之所以選擇帕克，
　　不是因為他的理論的重要、獨創或有特殊
　　價值，恰好相反，是因為這一理論的雜湊
　　折中，能從較多側面表達出各派現代理
　　論。

帕克 （DeWitt H. Parker，1885～1949 年） 是美國現代哲學家、美學家，長期任密西根大學教授，寫有《自我與自然》（1917年）、《美學原理》（1920 年初版，1946 年修訂再版）、《藝術的分析》（1926 年）、《人的價值》（1931 年）、《經驗與實體》（1941年）和《價值哲學》（1951 年由 K. 弗那克那整理作者遺稿出版）等專著以及《真、善、美》、《藝術的本質》等論文。帕克通過這些論著，企圖建造一個以價值問題為重心的唯心主義形而上學體系。美學在其價值理論中又是特別著重的一環。因此，要了解和批判他的美學思想，就得先了解和批判他的哲學思想，特別是他的價值理論。

帕克的哲學是十分明確的主觀唯心主義。 他稱自己的哲學是「經驗的唯心主義」[1]，是「經由想像展開的徹底的經驗主義」。[2]

---

1 馬文・法伯爾編：《法國和美國的哲學思想》，紐約，1950 年版，第 373頁。

2 《自我與自然》，哈佛大學，1917 年版，第 1 頁；《經驗與實體》，密西根大學，1941 年版，第 9 頁。

在帕克看來，存在就是經驗，而對「經驗的實體性」這一問題的不
同回答，即「經驗是立足於自身呢，還是受某種非經驗的東西的支
撐」這一問題的回答，便「規定了唯心主義與唯物主義的巨大區
分」，他明確宣稱自己是「屬於唯心主義一邊的」。[3] 帕克讚賞和捍
衛著巴克萊的「存在即是被感知」的著名主張，認為「除了感覺和
意象而外，我們不能發現事物再有別的什麼」。[4] 因而，經驗與存
在是同一件事情，人的主觀的感覺經驗就是世界的實體。很清楚，
這是我們非常熟悉的現代哲學的主觀唯心主義的總路線，即在所謂
「經驗」的名號下，否定不依存於人的客觀世界的獨立存在。帕克
自己也承認，他的「認為感覺是物質世界系統中的真實要素的思想
主要來自巴克萊、馬赫和柏格森」。[5]

　　帕克不但把世界等同於經驗，而且進一步把經驗還原為「自
我」(The self)，以此來建造其「經驗唯心主義」的體系。帕克在
《自我與自然》中說分析經驗的出發點就是「從我們自身開
始」。[6] 他認為，任何具體的經驗都是獨一無二的。例如，我與你
同聽一支歌曲，但作為具體事件，我倆的經驗各不相同。因此一
般經驗是不存在的，存在的只是以「自我」為中心的經驗。帕克
說：「經驗一詞，有如水一樣，是一個一般的詞。正如不是水，而

---

3 《經驗與實體》，第 48 頁。
4 同上書，第 53 頁。
5 同上書，第 7 頁。
6 同上書，第 3 頁。

是這塘水或這杯水存在一樣；不是經驗而是這個或那個經驗中心存在著」。[7] 這種經驗中心，帕克借用萊布尼茲的術語，稱之為「單子」(monad)。但他指出：他的單子與萊布尼茲的單子不同，它們不是彼此分立，而是交錯重疊、互相影響著的。這樣，經驗就不是彼此獨立的事物的接續，而是圍繞著一個可以看作不變的核心而增減的過程，這個不變的核心，就是自我，而所謂中心就是自我中心，帕克說「中心與自我是同一的」。[8]

那麼，這種作為經驗核心的「自我」又是什麼呢？帕克強調自我的本質是活動 (activities)，而活動的根源是意欲或欲望 (desire)。帕克將「自我」分為活動與感覺兩個方面，認為後者是被動的，只有某種「接續性」；前者是主動的，有貫串和統一後者的所謂「磁力性」，因而，活動才是自我的本質。帕克說：「當我說我熱或我冷時，在我自身與冷熱之間確有密切的聯繫，但冷熱並非就是我自身。至於苦樂……，如苦指一種被阻撓的衝動，樂指一種正滿足著的衝動，情況便不同了」[9]，因為前者（冷、熱）只是感覺，後者（苦、樂）才是活動，才是真正的自我。「儘管我決不是明暗、冷熱……，我卻正是愛、憎、思想、情感。我的經驗的整個領域包括這兩項，但是，自我……卻不是感覺而是我們稱之為活動所形成的。……離開活動，便沒有自我」。[10] 所以，在

---

7 《經驗與實體》，第 27 頁。

8 同上書，第 47 頁。

9 同上書，第 29 頁。

10 同上。

帕克看來，任何經驗中心便正是自我——活動的群集之處；而在
自我的活動中，最重要、最根本的乃是意欲、欲望，「自我的中心
內核就是欲望」。[11]整個現實世界在帕克看來，只不過是「由諸單
子的欲望所協力產生出來的」「動力過程」。所以「存在次於行動，
行動產於欲望」。[12]這裡所講的意欲，如帕克自己所明確指出，是
相當於叔本華講的「意志」，柏格森講的「生命力」，弗洛依德講
的「利比多」(libido) 或欲望的。可見，帕克是將世界等同於經
驗，將經驗歸結為自我，而自我卻不過是欲望。以經驗為實體，
以自我為中心，以欲望為動力，以盲目衝動為特徵，這就是帕克
所憑空虛構的「經由想像展開的經驗主義」的哲學體系的整個脈
絡。

　　在眾多的日常經驗中，帕克特別看重有關價值的各種經驗。
他的形而上學哲學體系是他的價值理論的前提，又服務於他的價
值理論。他認為，價值與存在之間有一種極為密切的關係，這種
關係實際上是他上面講的存在即經驗那個觀點的推演。他說：「價
值與存在的統一直接來自認為存在乃經驗的系統，和意欲是經驗
中的首要動力的看法」。[13]帕克說，在價值理論中，有兩條不同的
哲學路線，一條是德謨克里特、盧克萊修的路線，另一條則是蘇
格拉底、柏拉圖的路線，前者認為現實世界的存在既不依存於、

11 《經驗與實體》，第 46 頁。

12 同上書，第 350 頁。

13 同上書，第 292 頁。

也不等同於價值。後者則恰好相反,認為「價值乃現實的實質,存在的概念離開價值便毫無意義」[14] ,這也是帕克宣稱自己所遵循的路線。帕克在德謨克里特與柏拉圖亦即唯物主義與唯心主義兩條路線中,毫不含糊地站在後者一方。他不但否認世界能離開價值而存在,而且還否認價值是事物的客觀屬性。他認為把價值看作客觀對象的某種性質,就「脫離了」欲望滿足(也就是價值經驗)的實際過程。所以,帕克認為,音樂的價值不在音樂自身的某種性質,而只在聽音樂的主觀享受的經驗之中。笛子本身的價值是派生的,只有吹笛子或聽笛子的經驗享受中的價值,才是真正內在的價值。可見,價值的本質在經驗中、活動中,而不在事物中、客體中。帕克說:「事物可以稱作是『好的』,但這只是因為它們對經驗有所貢獻。它們是有價值的,但不是價值……。一顆鑽石可以被稱為是好的或美的,從而可稱它具有極大的價值。但它之擁有價值僅僅在它被玩賞的時候。當它不被玩賞時,它的美或價值,用亞里士多德的話來說,便僅僅是潛在的而不是現實的了」。[15] 帕克在這種價值論中,貫徹了他的欲望論的哲學原則,欲望被看作是價值的首要因素,價值被定義為快樂、享受、滿足的活動,即欲望的對象化。價值經驗中的所有其他要素和性質,都是環繞於並服務於欲望實現這一根本核心的。例如,作為價值要素的所謂「預見」和「記憶」,在帕克看來,只不過是用未來的

---

14 《經驗與實體》,第 292 頁。

15 《價值哲學》,密西根大學,1957 年版,第 6 頁。

目的或過去的經驗來加強刺激，以幫助欲望的滿足而已；作為價值特性的所謂「和諧」，只不過是各種不同欲望的彼此協調、統一罷了。

但帕克所講的「欲望」，十分含混，它包括了各種性質極不同的東西，從感官的愉快（如「嗅花香」）、本能的欲求到各種精神的（如「求知」）、倫理道德的需要等等，儘管含混，有一點又是非常清楚的，這就是帕克所講的這些欲望或需要都是脫離了歷史具體條件下的抽象的東西，是一種超脫特定歷史性、社會性的需要或欲望。而且，就在這些混雜籠統的需要或欲望之中，最根本、最主要的欲望或需要，如按帕克所講，則是各種動物性、生理性的原始衝動和本能需求，也就是帕克稱之為「自然人」的欲求。帕克特別強調這種欲求，將它比擬為有如彈簧一樣，儘管受著社會道德的壓抑管制，卻總要衝出來，通過各種方式以獲得滿足；而價值被看作是與滿足這種動物性的欲望相聯繫的東西。但是，我們知道，物質財富的種種價值，首先乃是勞動生產的成果，其他領域內的各種價值，也無不以它作為最後的基礎。價值本身是具有深刻的社會歷史根源和客觀性質。帕克這種的價值理論則否定了價值問題的社會歷史性質，抹煞它的具體歷史內容，將它抽象地一概歸結為個人身心欲望的主觀滿足，歸結為一種心理經驗的愉快、享受，正好鮮明地表現了美國現代社會中的盲動性、瘋狂性的一面。在論及當代各種新實在論的價值理論時，帕克不滿意它們的那種遮遮掩掩的姿態，帕克不僅不同意摩爾 (G. E. Moore) 所認為的「善」是不可定義的客觀性質；而且也反對流行

在美國的培里—蒲拉爾 (Perry-Prall) 的「關係派」價值理論（價值是與主體有利害關係的對象，或價值是主客體之間的一種利害關係），理由是這些理論還不夠徹底。[16]但帕克對摩爾的「善」不可以定義這一點則極為稱道，因為帕克認為價值或價值判斷根本不屬於認識的、科學的領域，它不是論證的問題，而只是情感和實際行動的問題。價值判斷並非認識的，而只是表現個人情感和願望以激起他人相應的反應而已，從而帕克的價值論又與當代倫理學中時髦的「情感主義」的基本傾向相吻合。[17]他們都是強調倫理判斷、審美判斷等價值問題不是認識，只是情感；不屬於科學或知識範圍，無所謂真假，沒有真理之可言。它們共同否認在倫理判斷領域和審美判斷領域具有客觀性質和客觀規律，否定善、美與真的相互滲透和聯繫，主張非理性主義和唯意志論。不同的地方是斯蒂文森等人從語言的分析出發，強調道德判斷的命令、勸說的性質，採取了更多的精巧姿態；而帕克則從形而上學立場

---

16 帕克認為，如果說具有利害關係的對象是其由本身的某種性質而引起主體的興趣或利害，從而具有價值，這可說即是客觀派，即認為價值存在於客觀事物中，是客觀事物的屬性。如果說，是由於主體的利害、興趣給予對象，從而產生價值，這就勢必走向主觀派，亦即帕克所主張的方向。所以，帕克認為，關係學說的價值論是含糊不清、折衷調和的。

17 這派倫理學可說起始於摩爾的「不可定義」，經由理查茲 (I. A. Richards) 提出語言的情感意義，再由卡爾納普、艾耶爾 (A. J. Ayer) 從邏輯實證主義立場加以闡發，終由斯蒂文森 (C. L. Stevenson) 集其大成。可參看艾耶爾《語言、真理與邏輯》第 6 章；斯蒂文森：《倫理學與語言》。

直接歸結價值為享受、滿足的本身，有著更多的實用主義的特色和更為公開直接的粗陋形式。

　　帕克的哲學體系及其價值理論不但具有盲動主義和享樂主義的一面，也具有悲觀主義的一面，而且還用人道主義作為必要的補充和歸結。這些，將在下面講他的美學思想時一併加以評論。

　　帕克的美學思想，是他的哲學體系和價值理論的重要組成部分，也是他的哲學觀點和價值理論的具體應用，在其整個思想中占有一個突出的位置。帕克把價值分為兩大類：一類是現實的價值，如健康、愛情、倫理、舒適等等，它們來自實際作用於外在事物的現實活動；另一是想像的價值，如藝術、遊戲、夢幻等等，它們來自主觀的想像活動。「意欲獲得滿足有兩種方式，一可稱為現實的方式，另一則是夢幻的方式」[18]，審美價值便屬於後一方式，是後一類價值的主要內容。所以，在帕克看來，所謂審美對象，所謂美，作為一種價值經驗，便只存在於人們的想像中，而並不是客觀存在。他認為，應該把「審美對象」(aesthetic object)

18 《藝術的分析》，倫敦，1926 年版，第 3～4 頁。

與「審美工具」(aesthetic instrument) 嚴格區別開來。儘管帕克自己承認，像克羅齊那樣認為工具與藝術完全無關是不對的，因為沒有它，審美經驗就無由傳達給欣賞者，也無法保留給下一代。但帕克強調審美工具並非審美對象，真正的審美對象不是這個所謂「物質的承擔者」（即審美工具），而是存在於人們主觀想像中的所謂具有「深層意義」的感性形式。「審美的事實也就是心理的事實。一件藝術作品不管初看起來多麼帶有物質性質，它只有在被知覺和被享受時才能存在。大理石雕像只有在進入並生活在欣賞者的經驗中的時候才是美的」[19]，我們關於美的定義：一種具有感性形態的想像的價值」。[20]帕克在這裡與杜威是完全一致的。他也否定美的客觀性。他不但否認了客觀現實中存在著不依賴於人們主觀意識（想像）的美，而且也否認了藝術美作為生活的能動反映所具有的客觀內容。在帕克那裡，客觀的美（或審美對象）與主觀的美感（或審美經驗）是同一個東西，美的問題被看作是審美經驗亦即欲望的想像滿足的問題。這就是帕克在美學中所遵循的哲學路線：不是從現實生活中，不是從客觀的社會實踐中，而是從主觀的欲望滿足中，從想像中，來探求和論證美學的基本原理。

美的本質既然只是有關主觀審美經驗的價值問題，藝術作為這種經驗的最鮮明和最集中的體現者，便成為帕克發揮其欲望論

---

19 《美學原理》，中譯本，第 7 頁。

20 《藝術的分析》，第 132 頁。

的主要對象。

帕克從其欲望滿足的價值論出發來論證藝術的本質。他說：「審美經驗的實質也就是所有經驗的實質，即是滿足同樣欲望的結果。幾乎任何在生活中驅使人們的欲望，都能再現在藝術中。所以並沒有什麼特殊的審美興趣或感情。所不同的只是欲望的滿足方式」[21]；「藝術作品是意欲的一種想像的體現……藝術作品的內容是意欲的符號，其形式亦然」[22]，等等。總之，藝術的本質在於在想像中滿足欲望。從帕克的整個哲學——美學體系看，他受弗洛依德的影響很為明顯。弗洛依德強調用性愛來分析包括藝術創作和欣賞在內的人的各種心理經驗。他本人就寫有〈達‧芬奇〉、《機智及其與無意識的關係》等有關美學的著作。在他影響下，用這種觀點來分析、評論和研究藝術，成了一種時髦，甚至占據某種統治的地位。儘管帕克並不屬於這個派別，他也不完全同意這個派別的某些看法，但其根本觀點和傾向卻與這一派實質上完全相通。帕克在其著作中不斷稱引弗洛依德，認為弗洛依德「最有價值的成果」，即在於「證明了」包括藝術在內的想像是受著意欲的控制和驅使的。他自己還認為，「被壓抑的本能：人的天然的利己主義、當激動時訴諸暴力的傾向、浪蕩的性的興趣……，文明是永遠不能成功地將『自然的』人壓伏在其軌軛之下的」[23]，

---

21 《藝術的本質》，轉引自韋茲編《美學問題》，紐約，1959 年版，第 65 頁。

22 《藝術的分析》，第 48 頁。

23 同上書，第 169 頁。

從而就必須藉藝術表露出來以達到想像中的滿足。如果將帕克的
基本論點與弗洛依德主義對照一下，便可以清晰地看到兩者是多
麼相似。如心理分析學派的人自己所指出，「弗洛依德對藝術心理
學的最重要的貢獻，便是發現植根在無意識中的、未實現的意欲
在藝術作品中得到了滿足」。[24]而帕克的欲望的想像滿足論，實際
上不過是這派理論的體系化了的哲學版罷了。

依據這個觀點，帕克認為，藝術作品有三層意義，最深的一
層是由藝術家所不自覺的意欲和情感所構成的，它根源於其所已
忘記了的童年生活或其他遠離當前生活的地方，它們是含混模糊
的，「這些便提供了為最深厚的藝術美所必需的神祕味道」。[25]例
如音樂藝術的意味，帕克認為，便主要來自這裡；而所有其他藝
術也經由這條途徑而趨向於、接近於音樂。這種「朦朧的、不可
捉摸的」「音樂性的」形式美所給予人們的審美愉快，便正是欲望
滿足的一種最隱祕的方式。至於位在其上的藝術的其他兩層意義，
如藝術家意識中的問題和衝突，作品本身的內容、情節、故事、
題材等等，那就更是滿足欲望的顯著來源了。這就是去想像「可
以引起快感的對象和事件」，「編織一些我們喜歡看到的事物的白
晝夢境」，「在想像中完成我們喜歡去作的行動，或者感受我們喜
歡感受的情緒」[26]，這就是說，藝術家和欣賞者經由這種所謂「同

---

24 韋茲編：《美學問題》，第 632 頁。

25 《藝術的分析》，第 15 頁。

26 《美學原理》，中譯本，第 27、28 頁。

情的想像」，化身而為書中人、畫中人，去感受、去經歷在現實生活中所不能感受不能經歷的種種生活、事件、情感和欲望。「我們在感知人體的外形時感到愉快，雕塑家就給我們提供了同人體外形相似的雕像；我們喜歡看到海洋或花朵，溫斯婁·荷馬或梵高就提供了光輝奪目的幻影」。「在化身為所描寫的摔跤家或舞蹈家的時候，我們就以替身的資格在那裡擺出了驕傲的姿態或用出了極大的氣力，因而感到愉快。或者在觀劇時，我們也可以在想像中像羅密歐那樣娓娓動聽地求愛，或者像朱麗葉那樣作出嬌媚的反應，因而感到快樂。」[27]不但各種專供欣賞的文學藝術如此，就是一般實用藝術的功能美，在帕克看來，也全在於此。他說：「審美價值是在想像中轉化了的實用價值。鞋子的美是看起來很美，而並不是穿在腳上的感覺，但卻必須是看起來覺得穿著它必然是舒適的才行。房屋的美並不在住在裡面很舒適，但卻必須看起來使人覺得住在裡面是舒適的。美正在它的用途的回憶和預測中，回憶和預測是想像的兩個方面」。[28]總之，通過這種「同情的想像」，人在藝術中便進入了一個所謂「在實際生活中是不可能自由發展的」世界，好去體驗各種情欲，徹底地實現「自我」，從而獲得滿足和愉快。因此，各種藝術對象便都不過是在現實生活中所不能滿足的欲望的一種想像滿足的代用品而已。各種藝術部類、藝術風格、藝術方法，在帕克這裡，也便一概歸結為滿足欲望的

---

27 《美學原理》，中譯本，第 28 頁。

28 〈藝術的本質〉，轉引自韋茲編《美學問題》，第 68 頁。

不同途徑。例如，在帕克眼裡，現實主義和浪漫主義便不過是從兩個方面來實現這種滿足的不同方式，現實主義以其對現實苦難的描寫否定欲望，來從反面激起想望而獲得滿足；浪漫主義則從正面盡情抒發以獲得滿足等等。

這就是帕克關於藝術本質的美學原理。這種「原理」把藝術看作是個人欲望的想像滿足，從理論上看來，它不過是以弗洛依德性欲昇華論的新裝，加於立普斯美學移情說的舊體之上。本來，在近代美學中，就一直有兩派，它們各以其特殊功能服務於現代藝術的不同需要。一派強調所謂超功利的形式，如布洛的「距離說」，以及洛絜‧佛萊和克乃夫‧貝爾的「有意味的形式」理論，便屬此派。另一派則舉起反形式派的旗號，強調審美與日常生活經驗的聯繫，強調沒有什麼特殊的審美感情，審美就是日常經驗的「中和」、「統一」等等。無論是杜威、理查茲，或者是帕克、弗洛依德，都可說是屬於這一派的。

但是，帕克又使用了一件朦朧的面罩來掩蓋這種性質，這個面罩就是所謂「永恆不變」的「普遍人性」。帕克把實質上是自然性質的各種生理欲望的表現和滿足，說成是抽象的永恆不變的所謂「普遍人性」。把藝術的價值從活生生的歷史具體的社會生活中抽取出來，獻之於這個「欲望一般」的人性論的祭壇上。說穿了，「普遍人性」其實就是「欲望一般」。帕克說：「……應把意欲的普遍的形式和特殊的形式區分開來。大多數人類的反映方式在這意義上可說是普遍的：即他們本可觸及一系列對象中的任何一個。但由於經驗和習慣，他們逐漸固定在某些少數甚或某一單個對象

上。例如有關性愛的人性是普遍的，因為它可以被許多個別的人
所激起，但是終於由戀愛的過程或結婚的形式而被固定下來。又
如求食的本能也是普遍的，因為許多對象都可以充饑，但食欲卻
可以特殊到早飯除了咖啡和麥片而拒絕任何食物」。[29]帕克認為，
後者就是因在特定的環境、制度、習俗、經驗的熏染和規範下所
形成的特殊化了的意欲，或意欲的特殊形式。但「人性」卻總不
能以某種穩固的特殊方式為滿足，而總是要求打破它、超越它。
帕克說這種使道德家「傷心」的事卻正是「藝術家的好機會」，因
為藝術所要表現的正是那種未被固定的意欲的普遍形式。藝術的
所謂「深層意義」——即藏在表面具體意義下的更為「普遍性」
的意義，其根源也正在此。所有的藝術都是「通過表現一種普遍
的欲望來獲致一種普遍的意義」[30]，來滿足「人類的普遍的好奇
心」和「普遍需要」。「甚至有些過去的藝術作品似乎是完全沒有
時間性，它們表現了心靈的永恆情境。作品中的一些不重要的項
目可能使我們想起它們來自過去——如習俗、裝飾、建築樣式等，
但是其本質的意義卻是無時間性的」。[31]總之，在現實中以至在夢
中，欲望的滿足都是特殊的，是受特定環境、條件所制定的。只
有在藝術中才獲得這種不受限制的永恆常在的普遍人性的真正滿
足。這種所謂普遍人性，歸根到底，帕克自己說得很明白，又不

---

29 《藝術的分析》，第 17 頁。
30 同上書，第 177 頁。
31 同上書，第 182 頁。

過是種種飲食男女等等最原始的動物性的本能欲望而已。與此同時，帕克的欲望衝動論又巧妙地與一種哀傷的宗教情緒和「愛」的哲學混雜揉合在一塊。帕克大談欲望的盲目衝動，同時再三悲嘆「惡」之永遠不可消除，「人生痛苦」的永遠不可避免。他說，「惡的根子深深地扎在本能的深土層中」。[32]「人性」本身就是一半惡魔，一半天使。在這兩方面中，帕克認為前者是更根本的，後者總是不穩定和難以靠得住的，「人永遠不會徹底文明化……，總有回轉到欲望的更為原始方式去的傾向」。[33]世界既是由一個個以「自我」為核心的經驗單子所組成，它們各自追求其「自我」的欲望滿足，這就必然彼此阻撓、衝突，於是生活實際上便永遠只能在這種衝突和災難中進行。怎麼辦呢？帕克認為，最好的辦法還是通過藝術去緩和人們的欲望，以實現一種暫時性的和解或調和。所以，他勸道德家們不必擔心藝術表現各種醜惡的欲望而有害，恰好相反，藝術通過人們的欲望在想像中得到滿足後，就不會再在現實中去尋求發洩了。並且，藝術家通過形式美的精心結構，便減輕和沖淡了人們對表現內容的嫌惡，再加上人們具有要求了解自己「同類」（人）的所謂「同情的好奇心」的本能，於是藝術中表現醜惡就無寧還是有益的了。帕克並且說，因為人們在藝術中面對了「惡」的現實，他們便能夠在生活中更好地去適應它，使自己的生活達到所謂「悲劇性的和諧」的「藝術高度」，

---

32 《美學原理》，中譯本，第 289 頁。

33 《藝術的分析》，第 108 頁。

「由於我們絕望地認識到生活的短暫性，我們便會更加熱愛生活及它向我們提供的歡樂。我們既然了解到死亡和失敗的不可避免性，在我們的鬥爭和抗議無濟於事的時候，我們的哀傷就會平息下來，安於天命。正是由於我們把藝術的觀點加以推廣，對我們自己的生活也採取藝術的態度，我們才獲得悲劇的淨化作用」。[34] 帕克認為，最高的「善」，人生的最大價值，便正是這種悲劇性的和諧，即各種衝突的暫時和解與均衡，以達到一種神祕的主觀境界。帕克這一基本觀點與新黑格爾主義者布拉得雷、鮑桑葵等人追求無矛盾、「超關係」的「絕對」──一種主觀經驗的神祕境界，把它看作是包容一切差別、矛盾而自身則是超出差別、矛盾之上的形而上的實體的基本思想，可以說倒是有些類似的。帕克用這種理論作為基礎論證了悲劇、喜劇的性能和特點。

這種所謂悲劇性的和諧理論，這種宣揚藝術的職能在於使人們對生活採取一種所謂「和解」和「安於天命」的「藝術」態度，而以「愛」為歸宿，帕克在其遺著《價值哲學》的最後一章中說，「我們可以用更溫暖的德國字──『愛』……來替代博愛一詞」。[35] 「道德歸根結底依存於愛」。只有「愛」才能夠「把自我與他人聯結起來，從而放下個人的悲哀」。[36] 為了實現這一點，帕克給予藝術以更大的期望，他認為建立在欲望滿足的「個人幸福」

---

34 《美學原理》，中譯本，第 310 頁。

35 《價值哲學》，第 258 頁。

36 同上書，第 272 頁。

基礎上的藝術和美，比建立在「遵守服從全體意志的基礎上」的倫常道德更能使人相愛，更能使生活「和諧」、「圓滿」。可以看到，正是因為現代西方社會中的宗教道德日益喪失其作用了，於是要求藝術來作替身和理想。帕克希望能把所謂藝術精神、藝術境界「灌輸」到生活中去。他說：「除非把藝術或宗教精神灌入到生活中去，我們就永遠覺得生活不能盡如人意，……任何實用的目的都不會永遠是十分成功的，計畫總是有一部分沒有完成。成功本身也只是暫時的，因為時間最後會吞掉它，忘掉它。實用的生活不會產生任何永久性的和完備的成品……相反地，在宗教經驗和在美中，人們卻覺得它們找到了完美，因此也就產生了這兩種經驗所特有的沈醉和愉快的態度……這沈醉的態度卻建立在個人和對象之間的和諧感覺上……神的東西實現了，我們一切欲望平息了」。[37]總之，帕克認為藝術是想像的「虛擬實現」，可以「填補不足」，平息鬥爭，因而藝術具有調和現實矛盾的功能，使藝術像宗教一樣可以使大家沈醉在合為一體的和諧中；在現代西方社會生活中，宗教已經日益衰頹，光靠宗教信仰已難以「維繫人心」了，這就更加需要藝術用「愛」來替代宗教執行上述職能。帕克說，「希臘的宗教早已轉入藝術領域，我們自己的宗教有一大部分終有一天也要轉入藝術領域——信仰所喪失的又重新為美所取得」。[38]這也就是帕克高倡「欲望」而又以宗教為歸結的藝術理論。

---

37 《美學原理》，中譯本，第 301～302 頁。

38 同上書，第 312 頁。

帕克認為，藝術除了作為「欲望在想像中的滿足」外，還有兩個特徵，即藝術是一種表現和它具有特定的感性形式。這樣，藝術才能具有傳達交流的社會作用。帕克認為，這兩大特點使藝術不同於其他的欲望的想像滿足，如作夢和遊戲。

　　「藝術，就如夢和遊戲一樣，是欲望的想像實現的一種樣式。這是它的價值的首要源泉和創作的原始動力。但在藝術中，這種衝動與其表現和傳達是聯繫在一起的，因此藝術也可看作是一種表現樣式或語言」。[39] 帕克強調表現是一種本能或欲望，它本身就能獲得愉快，所以，藝術不同於實用、科學等等其他表現，就在於它完全是為表現而表現，即這種表現本身有滿足想像欲望的價值。愛情詩不同於求愛信，也不同於一篇不動感情的科學論文，即在於它的表現本身即是想像欲望的滿足。所以，帕克認為，在藝術中，情感、體驗是首要的，而形象、觀念則是從屬的、派生的。因為前者才是藝術更根本的實質，它與欲望聯繫更緊，而後者則不過是種手段和形式罷了。在表面上，帕克不反對理智在審美中的地位和作用，例如在其價值理論的六要素中，便把理智判

39 《藝術的分析》，第 30 頁。

斷也作為一個要素；在悲劇喜劇中，帕克也強調理解、認識的重要；在講藝術是表現時，他也說到對情感、體驗的概念性的把握、考慮的必要，也說到審美知覺作為表現是意識、思想作用於感覺的結果，等等。但是，所有這些，歸根到底，又只是為了說明理智不過是服務於欲望的某種手段。理智之所以能在價值中成為一個要素，實質上乃在於需要它幫助判斷以便使欲望得到滿足。同時，帕克還把理智本身看作是某種動物本能式的「好奇心」、「求知欲」，因之，理智所以不與欲望相矛盾，在帕克看來，便正是由於理智本身在實質上就是欲望之一的緣故。

帕克的表現主義的美學觀點明顯地來自克羅齊，但他也作了許多修正。一方面，他與克羅齊派的科林伍德相似，強調了表現是對自己意欲、情感、體驗的意識（認識）。同時，帕克又與另一表現派的鮑桑葵相似，他強調表現必須具有確定的形式（「使情成體」）和傳達性的重要特點，這樣才便於把紊亂的體驗和感受予以組織，成為具有明晰穩定的形式結構，以便於傳達。但要注意的是，帕克所講的形式——結構，卻更多是指在人們主觀審美經驗中的感性形式和意象結構。這是由他的基本觀點所決定的，因為在他看來，所謂審美對象不同於物質承擔者的審美工具，審美對象只存在於人們的審美經驗之中；因此，所謂形式、結構等等，其作為審美對象，具有審美性質，便也不能離開這個「原理」。但是帕克又不能直接分析這種人們頭腦中的看不見摸不著的形式結構，所以，他只能從分析具有物質存在的藝術形式開始。帕克用了很多篇幅分析和論證藝術形式的種種要素和結構。他分出外在

形式（藝術品與外在環境的關係，如模擬）與內在形式（藝術品本身的關係，如均衡、進化、有機統一或變化中的統一）等原則。帕克認為重要的是內在形式，因為這些形式也正是審美經驗的結構。帕克集中論證的，與其說是客觀藝術作品中的這些原理，不如說仍是主觀審美經驗中的這些原則。他實際上是將有機統一等傳統的藝術形式原則作了一種審美經驗的現象學的心理描繪。例如，其中被特別強調的所謂「有機統一」，主要便是指藝術作品訴諸審美體驗的那種心理經驗的統一性或整體性。

帕克認為，表現的可傳達性和它具有整體性的感性形式，使藝術區別於帕克所認為的另外的兩種欲望滿足的想像方式。帕克詳細地討論了藝術與夢幻、遊戲的異同，並以之規定藝術的上述美學特點。

帕克認為，藝術、夢幻與遊戲，從根本實質看，是相同的。不但就其內容都是欲望的想像滿足來說是如此，而且就其形式採取一種似真 (as if) 的態度來說，也是如此。夢境似真，遊戲的參加者（不論是成人還是小孩）也常採取煞有介事的認真態度，孩子們的布娃娃，夢幻中的情人被比作是藝術家的雕塑：既是欲望滿足的對象，又是一種逼真的假想。但是，帕克又認為，藝術畢竟與它們有重大區別，它兼有二者之長而無其缺點，「藝術就正處在夢與遊戲之間」。帕克論證說，在充分滿足欲望，特別是隱蔽的欲望這一方面，遊戲遠不及夢，而藝術則及之；在可傳達性以及生動性、現實性這一方面，夢又不及遊戲，但藝術則又及之。從而，一方面，帕克認為，藝術與遊戲不同，遊戲的「自我表現」

是受限制的，如只能滿足智力的棋賽或只能滿足體力的田徑賽，並且帶有抽象性質；藝術所滿足的則是「完整的個性」，影響整個的人格。所以藝術高於遊戲（包括各種體育活動）。可以看得很清楚，帕克這種對藝術與遊戲的異同比較，有其一定的合理因素，但這只是把美學中一些流行的觀點——如藝術是遊戲等等匯合在一起，來裝點他的這個體系。除了一方面與遊戲作比較以外，帕克在另一方面又論證藝術與夢幻的不同，認為這個不同主要就在於藝術具有可交流傳達的社會性質，「藝術不能存在於一個完全自我和沈默的世界中……不能僅僅為我而美，因為它的美，也就是說，它的價值正是依存於其可能被分享之上的」。[40] 藝術作為情感的表現或自我表現，不能像嬰兒哭、鳥兒叫，而必須使人了解和懂得，藝術之於社會就如記憶之於個人，它把價值經驗保存下來，傳給同輩，留給後代，「正如科學使思想普遍化，美也使情感普遍化」。[41] 這似乎是很重視藝術的社會性質和社會作用了，但是這個所謂社會性卻是完全為了服務於其滿足基本是動物性的欲望等等理論的。帕克為了要求藝術執行宗教性的社會職能，為了要用這種所謂欲望、愛的普遍交流傳達來「打動」人們，當然就會在這裡強調藝術的社會性質。

總括帕克關於藝術的定義，就正如他所說：「首先，是因為它體現我的夢；其次，它真有如此的結構能使我夢」。「藝術是表現，

---

40 《藝術的本質》，見韋茲編《美學問題》，第 70 頁。

41 《美學原理》，中譯本，第 39 頁。

是語言，它所表現的則是夢。」歸結起來，藝術的本質，在帕克那裡，便不過一是欲望，二是想像滿足，三是可傳達的感性形式亦即表現，即語言。帕克的整個美學理論便正是這樣「雜湊的一鍋」，它把近代資產階級美學各種派別大量湊合在自己的體系中了。這裡有弗洛依德主義，有立普斯，有克羅齊[42]，也有杜威，也有科林伍德、鮑桑葵。最後，這裡還有斯賓塞、谷魯士、朗格等生物學的庸俗遊戲說。帕克儘管批評這些學說各自具有怎樣的缺點和片面性，以顯示出自己的「優越」和「全面」，但實際上，這反而暴露了帕克的折衷雜湊，並沒有多少自己獨創的東西，真是「七寶樓臺，拆下不成片段」。所以，帕克的美學在資產階級學術界中也只是第二、三流的貨色，並沒有比其前輩（如叔本華、柏格森等）有多少新的東西，並且還帶著更為顯著的任意武斷和虛幻編造的特點（如「經驗單子」、「自我」等等），一些基本觀念和概念也是含混不清、未經分析的（如「欲望」、「想像」等等）。由此構造出來的種種理論便不是客觀現實的真實反映，而只是一種相當陳舊的主觀虛構，所以影響很小，雖然他的《美學原理》常常是大學課堂裡的 textbook。

---

42 帕克在《美學原理》初版序中承認受克羅齊、立普斯的影響很大。

除了一些單篇文章，帕克有關美學的專著主要就是《美學原理》和《藝術的分析》二書。《美學原理》出版較早，再版時雖經修訂，但如作者所自稱，「既然這本書由於其自身的特點而獲得了它的朋友，那我就覺得盡可能地不去改動它……」[43]，因此比起《藝術的分析》等後期著作來，這本書在論述作者的基本觀點——藝術是意欲在想像中的滿足——方面，系統性和明確性顯得弱一些，可說還未充分展開。儘管在修訂時增添了像「深層意義」等明顯的詞句、論斷，但從外表看來，似乎弗洛依德主義的痕記還沒有克羅齊、立普斯的痕記（如強調藝術是表現，強調審美經驗的情感體驗的特徵等）那麼清楚。從而，這本書的論點、論據和例證具有更為拼湊揉雜、含混零碎的特色，脈絡並不十分鮮明。如果不結合帕克的其他著作加以考察，就容易陷在這本書對審美心理的許多現象性的描述論證中，難以找到它的主要線索。而這，也就是本文所以要著重從其哲學體系、從其論證更為系統明確的著作（如《藝術的分析》、《藝術的本質》等論著）來揭示其基本觀點而加以分析的原因。只有抓住他的基本哲學——美學觀點，

43 見原書作者 1945 年 2 版序（中譯本未譯）。

才能夠批判地對待他在《美學原理》一書中所提出的許多問題，才不致為此書中許多現象性的描述所迷惑，才可以更清楚地看出根本上的主觀唯心主義性質。有些部分所描述的現象雖然存在，其理論解釋則仍是錯誤的。只不過書中有的章節或地方與作者的基本觀點聯繫得緊一些，錯誤之處也就明顯些；有些因離得稍遠一點，也就比較隱晦曲折一些，這就需要我們在閱讀時更要細心地加以對待了。帕克提出的上述種種現象和對這些現象所作的某些描述、闡釋，不能完全抹煞或否定，甚至包括「欲望在想像中的滿足」這一基本命題，對藝術也仍是值得繼續研究和探討的。我所反對的，從根本上說，只是它完全脫離具體的社會、歷史中立論的態度和方法。

二十二、美學的醜劇

——評姚文元的「美學筆記」

註：本文寫於 1978 年，原載《文藝論叢》第
4 輯。姚文元是當年在文藝、思想、學術
領域內「批判資產階級」的著名人物，人
稱之為「棍子」。毛澤東則譽之為「無產
階級的金棍子」。本文乃政治批判，非學
術討論，留之略備一格，並誌人生。

姚文元自 1958 年拋出〈照相館裡出美學〉，提出「應當有人出來勇敢地……打開一條創造性……的道路」以後，苦心積慮準備了兩年，便「勇敢地」出來「打開道路」了。從 1961 年 1 月到 1963 年 4 月，他在上海、北京各報刊連續發表了七大篇所謂《美學筆記》，其中談到生活中的美與醜，談到反映論，談到繪畫、戲曲、建築，談到藝術作用和藝術分類等等問題。[1] 這些文章寫得既快又長，加起來有十多萬字，儼然擺出了一副體系創造者的派頭。這大概可算作姚文元在文化大革命前很重要的一次亮相。從這個亮相中，倒可以看到，姚文元日後終於成了「四人幫」的一員，一點也不偶然。從他當年創造的這種「照相館」的美學體系，到後來作為「四人幫」所炮製出來的種種謬論，在理論上完全是一脈相承的。所以翻翻他在美學中鬧的這幕醜劇老賬，倒是有助於了解今日作為「四人幫」的主要的表現形式和反動特徵的。

---

1 這些文章是〈論生活中的美與醜〉（《文匯報》1961 年 1 月 17 日）、〈關於美學討論的幾個問題〉（《文匯報》1961 年 5 月 2 日）、〈藝術的辯證法〉（《學術月刊》1961 年第 6 期）、〈藝術的辯證法〉（《上海戲劇》1961 年第 7～8 期）、〈論藝術作品對人民的作用〉（《上海文學》1961 年第 11、12 期）、〈論建築和建築藝術的美學特徵〉（《新建設》1962 年第 3 期）、〈論藝術分類問題〉（《新建設》1963 年第 4 期），每篇副標題都標明是《美學筆記》。

（一）反對基礎理論研究

　　解放以來，哲學社會科學領域取得了許多成績。美學便是一個明顯例證。解放前，這個學科在我國是無人問津的所謂冷門，論著寥寥，影響甚小。正如馬克思所說，操心窮困的人對最美的戲劇也不會有感覺。肚子吃不飽，還談什麼美不美。在苦難深重、長夜難明的舊社會，難得有興緻條件、時間和精力來專門從事美學科學的探討研究。正是社會的根本改變，才使這門學科發生了根本改變。1956 年以來熱烈的美學問題的討論，是哲學社會科學領域內學術爭鳴很突出的一個現象。據不完全的統計，寫文章參加討論的將近百人，發表文章在三百篇以上，爭論時間延續多年。它引起了社會人士和青年們的廣泛注意，激起了許多人對美學的興趣和要求學習、研究的熱忱。這種情況從根本上說，是反映了當時新興的社會主義制度正走向繁榮昌盛，百花齊放的文藝領域迫切需要研究美學，用來作為理論指導，同時也正是在學術研究領域內貫徹百家爭鳴正確方針、路線所帶來的興旺發達的結果。這是一件大好事。儘管討論中有這樣那樣的缺點、毛病，但總的說來，成績是主要的。它表明許多美學工作者試圖運用馬克思主義哲學的基本原理，來探討、闡明一些美學科學的基本理論問題，為美學科學貢獻力量。當年討論中提出的美的本質問題、自然美

問題、美學對象問題以及典型問題、創作方法問題等等，都是這門學科中能帶動全盤、具有根本性質的基礎理論問題。特別是把這些問題提到哲學根本問題的高度來進行分析、研究和討論，更具有重要的理論意義；它對指導文藝創作和文藝評論，也有現實意義。

然而，所有這一切卻觸怒了姚文元。對於這位當時掛著著名的「文藝評論家」的頭銜，美學中的百家爭鳴，似乎是岌岌乎危及了他的地位。於是他就趁 1958 年大躍進之機，借「勞動人民」之名，向美學打棍子了。他指責美學的熱烈討論是從概念到概念，「老是停留在概念上不行了」，因此，「建議美學界來一場馬克思主義的革命。」這場革命如何革法呢？「放下架子，面向生活，從無限豐富社會生活中的美學問題出發。」這些問題又是些什麼呢？「環境布置、生活趣味、衣裳打扮、公園設計、節日遊行、藝術創造、風景欣賞以至挑選愛人」。這就是姚文元開的「從實際出發」的單子，是他在美學中要搞的所謂「馬克思主義的革命」和「創造性的道路」。其實，簡單一句話，就是他文章標題所形象概括的：「照相館裡出美學」。總之，從哲學根本問題上討論美學是要不得的，是「停留在概念上」，必須打倒革掉，代之以研究從環境布置、衣裳打扮到挑選愛人，代之以照相館裡出來的「創造性」的美學道路和體系。這個道路和體系亦即是姚文元的那七篇筆記。姚文元這些文章中，以〈照相館裡出美學〉和〈論生活中的美與醜（「美學筆記」之一）〉為最重要。因為這兩篇是他這條「道路」和整個「體系」的總綱和基礎，正是在這裡，姚文元以最集中的

方式提出了一條自己的美學道路。這條道路並且是作為方向、方法提出來的。

當年，我曾經指出，姚文元「所特別提出來，號召大家去運用的美學研究的方向、方法卻並不科學，並不是什麼『馬克思列寧主義的美學研究方向』和『創造性……的道路』。如果說得嚴重一點，照這個方向、方法搞下去，就會走上一條庸俗的實用主義的道路上去。杜威在《藝術即經驗》一書中也是大聲疾呼……要從研究日常生活的美的經驗出發，認為這才是根本和起點」。[2] 其實這還說得不準確，姚文元雖然沒讀過、也肯定讀不懂杜威的書，但他當時早不是「就會走上」，而是早就是一個徹頭徹尾的實用主義者了。作為美學研究方向、方法提出來的照相館理論體系，正是如此。

實用主義是主觀唯心主義很典型的一種。反對基本理論研究，是它的基本特徵之一。因為，實用主義從根本上否認世界有客觀規律和客觀真理，認為真理不過是人為維持其生物存在適應環境而行之有效的東西。「有用即真理」，這句簡明扼要、眾所熟聞的概括，雖然不夠全面，卻是表達了、抓住了實用主義的要害的。實用主義只注重當下即得的實用效果，把人的一切概念、思維、理論活動都看作不過是為獲取這種效果的行為工具。效果是目的，一切是工具。因此，暫時並無實際效用，看來似乎是離開了實際經驗的抽象思辨和理論思維，便被看作是必須廢棄拋掉、沒有價

---

2 參看本書〈美學三題議〉。

值的東西。實用主義根本否認人的正確的概念思辨活動是對客觀
世界比感覺經驗更深一層的理性認識，而只是著重思維、理論對
行為的效用即工具價值。表面看來，實用主義也特別強調實際、
實踐活動，以致從前中國外國都有好些人把實用主義和馬克思主
義混為一談。其實，兩者是針鋒相對的。其重要區別之一，正表
現在如何對待理論思維和基礎理論問題的研究上。實用主義是主
觀唯心主義的經驗論，如前所述，它否認正確的理論、思想是對
客觀事物的反映，輕視和詆毀對各種基本理論問題的探討，它只
把理論看作服務於目前實用的工具。相反，馬克思主義承認客觀
事物和客觀規律不以人們意志為轉移，事物的本質和規律掩藏在
大量現象之下，是眼睛看不見，雙手摸不著的，只有通過概念、
思維、理論去把握和認識它。「那一切科學的（正確的、鄭重的、
不是荒唐的）抽象，都更深刻、更正確、更完全地反映著自
然」。³ 因此馬克思主義非常重視科學抽象和科學理論，重視任何
對象和學科的基本理論問題的探討研究。也正是這些揭示事物的
本質、規律的基本理論研究，對影響和指導相應的特定領域和學
科，具有普遍的長遠的作用和意義。自然科學是這樣，哲學社會
科學也是這樣。馬克思研究資本主義，並不是從描述那五花八門、
龐雜的經驗現象出發，而是抓住最簡單也最根本最抽象的勞動兩
重性、商品兩重性作理論分析。當時也有人攻擊馬克思的這種資
本論研究是脫離現實鬥爭、脫離實際，歷史證明事情恰好相反。

---

3 《列寧全集》第 38 卷，人民出版社，1959 年版，第 181 頁。

正是馬克思這種對資本主義和人類歷史的基本理論的幾十年的辛勤研究，找出社會發展的客觀規律，說明一切剝削制度、剝削階級必然滅亡的科學真理，以前所未有的理論武裝了全世界的無產階級和勞動人民，指導和鼓舞他們進行革命鬥爭。在反對研究基本理論上，姚文元倒是多年一貫的。文化大革命前，姚文元在美學領域大反基本理論的研究，在文化大革命中，他就在整個科學文化領域大反基礎理論研究。他利用權力，直接圍攻周培源同志提倡自然科學應加強基礎理論研究的文章，以阻撓和破壞我國科學事業的發展，這是人所共知的事，這裡就不多重複了。總之，他這種反對基礎理論研究的實用主義的反動路線，是由來已久而變本加厲的。1968 年姚文元寫道：「教理工科的不會開機器和修機器，教文學的不會寫文章，教化學的不懂施肥料，這樣的笑話不是到處都有嗎？」[4] 照他看來，搞原子物理、生物化學、數學邏輯、工程設計，都必須會開機器、修機器，教文學史、研究《詩經》、《楚辭》的也必須會寫小說、作文章，搞遺傳密碼的必須會施肥、種菜……，否則就是「笑話」。在現代科技如此高度分化、細密分工的時代裡，所謂鬧「這樣的笑話」的，又到底是誰呢？「四人幫」的笑話本來極多，當然這遠不只是鬧鬧笑話，而是要開倒車。

　　一葉知秋。姚文元當年照相館美學體系的實質，今天來看就一目了然，更加清楚了。他當年在美學領域內以實用主義來冒充

---

4 《紅旗》雜誌 1968 年第 2 期。

和替代馬克思主義，用這種方法論從所謂美感經驗中「概括」出來的「美的概念」和「美的特性」，對美學學科便造成了很大的破壞：欺騙了青年，阻撓了討論，損害了剛剛起步的科學研究。這實際是向美學領域打出來的形而上學的棍棒。

當年，儘管姚文元也曾出了一陣風頭，得到了一些人的讚許表揚；但好些同志對姚文元這種「照相館美學」仍然表示了極大的懷疑和反對，口頭有不少尖銳的批評和議論，見於文字的也有一些。例如，王子野同志寫了批評姚的專文，指出姚文元「實際作法是絕口不談理論」，「缺乏辯證法」，他的論點「大有商榷的餘地」。[5] 馬奇同志當時指出，在姚文元那裡，「美學成為這樣一門隨機應變幻化莫測的科學」，「實際上取消了美學之為美學」[6] 等等。這些都表明，對姚文元當年反對美學基礎理論問題的研究，許多同志是堅決抵制和予以批駁的。

回顧一下當年的批判對今天的再批判有好處。因為當年還只能從學術上與姚文元進行論爭，還遠遠不能看清、識破他的政治目的；只有今天從政治上暴露了他的老底，才能更好認識和批判他的這種照相館美學體系的意義。當年還只能指出他口口聲聲講「從實際出發」，實際是從主觀經驗、感受出發；今天才能指出，他這種認識論上的主觀唯心主義是有其政治的歷史來由的。當年還只能初步說出，姚文元在革命旗號下作為「創造性的道路」來

---

5 參看《文藝報》1961 年第 5 期。

6 參看《新建設》1961 年 3 月號。

「打開」的是一種錯誤的方向、方法，今天才能認清，他之所以這樣做，原來有其政治野心。他在美學領域內的這場醜劇表演，與他的其他活動一樣，在根本上是為其搞政治投機謀求實現其政治野心「打開」一條道路服務的。

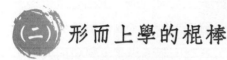

（二）　形而上學的棍棒

「四人幫」特徵之一，是在理論上的特別猖獗。例如，用一個超階級、超時代的所謂「儒法鬥爭」的形而上學僵死公式，來概括、貫串實際是篡改、偽造全部中國歷史、哲學史、文化史、軍事史甚至自然科學史，把歷史作為棍棒，搞比附影射，搞政治陰謀，造成了理論上、思想上和學術上的混亂和破壞。「四人幫」這一套也非偶然，由來亦久。姚文元當年的「美學」便是這樣，他的那些「美學筆記」是充滿了這種形而上學的標準棍棒。

前面講到，姚文元在第一篇「美學筆記」即〈論生活中的美與醜〉一文中，提出了所謂美的四大「特性」：一、「發展性」，二、「新鮮性」，三、「生動性」，四、「多樣性和統一性」。這四大「性」是作為他的「革命美學」對美所作的最終規定。[7] 這也就

---

7 在受了批評後，姚在該文收入《美學問題討論集》（第六集）時，作了大

是他所謂的「我們的方法是：先從分析普遍的社會現象和自然現象中引出論點，然後綜合起來得出概括的結論，再從這個概括的結論聯繫實際去得出具體的結論」。美的四大「特性」就是姚文元關於美的本質的「概括的結論」或「具體的結論」（到底這四性算哪一種「結論」，姚文元始終沒明說，反正算是「結論」吧）。他認為，凡美必須有這些「特性」，凡有這些「特性」的也就是美。它是美必要而充分的條件，成了衡量、判定、區別美醜的絕對標尺，凡不符合於此的，一律宣布為醜，驅逐出審美對象的大門。例如，姚文元說「枯黃的葉子是醜的，秋天的凋零同嚴冬的光禿禿的樹幹，也是醜的，這裡表現的是生命的衰退和死亡。人類從實踐中深知枯黃的樹葉預報著寒冷，寒冷對人類生活是不利的。」「無脊椎動物中，大多數對於人類是醜的」，「脊椎動物中的爬行類，絕大多數不能成為美的對象，蜥蜴、鱷魚、蛇、龜等動物的形象，對於我們說是醜的」，「一條魚久久浮在水上不動，就反映不出自由的、欣欣向榮的生活，就不美了」……。這就是姚文元「從分析普遍的社會現象和自然現象中引出」的「論點」。同時也可說是從他那幾大「美的特性」結論出發，「聯繫實際」所得出的「具體的結論」。而這些「論點」和「結論」，無非是在美學領域

量增刪修改。例如「四性」之外又加一性，「五、個別形象和普遍性本質的統一」。但換湯不換藥，除了添加一些這種從別人文章中抄來而又抄錯的東西以作掩飾外，實質並無改變。因此，為明瞭起見，我們主要仍引發表在《文匯報》上的原文。

內規定這樣一系列的框框條條、戒令禁律，並把從自然到社會，從植物到動物的一大片事物和對象統統打為醜的對象，開除出美學範圍。當年王子野同志指出，姚文元「只是採用了非 A 即 B（非美即醜）一個公式，也有點形而上學的味道」。[8]凡不符他的「美的特性」公式的，即一概打為「醜」。這如同當年他在文藝評論領域和以後「四人幫」在整個文化、思想、輿論領域內所搞的一模一樣。

姚文元這篇滿載著如此種種「論點」和「結論」的大作一發表，頓時眾論嘩然。大家覺得實在太違背常識，太講不通了。姚文元口口聲聲「聯繫實際」、「從實際出發」，卻偏偏「引出」、作出了這許許多多根本不符合實際、與實際背道而馳的「論點」、「結論」。「枯黃的葉子」為什麼一定是醜的呢？為什麼它們一定就是「預報著寒冷」、「對人類生活是不利的」，從而不美呢？（如此實用主義！）從人們到香山去觀賞紅葉，到「霜葉紅於二月花」這膾炙人口的名句，並不因為它們「預報著寒冷」而不成為審美的對象。魯迅的〈臘葉〉描寫的是一片「病葉」——「今夜他卻黃臘似的躺在我的眼前」，這大概相當符合姚文元的「枯黃的葉子」吧，但被姚文元宣布為醜的對象，卻偏偏是魯迅極為美麗動人的散文篇章的主題。魯迅大概決不會因為感到「枯黃的葉子是醜的」才寫那麼一往情深的文章吧！「光禿禿的樹幹」又為什麼一定是醜的呢？為什麼一定就「表現的是生命的衰退和死亡」呢？

8 《文藝報》1961 年第 5 期。

很不巧，它又恰恰是魯迅的審美對象。「棗樹，他們簡直落盡了葉子」，光禿禿了吧，完全符合姚文元所謂醜。但是，它們在魯迅的審美感受中，在〈秋夜〉的描寫中，在讀者的美學欣賞中又是怎樣的呢？「他簡直落盡葉子，單剩幹子，然而脫了當初滿樹是果實和葉子時候的弧形，欠伸得很舒服」，「而一無所有的幹子，卻仍然默默地鐵似的直刺著奇怪而高的天空，一意要制他的死命，不管他各式各樣地映著許多蠱惑的眼睛」。剛毅挺立，不顧春去秋來，一個勁地直刺天空的光禿禿的棗樹形象，在魯迅和廣大讀者心目中，到底是醜還是美？它表現的是「生命的衰退和死亡」呢，還是恰恰相反？這，不很清楚嗎？不必多引古今中外好些詩人、畫家歌詠、描繪「光禿禿的樹幹」的著名作品，只要請魯迅稍稍出來，就足以印證這位既研究魯迅寫有專著、又研究美學大寫「筆記」的著名人物的理論的面目了。至於什麼「無脊椎動物是醜的」，「爬行類」是醜的，不動的魚是醜的，等等，更屬無稽之談。柳宗元的名文：「潭中魚可百許頭，皆若空游無所依，日光下澈，影布石上，怡然不動，俶爾遠逝……」，當他們「怡然不動」時，不就很美嗎？

姚文元也自知講不通，在修改這篇文章時，作了許多增刪。例如，「枯黃的葉子是醜的」這句話在修改後突然不見了。「光禿禿的樹幹是醜的」則仍在。只是加上了「在不畏懼寒風而挺立的條件下，它的形象對於人們也有某種美的意義」。但是，這種修改補充，又有什麼用處呢？姚文元自稱這「可以表現不斷改進」，但又首先聲明說「對基本論點沒有改變」。也就是說，個別例子可以

改，「基本論點」不能變。其實，恰恰是這些「基本論點」才是棍棒本身，而例子，不過是這些棍棒打向的某些具體對象罷了。正如姚文元多年的表現那樣，被打向的具體對象的確可以「不斷改進」，今天可以指著這個打，明天可以指向那個打，但作為打的棍棒的姚本人和他的「基本論點」，則是「並無改變」的。

因為，「枯黃的葉子」也好，「光禿禿的樹幹」也好，「爬行類」也好，「無脊椎動物」也好，它們所以醜，乃由於不合姚文元的「基本論點」即那幾個美的「特性」，沒有「發展性」、「新鮮性」、「生動性」、「多樣性和統一性」。可見，關鍵在於這個「基本論點」，在於這幾條所謂「美的特性」。那麼，這幾個「特性」又究竟是些什麼東西呢？

當年，朱光潛曾指出，姚文元「所舉的美的四個特性，除掉發展性可能與善有關以外，其餘三個——新鮮性、生動性、多樣性與統一性——都主要地是形式問題」。[9] 其實，姚文元所講的「發展性」，指的是自然界動植物生長發育諸現象，與「善」也並無關係。例如他說，「綠色的植物是自然美的根本內容之一，因為綠色代表向上發展的生命……」，等等。總之，他提出的這幾個美的特性，實質上是一種並無客觀社會內容和性質的形而上學的抽象規定。儘管姚文元在文章中貼上許許多多「社會生活」、「共產主義」、「勞動人民」的標號，例如在修改文中特地在「發展性」後又增添上「社會生活中」的字樣，但這完全無濟於事，無法掩

---

9 《文匯報》1961 年 3 月 17 日。

蓋這幾個所謂「美的特性」的基本性質。其實早在歐洲中世紀，著名神學家托瑪士‧阿奎納就提出過「美有三個因素」即完整性、和諧性、鮮明性，與姚文元的四大特性，說法相差無幾，便比姚要深刻得多。早在古希臘和十八世紀英國經驗派美學中，多樣統一便一直被看作是美的基本規定，完全不需要姚文元把它裝扮成「革命美學」來推銷。如果把姚文元講的那些「一個公園的布置，就是體現出多樣性的和諧」，「在千差萬別的美的形象中，又因其統一性而表現出和諧」，等等，與西方美學中常講的「在本質美項下，可以列入和諧……和諧往往產生快感……這快感的基礎在於條件一致性」，「美仿佛在於一致與變化的變化率」（哈奇生）等等相對照，就可以發現姚的這些標榜為「無產階級的革命美學」究竟是些什麼了。這裡限於篇幅不能多談，讀者如有興趣，只要翻翻歐洲美學史，就可以找出姚的所有這幾個所謂美的「特性」是從哪裡和如何抄來的，而且抄得又是那麼拙劣，比起那些原本來，它要低級淺薄得多！原本還有某些心理現象的客觀描述，姚文元的贗品卻純粹是主觀任意的編造。然而，姚文元卻硬要為抄來的種種陳貨穿上一套「無產階級」的新裝，把它當作無往而不適用的「革命」美學的絕對標準。這與他日後作為「四人幫」用超時代的所謂「愛人民」、「反倒退」、「主張統一」等條條，來作為所謂「法家」的絕對標準到處套用，倒是完全一致的。所以說，他這一套由來已久，早有表現，只是日後更加發展了。

姚文元還有好幾篇「美學筆記」，都是如此。有的還美其名曰「藝術辯證法」，實際上「辯證法」在他那裡是種隨心所欲的主觀

詭辯。因為他的所謂「藝術辯證法」不過是從中國古書上抄下來的幾個現成的「對子」──「形與神」、「造化與心源」、「動與靜」（抄自中國古代畫論）、「曲折」與「端方」（抄自中國古代園林論著）、「聲與情」、「內與外」（抄自中國戲曲論著），如此等等。它們在姚文元那裡完全失去了社會歷史具體內容的分析，離開了事物、對象（藝術作品、藝術種類）作為一個矛盾發展的歷史過程的具體研究；姚文元主觀地、隨意地擺弄這些對子，一般地、抽象地談論什麼「形神兼備」、「動靜統一」、「聲情並茂」、「既曲折又端方」……，這就是所謂「藝術辯證法」。當然我們並不是說，不可以研究或闡述這些對子的某種對立統一關係，但離開這些對子（矛盾）的歷史內容，把它們說成就是什麼「藝術辯證法」，反說它們符合「今天的需要」，則完全是冒充和欺騙。實際上，在他筆下它們不過是些妄圖到處套用，以宰割藝術對象的框框條條罷了。它們絲毫無助於人們用美學基本原理和範疇去客觀地、歷史具體地分析藝術創作和研究藝術作品，與馬克思主義的辯證法則更是風馬牛不相干。馬克思主義強調的是具體問題具體分析，對各種具體藝術對象作歷史具體的分析研究，從中找出其對立統一和變化發展的客觀規律，即使是研究藝術的美學風格中的辯證關係或藝術領域內特有的辯證範疇，也總是不脫離各門藝術的歷史內容和一定時代、社會的審美感受和審美理想，不脫離它們所反映、所表現的特定的時代和階級的客觀社會性和發展過程的。黑格爾的《美學》是一部藝術辯證法的唯心主義著作，尚且不脫離作為歷史過程展開的藝術具體內容；而只要看一看馬克思、恩格

斯對巴爾扎克、歌德、席勒等人的矛盾兩重性的分析，看一看列寧對托爾斯泰的矛盾兩重性的分析，什麼是真正的馬克思主義的藝術辯證法，什麼是姚文元那種冒充的「辯證法」，不是涇渭分明了麼？前者從社會和藝術作品的實際出發，去發現作品或作家自身固有的矛盾，揭示藝術本身的具體的客觀規定性；後者純從主觀臆想出發，從古書中抄來幾個條條，作為一種超社會超時代的萬古不變的抽象公式，強加給藝術對象。它根本不去反映藝術的具體歷史過程和客觀內容，離開了這些藝術作品的特定性質，搞的純粹是一種空洞的規定，這不是辯證法的反面——形而上學，又是什麼？例如，講戲曲的聲與情，姚文元引用了「蓋聲者，眾曲之盡同，而情者，一曲之所獨異」後，便說「它指出聲是各個曲所共同遵守的規律，而情是每一曲所表現的特殊性」，「聲和情的統一，同時也是個性與共性的統一」，並說「話劇……就聲和情統一這一點上，都有共同的規律」。即是說，聲、曲是共性，情是個性，這是表演藝術——從戲曲到話劇所必須遵循的「辯證法」。姚文元完全甩開了中國戲曲與現代話劇是在不同時代、社會背景上產生，從而明顯具有很不相同的特殊規律。例如在中國戲曲裡，共性與個性相統一中偏於共性，現代藝術在這個統一中偏於個性等等特徵，而一概納在他這個「聲與情」的「辯證法」中，這個「辯證法」不是一種僵死不變的條條，又是什麼呢？「聲」怎麼一定是共性，而「情」則是個性呢？

列寧指出，概念的對立面的同一的靈活性，「如果加以主觀的應用＝折衷主義與詭辯。客觀地應用的靈活性，即反映物質過程

的全面性及其統一的靈活性，就是辯證法」。[10]姚文元講的「藝術辯證法」根本沒去反映藝術過程的全面性及其統一的靈活性，不是反映客觀實際的辯證法，而恰好是主觀任意地玩弄概念的對立面同一的靈活性。每個「對子」之間的對立統一的靈活關係在姚文元那裡，正是脫離客觀歷史過程，而主觀任意地加以擺弄的。他大講什麼動與靜、神與形……（其實還可以隨意加許多，如虛與實、白與黑、大與小等等），就都是這種「主觀的應用」概念的對立統一性的例證。所以，姚文元這種所謂「辯證法」，既是一種僵死不變的形而上學的條條，又是一種隨意變化、玩弄戲法的詭辯。它們倒是相輔相成的。作為形而上學的條條，是用來打人的棍棒；作為變戲法的詭辯，則是便於隨心所欲地為其政治目的服務的。

在「四人幫」的「儒法鬥爭」的理論中，當要批孔丘時，就說春秋時期是封建制戰勝奴隸制，孔丘頑固地在魯國、齊國維護或要求復辟奴隸制，因而遭到失敗。當要論證秦統一六國時，「四人幫」又說，秦與六國的鬥爭是封建制與奴隸制的鬥爭。原來，從春秋到戰國，過了幾百年，社會反而倒退了。孔丘時代的已成為封建制的國家到了孟軻時代和更後反而成了奴隸制了。可見，這種大講所謂矛盾、鬥爭的「辯證法」，不正是一種兒戲麼？辯證法在他們那裡，不是隨心所欲的變戲法又是什麼？哪裡有一點點客觀規定性？純粹以如何能滿足其主觀需要為轉移。當年姚文元

---

10 《列寧全集》第 38 卷，第 112 頁。

美學筆記中大講的「辯證法」也是這種貨色。就拿姚文元寫專文的建築藝術作個例子。姚文元在文章中談的建築藝術，基本上講的是純粹的形式美。但是他大概感到有些不妥，趕快加上幾句：建築物的美又「並不能由建築物本身的物質結構與藝術加工來決定，而是看它聯繫著、表現著什麼樣的社會生活」。例如，上海的高層樓房，當「老爺、帝國主義者坐在洋樓哈哈笑，這種情況下，人民怎麼可能對老爺、洋人住的樓房產生美感呢？」於是，這些大樓「當然只能是醜的事物」。但是，「解放前後的大世界（洋樓），房子結構沒有變。人民眼中，它從很醜的形象變成美的形象，是因為大世界中的整個生活變了樣……。」「上海城市中有一些舊時代建造的建築，……是醜的。但是我們生活在新的社會主義城市裡，……顯出美的形象。……人們感到的是社會主義城市的美，不是資產階級建築的醜」。總之，建築物本身絲毫不動，卻由醜變美了。但是，「在另一種情況下，當我們走過某一條靜靜的街道，分別地、冷靜地觀察每一所建築物的藝術結構時，……藝術形象是不美的」，又變成醜的了。這樣一來，同一個藝術作品或藝術對象（建築物），一會兒是醜的（解放前），一會兒是美的（解放後），再一會兒又是醜的（靜靜的街道），這不是在變戲法麼？它到底是美還是醜呢？它的美醜還有沒有客觀規定性？原來在姚文元的美學裡，這一切竟可以隨人們的主觀感受為轉移。姚文元講了那麼多的「藝術辯證法」，總起來倒不如這個例子可以典型地代表姚氏「辯證法」，代表這種主觀地玩弄對立統一的靈活性的詭辯論。事物和概念有其複雜的矛盾多方面性，但也有其質的相對

穩定的規定性。一個藝術作品或藝術對象，不管是詩文、美術或雕塑、建築，其美醜有其客觀規定性，並不隨人們一時的主觀感受、想像而任意轉移。所以姚文元這種「藝術辯證法」，除了暴露完全是詭辯論外，並無別的內容。

正因為是詭辯論，所以特別善於編造。《美學筆記》最後一篇是關於藝術分類的文章，這篇文章確乎是這種驚人編造的代表作。當年我曾批評此文，說：「……只有對這些問題有了具體的把握，才能具體地了解各門藝術中的典型的性質和特徵，才能深入地了解各門藝術的發展規律和趨向。這就要求對馬克思主義基本原理採取嚴肅鄭重的態度，要求真正嚴肅認真地研究藝術史的大量材料，真正科學地提出它的規律性的內容，而不能將馬克思主義庸俗化，誇誇其談，任意編造。」[11]姚這篇文章大講要用邏輯與歷史的統一作為藝術分類原則，但全文始終既無邏輯，又無歷史，也未說明他談的那些藝術種類是如何根據這個原則推斷出來的。相反，這篇文章中充滿的，是層出不窮的常識錯誤和不顧事實的主觀編造。什麼雕塑與繪畫「是從實用藝術中分化出來的」，什麼封建階級「在歌舞同詩、樂之間劃了深深的鴻溝」，「文學的充分發展較晚……是因為……只有當人類第二信號系統發展到比較精細地反映客觀世界的特徵時才能發展起來」，什麼舞蹈的亮相說明了與雕塑藝術的「銜接和聯繫」，什麼版畫是雕塑與繪畫的結合，什麼傀儡戲、皮影戲是雕塑、繪畫向戲劇的過渡，什麼音樂可以

---

11 參看本書〈典型初探〉。

「表現歷史事件」，什麼「繪畫較之雕刻有更大的抒情性」，等等，等等，表現了那種極其主觀、輕率和橫蠻的惡劣態度。當年令人吃驚不已，今日看來乃屬必然。他所謂的藝術辯證法，所謂的邏輯與歷史的統一，表面的確好聽，實際都不過是這種貨色而已。姚文元在美學領域內對藝術史所做的這種編造，比起「四人幫」一夥後來通過所謂儒法鬥爭對中國歷史所做的全面篡改、偽造，當然只是小巫見大巫，微不足道了。但冰凍三尺非一日之寒，如我們前面所說，仔細看看他當年在美學領域內演的這些醜劇，倒是有助於了解他日後結成「四人幫」時的表演。

 「革命」偽裝下的封建性實質

　　姚文元還有一個人們熟悉的特點，就是最喜歡喊革命口號。只要翻一翻他的那些大大小小的文章，幾乎沒有一篇不硬要貼上多而又多的革命詞句的。姚文元甚至在毫不相干的地方，也硬要添上些「革命」、「生活」、「勞動」、「人民」、「共產主義」的名詞，例如什麼「把綠色的植物遍布大地是偉大的共產主義的理想」之類的荒唐語句，便不一而足，令人肉麻而且頭痛。但姚文元就從來是憑這一套口號、詞句，嚇唬、欺騙、迷惑一些人，以掩蓋住他那思想上、理論上、政治上的目標、實質。

　　他的「美學」也是這樣。本來，從他的〈論生活中的美與醜〉到藝術分類文，全部「美學筆記」主要都是從表面形式上來分析美和規定美。儘管外加許多「勞動人民」、「革命生活」、「共產主義」的字眼，仍然改變不了他那些實用主義的美學規定：從幾個所謂「美的特徵」，到所謂藝術辯證法，到建築藝術美的解說，等等，無不如此。人們只要仔細查看一下，甩開他外加的那些「革命」詞句字眼，這一點就非常清楚。並且他這些美學規定，不但是抄自外國，而且又特別是承襲了中國古代封建主義的趣味，實質上是把封建地主階級士大夫的審美理想審美感受，原封不動地搬來，冒充為「馬克思主義美學」和「創造性的道路」的。例如，他把中國古代封建士大夫文人對山石的透、漏、瘦的審美要求，搬到整個園林建築上。古人是說：「言山石之美者，俱在透、漏、瘦三字。此通於彼，彼通於此，若有道路可行，所謂透也；石上有眼，四面玲瓏，所謂漏也；壁立當空，孤府無倚，所謂瘦也，⋯⋯始與石性相符」，明明講的是石頭。姚文元抄用上面這段話後，卻居然認為它「確實解釋了曲折多變而又配合適當的堆積形式所產生的形式美。這也解釋了我們為什麼會欣賞山洞，鐘乳石等自然景色的⋯⋯」並提出「上海的豫園」作為例證。這真是滑天下之大稽了。上海的豫園、欣賞山洞怎麼會是透、漏、瘦呢？這不是抄古書也抄得蠢劣莫明、謬誤百出麼？透、漏、瘦分明是中國古代封建文人的審美標準、藝術趣味，清楚地打著特定的時代和階級烙印，怎麼原封不動，全盤接受，搬到我們今天，作為所謂無產階級欣賞自然美和創作藝術品的美學標準和原則呢？這

種「革命」美學不是右到封建主義趣味上去了嗎？

姚文元還專門有一篇講所謂藝術作品對人民的作用的「美學筆記」。他在這篇文章裡，把藝術品對人民的作用分為三種，即思想教育作用、認識作用和美化作用。與美學有關的是美化作用。但是這個所謂「美化作用」究竟是什麼，姚文元雖然把文章寫得長而又長，連載了兩期雜誌，這個問題始終極其含糊。他含含糊糊說了許多什麼欣賞作用、感染作用、兩重性，等等，卻始終沒有也沒法說清楚。戳穿來說，這種與教育作用認識作用相割裂的「美化作用」，在姚文元那裡是種與快感相關、即姚所謂「娛悅性」相關的動物本能式的情感反應，儘管姚文元羞羞答答，不願如此說明。正是這種「美化作用」，在姚文元那裡實際上又是所有作用中最重要的，儘管姚文元遮遮掩掩不敢如此明說。但他終於指出，「三種作用之間」的關係是，藝術的政治、思想、道德等教育作用必須通過認識作用和美化作用來實現，而「作品的思想教育作用」對於美化作用只是一種反作用。可見美化作用是最根本的。而美化作用又不過是種不明不白、實質是動物本能式的情感反應或感染作用。可見，這種美學儘管裝飾得極端「革命」，認真看一看，其實質不是很清楚麼？包括這三種所謂「作用」，也並非姚文元所獨創。他自己說，「古代畫論曾指出過教育作用、認識作用、欣賞作用」，原來如此！從古代中國的畫論抄下來，貼上一些現代新詞句，就可以充當馬克思主義的「創造性的革命」美學賣出去，這不也太廉價了麼？然而事情就是這樣。

姚文元察顏觀色，看風使舵，利用寫文章大搞政治投機，以

圖高陞，實現自己的政治野心，是一貫的。他的「美學」也逃不脫這個慣性。1958年大躍進「破資產階級迷信」的時候，他趁機高喊美學界要來個「革命」。三年困難時期，他不喊這種美學「革命」了，卻成篇累牘地大抄死人，標準地販賣封建陳貨，那些講藝術辯證法，講所謂建築藝術的文章，充滿盡是這類東西。到1962年北戴河會議，強調要注意階級鬥爭，姚文元看勢頭不對，馬上搖身一變，又大講「同形式主義者劃清界限」，大喊「邏輯與歷史的統一」的「馬克思主義的原則」，同時又批判起別人是資產階級來了，他企圖以此來掩飾他剛剛大肆抄賣封建舊貨的無聊行徑。並且隨著1963年以後階級鬥爭形勢的發展變化，他從此再不發表他的美學筆記，戛然中止，趕緊剎車。姚文元是喜歡出集子的，這十來萬字的美學筆記為何多年不敢匯集出來，其中消息不是很明白嗎？姚文元是產生在我們這個時代和社會中的具有典型意義的一種知識分子標本。他是極善於窺伺時機和方向，隨政治氣候不斷改換衣裝以投機取巧的變色龍，美學只不過是他進行這種政治投機活動的一個領域，而且是一個比較次要的領域。但就是在這個次要的領域裡，也可以看出他不斷變換著的「革命」的「衣裝打扮」，1958年，他在這個領域裡，是氣勢洶洶地以革命美學的倡導者的姿態出現的，在三年困難時期，則換上一副慢條斯理、溫文爾雅的「學者」面貌，以後又趕快回到張牙舞爪的第一種面目。本來，他剛剛批評過許多人與朱光潛的爭論是「老是停留在概念上」，不行，是沒有「放下架子」。但過不了兩天，他卻與朱光潛爭論起作為「關於美學討論的幾個問題」的「反映論」

來，這就不屬「老是停留在概念上」了。原來，不讓別人點燈，只許自己放火，要別人「勇敢地放下架子」，是為了給自己勇敢地裝上架子。又例如，姚文元自己在論建築藝術的專文中剛剛說過，「建築同音樂有類似的地方，……它們可以運用聲音與建築物件配置形式特定的節奏，……創造藝術形式美」；在分類文中，卻又批起「資產階級美學家把建築叫做凝固了的音樂，純粹是從形式主義立論的」來了。而且在自己打自己嘴巴時，也仍然是臉不紅，心不跳，真是地地道道的一副文痞架式。

文痞架式，棍棒表演，實用主義和詭辯論，所有這一切在文化大革命中，姚文元是表演得淋漓盡致了。像他寫的《評陶鑄的兩本書》等大文，憑空立論，羅織罪狀，置人於死地而後已，等等，不就如此麼？他的這些「美學筆記」不過是這一切在文化大革命前的小小前奏曲，是他日後在政治—理論舞臺上的罪惡行徑的小小縮影。所以，姚文元的照相館美學體系，連同他的這些「美學筆記」，便不過是他在美學領域內鬧的一場不大不小的醜劇罷了。

二十三、形象思維再續談

註：本文據 1979 年一次講演整理，在收入本
　　書前未公開發表。

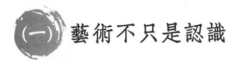

（一） 藝術不只是認識

目前關於形象思維的討論，可說基本有兩種觀點、兩派意見，這兩者我都不贊成。

第一派觀點可稱之為「否定說」，即公開或不公開地通過否認形象思維的存在，實際否定藝術創作的獨特規律，認為藝術創作就是「表象—概念—表象」或「具體（原始形象）—抽象（概念）—具體（典型形象）」這樣一個「認識過程」。所謂「形象思維」不過是作家、藝術家把認識到了的「思想」，用形象方式表達出來，因之它屬於第二個「表象」、「具體」階段。或者說，它（形象思維）乃是一種「表現方法」。此說主要代表當然是鄭季翹同志的著名論文。此外，有些同志雖也批評鄭文，但實際上（或不自覺地）持鄭文同樣觀點，是鄭的觀點的某種延伸或變形，如高凱、韓凌、舒煒光、王極盛諸同志的文章。[1] 可見，這並非個別人的看法，鄭季翹同志的文章是一種具有一定代表性的觀點。

但是，目前在討論中占主導地位的是反對鄭文的另一派意見，

---

1 高凱：〈形象思維辨〉，《社會科學戰線》1978 年第 3 期；韓凌、舒煒光：〈形象思維問題新探〉，《社會科學戰線》1978 年第 2 期；王極盛：〈何謂文藝的形象思維〉，《哲學研究》1978 年第 12 期。

另一種觀點，可稱之為「平行說」。即認為形象思維是一種與邏輯思維（或稱「抽象思維」、「理論思維」，下同）平行而獨立的思維。此說文章極多，似可推何洛[2]、蔡儀諸同志為代表。

鄭季翹同志曾以我為主要批判對象之一。我之不同意「否定說」，不說自明。我之不同意「平行說」，則可能某些同志未注意。但我在 1963 年的一篇文章中曾為此特地作過一個說明。這個說明全文如下：

「形象思維」作為嚴格的科學術語，也許並不十分妥貼，因為並沒有一種與邏輯思維相平行或獨立的形象思維。人類的思維都是邏輯思維（不包括兒童或動物的動作「思維」）。但已約定俗成為大家所慣用了的這個名詞，所以仍然可以保留和採用，是由於它的本意原是指創造性的藝術想像活動，即藝術家在第二信號系統滲透和指引下，第一信號系統相對突出的一種認識性的心理活動。它以邏輯思維為基礎，本身也包括邏輯思維的方面和成分，但並不等同於一般的抽象邏輯思維，而包含著更多的其他心理因素。在哲學認識論上，它與邏輯思維的規律是相同的：由感性（對事物的現象把握）到理性（對事物的本質把握）；在具體心理學上，它與邏輯思維的規律是不相同的，它的理性認識階段不脫離對事物的感性具體的把握，並具有較突出的情感因素。[3]

---

2 何洛：〈形象思維的客觀基礎與特徵〉，《哲學研究》1978 年第 5 期。
3 〈審美意識與創作方法〉，《學術研究》1963 年第 6 期，重點原有。

　　因我反對人類有兩種思維，不同意形象思維是與邏輯思維相平行而獨立的認識活動[4]，故又遭何洛等人的不點名的批評。

　　這兩種觀點、兩派意見中，到目前為止，我仍然認為，無論在理論上或實踐中，前一說（「否定派」）的問題要更嚴重。因為它實質上是取消了藝術創作的一些基本特徵、性能，必然導致創作中的概念化、公式化，這正是我們文藝的主要毛病。後一說則尚未見有何實際不良影響。因之在反對這兩種觀點時，我一直把重點放在前者。但有趣的是，這兩說雖說結論大異、相互對立，但在一些基本概念和立論基礎上，卻又是相同的，所以又可以放在一起來講。

　　在形式上，兩說有一個共同點。就是對「思維」一詞很少甚至從未作語義上的分析、探討，沒有分析「形象思維」這個複合詞中的「思維」，究竟是什麼意思，而只是「顧名思義」，以為既叫「形象思維」，就自然是一種「思維」。「否定說」不承認這種「思維」而「平行說」則堅持這種「思維」。「否定說」雖不承認形象思維，卻仍然認為藝術創作活動只是一種思維、認識，於是就把創作過程硬編排到邏輯思維的感性──理性公式裡去，要求藝術創作過程中也要有個抽象概念的階段，認為這才是「堅持了馬克思主義的認識論」。「平行說」則認為形象思維既是獨立於邏

---

4 關於原始思維、聾啞人思維、兒童運用語言前的思維諸問題，暫不在本文範圍內。簡略說來，思維中的抽象性和形象性是相對而言的，並無截然界線可劃。

輯思維的「思維」，於是便要在形象思維中去找出相當於邏輯思維的那一套規律、範疇，要去找形象思維的同一律、矛盾律[5]，等等。在我看來，「否定說」與藝術創作的實際經驗距離實在太遠，所以極難為文藝工作者所接受；「平行說」則在理論上的弱點太顯著，也很難為哲學工作者所同意。其實它們的共同處卻在：這兩說都未了解「形象思維」一詞中的「思維」，只是在極為寬泛的涵義（廣義）上使用的。[6] 在嚴格意義上，如果用一句醒目的話，可以這麼說，「形象思維並非思維」。這正如說「機器人並非人」一樣。「機器人」的「人」在這裡是種借用，是為了指明機器具有人的某些功能、作用等等。「形象思維」中的「思維」，也只是意謂著它具有一般邏輯思維的某些功能、性質、作用，即是說，它具有反映事物本質的能力或作用，可以相當於邏輯思維。所以才把這種藝術創作過程中的創造性的想像叫作「形象思維」，以突出這一性能、作用。[7] 在西文中，「想像」(Imagination) 就比「形象思維」一詞更流行，兩者指的本是同一件事情，同一個對象，只是所突出的方面、因素不同罷了，並不如有的同志所認為它們是

---

5 如周忠厚：〈形象思維和馬克思主義的認識論〉，《文學評論》1978 年第 4 期。

6 參看本書〈關於形象思維〉。

7 可見，採用形象思維這一術語，恰好是要求文藝去反映生活的本質、規律從而突出了文藝的理性功能，而不是如鄭季翹同志所批評的那樣是否認或降低理性。

不同的兩種東西。[8] 把藝術想像稱為「形象思維」，正如把音樂、舞蹈的表達方式稱為「音樂語言」、「舞蹈語言」一樣，是為了突出它們的內在法則（語法），其實「語言」、「思維」在這裡都是一種寬泛的涵義。

可見，我理解藝術創作中的「形象思維」，與「否定說」、「平行說」者不同，並不認為是獨立的思維方式，而認為它即是藝術想像，是包含想像、情感、理解、感知等多種心理因素、心理功能的有機綜合體。其中確乎包含有思維——理解的因素，但不能歸結為、等同於思維。我也不認為它只是一種表現方式、表現方法，而認為它是區別於「理論地掌握世界」的「藝術地掌握」世界的方式。無論是實質上否認這種「掌握」，把這種「掌握方式」歸結為、等同於或編派在一般邏輯思維的認識形式裡（「否定說」），或者是把這種掌握方式說成是與邏輯思維平行而獨立的思維、認識（「平行說」），我以為都是不對的。

兩派之所以如此，從根本上說，又有一個共同點，這就是把藝術看作是或只是認識，認為強調藝術是認識、是反映，就是堅持了馬克思主義認識論。「否定說」從這裡出發，把藝術創作過程硬行框入邏輯思維的認識圖式裡，從而否定形象思維，要求創作過程中必須要有一個抽象（或概念）階段。「平行說」從這裡出發，把創作過程、形象思維說成是認識，於是提倡兩種思維論。兩說的基本前提都在藝術只是認識。我認為，這個基本前提本身大可研究。從理論上說，馬克思主義經典作家並沒說藝術就是或

---

8 蔡儀：〈再談形象思維的邏輯特性〉，《上海文藝》1978 年第 4 期。

只是認識，相反，而總是著重指出它與認識（理論思維）的不同。
從實際上說，我們讀一本小說、吟一首詩、看一部電影、聽一段
戲曲，常常很難說是為了認識或認識了什麼。就拿讀《紅樓夢》
來說吧，無論讀前的目的、讀時的感受、讀後的效果，難道就是
認識了封建社會的沒落嗎？這樣，為什麼不去讀一本歷史書或一
篇論文呢？幾十年前，連「封建社會」這個名詞也不知道的人為
什麼也喜歡讀它呢？很明顯，《紅樓夢》給予你的並不只是、甚至
主要不是認識了什麼，而是一種強大的審美感染力量。審美包含
有認識──理解成分或因素，但決不能歸結於、等同於認識。要
認識一個對象，特別是要把這種認識提高到理性階段，仍然要依
靠科學和邏輯思維，這不是藝術所能承擔和所應承擔的任務。有
人常喜歡引用馬克思、恩格斯來講巴爾扎克、狄更司的小說對資
本主義的認識，但馬、恩研究、認識資本主義社會卻並不根據狄
更司、巴爾扎克，而仍然是去鑽研大英圖書館裡的藍皮書。可見，
馬、恩在這裡只是指出巴、狄等人的小說具有現實主義的真實性，
可以有某種認識作用，而並不是把它作為評價和欣賞藝術的唯一
標準，更不是說藝術的職能就在這裡。小說是認識性最強、邏輯
思維最為突出（文學的形式材料便是語詞、概念）的了，至於建
築、工藝、音樂、舞蹈、書法以至詩歌等，這些藝術並非認識，
就更明顯。一段莫札特，一軸宋人山水，一幅魏碑拓本……你欣
賞它，能說認識到什麼？相反，只能說感受到什麼。看齊白石的
小魚，感到很美，你認識了什麼？認識是幾條魚嗎？聽梅蘭芳的
戲，感到很美，認識了什麼？恐怕也很難說得出。包括電影、戲

劇、繪畫等等，看完之後，可以感受很多，情緒很激動，但要你
說出個道理，說明你的認識，卻經常可以是百感交集而說不出來。
欣賞如此，創作更然。《西遊記》、《長生殿》、《哈姆萊脫》已經創
作出來幾百年了，主題思想是什麼至今還在爭論。作品創作出來
後還搞不清它的主題思想，作家在創作時就反而能有更明確的認
識嗎？有的文章說「形象思維的頭一項任務是『思維』出……主
題思想」來[9]，這不就太難為作家藝術家了麼？當然，某些作品
在感受之後，的確發人深省，引人深思，使人繼續考慮、思索、
捉摸、研究，繼續進行純理智、邏輯的認識——思維活動。但這
種活動經常早已越出審美範圍，也並非藝術活動本身（創作或欣
賞）了。所以，把藝術簡單說成是或只是認識，只用認識論來解
釋藝術和藝術創作，這一流行既廣且久的文藝理論，其實是並不
符合藝術欣賞和藝術創作的實際的。

　　藝術包含認識，它有認識作用，但不能等同於認識。作為藝
術創作過程的形象思維（或藝術想像），包含有思維因素，但不能
等同於思維。從而，雖然可以也應該從認識論角度去分析研究藝
術和藝術創作的某些方面，但僅僅用認識論來說明文藝和文藝創
作，則是很不完全的。要更為充分和全面地說明文藝創作和欣賞，
必須借助於心理學。心理學（具體科學）不等於哲學認識論。把
心理學與認識論等同或混淆起來，正是目前哲學理論和文藝理論
中許多謬誤的起因之一。

---

9 賈文昭：〈試論形象思維的任務〉，《文學評論叢刊》第 1 期。

　　這種混淆，由來久矣。例如，把心理學講的感覺、知覺、表象到概念（思維）的區分與從感性到理性的認識論上的區分完全混同起來。其實，哲學認識論講的感性、理性是相對而言的，所以也才有如列寧所說「第一級本質」、「第二級本質」等日漸深入的認識過程。相對於 A 來說，B 是理性認識，相對於 C 來說，B 又只是感性認識。毛澤東說，太平天國對外國資本主義處於認識現象的感性階段，並非說太平天國對外國資本主義的認識不用概念、判斷、推理（思維）。同樣，運用了概念、判斷、推理（思維），也不一定就能獲得理性認識，達到對事物本質規律的把握。這就是說，不能把凡應用了思維的活動過程，就叫理性認識，反之就叫感性認識。有些政治家、科學家、軍事家……，憑以大量經驗為基礎的直覺能力，在好些場合下可以不假思索地立刻（或極快）發現、察覺或把握到事物、對象的本質規律，能說他沒有達到理性認識階段嗎？有些人苦苦思索甚至著書立說，卻始終如迷途的羔羊，不得要領，能說他達到了對該事物的理性認識嗎？可見，哲學認識論所講感性、理性的階段區分，不應同心理學上的表象、概念（思維）完全混同起來（當然我並不否認二者有一定聯繫）。這種完全混同，在哲學上必然流於經驗論的錯誤（只重視直接建築在個體感知上的較低級的理性認識）；在文藝上，則易陷於上述「否定說」，以認識替代藝術，用邏輯思維頂替形象思維。在實際上，藝術創作、形象思維主要屬於美學和文藝心理學的研究範圍，而不只是、也主要不是哲學認識論問題。

　　這裡，便自然有一個問題，美學是否是認識論呢？包括盧卡

契在內的國內外許多理論家都說美學即是認識論。我不大同意這看法。美學本身包括美的哲學、審美心理學、藝術社會學三個方面，美的哲學部分與認識論當然有關係，例如美感認識論問題等等，但整個美學卻並不能歸結於或等同於認識論。當然，認識論也可以有廣狹二義。例如黑格爾邏輯學講的那種認識論，包羅萬象，它本身也是本體論，不僅反映世界，而且創造世界。這樣廣義的認識論當然包括美學，然而它也包括倫理學、政治學、法學、經濟學、歷史學……，包括所有一切。所有這些學科都可以說是認識論。這也就是說，這包括處理人類認識兩個飛躍（從感性到理性再到實踐）的一切學科。這樣的認識論一般並不通用，日常用的仍然是狹義的認識論（即由感性到理性的「第一個飛躍」）。我認為，美學不能完全歸屬在這種意義（狹義）上的認識論範圍。因為，美學與倫理學等學科相似，它所處理的對象（藝術和自然的美、審美經驗……）主要是作用於或與人們的「第二個飛躍」有關。

藝術與認識的關係是一個大題目，遠遠超越本文範圍，需要專文和專著探討，這裡只能簡略地提出這個問題。總起來是說，藝術並不就是認識，不能僅僅用哲學認識論來替代文藝心理學的分析研究。而所謂在文藝領域內堅持馬克思主義認識論，我認為，則主要是指文藝和文藝工作者應該深入生活、反映生活（從感性到理性）、干預生活、服務於生活（從理性到實踐），是指這樣一條從群眾中來到群眾中去的馬克思主義唯物論的認識論路線，而完全不是要去製造「表象—概念—表象」的創作公式（「否定

說」），或去尋找不同於邏輯思維的獨立的形象思維規律　（「平行說」）。總之，不是把馬克思主義認識論一般原理作為框子硬套在文藝創作過程中，用它來頂替從而掩蓋、取消甚至否定文藝創作的具體規律。

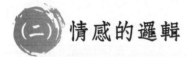

（二） 情感的邏輯

如果硬要類比邏輯思維，要求形象思維也要有「邏輯」的話，那麼，我認為，其中非常重要而今天頗遭忽視的是情感的邏輯，也就是我以前文章中提出的「以情感為中介，本質化與個性化同時進行」。

所謂「本質化與個性化同時進行」[10]，正是企圖從認識論角度來描述文藝創作的心理活動的特徵，即：藝術的創造性想像（形象思維）是離不開個性化的形象的，但它又不是日常形象無意義的堆積延伸，而確乎包含有「由此及彼，由表及裡，去粗取精，去偽存真」這樣一個過程，以達到對事物、對象、生活的本質把握、描繪、抒寫，但這樣一個認識過程，卻是處在多種心理功能、

---

[10] 有人說我已放棄此提法或此提法已被公認為錯誤，似與情況不符。我既從未放棄，也有文章至今表示贊同此說。

因素的協同組合和綜合作用中才取得的。其中，情感是重要的推動力量和中介環節。

多年來，一個很奇怪的現象，就是我們的文藝理論不但對文藝和文藝創作中的情感問題研究注意極為不夠，而且似乎特別害怕談情感。我在〈試論形象思維〉文中提出形象思維必須「包含情感」，就被鄭季翹同志斥為唯情論。其實，藝術如果沒有情感，就不成其為藝術。我們只講藝術的特徵是形象性，其實，情感性比形象性對藝術來說更為重要。藝術的情感性常常是藝術生命之所在。

中國古代許多著名散文，並沒多少形象性，好些是議論文章，但千百年卻仍然被選為文學範本供人誦讀。例如，韓愈的〈原道〉，「博愛之謂仁，行而宜之之謂義，由是而之焉之謂道，足於己無待乎外之謂德……」，完全是一派抽象議論。但讀韓文，總仍以這篇為首，它是韓文的代表。為什麼呢？讀這篇文章時，你可以感受到一股氣勢、力量，後人模仿、學習的也正是這種力量、氣勢，即所謂「陽剛」之美。這種美通過排比的句法、抑揚頓挫的節奏聲調等等「有意味的形式」顯露出來。它沒多少形象性，卻有某種情感性，正是後者使它成為文學作品。歐陽修有個著名故事。他為人作了一篇〈畫錦堂記〉的文章，原稿開頭兩句是「仕宦至將相，富貴歸故鄉」，文章送走已五百里，歐又派人把它追回，為了把這兩句改為「仕宦而至將相，富貴而歸故鄉」，增加了兩個「而」字。這兩句很難說有什麼形象可言，兩個「而」字是虛詞，更非形象。然而增加這兩個「而」字，卻使文氣舒緩曲折，

更吻合歐文特色的「陰柔」之美。這顯然也是有關情感性而非形象性的問題。魯迅有些雜文，並沒有許多具體形象，然而通過對某些事、某些人、某些歷史的敘述議論，或娓娓道來，或迂迴曲折，使人感到可笑可氣可嘆可憎，完全被吸引住了。貫串在這種似乎是非形象的議論、敘述中的，正是偉大作家愛憎分明的強烈的情感性的態度，這種態度深刻地感染、影響著人們，儘管它經常並不直接表露。藝術的情感性是一個十分複雜的問題，它可以有多種多樣的表現方式和呈現形態。

因之，外國好些美學理論常把藝術看作只與情感有關。例如科林伍德的情感表現說，鮑桑葵的使情成體說，蘇珊·朗格的情感符號說[11]，等等。這裡不能評介這些理論，但是我們不能因為他們誇張了藝術的情感因素，便因噎廢食而不敢談論情感。多年來我們這種盲目態度使文藝理論的研究工作非常落後。其實，我們的老祖宗卻早就重視了這個問題，如果拿先秦的〈樂記〉與亞里士多德的《詩學》對照，與後者著重於模擬、認識不同，〈樂記〉突出的恰好是藝術的情感性，這正是中國重要的傳統美學思想，以後在各種文論、畫論、詩話、詞話中也曾不斷被強調。

當然，並非情感的表現即是藝術。我生氣、高興並非藝術，在情感激動時也常常並不能進行創作。最快樂或最悲傷的時刻是沒法作詩的，創作經常是出在所謂「痛定思痛」之時。就是說，不是情感的任何表現、發洩便是藝術，而是要把情感作為對象（回

---

11 參看本書〈美英現代美學述略〉。

憶、認識、再體驗的對象）納入一定的規範、形式中，使之客觀
化、對象化。這也就是把情感這一本是生理反應（動物也有喜怒
等情緒）中的社會性的理性因素（對某種事物的喜怒哀樂的社會
涵義和內容）加以認識、發掘和整理。情感在這裡不但被再體驗，
而且還被理解和認識。但這種理解—認識並非概念性的認識，而
只是意識到自己的情感狀態並作為客觀對象來處理。這種處理也
就是通過客觀化的物質形態把它傳達出來。所謂客觀化的物質形
態，也就是通過想像所喚起的生動形象予以物質材料的表現。本
來，情感就是對各種各樣的具體事物的反應，它與事物及其形象
有直接的聯繫（「觸物起情」）。心理學說明，在人們的感知中，各
種對象、事物都常常塗上一層情感色調，運用在文藝中就更多了。
「淒風苦雨三月暮」，「落紅不是無情物，化作春泥更護花」，「感
時花濺淚，恨別鳥驚心」……。用「移情說」來解說美的本質，
認為美來源於人的感情外射，是錯誤的；但「移情說」在解釋藝
術創作和審美態度上，卻有其合理和正確的地方。藝術創作正是
通過形象、景物的描寫，客觀化了作家藝術家的主觀情感和感受，
使形象以情感為中介彼此連續、推移，「由此及彼，由表入裡」，
創造出特定的典型、意境來。

　　近來，好些文章喜歡用「比興」來解說形象思維，把「比興」
說成即是形象思維，但很少說明文藝創作為什麼要用「比興」。
「比興」為什麼就是形象思維的規律？在我看來，這裡正好是上
述使情感客觀化、對象化的問題。「山歌好唱口難開」，「山歌好唱
起頭難」，為什麼「起頭難」、「口難開」呢？主觀發洩感情並不

難，難就難在使它具有能感染別人的客觀有效性。情感的主觀發洩只有個人的意義，它沒有什麼普遍的客觀有效性。你發怒並不能使別人跟你一起憤怒，你悲哀也並不能使別人也悲哀。要就你的憤怒、悲哀具有可傳達的感染性，即具有普遍的客觀有效性，使別人能跟你一起憤怒、悲哀，就不容易了。這不但要求你的主觀情感具有社會理性內容，從而能引起人們普遍的共鳴，而且還要求把你的這種主觀情感予以客觀化、對象化。所以，要表達情感反而要讓情感停頓一下，醞釀一下，來尋找客觀形象把它傳達出來。這就是所謂「托物興詞」，也就是「比興」。無論在《詩經》中或近代民歌中，開頭幾句經常可以是似乎毫不相干的形象描繪，道理就在這裡。至於後代所謂「情景交融」、「以景結情」等等，就更是其高級形態了。總之，情感必須客觀化、對象化，必須有形式，必須以形象化的情感才能感染人們。從而，形象經常成了情感的支配、選擇的形式。而從形象方面看，這不正是「以情感為中介，本質化與個性化的同時進行」麼？不正是情感在或明或暗地推動著作家藝術家的形象想像麼？可見，從創作開始（「觸物起情」）到創作完成（「托物興詞」），情感因素是貫串在創作過程中的一個潛伏而重要的中介環節。它是與其他心理因素（感知、理解、想像）密不可分、溶為一體的，這正是藝術創作的基本特徵（關於生活、科學中的情感與藝術中情感的主要區別，我在〈形象思維續談〉文中已講，此處不贅）。

這裡就要說到想像了。有人否認想像在藝術創作中的獨特地位，認為科學也要想像，藝術於此沒有什麼不同。其實，兩者是

大不相同的。科學的想像是一種感性的抽象，它不要求形象個性的保持和發展，相反，它經常是要求捨棄形象的個性特徵，而成為一種不離開感性的本質化的抽象，形象在那裡實際上只起一種供直觀把握的結構作用，它的目標是康德所說的介乎感性與知性之間的「構架」(Schema)[12]，如動、植物標本掛圖，如建築的設計藍圖，地圖、圖解、模型等等，它的形成並不需要情感進入其中和作為中介。藝術想像則不然，它要求保持並發展形象的個性特徵，它的目標不是作為抽象感性的「構架」，而是具體感性的「典型」或「意境」。前者（「構架」）是指向或表達確定的概念、理論、思維、認識，感性的東西在這裡起支點、結構的功用，它只是用感性來表示共性、本質、規律、理性認識。人們並不停留在感性上，而是通過感性，直觀地把握住理性認識；後者（典型、意境）則並不表達或指向確定的概念、理論、思維、認識，感性在這裡不是結構、骨架、支點，而即是血肉自身。它並不直接表示共性、本質、規律，而是它本身即活生生的個性，它要求停留在這感性本身之上，在這感性之中來體會、領悟到某種非概念所能表達、所能窮盡的本質規律性的東西。因之，可以說，這種感性所表達的恰恰是概念語言、理性觀念、邏輯思維所不能或難以表述傳達的那種種東西，例如某種複雜的心境意緒、情懷感受，某種難以用簡單的好壞是非等邏輯判斷所能規範定義的人物、事件等等。葉燮說：「必有不可言之理，不可述之事，迂之於默然意

---

12 參看拙作《批判哲學的批判》第 4 章。

象之表，而理與事無不燦然於前者也」[13]，講的也是這個事實。
我們經常說「難以言語形容」，「剪不斷，理還亂」……，卻恰好
可由藝術想像的符號、象徵傳達出來，它們恰好是藝術的對象。
這種飽含情感、情感滲入其中的想像當然不同於科學的想像。可
是，與忽視情感因素相聯繫，我們文藝理論一個重大弱點是沒有
很好地去細緻區分、研究這兩種根本不同的想像，從而也就把「構
架」（科學想像的成果）與典型（藝術想像的成果）混同起來，在
理論上支持了各種概念化、公式化的作品，這種作品的形象正是
某種概念的構架，而絕非藝術的典型。

　　藝術想像以情感為中介的彼此推移，我在〈形象思維續談〉
文中已講，它的具體途徑多種多樣，有的很直接，如「問君能有
幾多愁，恰似一江春水向東流」，「白髮三千丈，緣愁似個長」，如
電影《青春之歌》結尾，用越來越高亢的人們所熟知的愛國救亡
歌曲，把那些似乎是亂七八糟的視覺畫面形象組織統一起來（恰
好點明主題：這不正是一支高亢的青春之歌麼？），又如畫家們畫
墨荷，等等。形象的推移、塑造並不合乎科學的真實，卻符合情
感的真實。情感通過形象客觀化、對象化，而形象也以情感為中
介而活動而推移加深了。有些形象想像的推移塑造看來似乎是理
性的，其實也仍然包含著情的中介。卓別林的許多傑作就是這
樣。像《摩登時代》開頭的「羊群－人群」的著名蒙太奇，像在
巨大機器背景下的渺小的人的視覺畫面，像主人翁發瘋地看見圓

───────────────

13 《原詩》。

東西就擰螺絲釘等等，都極為深刻地揭示了資本主義的異化，其本質化的思想深度並不遜色於理論著作，但其中都仍是以情感態度為中介環節而進行的。所以卓別林自己說：「……一次問我一個問題，作家寫劇本應抱什麼態度？應當是理智的，還是情感的？我以為應當是情感的」[14]，並認為藝術乃是熟練技巧加情感。卓別林的影片中的本質化和個性化（極為誇張的主人翁喜劇形象），仍是以情感為中介而同時進行的。

為什麼電影中常常看到表現愉快的對象或場景情節如小孩成長、苦難結束，便用鮮花怒放、春天來到；表現憤怒、哀傷便用風雨雷電……，這即是以情感為中介的藝術想像（類比聯想）的推移。但它們如用多了，用久了，其情感便褪色了，成為確定的概念公式，亦即成了一種邏輯思維的類比推理，這就不但引不起人們的審美愉快，反而成為討厭的了。俗語說，第一個用花比美人的是天才，第二個是蠢才。藝術家要不是蠢才，就要去尋求新的藝術創造、新的藝術想像和比擬。這「新」又仍然需要遵循以情感為中介的創作規律。「能憎能愛才能文」，沒有情感，休想搞創作；而要愛憎能化為文，還必須使自己的愛憎能通過形象的個性化與本質化的同時進行，而實現其對象化、客觀化。

不說像音樂、舞蹈、詩歌那種與情感關係密切的藝術，就以認識性極強、用語言文字為材料的小說創作來說，情感的中介作用也仍然很明顯。小說家經常沈浸在他所創造的那些人物、場景、

---

14 《卓別林自傳》。

情節和環境中，而對他所塑造的對象抱有各種具體、細緻的情感態度，像巴爾扎克之於他的那些寶貝人物，簡直如同對待真人一樣。也正因為這樣，正因為情感總是與具體環境、人物、事件、細節連在一起，它就總是具體、細緻、複雜、多方面的。對一個人可以既愛且恨，既欽佩又仇視，既嘲諷又同情……，這就不是用邏輯思維非此即彼的排中律或肯定、否定的矛盾律所能囊括，不是用理論認識所能作出是或否的評價，這才使巴爾扎克的創作能戰勝他的保皇黨的政治偏見和保守落後的世界觀體系。例如，巴爾扎克的中篇小說〈蘇城舞會〉，描寫一位小姐一心要嫁給貴族，她愛上了一位翩翩公子，然而後來發現他經營商業（並非貴族）而分手，最後只好落得個與她的七十多歲的外公（貴族）結婚的下場。巴爾扎克是擁護皇室、崇拜貴族的，然而在小說中卻對這種貴族狂的人物免不了情感上的嘲諷，而對他所輕視的商人資本家卻仍然很欽佩[15]，正如恩格斯所指出，「他（巴爾扎克）看到了他心愛的貴族們滅亡的必然性」，他「毫不掩飾地加以讚賞的人物，卻正是他政治上的死對頭」。偉大作家的情感的邏輯，他對具體人物的具體情感態度與現實生活的邏輯相一致，而與作家自己抽象的理性信念和邏輯思維則有距離和矛盾。前者是具體、複雜、多方面的，後者則雖明確而單純，二者並不相同。又如川劇《喬太守亂點鴛鴦譜》中的喬太守形象，糊塗之中仍有聰明（並

---

15 〈蘇城舞會〉創作略早於巴爾扎克正式當保皇派，但此例似仍適合說明巴爾扎克的思想情感特徵，當然還可舉別的許多例證。

不愚蠢），官氣十足又還善良（並不粗暴），作者對他大加嘲笑中
大有肯定（並不要打倒他），結幕時大家對他表示謝意。他那彎腰
撅屁股的可笑的答謝姿態，把這一切很好地表現了出來。而所有
這些，就決不是先用邏輯思維想好然後用形象表現出來，即所謂
「表象－概念－表象」的公式所可能做到。這仍是以藝術家對這
個人物的行為、個性的種種具體情感態度為中介，讓個性化與本
質化同時進行的結果。吉劇《包公賠情》中，在倫理（長嫂恩德）
與義務（國家法制）的尖銳衝突高潮中，包公一跪，嫂一扶，這
樣一個似乎相當簡單的動作和情節，卻使觀眾非常激動。這正是
藝術家隨劇情發展、情感衝突極為強烈所自然達到的個性化與本
質化同在的高度，也完全不是憑翻譯概念、認識所能創作的。可
見，形象思維離開了情感因素，離開了它的中介、推動作用，也
就沒有形象思維，也就沒有藝術創作。「否定說」和「平行說」關
於形象思維的大量文章，都相當忽視甚至根本不談情感問題，這
是很難令人理解的。

　　既然藝術非即認識，形象思維非即思維，那麼藝術想像或形
象思維中有沒有認識、思維呢？回答是：有。但這種認識、思維
或理解，由於與情感、想像、感知交融在一起，成為形象思維這
個多種心理功能綜合有機體的組成部分，就已不是一般的理性認
識、邏輯思維了。錢鍾書教授《談藝錄》有一段話說得很好：「理
之在詩，如水中鹽，蜜中花，體匿性存，無痕有味」。[16]水有鹹味

---

16 宋《西清詩話》中即有：「作詩用事要知禪家語，水中著鹽，飲水乃知鹽
　味」。

而並不見鹽，性質雖存而形體卻匿。這就正是文藝作品、文藝創作、形象思維中的認識、思維、理解的特點所在。其實，中國古代文藝非常懂得這一特點，講得也非常之多。例如，司空圖說：「不著一字，盡得風流，語不涉難，已不堪憂」（《詩品》），王夫之說：「興在有意無意之間」（《薑齋詩話》），葉燮說：「詩之至處，妙在含蓄無垠。思致微渺，其寄托在可言不可言之間，其指歸在可解不可解之會」（《原詩》），陳廷焯說：「所謂興者，意在筆先，神餘言外，若遠若近，可喻不可喻」（《白雨齋詞話》），如此等等。這都是說，藝術創作、形象思維、「比興」，是既包含有認識、思維因素（「理」、「意」），又非一般認識、思維所能等同或替代（「可言不可言」、「可喻不可喻」）。詩所以講究含蓄，文藝所以重視象徵、寓意，都是這個道理。文藝中（包括文藝創作和文藝欣賞）有認識、思維、理解，但決不是赤裸裸的認識、思維，也不是這種認識、思維穿上一件形象的外衣而已，而是它本身必須始終與情感、想像、感知交融在一起，在「可解不可解」、「可言不可言」、「若遠若近」之間，總之，仍是有味無痕，性存體匿。顯然這根本不是簡單地套上一般認識論的感性—理性框架即可充分說明，更不是用生造的「表象—概念—表象」之類的公式所能正確解說。藝術創作和藝術欣賞有其自身的心理學的規律和原則，其中，情感的「邏輯」占有重要地位，應該重視和研究它。

或忽視這種現象，但認為產生這種現象有一個基礎。也就是說，由於作家藝術家在日常生活中積累了大量的經驗、資料，有過許許多多的感受和思維，其中也包括了大量的日常邏輯思維甚至理論研究，正是以它們（自覺性的意識和邏輯思維）為基礎，在藝術創作中，才可能出現靈感、直覺等等非自覺性現象。這本是很普通的心理事實，科學和日常生活中也有這種現象。我所說的邏輯思維是形象思維的基礎，就是在這個寬廣涵義上說的。

這種說法有什麼意義？其意義就在於，肯定了「基礎」之後，形象思維自身的規律和其相對獨立性（不依存於邏輯思維的特徵）也就更明顯更突出了。這一點對藝術創作很重要。就是說，有了這個基礎後，藝術家一經進入創作過程，就應該完全順從形象思維自身的邏輯（包括上述情感的邏輯）來進行，而盡量不要讓邏輯思維去從外面干擾、干預、破壞、損害它。歌德有兩種詩人的說法，他認為，有一類詩人是從個別中看出一般，但毫不想到一般；另一類則從一般到個別，或從個別去求一般，個別不過是一般的例證。這其實也就是康德美學講的，是從確定的普遍（概念）去尋求特殊呢（相當歌德的後一類），還是從特殊去指向一種非確定的概念的普遍 （前一類），是有目的呢還是一種無目的的目的性？只有後者無目的的目的性才是審美的反思判斷力，前者屬於概念認識範圍的決定判斷力[17]，這一區分也為別林斯基所重視。從藝術標準和審美感染力說，為什麼岡察洛夫、屠格涅夫等人的

17 參看拙作《批判哲學的批判》第 10 章。

作品比思想遠為進步的車爾尼雪夫斯基（《怎麼辦》）、赫爾岑（《誰之罪》）、謝德林要成功？原因也在這裡。正如別林斯基評論赫爾岑作品時所敏銳指出，赫爾岑作品中理性的、思維的東西占了優勢。[18]而岡察洛夫等人卻恰好相反，作品完成了，但主題思想是什麼卻說不出來。當批評家（如杜勃洛留波夫）分析指出時，他們還或拒不承認（如屠格涅夫），或覺得驚奇（如岡察洛夫）：真是那樣的嗎？這說明這些藝術家在創作過程、形象思維中根本沒有用理論、邏輯思維去考慮、研究、探索，而只是憑自己的感受、情感、直覺、形象思維在創作和構思。這樣不但沒有壞處，而且大有好處。也只有這樣，才能完全避免概念化、公式化、理性化，才能創作出表達作者的真情實感和符合生活真實（如上節所說，這二者經常是連在一起的）的優秀作品來。

這也就是藝術創作中的所謂非自覺性問題。普列漢諾夫說：「別林斯基……曾經認為不自覺性是任何詩的創作的主要特徵和必要條件」。[19]別林斯基說：「顯現於詩人心中的是形象，不是概念，他在形象背後看不見那概念，而當作品完成時，比起作者自己來，更容易被思想家看見。所以詩人從來不立意發展某種概念，從來不給自己設定課題：他的形象，不由他作主地發生在他的想

---

18 「對於藝術的天性來說，理智是消失在才能、創作幻想裡面的……，反之，你主要的是思想的、自覺的天性，因此，在你，才能和幻想消失在理智的裡面」（《別林斯基選集》第 2 卷，中譯本，第 442 頁）。

19 《古典文藝理論譯叢》第 11 集，第 127 頁。

像之中……」。[20]「唯一忠實可信的嚮導，首先是他的本能，朦朧的、不自覺的感覺，那是常常構成天才本性的全部力量的……。這說明了為什麼有些詩人，當他樸素地、本能地、不自覺地遵從才能的暗示的時候，影響非常強大，賦予整個文學以新的傾向，但只要一開始思考、推論，就會重重地摔跌一跤……」。[21]十分注重思想性的杜勃洛留波夫也說，「藝術家們所處理的，不是抽象的概念與一般的原則，而是活的形象，觀念就在其中顯現。在這些形象中，詩人可以把它們的內在意義——這對於自己甚至是不自覺的，遠在他的理智把它們判明以前，就加以捕捉，加以表現。有時候，藝術家可能根本沒有想到，他自己在描寫什麼」。[22]曹禺在談他寫《雷雨》時曾說：「有些人已經替我下了注釋，這些注釋有的我可以追認——譬如『暴露大家庭的罪惡』——但是很奇怪，現在回憶起三年前提筆的光景，我以為我不應該用欺騙來炫耀自己的見地，我並沒有顯明地意識著我是要匡正、諷刺或攻擊什麼。也許寫到末了，隱隱仿佛有一種情感的洶湧的流來推動我，我在發洩著被壓抑的憤懣，抨擊著中國的家庭和社會。然而在起首，我初次有《雷雨》一個模糊的影象的時候，逗起我的興趣的，只是一兩段情節，幾個人物，一種複雜而又不可言喻的情緒。」[23]

---

20 《別林斯基選集》第 1 卷，中譯本，第 318 頁。

21 同上書，第 420 頁。

22 《杜勃洛留波夫選集》第 1 卷，第 248 頁。

23 《雷雨》1936 年序。

　　所有這些說的都是創作中的非自覺性，也就是形象思維中的非概念性。關於這一論點，當然很早就有人反對，例如皮薩烈夫就絕對否認藝術創作中有任何不自覺性的因素。此外如高爾基、法捷耶夫等也不很贊成。恩格斯也提到過所謂「意識到的歷史內容」。但我認為恩格斯此說並不一定與非自覺性矛盾，因此我仍然贊成別林斯基，認為文藝創作和形象思維中的這種非自覺性特徵很重要，值得深入探討研究。它經常是作品成功的重要保證之一。我們的文藝理論總是喜歡強調創作必須先要有一個明確的指導思想，主題要明確等等。我很不贊成。我主張作家藝術家按自己的直感、「天性」、情感去創作，按形象思維自身的規律性去創作，讓自己的世界觀、邏輯觀念不知不覺地在與其他心理因素的滲透中自動地完成其功能作用，而不要太多地想什麼「主題」、「思想」之類的問題。正如在形式上，讓自己已熟練掌握的藝術技巧自動地完成其功能任務。老實說，我認為即使正確的、馬克思主義的世界觀、政治觀點、理論思維也只能是基礎，而不能也不要去干預形象思維和創作過程，干預了不會有好處。因為，正確的邏輯思維也將使藝術從概念到表象，從一般到個別，容易導向或加入概念化的成分，這對藝術是不利的。自覺的先進思想並不能保證作品藝術上的成功。而只有當這種思想已化為作家的情感血肉時，它對創作才會有好處。藝術家和批評家可以有一定的分工，後者的任務在於去揭示作品的客觀思想內容和意義，前者於此可以是非自覺的（至少在創作過程中）。這也就是《滄浪詩話》講的「所謂不涉理路，不落言筌者，上也」。當然，這也並非說創作中沒有

任何的理智判斷、選擇、考慮……。演員表演時還有雙重性，知道自己是在演戲，冷靜的理智控制著角色的進入、情感的表達；欣賞者也知道自己是在看戲，而不是真人真事……，所有這些，當然都有自覺的理智成分。一切形象思維何莫不然。總之，作為基礎的邏輯思維，並不與非自覺性矛盾，相反，它為創作中的非自覺性提供了前提和條件。

　　承認和肯定非自覺性，必將引起「否認思想性」、「降低思想性」、「主張不要學習馬克思主義」等等的極大責難。但我認為，實際情況恰好相反。肯定文藝創作中的非自覺性，不僅不是降低文藝創作和藝術作品的思想性、傾向性，而且正是對它提出了更高的要求。形象思維既要求本質化與個性化同時進行，又要求非自覺地作到這一點，要求作家藝術家憑自己的「本能」、直感、「天性」，達到一般人用邏輯思維達到的認識高度，要求多種心理功能協同合作在不自覺的狀態中達到批評家用理智邏輯達到的科學分析的高度，這到底是更困難呢還是更容易？是要求更高呢還是更低？它要求進入創作過程之前的生活基礎、思想基礎（亦即邏輯思維的基礎）是更雄厚呢還是相反？不是很明白麼？只有這個基礎雄厚、正確、可靠，只有你在日常生活即進入創作過程前所感受、所認識、所積累的東西正確無誤、豐富真實，進入創作過程後在形象思維中才能自自然然地（亦即非自覺地）進行「以情感為中介的本質化與個性化的同時進行」。所以，提倡或主張作家藝術家憑自己的才能、直覺、「本能」、「天性」去創作，承認創作中的非自覺性，從馬克思主義哲學觀點來看，並不是降低而恰

好是極大地要求思想性，只是這種思想性不是直接地外在地用邏輯概念或公式干預創作，而是作為創作的基礎，溶化在創作之中，成為與情感、想像、感知合成一體的東西了。常常可以看到，作家苦思冥想、費盡心機的作品並不成功，而某些甚至是無意中的創作卻名垂千古。而後者卻絕非偶然或天賜，這仍然是以其創作前的全部生活、思想（邏輯思維）為雄厚基礎的。決沒有天外飛來的藝術。我所主張的基礎說的意義，也就在這裡。

這篇文章所有三點看法，估計會遭到激烈的非難、反對。我將堅持真理，歡迎批評。

後 記

在一些相識和不相識的同志熱情建議下，我編了這個集子，文章絕大部分是文化大革命前已發表的。這些相當幼稚的東西居然曾發生微末影響，今天還有人提及它，足見這塊園地的荒蕪和面貌之亟待改變。那麼，就讓這些東西作為鋪路的碎石，供開闢大道的科學車輪輾壓吧。

為保存歷史面目，盡量少作變動。雖作了好些字句刪削，但基本論點、論證、格局、例證均未變動，好些文章沒作改動，有的一字未易。各篇文字、材料重疊處亦未芟除。有必要說明的地方，添了一些補注、補記附在正文之下或之後。

嗚呼，朝華易逝，轉瞬中年；董茲舊編，益增懷想；願頌民主之晨曦，望宏文於來哲。

　　　　　　　　　　1978 年 9 月於社會科學院哲學研究所
〈形象思維再續談〉一文寫成於本集編定並初校之後，已無法插入集中，聊作補篇。意猶未盡，容後張揚。

　　　　　　　　　　　　　　1979 年 12 月校後記

論集續編

一、康德的美學思想

註：本文係拙作《批判哲學的批判》第十章的
　　主要部分，原載《美學》1979 年第 1 輯。

　　認識論（真）與倫理學（善）構成哲學兩大方面。前一方面
講自然因果的現象界，後一方面講「意志自由」的本體界。現象
與本體，也就是必然與自由、認識與倫理，在康德那裡，是彼此
對峙截然二分的。思辨理性（認識）雖不能達到倫理領域，實踐
理性（倫理）卻要作用於認識領域。實現這種作用使康德去尋求
這二者的中介，這個中介成為康德「批判哲學」的終結。康德寫
道，「位我上者燦爛的星空，道德律令在我心中」，自然與自由兩
大領域的溝通和統一卻在《判斷力批判》一書之中。

　　康德解決自然與社會、認識與倫理、感性與理性的對峙，統
一它們的最終辦法，是要找出它們之間的一種過渡和實現這種過
渡的橋樑。過渡本身是一個歷史的進程，由自然的人到道德的人。
但它的具體中介或橋樑、媒接，在康德那裡，卻成了人的一種特
殊心理功能，這就是所謂「判斷力」。康德說，「判斷力」並不是
一種獨立的能力，它既不能像知性那樣提供概念，也不能像理性
那樣提供理念。它只是在普遍與特殊之間尋求關係的一種心理功
能。康德又分判斷力為兩種，一種是《純粹理性批判》裡講的「判
斷力」，即辨識某一特殊事物是否屬於某一普遍規律的能力。在這
裡，普遍規律是既定的、現成的，問題在於它的具體應用於特殊
事例，這叫「決定的判斷力」。常常可以看到一些人博學多識，對
抽象的普遍規律（這可以學和教）很能理解，但就是不能具體應
用，不能具體辨一個事情是否屬於這個普遍規律，即不能下判斷，
就是缺乏這種決定的判斷力。另一種判斷力叫「反思的判斷力」。
與前者相反，在這裡，特殊是既定的，問題在於去尋找普遍。這

就是審美和目的論的判斷力。它不是從普遍性的概念、規律出發來判斷特殊事實，而是從特殊的事實、感受出發去尋覓普遍。康德說，「判斷的力量是雙重的，或者是決定的，或者是反思的。前者由一般到特殊，後者由特殊到一般，後者只有主觀的有效性，……」[1] 這是反思判斷力不同於決定判斷力之所在，也正是審美不同於認識之所在。康德認為，正是這種「反思的判斷力」，能夠把知性（理論理性即認識）與理性（實踐理性即倫理）聯合起來。它既略帶知性的性質，也略帶理性的性質，又不同於此二者。這種審美的反思判斷力涉及的是康德所謂「主觀合目的性」，所謂主觀合目的性的「主觀」，不是指個人主觀感覺，這沒有普遍必然性；恰恰相反，它強調的正是普遍必然性。這個普遍必然性不涉及任何概念和客觀對象的存在，只涉及客觀對象的形式與主觀感受（快或不快的情感），這種反思判斷力也就是審美判斷。

　　審美判斷的批判是《判斷力批判》的第一部分。這個部分作為沿用知、情、意心理功能三分法的中間環節，作為從認識到倫理的過渡，是前兩大批判的橋樑。不了解康德的整個哲學和關於判斷力整個學說，是沒法深入了解康德美學的。但另一方面，這部分又具有相對獨立的科學內容和價值，康德在這裡提出的論證了一系列美學根本問題，涉及了審美心理許多基本特徵。儘管康

---

1 《邏輯講義》第 81 節。

德對具體的藝術作品的審美鑒賞並不一定高強[2]，但由於比較準確地抓住審美經驗的形式特徵作深入分析，使他極大地超過了許多精細的藝術鑒賞家，在近代歐洲文藝思潮上起了很大影響，是美學史上具有顯赫地位的重要著作。例如，它比黑格爾的美學就更重要，影響也遠為深廣。

美的分析

康德思想方法上的一個基本特點，是善於捕捉具有本質意義的經驗特徵加以分析。在認識論，康德抓住幾何公理、牛頓力學這種數學和物理學中所謂普遍必然作為特徵，提出「先天綜合判斷如何可能」。在倫理學，康德抓住道德行為的特徵，提出區別於追求幸福的所謂「實踐理性」。在美學，康德則抓住了審美意識的心理特徵，提出了美的分析。康德整個哲學中，心理學成分很多，但始終居於次要地位，只有審美分析則是例外。儘管康德強調與心理學的經驗解釋根本不同，但這本書審美判斷力部分所謂相對獨立的內容和性質，實際正在它對審美心理所作的分析上。

---

2 如《判斷力批判》一書引為例證的作品便是相當平庸的。這一點不斷為後人渲染嘲笑，如說康德辭謝柏林大學請講詩學是有自知之明，等等，這是相當片面的。

　　康德所謂審美判斷力，也就是一般講的欣賞、品鑒、趣味(taste)。「趣味判斷就是審美的」。[3] 康德認為，判斷力既然與知性有關，「在趣味判斷裡經常含有與知性的相關」，[4] 所以可以運用認識論中知性四項範疇（即量、質、關係、模態）來考察審美判斷力，進行美的分析。康德從而把審美分為一、「質」：「趣味是僅憑完全非功利的快或不快來判斷對象的能力或表象它的方法，這種愉快的對象就是美的」。[5] 二、「量」：「美是無須概念而普遍給人愉快的」。[6] 三、「關係」：「美是對象的合目的性的形式，當它被感知時並不想到任何目的」。[7] 四、「模態」：「美是不憑概念而被認作必然產生愉快的對象」。[8]

　　第一點（質）主要是把審美愉快與其他愉快作重要區別。康德強調，作為趣味判斷的審美愉快，一方面不同於其他口味如吃、喝等欲望、官能滿足時感覺上的愉快。這種動物性的官能、感覺愉快只與一定的生理自然需要有關。另一方面，審美愉快也不同於例如做了一件好事後精神上感到的愉快。這種純理性的精神愉快只與一定的倫理道德有關。總之，生理的愉快和道德的愉快都

3　《判斷力批判》（以下簡稱《判》），中譯本，第 1 節。taste 譯欣賞、品鑒、趣味均不甚好，今從一般譯法。

4　同上書，第 1 節。

5　同上書，第 5 節。

6　同上書，第 9 節。

7　同上書，第 17 節。

8　同上書，第 22 節。

創作中的非自覺性

〈試論形象思維〉文中，我曾提出邏輯思維是形象思維的基礎，這一說法遭到平行說者的極大反對。在〈形象思維續談〉文中，我又強調指出：「這個提法不能作狹隘理解，就是說，不能理解為在任何藝術創作、形象思維之前，都必須先有一個對自己創作的邏輯思維階段以作為基礎。誠然，有些創作和形象思維是這樣的，例如寫一部長篇小說或多幕劇本，經常先擬提綱，確定主題，安排大體的人物、情節、場景、幕次等等很多邏輯思維。但是，即興創作，即席賦詩，甚至有時在夢中可得佳句，就不能這麼說了。其他藝術更是如此。因此，說邏輯思維作為形象思維的基礎，是在遠為深刻寬廣的意義上說的」。所謂「深刻寬廣的意義」，就是說，藝術家的邏輯思維，包括理論學習、世界觀的指導作用等等，都不是「急時抱佛腳」所能奏效，不是在創作之中或創作之前作番邏輯思維就能作為基礎的。恰好相反，在某種意義上，進行這種邏輯思維，不但沒有好處，而且經常有害處，有損或破壞形象思維的自然進行。五〇年代我在美學文章中特別強調美感的直覺性特徵，這也是形象思維的特徵（欣賞與創作並無萬里長城之隔，它們在心理規律上是相同和接近的）。藝術創作、形象思維中經常充滿了種種靈感、直覺等非自覺性現象。我不否認

與對象的存在有關，審美愉快或不快，作為肯定與否定（質的範疇），則只與對象的形式有關。即，不是某個對象的實際用途或存在價值，而只是這個對象的外表形象（形式），使人產生愉快或不快。康德由此認定，審美乃是超脫了任何（包括道德的或生物的）利害關係、對對象存在無所欲求的「自由的」快感。例如，欣賞一件藝術品與占有一件藝術品所產生的愉快便根本不同，只有前者才是審美的。例如一種使人官能滿足感覺愉快的「藝術」，也根本不同於真正給人審美愉快的藝術。根據康德哲學體系，只有既是感性又是理性的人，才享有審美愉快。可見，審美愉快正充分體現人作為感性和理性相統一的存在。審美既必須與對象的一定形式相關，是由對象的形式引起的感性愉快，不能僅由主體的純理性意志所引起，所以必須與一定的感性對象相聯繫。又因為審美只與對象的感性形式相關，不是與對象的感性存在有關，所以它又不與主體欲望的感性有關，而只與主體的理性存在相關。但它雖與主體的理性存在有關，又必須落實在主體的感性形式——審美感受上，是一種與理性相關的感性愉快。康德說：「樂、美、善，標誌著表象對快與不快的感覺的三種不同關係，由之我們區別出彼此不同的對象和表象它們的方法。……樂也適用於非理性的動物，美卻只適用於人，即既是動物的又仍然是理性的存在，——人不僅是理性（如精神）的，也是動物的。……善則一般適用於理性的存在」。[9]「一個自然欲望的對象，和一個由理性

---

9 《判》，第 5 節。

律令加諸我們的對象，都不能讓我們有自由去形成一個對我們是愉快的對象」。[10]欲念（動物性）的樂或倫理的善（理性）都被決定和制約於對象的存在（無論是作為動物吃喝的對象，還是作為道德行為的對象）和主體的存在（無論是作為感性生存的動物存在，還是作為道德行為的理性存在），只有僅涉及對象的形式從而使主體具有一種無功利的自由，才是審美的愉快，這就是說，是對象和主體存在形式而不是存在本身，構成審美的特殊領域。康德這個「美的分析」第一要點提出的，實際關係到人與自然的哲學問題，即作為主客體對峙的人（主體）與自然（對象），作為主體自身內部的人（理性）與自然（感性）的統一。所以它既是一個美學問題，又是一個重大的哲學問題。

在前兩個《批判》，按分析篇範疇表次序，本是量先質後，在這裡，未加說明便把「質」擺在第一。後代的研究注釋者也很少說明這是什麼道理。在我看來，這是由於問題本身所具有的上述重要意義，使康德不尋常地打破了自己立下的常規。康德的《判斷力批判》所以比黑格爾的藝術哲學無論在美學上或哲學上影響都更為深廣，從根本上說也是這個原因。然而，康德企圖在傳統美學內來統一人與自然、理性與感性、倫理與認識的對立，卻是不可能實現的，這在本文後部要詳細講到。

第二點（量），主要是指出美不憑概念而能普遍地引起愉快，即審美要求一種普遍必然的有效性，如同邏輯認識中的概念判斷

---

10 同上。

一樣。但概念認識的普遍有效性是客觀的，審美判斷要求的普遍
有效性卻是主觀的。並正是這種主觀的普遍有效性，才使審美作
為趣味判斷與其他感官口味的主觀判斷區別開來。後者不要求這
種普遍有效性。例如，你說蘋果好吃，我說蘋果不好吃，這可以
並行不悖，並不要求統一，即不要求你的這個判斷必須具有普遍
有效性。審美則不然，說一個藝術作品美或不美，就像認識一件
事物是否真一樣，是要求公認其普遍有效性的。口味是沒有什麼
可爭論的，趣味卻有高低優劣之分。審美雖單稱（「就邏輯的量的
範疇說，所有趣味判斷都是單稱判斷」）而須普遍（「趣味判斷本
身帶有審美的量的普遍性，那就是說，它對每一個人都有
效」[11]）。正因此康德稱之為「判斷」。審美被稱作判斷，與判斷
一詞連在一起，這在美學史上是一個獨特的發展。

　　判斷在先還是愉快在先，是由愉快而判斷，還是由判斷生愉
快，在這裡便是要害所在。康德說：「這個問題的解決對於審美判
斷是一把鑰匙」。[12]因為如果愉快在先，由愉快而生判斷，這判斷
便只是個體的、經驗的、動物性的，只是一種感官愉快。例如因
吃得滿意（愉快在先）而認為對象是好吃的，對象「真美」（判斷
在後），這就不是審美。這裡所謂「真美」只不過是種滿足官能、
欲望的快感而已，並不是美感。只有判斷在先，由判斷引起愉快，
才具有普遍性，這才是審美。因為愉快作為一種主觀心理情感，
本身不能保證其普遍性。審美的普遍性只能來自判斷。但審美判

---

11 《判斷力批判》第 8 節。

12 同上書，第 9 節。

斷又不同於邏輯判斷，它的普遍性不能取自概念，由概念並不能導至審美，產生審美愉快。例如，一個人對一個對象（例如一朵花）感到美，他下了「這朵花真美」這樣一個審美判斷。這種判斷表面上很像邏輯判斷，即好像認識到美是這朵花的一種客觀屬性，好像這個人運用的是一般知性概念，並且要求別人也同意於他，要求這個判斷具有普遍有效性，像一般的邏輯判斷一樣。但實際上並不如此。審美判斷如前所指出，只是人們主觀上的一種快感，根本不是邏輯認識。你不能強迫一個人和你一樣感到這朵花美，儘管你說上千言萬語來啟發說服他，或者儘管他口頭上、思想上也同意你的判斷，但他是否能感到這朵花美，是否能對這朵花作出肯定的審美判斷，即產生審美愉快，便仍然是個問題。顯然，並不能從道理上、思想上，說服一個人，使他感受到美。因此，康德在這裡強調的是，審美判斷要求的普遍性，如大家都感到這朵花美，在根本上不同於邏輯判斷那種客觀認識的普遍性。邏輯認識純粹是知性的功能，由範疇、概念所決定。審美判斷則不然，它雖然要求普遍有效，卻仍然只是一種人們主觀上的感性感受狀態（即美感），不是由範疇、概念所能直接規定。它包括概念活動於其中，卻不能等同於概念活動，它是多種心理功能的共同運動的結果。康德說：「這種判斷之所以叫做審美的，正因為它的決定根據不是概念，而是對諸心理功能活動的協調的情感……」[13]，「這種表象所包含的各種認識功能在這裡是處於自由

---

13 《判》，第 15 節。

活動中，因為沒有確定的概念限制，使它們在某一特定的認識規則下。因此，在這表象中的心情，必然是把某一既定表象聯繫於一般認識的諸表象功能的自由活動的感情……」[14] 即是說，審美判斷不是如一般邏輯判斷那樣有確定的知性範疇（如因果等等）來規範、束縛想像，使它符合於一定的概念，產生抽象的知性認識；而是想像力與知性（概念）處在一種協調的自由運動中，超越感性而又不離開感性，趨向概念而又無確定的概念，康德認為，這就是產生審美愉快的原因。「只有想像力是自由地喚起知性，而知性不藉概念的幫助而將想像力放在合規律的運動中，表象這才不是作為思想而是作為一種心情的合目的性的內在感覺把自己傳達出來」[15]，這才是審美愉快。可見審美愉快是人的這許多心理功能（主要是想像和知性）處在一種康德所謂「自由」的協調狀態中的產物，所謂「自由」，即二者（想像力與知性）的關係不是僵死固定的，而是處在非確定的運動之中。這也就是這種反思「判斷」的具體涵義。正因為此，它就既不同於任何感官的快樂，也不同於任何概念的認識。「這朵花很香」、「這朵花很美」、「這朵花是植物」，便分別屬於感官「判斷」（無普遍性）、審美判斷（主觀普遍性）與邏輯判斷（客觀普遍性），第一是快感，第二是審美，第三是認識。

　　前面講審美的「質」的特徵是「非功利而生愉快」；這裡講

---

14 《判》，第 9 節。

15 同上書，第 40 節。

「量」的特徵是「無概念而趨於認識」（有普遍性）。愉快總與人
的利害相關，普遍性總與概念相關。審美恰恰與此相反，這樣就
突出地揭示了審美心理形式的矛盾特殊性。如果說，「質」突出了
人與自然的關係問題；那麼「量」則突出了這一問題的心理方面。
前者更多是哲學問題，後者則更多是心理學的科學問題，即審美
的心理功能究竟是怎樣的，它的特殊性何在。[16]

　　第三點（「關係」），本來，目的或合目的性總以一定概念為依
據。它或者是外在的目的，如功用；或者是內在的，如倫理的完
善。前兩點指出，審美既與功利或倫理關係，又沒有明確的概念
邏輯活動，從而就與任何特定的目的無關。另一方面，作為想像
力與知性趨向某種未確定概念的自由運動，審美又具有一種合目
的的性質。它不是某個具體的客觀的目的，而是主觀上的一般合
目的性，所以叫沒有具體目的的一般合目的性。又由於這種合目
的性只聯繫對象的形式，是一種形式的合目的性，所以又叫沒有
目的的合目的性形式。康德曾舉例說，看見一匹馬長得壯健均勻，
軀體各部分的構造有機地相互依存，使人覺得具有適應於生存等
特定的客觀目的，這就不是審美判斷，即不是沒目的的目的性，
而是有目的的。但如看見一朵花，除了植物學家知道它的組織結
構各部分的特定的目的功能外，作為欣賞者是不需要也不會覺察
這種特定的客觀目的的，它所喚起的只是一種從情感上覺得愉快

---

16 這特殊性也是藝術創作和欣賞的中心問題，中國美學講得極多。《滄浪詩
　話》所謂「不落言筌，不涉理路」等等，就是說的這個道理。

的主觀的合目的性，也就是說，對象（花）的形式（外在形象）完全符合人的諸心理功能的自由運動，這就構成了美的合目的性。這種目的性正是沒有特定具體的客觀目的的主觀合目的性形式，這才是審美判斷。康德說：「一個對象，一片心境甚或一個行動可稱作合目的的，雖然它的可能性並不必然地以一個目的表象為前提，……因而可以有沒有目的的目的性，只要我們並不把這個形式的原因歸到意志，而只是通過溯源到意志，使它的可能性的解釋對我們是可理解的。並且，我們對於所察覺到的事物（關於它的可能性），並不總是要從理性的觀點去認定它。我們至少可以依據形式察覺到一種合目的性，並不去把它放在一種目的上，……」。[17]這個「沒有目的的合目的性」是康德「美的分析」的中心，正如「關係」範疇是邏輯認識的中心一樣。就哲學說，目的與「無目的的目的性」確乎不同，後者對內具有各部分相互依存的有機組織的整體涵義，對外又具有並不從屬於某一特定目的的廣泛可能性的涵義，它的確形成了一種獨特的「關係」，實際上是人與自然相統一的一種獨特形式（詳後）。就美學說，所謂「非功利而生愉快」、「無概念而趨於認識」，也就是「無目的的目的性」的意思，即它既不是目的（功利，有概念），而又是合目的性（與倫理、認識又均有牽連）。「非功利」、「無概念」這兩個最重要的審美心理的特徵，英國經驗論美學都已提出過[18]，康德把

---

17 《判》，第10節。

18 朱光潛：《西方美學史》：「就康德個別論點來說，它們大半是從前人久已

前人從經驗描述上提出的這些審美心理形式特徵，集中、突出並總結在「無目的的目的性」這樣一個哲學高度上，作為美的分析的中心，以與《純粹理性批判》《實踐理性批判》相聯繫，完成了他的哲學體系。也正是在這第三點（關係）內，康德提出了「美的理想」問題，即美作為理想與目的的關係，使這個中心十分突出。

第四點（「模態」），如前所述，審美既不是認識，沒有概念構造，是一種「不能明確說出的知性規律的判斷」，但又要求具有「普遍有效」的可傳達性，那它如何能作到這點呢？也就是說，審美判斷究竟是如何可能的呢？並且它不只是可能性和現實性，而且要求必然性（模態範疇），其依據是什麼呢？這種必然性既不能來自概念認識，又不能來自經驗（經驗不可能提供必然，如認識論所已指明），又如何得來呢？康德最後假定有一個先驗的「共通感」。他說：「只有在假定共通感的前提下（這不是指某種外在感覺，而是指諸認識功能自由活動的效果），我們才可以下審美判斷……」。[19]

假設一個「人同此心，心同此理」（此理又是非可言說的）的所謂先驗的「共通感」，作為審美判斷具有普遍必然性的最後根

提出過的。姑舉幾個基本論點為例：美不涉及欲念和概念、道德，中世紀聖・托瑪士就已明確提出，近代英國哈奇生和德國的曼德爾生也有同樣的看法……」（下卷，第 12 章）。細節可參看 J. Stonitz〈論審美非功利的來源〉一文（《美學與藝術批評》雜誌 1961 年冬）。

19 《判》，第 20 節。康德所謂認識功能即是心理功能，常常二者混同使用。

基，顯然是主觀唯心主義的觀點。但重要的是，康德把這種「共通感」與「人類集體的心理性」即社會性聯繫了起來。他說：「在共通感中必須包括所有人共同感覺的理念，這也就是判斷功能，因它在反思中先驗地顧及到所有他人在思想中的表象狀態，好像是為了將它的判斷與人類的集體理性相比較，從而避免出於主觀自私條件（這是容易被當作客觀的，對判斷可產生有害影響）的幻覺」，[20]「美只經驗地在社會中才引起興趣。如果我們承認社會衝動是人的自然傾向，承認適應社會嚮往社會即社會性，對於作為注定是社會存在物的人所必須，屬於人性的特質，我們也就不可避免地要把趣味看作是判斷凡用以傳達我們的情感給所有他人的任何東西的一種能力⋯⋯」[21]，康德並舉出「被拋棄在孤島上的個人不會專為自己」去裝飾環境和自己作為例子，來說明審美的所謂「共通感」。康德在審美現象和審美心理形式的根底上，發現了心理與社會、感官與倫理亦即自然與人的交叉。這個「共通感」不是自然生理性質的，而是一種具有社會性的東西。如果聯繫康德講歷史理念時提出的先驗社會性，便可看出，康德這裡的社會性比前兩個《批判》是更為具體了，它不只是先驗理念，而且還是感性的，感性總與具有血肉身軀的個體（人）相聯繫。這就是說，它既是個體所有的（人的自然性），同時又是一種先驗的理念（人的社會性），它要求在個體感性自然中展示出社會的理性

---

20 《判》，第 40 節。

21 同上書，第 41 節。

的人。康德這種普遍人性論已經很不同於法國唯物主義的自然人
性論，也不同於黑格爾傾向於抹煞個體和感性的精神人性論。它
要求自然與人、感性與理性在感性個體上的統一。這一點非常重
要。當然，歸根到底，這也還是一種抽象的人性論。這種所謂先
驗的「社會性」、「共通感」，在現實中是不存在的。現實生活中只
有歷史具體的人性、社會性，並沒有這種超歷史的先驗「共通
感」。但康德從哲學高度，把審美的根源歸結為社會性，卻是不容
忽視的。

　　總起來，從美學史角度看，康德的美的分析如同他的認識論
和倫理學一樣，一方面反對英國經驗主義美學將審美當作感官愉
快（博克等人），另一方面又反對大陸理性主義美學將審美當作對
「完善」的模糊認識（沃爾夫、鮑姆加同[22]），又企圖把兩者折中
調和起來。康德在調和結合上述兩派美學的同時，也就給自己認
識與倫理雙峰對峙的哲學體系的兩岸之間，架設了審美判斷力的
過渡橋樑。在審美判斷這座橋樑之內，「美的分析」和「崇高的分
析」，「美在形式」和「美是道德的象徵」，又是它的彼此不同的兩
端，是整個過渡中的兩步。也就是說，過渡中還有過渡，這座過
渡橋樑在康德美學本身中又錯綜複雜地表現為：由美到崇高，由

---

22 沃爾夫認為他的哲學只處理能用詞說出的明晰概念和人的高級功能，審
　美被認為只屬於人的感性功能，從而是低級的，同時它不能用詞明晰表
　達出來，所以排斥在哲學門外。鮑姆加同認為美學是處理感性認識的完
　善，從而補充了沃爾夫體系不講美學的空白。

純粹美到依存美，由形式美到藝術美的過渡。

崇高的分析

　　崇高（或壯美）是審美現象的一種。飄風驟雨、長河大漠、
洶湧海濤、荒涼古寺、粗獷風貌、豪狂格調……，面對這種種對
象，審美心理的結構形式有其特殊性：在愉快中包含著痛苦，在
痛感中又含有愉快。歐洲自古羅馬郎吉弩斯到古典主義布阿洛講
崇高，本都主要指文章風格，如豪放格調。到十八世紀英國，崇
高用於上述自然對象，作了一些經驗的和心理的描述。例如有人
認為這種感受中包含恐懼（博克[23]），大陸也有人說這種感受是先
壓抑後提高（文克爾曼），等等。康德把這種表面的經驗描述提到
哲學理論上來論證，使崇高作為審美形象引起了巨大注意，特別
是恰好配合了當時剛興起的歐洲浪漫主義的思潮。對後代文藝起
了重要影響。康德認為，「崇高」對象的特徵是「無形式」，意即
對象的形式無規律無限制，粗獷荒涼，表現為一種體積上的「無

---

23 康德非常讚賞博克對美與崇高的區分，但指出這只是經驗的、心理學的，
　須要作出先驗的規定。康德自己在前批判期也從經驗觀察角度專門寫過
　優美與崇高區別的專論，生動活潑地列舉了大量經驗現象，指出二者不
　同特徵。在那裡，審美與道德還是混在一起談論的，其中，崇高則已有
　優美加道德的涵義。

限」廣大（如星空、大海、山岳等等），這是數量的「崇高」；或者表現為一種力量上的「無比」威力，「凸露的、下垂的、好像在威脅著的峭石懸岩，烏雲密布天空挾著雷電，帶著毀滅力量的火山，颶風帶著它所摧毀的廢墟，驚濤駭浪的無邊無際的大海，巨大河流的高懸瀑布，諸如此類」[24]的景象，這是「力量的崇高」（這兩者實質相同，由於康德要納入他所喜愛的數學、力學二分法的「建築術」而分設）。

康德認為，「數量的崇高」由於自然對象的巨大體積超過想像力（對表象直觀的感性綜合功能）所能掌握，於是在人心中喚醒一種要求對對象予以整體把握的「理性理念」，但這種理性理念並無明確內容和目的，仍只是一種主觀合目的性的不確定的形式，所以仍屬審美判斷力的範圍。在「力量的崇高」中，審美心理感受的矛盾更加清楚，即一方面是想像力無力適應自然對象而感到恐懼，另一方面要求喚起理性理念（人的倫理力量）來掌握和戰勝對象，從而由對對象（自然）的恐懼、畏避的（否定的）痛感轉化而為對自身（人）尊嚴、勇敢的（肯定的）快感。如果說，美是想像力與知性的和諧運動，產生比較平靜安寧的審美感受，「質」的因素更被注意，「崇高」則是想像力與理性的相互爭鬥，產生比較激動強烈的審美感受，「量」的因素更為顯著，這也就是在感性中實現出理性理念，顯現出道德、倫理、人的實踐理性的力量。康德說：「自然力量的不可抵抗性使我們認識我們自己作為

---

24 《判》，第 28 節。

自然的存在物，生理上的軟弱，但同時卻顯示出我們有一種判定獨立於自然，優越於自然的能力，……從而，我們身上的人性就免於屈辱，儘管個體必須屈從於它的統治。這樣，在我們的審美判斷中，並不是由於它激起恐懼而判斷為崇高，而是由於它喚醒我們的力量（這不是自然的），把我們掛心的許多東西（財產、健康、生命）看得渺小，把自然力量（上述那些東西無疑是屈從於它的）看作不能對我們作任何統治。……心靈能感到，比起自然來，自己使命更具有崇高性」。[25]「因此，對自然的崇高感就是對我們自己使命的崇敬，通過一種偷換辦法，我們把這崇敬移到了自然對象上（對我們自己主體的人性理念的崇敬轉成為對對象的崇敬）」。[26] 即是說，自然界的某種極其巨大的體積、力量，即巨大的自然對象，通過想像力喚起人的倫理道德的精神力量與之抗爭，後者壓倒前者而引起了愉快，這種愉快是對人自己的倫理道德的力量、尊嚴的勝利的喜悅和愉快。這就是崇高感。自然儘管可以摧毀人的自然存在及其一切附屬物（生命、財產等等），這些東西在自然威力下只有屈從。但它卻不能壓倒人的精神、道德和倫理，相反，後者卻要戰勝前者，所謂崇高感就正是對主體這種倫理道德的精神力量在與自然力量相劇烈抗爭中，所引起的感情和感受。但這種感情又還不是真正的道德感情，它仍然是對自然景物的形式的趣味判斷。即自然力量（無論是體積也好，力量也

---

25 《判》，第 28 節。

26 同上書，第 27 節。

好）還只是以其無形式（無規則或無限巨大）的形式而不是以其
存在來威脅人（例如人是在觀賞暴風雨還不是真正處在暴風雨之
中），所以它還是屬於審美範圍。它仍是主觀合目的性的形式，還
不是倫理行為。但很明顯，這種審美感受、趣味判斷是趨向和逐
漸接近於倫理道德的。康德由「美的分析」轉到「崇高的分析」，
雖然仍在審美判斷力這個總的中介範圍之內，卻已由第一步邁到
第二步，即由認識功能（想像力與知性）的自由活動邁到倫理理
念的無比崇高，由客體對象走向主體精神，由自然走向人，這個
人已不偏重於個體感性的自然，而是偏重和突出具有理性力量的
社會本質了。

　　康德認為，由於與理性理念相聯繫，對崇高的審美感受必須
有一定的文化教養和「眾多理念」。「暴風雨的海洋本不能稱作崇
高，它的景象只是可怕。只有心靈充滿了眾多理念，才使這種直
觀引起感情自身的崇高，因為心靈捨棄了感性，而使它忙於與包
含更高的目的性的理念打交道」[27]，「事實上，如果沒有道德理念
的發展，對於有文化薰陶的人是崇高的東西，對於沒教養的人只
是可怕的」。[28]要能欣賞崇高，要能對荒野、星空、暴風、疾雨等
等產生美的感受，就需要欣賞者有更多的主觀方面的基礎和條件，
需要更高的道德水平和文化水平。總之，這是說，對美的欣賞只
須注意對象的形式就夠了。對崇高的欣賞，是要通過對象的「無

---

27 《判》，第 23 節。

28 同上書，第 29 節。

形式」（即不符合形式美的形式）喚起理性理念，亦即主體精神世界中的倫理力量。崇高比美具有更強的主觀性，美有賴於客觀形式的某些特性（如和諧），崇高則恰恰以客觀的無形式亦即對形式美的缺乏和毀壞，來激起主體理性的高揚，從而，在客觀「無形式」的形式中感受到的，已不是客觀自然而是主觀精神自身了。客體與主體、認識與倫理、自然與人，在康德哲學中本是分割對立的，在這裡就終於處在一種聯繫和交織中。康德認為崇高的對象只屬於自然界[29]，卻正是為了說明崇高的本質在於人的精神。

　　康德「崇高的分析」與「美的分析」一樣，是從心理特徵的現象學的描繪引導為唯心主義的哲學規定的。在康德那裡，崇高和美都不在客體對象，而在主體心靈；都不是客觀存在，而是主觀意識的作用。美、崇高都不是客觀的，而是主觀的；不具有客觀社會性，而只有主觀社會（意識）性。這與英國經驗論也與康德自己前批判期的著作如《自然通史與天體論》《對美和崇高的感情的觀察》，把美和崇高都當作客觀對象的自然屬性和關係恰好相反。但這並非倒退，而是一種前進，即注意了崇高、美與人的關係，突出了美和審美的社會性，雖然這種關係和性質，被唯心主義地歪曲了。

---

29 康德雖也以人工的金字塔作為數量崇高的例子，其著眼點仍在對象的巨大體積（自然物質的量），所以並不矛盾。

美的理想、審美理念與藝術

　　由美到崇高是認識到倫理在審美領域中的過渡，所謂「純粹美」到「依存美」，是這種過渡的另一形態。在講崇高之前，康德在美的分析中曾區別「純粹美」（「自由美」）與「依存美」。「純粹美」如花鳥、貝殼、自由的圖案畫，「框緣或壁紙上的簇葉裝飾」，以及無標題無歌詞的音樂，等等[30]，這是純粹的形式美。它充分體現了康德定下的美之為美的標準，最符合康德關於美的分析的幾個要點，如非功利、無概念、沒有目的等等。按理說，「純粹美」應該是康德的美的理想了。但是，有意思的是，情況恰好相反，康德認為，「純粹美」並不是美的理想，康德認為「美的理想」倒是「依存美」。所謂「依存美」，是指依存於一定概念的有條件的美，它具有可認識的內容意義，從而有知性概念和目的可尋。它包括了幾乎全部藝術和極大一部分的自然物件的美。即只要不是純粹以線條等形式而能引起美感的對象，如人體、園林、一匹馬、一座建築等等，就都屬於此類「依存美」。這種美以目的概念作前提，受它的制約，具有道德的以至功利的社會客觀內容。例如，一個人體、一匹馬所以是依存美，就因為由它們的形體而

---

30 《判》，第 16 節。

會想到形體構造的客觀目的。這就不僅有審美的愉快，而且還附加有理知或道德的愉快，這裡乃是「趣味與理性的統一，即美與善的統一」。[31] 康德認為，這對審美不但無害，而且有益。單從形式著眼，便形成「純粹美」的審美判斷；若考慮到目的，便形成「依存美」。一個對象可以從這兩個不同角度去欣賞，既可以作純形式如線條、構圖的觀賞（純粹美），也可以作涉及內容的觀賞（「依存美」），其審美感受也不盡相同。但是康德認為美的理想卻是後者。

在《純粹理性批判》中，康德所謂理想就是指理性理念的形象，理想與理性理念是不可分開的。在《判斷力批判》中，康德也說，「理念本意味著一個理性的概念，理想則是一個適合於理念的個體存在的表象」。[32] 理性理念本不是任何感性也不是任何知性概念可以表達的（見認識論），但能通過理想（個別形象）展現出來，它可說是非確定的理性理念的最高表現。康德認為，所謂美的理想，首先應與經驗性的一般範本相區別，所謂經驗性的一般範本，是指在一定範圍內經驗的共同標準。它基本上是一種平均數。「……想像力讓一個大數目的（大概每個人）形象相互消長……顯示出平均的大小，它在高與闊的方面是最大的及最小的形體的兩極端具有同樣的距離，這是一個美男子的形體」[33]，所

---

31 《判》，第 16 節。

32 同上書，第 17 節。

33 同上。

謂「增之一分則太長，減之一分則太短」，這種美的經驗性的範本
是由想像力所達到的形象標準，具有相對的性質，例如不同民族
有不同的經驗標準即有不同的美的範本，因之不同種族或民族便
有不同的美的範本。它不涉及什麼道德理念，完全是一種經驗的
準範。美的理想與這種經驗性的範本不同，因為它不是經驗標準，
而是要在個別形象中顯示出某種理性理念，儘管是某種並不那樣
明確和確定的理性理念。既然要顯現理性理念，就只有人才有此
資格。康德認為，如花朵、風景、什物很難說有什麼「美的理
想」。在認識論康德曾強調理性理念不在自然因果範圍之內，不是
科學認識的對象，而是在經驗範圍之外的道德實體。康德在美的
理想中也一再指出「美的理想，只能期之於人的形體，這裡……
在最高目的性的理念中，它與我們理性相結合的道德的善連繫著，
理想在於道德的表現……」[34]「按照美的理想的評判，便不單是
趣味判斷了」[35]，即它不再是純粹美，也不只是純粹的審美，而
是部分地具有理知性的趣味判斷。康德在講藝術之前，專門有一
節講「對美的理知性的興趣」，說，「……不但自然產物的形式，
而且它的現存也使人愉快」，「因此心靈思索自然美時，就不能不
發現同時是對自然感興趣，這種興趣是鄰近於道德的」。[36] 康德敏
銳地覺察到，欣賞大自然時所特有的審美愉快，不只是對形式的

---

34 《判》，第 17 節。

35 同上。

36 同上書，第 42 節。

審美感受，自然美不只是形式美，而且也包含有對自然存在本身的知性感受，亦即對大自然合目的性的客觀存在的讚賞觀念，這就超越了審美的主觀合目的性形式而趨向自然的客觀合目的性了。而自然的客觀合目的性則正是通向道德本體的橋樑。康德整個《判斷力批判》本就是要在感性自然（牛頓的自然因果）中找到一種與超感性自然即倫理道德（盧梭的人的自由）相聯繫的中介，這個中介在審美判斷（主觀合目的性），最終歸結為道德的主觀類比。有如知性範疇通過構架而感性化，成為認識，道德理念通過由「象徵」而感性化，成為審美。康德說，「趣味歸結乃是判斷道德理念的感性化的能力（通過二者在反思中的類比）」[37]，即自然景物類比於一定的理性觀念而成為美，於是康德作出了著名的「美是道德的象徵」的定義。例如白色象徵純潔，等等。中國古代藝術中的松菊竹梅象徵道德的高尚貞潔，與康德這裡講的意思倒相當一致。

在康德看來，藝術的本質就在這裡。藝術是「依存美」，不是「純粹美」（形式美）。可見，藝術並不等於美，它是在「無目的的目的性」即美的形式中，表達出理性，提供「美的理想」。康德在審美分析中提出「美的理想」，在藝術創作中則提出「審美理念」。二者實質上是一個東西，前者主要從欣賞角度、從「趣味判斷」角度提出，後者主要從創作心理、從所謂「天才」角度提出。它們都是指向道德的過渡。康德說，「所謂審美理念，是指能喚起

---

37 《判》，第 60 節。

許多思想而又沒有確定的思想，即無任何概念能適合於它的那種想像力所形成的表象，從而它非語言所能達到和使之可理解……」，「……在這裡想像力是創造性的，並且它把知性諸理念（理性）的機能帶進了運動，這就是，在一個表象中，思想（這本是屬於對象概念）大大多於所能把握和明白理解的」[38]，它是在有限形象裡展示出無限的理性內容。它所以叫理念，是因為它不是認識對象，不是知性範疇、概念所能窮盡或適用，而是指向超經驗超自然因果的道德世界；它所以又不是理性理念，是因為它不像理性理念那樣將個別與總體、想像（感性）與知性分割開。它是在有限形象（感性）裡展示出無限（理性），而非任何確定的概念所能表達或窮盡。一般理性理念雖超經驗但仍是確定的概念，審美理念卻不同，它是「意無窮」，即非確定概念所能窮盡。中國藝術中常講的所謂「言有盡而意無窮」，「羚羊掛角，無跡可求」，「味在鹹酸之外」，「意在筆先，神餘言外」以及「形象大於思想」等等[39]，也都是這個意思。康德認為，藝術要在死亡、愛情、寧靜等具體經驗意象中，展示出自由、靈魂、上帝……等超經驗的理性理念（道德），創造出一個「第二自然」。所謂「第二自然」也就是藝術顯得不像人為，其目的不是直接表露出來，而是如自然那樣，是一種無目的的合目的性的形式，才能引起審美感受。

---

38 《判》，第 59、49 節。

39 語言藝術（文學）中，從神話的多義性、不可理解性到「詩無達詁」，這種特徵也很明顯。

但同時，又知其為人為的藝術作品，所以這種感受更具有知性的目的的興趣，不同於欣賞真正的自然美、形式美。

　　藝術創作也是這樣，康德說：「想像力的這些表象叫作理念，部分是由於它們至少追求超越經驗界限的某些事物去尋求接近理性概念（知性理念）的表象，給予這些理性理念以客觀現實性的外貌，但特別是由於沒有概念能充分適合於作為內在直觀的它們。詩人試圖把不可見的存在的理性理念，天堂、地獄、永恆、創世等等實現於感性。他也處理經驗中的事例例如死亡、妒忌和各種厭惡、愛情、榮譽，如此等等，借助想像力，盡力趕上理性的活動以達到一種『最高度』，超越經驗的界限，把它們表現在自然中無此範例的完全性的感性之中」。[40]這並不是把理性理念等概念加上一件形象的外衣，恰恰相反，它是形象趨向於某種非確定的概念，這就是藝術創作不同於科學思維的特徵所在。康德把這叫作「天才」。康德認為科學無「天才」，只有藝術創作才有「天才」。[41]因為科學是知性認識，有一定的範疇、原理指引，有一定的可學可教的規範法則，任何人只要遵循這些指引，便都可作出成績。藝術作為審美理念的表現，卻是「無法之法」，無目的的目的性，它不可教，不能學，沒有固定的法則公式，純靠藝術家個

---

40 《判》，第49節。

41 在後來講課中，康德對「天才」的解釋和舉例廣泛得多了。他把發明的才能都視作「天才」，把牛頓、萊布尼茲都稱作「天才」（見《人類學》）。這當然是「天才」一詞的一般用法，不同於他用在美學中的特定涵義。

人去捕捉和表現既具有理性內容又不能用概念來認識和表達的東西，以構成審美理念，創造美的理想，成為既是典範又是獨創的作品。康德認為，這種不可摹擬的獨創性與有普遍意義的典範性，便是「天才」的兩大特徵。一般的理性理念雖不可以認識卻是可以思維解釋和言說的（見認識論），審美理念則是既非認識又不可思維、解釋和言說的，它只可感受和想像，它是在這種感性中展示出「超感性的基體」，這就是「天才」之所在。所以，康德講的「天才」不同於以後浪漫主義強調的超人的天資、神祕的天賦。他主要是指在藝術創作中通過「無法之法」即「無目的的合目的性」的審美形式展現道德理念的能力，亦即藝術創作中的獨特心理功能。康德認為，趣味比天才更重要，「如果在一作品上兩種性質的鬥爭中要犧牲一種的話，那就寧可犧牲天才」。[42] 因為趣味涉及美之為美的形式（即上面美的分析中講的那些條件），「天才」涉及的主要是理念內容。沒有前者，缺乏審美形式，根本不能成為藝術作品，沒有後者可以是缺乏生命力量和內在精神的藝術品。此外，康德的「天才」指的雖不是形式技藝的掌握，但他認為形式技藝卻是磨練、管束、訓育「天才」使之能構成藝術作品的條件。

可見，藝術以目的概念作為基礎，它要求有理性理念，通過「天才」的藝術創作而獲有審美的趣味形式，所以它不是純粹的審美活動。但它仍不是認識（科學思辨），也不是工藝[43]（實踐活

---

42 《判》，第 50 節。

43 這種工藝非指具有一定藝術創作性能的中世紀的手工技藝。

動），這兩者都是有確定的目的，為外在的確定目的服務（如工藝產品是為了報酬），不是本身就產生愉快的自由遊戲，即不是無目的的目的性。一方面，作為審美，藝術的目的不在本身之外，它自身的完整性就是目的；另一方面，藝術又確有提高人的精神的外在效用和目的，它又服從於外在目的。藝術雖以理性目的概念作為基礎，卻並無任何實在的具體的目的；它雖不屬於形式美（「純粹美」），但美的形式對它又仍為必要。藝術必須趨向自然，不顯人為痕跡，亦即目的是在無目的的目的性中展示，不是赤裸裸地出現，才是成功（美）的。它的內容必須是倫理道德（理性理念）的，它的形式必須是審美（無目的的目的性）的。在這裡，藝術仍然是自然與人、規則（形式）與自由（「心靈」）、審美（合目的性形式）與理性（目的概念）、趣味與天才、判斷與想像的對立統一體。在康德，藝術與審美的根本特徵就在這個自由的統一，所謂「自由遊戲」、「想像力與知性的自由運動」、「無目的的目的性」等等，都是說的這一區別於人類其他活動和其他心理功能如科學、工藝、技術、道德等等的地方，這就是康德在審美判斷力的分析論中所著重論證的。康德講的這種藝術、審美的心理特徵，中國古代文藝講得很多，但沒有提到這種哲學體系的高度。

康德為其體系建築術的需要，在審美分析論之後，便是所謂審美判斷力的辯證論。在這裡，康德提出趣味的二律背反，即一方面，趣味不基於概念，因否則就可以通過論證來判定爭辯（正題），另一方面，趣味必基於概念，因否則就不能要求別人必然同意此判斷（反題）。康德指出，經驗派美學否認概念，主張美在感

官愉快；唯理派美學強調概念，認為美在感性認識的完美；他們或把美當作純主觀的（經驗派），或把它當作純客觀的（唯理派），都無法解決這個二律背反。康德解決這個「二律背反」的辦法很簡單，即指出正題裡所指的「概念」是說確定的邏輯概念，反題所說的「概念」則是指想像所趨向的非確定的概念。從而審美既不是主觀的感官愉快，也不是客觀的概念認識。它的二律背反的解決指向一個「超感性的世界」。[44]

　　但是，這個二律背反並沒有第一第二兩個《批判》中的二律背反重要，因為它沒能充分暴露出康德美學的真正矛盾。這種真正矛盾在上述「純粹美」與「依存美」，美與崇高、審美與藝術、趣味與天才實即形式與表現的對峙中，才更深刻地表現出來。一方面，美之為美如康德所分析，在於它的「非功利」「無概念」「無目的的合目的性」，這也是所謂「純粹美」、審美、趣味的本質特徵。但另一方面，真正具有更高的審美意義和審美價值的，卻是具有一定目的、理念、內容的「依存美」、崇高、藝術和天才，是後者才使自然（感性）到倫理（理性）的過渡成為可能。康德的美學就終結在統一這個形式主義與表現主義的尖銳矛盾而未能真正作到的企圖中。

---

44 《判》，第57節：「……諸二律背反，迫使人展望超越感性世界，在超感性中去尋求我們諸先驗功能統一的焦點」，「解開其根源對我們是『隱藏』的那種功能的祕密，是主觀的原理，即在我們之內的超感性的未確定理念。」

康德美學的形式主義和表現主義這兩種因素或兩個方面，都對後來起了巨大影響，也都有其一大串的繼承者。前一方面是「為藝術而藝術」「有意味的形式」「距離說」……種種現代形式主義的前驅。後一方面則是各種浪漫主義、表現主義、反理性主義的先導。如十九世紀，謝林、黑格爾和浪漫主義狂飆運動，都以高揚所謂無限理念的內容為典型特徵，崇高、天才成了中心議題。另一方面，哈巴特 (Herbart)、齊美曼 (R. Zimmerman)、漢斯立克 (E. Hanslick) 等人則發展康德的形式主義方面，把美歸結為線條、音響的關係和運動。在二十世紀資產階級美學中強調表現的一派，與強調形式的一派，也仍然是上述兩個方面的發展。康德講的表現，還是理性理念，到現代便變成反理性的「性愛」（弗洛依德）、「經驗」（杜威）、「集體無意識」（容）等等，藝術失去了審美的形式、特徵和意義。康德講的形式（非功利、無概念）還是審美的心理特徵，到現代便變成藝術的本質——「心理距離」（布洛）「有意味的形式」（貝爾），把藝術完全等同於審美了。如同對待整個康德哲學，修正可以採取各種形式一樣，在美學領域也是如此。但總起來說，可以認為，康德的美學提出了一系列重要問題，從審美心理到藝術創作，從美的分析到審美理念，從崇高的心理特徵到類比[45]的意義，從形象大於思想到線條重於色彩[46]，它們

---

45 類比作為人類所特有的心理功能，還未有充分的估計與研究，其實，所謂非邏輯演繹非經驗歸納的「自由」創造的能力，與此密切相關。它是機器和動物所沒有的。這表現在日常生活（如語言）中、科學認識中，

都確乎關係到藝術的本質和特徵，這麼抽象乾枯的理論居然能成為美學史和文藝思潮中罕見的有影響力的著作，原因就在於此。

康德的主觀唯心主義的美學不久由席勒多少加以客觀化的修正，席勒也正是從自然與人、感性與理性這個哲學課題上來修正康德的美學的，所以席勒講的也就不只是審美——藝術的問題，而具有社會的以至政治的內容。康德把自然與人鎖在審美「主觀的合目的性」中來解決，席勒則代之以「感性衝動」與「理性衝動」。第一個「衝動」要求它的對象有絕對的實在性，它要把凡只是形式的東西造成為世界，使在他之內的一切潛在能力顯現出來。第二個要求（指理性衝動）是要對象有絕對的形式性，它必須在他之內的凡只是世界的東西消除掉，在所有變異中有協調。換句話說，「他必須顯示出一切內在的又把形式授給一切外在的」。[47]前者「把我們身內的必然轉化為現實」，後者「使我們身外的實在服從必然的規律」。[48]也就是說，一方面要使理性形式（倫理的人）獲得感性內容，使它具有現實性；另一方面又要使千差萬異錯綜不齊的感性世界（自然的物）獲得理性形式，使它服從人的必需。在席勒這裡，自然與人的相互作用和轉化開始具有了比較

突出表現在藝術創作中，是所謂「天才」的標記之一。類比不簡單是觀念間的聯繫，它涉及情感、想像等多種心理功能。

46 康德認為，色彩主要訴諸感覺的愉快，線條不然，後者才真正具有審美意義。這是很有見地的，可參考中國藝術的特徵。

47 席勒：《審美教育書信》，第 11 封。

48 同上書，第 12 封。

現實的方式。但席勒仍承繼康德，要用所謂「審美教育」去把所謂「自然的人」上升為「道德的人」。所以儘管他把康德拉向了現實和社會，但他不懂現實和社會的物質力量，企圖以教育來概括和替代改造世界的社會實踐，仍然是十足的歷史唯心主義。到黑格爾，則以實體化的絕對理念作為一切的歸趨，自然與人被統一在精神的不斷上升的歷史階梯中，自然界的有機體不過是絕對理念的一個環節，人與自然的深刻關係在黑格爾美學中並不占據多大地位。在黑格爾，「美就是理念的感性顯現」。[49]黑格爾注意的只是精神、理念如何歷史地實現的問題，自然僅作為實現理念的一種材料而已。如果說，歷史總體的辯證法是黑格爾所專長，個體、感性被完全淹沒在其中；那麼，重視個體、感性的啟蒙主義的特徵，則仍為康德所保存和堅持。這種歧異在二人的美學中表現得最為突出。實際上，作為歷史，固然總體高於個體，理性優於感性；但作為歷史成果，總體、理性卻必須積澱、保存在感性個體中。審美現象的深刻意義也就在這裡。黑格爾的美學與康德、席勒不同，它主要成了藝術理論，它只是一部思辨的藝術哲學史或藝術的哲學思辨史。歌德對康德極為讚賞欽佩，視為同道[50]，對黑格爾則表示不滿，不是偶然的。歌德重視感性、自然、現實的「過於人世的性格」（恩格斯），使他對黑格爾那種輕視和吞并感性現實的思辨哲學採取了相當保留的態度。

---

49 黑格爾：《美學》第 1 卷，中譯本，第 138 頁。
50 見《歌德與愛克爾曼談語錄》。

　　所以，真正沿著企圖統一自然的康德、席勒的美學傳統的，並不是黑格爾，倒應該算費爾巴哈。費爾巴哈恢復了感性應有的地位。他把自然和人統一於感性。他說「藝術在感性事物中表現真理」，這句話正確理解和表達出來，就是說「藝術表現感性事物的真理」[51]，但是，對費爾巴哈來說，這個所謂感性事物的「真理」，乃是空洞的「愛」。「愛」固然是感性的東西，但這個感性不是歷史具體的，而是超脫社會階級的抽象。誠如魯迅所說，「人必須生活著，愛才有所附麗」，生活實踐卻是歷史具體的時代階級的生活。如我們所熟知，費爾巴哈只知道感性的人，不知道實踐的人。實踐的人遠不是抽象的感性的人，而是具有具體現實活動即一定歷史內容的社會、時代、階級的人。費爾巴哈不懂得這些，也就不可能懂得在實踐基礎之上自然與人、感性與理性的歷史辯證的統一關係，從而也就不可能懂得美作為人（理性）與自然（感性）統一的真實基礎究竟是什麼，從而費爾巴哈以及其忠實門徒車爾尼雪夫斯基，也就不可能徹底批判包括康德在內的德國古典唯心論的美學。

---

51 費爾巴哈：《未來哲學原理》第 39 節。

人是按照美的規律來造形的

　　從馬克思主義唯物論看來，康德提出的「自然向人生成」和所謂自然界的最終目的是道德文化的人（見《判斷力批判》後半部），實際應是通過人類實踐，自然服務於人，即自然規律服務於人的目的，亦即是人通過實踐掌握自然規律，使之為人的目的服務。這也就是自然對象的主體化（人化），人的目的對象化。主體（人）與客體（自然）、目的與規律這種彼此依存、滲透和轉化，完全建築在人類長期歷史實踐的基礎之上。

　　這裡，我們就要回到康德哲學。康德在《純粹理性批判》中經常提到一種非人所能具有的直觀的知性或知性的直觀，就是說，人的知性與直觀（感性）在根源上是分離的：知性來自主體自身，雖普遍卻空洞；直觀來自感性對象，雖具體卻被動；人要進行認識，必須兩者結合，這是康德認識論的基本命題。但康德在強調這一基本命題時，就再三講並不排除可以有一種把兩者合在一起的能力，即理性與感性、普遍和特殊、思維與存在合為一體，亦即知性直觀或直觀知性。對於它來說，就沒有什麼本體與現象界的區別。人所不能認識的「物自體」對它來說，也就不存在了。康德在幾個《批判》裡不斷提到的所謂「靈知世界」、所謂機械論與目的論在「超感性基體」中的同一，等等，都是講這個問題。

　　這究竟是個什麼問題？康德為什麼要一再提出與他的認識論基本命題相對立的這種所謂知性直觀或直觀知性？如果去掉其走向信仰主義的東西後，便可以看到，這裡實際提出的是一個思維與存在的同一性問題。以物自體為中心環節的康德二元論體系把這個同一性割裂掉了：物自體不可知，認識不能轉化為存在，於是便只好在神祕的「靈知世界」去企求這個同一。在那裡，例如在康德的所謂知性直觀中，思維就是存在，可能就是現實，普遍就是特殊，理性就是感性，本體就是現象，「應當」就是「就是」，目的論就是機械論。思維不僅是認識存在，而且還創造存在，兩者是同一的。這種同一當然具有濃厚的神祕性質。

　　繼康德之後，費希特正是抓住這種所謂知性直觀，來重新建立起思辨的形而上學。謝林更直接是從《判斷力批判》自然有機體特徵來大加發揮，把自然與思維納在一個客觀原始力量中以建立他的「同一哲學」。黑格爾最終泯滅一切矛盾作為絕對理念的所謂「具體的共相」，所謂「在最高的真實裡，自由與必然，心靈與自然，知識與對象，規律與動機等等對立都不存在了，總之，一切對立與矛盾，不管它們採取什麼形式，都失其為對立與矛盾了」[52]，等等，也是從這裡來的。康德提出的這種同一性，經過費希特和謝林，到黑格爾手中，展開為一整套具有相互過渡和轉化的歷史環節和辯證法後，思維向存在的轉化便獲得一種深刻的意義，思維與存在的同一性成為德國古典哲學的重大主題和精髓。

---

52 黑格爾：《美學》第 1 卷，中譯本，第 123 頁。

這個精髓卻仍然在唯心主義的思維之中，並最終泯滅在上述那種形而上學的絕對統一之中。

馬克思主義把德國古典哲學提出的思維與存在同一性問題顛倒過來，從人的物質實踐中來講思維與存在、精神與物質的相互轉化：社會實踐利用客觀自然規律，把自己的意識和目的變為現實，使思維轉化為存在，從而就使整個自然界打上自己的印記。列寧說：「人的意識不僅反映客觀世界，並且創造客觀世界」[53]，人的活動是有意識有目的的，他利用自然規律以實現自己的目的，這種目的常常是有限的，從自然得來的（例如維持生存），但重要的是「目的通過手段和客觀性相結合」[54]，便產生了遠遠超越有限目的的結果和意義。列寧引黑格爾的話：「手段是比外在的合目的性的有限目的更高的東西；……工具保存下來，而直接的享受卻是暫時的，並會被遺忘的。人因自己的工具而具有支配外部自然界的力量，然而就自己的目的來說，他卻是服從自然界的。」列寧對此一再指出：「黑格爾和歷史唯物主義」「黑格爾的歷史唯物主義的萌芽」[55]等等。人在為生存的有限目的而奮鬥的世代社會實踐中，創造了比這有限目的遠為重要的人類文明。人使用工具創造工具本是為了維持其服從於自然規律的種類生存，卻留存下了超越這種有限生存和目的的永遠不會磨滅的歷史成果。這種

---

53 《哲學筆記》，人民出版社，1974 年版第 228 頁。

54 同上書，第 202 頁。

55 同上。

成果的外在物質方面，就是由不同社會生產方式所展現出來的，
從原始人類的石斧到現代的大工業科技文明。這種成果的內在心
理方面之一，就是在不同時代、階級的社會中所展現出來的審美
和藝術。個人的生命和人維持其生存的目的是有限的，服從於自
然界的，人類集體的社會實踐及其成果卻超越自然，萬古長存。
這正是人類有意識有目的的社會實踐即思維創造客觀世界、思維
與存在的同一性的偉大見證，這也正是審美和藝術具有永久魅力
和不可重複性的根本原因所在。

　　康德泯滅思維與存在的同一性的「知性直觀」，黑格爾泯滅這
種同一性的「絕對理念」，是唯心論的神祕，它導至信仰主義、宗
教和上帝。馬克思主義主張的思維與存在的同一性，把自然的人
化看作這種同一性的偉大的歷史成果，看作美的本質。

　　不是神，不是上帝和宗教，而是實踐的人、社會的人，即億
萬勞動群眾的實踐鬥爭，使自然成為人的自然。不僅外在的自然
界，而且作為肉體存在的人本身的自然（五官感覺到各種需要），
也超出了動物性的本能而具有了人（即社會）的性質。人在自然
存在的基礎上，產生一系列超生物性的素質：審美就是這種超生
物的需要和享受，正如在認識領域內產生了超生物的肢體（不斷
發展的工具）和認識能力（語言、思維），倫理領域內產生了超生
物的道德一樣，這都是人所獨有的不同於動物的社會產物和社會
特徵。不同的只是，前兩個領域的超生物性質表現為外在的，而
在審美領域，則已積澱為內在的心理結構了。它的範圍極為廣泛：
吃飯不只是充饑，而成為美食；兩性不只是交配，而成為愛情；

從旅行遊歷的需要到各種藝術欣賞的需要，感性之中滲透了理性，自然之中充滿了社會；在感性而不只是感性，在形式（自然）又不只是形式；這也才是自然的人化作為美的本質的深刻涵義，即總體、社會、理性最終落實在個體、自然和感性之上。馬克思說，「舊唯物主義的立腳點是『市民』社會；新唯物主義的立腳點則是人類社會或社會化了的人類 。」[56] 馬克思主義的理想是全人類的解放，這個解放不只是某種經濟、政治要求；而具有許多更為廣泛更為深刻的重要東西，其中包括從各種異化中解放出來，美恰恰是異化的對立物。當席勒提出「遊戲衝動」作為藝術和審美本質時，可以說已預示人從各種異化中解放出來才有美，人在遊戲時才是真正自由的。

　　可見，馬克思講「自然的人化」，並不是講美學問題，不是如許多美學文章所誤認那樣是講意識或藝術[57]，而是講勞動、生產即人類的基本社會忠踐。

　　「自然向人生成」，是個深刻的哲學課題，這個問題作為美學的本質，是由於自然與人的對立統一的關係，歷史地積澱在審美心理現象中。它是人之所以為人而不同於動物的具體感性成果，是自然的人化和人的對象化的集中表現。所以，從唯物主義實踐論觀點看來，溝通認識與倫理，自然與人，並不需要目的論，而

---

56 《馬克思恩格斯選集》第 1 卷，第 18 頁。

57 藝術欣賞中自然景物具有人的感情特色，不過是上述自然人化的曲折反映。

只需要美學。真、善、美，美是前二者的統一，是前二者的交互
作用的歷史成果，它遠遠不是一個藝術欣賞或藝術創作的問題，
而是「自然的人化」這樣一個根本哲學——歷史學問題。美學所
以不只是藝術原理或藝術心理學，道理也在這裡。

　　馬克思指出：「社會是人與自然的完成了的本質的統一體」，
「全部所謂世界史乃不過是人通過勞動生成的歷史，不過是自然
向人生成的歷史」[58]，又說：「工業是自然和自然科學對人類的現
實的歷史關係；如果工業被了解為人的本質力量的公開揭露，那
麼自然的人的本質或人的自然本質都好理解了」。[59]就是說，人類
通過工業和科學，認識和改造了自然，自然和人歷史具體地通過
社會階級的能動的實踐活動，由對立而統一起來。從而，不是由
自然到人的機械的進化論，不是由自然到道德的神祕的目的論，
而是人能動地改造自然的實踐論，才是問題的正確回答。審美的
根本基礎，康德歸結為神祕的「超感性基體」其實際的基礎卻在
人改造自然（包括外部自然與內部自然）的勝利。這才是「自然
向人生成」，成為人所特有的感性對象（美）和感性意識（美感）。
它是社會的產物、歷史的成果。如果說從原始人的石斧到現代的
工業文明標誌著人對自然的不斷征服的尺度，標誌著自然與人的

58　《一八四四年經濟學—哲學手稿》。又 「這樣的共產主義……是人與自
　　然、人與人之間的矛盾的真正的解決，是存在與本質、對象化與自身肯
　　定、自由與必然、個體與屬類之間的矛盾的真正的解決。它是歷史之謎
　　的解決，而且它知道，它就是這個解決」。

59　同上。

現實的歷史關係；那麼，美與審美也標誌著這一點。不同的是它
呈現在主客體的感性直接形式中，與工業作為人所特有的外部物
質形式相映對。如果說，工業文明可作為打開了書卷的心理學的
尺度，那麼，美和審美（藝術）則可作為收卷起來的工業與文明
的尺度。美的本質與人的本質就這樣緊密連繫著。人的本質不是
自然的進化，也不是神祕的理性，它是實踐的產物。美的本質也
如此，美的本質標誌著人類實踐對世界的改造。馬克思說：「動物
只按照牠所屬的物種尺度和需要來生產，人類則能按照任何物種
的尺度來生產並到處適用內在的尺度到對象上去。所以人是依照
美的尺度來生產的」。[60]

　　通過漫長歷史的社會實踐，自然人化了，人的目的對象化了。
自然為人類所控制、改造、征服和利用，成為順從人的自然，成
為人的「非有機的軀體」[61]，人成為掌握控制自然的主人。自然
與人、感性與理性、規律與目的、必然與自由、真與善、合規律
性與合目的性有了真正的滲透、交融與一致。理性積澱在感性中，
內容積澱在形式中，自然的形式成為自由的形式，這也就是美。
美是真善的對立統一，即自然規律與社會實踐、客觀必然與主觀
目的對立統一。[62]審美是這個統一的主觀心理上的反映，它的結
構是社會歷史的積澱，表現為心理諸功能（知覺、理解、想像與

---

60 《一八四四年經濟學—哲學手稿》。

61 同上。

62 參看拙作〈美學三題議〉。

情感）的綜合。這些因素的不同組織和配合便形成種種不同特色的審美感受和藝術風格。[63] 其抽象形式將來可以用數學方程式來作出精確的表達。[64] 用古典哲學的語言，則可以說，真善的統一表現為客體自然的感性自由形式是美，表現為主體心理的自由感受（視、聽覺與想像）是審美。形式美（優美）是這個統一中矛盾的相對和諧的狀態；崇高則是這個統一中矛盾的衝突狀態。所以崇高，不在自然，也不在心靈（如康德美學所認為），而在社會鬥爭的偉大實踐中。偉大的藝術作品經常以崇高的美學表徵，即以體現一定社會的複雜激烈的社會鬥爭為基礎為特色。先進階級的戰士，億萬人民的鬥爭，勇往直前、前仆後繼，不屈不撓、英勇犧牲，是藝術要表現的崇高。自然美的崇高，則是由於人類社會實踐將它們歷史地征服之後，對觀賞（靜觀）來說，成為喚起激情的對象。實質上，不是自然對象本身，也不是人的主觀心靈，仍是社會實踐的力量和成果展現出崇高。所謂人改造自然，不能局限在簡單狹義的理解上，它不是指人直接改造過的自然對象，恰恰相反，崇高的自然對象，經常是未經人改造或人所不能左右的自然景象和力量。如星空、大海、荒野、火山、大瀑布、暴風雨等等。因此，這裡所謂改造的意義，就在指它處在人類和自然

---

63 參看拙作〈虛實隱顯之間〉。

64 康德認為形成審美愉快的想像力和知性的自由協調，其具體關係是不可知的，所以引進了神祕的形式合目的性的概念。現代心理學雖然還沒能科學地規定審美的心理狀態，但將來肯定可以作到。

的特定歷史階段上。只有當荒野、暴風雨、火山不至為人禍患的
文明社會中，它們才能成為人們觀賞中的審美對象。文明愈發展，
就愈能欣賞這種美。在原始社會和社會發展的低級階段時，這些
自然對象或成為宗教的內容，或人們只畏懼、膜拜和神化它，不
成為審美意義的崇高。美（優美與崇高）都具有這種客觀社會性。
藝術美是它的反映。馬克思說，「一個有自由時間的人的勞動時間
比勞動獸類的勞動時間，有更高得多的品質」，「這種人不是作為
經過一定形式訓練的自然力……而表現為進行支配全部自然力的
活動的主體」，當以腦力勞動為基礎的創造性的自由勞動成為生產
社會財富的指標和尺度的時候，作為感性自然存在的主體（人），
無論在外在或內在方面都將具有完全嶄新的性質，不僅人的社會
諸關係，而且人的自然的諸關係都將產生根本的變化，這種變化
的要害就在把各種經濟的、政治的、意識型態的異化揚棄。特別
是在階級對立、剝削、壓迫及其變形和殘餘徹底消滅之後，人不
再是為維持其動物性的生存而勞動，不再為各種異化力量所控制
和支配，不再為吃飯、為權利、地位、金錢、虛榮……而勞動，
並且擺脫作機器的附屬品，體現人的創造性和個性豐富性的自由
勞動及其他活動便將以美的形態展現出來。所謂人的自由、人是
目的的科學涵義將真正出現。吃飽肚子和生活享受並非共產主義。
共產主義，如馬克思所早指出，是不同於史前期必然王國的自由
王國，它已是人類社會發展和經濟不斷增長愈來愈明白展示出來
的必然趨勢，同時也是億萬群眾奮鬥以求的美的理想。

　　現代資本主義物質文明和消費生活在社會總體中迅猛發展，

反而使個體的孤獨、憂鬱、無聊、焦慮、無目的、恐懼……增加。
宗教的衰亡使人似乎失去精神寄託，科技生產的發達使人與人之
間的關係更加疏遠，人處在各種異化狀態裡（現代藝術也正是以
醜的形式反映這種異化狀態下的心理情緒）。 人與自然這個老問
題，以及盧梭提出文明與道德的二律背反又一次以「新」的形態，
為從海德格爾到馬爾庫斯以各種不同方式不斷提出。個體作為血
肉之軀的存在物，在特定狀態和條件上，突出地感到自己存在的
獨特性和無可重複性 （如說在死亡面前 ， 感到存在的真正深度
等），意識到這才是真正的「存在」，從而要求從那種所謂「無人
稱性」和被磨滅掉的「人」即失去了個體存在意義的社會生活中
掙脫出來，讓「存在」不被「占有」所吞噬，……這些為存在主
義所津津樂道的主題，以及為馬爾庫斯提出「單向的人」（即片面
的人），要求從現代技術——物質的異化力量控制中解脫出來，等
等問題，都是以一種哲學的方式表達了資本主義現代社會中人與
自然、社會與個體之間巨大矛盾和分裂。這種矛盾和分裂的根源
當然是一定社會階級條件下所造成的種種異化，而不是迅猛發展
的科學技術和物質文明本身。[65]因為，自然生命存在並沒有什麼
獨特性和無可重複性，他的獨特和無可重複恰恰在於他自覺意識

---

65 異化在前資本主義社會，則經常以更赤裸裸更殘暴的宗教和政治的形態
　　出現，人所製造出來的權力和偶像在奴役著自己，不但在現實上而且在
　　精神上，個體完全失去了自己，淪為一無所有，一無所能，完全由外在
　　意志所奴役所支配的會說話的工具。一切謊言說教和溫情脈脈的封建面
　　紗，也掩蓋不了這前資本主義異化的殘酷。

和選擇，在於個體自然中充滿社會內容和價值，存在主義從反面表達了人與自然、社會與個體必須統一的重大時代課題。

馬克思說：「共產主義是私有制即人的自我異化的積極的揚棄……是人向自己作為社會的即人性的人的復歸，這個復歸是完全的，是自覺地保留了發展中所得到的全部豐富性的。這種共產主義作為完成了的自然主義——人本主義，作為完成了的人本主義——自然主義。它是人和自然以及人和人之間對抗的真正解決，是存在和本質、對象化和自我肯定、自由和必然、個體和族類之間的抗爭的真正解決。它是歷史之謎的解決，並且它知道它就是這種解決」[66]，「自然科學將使自己從屬於人的科學，正如人的科學將屬於自然科學，成為同一個科學」。[67]這裡的「人性」、「人本主義」是與自然（動物性）相區別、與資產階級的人性論（自然性）人本主義（自然人性論）相對立的，只有在前述人的對象化和自然的人化的基礎上，才可能有這個「解答」。這個「解答」不是別的，就正是以個人全面發展為社會發展的條件的未來共產主義社會。異常豐富、充分發展的個性本身，成為人與自然、社會與個體之間高度統一體。人類由必然王國進到自由王國，即美的世界。

這個世界的到達，當然需要一個艱苦的歷史行程。只有在人民群眾推翻各種本來面目的或改變了形態的剝削、壓迫之後，在

---

66 《一八四四年經濟學—哲學手搞》。

67 同上。

消滅各種異化及其殘跡之後，這個美的世界也才有可能出現在我們這個星球之上。但整個人類的漫長歷史告訴我們，這一天終究是要到來的。

二、談談形象思維問題

註：1979 年 10 月的講演記錄稿，原載《社會
　　科學通訊》1979 年第 20 期。內容與〈形
　　象思維再續談〉全同，不同的記錄、整理
　　而已。

　　我沒有演講的思想準備。三個月前我在西安一個會上談了一些形象思維的問題，現在還是講講這個吧。這個題目現在好像已經過時了，人們沒有什麼興趣，文章看來看去差不多，深入不下去。但實際上呢，在我看來，關於形象思維這個問題不但遠遠沒有解決，而且有些問題的研究才剛開始。去年這個問題熱鬧了一陣，大家知道是因為毛澤東寫的給陳毅同志的信發表了：毛澤東是贊成形象思維的。1966 年的時候，還是文化大革命前，鄭季翹同志在《紅旗》雜誌上發表了一篇文章批判形象思維，認為形象思維是反馬克思主義認識論的。因此文藝理論堅持馬克思主義認識論就必須批判形象思維。很多同志就是因為主張形象思維，文化大革命一開始就挨批鬥，成了三反分子。文化大革命中有張小報說毛澤東很欣賞鄭季翹同志的文章，證明毛澤東是反形象思維的。所以在「四人幫」時代，形象思維也作為被批判的「黑論」之一，這個名詞本身就被廢棄了十年。我當時也是鄭季翹同志文章批判的主要對象之一。因為我在 1959 年的時候發表過一篇形象思維的文章在《文學評論》上。其實這是個學術問題。去年我講過，這個問題不要扣政治帽子。你說有形象思維，我說沒有形象思維，都可以嘛。毛澤東給陳毅同志的信說有形象思維，他可又贊成鄭季翹沒有形象思維的意見。他自己就有些矛盾，兩句話可能都講過。但是在什麼情況什麼具體意義上講的呢？也不清楚。並且意見也可以改變。所以我們研究問題要實事求是，根據馬列主義毛澤東思想的基本原則來研究就行了。你一定要根據毛澤東的一句話，以這句話為標準，我看那不見得好。

　　同志們不知道鄭季翹同志。鄭季翹同志文革前是吉林省委書記處的書記，現在是人大常委會的副祕書長。文革初期是中央文革的成員之一，後來被排擠出去了。他是個「大官」，不過當時他這個大官批判我這小老百姓的時候，我也並不覺得可怕，我還是堅持我的看法。他不是又寫了文章嗎？我還是不同意他的文章。真理面前人人平等，你官再大，那與學術有什麼關係呢？一位老同志講，他有個座右銘：獨立思考，只服從真理。這個很好。我們為什麼相信馬克思主義？因為它是真理，沒有別的原因。是不是馬克思講的每句話都符合真理，是不是馬克思的每個論點都符合真理，那也不見得。人總是有錯誤的，科學總是要進步的，我們只服從真理，不管是誰講的。這個態度就是科學態度。學術問題尤其是這樣，來不得半點迷信。你要有迷信就沒有科學，你要有科學就不要有迷信。大家都是搞文科的，將來都要從事這方面的工作，有的搞研究工作，有的搞教學工作，有的搞其他工作，這個態度是普遍適用的。當然堅持真理是要付出代價的，那也沒有關係。人這麼講我這麼講，人那麼講我就那麼講，那有什麼意思呢？形象思維這個問題實際上並沒有解決，並不是因為以前毛澤東同意鄭季翹同志的文章，主張形象思維的就錯了；也不能因為今天發表了毛澤東的信講有形象思維，我們就說反對形象思維的人錯了。到現在為止，我還是主張鄭季翹同志可以發表文章並且堅持他原來的觀點：決不承認形象思維。因為這個問題的確沒有搞清楚，並且鄭季翹同志的觀點也不是完全沒有道理，也不僅是他一個人的看法，實際上他代表了一部分同志、特別是搞理論

工作的同志的看法。

在形象思維問題上實際上有兩派意見，有兩種觀點，這兩派觀點我都不同意，第一派意見就是剛才說的以鄭季翹同志為代表的一派，我把它叫「否定說」，就是否定有形象思維，否定藝術創作有它自身的重要規律，認為藝術創作也跟人的一般認識一樣，必須經過表象到概念，然後再回到表象，創作出作品。這就是鄭季翹同志提出來的主要論斷。就是說，藝術家的創作是先收集許多材料，這材料不是表象嗎？這就是感性認識了；以後還要上升到理性認識。他套毛澤東講從感性到理性的認識論公式，理性認識就變成概念，於是提出個主題思想來，然後把想到的主題再翻成形象，這就叫作「表象─概念─表象」這樣一個公式。他認為藝術作品就是這麼創作的。這種意見是不是他一個人的呢？不是，有的文章講法不一樣，實際上也是這個意思。甚至有的文章也批評鄭季翹同志，可是他們的觀點基本上完全是一樣的。這一類文章很多，他們認為創作也是從具體（不講表象）到抽象，然後再到具體，這和鄭季翹的公式不是一樣嗎？還有的人認為形象思維就是把你認識得到的成果用形象表現出來，所以它是表現方法或表現方式，實際上也是認為形象思維是表現階段，認識當然還是達到概念，即由感性到理性再到創作。這也屬於鄭一派。所以我說鄭季翹同志的觀點有代表性。特別是搞理論搞哲學的同志，很多都這麼認為。

另一種觀點，去年毛澤東的信發表後，提出詩要形象思維，於是很多人就主張有形象思維了。這一派觀點，我把它叫做「平

行說」，它認為人類應該有兩種思維，一種叫抽象思維，或叫邏輯思維，另一種叫形象思維。而且這兩種方式是平行的，互不相干的。當然有的也不否認有關係，但基本上是兩種。這一派的同志更多。因為最近都在批評鄭季翹同志，都以為他錯了，就出來了一大堆文章都來批鄭季翹同志。特別是搞文藝理論或文藝創作的同志，大都傾向或主張這種觀點。

　　這兩種觀點是對立的，一個主張有，一個主張沒有，爭得臉紅脖子粗。這兩種觀點我都不同意。我不同意第一種觀點，這大家比較清楚，因為我就是挨鄭季翹同志批判的。第二派觀點呢？以為我是他們的同志，好像我是同意平行說的看法的，實際上我對他們的看法也不同意。我這個不同意並不在今天，文化大革命前，在另外一篇文章裡面，我講形象思維這個詞作為科學的術語不是很嚴格的，我不同意兩種思維論。那你到底怎麼回事呢？你是不是站在中間兩邊挨打呢？很可能，因為儘管這兩派看來很對立，但實際上他們有基本共同的地方。他們對形象思維裡的思維這個詞是什麼意思，都並不明確。我們現在的好多爭論，包括實踐是真理標準問題在內的好多爭論，有個很大的缺點，就是對我們爭論的概念本身沒有很好去分析。在外國現代哲學中，有一派叫做分析學派，這是在英美大體占統治地位的哲學。他們認為哲學沒有別的意思，哲學就是分析語言，分析語言的概念、判斷、推理，因為有的概念很不清楚。好比「藝術」，它包含六、七種涵義，哲學就該分析這些涵義，可以分析得很細很細。一個詞用在這句話是什麼意思，用在那句話是什麼意思。這些東西，在我看

來，當作哲學，是不對的，但它裡面有科學的成分，它注意我們人類使用語言、詞、概念有它很複雜的內容。一個詞包含很多種內容，作一些分析，幫助你了解這個詞，幫助你運用這個詞，幫助你的討論很有好處，而我們中國，非常缺乏這個東西。有時兩個人爭的激烈得不得了，實際上兩個人雖然用的同一個詞，但是涵義根本不一樣，你抓的是這一點，我抓的是那一點，根本扯不清。形象思維的爭論也有這個問題，大家對什麼是形象思維並不清楚。你所講的形象思維和我所理解的形象思維，概念並不一致。形象思維這個概念是非常含混的，非常模糊的，裡邊可以分出好幾種意思來。

一看「形象思維」這個詞，那當然是一種思維了。其實，形象思維到底是不是就是通常講的思維呢？在什麼意義上，說它是思維呢？大家沒有很好地研究。比如我們說「機器人」，這是不是人呢？說人有兩種，一種叫機器人，一種叫肉體人，那總不對吧？這大家一看，就知道荒謬。因為大家知道人跟機器不一樣，機器人到底還不是人，機器人就是機器，只不過它有人的某種作用，某種人的功能，它好像是個人似的。所以這只是一種借用。藝術創作中的形象思維也有這個問題。形象思維是不是通常的思維（狹義）呢？這值得研究。它不是通常的（狹義的）思維，實際上它是指人們在藝術創作中間有某種跟狹義思維的作用、功能相同的東西。我認為兩派對形象思維這個詞沒有很好地去分析它，就你說有，我說沒有，那不能解決問題。在西方不大用形象思維這個詞，而是用「想像」，叫做「藝術想像」，指的就是形象思維。形

象思維這個詞就是抽出想像中包含著的認識作用，相當於思維的方面，但是不能用邏輯思維套在上面去。這裡兩派有共同點，就是都完全承繼了解放以來文藝理論中流行的一種很普遍的理論，把藝術看作是認識。認識嘛，就是思維（狹義），就是認識論，就必須把認識論套到上面去。

因此平行說這一派認為，既然是形象思維，也就是認識。否定說這派既然不承認形象思維，就認為必須把邏輯思維這個認識過程加入到藝術創作裡面去，才能構成藝術認識論，於是藝術創作就是表象－概念－表象。總而言之，這兩派在一個基本問題上是一致的，就是把藝術看作是認識，認為這是一種定論。其實這個問題也值得研究。現在，文科理論的一些基本問題都值得重新考慮。科學發明經常是這樣的，自然科學更明顯：好像這個理論很正確，偏偏有人懷疑它，懷疑它偏偏就能夠前進。楊振寧、李政道得諾貝爾獎金的那個問題，不就是這樣的嗎？我們文科裡面，也有很多這種問題。如農民戰爭是封建社會發展的動力，這好像是不可動搖的了，是毛澤東講的。這個問題是不是就是定論呢？農民戰爭就一定是封建社會發展的動力嗎？我認為還是值得研究的，有時一場農民戰爭以後，社會生產力破壞得一塌糊塗。它能作為動力？這些問題，值得好好研究。當然我們不是隨便去懷疑，沒有根據的懷疑就沒有意義，也沒有價值。你讀了很多書，聯繫實際認真思考了，對一些說法覺得有所懷疑，那當然是可以的。每個學科都有這個問題。文藝學、哲學、歷史學、經濟學都有這個問題。比如帝國主義，說它「垂死」講了好久了嘛！怎麼還不

死呢？這不值得研究麼？為什麼無產階級革命在西方老搞不起來？我看都是可以研究的，有什麼不可以呢？說藝術就是認識，和科學一樣，老實講，我就懷疑這種看法。

藝術僅僅是認識嗎？我們從經典著作中也找不出這種說法。馬克思、恩格斯、列寧、毛澤東都沒有說過藝術就是認識。恰恰相反，馬、恩總是強調藝術的把握方式跟理論的把握方式的不同，沒有強調藝術僅僅就是認識。從實際上說，聽了一段京戲，聽了一張唱片，你認識了什麼？拿認識性最強的來說，比如讀完一本小說，看了一部電影，你認識了什麼？有時你看得很激動，但要你講激動什麼，你卻講不出來。就是覺得好，好在什麼地方，經常說不上來。比如看《紅樓夢》，你說看《紅樓夢》就是為了認識封建社會的沒落，那封建社會這個詞還沒有創造出來的時候，看《紅樓夢》怎麼辦呢？「我看《紅樓夢》就是為了認識封建社會的沒落」，在座諸位，恐怕事實不是這樣吧！要認識封建社會，去看歷史書不更好嗎？要去看《紅樓夢》幹什麼呢？要認識什麼問題，去看篇社論，去讀本理論書不好嘛，去看電影幹麼？

有人就搬出馬、恩來了，你看，馬克思說過，恩格斯也說過，他看巴爾扎克的小說比他讀好多經濟學的材料知道的東西還要多。恩格斯說過，馬克思也說過，看狄更斯的小說可以認識很多東西。但是，馬克思寫《資本論》並不是根據巴爾扎克的小說啊！他研究資本主義，他都是看英國圖書館的藍皮書，看經濟方面的書，他主要不是根據巴爾扎克的小說，也不是根據狄更斯的小說，研究出資本主義社會的發展規律來的。這只能說明，某些藝術部

類，有認識的因素，認識的成分。這個我不否認，我認為是有的。但是它不能歸結為就是認識。

　　把藝術簡單地看作是認識，是我們現在很多公式化概念化作品的根本原因。有的作者，他生怕你不認識，不了解，總要發一篇議論，這個那個的。你坐在那裡難受極了。他完全可以不發那些議論，但他生怕你不了解，總要講篇道理。因為他認為藝術就是認識。欣賞都是這樣，何況創作呢？作家創作中就必須把道理想清楚，要表現一個什麼認識，要到理性認識的科學高度，就是到達概念階段。但事實上創作並不是這麼回事。好多作家，在寫作的時候，他根本不知道或沒去想他要寫些什麼的，是什麼意義，什麼道理，什麼主題。作品寫出來以後，批評家指出你這裡講的是個什麼。作家反覺得「是這麼回事嗎」？他自己並不很清楚呀！外國作家，像屠格涅夫、岡察洛夫，這是俄羅斯很有名的小說家了。他們有些很有名的作品，當時就有些批評家（像杜勃羅留勃夫）說這個作品有什麼意義。他們有的還不承認，認為「我根本沒有那個想法」，有的說，「是這麼回事嗎？我根本沒有想到」。曹禺寫了《雷雨》，當時有人說，你這是暴露了封建家庭的罪惡，曹禺當時有篇文章說他覺得很奇怪。認為自己當時根本沒有想去暴露什麼東西，也沒有想去揭發什麼。他就是一股感情在衝動，憋得非寫不可。這是實際情況。一定要像鄭季翹同志說的那樣，先有個概念：我要暴露，再用形象思維表現出來，那樣的作品肯定要失敗。現在，我看很多作品失敗，就是這麼回事。

　　《西遊記》創作出來好幾百年了。它主題思想是什麼？前十

回，孫悟空大鬧天宮，這好像是在反抗。但後面孫悟空又去降妖捉怪了，那是怎麼回事呢？講不清楚，現在還在爭論。還有《長生殿》，也在爭論。楊貴妃唐明皇的愛情故事到底表現的是什麼意思呢？現在還在爭論。人家創作出來，你找主題思想還找不出來，卻要作家在創作的時候就想得很清楚，沒那回事嘛。有一篇文章認為形象思維的首先任務就是想出個主題思想來。我想這太為難作家了，形象的東西，經常大於思想。你想用把一個思想外化成為一個形象的東西，你這作品就要失敗。這裡很重要的一個原因，就在於簡單地把藝術看作是種科學的理性認識。

藝術包含有認識的成分，認識的作用。但是把它歸結於或者等同於認識，我是不同意的。我覺得這一點恰恰抹殺了藝術的特點和它所應該起的特殊作用。藝術是通過情感來感染它的欣賞者的，它讓你慢慢地、潛移默化地、不知不覺地受到它的影響，不是像讀本理論書，明確地認識到了什麼。人是非常複雜的。有時你思想上認識到了，情感上卻偏偏不接受。有時思想上還沒有認識，情感上卻已接受了。所以托爾斯泰叫藝術是傳染情感的。它使你受感染，情感起變化。這才是藝術。假若是個認識問題，我想可以取消一切藝術，光讀教科書就夠了。

藝術創作和藝術欣賞，基本上是個美學問題。

欣賞過程是怎麼回事呢？它有什麼特點？我在 1956 年第一篇講美學的文章中就強調這個問題。我講美感有直接性，這是美感的特點。這也是遭鄭季翹同志批評的。他批評我是直覺主義。美感的直接性，在欣賞中有，在創作中也有，如表現為靈感等等，

這些東西是不能否認的。藝術家創作，有時靈感來了，一下子就能創作出很好的作品，它表現為直接性。這個現象不符合那個表象－概念－表象的公式。它沒有什麼概念，它是直接的。但是，這個東西是怎麼來的，卻不簡單，它不是小孩生下來就有的。像這樣一些問題，是屬於審美心理學的範圍，它不單單是個認識論的問題。不能把認識論跟審美心理學混為一談。

我覺得這裡不僅牽涉到一個文藝理論問題，也牽涉到一個哲學問題。現在很多理論把認識論和心理學混在一起，假如認為感性中間沒有理性的東西，而理性認識就是概念，這是把認識論和心理學兩個東西混起來了。毛澤東說過太平天國沒有達到對於帝國主義的理性認識，那是不是說太平天國那時候就不用概念判斷推理呢？顯然不是這個意思。所以不能把運用概念、判斷、推理這樣一些思維方式的就一定都算作理性認識。有的人寫文章寫了很多，但是錯誤得一塌糊塗。他並沒有達到對於那個事物的理性認識。有一些軍事家或者是政治家，他到一個戰地會場，一看大家的氣氛，馬上就能抓住可能要發生什麼問題。他直接地能夠感覺到一個東西，你說他沒有達到理性認識？認識論和心理學不能劃等號。這裡面有很多問題需要研究，不能把它簡單化。總而言之，藝術不能簡單地把它看成認識論，形象思維不能簡單地把它看作就是思維（狹義）。因此，要堅持馬克思認識論不是要堅持某種認識論公式，而是要作家真正深入到生活當中去，去反映生活，干預生活。我對我們現在的文藝也不是很滿意的。人家剛剛寫了一個《傷痕》，就大扣帽子，說是「傷痕」文學。其實是寫得還很

不夠嘛！我們這麼多年，多少人，特別是紅衛兵這一代，受了多少苦呀，開始造反，後來又到農村去，又是插隊，又是待業。應該把這些寫出來，寫得太不夠了，需要的是深入生活，干預生活，從生活出發，這才是馬克思主義認識論。

所以，鄭季翹同志那個題目我是贊成的，就是要堅持馬克思主義的認識論。我們要從實際出發，反映生活，服務於生活，推動社會的前進。文藝就起這個作用，這才是馬克思主義的認識論。搞表象－概念－表象這樣一些公式，是違反創作規律的，不是馬克思主義認識論。我相信中國將來會出一些偉大的文學作品，特別把希望寄託在青年作家身上。老實說，我不寄希望於老作家，我寄希望於青年特別是紅衛兵這一代。因為他們親身有極為豐富的、難得的、任何其他一代人都沒有的體會，親身有體會才能寫出東西來。作家想憑概念，在書房裡搞一條從表象到概念，然後再把概念化成表象的路子，那是搞不成的。創作不能憑概念認識，而是憑你的親身體會和感受，憑你的感情。第一個問題我就講到這裡。

第二個問題，形象思維中間的情感性問題。也可以聯繫上面一起講，實際上是一個問題。我們一般講，文學藝術有一個特點，即形象性，這也是一個大約流行了三十來年的看法了，文藝特點就在於形象性。但是看一張科學的植物掛圖、動物掛圖，也有形象，卻並不是藝術麼！中國很多古代散文是沒有多少形象的。大家都知道韓愈，毛澤東年輕的時候就學他的文章。他的古文是寫得相當好的，唐宋八大家的頭。韓愈文章中非常有名的一篇叫做

〈原道〉，是很抽象的，是議論文章，沒有什麼形象性。但這是韓愈最大的代表作，它仍然是文學文章，能夠作為文學範本。從前寫文章的人，這篇文章是非讀不可的。

　　宋代大作家歐陽修給人家寫了篇文章，開頭兩句話是：「仕宦至將相，富貴歸故鄉」，文章寫好就送出去了，已經走了五百里，他又叫人用快馬追回來，說還要改動。結果他只加兩個字，改為「仕宦而至將相，富貴而歸故鄉」。加了兩個「而」字，「而」是個虛詞，沒什麼形象性，對文章的認識、思想也沒有什麼影響。這只是一種文學上的修辭，增加了文章的文學性。但加不加，確乎使文章的味道不一樣。所以，我認為要說文學的特徵，還不如說是情感性。韓愈〈原道〉這篇文章之所以寫得好，能夠作為文學作品來讀，是因為這篇文章有一股氣勢，句子是排比的，音調非常有氣魄，讀起來，感覺有股力量，有股氣勢。所以以前有的人說韓愈的文章有一種「陽剛之美」或者叫壯美。大概與年輕時候讀韓愈的文章有關係，毛主席的文章也很有氣勢。他的文章句子也常用排比，使你感到有一種力量，這種力量就是一種情感性的東西。陽剛壯美，就是男性之美。歐陽修的文章有個特點，叫做優美，或者叫陰柔之美，就是女性之美，比較秀氣。剛才講的兩個「而」字就起這種作用。「仕宦至將相，富貴歸故鄉」加兩個「而」字，語氣就和緩多了。「仕宦而至將相，富貴而歸故鄉」好像拐了個彎，整個文章念起來，就使他這種風格突出了，柔和之美就出來了。這個東西也是一種情感性，裡面並沒有什麼形象。所以在文藝中，情感性的東西有時比形象性的東西更為重要。包

括魯迅的很多雜文，它也沒有很多形象，他講一些事，講一些人，有的挺可笑的，有的挺可氣的，有的挺討厭的，使你的情感在那裡活動。裡面有作者的恨和愛，但他不明白說出來，而是包含在中間。魯迅雜文老看不厭，就是這個道理。我不是說文藝不要形象，而是說僅僅用形象來解釋這個問題，解釋不清楚。形象性、情感性對文藝創作、文藝欣賞都是非常重要的。但是好些講形象思維的文章甚至一字不提情感，這使我覺得非常奇怪。藝術創作，形象思維，假使沒有情感，我認為就不成其藝術創作，不成其為形象思維。我認為要大談感情。儘管鄭季翹同志已經給我扣了一個帽子，說我是唯情派、唯情主義，我還是堅持。我認為藝術不講情感，便不是藝術。你光講感性到理性，那不行，那不能成為藝術，欣賞也不能成為欣賞。我覺得與其不講文藝的認識的邏輯，還不如去研究研究文藝的情感的邏輯。

　　我對形象思維的基本規定是「本質化與個性化的同時進行」，這在我過去的文章中詳細講過了。就是說，藝術創作一方面是個性化的充分發展，另方面是本質化的日益加深。這是一個不可分割的同一過程。在這個過程中，情感是中介環節，不能缺少這個環節。形象思維本就是一種多種心理功能的綜合體，如美感一樣。它不簡單地是一種狹義思維過程，而是包含著人的很多種心理因素功能的綜合過程，交錯在一起。例如，情感裡有理解，理解又表現在情感中間，這好像喝鹽開水似的，鹽好比是一種認識、理解，它融解了留著一種味道在水裡頭，看不出鹽來。這就是比較高的藝術作品。這種理解、認識，不是以一種赤裸裸的概念形式

出現的，而是把它化在情感想像中間。這樣獲得的一種理解，就是審美中的理解，形象中的思維。它要表達的是一些概念思維、理論思維所不能表達的東西，一種言語很難表達的東西。

　　大家看過卓別林的電影《摩登時代》。這個片子，我認為非常好。思想性極強，藝術性也非常高。它描寫在資本主義條件下人變成機器的奴隸。它沒有講很多道理，但這個意思借助各種場景表現出來了，機器那麼巨大，人很渺小，人被機器異化了。開頭那個人群、羊群的組接，也是很有名的鏡頭。開始是一群羊，後來變成一群人，人就跟羊群一樣麼！就是這個意思。在這中間你會獲得一種理解，一種認識。這個認識就包含在這種形象本身之中，情感本身之中，這就是情感論。所以有人問過卓別林，說你的創作主要是憑理智還是憑情感？他說「主要是情感」，卓別林《舞臺生涯》中拉琴的那一段所表現的東西使人非常感動，那不是用語言用概念所能形容的東西。《生死戀》主題其實很簡單，但影片把一個普通的故事，表現得多麼細緻。那個女主角跟她原來的男朋友愛情關係告吹的時候，她坐在汽車中間，天下著雨，只見那個雨板子滑來滑去。這個描寫既符合當時實際情況，又表現了人物心裡的煩悶。這就是電影手法：它不需讓人物去講「啊呀，煩惱啊」，就能很清楚地表達這種內容。《生死戀》最後那一段談戀愛，兩人隔得很遠，而不是挨得很近，兩個人一前一後，音樂是低沈的，不是很歡樂的，恰如其分地表現了他們那個時候的那種心情，那種關係，因為那男主角當時的心情是比較複雜的，一方面因為她原來是自己非常好的朋友的戀人，另一方面，現在她

又跟自己好。這種心情是用概念語言很難表現出來的。《紅樓夢》裡面，林黛玉要死的時候說，「寶玉，你好⋯⋯」好什麼呢？她沒有說出，就「渾身冷汗不作聲」了，並沒有讓林黛玉去說什麼「你好狠心呀」等等，但能使你跟著作者去體會她要說的東西，這東西非常之多，但又不一定說得出來，說得明白。這些，「表象－概念－表象」的公式是沒法表示的。《冰山上的來客》的結尾，三個犧牲的人跟觀眾告別，每個人占的時間是不一樣的，有的比較長，有的比較短，這裡面也包含一種認識，而這又都是以情感為中介來進行的。魯迅在《故鄉》裡面寫「我」再次見到閏土時，問閏土近來情況怎麼樣。魯迅寫：閏土沈默了一會兒。要我們寫，沈默一會後就長篇大論地講怎麼苦，怎麼苦。可他不，而是寫閏土拿起煙袋抽起煙來了，不說了。這一不說，實際比說很多還能說明問題。辛棄疾有首詞：「少年不知愁滋味，愛上層樓，愛上層樓，為賦新詩強說愁。而今識盡愁滋味，欲說還休，欲說還休，卻道天涼好個秋」。寫他年輕的時候不知道什麼叫愁，因要作詩勉強說愁；如今老了，也懂得什麼是愁的滋味了，要說反說不出來了。就是說真正到了憂愁的時候反而不說憂愁了。中國藝術中所謂以景結情。魯迅《祝福》的結尾，寫滿天的雪飄著，要過年了，大家都很歡樂。這種結尾，使祥林嫂悲慘的命運顯得更加悲慘了。作者的感情更加強烈，但他不直接說出來，而讀者的感受因之更加深刻。古人把這叫做「以樂景寫哀」，其結果使悲哀更加沈重。大家有興趣的話，會發現很多這種例子。情感的表現是多種多樣的，不像邏輯思維就那麼幾條。它的形態非常豐富、非常多樣，

不能用邏輯思維的公式來代替形象思維，就是這個道理。

人的聯想是以情感為中間環節的，「東方紅，太陽升，中國出了個毛澤東」，太陽是自然物，領袖是社會的，這兩個怎麼聯繫在一起呢？這就是以情感為中介。因為我情感上覺得太陽的溫暖，比喻對領袖的感情。高爾基的〈海燕〉最後一句是「讓暴風雨來得更猛烈吧！」為什麼這樣一篇描寫自然的散文成為當時轟動一時的革命文獻呢？暴風雨與革命有什麼關係呢？本來沒有什麼關係，但人以情感為中間環節，把這兩者聯繫起來了。對暴風雨氣勢的那種感受和對革命的感受，情感上有接近的地方。我們在電影裡看到人死了，出現松樹，出現高山，出現流水，也是這個意思。這種比喻是好的，但如果用多了，它就變成概念，就索然無味了。正如有人說的，第一個用花比女人的是天才，花跟女人本來沒有關係，一個是人，一個是植物，但二者不但形象上有接近的地方，而且情感上也有接近的地方，這個比喻很好。但第二個比的就是蠢才，因為這種比喻已變成一種概念性的東西了。藝術要不斷地創新，這就不是概念化的表象公式所能做到的。

小孩看戲看電影，只問是好人還是壞人。現在我們一些電影，一看就知道誰是好人壞人。這好人壞人是一種邏輯概念，生活裡邊的人是複雜的，他有好的一方面，也有不好的一方面，是多種因素的結果，有時你很難說得那麼清楚。一定以好人壞人為標準，有時就很難說。我們的一些作品就是這樣：用邏輯認識、是非判斷來決定一切。實際生活並不是這個情況。同一個對象，往往包括好壞兩方面。《詩經》裡有〈碩鼠〉篇，說大老鼠啊，大老鼠，

你老吃我的糧食，你把我的糧食吃光了，我對你很討厭。藉大老鼠來罵剝削者，這是很有名的詩。老鼠在這裡無疑是壞的，但老鼠在藝術上也可以表現為好的。宋詞有首很有名的，我記得兩句，描寫一個人在外面旅行，夜晚，睡在那裡，「夢破鼠窺燈，霜送曉寒侵被」，睡得醒來看到在油燈下有小老鼠，感到風霜侵到被子裡，很冷。描寫夜晚的景色是相當好的。小老鼠在這裡變成了個很可愛的動物了。那個小老鼠就不是可恨的東西，而是可愛的東西，很好玩的。所以一方面牠可以作為可恨的對象，另一方面在某種場合也可作可愛的對象，這完全是以作家藝術家的情感、態度為轉移的。像毛澤東的詩，「煙雨莽蒼蒼，龜蛇鎖大江」，「鎖」字用得很好，把大革命失敗後，革命處於低潮的形勢以及作者的憂愁都表現出來了。另一首詞毛澤東寫「龜蛇靜，風牆動，起宏圖」，還是龜蛇，但情況大不相同。《西廂記》裡面，寫張生跟鶯鶯分別的時候有這麼幾句：「碧雲天，黃花地，西風緊，北雁南飛，曉來誰染霜林醉，總是離人淚」。這裡，霜葉本身帶了種悲哀的情緒。杜牧有首很有名的詩「停車坐愛楓林晚，霜葉紅於二月花」，這就用比較歡快的情緒來表現楓葉了。同樣是楓葉，它可以表現悲哀的情緒，也可以表現愉快的情緒。這當然是以情感為轉移的。美學中有一派叫「移情說」，一個客觀對象為什麼是美的呢？因為你把感情寄託在對象上了，所以你感到它美，「情人眼裡出西施」。當然，用移情說來解釋美的本質是錯誤的，但它用來解釋審美現象，來解釋藝術創作、藝術欣賞有合理的地方。

藝術的情感性是個非常重要的問題，情感是很複雜的，你對

客觀對象，包括你對自己周圍的事物的人，說喜歡就全部喜歡，
說討厭就完全討厭？不見得，對一個人一件事，有時喜歡他，有
時討厭他，有時喜歡他這方面，討厭他另一方面，這是很複雜的。
你運用邏輯公式、矛盾律去套：你到底是喜歡他還是不喜歡他？
你要麼喜歡，要麼不喜歡？……很難這麼說下去。這種用邏輯推
理很難說清楚的東西，在藝術中恰恰可以很好地表現出來。魯迅
對阿Q「哀其不幸，怒其不爭」，一方面很同情他，另一方面又對
他很氣憤：他不爭氣，使人很氣憤。作家對他作品中的人物經常
是這樣的。巴爾扎克的一本小說描寫一個貴族小姐，她一心要找
個貴族出嫁。她愛上了一個青年，那個青年的確是貴族氣派，非
常漂亮，各方面都令她非常滿意。可是後來她發現那個青年原來
是個商人。她是看不起商人的。於是乎，她就忠實於自己的信念，
跟這個青年斷絕了關係。最後，她只好和一個七十歲的老頭子結
婚了。恩格斯說過，巴爾扎克是看不起資產階級的，他愛那個貴
族階級，他的政治信念是保皇黨，是贊成貴族階級的，但是在這
個作品裡，他對這位小姐卻帶有一種嘲諷的味道的。跟七十歲的
老頭子結婚有什麼幸福呢？巴爾扎克對他所討厭的資產階級，作
品中的那個青年，倒是非常讚賞的，很能幹，那個青年最後真的
封了個貴族。儘管巴爾扎克從政治上、理論上、邏輯思維上是很
討厭商人的，但作品裡的表現恰恰相反：他所同情的是最終要滅
亡的，而他鄙視的，卻偏偏是勝利者。而他對勝利者還是讚揚的。
這作家的態度不是很複雜嗎？這樣一些複雜的現象，你假若要簡
單地套上一般認識論的公式，簡單地把藝術看成科學認識論，那

就說不清楚。在日常生活中這種情況更多。許多肯定的話表示的
是否定的意思，否定的話卻是表示肯定的意思。如「你這個人真
好啊！」實際上表示的是你這個人不好，恰恰是相反的意思。「你
這個死鬼！」這個「死鬼」是親暱的愛稱。這樣的東西在生活裡
大量存在。你一定要撇開這些豐富複雜的具體情感，光搞邏輯思
維，說這是肯定判斷或是否定判斷，那不行。情感和生活是複雜
的，表現在藝術裡面也應該是複雜的。藝術對人的作用，正是通
過這種複雜的情感的感染，使人的內心豐富起來。我經常講，人
類創造了大量的物質文明，使我們的生活美好起來。從原始社會
打獵、吃生肉，到今天我們能進入這樣一個時代，出現機器人。
這樣高度的文明和物質財富，使我們的外在生活，我們的衣食住
行，大大豐富起來，這靠的是科學；另一方面，我們的內心、我
們的內在世界、我們的心靈、我們的情感、我們的理解，也應該
豐富起來。外在的豐富不能代替內在的豐富。內在的豐富要靠藝
術。「四人幫」橫行時的文藝把人的情感搞得乾巴巴的，就那麼幾
條，那完全是倒退。我們愛看托爾斯泰的小說，他很會描寫人物
的感情。那複雜的心情寫得多好，寫得多細，再過幾百年也是不
朽的。看這些東西可以使我們的情感、我們的內心豐富起來。你
對人生的領悟，你對生活的把握，你對各種事物的理解也會變得
豐富起來。有人說這些是小資產階級情調，我的看法恰恰相反。
以前有個故事，有兩個人，一個是革命家，一個是知識分子，知
識分子看到月亮就說像什麼，想抒抒情，而那個革命家就說月亮
像個燒餅。似乎說像燒餅就是高明的了，我的看法不是這樣。我

們為什麼願意一再讀好多過去的作品？它可豐富我們的感情麼！它使你的情感變得細緻，變得豐富，變得飽滿。人跟人的關係，包括愛情，是包含許多豐富的內容的。人跟動物不一樣。生活中講是「談愛情」，談就是互相交流思想，交流感情，交流各種觀念。動物不會談愛情，愛情是人類特有的。有個地方我提到人性結構的問題。而藝術恰恰是培養這種人性結構的很重要的方面，使我們人性豐富起來。人性，前些時候還是個禁區，實際上人性不能簡單地用階級性來代替。這要好好研究。我們要從生活出發，從實際出發，從大量資料出發，研究包括形象思維在內的一些問題。

〔補注〕我在所有形象思維文章講的「形象思維」，都是指藝術創作中作家藝術家的心理過程，主要是藝術想像。所以我曾說它並不是嚴格意義上的思維即不是狹義的「思維」（這種思維按傳統的哲學、心理學和邏輯學的規定，是以概念為起點的）。但日常生活和科學研究中有沒有不用概念不遵守一般形式邏輯的「思維」呢？當然有。如用動作、圖式、形體、朦朧的表象等等來思維。這便是我所講的廣義的思維，它也可稱作「形象思維」。這種思維與藝術創作中的形象思維有異有同，又不能混為一談。所以，如本文所說，需要對「形象思維」這個詞作一定的語義分析，指出它包括的幾種不同的涵義，才能順利地進行研究和討論。為此目的，附表如下：

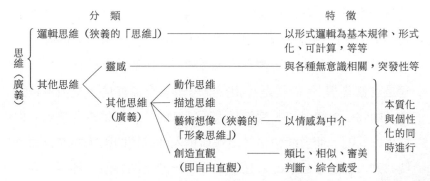

*個性化包括客體（模型、圖式、構架、典型的建立等等）和主體（個體知識、經驗、才能等特異性的展現）。

三、美感的二重性與形象思維

註：1981 年 8 月講演記錄稿，原載《美學與
　　藝術演講錄》，上海人民出版社，1983
　　年。

　　進修班要我講這個題目，我很感興趣，為什麼呢？因為這個題目似乎抓住了我的要害。我記得鄭季翹同志批評我的形象思維論的時候，也是抓住了這一點。他說李澤厚很早以前就主張直覺論。這是指我的第一篇美學文章〈論美感、美和藝術〉中提出了美感兩重性，提出了美感的個體直覺性問題，把我對形象思維的看法與對美感直覺性的看法聯繫起來了。雖然在我的文章中並沒有這樣直接聯繫過，但形象思維這種藝術家的創作現象，和藝術欣賞當中得到的審美愉快，的確是有密切聯繫的。今天，只能非常簡單地講講這個問題。

　　美感直覺性，從美感的兩重性來說，一方面對個體而言，美感具有一種直觀的（直覺的）性質；而另一方面，它又有一種社會功利的性質。我認為這是一個不應否認的事實。因為你看美的東西，首先感到的是好看不好看、愉快不愉快，好像事先並沒有什麼考慮。我們看到一個人長得很漂亮，啊，很漂亮；看到一塊花布好看，咦，好看；看了一部電影，說，有意思；這是一種直覺的觀感，不會讓你考慮幾天再回答。甚至你直覺地說好或者不好，也不一定能說得出什麼道理。我們的報紙刊物有時把某些小說、電影說得怎麼、怎麼好，你一看並不覺得好；或者說怎麼、怎麼壞，然而你一看也不覺得壞。也許道理你說不過人家，但是你的直觀感覺就是這樣。所以我認為這種直覺性是事實存在，否認事實是很可笑的。要是怕「資產階級直覺主義」的帽子，那麼叫「直觀性」或「直接性」也都可以，但是事實還是事實。

　　另一方面就是關於社會功利性問題。對這個問題在國內一般

都沒有反對意見。實際上這兩個方面包含四個內涵。一個是直覺，相對於邏輯說的；一個是功利，相對於非功利說的，也就是說，假若是兩重性的話，一方面是在直覺和非功利性；另一方面則是邏輯和社會功利性。前兩者與後兩者密切聯繫在一起，社會功利常是邏輯的考慮；儘管這種邏輯有時是非常不自覺的，或習慣性的。這種關係講起來也很複雜。此外還有社會功利（理性）與個體功利（動物性）的問題。這個兩重性問題我在五〇年代提出來，以後沒有講，有兩個原因：一個是以後的美學討論在美的本質問題上談得非常多，而在美感問題上則沒有怎麼談；另一原因是，這個問題一提出來就被很多人反對，說是資產階級的「直覺主義」，所以就不能也不敢再講再寫了。

　　實際上我的這個看法還是從馬克思《1844 年經濟學—哲學手稿》中來的（以下簡稱《手稿》）。這本著作雖然並不是講美學問題，它是講哲學問題的。馬克思在當時不會想到一百多年以後，我們首先在美學的角度來強調這部著作的偉大意義。這是因為這部著作的基本哲學觀點，正是為美的本質和美感的本質奠立了哲學理論基礎。

　　《手稿》一個很重要的方面，恰恰是談到人的感覺與需要不同於動物；不同於動物的一個很重要的基本特點就是它的非功利性。馬克思十分強調人與動物在感受、感覺、感知上的區別，動物是滿足牠生存的需要，為了生存必須不停的吃，不填飽肚子就無法生存。當然動物園中的動物可以不去覓食，但野生動物在很多時間裡都在尋找牠生存的需要。個體完全是為了消費與生命的

存在，在不停的活動著。而人恰恰與動物在這方面區別開來。從而，人的感性也逐漸不只是為了生存的功利而存在的東西。馬克思在《手稿》中再三強調感性的社會性，而不是理性和社會性。理性的社會性好理解，什麼邏輯呀、思維呀這些東西。而馬克思恰恰講的是感性的社會性，感性的社會性是超脫了動物性生存的功利的。眼睛變成了人的眼睛，耳朵變成人的耳朵。馬克思說：「因此，〔對物的〕需要和享受失去了自己的利己主義性質，而自然界失去了自己的赤裸裸的有用性，因為效用成了屬人的效用」。（注意：著重點為原著所有）就是說它不是屬於個體的、自然的、消費的關係，不是與個體的直接的功利、生存相關的。對於一個飢餓的人，並不存在食物的人的因素。憂心忡忡的人，對於最美的風景也無動於衷。一個飢餓的人跟動物吃食沒有什麼區別，這是有很深刻道理的。中國古老的吃飯筷子上常刻有「人生一樂」幾個字，把吃飯當成是人的快樂與享受，而不是純功利性的填飽肚子。這樣，人的感性也就失去了非常狹窄的維持生存的功利性質，而成為一種社會的東西，這也是美感的特點。它具有感性、直接性，亦即直觀、直覺，不經過理智的特點；又不僅僅是為了個人的生存，所以它又具有社會性。我所講的美感兩重性，實際上是來源於《手稿》。

在西方美學史上曾爭論不休，為什麼只有視覺、聽覺才能夠成為審美的感官？為什麼味覺、嗅覺、觸覺不能成為審美的感官？到現在為止，並沒有很好解決這個問題。我認為馬克思把這個問題解決了。就因為視覺和聽覺是更多地人化了的感官，在感性裡

面充滿了社會性，成為人的東西。而味覺、嗅覺、觸覺只能起一種輔導的作用，動物性因素仍然很強，於是難以成為審美感官。這是純從哲學理論上說。當然其中還有許多心理學的具體原因。總之美感的兩重性，一方面它是感性的、直觀的，而另一方面在感性中又包含了長期的人化了的結果。自然的人化有兩個方面：一個是對象的人化；一個是自身的人化。自身的人化就是人的五官感覺的人化，還不僅僅是五官感覺。馬克思曾特別講到性愛的問題。性愛的關係是自然的；然而其中也最容易表現出社會的人的尺度，因為性並不能等於愛，但完完全全離開性的愛也不存在。性愛作為人的東西，理性與感性融化在一起。所以，我所經常注意的一個基本思想就是：理性的東西怎麼表現在感性的中間；社會的東西怎麼表現在個體的中間；歷史的東西怎麼表現在心理中間。我用「積澱」這樣一個詞來表示這個意思。即社會、歷史、理性積澱在感性、個體、直觀中，這就是人的感性的特點，也是我所採取的解釋美感的基本途徑。

　　我認為從康德開始，經過席勒、費爾巴哈到馬克思，特點之一就是抓住了「感性」，這也就是為什麼我要把黑格爾撇開的原因。今年國際上有個會議，議題之一就叫「要康德，還是要黑格爾？」我的回答：都要！但如果必需選擇其一，那就要康德，不要黑格爾！解放後，我們對黑格爾研究得比較多、評價也很高，但是不是研究得很深了呢，我覺得還很難說。對康德，則批判與否定太多，研究很少。我想考察一下這個問題。這倒不是因為康德在西方的影響比較大，其實黑格爾對西方的影響也很大。我自

己受黑格爾的影響就很深。黑格爾最偉大的地方，是宏偉的歷史感。我認為他的辯證法的靈魂就是偉大的歷史感，而偉大的歷史感也正是馬克思緊緊抓住的東西。這也是我們現在需要學習的黑格爾的東西。但是黑格爾的理論中也有大量的詭辯論。他的《美學》這本著作中就有很多牽強附會的東西。由於他的詭辯論，無論什麼問題，到他那裡都能講出道理來，當然裡面夾雜了很多主觀的東西。這方面我認為康德比較老實，不知道就是不知道。黑格爾的歷史感，對人類歷史發展的整體性的觀點，以及對必然性與理性的強調，無疑是很正確的。馬克思接受了這種觀點，這是永遠值得高度評價與研究的方面。因為他站在整個人類歷史的高度來認識與觀察一切問題，自然很深刻。但另一方面，感性的、偶然的、個性的東西黑格爾就注意不夠，這些內容在黑格爾的歷史整體感中消失了。為什麼存在主義崛起？就是對黑格爾的一種反抗。人都具有個體，並在有限的時間與空間中存在，這是一個真實的存在，人是感性物質的存在，而不能完全是理念的存在。在這個方面我覺得黑格爾是注意不夠的。這種影響到如今還存在。比如我們總是強調事物發展的必然性，其實有很多事物發展是偶然的。如果慈禧太后不活那麼多年，中國近代史很可能是另外一個樣子；或者慈禧太后一死，載灃把袁世凱殺了，那麼以後的歷史可能又是另一個樣子。所以一個偶然的事件往往可以影響歷史發展的幾十年，甚至一百多年。如果一切都是必然的結果，那麼人就什麼都不要主動幹了。我們的歷史學、哲學對個體的人的存在，感性的人的存在，或偶然性的存在是注意不夠的。

　　這裡也許要講講人性的問題，美感正是人性的一種證明。我不同意把人性等同於動物性，現在西方或國內也見到這樣一些觀點的文章，把人性簡單的看成是動物性，一種自然的要求與需要，表現這個就是人性的。現在好些小說裡就有這種思想。也許是我保守，我認為，馬克思在《手稿》中恰恰強調了人性與動物性的區別。如果等同的話，那麼人與動物就沒有性質上的區別了。然而另一方面如果把人性看成是純理性或社會性的東西，我也不同意，把人性等於階級性就不必說了。前一種把人性等同於動物性，可以變成縱欲主義。後一種則可以變成禁欲主義。黑格爾後一種的東西多一些，把純理性的東西說成是人的本質。所以我認為真正的人性應該區別於動物性，但它又脫離不開動物性與感性，而具有人的性質。所謂美感的兩重性就正是建立在這種基礎之上的。美感就是人性的一個具體的方面。這人性不是上天賜予的，不是天生的，而是人類給自己建立起來的一種主體性。這就是人的文化心理結構。人類在漫長的歷史實踐中建造了極其偉大的物質文明，這是人與動物很大不同的地方。人是以能製造工具和動物相區別的。工具不能吃，也不能滿足個體的需要，它只是一個中介，它只是要達到獵取食物的工具，而動物就沒有這個中介及意識。人把這種特性作為自己活動的對象。所以人的實踐的最基本的東西就是製造工具。然而到底什麼是「實踐」，至今恐怕並沒有搞清楚。在國外，實踐也是很時髦的哲學問題，但也並沒有準確的客觀規定。我認為實踐最基本的是製造工具，這恰恰是體現人的本質所在。馬克思主義最基本的核心是歷史唯物主義。恩格斯評價

馬克思也是一個歷史唯物史觀，一個剩餘價值論，並沒說其他別的。歷史唯物主義就是實踐論，這兩者不能分割。把兩者分割會造成什麼後果呢？要麼造成拋棄了歷史唯物主義的實踐論，陷入主觀意識論，不承認客觀規律。我們對實踐可以說講了不少了，1958年大幹的確是偉大實踐，但違反歷史規律，結果起了相反的作用。所以一個哲學命題看起來好像離現實很遠，而實際上有很重要的現實意義。其次，離開了實踐的歷史唯物主義則變成了宿命論，忽視了人的能動作用，人就變成了一種工具，就是黑格爾式的太強調了客觀必然性的因素，作為個體，主體實踐力量處於被動的工具的地位。

人創造了大量的物質文明，從石頭工具到航天飛機。人也創造了豐富的內在的東西，這就是人的文化心理結構。我們的心理結構實際上保存了歷史的各種文明，其中同樣包括美感在內。人一方面創造物質文明，同時也創造精神文明。精神文明並不是空洞的東西，它既表現在物質形態如各種藝術作品中，又表現在人的心理結構中。人的這種心理結構正是人類千百萬年以來創造的成果。教育學科之所以偉大，正因為它有意識地為塑造人的心理結構而努力。人要獲得一種結構、一種能力、一種把握世界的方式，而不只是知識。知識是重要的，但知識是死的，而心理結構則是活的能力或能量。人類的心理結構至少表現在智力、意志、審美等三方面。這三方面就形成了人類把握世界的主體性，就是使人區別於動物的人性。

審美特點是感性的、直觀的把握方式，美感的直覺能力並不

是天生的。小孩子讓他看齊白石的畫，畫得再好，他也可能覺得不像。長大了，有了一定的欣賞修養之後，就覺得十分生動傳神，這種能力恰恰是經過教育與大量文化生活教養的結果。我把這種成果叫做「積澱」。這就與西方資產階級的所謂「直覺主義」有了原則的區別，因為我強調的是一種歷史發展形成的結果。在這個基礎上我們再去看康德對審美的分析，就覺得很精采了。他把審美無功利的愉快，與生物性的愉快、道德的愉快區別開來。我口渴了，喝口水感到很滿足，但這種愉快與審美愉快不同。我做了一件好事心裡很高興，這是一種精神的道德的愉快，也與審美愉快不同。一個是純感性的愉快；一個是純理性的愉快；而審美的愉快恰恰即是感性的又是理性的。他不涉及個人的功利。喝水感到愉快，對身體有好處，這是個功利的關係。那種道德的愉快也是直接社會功利的需要。而這個審美的愉快，是看不見功利關係的直觀的表現。康德最重要的一點，就是「無目的的合目的性」，它沒有具體的目的，但是合目的性。藝術品正是這樣的。它不一定告訴你它有什麼目的，但它中間包含著一定的目的性，這應該是審美的一個根本的特性。然而由於康德的哲學是唯心論的，所以他把這種現象做了一種唯心論的解釋。他說這歸根於人類的共同性即人類先驗的一種共同的東西，而他也無法解釋這種共同感是從哪裡來的。我們現在加以馬克思主義的解釋，把這種現象建立在歷史唯物主義的實踐論的基礎之上，我把它叫做人類學的歷史本體論的基礎之上。即從人類的整個歷史發展的基礎上來觀察和分析這個問題。總之，美感的兩重性就是建立在這樣一個基礎

之上，積澱成為心理的一種結構方式。而研究美感就是要抓住這些基本的特點來進行分析，特別要進行一些心理學的研究，也可以從哲學的角度對此研究。

例如，有些審美對象並不一定都很美，甚至很醜陋。但在不愉快中又感到有些愉快，比如在音樂中有些不諧和的旋律；繪畫中也有亂七八糟的顏色和形象，聽起來、看起來，很彆扭，但就在這彆扭中，好像又有些滿意的享受，這是一種複雜的感受。不一定能夠很好地講出來，甚至似乎不能夠用言語形容。藝術的欣賞講究要有「味道」，藝術恰恰要表現一般語言表現不出來的東西，讓你去想，去捉摸。中國很講究藝術的「味道」，但「味道」是什麼東西，你不一定講得出來。說它是高昂的，低沈的⋯⋯等等，並不能真正說明它，但這已是邏輯思維，不再是審美直覺了。審美可以引起邏輯思維，而引起以後，再去欣賞就會更深一層。這也是一個循環的過程。

下面我講一講美感的四個因素。美感從心理學看，至少就是感知、想像、情感、理解四種基本功能所組成的綜合統一，絕不只是其中的某一種因素，至於這幾種因素到底是怎麼結合起來的，各占多少比重，它的排列組合有多少種，這些問題還很少人研究。比如感知裡面就還有感覺和知覺；想像裡面的種類也很多：類比聯想、接近聯想、相反聯想等等。而情感與欲望、要求、意向、願望等也有很多聯繫。每一種因素都有很多內容。我常說美學是一種年幼的學科，就是因為，美感心理的這種種規律都還有待於今後深入的研究。我們只知道現象的多樣性、複雜性，但它到底

包含什麼，並不清楚。我想現在也研究不出來，恐怕要五十年或一百年以後。這是因為心理科學本身還不成熟，對情感，對高級的審美情感就更不清楚。我在〈審美與形式感〉（1981年第6期《文藝報》）一文中曾提到了格式塔的心理學。像R.安海姆的《藝術與視知覺》，研究視知覺的這種現象，他講究「同形同構」，研究外在世界的力（物理）與內在世界的力（心理）在形式上的「同形同構」的結構關係，你之所以感到美，是一種同構關係的存在。他是反對移情說的，他認為移情恰恰要用同構關係來解釋。為什麼看見楊柳輕輕擺動，看到水緩緩的流，你心裡就會產生一種柔和的情緒；看到很直的松樹，會有一種挺拔高昂的感覺，這是因為外在與內在有相同結構的類比（同構）關係。這個學派曾經做過一種試驗：讓人以各自的姿態來表現心理的憤怒或悲哀，試驗結果憤怒的姿態線條都是直的、堅硬的、向上的；而悲哀的姿態則都是柔和的、向下的、緩慢的。儘管姿態不一，但趨勢是差不多的。可見，外在形態與內在心理有同構關係。這提出的雖是假說，但有一定價值。像這種問題就很值得研究。但是這種學說也有一個缺點，就是沒有考慮到這種心理狀態絕非僅僅是生理的、動物的，它還包含有社會方面的心理因素。它沒有注意到人類千千萬萬年積澱的心理成果。牛看到紅布也激動，但與人看到紅布激動是不一樣的。人能分辨出是紅旗或是紅毛衣之類，他的激動內容並不一樣，他的激動中具有社會的具體內容，裡面有很多社會的觀念和理解的因素，所以它不是一種簡單的感知，感知裡面有他的想像、理解與情感。人為什麼看了直線的東西有剛強的感

覺，看了曲線的東西有柔和的感覺呢？這是人類千百萬年來與自然界打交道的結果。我在 1962 年的〈美學三題議〉中講了這個問題。當然，研究社會因素怎麼與心理因素交融在一起，是非常難的。黃金分割的比例 1:0.618 是最美的，為什麼？顯然有一種生理、心理的基礎，但恐怕也與人的活動、環境等等有一定關係。

再比如節奏，這也是屬於感知方面的問題。小孩跳橡皮筋，唱兒歌，有些唱詞並無意義，但有一種節奏感，這恐怕動物也有，但人包含了社會的、時代的功利的作用。都是節奏，古代人與現代人的感覺為什麼不一樣？為什麼年輕人看現代外國電影感到節奏合適，而讓他聽京劇他就覺得一句唱半天，節奏太慢了，而有些老年人則正相反。看起來這是感性的直觀，沒什麼道理可講；實際上，由於現代生活的節奏本身是較快的，因此反映在人的心理上就產生一種相應的要求和感覺。比如現代的建築造型的線條十分簡潔明快；精雕細琢、雕樑畫棟、紅紅綠綠反而覺得不舒服，這就是因為感知中包含了社會時代的因素。當然這裡不能講得很死。藝術作品的節奏要與時代生活合拍，自然也有相反的情況。比如在非常緊張的時候，你希望看一點輕鬆的古裝電影；而生活很單調的時候就希望看點驚險的影片。又比如城市已經很喧囂了，所以建築的顏色就要搞淡雅一點，米黃、淺灰、淡綠等，使人在精神上不感到強烈、緊張。如果大紅大綠搞多了，人們就受不了。相反在農村一片翠綠的田野、樹叢之間，就希望來點紅的或較強烈的色彩，這是心理的需要，這種心理需要既包含生理上的因素，又包含社會的因素，二者又是溶化在一起的。再比如，書籍封面

裝幀，過去大都很嚴肅，色彩單調。現在大都色彩豐富、明快，
去掉了過去古板陳舊的樣式，這顯然有時代與社會的因素在裡面。
它們也體現了感性的解放，體現了現代人的自由、歡快的心理需
要。

　　我一直認為，美學不能等同於藝術論，它遠遠不只是藝術哲
學。生活中的實物造型可算作實用藝術，但美學也遠遠不只是這
個方面。人的生活怎麼安排都與美學有很大關係，社會的和個人
的生活節奏、色彩如何？感性的節奏是生活秩序的一部分。一個
社會或群體必須建立一種感性的秩序。有和諧、有矛盾、有比例、
有均衡、有對稱、有節奏、有各式各樣的關係，有張有弛。社會
生活、生產，要有節奏、韻律。所謂張弛有致。安排得好，很舒
適，安排不好就亂糟糟的。個人的生活和工作也如此。人對世界
的改造、把握、安排就包含了很深刻的美學問題在裡面。從幼兒
時期開始，就可以培養他的感性秩序，這種感性秩序對一個人的
成長，一個人的智力發展、意志鍛鍊和對世界的感受能力，以及
對他的身心健康都是很有好處的。從這個角度看，美育、美感、
審美都不是一個狹窄的問題，它是主體方面的人化的自然這個大
問題。從幼兒開始就叫他在美育活動中建立感性心理的結構秩序。
這種感性秩序包含了一個社會與時代的功利規定的要求。這不正
是美感二重性嗎？

　　上面講了一下感知，下面簡單談一下想像。

　　想像，這個領域很大，人類不同於動物的主要能力之一就是
人具有豐富的想像。兒童有段時間特別喜歡想像，在遊戲中想像，

在想像中遊戲。小孩為什麼喜愛孫悟空，因為孫悟空可以七十二變，它可以發展兒童的想像能力，這對兒童成長極為重要。想像問題非常複雜。到現在為止，心理學研究比較充分的只是知覺，而對情感、想像等，心理學研究是很差的。對想像的認識既不清楚，又不一致。比如弗洛依德的心理分析的無意識論。無意識與想像有關。那麼，同構是否與想像也有關係呢？為什麼情緒與色彩、溫度與輕重有關係呢？「紅杏枝頭春意鬧」，是一種「鬧」的色彩；「綠楊煙外曉寒輕」，是一種「輕」的溫度，這種通感同構就是不自覺的想像。這種聯繫當然就是直覺的、自然的，是美感直覺性的表現。美感的直覺性不僅表現在欣賞上，也表現在創作上。畫家為什麼用這種顏色，不用那種顏色，他不一定能說出道理來，就覺得用這種合適。想像為什麼用別一類感覺來形容這一類感覺，對他來講是直覺的，非自覺的；而另一方面他顯然又有一個長期的生活經驗的積累，生活中間，使他把它們聯繫起來了，但並不一定明確意識到了。那麼能不能沈湎在無意識之中呢？這個可能性是存在的。我是主張藝術家憑自己的感受或靈感來寫作的。這種靈感不是偶然的，是長期的生活積累，把有意識的變為下意識和無意識的，這是一種積澱式的東西。為什麼西方一些美學家把夢和藝術聯繫起來？把藝術看成是夢當然是不對的，但夢與藝術是有相似處的。夢是非自覺地出現的。夢中出現的形象，是這個人，又是那個人，突然這個人又變成了那個人，不像生活中是符合邏輯同一律的那同一個形象。在夢中往往多樣的形象變成一個東西，不符合日常生活的邏輯的理智的考慮。藝術作品中

也有這種情況，藝術形象具有的多義性、朦朧性、寬泛性，是這個又是那個，是 A，又不是 A，等等，與夢的確有相同之處，不同於一般邏輯思維。但一個（夢）完全是無意識，另一個（藝術）卻並不是。不過它們都是想像。同時，想像與欲望、情欲也有聯繫。有個說法是，藝術本質是欲望在想像中的滿足。我當然不同意，但這種說法也不能說沒有一點道理。比如，我們有次下鄉，生活很苦，很久沒吃到肉，坐在一起常常一談就是「精神會餐」，總要議論一下北京什麼飯館，什麼菜什麼東西好吃等等。後來回到北京經常吃到肉，同是這些人聚在一起，一次也沒有講到吃。得不到生活的滿足，就要求精神滿足一下，等到得到了，反而不講了。藝術的想像中有沒有這方面的東西？我看這樣的因素是值得注意的。而這個因素又不是自覺意識到的。從想像這個角度來看，不管是欣賞或創作也都有這樣一個直覺的非邏輯理知的因素。它經常表現為一種非自覺性。

　　下面談談情感。我主張在創作中、欣賞中要有情感。藝術沒有情感不成其為藝術。情感對人來說，就個體來說，比認識要早，是與人的本能、人的生理的需要聯繫在一起的。小孩子餓了要哇哇地哭，他餓！他吃飽了就笑，滿意了！他的情感與他的生理存在和需要是聯繫在一起的。所以說，情感比理性的東西更早、更根本。剛才講，欲望跟情感是聯繫在一起的，它有生理本能的一方面，這是很根本性的。但到了社會之後，情感社會化了，情感遠遠不是動物性的東西。人的不同的情感，變成十分複雜。但是它也有兩個方面，有與生理直接聯繫的方面，而另一方面它又理

性化了。情感最能在感性裡表現理性，這是很有意思的。譬如音樂，音樂最能表現情感，音樂也是最難用概念說明的。莫札特音樂的內容是什麼？是什麼意思？很難說。柴可夫斯基的《悲愴（第六）交響曲》，你說悲愴，到底悲什麼？怎麼悲？講不清楚，它主要是表現一種情感。

克羅齊的直覺論，大家看了朱光潛同志翻譯他的《美學原理》。克羅齊後面還有兩篇文章，他在那裡強調了情感，他說直覺離不開情感，「直覺的表現」就是情感。他說：「是情感給了直覺以連貫性和完整性，直覺之所以是連貫的完整的，就是因為它表達了情感，而且直覺只能來自情感，基於情感」，說得非常明確，後來還有一個說明：「直覺就是感情的表現」。克羅齊、科林伍德關於情感講得很多，在英美叫做「克羅齊─科林伍德學說」。這一理論後來就被蘇姍・朗格繼承了下來，認為「藝術是情感的邏輯」、「情感的符號」。符號有兩種：一種是認識的符號，即概念推理；一種是情感的符號，就是藝術。從而藝術也就是情感的邏輯，這樣的邏輯是廣義的邏輯，不是邏輯學教本上的那種概念的邏輯。所以，我既講形象思維是廣義的思維，我又講形象思維並不是思維（狹義的），這並不矛盾。

如上面所講，藝術的形象是多義的，它是這個又是那個。在理論上茶杯就是茶杯，它不能同時又是粉筆盒，兩者不能混同。在藝術裡卻可以這麼做，是茶杯又是粉筆盒，它可以像在夢中的物象交疊。這就是一種違反形式邏輯同一律的情感的邏輯。最有意思的是，恰恰是這種邏輯卻偏能表現哲理。因之，叔本華、佩

特等人都把音樂看成是藝術的皇冠，是最高級的，音樂裡有很深的哲理性。音樂表現哲理性大大超過繪畫，聽音樂所感到的哲理性超過其他藝術。這是很奇怪的。歌德的《浮士德》，主人公浮士德經過一系列人生的歷程，但都不能得到滿足，最後為全人類造福，得到了滿足，達到了人生最高境界。什麼愛情啊、功名啊、個人事業啊，都不能滿足，為人類造福，滿足了。貝多芬《第九交響曲》也有這個哲理，最後那一部分極其博大的氣勢，為了全人類，便能夠使人體會到人生的價值、人生的意義。柴可夫斯基的音樂，也達到了一種哲理的高度，但比貝多芬又差遠了。所以，一個非常感性的東西，它不用概念語言，偏偏能夠使人在直觀中得到一種哲理性的感受。這不是美感二重性的又一證明嗎？也許哲理本身就是情感性的？也許人的心靈之所以不像機器，正在於他有這種非概念的情感邏輯？有人講你這個人情感、思想這麼複雜。我認為人類的歷史就是由簡單到複雜。既能從一塊石頭、石刀發展到這麼複雜的宇航技術，我們的內心世界難道不該複雜點嗎？那有什麼害處呢？我們的內心世界變得像一個空盒子一樣單純就好？複雜性恰恰是表現了豐富性、多樣性。藝術不僅僅創作了藝術品，而且創造了人的心靈。表現在文學、音樂、繪畫裡面，那麼複雜的、那麼細緻的東西，你看了之後使你自己的情感、心靈，你對人生的感受變得複雜細緻了。這是好事，不是壞事。單純明淨當然有它的好處，但是我們也不能老看希臘雕塑，老看拉斐爾。人們看了希臘雕塑，還要看羅丹，看亨利‧摩爾那些現代派藝術，為什麼？人們不能老是停留在一種單純的明淨之中，它

要求日益豐富。這會使你的心理結構變得更多彩、充實和更細緻。例如，生活中的不怕死是很不一樣的。動物也能不怕死，原始人也可以不怕死，但是與現代人的不怕死是不一樣的。後者是經過很深刻的自覺意識的選擇行動。表現形式好像一樣，但出發的基地，整個的心理結構是很不一樣的。我們今天把一些最簡單、明快的東西，認為最好、最美，我不這麼認為。美都帶有它時代的特點，是不斷向前發展的，人的美感也是不斷向前發展的。美感，在一種直接的感受裡面包含著大量的時代的社會的因素。

最後講講理解因素。我已多次重複表明，不同意把藝術看作只是認識，不同意把美學看成只是認識論。在這一點上，我與不少同志有分歧，包括蔡儀同志、朱光潛同志都把藝術看作認識論，還有馬奇同志把美學看成是藝術哲學，我都不同意。藝術給人的，遠遠不止於認識。它是對整個人的心靈、心理結構起作用。中國古人講得很對，它是「陶冶性情」：對於人的心靈、心理結構、心理能力，給予影響，然後塑造你，豐富你。認識有科學就夠了，把道理講清楚就完了。老實講，就認識說，藝術遠遠比不上科學。那麼還要藝術幹什麼？藝術給人的恰恰是影響你，不僅影響你的理解，而且影響你的想像、情感、感知，它是多方面影響你的，使你這個人化的自然，使你這個內在的五官，使你的情感、感知、想像越來越豐富，它起著全面的作用。我這個觀點一直有人批評：說是提倡反理性主義。不過我堅持。我認為我不反理性，藝術包含認識但不等於認識。不過認識是你看不見它罷了。我的文章多次講：「理之於詩如水中鹽。」藝術中的認識就像水裡面放上鹽似

的，喝水有鹹味，但是你要找這個鹽是看不見的，你找不出來，
鹽到哪裡去了？鹽的味在水裡。我說藝術裡面的認識、藝術裡面
的理解、道理都應該達到這樣一種境地，才是比較高的藝術，是
符合人們的審美規律的藝術。但是我們現在的藝術恰恰相反，它
給你大把的鹽吃，老是怕你不理解，所以使你非常難受。一部電
影或小說本來還好，怕你不理解，講一堆道理，索然敗興，你就
不想看了。因為人的審美直覺必需在一種自由自在的活動中進行。
硬把一種認識抽出來，加進去，便破壞了審美規律，破壞了美感
二重性的特點，因此它並不引起美感，不能引起你的愉快，那誰
願意看呢？作家不能單憑理性的東西進行創作，理性恰恰包含在、
溶化在他全部感性的體驗、感受、想像、情感之中。馬克思主義
的世界觀只有真正變成了你的情感、想像、感知，變成你生動自
然的形象思維，而不是外面加上去的東西，這才能成功。否則的
話，你會失敗的。為什麼有些作家，解放後就寫不出好東西來了
呢？也不是一個兩個人是如此，這恐怕不是偶然的。他們真誠地
相信並很接受馬克思主義，原因之一就是我們在藝術上太沒有強
調創作規律與藝術本身的審美規律，就是怕人家主題不明確，硬
要把一些概念性的東西塞進去，把審美規律給破壞了，於是創作
不出好作品，沒有藝術性。我們這幾十年發展了「文藝政治學」，
但不是美學。我們只注意了文藝和政治的直接的簡單的關係，而
沒有看到文藝的美學特徵和規律。文藝政治學也是值得研究的學
科。但藝術的政治作用要通過美學來達到。看了一個好戲，在出
劇場的時候，你既感到愉快，得到了審美上的滿足，又覺得精神

境界提高了。這才是藝術所起的審美教育作用。這正是美感二重性的特點。正因為有這種二重性，而不只是認識，才使你去琢磨，你才覺得有意思有味道。張潔有篇小小說——〈拾麥穗〉，我認為比〈愛是不能忘記的〉強多了，但沒人注意。它裡面講一個七八歲的醜陋的女小孩，我記不得是不是孤兒，沒人看護，有一個六七十歲的賣糖的老頭子常給這個女孩幾塊糖吃，人們就笑話：「你嫁給他吧，你嫁給他吧！」老頭子六、七十歲，小姑娘七、八歲，這完全是個玩笑。這個老頭每天來，後來就死了，小孩兒就站在那裡望著。……你說不出這是什麼意思、什麼道理，到底說明什麼問題，但它傳達出一種淡淡的哀愁、孤獨、惆悵……的味道，很耐琢磨。這是藝術。藝術品就要有一種味道，使你感受到什麼東西，感情受到感染，使人琢磨。因此所謂概念、認識是在中間，而不是說出來的。《今夜星光燦爛》大家都看過這個電影，我注意的是其中有某種感傷，有一種對照現在而回想和懷念過去的那種真正親密的同志之間的關係，傳達出某種味道。魯迅小說我認為並不是篇篇都成功的，《故事新編》大部分我都不滿意，但〈鑄劍〉我覺得很了不起，很值得琢磨。《野草》也很有意思，你說主題非常明確？並不明確。但裡面有味道，是藝術。大概，只要主題真正明確，那就反而不是藝術，沒有審美味道，即「沒有味」了。

以上這些都是為了說明美感的兩重性，其實也就是形象思維的非自覺性。我剛剛寫了〈形象思維再續談〉，馬上就有兩篇文章反對我。人家問我為什麼不答覆，我說我不想答覆，我以後也不

答覆，因為我覺得有些文章根本沒有看清楚我要講的什麼，他就批評。那就讓他批評吧。我一講非自覺性，有人就批評說，我主張作家、藝術家不知道自己在幹什麼。但我根本沒那個意思，如果藝術家、作家不知道自己在幹什麼，那所有作家、藝術家不都是瘋子了嗎？他自己寫文章不知道自己是在寫文章？他畫畫不知道自己是在畫畫？欣賞者走到戲院也知道自己是在看戲。戲搞個戲臺，畫也搞個畫框，就是使你知道這是在看戲，看畫。不至於為戲裡面壞人打好人，你也上臺去打抱不平。朱光潛同志的《文藝心理學》曾舉了個例子：曹操要殺呂布，於是有人氣得要拿刀去殺曹操。解放戰爭時演《白毛女》，黃世仁欺負白毛女，一個觀眾跑上去揍黃世仁。但是一般觀眾都不這樣，因為知道自己是在看戲。這一點是自覺的。有非常明確的自覺性。藝術創作也一樣，我在寫書，我在寫小說，寫劇本，當然知道。在創作中，技巧的運用也非常自覺。我的劇本打算分幾幕、幾場，有什麼人物；我的小說準備分幾章，大致上有什麼情節，這是很自覺的，並且有很多是邏輯思維。作畫我覺得應該用點暖色，黃的還是紅的？還是紅、黃交融的顏色？這考慮都是自覺的。作者對作品技巧的考慮很多。這都是邏輯的自覺考慮。但畫家用色，這裡重了，應該輕一點，那裡輕了，應該重一點。但為什麼這樣用色？為什麼要輕一點、重一點？你讓他講，他卻講不出多少內容方面的道理。非自覺性恰恰是對於內容方面的。魯迅寫《阿Q正傳》，開始的時候，是開心話，他沒有想到阿Q最後要怎麼樣。他寫這個東西雖早有想法，但到底要表現什麼，非常明確的自覺意識，沒有。

我認為這很重要，這並不是形式問題，恰恰是內容問題。西方柏拉圖講「迷狂」，像神附了體似的，中國講「下筆如有神」。對於這個東西，邏輯上很難規範。嚴羽的《滄浪詩話》說，「羚羊掛角，無跡可求。」用邏輯思維找不出痕跡，找不出線索。所以說：「不可言傳，不可理喻」。不可理喻就是說不是邏輯思維。還有「言不盡意」。藝術就是要言不盡意，言能盡意就是憑概念說話。例如悲劇，同一個《哈姆雷特》不同的導演可以有不同的處理，到底哪一個《哈姆雷特》更符合莎士比亞的原著，很難講，看你側重哪一方面。不同的處理，審美感受也不一樣。可見是「書不盡言」了。「言不盡意」的例子就更多，我說這杯茶很熱，這個「熱」其實很抽象。今天天氣很熱，「熱」到什麼程度，這是概念所表達不出來的。王夫之說過：「言只能傳其所知，不能傳其所覺」，很有道理。語言只能表達你所知道了的，並不能表達你所感覺的。現在我們有很多形容詞，什麼悲哀、淒涼或者是痛苦。這能夠具體、準確地表達你的情感嗎？不能，這還是些非常概括的語詞。你痛苦，你到底怎麼痛苦？你心裡很難過，是痛苦，但痛苦多得很咧。再加上些形容詞，就能把它表達出來嗎？還是很難的。所以文學家還要用多種描寫，才能夠比較準確地、把真正感覺到的東西表現出來。人們為什麼需要音樂？音樂能夠表達出人的情感中非常細緻、深沈、複雜、動盪、流動的狀態。所以才需要有各種藝術，訴諸聲音，訴諸線條，訴諸色彩的各種形式。「言不盡意」是非常深刻的，這裡面有一個藝術形象的模糊性、多義性、寬泛性、非確定性等等特徵問題。它和概念性的東西不一樣。

「形象大於思想」，這句話所包含的就是這個意思。藝術經常是「以多對一」，不是「一對一」，即藝術是「一」，和它對應的現實和讀者是「多」。一百個人心目中的林黛玉有一百種樣子。在藝術裡，訴諸個人的東西並不是一種簡單的統一的邏輯認識，簡單的邏輯認識「一對一」就完了。人恰恰是以他的全部心理的、感性的東西去接受藝術，每個人的生活經歷、文化教養、愛好、興趣，也就是說，他們感知、想像、情感、理解的能力、素質和內容，是各不一樣，多種多樣的。人是以這麼「多」的東西去接受那個藝術品的「一」，接受那同一個形象，當然就不一樣了。同是看一幅畫，感覺就不一樣，對它的色彩、線條、情調，你是拿自己全部的生活經歷來接受它，有些人想像力多一些，有些人想像力少一些，有些人感受力強一些，有些人感受力弱一些，對同一幅畫的感受就不一樣。其實，藝術的多樣性就是表現了人的多樣性，人的個性的多樣性。有的人脾氣暴躁得很，有的人就比較溫和。連狗的脾氣都不一樣。巴甫洛夫對狗的實驗表明，有的狗黏巴巴的，有的狗兇得很。先天氣質就有差異；後天的環境、教育修養、社會意識的影響等等所造成的差異就更不必說了。人既有多種多樣各不相同的差異的個性，所以同樣是「問君能有幾多愁，恰似一江春水向東流」，多少年來，不同時代的人，各自帶有先天後天不同的氣質個性和生活經歷，去感受、去體會，因之所得的感受和結論也不一樣。所以藝術的「一」又不真是「一」，它表現了更多的東西給你。一個藝術品的成功，它的意義包含很多，帶有不確定性、寬泛性、多層性、開放性。但也不是完全沒有範圍，你

再不確定，也有個範圍；你再怎麼寬泛，也不是寬到無邊。在創作中要作家能夠非常自覺，把所有這些大家不同的感覺都了解以後再去創作，那是不可能的。

我覺得用概念窮盡一個東西很難。例如《紅樓夢》就那麼一本，但是研究《紅樓夢》的書卻有那麼一大堆。你看了那麼一大堆，《紅樓夢》窮盡了嗎？沒有窮盡。有的藝術沒有什麼情節，也沒講多少道理，但給人的感受很多。美國電影《黑駒》，它前面一段沒什麼故事情節，就是那個小孩和馬在沙灘上，說不出有什麼了不起的道理，但你得到是強烈的審美享受。這種美很高昂。大家也許看過《鴿子號》，這個電影我認為還不錯。它的情調恰恰不是使人頹廢，而是使人奮發。這種片子很厲害，我們現在很希望藝術有教育性、鼓動性，是積極的、向上的、高昂的，我們用了很多概念，卻達不到那種效果。《鴿子號》的影片，卻能使人振奮，心情激動，覺得應該幹番事業，整個情調就是那樣。你說他個人奮鬥也罷。主人公為什麼要漂洋過海？他完全可以不去麼！他卻去了，並且遇到很多很多的困難，甚至中途也想放棄，要燒船，情節很簡單。但它的音樂、畫面和它所配上的東西是很有意思的，裡面有很剛強的東西，也有很柔和的東西，非常和諧。我說概念不可以窮盡藝術，並不是說藝術神祕，不可解釋。這恰恰是文藝批評家的任務，文藝批評家、文藝理論家，應該和作家、藝術家有所區別。我認為對作家、藝術家來說，不應該要求把太多的理性的東西往腦袋裡灌，要求他在作品中一定要表現出來。你要求作家從創作開始到作品寫出來後一定有非常清醒的理性過

程，也不合適。一個作家、藝術家同時又是一個偉大的理論家、批評家，我不這麼主張，這麼要求並不一定合適。我覺得作家、藝術家應該充分地培養感性能力，即感受、體驗、表現的能力。這方面應盡量地自由發展，不要讓理性的東西、邏輯的東西壓過、損害了這方面的東西。這樣是否說藝術家不要邏輯、理性、知識、學習？沒有這個意思。我是說這方面的東西，不要外在地去影響他的創作，不要太衝他，太管他。這樣才會有好作品出來。你非要他這麼寫、那麼寫，那肯定搞不好。這裡就正是美感二重性和審美規律問題。但是，批評家呢！他應當有兩種能力。一方面他應該具有藝術家同樣的敏銳的感受力，儘管與藝術家不會完全一樣，你不能要求批評家寫出一部作品，這樣要求是不適當的。但是，他應該有銳敏的感受能力。另一方面，他應該有一種比較清醒的、比較強的理性思維能力。兩個能力都很重要，假使只有前一種能力，那你沒法成為批評家，你只能感受，這個許多觀眾都具有，有的人也很敏感，他也會說：「這很美」，為什麼美呢？說不出來。有的批評家卻是這樣，為什麼好他講不出來。但是，只有理性思維能力，那就更不行。你不能感受，怎麼能夠評論呢？即使能評論，那也都是外在的、外加的。我們現在批評很大的缺點就是後面一種，不注重審美感受，搔不著癢處，講不出作品到底美在哪裡，成功或失敗在什麼地方。因此對於作品的分析，不是從直接感受出發，不是從美感的直覺性出發。而只是講講故事情節、人物、主題、思想意義、語言技巧，就完了。我在 1956 年第一篇美學文章中，便主張文藝評論應該從感受出發，由美到真

和善。像別林斯基這樣的評論家，就是先從感受出發，然後提高
到理性認識。所以他的文章、書能夠成為美學著作，這是作家所
不能替代的。作家、藝術家很願意看這種文章，因為作家、藝術
家所沒有明確意識到的，非自覺性的，但到了評論家那裡便變成
自覺的，把非自覺的提到一種自覺的高度來加以解釋。儘管這種
解釋並不一定全面、完滿，但他畢竟是解釋了。因此作家、藝術
家看了這種評論印象很深，他自己得到收穫，給下次創作積累了
財富，帶來了方便，儘管下次創作他還是不自覺的，是積澱在下
面的東西，即邏輯的東西積澱為感性的直觀的東西。讀者或觀眾
看了文藝批評也有好處，他們原來只覺得好，說不出道理，看了
評論，感到你說得很對，我正是這麼想的，他們也願意讀這種評
論，讀過後對他們也變成一種無形的財富。於是理智的、邏輯的
東西又變為感性的、個體的、直觀的東西，等他再一次欣賞的時
候就大有好處。正是在這種不斷的循環當中，理性能力提高了人
們的感性能力，所以我講這種創作中的非自覺性、美感直覺性，
等等，並不是貶低或否定理性，而恰恰是把理性的、社會的、時
代的東西作為一種基礎。我是兩面受夾攻，一些同志批評我的基
礎論太保守、太理性、太教條，但我也不想改變自己這個看法。
因為在形象思維問題上，既承認有非自覺性，又堅持基礎論，這
就不是別的，正是美感二重性的推演罷了。

　　時間到了，亂七八糟扯了一通，請原諒。謝謝。

四、美學

（《中國大百科全書》條目）

源於希臘文 aisthesis，原義指用感官所感知的。鮑姆嘉通 (1714～1758) 以此詞命名的拉丁文專著（*Aesthetica*，發表於公元 1750 年）認為，相對於研究知性認識的邏輯學，應有專門研究感性認識即審美的科學。此後，美學才正式成為一門獨立的學科。但迄至今日，美學並無公認的定義。最常見的說法是，美學是研究美的學問。美學是藝術哲學（如黑格爾）的說法也很流行。美學研究人對現實的審美關係這一說法來自蘇聯，在中國常被援用。此外還有美學是表現理論（如克羅齊）、美學是原批評學（如勃茨雷 Beartsley）、美學是有關審美經驗的價值論，等等。在中國如同在別的許多國家一樣，在「什麼是美學」的問題上，存在著不同觀點、理論和爭辯。

甩開美學的定義，具體觀察美學的對象、範圍和問題，則可以看到，自古至今大體不外下列三個方面：關於美和藝術的哲學探討、關於藝術批評藝術理論一般原則的社會學探討和關於審美與藝術經驗的心理學探討。

美的哲學

這一個方面從歷史上和邏輯上經常構成美學的基礎部分。它包括美是什麼、藝術是什麼、自然美的本質、真善美的關係……等問題的思辯或分析。例如，柏拉圖認為美不是某個具體的美的小姐、美的湯罐，美應該是使所有美的事物成為美的那種東西和性質，即美是理式。又如，狄德羅認為美是關係，黑格爾認為美是理念的感性顯現。分析哲學則認為美學在於分析文藝批評中所使用的概念、語彙和陳述，澄清它們的含意，如「藝術」一詞究

竟是什麼意思，有多少種不同用法，等等。

所有這些，都可以說屬於哲學的美學。這種美學經常作為某種哲學體系或哲學理論的分支或組成部分。例如，康德的美學是他的批判哲學的一個方面，杜威的美學是他的實用主義哲學的重要引伸。

如果除去分析哲學的說法之外，對古往今來頗為繁多的有關美的哲學理論作最一般的概括，則大體可以分為客觀論、主觀論、主客觀統一論三種。客觀論認為美在物質對象的自然屬性或規律，如事物的某種比例、秩序、和諧、有機統一以及典型等等。這是自然唯物論的美學。客觀論裡主張美在於對象體現某種客觀的精神、理式，這是客觀唯心論的美學。主觀論有許多種類和派別，但它們都認為美在對象呈現了人的主觀情感、觀念、意識、心理、欲望、快樂等等，美是由人的美感、感情、感覺等所創造，這都是主觀唯心論的美學。主觀論有不少理論強調表現、移入、體現情感、精神必須有物質載體或對象，在這種意義上，這種主觀論也就是主客觀統一論，但產生美的能動的一方仍是主體的精神、心理，所以仍屬主觀唯心論的範圍。但也可以有另一種主客觀統一論。這就是認為美是作為主體的人類社會實踐作用於客觀現實世界的結果和產物。它認為，這就是馬克思講的「自然的人化」。因為人類社會實踐是客觀的物質現實活動，所以這種主客觀統一論既是客觀論，又是唯物論，而且屬於歷史唯物論的範圍。不過這派理論也遭到一些人如前述的自然唯物論者的反對和批評，他們否認「自然的人化」與美有關。總之，對美的問題的哲學探究

最終不外三個方向或三種線索，即或者從人的意識、心理、精神中，或者從物質的自然形式、屬性中，或者從人類實踐活動中來尋求美的根源和本質。美的本質問題在當代西方較少討論，一些人認為這種研討缺乏意義或不可能解決。而在中國卻仍是一個為許多學者和人們極感興趣的重要問題。美學學科不能也不應迴避或否定這種有關根本的理論探討。

藝術科學

美學的第二個方面是有關藝術原理的一般研究。西方從亞里士多德的《詩學》開始，中國至遲從〈樂記〉開始，對戲劇、音樂實際可以說是對整個藝術提出了比較系統的理論觀點，對後世產生了持久影響。此後有更為多樣和更為系統的有關藝術原理的學說和著作。其中各門藝術共同性的一般原理，如什麼是藝術的本質特徵，藝術與社會歷史的聯繫，藝術與現實的關係，藝術中的形式與內容的關係等等，構成了傳統美學研究的重要方面。但儘管如此，至今關於藝術是什麼、什麼算是藝術作品這些似乎是最簡單的問題，卻並無一致的看法或明確的界定。最廣義的說法之一是，一切非自然的人工作品都是藝術品，但一般都把藝術局限在專供觀賞的作品範圍內。現代科技工藝的發達卻愈來愈明顯地表明大量供群眾消費的日常實用物品，如從房屋、家具、衣裳到各種什物裝飾和生產—工作—生活過程，包括場地、環境、機器自身以及工作節奏、生活韻律等等都具有審美性能和藝術因素。而且，即使是神廟建築、宗教雕塑到教堂音樂種種今日看來似乎是專供觀賞的藝術作品，在當時也都是以其明確的宗教、倫理、

政治等內容和實用目的為其主要價值的。由此又產生了另一種觀點，認為不管是專供觀賞的對象，或者是附著在物質生活、精神生活及其實用物品之上的形式或外觀，作為藝術或藝術作品，其共同的特徵是直接訴諸或引起人們的精神活動。藝術作品是以某種人為的物質載體訴諸人的感性經驗，包括視聽、身體和表象，直接影響人們的心理和精神。

　　關於藝術本質有眾多的理論，就藝術整體而言，最有影響的有三種觀點：①藝術是模擬現實，②藝術是表現情感，③藝術的美在於形式。它們各自有許多難以解決的困難和問題。

　　柏拉圖認為「美是理式」，「藝術是影子的影子」；亞里士多德認為「藝術給人以認識的愉快」，「詩比歷史更真實」；車爾尼雪夫斯基認為「美是生活」「再現生活是藝術的一般特徵」，歐洲美學傳統基本上是模擬（再現）論。這些理論把藝術的本質歸之於模擬、再現、反映、認識現實，就難以與科學相區別。「反映」一詞很含糊，難以說明藝術幻想、誇張和變形，也難以解釋藝術作品為何能引動人們的審美感受。

　　藝術表現情感的理論在中國古代源遠流長。在西方則是隨著近代文藝思潮而沛然興起，至今未衰。但是，藝術表現情感的涵義，並不很清楚。「表現」一詞也很含混，有的作家、藝術家卻強調聲稱他們創作過程中並未帶有情感，藝術表現情感的必要和充分條件是什麼，什麼又是人的一般的共同的情感？據說「表現」離不開「想像」，但「想像」又是什麼？對於這些，在理論上都沒有明確的解釋。

　　形式派美學從各種具體的藝術形式如有機統一、比例、和諧、對稱、均衡，或者提出某種寬泛的原則如「有意味的形式」（克萊夫·貝爾 Clive Bell）來界定藝術的本質，認為藝術的美學價值就在形式本身，與任何內容因素如思想、情感、主題、題材、現實無關。但是，這些形式本身何以能普遍必然地引動人們的審美經驗，產生藝術價值的問題，除了歸結為某種神祕的或者歸結為某種生物一生理學的解釋外，並沒有很好的說明。

　　上面所舉只是具有典型形態的和代表意義的三種理論，折中或依違它們之間的理論、觀點和說明當然更多。藝術有眾多的不同種類。有的美學家如克羅齊強調藝術不能分類。多數美學家承認藝術分類，只是分類的原則各有不同。黑格爾依據絕對精神的發展行程將藝術劃分為象徵、古典和浪漫三種。更多的人從時、空或視、聽來分。藝術分類的意義在於揭示各門藝術所具有的獨特的美學性能和審美規則。萊辛在《拉奧孔》中曾強調詩與雕塑的不同，反對混淆和替代。各門藝術均有其審美特長，彼此相區別和分工，又相互滲透和彼此補充。

　　任何藝術或藝術門類均由具體藝術作品組成。對藝術作品研究的美學趨向大體有三種。①著重對作者意圖的分析研究，如傳統的傳記研究、精神分析學派的研究等，②著重對作品本身的分析，如分析作品本身所包含的多種層次和結構，如新批評派、英加爾登 (R. Ingarden) 結構主義美學等等，③著重對作品被接受的情況研究，如接受美學。但任何一種孤立的研究途徑都很難獨自完滿地解釋藝術。作品本身的研究應是最主要的，但對作品的解

釋始終被制約於不同時代、不同人們特定的主客觀條件和要求，不同時代、階級或不同的批評家對同一作品有著很不相同甚至截然相反的分析、解釋和評價。對作家、藝術家主觀意圖或下意識的探索確乎有其意義，對了解作品和鑒賞有所助益。但包括莎士比亞、曹雪芹和許多古代造型藝術的許多偉大作品卻並不因不大清楚它們的作者而失色。所以對作家主觀意圖的了解在審美結構中始終居於次要地位。研究作品與接受者之間的開放性、歷史性和非確定性等複雜關係，對解釋和評價該作品大有意義。但並不能否定該作品所具有的客觀審美特性。藝術作品被接受的條件和原因是相當複雜的，其中許多是宗教的、倫理的、社會的、政治的而並非審美的因素。藝術作品作為審美對象究竟存在於畫布、石塊、書頁、樂譜中還是存在於人們的歷史的或個體的審美經驗中，凡此種種，均涉及藝術本體論的哲學問題。

　　研究藝術作品、藝術部類或藝術作為整體與社會、時代、階級、民族、環境，與宗教、倫理、道德、政治、經濟等的關係，依據和聯繫社會學、民俗學、文化人類學，從社會歷史的角度來探討諸如藝術的起源與發展、風格的流變與因襲，來揭示藝術的某些一般規律，如認為藝術起源於勞動、功利先於審美（普列漢諾夫）；開放與封閉兩種風格的遞換（魏爾夫林 H. Wölfflin, 1864～1945）；藝術與種類、環境、時代的關係（丹納 H. Taine, 1828～1893）；藝術與社會、政治諸關係（豪塞爾 A. Hauser, 1892～1978）等等，是近現代美學頗為重要的和富有成果的領域。同時，儘管一般說來，美學在性質上不同於具體的文藝批評，但不少文

藝批評家和作家、藝術家本人從具體藝術作品出發提出或揭示了好些一般美學原理，如狄德羅、歌德、別林斯基以及中國的許多詩話詞話，它們可能有時是碎金片玉，不成系統，但無損於它們具有重要的美學價值。

審美心理學

美學以其研究藝術的審美特徵而日漸成為獨立的學科，這就是審美心理學或稱文藝心理學。它構成美學的第三個方面。

在古代許多談及藝術的美學理論中，包含許多關於藝術的審美經驗、審美心理的現象描述和理論說明。亞里士多德《詩學》中的淨化說；〈樂記〉中講「樂從中出」、「感於物而動」等等，便是對藝術的審美心理及功能的初步探討。十八世紀英國經驗派美學而特別是德國康德美學，把審美的心理特徵極大地凸了出來。然而，直到十九世紀中葉費希納 (G. T. Fechner, 1801～1887) 提出「自上而下的美學」（哲學美學）和「自下而上的美學」（心理學美學）的著名說法以後，審美心理學才日益占據美學的中心，成為現代美學的主體部分。研究審美經驗、審美心理幾乎成為美學區別於其他學科並可區別於一般藝術學的基本標記。

關於審美經驗，大體有兩種意見。①認為有不同於其他經驗甚至與其他經驗毫無干係的獨特的審美情感（克萊夫・貝爾，羅潔・弗萊 Roger Fry, 1886～1934）。一種認為並沒有這種獨特的審美情感，審美經驗不過是日常生活中各種普通經驗的「完善化」、「組織化」（杜威 John Dewey）或經驗刺激的中和、均衡（瑞查茲 I. A. Richards, 1893～1979）。很多人採取中庸態度，認為既有

在性質上不同於其他生活經驗的審美經驗，但這種經驗與日常生活經驗並不處於隔絕或對立的狀態，而且常常是緊相關連著的。

關於審美經驗與日常經驗如何相關連，至今還談不上有科學心理學的嚴格回答。對審美經驗的真正心理學意義上的實證研究開始於實驗美學。這就是用各種不同顏色、線條、形狀、聲音對一些人作實驗，記錄反應，統計結果。但是，這種把各種形式因素孤立地抽出來以測量不同反應的實驗方法，不可能得出什麼科學的結論。在實際生活和藝術作品中，任何形式因素都是在與許多其他因素極為錯綜複雜的緊密聯繫和滲透中訴諸人們而引起審美感受的。

比較起來，格式塔心理學對審美知覺的研究要更為重要。阿恩海姆 (Rudolf Arnheim, 1904～2007) 論證客觀世界的線條、色彩、音響等形式由於與人體的活動狀態和內在心理有張力的同構關係，從而相互對應而產生如感情表現、感情移入等現象。這比較成功地從現象上解釋了審美中有關知覺—情感的某些重要問題，比前人跨進了一步。但這一學說完全漠視社會歷史的人類學因素，最終歸結為純粹生理——物理機制。

弗洛依德 (S. Freud) 精神分析心理學是當代西方最流行的理論。它直接踏進了美學領域，弗洛依德本人便寫過〈達·芬奇〉等論著。他關於「藝術是欲望在想像中的滿足」的見解為許多美學家、文藝批評家所接受。精神分析學派在探討欲望、本能由於受到社會壓制下在藝術中無意識地呈現，有如在夢中呈現一樣，這一點有某些事實根據。但弗洛依德極大地誇張了性欲，把許多

著名藝術作品解釋成童年性欲的表徵，完全抹殺其社會現實的真實內容，並把藝術作品都看作性欲的昇華，也就很難提供美學上的批評標準以區分優劣。與弗洛依德同樣有影響的是容 (C. G. Jung) 的集體無意識理論。容認為，不同時代、社會的藝術作品中反覆出現的主題乃是各民族史前時代的某種集體無意識原型觀念，人們因被喚醒這種沈睡在心中的集體無意識原型而得到審美愉快。這一理論比弗洛依德更重視了歷史的社會的因素，推動了對禮儀、神話、民俗與藝術的關係的研討，對深入了解審美心理的社會根源有一定啟發。容的理論實質充滿著神祕主義並具有宗教傾向。

在中國影響更為廣泛的有關審美心理的理論，是布洛 (E. Bullough, 1880～1934) 的距離說和以里普斯 (T. Lipps, 1851～1941) 為代表的移情說。布洛以保持適當的心理距離作為產生審美感受的充分和必要條件。移情說的說法有好幾種，基本點是將主觀情感移入客體對象而產生美感。這些說法由於接近日常經驗的常識解說，明白好懂，容易為人們接受。但嚴格說來，它們都相當含混，並不科學。例如，什麼是這種「不大不小」的心理距離？它的具體的生理心理機制何在？「移情」究竟是種什麼心理活動？為何會「移情」？如何「移情」？等等，都沒有真正的科學說明和嚴格的實驗驗證。

托爾斯泰的藝術傳達情感的理論在某種意義上也可以與這種現象描述性的心理學說連繫起來。托爾斯泰強調藝術的功能和價值在於交流情感，但缺乏理論論證。遠為細緻的是蘇珊‧朗格

(S. K. Langer, 1895～1981) 的情感符號說 。 朗格提出藝術是對人們所共有而相通的情感邏輯的模寫，不用概念語言的音樂成了她的理論的最佳佐證。這一理論雖然是從心理角度出發的，基本上仍然是一種哲學觀念，仍然缺少足夠的心理學的實證研究作為依據。

所有這些表現了近代美學的著重點在於探求審美現象的特殊性，企圖予以較準確的規定。近代各種有關美和藝術的哲學理論也都直接間接地與這個基本問題連繫起來。例如，關於審美與認識就有與這問題相關的截然不同的哲學美學理論。①過分強調審美的特性，如認為美是直覺即表現，在任何認識之前，從根本上否定認識、理解在審美中有任何積極作用。②過分否定審美的特殊性，如認為藝術就是認識，審美就是理解。③注意避免這兩個極端，重視審美中的理解、認識與其他心理的滲透、交錯和融合。

康德很早曾提出想像力與理解在審美中的和諧運動，從而使審美不帶概念而具有普遍性。康德還提出著名的「非功利而生愉快」 等論點 。 審美的非功利性的心理特徵到叔本華 (Schopenhauer) 那裡發展成為對逃脫生存需求的非功利性審美態度的強調。叔本華認為人們只要有這種主觀的審美態度，任何客體都可以成為審美對象。自此以後，審美態度日益成為近代美學的核心問題之一，前述距離說、移情說便也屬於這個範圍。

研究審美態度的意義在於，揭示藝術創作和日常欣賞中主觀心理的巨大能動特徵，從而擴大人們審美的眼界和欣賞的範圍，於醜怪中識光華，在平凡中見偉大，確證了審美不是消極的反映、

被動的靜觀，而是主體主動地投入了自己全部心理功能，包括知覺、想像、情感、理解、意向等各種心理因素的積極活動的高級精神成果。然而，這種審美態度以及審美經驗、審美心理的具體身心狀態和過程究竟是怎樣的？是否可以和如何來作出定性以至定量的嚴格的科學分析？它與日常經驗和心理活動，它與社會、時代、階級、民族、集團、個性的內在外在關係又如何？等等，都仍然是一系列遠未解決的課題。這些課題極端複雜，涉及了多種學科（如腦生理學、社會心理學、信息論等等），估計相當時期內還很難真正解決。美學至今也還是一門年輕的學科。

美學趨向和美學史

總起來看，美學的發展趨向將是，一方面愈來愈走向各種實證的科學研究。專門研究審美心理（包括審美知覺、審美情感……等）的美學、專門研究各部類藝術中審美規律的部門美學、和研究人們生活—生產各領域有關問題的技術美學等等將不斷興起、分化和日益專門化、多樣化、細密化，成為美學領域內許多獨立的學科。它們之間以及與其他學科之間又有各種交叉聯繫，可以發展成眾多的邊緣學科。美學的對象和範圍將日益擴大，具體研究課題將日益細密化和多樣化，美學在社會生活各個方面，從生產到生活，從工作到休息，從交往到娛樂，從欣賞到批評等具體實際作用和實用有效性、現實重要性將不斷突出和增強。另一方面，作為哲學的美學又仍將繼續保持下來，它將不斷依據自己的哲學觀點，注意概括當代科學成果和實用美學廣大領域中的問題和成就，提出重大問題和基本觀念，例如關於美育與塑造心理結

構之類的課題，以提示方向和推動整個美學的前進。美學的發展將是基礎美學與實用美學不斷分化而又不斷綜合的雙向進展的行程。

西方自柏拉圖、亞里士多德經普洛丁 (Plotinus) 到中世紀聖·托馬斯·阿奎那 (Thomas Aquinas)，此後是文藝復興、再經笛卡兒和大陸理性主義、英國經驗主義到康德、謝林 (F. W. J. Schelling)、黑格爾，結束了古典美學時期。有些學者認為，其中古希臘的畢達哥拉斯關於美與數的比例關係的理論，儘管披著神祕主義的外裝，但在初步提示美的外在形式與倫理心理結構可能具有某種數學的同構關係上，至今仍有啟發意義。近代美學史的線索也相當繁多，其中從康德到席勒再到馬克思的美學，由於把美和審美同人的本質、人的社會性現實活動相緊密聯繫起來，重視感性的人和人的感性的社會化的特點，被中國一些學者所重視。

與希臘諸哲大體同時的中國哲人和中國美學思想，強調審美的感性同倫理性相結合的特徵，如關於五味五色五聲的議論以及藝術作為情感交流和建構人格的作用。有些學者認為，以孔子為首的儒家、以莊子為代表的道家、以屈原為象徵的楚風和佛教中的禪宗是支配和影響中國數千年美學思想的四大主流。它們之間的滲透交融和對抗矛盾激起了中國美學歷史上的許多波瀾。擯棄外在的偶像膜拜、追求人與自然的精神統一、肯定存在意義在於人間、主張情感與理性的均衡和諧、嚮往自由獨立的人格理想，以中和為美、重天人合一；儒家的「天行健，君子以自強不息」的樂觀奮鬥精神、道家的「天地有大美而不言」的超脫態度，屈

原的「雖九死而毋悔」的執著頑強的情感操守，禪宗的「萬古長空，一朝風月」的形而上的心理境界，所有這些表明中國哲學指向的最高精神階段不是宗教，而是美學。出現在中國文藝和文藝批評史上的種種特徵，如重想像的真實大於重感覺的真實、強調「小中見大」和「以大觀小」、強調人與自然的親善友好關係、對形式美和程式化的講求等等，無不與這種精神有關。

中國近代美學則直接來自西方。在西方美學史上排不上位置的車爾尼雪夫斯基的理論卻成了中國現代美學的重要經典。中國近代美學對它作了革命的改造和理解，捨棄了原來命題的人本主義和生物學的「美是生命」的涵義，突出了「美在社會生活」等具有社會革命意義的方面。而這也就與馬克思關於「社會生活在本質上是實踐的」（〈關於費爾巴哈的提綱〉）的基本論斷聯繫了起來，而使美學邁上了創造性的新行程。正是在這行程中，嚴肅地提出了如何繼承和發揚本民族的光輝傳統，以創建和發展具有時代特色的中國美學的任務。

五、什麼是美學

註：原載《美育》1980 年創刊號

　　據說 1978 年某單位招考時曾出過「什麼是美學」這樣一個試題。結果，有一個答案在閱卷時引起了人們的哄堂大笑。答曰：美學者，研究美國的學問也。這個並非笑話的事實，相當典型地反映出「美學」在今天中國的確還使許多人感到陌生和奇怪。「美」這個詞在日常生活裡倒用得不少，但研究美竟然可以是一門「學」，對一些人來說，終於要出人意料了。於是，便有了上面這個使人大出意料的試卷答案。

　　也確乎如此。美的東西多種多樣，千變萬化。你去百貨公司挑花布，去電影院看電影，去郊遊看滿山的杜鵑花，都可以發出「多麼美」的讚嘆。但是那又是多麼不同的美啊！這裡面難道真有某種共同的東西嗎？科學是以尋找、發現事物的客觀規律為自己的任務的。「美」這種現象有沒有某種普遍必然的規律呢？也就是說，美能不能成為科學研究的對象？美學能不能成立呢？

　　古往今來有好些人認為不能，認為美沒有這種普遍的客觀規律。例如，有人主張，美是主觀的。各人的觀點不一樣。「清油炒菜，各喜各愛」，各美其美，沒有什麼客觀標準可言。中國古代的莊子就說過這樣意思的話。而且，一個人的美醜觀念或感受也可以隨時間、地點、條件而變化，心情不同，同一對象便有美醜的差異。高興時，看它賞心悅目；煩惱時，則月慘雲愁，怎麼也看不順眼，只覺得討厭、醜陋。美的現象呈現出這種種相對性，不穩定性，確是事實。但這畢竟只是事情的一個方面。另一方面，唐詩宋詞流傳千年，至今讀來仍然很美；真正漂亮的姑娘，過路人也不免要回頭看一眼。如果美的相對中毫無絕對，不穩定中沒

有穩定，如果「美」真的完全是任意的，主觀的，並無任何客觀
的規定性或客觀的規律和標準，那一切藝術將是多餘，一切裝飾
也無必要。事實上，儘管美的現象既多樣又多變，異常複雜，難
以捉摸，卻並非各美其美，互不相干，其中仍有某種共同的客觀
本質和規律在。美作為科學對象，美學作為一門學科，看來不但
可以成立而且是很值得研究的。

　　既然美學是門學科，就要研究美的本質、規律。那麼，美的
本質、規律到底是什麼呢？有關這個問題，有許許多多的理論、
學派、觀點。

　　一派理論認為，美的本質就在客觀對象身上。他們認為，美
就是作為對象的自然物質的形狀、色彩、線條的一定比例、調和、
配合。例如某種色調的配合使人感到美，曲線比直線美，圓形比
不規則的形狀美，橢圓又比圓形美……如此等等。但又有人說，
這根本不對。曲線不一定比直線美，橢圓、圓之於不規則形狀亦
然。同樣的色彩、線條在不同條件不同情況下可以有完全不同的
美醜。同樣的紅顏色在不同情況下可以使人有完全不同的感受。
所以，這一派理論認為，美醜不在對象的物質條件上，而在這些
物質對象是否體現了某種精神、理想、生活意義上。受傷戰士儘
管肢體傷殘，但體現了英雄氣概，美。羅丹雕刻的巴爾扎克，形
狀似乎並不好看，卻美。人格美、精神美，生活中也常用這類詞
彙。但這派理論又有人不贊成，他們認為，美並不在客觀對象，
而在於人們的情感、感覺、思想的客觀化。有人認為，美是愉快
的對象化；有人認為，美是主觀情感「外射」到物質對象上的結

果。你未看到英雄，英雄也就無所謂美不美，「曉來誰染霜林醉，總是離人淚」，自然的美也完全是你的情感加在它們身上的結果。所以，認為美學應該著重研究人們具有的某種特定的「審美態度」(Aesthetic Attitude)，他們認為是審美態度決定和產生美的。這派理論在本世紀以來愈來愈占優勢。

那麼，這種「審美態度」又是什麼呢？有人講是某種心理距離，就是說，要感到對象美，或者說，對象如果要成為美，前提條件之一是你欣賞時要保持某種與現實生活的心理距離。太靠近了或太離遠了現實生活，你都沒法產生美感愉快，對象都不可能是美。梅雨時節，不能出門，工作和遊玩都不方便，確實煩人，但如果你不去考慮這些，更不去想梅雨季節的成因後果等科學問題，而只看著那「無邊絲雨細如愁」，「梧桐更兼細雨，到黃昏，點點滴滴」，那不也可以喚起你的美感享受嗎？如果你聯想起那「小樓一夜聽春雨，深巷明朝賣杏花」的著名詩句，不還可以喚起某種甜美酣暢的愉快心境麼？也就是說，如果你甩開對象與現實生活的利害關係，只去直觀它的形式，同時也就表現了你的感情，你的這種「審美態度」就使對象成為你的「審美對象」即美了。這派理論說法很多，移情、距離、直覺只是其中的三說，此外還有認為美與性愛有關、藝術是欲望在想像中的滿足的說法，等等。這派理論我是不贊成的，但它有個好處，就是它們揭示了描述了許多美的經驗現象，儘管最後的理論解釋不對，卻提出了暴露了許多問題，值得對美學有興趣的同志們去思考去研究。

美學就研究這樣一些有關美和藝術的哲學、心理學和社會學

的問題。它們可以分別叫做美的哲學、審美心理學和藝術社會學。
美學史上有許多哲學家從他們的哲學觀點或體系出發，提出「美
是理式」（柏拉圖）、「美是理念的感性顯現」（黑格爾）、「藝術即
經驗」（杜威）、「笑是對機械性的否定」（柏格森）……等等理論。
這些理論常常比較抽象難懂，但很重要。因為它們所涉及、所探
索、所討論的一般都是從哲學高度提出的根本性問題，對這種問
題的不同看法通常決定對所有其他藝術和美學問題（如藝術與現
實的關係問題、藝術創作、藝術標準問題等等）的看法。例如馬
克思主義實踐哲學提出「人化自然」說，這個說法對美學就有劃
時代的意義，它將是整個馬克思主義美學的根本基礎，表面上看
與藝術創作、欣賞關係較遠，實際卻是關鍵。如何進一步研究它，
正是需要我們去努力探索的。

　　美學與心理學的關係就不說自明了。上面講的「審美態度」、
「心理距離」等等就都是需要繼續深入探索的審美心理學的重要
問題。「審美態度」究竟是什麼？人們在欣賞藝術或欣賞自然美時
的心理狀態究竟是怎樣的？這種心理狀態的特徵、構造、形成、
作用……如何？它與人們的情感、想像、知覺、理解、意願、欲
望……又有何關係？至今還極不清楚，沒有科學的答案或結論。
西方現代有實驗美學、格式塔心理學的美學、心理分析學派的美
學、現象學派的美學等等，但離真正科學形態還很遠。解放三十
年來，我們在這方面介紹、研究得極為不夠，可以說是零，應該
急起直追。

　　美學的社會學方面的內容也極為豐富廣闊。它包括研究藝術

的形態、起源、演變和發展，包括研究生活趣味、藝術風格的同異、變化、滲透或對抗，也包括對各種藝術派別、作品、作家的美學鑒賞、論斷和品評。它們實際上是對物態化在藝術品裡的人們的審美意識、審美趣味、審美理想、審美感受的研究。為什麼在特定的歷史條件下，某一作品某一藝術思潮或趣味、風格會被社會所接受和流行？為什麼唐詩是一種味道，宋詩又是另一種味道？為什麼宋元以來，山水畫占據了畫壇的主要地位，而從前卻並不如此？為何六朝以瘦削為美而唐代婦女卻以肥碩為美？為何時裝、汽車、日用品的式樣層出不窮變化多端？簡潔明快的現代家具與古代精雕細琢的寧波床、太歲椅或法國路易十四時代的家具，又有何審美趣味上的不同？為什麼有這些不同？與社會時代的關係是怎樣的？為什麼現在看某些國產電影，知識分子的觀眾感到不耐煩：交代太多，節奏太慢；然而在農村，一些老農民卻又嫌太快，交代太少？……所有這些，就都是美學問題，它是美學的社會學問題，當然又與心理學有關。

美學不但與哲學、心理學、社會學有關，而且也與教育學、工藝學、文化史、語言學……都有許多直接間接的關係。它與藝術各部類的實踐與理論——無論是電影、戲曲、話劇、音樂、舞蹈、書法、美術、工藝、建築、文學——的關係當然就更密切了。從各個領域、各個角度都可以提出和研究各種不同的美學問題。「條條大道通羅馬」，可以從各種不同的方面、角度來研究美學。

經常有年輕同志問：如何學習美學、研究美學？這問題當然很大，我這裡只能從學習上簡單地談幾點：一是要學些哲學，最

好多學點歐洲哲學史（從希臘到現代）。美學一直是一門哲學學科或哲學分支，不學哲學是讀不懂好些美學書，也難以真正研究美學。二是至少懂得或了解一門文藝（文學或藝術的一種），如自己有一點實際創作經驗，當然更好。三是要看心理學和藝術史的書籍。此外，看外文書也很重要，因為目前翻譯過來的美學書籍還極少。

「什麼是美學」就簡單地講到這裡。如果有讀者想進一步了解這問題，我寫的〈美學的對象與範圍〉的長文，可作這篇文章的補充。

六、畫廊談美

（給L‧J的信）

註：原載《文藝報》1981 年第 2 期。

　　你一定要我談談美的問題，怎麼好談呢？美是那樣的複雜多樣，變化無端，怎麼可能用幾句話講清楚？我可沒有這種能耐。兩千年前，柏拉圖就設法追尋美。他認為，美不應該只是美的姑娘、美的器皿，它應該是使一切東西所以成為美的某種共相。用我們今天的話說，就是某種「普遍規律」吧。但這種普遍規律究竟是什麼？卻至今似乎並未找到。好些美學書，例如芮伽茲等三人合寫的《美學基礎》，舉出了古往今來關於「美是什麼」的理論，有十六種之多。真可謂是眾說紛紜，莫衷一是了。美好像是個祕密啊，但每個時代又都要對這個古老的祕密作新的猜測和尋覓。既然如此，年輕的朋友，我怎麼可能對一個還是祕密的問題作輕率的回答呢？

　　那麼，是否從上次我們一起看的展覽會談起會更好一些？雖然美決不只限於藝術，科學領域中也有美的問題，但人們一般總說：藝術是美最集中最充分的地方。說欣賞藝術是美的享受，你大概也不反對，那天上午我們一口氣看了同在美術館展出的三個展覽，你就覺得很滿意。還記得嗎？一個攝影展覽，一個書法，再一個就是「星星美展」。我們當時邊看邊談……。

　　在看攝影時，我們為那些捕捉住某一剎那間富有表情的人像、為那些顯示出性格的人像、為那些從各種巧妙的角度拍攝出來的自然風景、為那些獨出心裁的明暗、色彩、構圖喝采。它們美嗎？美！為什麼美？因為它們再一次使你看到了人生：從幼兒園啃手指頭的小男孩到額上布滿皺紋飽歷滄桑的老漢，從盛開的深秋花朵到一望無際的綠色叢林……那不是我們的生活和生活環境、生

活歷程的復現麼？車爾尼雪夫斯基曾說：「美是生活」，人畢竟是
愛生活的啊。當人們看到自己的生活，特別是看到自己生活的價
值和意義時，能不蕩漾著會心的愉快？為什麼你那樣愛看小說，
愛看電影？至少原因之一，是你可以隨著小說或電影中人物的悲
歡離合，他們的經歷、故事而嘗遍人生，而感受、體會和認識生
活吧？我記得你當時點頭表示同意。其實，從古希臘亞里士多德
的時代起，甚至更早以前，藝術的本質在摹擬（即復現、反映），
美是摹擬的理論，就一直是歐洲美學的主流。文藝復興時代的達‧
芬奇和莎士比亞（借哈姆萊特之口）都說過，藝術是大自然的鏡
子。希臘雕刻、文藝復興時期的繪畫、莎士比亞的戲劇……，那
確乎是至今仍然令人傾倒的美的典範。當然，這些偉大的藝術家
和理論家們都知道，並不是任何的摹擬都能成為美，他們或者是
主張摹擬現實中美的東西，或者主張「本質的摹擬」，摹擬事物的
本質、理想，即典型化。正如我們古代講的「以形寫神」一樣，
要求通過特定的形象傳達出人物的性格、風貌來。藝術要使人們
在這個有限的、偶然的、具體的形象、圖景、情節、人物性格裡，
感受到異常豐富的生活的本質、規律和理想。我們每個人的人生
道路和生活遭遇都有很大的偶然性。你生下來這件事本身不就很
偶然嗎？父母賦予你的氣質、個性、智能、面貌不也是很偶然的
嗎？至於後天經歷中所遇到的種種，你的戀愛、婚姻、工作、職
業、生活、死亡……不都有一定的偶然性而人各不同嗎？「人生到
處知何似，應似飛鴻踏雪泥。泥上偶然留印爪，鴻飛哪復計東
西」，本來就是那樣啊。藝術不應該離開人生這種活生生的具體偶

然性，而恰恰要在這個生動的、極有限度而人各不同的生活具體性、偶然性裡，去探求、去表達、去展現出超脫這有限、偶然和具體，從而對許多人甚至整個人類都適用的普遍性的東西。小至斷壁殘垣、春花秋月，大到千軍萬馬、偉績豐功，你不都是在這具體的偶然的有限形象裡感受到某種寬廣、博大或深邃的生活內容而得到美的愉快嗎？我記得上次也是在美術館，看到四川的一幅油畫「一九六八年×月×日初雪」，還有另一幅「春」，一個以「文化大革命」中兩派發生武鬥結束後的鬧哄哄的押運「俘虜」的場景，一個以恰恰相反的赤著雙足倚著牆壁的少女的靜悄悄畫面，卻同樣提示給人們許多普遍必然性的東西。前者充滿了歷史悲劇的氣氛。在那些或嚴肅、或疲倦、或嘻笑的男女中學生的形象真實裡，難道使人不感嘆、不深思是誰捉弄了這些雖然流著血卻仍然昂首不屈的天真青年？這是一種多麼無謂而悲慘的犧牲！「春」卻充滿了抒情氣氛。那似乎是說，經歷了這一切苦難之後，願生命再從頭開始吧，蕩漾著對未來的柔情的召喚。藝術不正是由於這種「本質的模擬」，或者說，「寫真實」，才美的嗎？那麼，是否可以說，美是生活，「寫真實」就是美呢？

記得我們在看攝影展覽中似乎快要得到這個結論，一上二樓就告吹了。記得嗎？二樓展出的是鄧散木的書法和印譜。面對著那一幅幅時而如松石剛健，時而如柔條披風的大字書法和朱紅印章，你這個偏愛西方藝術的年輕人，也不禁讚嘆：「美！」但這裡又哪有一點點生活摹擬的影子呢？「寫真實」的美學原則如何用到這裡來呢？書法、金石的美在哪裡呢？

　　你當時脫口而出說：「看這些東西像聽音樂一樣。」還說有幾幅篆字使你想起了剛看過的舞劇《絲路花雨》中英娘的舞姿。我看這倒抓住了要害。那筆走龍蛇的書法，不正是紙上的音樂和舞蹈麼？那迂迴曲折的線條，那或阻滯或奔放，展現在空間構造、距離和造型中的自由運動，不正是音樂的節奏、韻律與和弦麼？你的情感不正是隨著它們而抑揚起伏、而周旋動盪、而深感愉快麼？它們並沒有模擬生活中的人物、場景、故事、形象。歌德說：「理論是蒼白的，生活之樹常青」。既然摹擬的理論用不上這裡，又何必去削足適履？

　　其實，也並非沒有理論。我們中國的古典美學理論和藝術就恰好是以音樂為核心。很早就有人說，中國是抒情詩的國度。從《詩經》、《楚辭》到唐宋詩詞……，中國文學史的最大篇章是獻給抒情詩的。繪畫也是這樣，為近代西方人所傾倒不已的中國文人畫、水墨畫，不也是以「寫意」為基本特徵嗎？睜著兩隻圓眼的怪鳥，幾筆橫豎交叉的幹枝，它沒有光影陰暗，沒有細節真實，卻仍然給人以無窮的意興趣味和濃烈的情調感染，這不是美嗎？畫論說：「遠山一起一伏則有勢，疏林或高或下則有情」；詩論、文論說：「非長歌何以騁其情」，「詩緣情而綺靡」；樂論說：「情動於中，故形於聲」……中國美學都圍繞情感抒發的中心。叔本華認為音樂是各類藝術的皇冠，佩特認為一切藝術以音樂為指歸。莫札特的歡樂，貝多芬的嚴肅，舒伯特的對自由的憧憬和嘆息，柴可夫斯基的深重的苦難和哀傷……它們使你激動，使你心緒澎湃，情感如潮，你得到了極大的美感愉快。這位緊貼著人們心靈

的繆斯是多麼美啊。無怪乎自十九世紀浪漫主義以來，抒發情感的表現論一下就取代了源遠流長的古典摹擬論，成為一股不可阻擋的時代之潮，氾濫在所有的藝術領域。「美是情感的表現」的克羅齊－科林伍德的美學理論、立普斯的移情說等等應運而生，風靡一時。連自然美也認為是情感的「外射」、「移入」或情感的表現。

你在看書法展覽時曾認為，它們之所以美還在於線條形體的比例、和諧和變化統一上面。你大概也知道，美是形式結構的比例、和諧以及變化大中統一，可能是中外最早的美學理論了。中國在春秋時就強調「和而不同」，也就是要求不同樂音、顏色、滋味之間保持一定的適當比例，才能使人得到愉快。古希臘畢達哥拉斯更明確指出，美在形式的各部分的對稱、和諧和適當比例，它可以用嚴格的數表達出來。美總必須有具體形式或形象，其中就有比例、和諧與變化統一的普遍規律性在。一張漂亮的臉蛋不正在於它的眼耳口鼻勻稱合適嗎？一幅美麗的圖畫不正在於它的各部分的色彩、線條、形象、構圖的和諧統一嗎？音樂、建築不用說了，就是文學，形式上的優美（詩歌的節奏、韻律，小說的情節、性格、場景的協調統一等等）不也是重要條件嗎？如果簡單歸納地說，「美在形式的比例、和諧」與「美是摹擬（亦即美是生活或生活的再現）」、「美是情感的表現」，大概是古今眾多關於美的理論中最基本、最有影響，也是最具有代表性的三種看法了。

這三種美的說法都有一定道理，但又都不完滿。你記得，當我們走上三樓看那具有西方現代派味道的「星星美展」時，情況

就更複雜了。很難說它們是摹擬，也很難說它們就是表現情感，相反，好些作品還帶有某些抽象思辯的意味；有的不是表現情感，而是逃避情感。是形式的和諧、統一嗎？更不是。相反，它們大多是以對一般形式感的和諧、統一的故意破壞來取得效果。也正是這種對正常的和諧、比例、統一的破壞，以各種似乎是不和諧的色彩、線條、音響、節奏、構圖……，來給人以一種特殊的感受，這種感受不是要立刻給你以愉快，而是要給你以某種不愉快，然後才是在這不愉快中而感到愉快。因之，這裡所出現、所描述、所表達的，經常不是美，相反，而是醜。故意以種種醜陋的、扭曲的、變樣的、騷亂的、畸形或根本不成形的形象、圖景、情節、故事來強烈地刺激人們，引起某種複雜的心理感受，然而也就在這種複雜而並不愉快的感受中得到心靈的滿足和安慰。這種「醜」的現代藝術，是一個被資本、金錢、技術、權力高度異化了的世界的心靈對應物啊。人們在這裡看到了一個異化了的世界，看到了被異化了的自身。那狂暴的、怪誕的、抽象的、失落了意義的、難以言喻的種種，不正是自己被異化了的生活和心靈的復現麼？夾雜著日益抽象和精密的科學觀念，現代人的複雜混亂的心靈和感受，有時確實難以用從前那種規規矩矩的寫實形象與清清楚楚的和諧形式來表達，於是就借助於這種種抽象形象和不和諧的形式了。在歐洲，馬蒂斯之後出現了畢加索，羅丹之後有亨利・摩爾，小說有卡夫卡，詩歌有艾略特，一直到今日的荒誕派戲劇。有意思的是，畢加索為了聲討法西斯，終於擯棄了寫實形象，將西班牙內戰的苦難和激烈用《格尼卡》這張極著名的抽象畫來表

現，傳達出那種種複雜的、激動的理性觀念、情感態度和善惡評價。這幅畫所以受到人們特別是知識階層（這個階層在現代社會以加速度的方式愈來愈大）的熱烈讚賞和歡迎，正由於它道出了這些敏感而又脆弱、複雜而又破碎的知識者們的心靈感受，是這些心靈的物態化的對應物。「星星美展」雖然還沒有達到這一步，但它所採取的那種不同於古典的寫實形象、抒情表現、和諧形式的手段，在那些變形、扭曲或「看不懂」的造形中，不也正好是經歷了十年動亂，看遍了社會上、下層的各種悲慘和陰暗，嘗過了造反、奪權、派仗、武鬥、插隊、待業種種酸甜苦辣的破碎心靈的對應物麼？政治上的憤怒，情感上的悲傷，思想上的懷疑；對往事的感嘆與回想，對未來的苦悶與徬徨；對前途的期待和沒有把握，缺乏信心仍然憧憬，儘管渺茫卻在希望；對青春年華的悼念痛惜，對人生、真理的探索追求，在蹣跚中的前進與徘徊……，所有這種種難以言喻的複雜混亂的思想情感，不都一定程度地在這裡以及在近年來的某些小說、散文、詩歌中表現出來了嗎？它們美嗎？它們傳達了經歷了無數苦難的青年一代的心聲。無怪乎留言本上年輕人寫了那麼多熱烈的語言和同情的讚美。

那麼，究竟什麼是美呢？隨著時代的發展變遷，美的範圍和對象愈益擴大，也愈難回答了，雖然我希望以後能做一個回答。但是，在這裡，我想要著重告訴你的，卻正是它的難以回答。你千萬不要為一種固定的說法框住了自己、僵化了自己。美是那樣寬廣豐富、多種多樣啊。如果世界上只有一種美，永恆不變，那該多麼單調乏味！美學不應是封閉的體系，而應該是開放的課題。

那麼美是什麼和美在哪裡，你就自己去探索、體會、尋求、創造吧。雄姿嬌態均為美，萬紫千紅總是春，美的祕密等待著你去發現。

1980 年 11 月 15 日

七、審美與形式感

註：原載《文藝報》1981 年第 6 期。

　　什麼是美既然難談，那麼轉個彎，先談對美的具體感受特徵，也許更實在一點？人們總是通過美感來感受或認識美的呀。不知你是否同意，在美學史上，這叫做「自下而上的美學」（或者說從美感經驗出發的近代美學），以區別於「自上而下的美學」（或者說從哲學原理出發的古典美學）。我們是現代人，這次就從近現代美學所側重的美感問題談起，如何？

　　你這熱愛文藝的年輕人，你從欣賞藝術、觀賞自然……，總之，從美那裡得到的不正是一種特殊的愉快感受嗎？不正是一種或忘懷得失或目斷魂銷或怡然自樂的滿足、快慰或享受嗎？無怪乎好些外國美學家要把美說成是「極為強烈的快感」（赫奇生）、「持久的快感」（馬歇爾）、「快樂的對象化」（桑塔耶拿）了。中國古代也經常把五色、五音跟五味聯在一起講，把「美」這個字解釋為「羊大」：好吃呀。看來，美感與感官快適確乎有某種聯繫。你的房間牆色不是愉快的淺米黃嗎，如果把它刷成「紅彤彤」，我想你會受不了，換成墨綠，恐怕也不行。儘管你喜歡彤紅和墨綠的毛衣，但毛衣並不是你必須天天面對著一大片的周圍環境。外在物質世界的各個方面——從它們的面積、體積、質料、重量到顏色、聲音、硬度、光滑度……等等，無不給人以刺激，五官感覺的神經系統要作出生理－心理反應。同一座雕像，是黝黑粗糙的青銅還是潔白光滑的大理石，便給人以或強勁或優雅的不同感受；同一電影腳本，是用黑白拍還是用彩色拍，其中也大有文章。做衣服，布料不同於毛料；奏樂曲，速度略變，意味全殊。人們對美的創作和欣賞，總包含有對色彩、形體、質料、音

響、線條、節奏、韻律……等等感知因素，正是它們為美感愉快提供了基礎。那位把美定義為「快樂的對象化」的美學家好像說過，如果希臘巴比隆神廟不是大理石的，皇冠不是金的，星星不發光，大海沒聲息，那還有什麼美呢？在這裡，值得注意的是，不僅是物質材料（聲、色、形等等）與視聽感官的聯繫，而更重要的是它們與人的運動感官的聯繫。對象（客）與感受（主），物質世界和心靈世界實際都處在不斷的運動過程中，即使看來是靜的東西，其實也有動的因素，美和審美亦復如此。其中就有一種形式結構上巧妙的對應關係和感染作用。在審美感知中，你經常隨對象的曲直、大小、高低、肥瘦、快慢……等形式、結構、運動而自覺不自覺地作出模擬反應。「我們欣賞顏字那樣剛勁，便不由自主地正襟危坐，摹仿他的端莊剛勁；我們欣賞趙字那樣秀媚，便不由自主地鬆散筋肉，摹仿他的瀟灑婀娜的姿態。」（朱光潛：《談美書簡》，第 84 頁）朱先生用「內摹仿」（美學中移情說的一種）來解釋美感愉快。格式塔心理學家則把這種現象歸結為外在世界的力（物理）與內在世界的力（心理）在形式結構上的「同形同構」，或者說「異質同構」，就是說質料雖異而形式結構相同，它們在大腦中所激起的電脈衝相同，所以才主客協調，物我同一，外在對象與內在情感合拍一致，從而在相映對的對稱、均衡、節奏、韻律、秩序、和諧……中，產生美感愉快。一切所謂「移情」、所謂「通感」、所謂「共鳴」非他，均此之謂也（參看 R. 阿海姆《藝術與視知覺》、《藝術心理學試論》）。而這也就是藝術家們所非常熟悉、所經常追求、在美學中占有重要地位的「形式

感」。它比起那種單純感官快適，對美感來說當然更為重要，它「表現」的是遠為複雜多樣的運動感受。不是嗎？曲線使人感到運動，直線使人感到挺拔，橫線使人感到平穩；紅色使人感到要衝出來，藍色使人感到要退回去；直線、方形、硬物、重音、狂吼、情緒激昂是一個系列，曲線、圓形、軟和、低聲、細語、柔情又是一種系列。「其得於陽與剛之美者，則其文如霆如電，如長風之出谷，如崇山峻岩，如決大川，如奔騏驥，其光也如杲日，如火，如金鏐鐵……其得於陰與柔之美者，則其文如升初日，如清風，如雲，如霞，如煙，如幽林曲澗……」（姚鼐）我不知道你讀不讀古文，這段文章是寫得相當漂亮的，它沒有科學的論證，但集中地、淋漓盡致地把對象與情感（感知）相對應、具有眾多「異質同構」的兩種基本的形式感說出來了。中國古代講詩文、論書畫，以及他們喜歡強調的「氣」（生命力）、「勢」（力量感）、「神」、「韻」、「理」、「趣」等等美學範疇，都經常要提到這種人與自然相同一的高度，其中就包含有主體與對象的異質同構即相對應的形式感問題。本來，自然有晝夜交替、季節循環，人體有心臟節奏、生老病死，心靈有喜怒哀樂、七情六慾，難道它們之間（對象與情感之間、人與自然之間……）就沒有某種相映對相呼應的共同的形式、結構、秩序、規律、活力、生命嗎？暫且甩開內容不談，中國古代喜歡講的「大樂與天地同和」，「言之文也，天地之心哉」，「夫畫，天地變通之大法也」，「是有真宰，與之浮沈」等等，不也是要求藝術家們在形式感上去努力領會、捕捉、把握自然界的種種結構、秩序、生命、力量，參宇宙之奧祕，寫

天地之輝光，用自己創造的物態化同構把它們體現、表達、展示出來，而引起觀賞者們心理上的同構反應？孔子曰，仁者樂山，智者樂水；智者動，仁者靜。山、靜、堅實穩定的情操；水、動、流轉不息的智慧，這不正是形式感上的同構而相通一致？「春山淡冶而如笑，夏山蒼翠而如滴，秋山明淨而如妝，冬山慘澹而如睡」，「望秋雲，神飛揚；臨春風，思浩蕩」，「喜氣寫蘭，怒氣寫竹」……不也都如此？歡快愉悅的心情與寬厚柔和的蘭葉，激憤強勁的意緒與直硬折角的竹節；樹木蔥蘢一片生意的春山與你欣快的情緒，木葉飄零的秋山與你蕭瑟的心境；你站在一瀉千丈的瀑布前的那種痛快感，你停在潺潺小溪旁的閑適溫情；你觀賞暴風雨時獲得的氣勢，你在柳條迎風中感到的輕盈；你在挑選春裝時喜愛的活潑生意，你在布置會場時要求的嚴肅端莊……，這裡面不都有對象與情感相對應的形式感麼？梵高火似的熱情不正是通過那熾熱的色彩、筆觸傳達出來？八大山人的枯枝禿筆，使你感染的不也正是那滿腔的悲愴激憤？你看那畫面上縱橫交錯的色彩、線條，你聽那或激蕩或輕柔的音響、旋律，它們之所以使你愉快，使你得到審美享受，不正由於它們恰好與你的情感結構相一致？聲無哀樂，應之者心，不正好是你的情感的符號化、對象化、物態化？美的欣賞、創作與形式感的關係，還不密切嗎？

那麼，是否說，人與對象在形式感上相對應以及所引起的美感就是純生理、純形式的呢？對牛彈琴，牛雖不懂，但也能感到愉快而多出奶。你喜歡講俏皮話，大概要這樣問。對。我完全同意。上面提到的快樂說、內模仿說、格式塔說的共同缺點似乎就

在這裡。它們強調了形式感的生理心理方面，沒充分注意社會歷史的方面，特別是沒重視就在人的生理心理中已經積澱和滲透有社會歷史的因素和成果。對象的形式和人的形式感都遠非純自然的東西。兩個方面的自然（對象的形式與人的形式感），無論是色、聲、線、體態、質料以及對稱、均衡、節奏、韻律、秩序、規律等等（形式），也無論是對它們的感受、把握、領會等等（形式感），由於在長期的歷史實踐中與人類社會生活結了不解之緣，便都「人化」了。「一定的自然質料如色彩、聲音……，一定的自然規律如整齊一律、變化統一……，一定的自然性能如生長、發展……之所以成為美，之所以引起美感愉悅，仍在於長時期（幾十萬年）在人類的生產勞動中肯定著社會實踐，有益、有用、有利於人們，被人們所熟悉、習慣、掌握、運用……，所以，客觀自然的形式美與實踐主體的知覺結構或形式的互相適合、一致、協調，就必然地引起人們的審美愉悅。這種愉悅雖然與生理快感緊相聯繫，但已是一種具有社會內容的美感形態。……不同的自然規律、形式具有不同的美，對人們產生不同的美感感受，還是由於它們與不同的生活、實踐、方面、關係相聯繫的結果。例如不同的色彩（如紅、綠）的不同的美（或熱烈或安靜），……來自它們與不同的具體方面、生活相聯繫（紅與太陽、熱血，綠與植物、莊稼）。……」（拙作〈美學三題議〉）所以，人聽音樂感到愉快與牛聽音樂而多出奶，畢竟有性質的不同，人能區別莫扎特與貝多芬，能區別貝多芬的《第三交響樂》與《第五交響樂》而分別得到不同的美感，牛未必能如此。人看到紅色的興奮與牛因紅

色而昂奮，也並不一樣。人能分別紅旗與紅布，牛則不能。即使是「原始人群⋯⋯染紅穿帶、撒抹紅粉，也已不是對鮮明奪目的紅顏色的動物性的生理反應，而開始有其社會性的巫術禮儀的符號意義在。也就是說，紅色本身在想像中被賦予了人類（社會）所獨有的符號象徵的觀念涵義。從而，它（紅色）訴諸於當時原始人群的便已不只是感官愉快，而且其中參與了、儲存了特定的觀念意義了。在對象一方，自然形式（紅的色彩）裡已經積澱了社會內容，在主體一方，官能感受（對紅色的感覺愉快）中已經積澱了觀念性的想像涵義」（拙作《美的歷程》）。可見，自然與人、對象與感情在自然素質和形式感上的映對呼應、同形同構，還是經過人類社會生活的歷史實踐這個至關重要的中間環節的。形式感、形式美與社會生活仍然是直接間接地相聯繫，審美中的身心形式感中仍然有著社會歷史的因素和成果。

正因為此，看來應該是具有人類普遍性的形式感、形式美中，又仍然或多或少、或自覺（如封建社會把色彩也分成貴賤等級）或不自覺（如不同民族對同一色彩的不同觀念，紅既可以是喜慶也可以是兇惡；白既可以是純貞也可以是喪服）顯示出時代的、民族的以至階級的歧異或發展。各個不同時代不同民族的工藝品和建築物，便是一部歷史的見證書。為什麼現代工藝的造型是那樣的簡潔明快，大不同於精工細作繁縟考究的巴洛克、羅可可或明代家具，為什麼今天連學術書籍的封面裝幀也那樣五顏六色鮮艷奪目，大不同於例如上世紀那種嚴肅莊重，它們不都標誌著今天群眾性的現代消費生活中的感性的自由、歡樂和解放麼？為什

麼現代藝術中的節奏一般總是比較快速、強烈和明朗，這難道與今天高度工業化社會中的生產、生活、工作的節奏沒有關係？畫的筆墨、詩的格律、樂的調式、舞的節拍……不也都隨社會時代而發展、變異、更新嗎？審美形式感的生理—心理的普遍性、共同性與特定的社會、時代、民族的習慣、傳統、想像、觀念是相互關連、交織、滲透在一起的。從而，在所謂形式感中，實際有著超形式、超感性的東西。不知道你還記得不，我愛說，美在形式卻並不就是形式，審美是感性的卻並不等於感性，也就是這個意思。人們講美學，常常強調內容與形式的統一，感性與理性的統一，我們今天沒講多少具體的社會內容，然而僅從形式感這個角度便可以看到，馬克思的人化自然說正是正確闡釋上述這些統一的基本哲學理論。

也許你又要笑我，三句離不開哲學。是的，不僅藝術有形式感問題，科學也有。科學中，最合規律的經常便是最美的，你不常聽到科學家們要讚嘆：這個證明、這條定理是多麼美啊。有位著名的科學家說，如果要在兩種理論——一種更美些，一種則更符合實驗——之間進行選擇的話，那麼他寧願選擇前者（《國外社會科學》1980 年第 1 期，第 26 頁）。這不是說笑話，裡面有深刻的方法論問題。有趣的是，科學家不僅在自己的抽象的思辨、演算、考慮中，由於感受、發現美（如對稱性、比例感、和諧感）而感到審美愉快，而且它們還經常是引導科學家們達到重要科學發現、發明的橋樑：由於美的形式感而覺察這裡有客觀世界的科學規律在。宇宙本就是如此奇妙，萬事萬物彼此相通，它們經常

遵循著同樣的規則、節律和秩序，作為萬物之靈的人類，通過漫長的歷史實踐，正日益廣泛地領會著、運用著、感受著它們，通過科學和藝術，像滾雪球似地加速度地深入自然和生活的奧祕，這裡面不有著某種哲理嗎？這裡不需要哲學來解釋嗎？我想，如果中國哲學「天人合一」（自然與人的統一）的古老詞彙，經過馬克思主義實踐哲學的改造，去掉神祕的、消極被動的方面，應用到這裡，應用到美學，那也該是多麼美啊。你不會以為我在說胡話吧，別忙於表態，再仔細想想，如何？

八、宗白華《美學散步》序

　　八十二歲高齡的宗白華老先生的美學結集由我來作序，實在是惶恐之至：貌予小子，何敢讚一言！

　　我在北京大學讀書的時候，朱光潛、宗白華兩位美學名家就都在學校裡。但當時學校沒有美學課，解放初年的社會政治氣氛似乎還不可能把美學這樣的學科提上日程。我記得當時連中國哲學史的課也沒上過，教師們都在思想改造運動之後學習馬列和俄文……。所以，我雖然早對美學有興趣，卻在學校裡始終沒有見過朱、宗二位。1957 年我發表兩篇美學論文之後，當時我已離開北大，才特地去看望宗先生。現在依稀記得，好像是一個不大暖和的早春天氣，我在未名湖畔一間樓上的斗室裡見到了這位藹然長者。談了些什麼，已完全模糊了。只一點至今印象仍鮮明如昨。這就是我文章中談到藝術時說，「它（指藝術）可以是寫作幾十本書的題材。」對此，宗先生大為欣賞。這句話本身並沒有很多意思，它既非關我的文章論旨，也無若何特別之處，這有什麼值得注意的地方呢？我當時頗覺費解，因之印象也就特深。後來，我逐漸明白了：宗先生之所以特別注意了這句話，大概是以他一生欣賞藝術的豐富經歷，深深地感嘆著這方面有許多文章可作，而當時（以至現在）我們這方面的書又是何等的少。這句在我並無多少意義的抽象議論，在宗先生那裡卻是有著深切內容的具體感受。無怪乎黑格爾說，同一句話，由不同的人說出，其涵義大不一樣。

　　宗先生對藝術確有很多話要說，宗先生是那麼熱愛它。我知道，並且還碰到過好幾次，宗先生或一人，或與三、四年輕人結

伴，從城外坐公共汽車趕來，拿著手杖，興致勃勃地參觀各種展覽會：繪畫、書法、文物、陶瓷……。直到高齡，仍然如此。他經常指著作品說，這多美呀！至於為何美和美在哪裡，卻經常是叫人領會，難以言傳的。當時北大好些同學都說，宗先生是位欣賞家。

我從小最怕作客，一向懶於走動。和宗先生長談，也就只那一次。但從上述我感到費解的話裡和宗先生那麼喜歡看展覽裡，我終於領悟到宗先生談話和他寫文章的特色之一，是某種帶著情感感受的直觀把握。這次我讀宗先生這許多文章（以前大部沒讀過）時，又一次感到了這一點，它們相當準確地把握住了那屬於藝術本質的東西，特別是有關中國藝術的特徵。例如，關於充滿人情味的中國藝術中的空間意識，關於音樂、書法是中國藝術的靈魂，關於中西藝術的多次對比，等等。例如，宗先生說：「一個充滿音樂情趣的宇宙（時空合一體）是中國畫家、詩人的藝術境界。」（第 89 頁）「……我們欣賞山水畫，也是抬頭先看見高遠的山峰，然後層層向下，窺見深遠的山谷，轉向近景林下水邊，最後橫向平遠的沙灘小島。遠山與近景構成一幅平面空間節奏，因為我們的視線是從上至下的流轉曲折，是節奏的動。空間在這裡不是一個透視法的三進向的空間，以作為布置景物的虛空間架，而是它自己也參加進全幅節奏，受全幅音樂支配著的波動，這正是轉虛成實。使虛的空間化為實的生命。」（第 92 頁）

或詳或略，或短或長，都總是那種富有哲理情思的直觀式的把握，並不作嚴格的邏輯分析或詳盡的系統論證，而是單刀直入，

扼要點出，訴諸人們的領悟，從而叫人去思考、去體會。在北大，提起美學，總要講到朱光潛先生和宗白華先生。朱先生海內權威，早已名揚天下，無容我說。但如果把他們兩位老人對照一下，則非常有趣（儘管這種對照只在極有限度的相對意義上）。兩人年歲相仿，是同時代人，都學貫中西，造詣極高。但朱先生解放前後著述甚多，宗先生卻極少寫作。朱先生的文章和思維方式是推理的，宗先生卻是抒情的；朱先生偏於文學，宗先生偏於藝術；朱先生更是近代的，西方的，科學的；宗先生更是古典的，中國的，藝術的；朱先生是學者，宗先生是詩人……。宗先生本就是二〇年代有影響的詩人，出過詩集。二〇年代的中國新詩，如同它的新鮮形式一樣，我總覺得，它的內容也帶著少年時代的生意盎然和空靈、美麗，帶著那種對前途充滿了新鮮活力的憧憬、期待的心情意緒，帶著那種對宇宙、人生、生命的自我覺醒式的探索追求。剛剛經歷了「五四」新文化運動的洗禮之後的二〇年代的中國，一批批青年從封建母胎裡解放或要求解放出來。面對著一個日益工業化的新世界，在一面承襲著古國文化，一面接受著西來思想的敏感的年輕心靈中，發出了對生活、對人生、對自然、對廣大世界和無垠宇宙的新的感受、新的發現、新的錯愕、感嘆、讚美、依戀和悲傷。宗先生當年的《流雲小詩》與謝冰心、馮雪峰、康白情、沈尹默、許地山、朱自清等人的小詩和散文一樣，都或多或少或濃或淡地散發出這樣一種時代音調。而我感到，這樣一種對生命活力的傾慕讚美，對宇宙人生的哲理情思，從早年到暮歲，宗先生獨特地一直保持了下來，並構成了宗先生這些美

學篇章中的鮮明特色。你看那兩篇談羅丹的文章，寫作時間相距數十年，精神面貌何等一致。你看，宗先生再三提到的《周易》、《莊子》，再三強調的中國美學以生意盎然的氣韻、活力為主、「以大觀小」，而不拘拘於模擬形似；宗先生不斷講的「中國人不是像浮士德『追求』著『無限』，乃是在一丘一壑、一花一鳥中發現了無限，所以他的態度是悠然意遠而又怡然自足的。他是超脫的，但又不是出世的」（第 125 頁），等等，不正是這本《美學散步》的一貫主題麼？不也正是宗先生作為詩人的人生態度麼？「天行健，君子以自強不息」的儒家精神，以對待人生的審美態度為特色的莊子哲學，以及並不否棄生命的中國佛學——禪宗，加上屈騷傳統，我以為，這就是中國美學的精英和靈魂。宗先生以詩人的銳敏，以近代人的感受，直觀式地牢牢把握和展示了這個靈魂（特別是其中的前三者），我以為，這就是本書價值所在。

宗先生詩云：

生活的節奏，機器的節奏，
推動著社會的車輪，宇宙的旋律。
白雲在青空飄蕩，
人群在都會匆忙！
……
是詩意、是夢境、是淒涼、是回想？
縷縷的情絲，織就生命的憧憬。
大地在窗外睡眠！

窗內的人心，

遙領著世界深秘的回音。（第 242 頁）

在「機器的節奏」愈來愈快速，「生活的節奏」愈來愈緊張的異化世界裡，如何保持住人間的詩意、生命、憧憬和情絲，不正是今日在邁向現代化社會中所值得注意的世界性問題麼？不正是今天美的哲學所應研究的問題麼？宗先生的《美學散步》能在這方面給我們以啟發嗎？我想，能的。

自和平賓館頂樓開會之後，又多年未見宗先生了。不知道宗先生仍然拿著手杖，散步在未名湖畔否？未名湖畔，那也是消逝了我的年輕時光的美的地方啊，我怎能忘懷。我祝願宗先生的美學散步繼續下去，我祝願長者們長壽更長壽。

1980 年冬，序於和平里九區一號

九、關於中國美學史的幾個問題

註：1981 年 8 月講演記錄稿，原載 《美學與
　　藝術演講錄》，上海人民出版社，1983 年
　　版。

　　我沒有教學經驗，今天還是雜談，不是系統地講。講課可能有兩種，一種是系統地傳授知識，一種叫信口開河。信口開河就是講一些自己的看法。我不習慣也不善於系統地講授知識。一定要系統地講也可以，因為我們研究室搞了美學史，把書稿拿來念一遍就是了，但那沒有什麼意思。我搞過一些哲學史，也看過一些文學史、藝術史等等。與講課一樣，大概寫史也有兩種方法，一種是歷史的方法，原原本本地寫。比如柏拉圖是什麼思想，亞里士多德是什麼思想，康德是什麼思想，比較系統地做一些歷史的研究和歷史的說明。這是歷史學家的方式，看來這可能是一種主要的方式。另外一種是哲學的方法，它並不是怎麼樣去講歷史，而是運用歷史的材料來說明某些看法。

　　我經常對我的研究生和問我怎樣學美學的同志講，學美學一定要學哲學，而且不是一般地學，單看看辯證唯物論、歷史唯物論和一般哲學原理是不夠的，還要讀哲學史，特別要讀歐洲哲學史，從古希臘一直讀到現代。哲學史很多，有梯利的，有羅素的，有黑格爾的，還有一些中國的同志寫的，究竟學哪一本好呢？羅素的那一本，文字非常流暢、幽默，寫得很漂亮，但如果準確地學到哲學史的知識，就不如讀梯利那一本。這兩本書恰恰是上述的兩種方法的代表。梯利的那一本是用歷史方法寫的，比較完整，比較準確。羅素的那一本則完全隨自己的意願觀點選擇史料，用以說明他的看法和態度的。比如他講康德，只講了時間空間，其他什麼都沒有講，讀了並不可能全面地了解康德哲學。他寫叔本華，對叔本華挖苦了一通。之外對洛克、盧梭等等，也都提出了

自己的看法。像這樣的哲學史，我們主要是注意作者的觀點，做教本是不行的。教本還是梯利的好。梯利那一本當然也有他的觀點，但主要是比較系統地傳授知識。哲學家寫的哲學史則主要不是傳授知識，黑格爾寫的也屬於這一種。他是按照他的哲學體系來寫史的，哪個在前哪個在後，連這種時間順序他都可以顛倒。當然，傳授知識的那種歷史，也是一定時代的人寫的，也總帶著這個時代的人對那些問題的看法，離不開這個時代和社會的立場。總之，講課、寫書、搞研究，都是可以有各種不同的方法的。我今天講的也不知道算是哪一種，反正隨便談談。

中國美學史的範圍是非常廣泛的。我們講授或者編寫中國美學史，首先碰到的是它的對象問題。我記得，1977 年我剛想搞中國美學史時就遇到了這個問題，感到對象不確定。解放前和解放後，講中國史的書很多。中國歷史、中國文學史，還有中國文藝批評史、中國哲學史、中國美術史，等等，獨獨沒有中國美學史。造成這種情況，當然是有原因的。我今天不能詳細講了，簡單地說，原因之一就是範圍不確定。後來我想，中國美學史是否可以分為廣義的和狹義的兩種。廣義的美學史，就是研究中國人的審美意識的發生、發展、變化的歷史。西方美學史的範圍很確定。蘇格拉底以前怎樣講，蘇格拉底以後，柏拉圖怎麼講，亞里士多德怎麼講，普洛丁怎麼講，奧古斯汀怎麼講，阿奎那怎麼講，一直到英國經驗派，大陸理性派，基本上按照哲學順序來講。他們的美學史沒有發生對象和範圍的問題。中國美學史就有兩個方面的問題。一個方面，中國沒有近代形態的哲學體系，不少著作談

及美學問題，常常是一句話兩句話就完了，比如詩話、詞話、畫論等等，也沒有講多少哲學。西方美學史屬於哲學範疇的分支是很明確的。中國不是這樣。這是一個問題。第二個問題是，沒有文獻以前的那個階段是否列進去。例如青銅器、原始陶器等能否列入美學史。這就有個從哪兒講起的問題。因為事實上，原始陶器在一定意義上反映了中國原始社會人們的審美觀念和審美意識；青銅器也如此，與它那個時代人們的審美觀念和審美意識有關係；《詩經》、《楚辭》當然更是反映著審美意識的。這些到底包括不包括在美學裡面，這是個問題。假使包括進來，那就不得了，變成一部很大很大的美學史。還有很多問題，例如建築，中國建築在哲學理論上講得很少很少，主要是一些技巧文獻。雕塑也如此。可見，理論形態的東西並不能很好地、完整地反映現實，也就不能全面地反映中國人審美意識的歷史發展情況。但如果把這些都編進去，那就不僅規模很大，一時編不出來，而且按照外國的觀點看起來，這也不像一部美學史，而是藝術思想或審美意識的發展史。這是我們碰到的第一個問題。但這種美學史，我認為仍是應該寫的，無以名之。所以後來我就把它叫做廣義的美學史。

另外一種是狹義的美學史。所謂「狹義」，就是要求審美意識只有表現為理論形態之後，才寫進去，也就是說，審美意識不只是表現在藝術作品之中，而是表現為理論形態，有一定的說法才寫進去。這就不是從原始社會開始，也不是從青銅器開始了，而是從有文獻記載開始；文獻之中也只有那些帶有一定理論意義的東西，才能被寫進去。所以我們就要從孔子、老子開始。但是這

樣的美學史是有一定的缺陷的。它既不能很充分地完整地表現我們整個民族審美意識的發展，同時它的理論與當時現實的審美意識也常常有矛盾，有很大出入。像儒家的孔子的審美意識，它能代表春秋戰國那個時候的審美意識嗎？顯然，它不能全部代表，只能代表一部分。比如孔子講「思無邪」、「詩言志」，像這樣一些命題，對《詩經》的這樣一些看法，反映了儒家對詩歌的看法，但這是否能體現《詩》三百篇的審美意識？恐怕是很片面的。所以當時的理論形態的東西和當時的藝術作品，或當時的理論對當時作品的解釋，經常不能完全統一。大家在研究中國藝術史、外國藝術史，或者中國哲學史、外國哲學史，都可以發現這個問題。有時候二者會有很大的矛盾，主要是理論形態經常有很大的片面性。所以狹義的美學史就有這個缺點，它不能很完整地反映歷史面貌。就像柏拉圖這樣傑出的人物，他的理論就能代表整個希臘當時的審美意識嗎？顯然不能。因此，我們必須充分注意到狹義美學史的這樣一個弱點。但是，理論畢竟是有它的認識價值，狹義美學史還是非常需要的，並且是一個很重要的方面。我們現在編的，就是狹義的美學史。而我寫《美的歷程》，就是想為編這種狹義的美學史提供一些非常粗糙、非常簡單的廣義美學史的輪廓或背景。我沒有在《美的歷程》這本書裡分析各種美學理論，僅是從藝術作品的角度上講一點。有的同志對細的東西感興趣，對某一點某一滴非常感興趣，有的同志則對大的東西感興趣。我是先把一些大的輪廓勾出來，以後再慢慢加工，正像蓋房子一樣，先把架子搭起來，然後再一步一步地修飾。這就是關於廣義和狹

義的問題，就是我們在編寫中國美學史時碰到的第一個問題。

第二個問題，是中國美學史與文藝批評史的區別。在西方，這個問題比較小。前面已講到，西方的美學與哲學關係比較密切，是哲學體系的一個部分。不論柏拉圖、康德、黑格爾、克羅齊，都是把它作為哲學體系的一個部分。中國的情況不同，孔子是不是哲學家還有爭論，因為他就缺少純思辨的東西。黑格爾就認為中國沒有哲學。在他看來，孔子那些東西不過是道德教條，根本夠不上哲學。後代像詩話、詞話這些很有價值的美學著作，哲學的內容就更不明顯。王國維還有一些哲學思想，有些根本就沒有。《文心雕龍》的哲學思想，到底是儒家還是佛家，到現在還有爭論，可見很不明確。這部著作從批評史的角度容易闡述，寫美學史就覺得難講一些。就說孔子吧，也就是一部《論語》。講來講去就是那麼幾句話。文藝批評史已經講過了，美學史還能講出什麼特點來？所以怎樣把美學史與文藝批評史區別開來，是我們碰到的第二個問題。如果我們寫出來的美學史與文藝批評史沒有什麼區別，或者差不多，那就沒有什麼意思了。但材料確實就是那麼一些，怎麼辦？只有一個辦法，就是儘量從哲學的角度來加以認識。也許這樣的美學史大家沒有什麼興趣，覺得枯燥、抽象、哲學化。但實際上好的哲學書、美學書，一本比十幾本別的書都有用。康德的《判斷力批判》相當抽象，但能頂上幾十本文藝理論書。總之，如何處理美學與文藝理論的關係問題，也就是如何區分美學史與文藝批評史的不同特點的問題，是我們編寫中國美學史時碰到的第二個問題。

　　第三個問題，就是以什麼線索來串美學史。歷來的辦法，一般都用唯物論與唯心論的鬥爭來串。施昌東同志好像就是用的這個辦法。對這一點，我是有一定的懷疑的。因為哲學史本身是不是就是唯物主義與唯心主義鬥爭的歷史，我覺得還可以研究。把哲學史說成是唯物論與唯心論鬥爭的歷史，這是日丹諾夫在 1948 年下的定義，然後傳到中國，一直到現在。恩格斯說過，全部哲學，特別是近代哲學的問題，就是存在與意識的關係這樣一個問題。列寧也講過，現代哲學如二千年的希臘一樣，都是有黨性的。所以日丹諾夫這個定義，也不是沒有根據的。但是這個定義是不是就很好地準確地概括了哲學史，我有一定的保留。學術問題，應該可以發表各種意見。還有一種看法，認為哲學史就是認識史。這是列寧講的。說認識史我也不反對。哲學究竟是什麼東西，哲學史究竟是什麼東西？是一個並未真正解決的大問題。我今天不是講哲學史，也不是講哲學，就不多講了，還是講美學史吧。中國美學史能不能用唯物論和唯心論鬥爭的歷史來串？我看這樣串不好，不符合實際。我們寫中國美學史，一定要從實際出發。應該看到，在中國美學史上，起了很重要的作用，很好的作用的，常常是一些唯心主義的哲學家。你要講他的哲學體系，那的確是唯心主義的。但是，他又的確在美學史上作了很重要的貢獻。他們發現了審美現象的一些規律。在中國古代美學史上，像莊子的美學思想就非常了不起。莊子在世界上也有一定的地位，他是一個了不起的哲學家、美學家。又例如昨天我講的「言不盡意」，就是魏晉玄學的東西，是唯心論。嚴滄浪的《滄浪詩話》，也是唯心

主義，因為他講佛教禪宗。如果認為凡唯心論就是反動的，他的美學思想就是要不得的，那就沒有東西可講了，那就只能講白居易。白居易是唯物論的，是現實主義的，可是白居易在美學史上並不很重要，而剛才講到的那幾個人，在美學史上卻是非常重要的。所以說用唯物論和唯心論來套中國美學史，就似乎說不出多少東西。所以我不想採取這樣一種方式。我想只要老老實實說明審美理論是怎麼發生，怎麼發展，怎麼變化，要用馬克思主義的觀點來說明這種發生和發展不是從天上掉下來的，都是有它社會的時代的原因就行，似乎不必用唯物唯心來硬串。這是第三個問題。

第四個問題，是研究中國美學史的意義。我們中國的藝術，在世界上是非常輝煌的。外國人對中國古代的藝術很有興趣。美國只有兩百年的歷史。在他們那裡，兩百年就了不起。可是在中國，兩百年就不能算什麼。日本拿我們唐代的東西，當作國寶，簡直是不得了。我這樣說，倒不是大國沙文主義，中國本來就有這樣古老而又連續的文明歷史的特點。我看到的現在講中國美學史的書，像托馬斯·門羅寫的《東方美學》，其中很大一部分是講中國的。另外有一本是日本人寫的。此人現在是國際美學協會的副主席，叫今道友信。他寫的這本書，也是講東方美學的，書名記得是《東洋美學》吧，其中很大一部分也是講中國的。也許是我眼高手低吧，這些書雖然有些地方講得不錯，但我總覺得他們都有些隔靴搔癢。他們是國際上一流的美學家，但是寫中國美學史還是有弱點。中國美學史還是要靠中國人自己來寫。宗白華先

生的《美學散步》，我對它的評價很高。三十多年來對宗先生是不
大公道的。好在宗先生有一個特點，他具有魏晉風度，不在乎。
宗白華先生與朱光潛先生兩個人，在我看來是不相上下的。但宗
先生不大出名，講朱光潛大家都知道，講宗白華卻很多人不知道。
實際上宗先生的《美學散步》是會在世界引起注意的。它講了一
些很好的東西，完全是從哲學角度講的，是美學，不是文藝理論。

　　下面，我講講對中國美學的基本看法。這個問題我在湖南講
過，這是第二次講。我把它概括為四個方面的特徵。

　　第一個特徵是樂為中心。美字的來源，如果用字（詞）源學
的方法來研究，較為流行的說法，是「羊大為美」。美來源於好
吃，美味。但我不大同意這種傳統的說法，我倒同意一個比較年
輕的同志蕭兵的說法，他主張「羊人為美」。我認為所謂羊人，乃
是一種圖騰舞蹈，就是人戴著羊頭在那裡跳舞。這是原始社會最
早的一種原始的巫術禮儀，它的表現形式就是原始歌舞。這不僅
是一種娛樂，而且是當時的整個上層建築。人們勞動之餘就搞這
種活動。這有很多作用：一方面是認識的作用。因為在這類活動
中要模擬打獵等等動作，再現生產勞動中的種種情況，這就鍛鍊
了自己，認識了對象；另一方面就是團結群體組織社會的作用。
我們現在社會中表現為各種分工和各種規章制度不同形式，這在
原始社會是混在一起的。但它是最早區別於生產活動的一種社會
性的必要活動，它包含了後代所有政治的、科學的、道德的、藝
術的內容，是以一種圖騰的形式表現出來的。我把它叫做巫術禮
儀或原始歌舞。它實際上起了團聚、維繫社會組織、訓練社會成

員的作用。同時又包含著認識客觀對象，訓練技能，甚至體育鍛鍊等等，什麼都包含進去了。而所有這些都離不開歌舞。歌舞有一定的節奏，一定的聲音，後來還用樂器伴奏（可能開始時是打擊樂）。這樣，就逐漸發展為音樂的「樂」。所以這個「樂」，實際上不限於音樂的意思，還包含著原始社會這整個方面的活動內容。

後來禮和樂逐步分開而並提，這就是儒家講的那些東西。我覺得儒家這些東西，決不是偶然發生的。孔子講「述而不作」，儒家是漫長的原始社會文明的非常頑強的保存者。他們把古代的東西保存下來並加以理論化的解釋。所謂禮樂也就是儒家對中國長期的原始社會的巫術禮儀的理論化。所謂禮，是指管理社會、維持社會存在的規章制度。氏族社會到了後期，氏族越來越大，上下之間等級越來越嚴格，需要各種各樣的規章制度，這便有了禮，禮就是規範社會的外在尺度，把社會的上下等級、貴賤區別清楚。而樂呢，則使人們在感情上諧和起來。音樂藝術就有這種使社會很好地融洽與和諧起來的功用。所以，一個是外在的秩序，外在的規範，外在的要求；一個則是內在情感的融和，情感的交流。原始社會打獵以後的分配，如頭歸誰，肉歸誰，獵手分什麼，其他人分什麼等等，就是要用禮來處理的。所以荀子說，「禮至則無爭，樂至則無怨」。禮是每個民族都有的，中國則強調除了禮之外必須有個樂。用樂來補足禮，這是中國的一個很大的特點。最近考古證明，中國很早就有整套完整的樂器，能演奏很複雜的樂曲，中國音樂在很早就相當高明，它正是影響我們中國整個藝術傳統的最重要的東西。

　　我認為這一切都與中國原始氏族社會非常之長有關。研究中國各種歷史，對這一點都應該注意。我為什麼對孔子、孟子評價較高，就是因為他們保存了很多原始社會的人道主義。荀子是很徹底的唯物論，很進步的，孟子則是唯心的。但讀孟子的著作，總感到有一種民主的氣息，一種人道的精神。這一點荀子就少了，到韓非就沒有了。孔、孟是失敗的。這是因為他們的活動不符合歷史前進的方向。歷史的前進體現了二律背反。例如一方面，歷史上的戰爭死了很多很多人；另一方面，戰爭也推動了歷史的前進。在人類社會中，有些殘酷的行為卻常常推動歷史的前進。彼得大帝的改革，使多少人頭落地。馬克思也講過，資本主義的發展有多麼殘忍。我不贊成以人道主義代替馬克思主義，那是膚淺和錯誤的。因為歷史有時候並不是那麼人道的，特別是古代，需要通過戰爭，需要通過殘酷的掠奪，才能發展，歷史本身就是這樣。所以說是二律背反。比如漢武帝驅逐匈奴，建立漢帝國，是正義的戰爭，對中國歷史的發展起了很大的作用；但是人民付出了多大的代價，死了多少人啊！漢樂府寫道：「十五從軍征，八十始得歸」。十五歲出征，八十歲才歸來，家裡一個人不剩，都死光了，那是很淒慘的。當時幾十萬人馬出關，回來多少呀？沒有多少啦。記得史書上記載，有一次，十八萬匹馬出關，勝利歸來，入關的才三萬匹。從歷史前進來說，這場戰爭是對的；但從人民的直接利益來說，反對戰爭也是對的。他們受了很大的苦難呀。所以詩歌對這種苦難的感嘆，也對。孔、孟想復古，想繼續保存原始社會的經濟、政治制度的痕跡，這是不符合歷史前進的潮流

的，當時是一個向著奴隸社會過渡的階級社會。荀子、韓非的主
張，符合這個趨勢，秦始皇採納了韓非的意見。但是，他們那種
赤裸裸地壓迫和剝削的理論，可並不見得好呀。恰恰相反，倒是
孔、孟他們保存了一些原始社會的人道精神、民主精神。所以說，
認為好的都好，壞的都壞，是很片面的。我很欣賞斯賓諾莎的話，
他說：不要哭，不要笑，而要理解。這是哲學家的語言。就是說
要深刻地理解歷史和歷史人物，要有一種歷史觀點。孟子大講「民
為貴，君為輕，社稷次之」等等，這是很大膽的，後來就沒有人
講過這種話。朱元璋氣得要死，斥之為豈有此理。這在皇帝看來，
當然是不可理解的。「君為輕」那還了得！「君」怎麼能是「輕」
的呢？！孟子的言論就保留了原始社會的一些民主精神。原始社會
的君，不是像後來那麼專制的。當時的許多「國」，氏族貴族都可
來議事，大家來發表意見。這種長期的原始社會中的民主精神，
在孔、孟的言論中還有存留，以後就沒有了。「樂」之所以能在中
國古代受重視，也正因為在長期的原始社會中人們一貫很注重樂
的作用，並通過相當的和諧愉快來維繫氏族群體的生活，而通過
以「樂」為中心的藝術活動把氏族團結起來。把人的情感關係處
理得比較和諧、比較協調一致。只有從社會基本特點上才好理解
為什麼「樂」在中國古代那麼重要。當然樂還有團結一致本氏族
以對外戰鬥的激發情感的作用。

　　樂在中國，一開始就注意了兩個方面。一是對樂的藝術本質
的認識，那便是不簡單地把樂看成是一種認識，而是把它看成與
感性有關的一種愉快，所以說「樂者樂也」。而這愉快又包含兩層

意思：一是給予人感官的愉悅；一是使人的感情愉快。這都是享受。也就是注意到樂與情感、欲望有聯繫，樂能使人的情欲得到一種正確的發洩。情欲如不能用正當的方法宣洩出來，表現出來，就會出問題，儒家的樂，要滿足感官的愉快，同時要滿足情欲的要求，使欲望健康地發洩，群體生活也就更能得到和諧。

　　儒家的樂，還抓住了藝術的另一個作用。就是通過情感的發洩起到一種教育作用。這就是文藝政治學。所以中國的文藝政治學很早就有了。這個傳統現在是大大地發揚了。當然，儒家的這個政治，應該是廣義的。我們現在的政治概念很狹窄，這是把傳統片面地發揮了。儒家是講「寓教於樂」的，諸如「寓樂以知政」、「樂與政通」、「其感人深，其移風易俗易」等說法，都是強調教育作用通過音樂表現出來。我們現在平列地提文藝的認識作用、教育作用、審美作用，我覺得是不貼切的。要求教育作用通過審美作用表現出來，這才是高明的。這裡，實際上是美與善相統一的問題。剛才講「羊人」為「美」，美表現為原始圖騰的歌舞，起一種倫理道德、教育訓練等社會作用。又說「羊大」為「美」，美表現出一種感官享受的特點，使人覺得鮮美有味道，使人感到愉快；同時，美還能起一種倫理道德的作用。這樣就把美的社會性與感官直覺性聯繫起來了。這也是把人的自然情感和要求，納入到社會的規範之內，並通過它把人們團結起來，使人的情感得到交流。以音樂為主的這些活動，在非洲有些地方現在還有，許多黑人還在那裡打著鼓跳舞。假如大家去參加一下西方現在的宗教禮拜，感受一下那種奏樂、合唱，情感就會不一樣。你

就是不信教的，到那裡也會受到宗教情感的感染。這種教堂音樂（西方很多音樂都是由教堂音樂發展起來的）就能起這種作用，把你的情感，並通過你的情感把你整個的觀念提到一定的高度。所以說，社會性的作用是通過感官的感性愉快得到的。它不是理智的、概念的，而是訴之於情感，使你從內心中產生的。中國一直很注重這種情感的作用，這也正是以樂為中心的一個體現。

中國的儒家思想，對人生採取了一種積極的態度、入世的態度的。這跟佛教不一樣，我覺得這是中國民族一種很好的傳統。《論語》第一章就寫道：「學而時習之，不亦悅乎？有朋自遠方來，不亦樂乎？」「悅」、「樂」，都是講的人的快樂。這快樂不是低級的快樂，而是高級的快樂，是要讓人得到一種人生的滿足。這就說明，孔子對現實人生不是持一種否定的態度，不是禁欲主義的。他不否定感官和感情的東西，而是加以肯定的；他不否定快樂，而是追求快樂。但他又不是主張縱欲主義，一味地追求感性快樂。他要求快樂有一種社會的內容。剛才講的「悅」、「樂」，決不是為了吃得好，穿得好。相反，他評論顏回說：「一簞食，一瓢飲，在陋巷，人不堪其憂，回也不改其樂，賢哉回也。」可見孔子的樂，並非純粹感官的享樂，不是動物性的，而是包含著社會的道德理想的。它既不是禁欲主義，也不是縱欲主義，講的是中和之美，叫做中庸之道。中庸之道我看是很有意思的問題，不那麼簡單。在西方，有的是縱欲主義，有的是禁欲主義；有的是狂熱的情感主義，有的是抽象的非常思辨的東西。中國恰恰是強調取得一種中庸的地位。樂是陶冶性情、情感的。人的感情是帶

有動物本能性的東西，通過樂來塑造情感，就是不讓自然的情感動物性地發展。它要求用各種藝術來塑造這種情感，使之社會化，所以叫做「陶冶性情」，使情感具有社會的倫理內容，並且獲得一種社會性的普遍性形式。我覺得在這些方面，都是把握住了審美本質的。現在常說藝術是表現情感的，其實藝術更重要的是塑造情感，表現情感也是為了塑造。你表現情感要人家能理解你，就要有共同的東西。昨天我說到藝術是情感的符號，但符號必須要人家理解才有效。發脾氣也是表現情感，但它就不是藝術。這就需要建立共同的情感語言。樂實際上就是要建立這種社會性的情感形式。所謂「樂而不淫，哀而不傷」，所謂「怨而不怒」，所謂「中和之美」，等等，就是要求你的情感得到一種健康的合理的發展。中國的整個藝術傳統是很注意情感性的，詩歌也好，繪畫也好，散文、駢文也好，都很注意這個情感的形式。

中國民族是一個樂觀的民族，是向前看的。唐山地震死了幾十萬人，過了幾年也未留下很大的傷痕。外國要死了這麼多人，那可不得了。中國人大概是這樣想的：人死不能復生，何必老去想他呢？蘇聯衛國戰爭之後，留下的感傷情緒非常濃重。《這裡的黎明靜悄悄》等等，總是在那裡回味。我非常喜歡這個電影。其實中國在抗日戰爭中也死了不少人，但這類感傷的東西比較少。中國民族是有許多缺點的。比如保守啊，麻木啊，等等，魯迅講得很多，罵得很多。任何一個民族都有優點和缺點。二者常常是不可分地並存著的。中國人很有理性，很講道理，不讓情感隨意發洩氾濫。有些民族是很外露的，像吉卜賽人，那簡直是瘋了似

的，中國人很難理解。但是，也應該承認，中國的理智沒有得到很好的發展，突出的表現就是不重視抽象思辨能力的鍛鍊，這個缺點，現在還存在。這對我們現代化是很不利的。德國所以能出那麼多科學家，以我的臆測，一個重要的原因就是德國民族的思辨能力非常強。中國人比較喜歡經驗的東西，對抽象理論不太感興趣，我們應該自覺地意識到這一點，克服這個缺點。任何民族都有優點和缺點，這是毫不奇怪的。其實德國的情況也很妙，一方面，出現了那麼偉大的思想家，像馬克思啊，黑格爾、康德啊，但也出現了像希特勒那麼一些反理性的傢伙。狂熱的非理性的東西與純理性的東西在他們那裡分裂得很厲害。中國不是這樣，顯得比較和諧。但這和諧又使兩方面都沒有得到充分發展。所以在中國的藝術中，浪漫主義始終沒有脫離古典主義，就是最有浪漫主義特色的詩人李白，也是這樣，情感被理智控制著，或者說是古典的浪漫主義。另外，中國沒有西方那種悲劇。我們現在用「崇高」這個詞，與西方的理解並不完全一樣。中國講「陰柔」之美、「陽剛」之美。「陽剛」與「崇高」雖然有接近的地方，但並不是一回事。在西方的悲劇作品和他們的「崇高」裡，常有恐怖的和神祕的東西，而且經常讓這些東西占有很重要的地位。這在中國藝術中是比較少見的，中國的「陽剛」大都是正面的。這些都是中國的美學思想所反映出來的哲學上的特點。這究竟是好還是壞呢？很難說。我覺得既是優點，也是缺點。重要的問題在於我們自覺地意識到這一點。依我看，帶一點神祕性更有味道，這也許是我的偏見。有人以為我們的民族了不起，一切都是我們民族的

好，那不對。我們應該對自己的民族有個真正的了解。到現在才講了第一點，下面簡單地把其他三點講一下。

第二個特徵是線的藝術。中國的藝術是線的藝術。其實這是樂為中心這個特徵的延伸。因為音樂是在時間中流動的，是表情的。線實際上是對音樂的一種造型，使它表現為一種可視的東西。從這個意義上講，線就是音樂。宗白華先生在《美學散步》中說，音樂、舞蹈、書法是中國藝術的基本形式，我是同意這個看法的。這一點自古以來就與西方不一樣。古希臘是悲劇；文藝復興時期，莎士比亞的戲劇，塞萬提斯的小說，達·芬奇、拉斐爾的畫，都是再現的，都不脫離希臘。中國則強調表情，講究節奏、韻律、味道。中國陶瓷上的花紋也很值得研究，那是一種流動線條美。像龍山、大汶口、馬家窯、半山、馬廠等陶器的流動的線條，確實給人一種音樂感。它有節奏，有韻律。所以我把它稱為淨化了的線條。這是一種淨化了的情感的造型形體，也就是經過提煉和抽象而構成的，它離開了對實際對象的模擬和再現。這是中國藝術一個很大的特點。

中國藝術的形式美，是非常了不起的，它給予人的是一種高級的美感。這裡，我又要為我的觀點辯護了。我為什麼認為康德有時比黑格爾厲害呢？你看康德美學中就講到，線條是真正的美；而在黑格爾的《美學》裡，大量講到的則是色彩。馬克思說，色彩是最普及的美。老實講，也是較為低級的。它給予動物的官能感受是比較強的。比如紅色，對動物也有刺激。線條就不同了，它更加帶有精神性。它既積澱著社會的因素，又能使人得到感官

的愉快；既是感性的、形式的，又是精神的。它所表現（或者說反映）的人與自然界的關係是更加深刻的。我們的世界，我們的宇宙本身，有時間、空間上是有韻律的，有節奏的，有白天有黑夜，有秋天有春天，春夏秋冬，一年四季，本身有節奏；大自然中農作物的生長，生物的生長，人的生老病死，整個自然界，都是有節奏，有韻律的。這是宇宙的普遍規律。這種規律便表現在藝術裡，引起人們的美感感受。所以藝術形式看起來是個形式的東西，卻可以和自然界的規律發生關係。我昨天講的同構，也說明這一點。中國的藝術很早就注意到把自然界中的節奏、韻律、均衡、對稱等形式上的東西表現到藝術作品中，這就通過一種淨化了的形式，一方面表現出了自然界的規律，同時又表現出了人的情感的規律。我在《文藝報》上談審美的形式感時講到，不僅在藝術中有美學問題，在科學中也有美學問題。科學家在自己的研究中發現有美的東西，這是很有意思的。這說明宇宙中的某種規律是具有美的性質的。這是否叫做美在自然界呢？不是這個意思，我在《文藝報》那篇文章已經解釋過了。這是說科學家在他的研究工作中不僅能思考自然界的規律性，而且對它能有所感受。其實這種規律性最充分地表現在藝術美裡。所以許多科學家像愛因斯坦等非常喜歡音樂，恐怕不是偶然的。這可能有助於他們去進一步發現自然界的一些規律，這裡面有相當深刻的哲學問題。

現代藝術注重的是整體的、歷史的、與自然界相呼應的、有生命的東西，重點已不再是去模擬一些局部的現實。像畫畫也不只是畫一些局部圖像，而恰恰是注意了整體性，並且通過淨化的

形式把它表現出來。為什麼西方現代許多藝術家們對中國的藝術有興趣，這也不是偶然的。現代的藝術是希望超脫那種比較狹窄的有限的東西，更加自由地去表現廣闊無垠的人生、情感、理想和哲理。中國的藝術就有這樣的特點。一方面，它的形式有很大的寬容性，有很大的容納性能；另一方面，它的形式又有非常嚴格的講究。這個問題講起來很複雜，牽涉到形式美的很多問題。簡單說來，一方面，它不在乎合不合乎現實。比如花，春天開的花，秋天開的花可以畫在一起，梅花和菊花可以放在一起。它不要求表現那種非常嚴格的狹窄的現實，而要求表現廣闊的人與自然、人與社會的關係。另一方面，它又很講究形式。比如，詩詞裡面格律很嚴格，對平聲、仄聲很注意，對聯要求靈活而工整等等。在繪畫中，山怎麼畫，水怎麼畫，都講究程式。京劇的程式就更厲害了。程式是很能體現形式美的。所以說中國藝術是非常講究形式美的，而這種形式美是能非常廣闊地表現現實，而不只是狹窄的模擬。這在書法藝術中體現得很突出。書法是紙上的音樂，紙上的舞蹈。書法並不是讓人去看寫的是什麼字，而主要是看線條。有時看書法比看繪畫還過癮，正好像我們現在有時候看那青銅器，看那陶器的造型，比看真正模擬人像的雕塑還過癮。它的確有味道，它使你得到更深更純的美感享受。因為它不局限於一個具體的東西，比如有些作品又像狗又不像狗，它就在這種線條、造型形體中間表現出特有的味道。書法正有這種特點，它有時也有點模擬因素，但主要不是模擬，是自由的線條。所以我叫它「有意味的形式」。

　　第三個特徵是情理交融。這個問題其實上面已經講到了，所以也不細講。中國藝術有兩個明顯的特點：其一，抽象具象之間。你說它是抽象吧，它又並不完全抽象，有一定的形象。你說它是具象吧，它又不是非常具象，帶有一定的抽象的味道。其二，表現再現同體。這就是說，既是表現的，又是再現的。所以我用兩句話來概括：抽象具象之間，表現再現同體。這跟現代派不完全一樣。現代派完全是抽象的。中國的畫，像齊白石、八大山人等的作品，還是有一定的模擬形象的，但這些形象不像工筆畫那麼具體細緻，所以有點抽象的味道。但說它是表現，卻又有點再現、模擬的味道。是人，是樹，是鳥，是山，並不難分辨。春天的山不至於變成冬天的。但是，要說清它具體的時間是上午還是下午，是什麼樹，是什麼鳥，是多少年紀的人，那就很困難了。在西方傳統畫裡，不同時間的太陽，陰影各不一樣。中國畫裡沒有什麼陰影。因為從長久的歷史的觀點來看，個別的暫時的現象是沒有什麼關係的，不重要的，你畫個陰影幹什麼呢？所以說在中國藝術中，想像的真實大於感覺的真實。斯坦尼斯拉夫斯基要求舞臺像缺少一面牆的房間，要求演戲像實際生活一樣逼真。中國戲曲就不一樣。例如《三堂會審》中的玉堂春受審，她卻跪著向觀眾交代，這不是荒唐嗎？但觀眾完全可以理解。這就是一種想像的真實，其中理解因素占了很重要的基礎位置。京劇中的上樓下樓，開門關門，就靠幾個虛擬的動作來表現，完全不需要真實的布景。這與西方傳統藝術很不一樣。剛才講過，中國人理智對情感起很大的作用，他們清楚地意識到在看戲！這是進來，那是出去嘛。

可見想像這個東西是與理解連在一起的。因此中國的藝術講究神似而不是模擬，在創作與欣賞中都追求神似而不追求形似。但神似又不離開形似，所以齊白石講「似與不似之間」。這對情與理的交融是有重要作用的。中國藝術的這種特點，都是由中華民族實踐理性的心理特徵，也即感知、情感、想像、理解等因素構成的心理結構的特殊性決定的，與西方不太一樣。

　　第四個特徵是天人合一。天人合一的觀點過去是受批判的，一直被說成是中國哲學史上唯心論的糟粕。我的看法恰恰相反，我認為，天人合一是中國哲學的基本精神。因為它所追求的是人與人、人與自然的和諧統一的關係。我們搞美學史，一方面要建立在馬克思主義的基礎上，另一方面要繼承中國的傳統。馬克思講人化的自然。中國的天人合一，恰恰正是講人化的自然。當然，馬克思主義是在近代大工業的基礎上講人化的自然，中國則是在古代農業小生產基礎上講這個問題。這裡確有本質的不同。中國長期以來是小生產的農業社會，而農業生產與自然的關係極大，所以人們很注意與自然界的關係，與自然界的適應。為什麼漢代董仲舒以及後來許多人老注意陰陽五行呢？那就是重視天與人的關係。天就是自然，人就是人類。我覺得這是中國哲學史上和文化史上很重要的一點。儘管它強調的是人順應自然，但畢竟注意到人必須符合自然界的規律，要求人的活動規律與天的規律、自然的規律符合呼應、吻合統一，這是非常寶貴的思想。這方面的東西很多。例如《周易》講「天行健，君子以自強不息」，就是講人應該像天一樣不息地運動。這就是儒家的非常積極的精神。在

人與自然的關係上，中國美學強調的，是一種親密友好的關係。因此不講自然界的荒涼、恐怖、神祕等那些內容，而是要求人順應自然規律去積極地有所作為。《周易》說的「天地之大德曰生」，是肯定生命，肯定感性世界，肯定現實世界，不像佛教拋棄生命。包括宋明理學家，也都是對生命採取肯定態度的，認為自然界充滿了生機和生氣，像春天一樣生氣蓬勃生意盎然。這些都是來源於天人合一的思想。孔夫子講：「逝者如斯夫，不舍晝夜」。他對時間的流逝，作了一種富於人的情感的說法，使人想到了人的存在的意義，涉及到了人的存在的一些本質問題。孔子又說：「智者樂水，仁者樂山。」這是把自然與人、與人的品德或人的性質作了一種比擬同構的關係了解。他以水流的經久不息比喻人的智慧，以山的穩實堅定比喻人的操守。這是非常好的比喻。這是在自然裡面發現人的因素，並且把它與人聯繫起來。這不也是天人合一的一個方面，一種表現嗎？這個問題以後再詳細講吧。

自然美在中國是最早被發現的。中國的山水畫、山水詩的出現也比西方早得多，很早就注意到人與自然的和諧統一，情感上的互相交流。從這裡派生出中國藝術的很多特點。中國藝術希望小中見大，要求有限中見無限。例如在很小的園林中，總希望把自然界弄進來，借山借景，使觀賞者得到一種很遼闊的觀感。所謂遼闊，也就是與自然界的廣闊的關係。所以中國的畫卷很長，山水一大串，不像西方只有一版。還有以大觀小，這也是中國畫的特點，與西方的透視法是不一樣的。這大概與中國人講求登高的習慣有關係。你有了登高觀望的經驗，就會感到中國畫很真實。

你站到了高處，就會強烈地感覺到宇宙自然與人的關係，得到一種特殊的人生感受。陳子昂便寫下了這樣的詩句：「前不見古人，後不見來者。念天地之悠悠，獨愴然而涕下。」想起古往今來、宇宙的存在、人生的命運等等，人們可以從中得到哲理性的感受。在中國的藝術裡，人們最初追求人格理想，後來又追求人生境界。所謂境界，也就是不要求感覺的真實，而是通過想像的真實追求一種人生的領悟。這是一種超脫小我感覺的東西，一種無限深遠的精神的東西。儒家是這樣。道家（我認為真正能代表道家思想的是莊子。雖然合稱老莊，其實哲學上老子與韓非的關係更密切。老子的書有很多是權術，他是不講感情的）的莊子，好像不講感情。其實是「道是無情卻有情」，他的書裡充滿著情感。他主張對人生採取非功利的審美態度，主張完全順應自然而追求自由的境界。其實，早在孔子那兒就有。孔子曾經要求幾個學生「言其志」，最後，他表示對曾點的「志」最為欣賞。因為曾點追求的是人生的自由境界。這種境界不但與積極的人生態度，與入世的倫理理想不矛盾，而且是它們的一種昇華，是一種人生的理想，是一種對人格全面發展的追求。孔子說：「興於詩，立於禮，成於樂」，又說：「志於道，據於德，依於仁，游於藝」。「游於藝」，一方面可以解釋為從藝術裡面得到休息和娛樂；另方面也是講，對技術、對工具的熟練掌握，可以獲取一種非常自由的狀態。它追求的仍然是一種自由。自由不是天賜的，不是像盧梭所說的人生來就有的。自由是人類建立起來的，是在對規律的必然性的掌握之後所建立起來的，從對技藝掌握的自由到人生自由境界的追求，

達到人與自然的完滿統一，這是人生很高尚、很艱難的歷程。

　　中國的美學，不像西方那樣有系統的邏輯評價。它經常是用直觀的方式把握一些東西，但的確把握得很準；它不一定講什麼道理，即使講道理也不一定講得很明確。這樣一種思維特點，值得很好地研究。我認為，中國美學最精采的是孔子的積極的進取精神、莊子對人生的審美態度，莊子發現了很多藝術所特有的規律。人的技巧達到最成熟的時候，就成為跟自然一樣的天然的東西，但又不是原來的自然，而是高於自然的。這樣的思想是很了不起的。除這兩個人之外，就要算屈原了。如果說儒家學說的「美」是人道的東西，道家以莊子為代表的「美」是自然的話，那麼屈原的「美」就是道德的象徵。屈原是南方人。南方的楚文化又有自己的特點。它把道德情感化、自然化，就是所謂想像中的人化，「美人香草」，這對中國傳統影響也很大，也是好的傳統。還有就是中國的禪宗。中華民族是富於創造性的民族。很多東西到中國以後，中國自己再創造。佛教本來是外來的東西，有很多宗派，傳到中國後，中國自己創造出一個禪宗，這在外國是沒有的。一直到現在，世界上對禪宗都很有興趣，研究禪宗的人很多。那個非常思辨非常細緻的唯識宗，看起來很科學，很精密，卻很少流行，玄奘搬進來，幾十年就衰落了。中國長期流行的是禪宗，禪宗講究直覺地把握本質，有些還把握得非常深刻。這對藝術影響很大。像這樣一些東西，我認為是中國的優良傳統，但很多都是唯心論的。禪宗是唯心論，莊子是唯心論或泛神論，儒家是唯心論，可他們是起了很大作用的。儒、道、騷（屈原）、禪是中國

美學傳統四大支柱。我覺得把握這些東西，對了解中國美學特點有好處。假如我們對中國美學有一個比較好的了解，又有馬克思主義作為基礎，我們就能寫出世界上所沒有的獨特的美學史。這是我的想法，希望大家都來做這個工作。

十、中國美學及其他

註：原載《美學述林》第一輯，武漢大學出版
社，1983年。《美學述林》編者按：本文
是正在美國講學的李澤厚同志給劉綱紀
同志的來信，談了中國美學等問題的一些
看法，標題係編者所加。

　　來美後主要精力放在中西思想史方面，美學雖續有所考慮，也有某些尚可一談的想法，但畢竟沒有整理。美學在這裡遠不及思想史受重視，某些學生甚至不知美學 Aesthetics 為何物，只哲學系開美學課，聽眾不多，冷門，和我們解放前的情況大體相似，與當前國內的「美學熱」根本不同。為什麼有這種不同，這也許本身就是一個值得研究的問題。

　　在哈佛大學和哥倫比亞大學作了幾次講演，其中也講到中國古代美學思想。有的是去年在上海講過的，例如「樂為中心」、「線的藝術」、「天人合一」等等。以儒家為主體的中國美學講究塑造情感，所以注意形式。一方面要求自然的情感具有、充滿、滲透、交溶著社會的內容，如用我常用的字就是「積澱」；另方面，又要求這種社會性情感的節奏、韻律、形式與自然界的節奏、韻律、形式相符合、吻同或同一，這也就是天人合一。這兩方面是同一件事情，其實這即是「自然的人化」在主體方面的涵義。人在改造外在自然，使外在自然人化的同時，也改造著內在自然，即使人本身的情感、需要以致器官人化。這即是人性，即積澱了理性和歷史成果的感性。中國古典美學注意了這個方面，講「中和」，講情理交溶，講陶冶性情，不把藝術看作認識、模擬、再現，這倒與現代西方美學講「情感的邏輯」（蘇珊‧朗格），講「有意味的形式」（克乃夫‧貝爾），有接近或相似之處。當然，它們都沒有歷史唯物論的哲學基礎。例如，貝爾的「有意味的形式」，最終歸結為某種宗教神祕的形而上。

　　上面這些想法在我以前的文章中曾不斷提出過（例如〈審美

與形式感〉一文），這幾次講演和在夏威夷討論朱熹哲學的國際學
術會議的發言中，我另外加了一點東西，即把它與中國哲學的根
本特徵聯繫起來，提到中國民族的哲學精神的角度來談。中國哲
學所追求的人生最高境界，是審美的而非宗教的（審美有不同層
次，最普遍的是悅耳悅目，其上是悅心悅意，最上是悅志悅神。
悅耳悅目並不等於快感，悅志悅神不同於但可相比於宗教神祕經
驗）。西方常常是由道德而宗教，這是它的最高境界。進入教堂中
就會深深地感到這一點，確乎把人的精神、情感、境界提到一種
相當深沈的滿足高度，似乎靈魂受到震撼和洗滌。讀陀思妥也夫
斯基的《卡拉瑪佐夫兄弟們》，也是這樣。其特徵之一是對感性世
界的鄙棄和否定。在哲學上，不進教堂，反對神學道德論的康德，
也終於要建立道德的神學。宗教直到今天在這裡也仍然很有勢力
和力量。我在大學廣場上經常看到狂熱的宗教宣講者，不顧大學
生們的嘲笑、詰難，不顧甚至沒有任何人聽，他仍然高聲宣講數
小時不已。中國的傳統與此不同，是由道德走向審美。孔子最高
理想是「吾與點也」；所以說，「逝者如斯夫，不舍晝夜」，對時
間、人生、生命、存在有很大的執著和肯定，不在來世或天堂去
追求不朽，不朽（永恆）即在此變易不居的人世中。「慷慨成仁
易，從容就義難」，如果說前者是懷有某種激情的宗教式的殉難，
固然也極不易；那麼後者那樣審美式的視死如歸，按中國標準，
就是更高一層的境界了。「存吾順事，歿吾寧也」與追求靈魂不滅
（精神永恆）不同，這種境界是審美的而非宗教的。中國哲學強
調「天地之大德曰生」，「生生之謂易」，「參天地，贊化育」，不論

生死都不捨棄感性，卻又超乎感性。這也就是精神上的天人合一。達到天人合一即符合、吻同自然規律而又超乎它，也就是自由。當然，所有這一切，必須建立在「自然的人化」這個馬克思主義哲學實踐論即歷史唯物主義基礎之上，即建築在現實物質的天人合一的基礎之上。從這樣一個基礎和角度，考察審美作為主體性的人性結構的最高層次，以此來闡釋藝術的永恆性等哲學形而上的某些基本問題，並注意審美對其他領域的巨大作用，例如科學認識中「以美啟真」——審美有助科學的發現發明（其實這也是「天人合一」的某個側面），等等，可能是一條前景廣闊的創造性的研究道路。當然，不會沒有歧途，不會沒有錯誤，只要保持清醒的頭腦，不應該因噎廢食。在這裡也讀了一點馬克思主義美學書，大都是歐洲人寫的，令我頗為失望，因此更感到中國人應當有所作為，客觀上也有此需要。人家想聽聽中國人自己的東西。我這種非常粗糙的想法和講演（沒有講稿，僅憑簡單提綱，臨時發揮），居然也會受到注意和歡迎，這是出乎我的意料的。美國的美學理論，如迪開 (George Dickie) 的制度論是最近最時髦的了。一位美國美學教授說它 terrible。所以，我們不應妄自菲薄。我們有馬克思主義哲學，在虛心學習外國和繼承自己遺產的基礎上，是可以作出成績的。

1982 年 10 月 9 日

美學四講

李澤厚　著

作者從「自然的人化」的觀念出發，倡「人類學歷史本體論」之說，立宏觀理論體系，結構嚴密，氣魄恢宏，不單回應了現時流行的中外各美學流派，而且從哲學高度，以主體的實踐和積澱，統一社會與自然，探討美與人的本體存在、美感與心理情感的「數學方程式」、藝術產品與藝術作品、「後現代」等等問題，提出美學與人類命運相關連的前景。

國家圖書館出版品預行編目資料

美學論集／李澤厚著.－－二版一刷.－－臺北市：三
民，2022
　　面；　公分.－－（李澤厚論著集）

　　ISBN 978-957-14-7348-2 （平裝）
　1. 美學 2. 文集

180.7　　　　　　　　　　　　　　110019749

【李澤厚論著集】

美學論集

作　　　者	李澤厚
發 行 人	劉振強
出 版 者	三民書局股份有限公司
地　　　址	臺北市復興北路 386 號 (復北門市) 臺北市重慶南路一段 61 號 (重南門市)
電　　　話	(02)25006600
網　　　址	三民網路書店 https://www.sanmin.com.tw
出版日期	初版一刷 1996 年 9 月 二版一刷 2022 年 3 月
書籍編號	S900340
I S B N	978-957-14-7348-2

三民書局